모든 전쟁

인지전, 정보전, 사이버전, 그리고 미래전쟁에 대한 전략이야기

윤민우 · 김은영

ALL WAR: A strategic discourse on cognitive warfare, information warfare, cyberwarfare, and future war, Minwoo Yun · Eunyoung Kim

박영사

차 례

I

머리말

◆ ◆ ◆

길거리에서의 주먹싸움이건, 대통령이나 서울시장이 되기 위해 벌이는 선거이건, 테러리스트와 비정규 무장 세력이 시민과 정부를 상대로 벌이는 테러리즘이나 분란전(insurgency warfare)이건, 국가들 사이에 벌어지는 재래식 군사력을 사용한 정규전이건 아니면 핵과 대량살상무기를 사용하여 상대에 대한 대량살인과 파괴를 목적으로 하는 절대전쟁이건, 이와 같은 물리적, 심리적 폭력이 동원되는 인간의 활동들은 어떤 같은 원칙 또는 법칙에 의해 작동하는 것처럼 보인다. 우리는 통상적으로 길거리에서의 일방적 폭행을 범죄라 부르고, 국내정치적인 권력을 획득하기 위한 여러 활동을 선거 또는 정당정치라 부른다. 또한 테러단체나 비정부 무장단체나 극단적 개인들의 폭력 활동을 테러리즘 또는 폭력적 극단주의라 부르고, 국가들 간의 무장충돌과 대치를 전쟁 또는 국가안보의 문제로 정의한다. 그리고 이와 같은 여러 다른 형태의 폭력 활동들을 마치 본연적으로 다른 속성을 가진 것으로 인식하는 경향이 있다. 하지만 오랜 동안 범죄와 테러, 정치적 갈등과 충돌, 그리고 전쟁과 안보의 문제를 들여다보고 깨닫게 된 사실은 어쩌면 이와 같은 여러 다르게 보이는 인간 행동 또는 활동들이 사실은 같은 것의 다른 표현양식에 불과할 수 있다는 것이다. 본질적으로 이와 같은 여러 다른 인간 행동들은 같은 속성을 가지며 따라서 같은 맥락과 법칙에 의해 작동하고 있다는 의심이다.

북유럽의 신화에 따르면, 전쟁의 신 오딘은 전쟁에 관한 절대 지혜를 얻기 위해 자신의 한쪽 눈을 대가로 내어놓았다고 한다. 이 때문에 그는 전쟁에 관한 절대 지혜를 얻고 한쪽 눈이 실명되었다. 이 이야기를 다르게 해석해 볼 수도 있다. 오딘이 한쪽 눈으로만 세상을 보겠다는 것은 전쟁이라는 주제에 포커스를 맞추고 집중하겠다는 의지의 은유적 표현이 아닐까? 오딘이 추구한 것은 모든 전쟁에서 이길 수 있는 방법과 지혜를 터득하는 것이었다. 오늘날 우리는 이를 전략(strategy)이라고 부른다. 나의 주된 삶의 관심과 목표는 이와 같다.

나의 오랜 관심은 전쟁에 관한 것이다. 이는 두 가지 질문으로 모아진다. 하나는 "전쟁이란 무엇인가?"이다. 이는 전쟁의 속성 또는 본질과 관련된 것이다. 이는 인식론적 차원의 관심에 해당한다. 또 다른 하나는 "어떻게 전쟁에서 이길 것인가?"이다. 이는 전쟁에서 승리하기 위한 방법에 대한 탐구와 관련이 있다. 이는 방법론적 차원의 관심에 해당한다.

전쟁에 대한 관심은 필연적으로 여러 관련된 유사 개념에 대한 관심으로 연결된다. 이는 폭력, 싸움, 범죄 등과 같은 것들이다. 폭력은 전쟁과 매우 긴밀히 연계되어 있지만 전쟁과는 조금 다른 의미이다. 전쟁은 서로 다른 행위주체들이 갈등하고 충돌하는 현상 자체를 지칭하지만 폭력은 그 전쟁이라는 현상에서 서로 다른 적대 행위자들에게 가하는 물리적, 심리적 힘을 의미한다. 전쟁이 정적인 개념이라면 폭력은 보다 어떤 동적인 수단 또는 방법의 의미를 가진다. 예를 들면 경제와 돈의 관계와 같다고 볼 수도 있다. 전쟁이 경제에 해당한다면 폭력은 경제를 작동시키고 경제 행위주체들 사이의 거래 또는 계약의 수단이 되는 돈과 같다고 볼 수 있다. 즉 폭력은 전쟁을 통해 나의 의지를 적대적 상대방에게 관철시키는 물리적, 심리적 수단 또는 방법이다.

싸움은 전쟁과 같은 개념이지만 그 적용 범위에서 다르다. 이는 우리가 통상적으로 전쟁을 매우 좁은 의미로 쓰기 때문이다. 통상적으로 오늘날 전쟁은 국가와 국가 사이에 벌어지는 국제법으로 인정되는 정규군에 의한 무력충돌 또는 군사적 충돌로 이해된다. 하지만 이는 좁은 의미의 전쟁이다. 전쟁을 보다 넓은 의미로 이해하면 이는 여러 다양한 전쟁 주체들과 다양한 형태의 폭력적 충돌을 모두 포함하게 된다. 국가뿐만 아니라 무장반군, 테러단체, 용병, 민병대 등 다양한 전쟁 주체들이 전쟁을 수행할 수 있다. 또한 전쟁 수행 양식 역시 정규군에 의한 군사충돌만이 아니라 조직범죄자들의 암살이나 무장공격, 테러단체의 비정규전이나 분란전, 도심테러, 해커들의 사이버 공격, 용병과 민병대의 작은 규모의 무력 폭동이나 작전 등이 넓은 의미의 전쟁에 포함될 수 있다. 중세시대 기사들 간의 결투 역시 그들에게 있어서는 개인 차원의 전쟁일 수 있다. 이렇게 전쟁을 넓게 이해하면 이는 곧 "싸움"이라는 개념과 동의어가 된다. 이 책의 제목은 이 때문에 모든 전쟁으로 정해졌고 여기서 전쟁은 싸움으로도 이해될 수 있다. 싸움은 모든 차원과 종류의 전쟁을 다 포함하는 넓은 의미의 전쟁개념과 동의어이다. 흥미로운 사실은 개인 간의 결투이건, 범죄조직 사이의 관할구역을 둘러싼 충돌이건, 테러나 무장반군 세력의 테러전 또는 분란전이건, 혁명세력의 정부전복을 위한 혁명전쟁이건, 국가들 사이의 정규전과 대량보복전쟁이건, 본질적으로 같은 속성을 가지며 때문에 같은 원리에 의해 작동된다는 점이다. 더욱 흥미로운 점은 따라서 그와 같은 모든 종류의 싸움 또는 전쟁에서 이기는 방법 또는 원리는 매우 유사하다는 사실이다.

  범죄와 전쟁은 본질적으로 긴밀히 연계되어 있다. 얼핏 이 두 개념은 다른 듯 보이지만 사실상 이는 국가라는 존재 때문에 발생하는 착시현상에 불과하다. 국가가 존재하기 전에 모든 폭력적 싸움은 본질적으로 전쟁이었다. 홉스는 이를 가리켜 자연 상태에서는 모두가 모두와 싸우는 상시 전쟁상태가 지속된다고 주장했다.[1] 중앙집권국가탄생 이전에 원시사회에서는 이 홉스의 자연 상태 즉 상시 전쟁상태가 일상이었다. 이런 점에서 공산주의자들 또는 사회주의적 몽상가들이 믿는 서로 협력하는 평화로운 원시공동체는 신앙적 망상에 불과함을 알 수 있다. 인간의 지식과 생산능력, 예술적 재능이 동등하지 않은 것처럼 인간의 싸움하는 능력과 결전의지도 동등하지 않다. 이러한 본연적 차이는 필연적으로 어떤 개인이 다른 개인을 공격하고 약탈하는 결단과 행동을 선택하도록 이끈다. 나를 억제할 국가의 군사력과 경찰력이 존재하지 않는데 나보다 물리적으로 취약한 자를 약탈하지 않을 이유가 있을까? 1년 동안 힘들게 농사를 짓는 것보다 1년 동안 농사를 지어 막 추수한 자를 약탈하는 것이 훨씬 비용대비 효과가 탁월하다. 싸울 능력만 있으면 말이다. 때문에 자연 상태에서 개인은 다른 개인의 공격으로부터 스스로를 지켜야하는 자기방어의 책임과 권리를 스스로 가진다. 이와 같은 절대적인 자기방어권이 작동하는 사회에서는 모든 싸움은 전쟁이 되며 범죄는 결코 존재하지 않는다. 이 점에서 원시공산제에 범죄가 존재하지 않았다는 마르크스주의자들의 주장은 옳다. 아쉽게도 범죄가 없는 이유는 다르지만. 범죄는 전쟁으로부터 갈려져 나왔고 이는 국가, 즉 중앙집권국가의 등장으로 인해 나타났다. 이점에서 범죄의 근원은 국가이다. 국가가 스스로의 폭력독점을 위해 사적 개인들의 전쟁을 범죄로 정의하기 시작했기 때문이다. 이 폭력독점의 구체적인 표현은 국가의 전쟁권과 형사사법권이다.

  국가가 등장하면서 통치범위내의 피통치 개인들의 사적 폭력사용권이 박탈되었고 폭력사용권은 국가에 의해 독점되었다. 이때부터 개인 간의 사적 전쟁 또는 사적 폭

---

1 토머스 홉스, 리바이어던. 최공웅·최진원 옮김, 4판 (서울, 동서문화사, 2011), pp. 173-178.

력사용을 국가가 범죄라 규정하고 처벌했다. 이런 맥락에서 모든 범죄는 국가에 대한 도전이며 따라서 본연적으로 정치적이다. 국가는 개인의 사적 폭력권 사용을 금지하면서 개인의 자기 방어권과 폭력 보복권 역시 박탈했다. 따라서 개인의 자력 보복은 범죄가 된다. 이는 폭력사용권을 독점한 국가가 그렇게 규정하기 때문이다. 대신 개인은 세금을 내고 국가는 개인에 대한 보호의무를 지는 "사회계약"이 체결된다. 범죄는 본연적으로 이 계약위반에 해당하며 따라서 처벌의 대상이 된다.

이는 한국사에 조금만 관심을 가지면 확인할 수 있다. 한국사 특히 고대사의 기록은 이 국가의 폭력독점을 위한 국가와 사적 개인들 사이의 투쟁의 기록으로 가득 차 있다. 사병혁파와 관료제, 조세제도, 군 통수권과 형벌집행권의 중앙집권화 등이 비슷한 시기에 병행해서 진행되었고 이는 왕권 강화 즉 국가 지배의 확립으로 이어졌다. 원래 국가는 왕을 의미했다. 이는 왕의 폭력사용권 독점을 의미했다.

이후 역사의 전개는 국가를 왕으로부터 소수의 지배엘리트들이 탈취해 나간 과정이었다. 민주주의, 계급제도철폐, 자유, 평등 등의 다양한 환각성있는 추상명사들로 다수의 대중들을 마취해가면서 동원화하는 과정을 통해서 오늘날의 국가가 자유민주주의 체제이건 독재체제이건, 공산주의체제이건 궁극적으로 소수의 엘리트그룹들이 국가를 지배한다는 사실은 크게 다르지 않다.[2] 그 소수의 엘리트 그룹에 새로 진입할 수 있는 여지가 어느 정도인지와 관련된 개방성과 투명성 여부에 따라 독재국가와 자유민주주의 국가로 나뉠 뿐이다. 흥미롭게도 북한은 소수 엘리트의 국가독점에서 왕이 곧 국가가 되는 형태로 역진(backsliding)한 매우 흥미롭고 예외적인 사례이다. 세계 도처의 주요 지배그룹의 국가들의 역사도 이와 다르지 않다.

흥미로운 사실은 이런 과정을 거쳐 국가가 폭력사용권을 독점한 나라들이 세계 220여개 국가들 가운데 소수의 엘리트 그룹에 불과하다는 사실이다. 나머지 대부분의 국가들은 국가의 폭력사용권의 독점이 미완성되거나 불완전하게 이루어진 채로 남아있다. 우리는 그들을 약한 국가 또는 실패한 국가로 부른다. 그것이 그들이 왜 여전히 가난하고 불안정하며 약소국인지에 대한 주요한 해답의 하나이다. 시리아와 아프가니스탄, 소말리아는 실패한 국가의 매우 모범적인 사례들이다.

반면 국가는 자신들의 통치영역 밖에서 다른 국가 또는 개인들을 상대로 국가의 폭력사용권을 자유로이 수행하고 이를 전쟁이라 규정했다. 이전에 한 회의에서 군에

---

2 물론 그 소수의 엘리트들의 규모는 나라와 체제마다 다르다.

대해 논의할 기회가 있었다. 해당 논의는 주로 군 내의 인권과 복무여건, 군인의 처우 등에 대해 이루어졌다. 나는 보다 근원적인 의문을 제기했다. "군의 가장 궁극적이고 주요한 임무 또는 존재 이유가 무엇일까?"였다. 참석한 전문가들은 쉽게 답변을 꺼내지 못했다. 나는 "군의 가장 본연적인 임무와 역할은 살상과 파괴를 잘 하는 것"이라고 답변했다. 국가의 통치범위 내에서 이러한 목적으로 존재하는 집단이 있다면 이를 우리는 범죄단체나 테러단체로 규정하고 처벌한다. 하지만 국가의 통치범위 밖에 있는 다른 국가나 비정부 행위자들을 대상으로 이와 같은 목적을 실현하기 위해 국가는 군을 만들고 유지한다. 심지어 우리는 이를 칭송하고 승리의 기억들을 기념한다. 이는 국가들 간의 사회에서 여전히 폭력사용권이 독점되지 않았고 개별 국가는 자력 보복과 자기 방어권을 가지기 때문이다. 따라서 군과 관련된 모든 정책과 논의는 군의 살상-파괴 능력의 향상에 초점을 맞추고 이루어져야 한다. 전쟁에서 승리할 수 없는 군대는 존재할 이유가 없고 따라서 이와 동떨어진 군과 관련된 모든 논의는 무의미하거나 부차적이다. 전쟁의 승리는 당연히 적에 대한 살상과 파괴, 그리고 이를 통한 적의 의지(will)의 장악을 통해 이루어진다. 결국 국가의 폭력사용 행위를 전쟁이라 규정하는 것은 국가가 폭력사용권을 갖기 때문이다.

본질적으로 범죄와 싸움, 폭력과 전쟁은 하나의 주제로 다루어져야 한다. 이는 그와 같은 개념들이 같은 인간 현상의 다른 모습들 또는 다른 구현방식이기 때문이다. 따라서 이 책은 "모든 전쟁"이라는 제목 안에 이러한 내용물들을 함께 담았다. 이 책은 본질적으로 그와 같은 모든 전쟁을 관통하는 전쟁 또는 싸움의 속성과 본질은 무엇인지에 대해 고민하고 정리한다. 또한 그와 같은 모든 전쟁과 싸움에서 이기기 위한 (바꾸어 말하면 상대방의 의지와 관련 없이 상대방에 대해 나의 의지와 이해를 관철시키기 위한) 최적의 방법 또는 방안은 무엇인지에 대해 다룬다. 이를 흔히 전략이라고 표현한다.

전략은 가치중립적이다. 이는 이 책에서 전략이 윤리적으로 옳고 그른지에 대해 다루지 않았음을 의미한다. 전략과 관련된 아이디어와 지식들은 요리 방법이나 도구의 사용설명서와 같다. 전쟁이라는 비즈니스를 수행하기 위해 요구되는 방법론 또는 사용설명서에 해당한다. 누가 어떤 목적으로 무엇을 이루기 위해 이 책의 내용들을 참고할 지는 당사자가 알아서 판단할 문제이다. 그리고 그 결과로 인한 윤리적 책임은 그 당사자의 몫이다. 이 책은 윤리적 논쟁을 위한 것이 아니다. 그와 같은 논쟁은 다른 많은 훌륭한 책과 논문, 그리고 다른 자료들에서 다루고 있다. 이 책은 차나 휴대폰, 컴퓨터의 사용설명서나 요리법처럼 폭력이라는 도구의 사용설명서이자 전쟁에서 싸워 이기기 위한 안내서나 지침서 정도로 이해하면 될 것이다.

이 책은 이기는 방법 또는 원리에 관해 모색하고 연구하고 공부해왔던 내용들을 기록하고 정리해보는 일과 관련이 있다. 이는 또한 폭력과 전쟁이라는 주제에 대한 통합적인 이해를 위해서이다. 1990년대 말 20세기의 마지막 시기에 나는 인류사에서 전쟁과 폭력의 시대가 끝나고 평화와 협력의 시대가 도래했다는 다른 이들의 주장을 믿지 않았다. 대신에 전쟁과 폭력이 국가들 간의 냉전에서 다른 형태로 바뀔 것이라고 생각했고 폭력과 전쟁에 대한 관심을 키웠다. 나의 관점으로는 마치 돈이 미시-거시 경제의 수직적 수준에 따라 개인과 사회집단간의 재정과 상거래와 국가와 국제수준의 재정과 무역거래로 이루어지는 것처럼, 폭력도 미시-거시 전쟁의 수직적 수준에 따라 개인 및 사회집단 간의 싸움이나 범죄, 테러와 국가와 국제수준의 전쟁으로 구성된다. 이런 측면에서 보면 폭력과 전쟁이 돈과 경제의 문제에 못지않게 인간에게 본연적이고 핵심적인 활동임에도 불구하고 경제학처럼 미시-거시 전쟁을 포괄하는 폭력학 또는 전쟁학이 존재하지 않는다는 점은 의문이다.

따라서 이에 가장 유사한 미시 전쟁-폭력을 공부하기위해 범죄학, 형사사법학을 전공했고 거시 전쟁-폭력을 공부하기위해 국제정치학을 전공했다. 전쟁과 폭력을 수직적으로 낮은 차원에서 높은 차원까지 다루어 본 이후 내가 확인한 사실은 이와 같은 전쟁과 폭력이 같은 원리에 의해 작동한다는 애초의 20년 전의 나의 가설이 타당하다는 것이었다. 그리고 이 책의 작성은 그러한 이제까지의 확인한 내용을 정리하고 향후 계속될 연구와 공부를 위한 플랫폼으로 활용하기 위한 목적과 관련이 있다. 이제까지 여러 연구 논문과 보고서들을 통해 여기저기에 작성해 왔던 내용들을 모으고 정리하면서 그것들을 보다 체계적인 지식으로 전환하고, 여기에 새로 전개되는 이런 저런 국, 내외 관련 사건과 사안들을 추가하는 좋은 기회가 되었다. 이 때문에 이 책의 목적은 우선 "전쟁을 배우는 학생(Student of War)"인 나의 개인적 중간 정리를 위한 것이며, 또한 여기에 정리된 내용들을 관심있는 다른 사람들과 나누는 것이다.

전쟁과 폭력을 비윤리적인, 부도덕한, 또는 사악한 것으로, 국가들 간의 정규전에나 적용되는 필요악이자 최후의 수단이라는 좁은 편견을 갖지만 않는다면 이 책이 전달하고자 하는 지식과 정보들은 삶의 많은 분야에 적용될 수 있다. 이는 내가 경험으로도 확인한 사실이다. 선거에서 두 후보 간의 단일화 협상에 인질협상의 원칙들이 동일하게 적용된다. 고지전투에서 지휘관의 병사들에 대한 전투심리의 관리는 국내 정치에서 정당들 간의 세력경쟁이나 축구경기와 같은 스포츠에서 코치가 경기를 운영하는데도 적용된다. 2차 대전에서 소련이 독일을 상대로 결정적인 승리를 거두는데 기여했던 "작전기동전" 또는 "충격군" 이론은 선거 전략과 정보전쟁의 전략으로도 활용될 수 있다. 인질협상의 원칙은 비즈니스 협상이나 북한과의 핵협상 등에도 동일하게 적용된다. 조직폭력배 사이의 관할 구역을 둘러싼 패싸움은 국가들 사이의 무력충돌과 유사한 작동원리에 따라 전개된다. 조직범죄나 테러단체들 사이의 제한전쟁이나 절대전쟁의 역동성은 국가들 간의 제한전쟁과 절대전쟁의 역동성과 매우 유사하다. 때문에 이 책이 전달하고자 하는 메시지들은 생각지 못했던 여러 상황에 놀라운 방식으로 적용될 수 있다. 즉 인간의 의지와 의지, 이해관계들이 충돌하는 거의 모든 상황과 경우에 적용될 여지가 크다.

이 책을 쓰기로 마음먹게 된 가장 직접적인 동기는 2021년 초반 "미래전쟁과 사이버 심리전 특강"으로부터 출발한다. 미래전쟁의 특성과 성격은 무엇이며 이러한 미래전쟁환경에서 선전, 선동, 프로파간다와 같은 심리전을 어떻게 수행할 것인가에 대한 전략, 전술적 방법의 모색이 해당 강의의 주된 내용이었다. 이 내용은 지난 2년간 전시 적 후방에 침투하여 후방교란 사보타지 임무를 맡은 한국군 특수작전부대와 해군 UDT, 방첩사령부, 육군대학, 서울대학교 미래전연구센터에서 공부하는 현역군 간부들, 그리고 서울대학교 학부생들을 대상으로 특강 형식으로 전달되었다. 긍정적인 반응이 있었고 강의 자료에 대한 문의가 있었다. 또한 해당 내용의 일부는 구체적으로 말하기는 곤란한 역사적으로 상당히 중요했던 사례에도 활용되었다. 그러한 과정을 거치면서 범죄와 테러, 그리고 분란전과 정규전, 대량살상전, 미래전과 사이버전, 심리전, 정보전, 인지전 등의 전략적 내용과 원칙들이 상당히 다양한 사람들에게 영감을 주고 상당히 다양한 분야에 활용될 수 있음을 확인할 수 있었다. 이와 함께 개인적으로 미래전쟁 전략발전을 위해서는 산발적인 강의나 논문, 또는 연구보고서 수준의 한계를 넘어 어떤 체계적인 지식이나 정보의 축적이 필요하다는 판단도 있었다. 이 책의 작성에 대한 생각은 이러한 과정을 거치면서 구체화되었다.

이 책은 기본적으로 "어떻게 싸워 이길 것인가?"에 대한 모색이다. 불행히도 (군과 안보전문가들을 제외한다면) 많은 한국인들은 이 문제에 대해 고민한 적도 고민할 생각도 없다. 아마도 그들은 그와 같은 그들의 무지와 무관심의 대가를 치르게 될 지도 모른다. 예를 들면, 국방개혁은 전시작전권, 국방주권 등과 같은 추상적인 개념이나 그렇지 않으면 무기도입과 개발, 병력자원관리 문제 등의 각론에 집중되어있다. 하지만 이는 싸워서 이기는 것을 보장해 주지 않는다. 싸워서 이기는 것은 전략의 문제이다. 싸우는 권리가 법적으로 주어진다고 싸움에서 이기지는 않는다. 조선은 전시작전권과 국방주권을 가졌지만 전쟁에서 스스로 이긴 적이 (조선 초기를 제외하면) 거의 없다. 무기도입과 개발, 병력확보 자체가 전략은 아니며 전쟁의 승리를 이끌어내는 충분조건은 아니다. 이는 전쟁을 수행하는 수단에 불과하다. 전쟁을 할 수 있는 권리를 어떤 수단을 사용하여 어떻게 행사할 것인가의 문제가 전략에 해당한다. 국방개혁에는 국가 전쟁전략에 대한 고민과 발전이 담겨야 한다. 전쟁전략에 대한 치열한 고민이 담기지 않은 국방개혁은 허상이다.

극단적으로 말하면 전시작전권이 없어도 능력이 되면 전쟁을 하면 된다. 싸우지 말란다고 안 싸우지 않는다. 상대가 내 왼뺨을 때리면 상대의 오른뺨에 주먹을 날려야 한다. 반면 전시작전권이 있어도 싸울 능력이 안 되면 전쟁 없이 굴복할 수밖에 없다. 싸우라고 허락받아도 나보다 더 센 상대의 얼굴에는 주먹을 날리지 못한다. 보복이 두렵기 때문이다. 미국이 한국의 미사일 사거리 제한을 풀어 한국이 미사일 주권을 확보했다고 하는 주장도 이와 관련된 것이다. 미국과의 이러한 협의는 미사일 주권확보를 위한 시작이지 주권이 확보된 것은 아니다. 미사일 주권의 확보는 주적인 중국과 북한의 국가 지휘부와 수도, 주요 산업기반시설, 전쟁수행역량에 대해 타격할 수 있는 충분한 정도의 상호확증파괴 전략과 역량이 확보되었을 때 비로소 완성되는 것이다. 싸우는 권리와 싸우는 능력은 별개의 문제이다. 진정한 의미의 주권은 법적, 제도적 권리에 능력이 동반될 때 완성된다.

무기도입과 개발, 병력자원의 문제도 마찬가지이다. 이는 전쟁 수행의 수단에 해당한다. 수단을 갖추었다고 자동적으로 전쟁에 이기는 것은 아니다. 이 수단을 어떻게 활용할 것인가가 더 중요하다. 2차 대전 초기 독일과 프랑스는 똑같이 탱크가 있었음에도 프랑스는 탱크를 전선 방어의 보조수단으로 고정 자주포처럼 사용한 반면 독일은 급강하폭격기와 기계화 보병, 자주화된 포병과 함께 탱크를 전격전에 활용했다. 같은 무기를 가지고도 다른 활용법을 사용하였고 결과는 독일의 압도적인 승리로 끝났다. 스텔스기, 경항모, 잠수함, 중·장거리 탄도 미사일, 드론, 로봇 등의 무기를 확보하는 것과 이를 누구를 상대로 어떤 전장공간에서 어떻게 활용할 것인가는 별개의 문제이다. 이는 병력자원운용과도 관련된다. 징병제나, 모병제나, 여성의 군복무 등의 논쟁은 이들 병력을 운용하여 어떻게 전쟁을 수행할 것인가와는 별개의 문제이다. 군인은 전장에서 적을 상대로 살인과 파괴를 하기위해 존재한다. 전투원의 성별, 징병·모병 여부, 또는 유·무인전투원 여부는 부차적인 문제이다. 모든 전투원의 자원관리는 전장에서의 전투력 극대화를 염두에 두고 이루어져야 한다. 따라서 병력자원운용 역시도 전쟁전략의 틀 속에서 이루어져야 한다.

이 책은 그와 같은 방법, 전략에 관한 것이다. 또한 그와 관련하여 전쟁의 본질은 무엇인지, 인간의 본성은 무엇인지, 전략의 의미와 개념, 그리고 그와 관련된 작전술, 전술, 국가비전 등에 대해서도 다룰 것이다. 이 책은 기본적으로 인간 본성과 전쟁의 본질과 속성, 전쟁양식의 역사적 변화, 미래전쟁, 그리고 전략, 작전술, 전술 등의 추상적, 거시적 개념정의와 논의에서 출발하여 후반부로 갈수록 여러 구체적인 개별 주제에 대한 구체적인 전략, 전술에 대한 제안과 논의로 이어질 것이다. 여기서 다루어지는 전략은 통상적으로 생각지 않는 곳에서 쓰일 수 있다.

최근 한 범죄심리 전문가가 온라인 미성년자 성매매 플랫폼 대응방안에 대해 문의해온 적이 있다. 온라인 미성년자 성매매 근절을 위한 법적인 대응방안 마련에 대한 내용이었다. 나는 해당 지인에게 국제조직범죄와 테러단체, 또는 부패범죄네트워크를 소탕하는데 주로 미국 등지의 서방 동맹국들이 사용하는 몇 가지 주요 법률안들과 법집행(law enforcement) 정책방안과 정보활동사례들에 대해 소개해 주었다. 이런 문제에 대체로 활동가들이나 법률전문가들은 이를 근절해야 하는 사악한 어떤 문제로 규정하고 이를 처벌할 수 있는 법률들을 떠올리거나 해외 유사 사례를 참조하여 법률안을 마련하는데 관심을 쏟는다. 그리고 마치 이 새로 제정된 법률이 악인을 처벌하고 모든 문제를 해소할 것처럼 기대한다. 하지만 필요한 것은 전략이다. 대체로 이런 종류의 전쟁에서 법률은 군사적 전쟁의 전쟁무기에 해당하는 도구에 불과하다. 따라서 새로운 첨단 무기의 도입이나 미사일 방어체제의 구축이 자동적으로 전쟁을 승리로 이끌지 않는 것처럼 새로운 법률의 제정이 문제를 바로 해결하지는 않는다. 법률은 도구이며 따라서 법률을 어떻게 사용할 것인지에 대한 전략적 고려가 법률제정에 선행되어야 한다. 미성년자 온라인 성매매 플랫폼의 실체가 어떻게 구성되어 있는지 그리고 어떻게 싸울 것인지 전략이 먼저 구상되고 이와 연계하여 기존에 이미 있는 법률수단들과 부족하거나 미흡한 법률수단들이 무엇인지 파악하고 필요하다면 새로운 법률 제정이 추진되어야 한다. 또한 이와 연계하여 검찰과 경찰 등의 형사사법제도의 가용인력과 예산 그리고 활용 가능한 여타 정부부처와 민간의 가용자원을 고려하고 향후 법률과 정책이 시행되었을 때 예상되는 상대, 즉 플랫폼 업자나 조직의 대응방안 등을 종합적으로 고려하여 전략구상에 포함시켜야 한다. 나의 판단으로는 온라인 미성년자 성매매 플랫폼은 본질적으로 척도없는 네트워크구조이며 따라서 국제범죄조직과 테러단체나 해커조직 등을 소탕하는 전략과 그와 관련된 법률과 정책들이 유사하게 적용될 수 있다. 전략은 따라서 범죄-테러 네트워크와의 싸움과 유사한 방식으로 짜여 져야 한다. 이와 같은 전략적 구상을 위한 노하우와 지혜는 온라인 성매매 자체에 대한 문제인식이나 전문성과는 별개의 문제이다. 예를 들면 북한과의 전쟁 대비를 위해 필요한 전문가는 전쟁-전략 전문가이지 북한 정치나 경제전문가가 아니다. 마찬가지로 소말리아에서 피랍된 인질을 석방하기 위해 필요한 전문가는 인질협상 전문가이지 소말리아 지역 전문가가 아니다. 사이버 전쟁 수행을 위해 필요한 것은 전쟁-전략 전문가이지 IT(Information Technology) 전문가가 아니다. 이 책의 핵심은 이처럼 싸우는 방법, 즉 전략과 관련된 것이다.

이 책의 내용들의 구성과 흐름을 간추리면 다음과 같다. 이는 이 책을 읽는 사람들이 다소 복잡하게 구성된 이 책의 내용들을 이해하는데 도움을 줄 수 있을 것이다. 먼저, Ⅰ장 머리말 부분을 제외하면, Ⅱ장에서 Ⅵ장까지의 내용은 전쟁에 대한 일반론적 논의들에 해당한다. 여기서는 전쟁의 본질, 정보와 전략, 전쟁양식의 진화 등에 대한 이야기들을 담고 있다. 국가뿐만 아니라 개인, 집단 등 인간행위자가 직면하는 싸움을 포함한 모든 유형의 전쟁에 대한 속성과 원리, 역동성과 관련된 이야기들이다. 다음으로 Ⅶ장과 Ⅷ장은 오늘날 전쟁이 벌어지는 전쟁환경에 대해 다루고 있다. 여기서 전쟁은 국제질서에서 국가행위자들 사이의 폭력적, 비폭력적 세력충돌을 의미한다. Ⅶ장은 전쟁환경 가운데 글로벌 패권전쟁이 벌어지고 있는 전체 게임판의 구도에 대해 다루었다. Ⅷ장은 전쟁환경 가운데 한국이라는 국가행위자의 입장에서 맞닥뜨리는 위협환경과 요인들을 다루었다. Ⅸ장, Ⅹ장, 그리고 Ⅺ장은 어떻게 이 전쟁을 준비하고 수행해야 할 지와 관련된 방법(how to)에 관한 것들이다. 이와 같은 논의는 경우에 따라 한국이라는 국가행위자를 염두에 두고 이루어졌지만 반드시 한국이라는 국가행위자에게만 국한된 게임의 방법들은 아니다. 다른 국가행위자나 개인들 사회집단들 역시 자신들이 마주한 싸움에서 이 책의 내용들을 활용할 수 있을지 모른다. Ⅸ장은 사이버와 미래전과 관련된 일반적인 국가전략과 관련된 논의를 담고 있다. Ⅹ장은 특히 정보전, 심리전, 또는 인지전 수행을 위한 전략, 전술적 기법들에 대한 구체적인 논의들을 담고 있다. Ⅺ장은 Ⅹ장의 연장선상에서 인지전 또는 내러티브 전쟁이 어떻게 실제로 구현되는지에 대한 사례와 그 이론적 토대에 대해 설명하였다. Ⅸ장, Ⅹ장, 그리고 Ⅺ장은 모두 특히 인지전, 정보전, 심리전, 사이버전, 하이브리드전, 미래전 등의 수행에 관한 내용들을 담고 있다. 마지막 Ⅻ장은 결론부분이다. 여기서는 한국이 직면한 미래 위협에 대한 생각들을 담았다. 특히 조용히 한국을 침공하고 있는 중국에 대한 우려를 기술하고 있다. 이 책 내용에는 다소의 중복이 나타난다. 이를 엄격하게 통제하지 않은 것은 이 책의 각 장들이 개별적으로 활용될 수도 있기 때문이다. 이 책의 각 장들은 개별적인 참고자료나 지침으로도 활용될 수 있다. 따라서 필요에 따라 각 장을 선택적으로 참고할 수 있도록 책이 구성되었다. 이 때문에 다소의 중복을 허락하였다.

Ⅱ

인간, 욕구, 그리고 의지

◆ ◆ ◆

클라우제비츠는 전쟁이란 나의 의지를 상대방에게 관철시키는 것, 바꾸어 말하면 인간의 의지와 의지의 충돌이라고 정의한다. 하지만 그는 이 "의지"가 무엇인지에 대해 자세히 논의하지는 않았다. 그렇다면 이 "의지"는 무엇일까? 전쟁의 속성을 이해하기 위해서는 이 인간의 의지를 먼저 살펴볼 필요가 있어 보인다.

인간의 의지(will)는 욕구(desire)로부터 근원한다. 이 욕구는 인간이 갖는 보편적인 속성이다. "악(evil)의 자연사"의 저자인 왓슨(Watson)[1]은 인간의 사악한 또는 어두운 본성은 생명체로서 인간이 갖는 생존과 번식 등과 같은 이기적인 자연적 본성으로부터 근원한다고 주장한다. 그는 이를 자연의 여러 동물들의 사례들을 관찰한 결과를 토대로 이러한 자신의 가설을 제시했다. 그에 따르면 인간의 본성은 그 자체로 선하거나 악한 것이 아니며 이기적 본성에 따라 선하거나 악하게 표출된다. 따라서 인간은 그 본성이 보편적으로 이기적이고 탐욕적이다.

한 수녀가 말했다. 가진 자는 이기적이고 탐욕적이고 위선적이다. 때문에 공산주의가 자본주의보다 더 좋은 체제이다. 이 말은 두 가지 심각한 논리적 결함과 경험적 증거의 결핍을 담고 있다. 이 말을 한 그 수녀는 물론 자신의 말이 그와 같은 심각한 문제를 담고 있음을 이해하지 못한다. 첫째, 가진 자는 물론 이기적이고 탐욕적이다. 그렇지만 이 말이 곧 갖지 못한 자가 이기적이고 탐욕적이 아니라는 말에 대한 지지는 아니다. 가진 자가 이기적이고 탐욕적이라는 사실과 갖지 못한 자가 이기적이고 탐욕적인가 아니면 그렇지 않은가는 서로 독립적인 별개의 진술이다. 경험적인 증거들은 갖지 못한 자 역시 마찬가지로 이기적이고 탐욕적이라는 사실을 보여준다. 종종 갖지 못한 자의 이기심과 탐욕은 가진 자의 이기심과 탐욕과는 다른 방

---

1 Lyall Watson, Dark nature: A natural history of evil, London, UK: Hodder & Stoughton, 1995.

향으로 작동한다. 가진 자의 이기심과 탐욕은 더 많은 것을 갖고 축적하려는 정의(+) 방향으로 작동하는데 반해 갖지 못한 자의 이기심과 탐욕은 종종 다른 가진 자의 것을 뺏거나 가진 자의 것이 파멸되기를 원하는 부의(-) 방향으로 작동한다. 하지만 이와 같은 차이는 가진 자와 갖지 못한 자의 속성의 차이에 기인한 것이 아니라 상대적인 위치의 차이에서 비롯되는 것이다. 갖지 못한 자는 스스로의 위치와 조건, 능력 등의 열세로 인해 스스로 갖거나 축적하는 것을 추구하지 못하기 때문에 가진 자의 것을 뺏거나 그와 같은 가진 자의 것이 파멸되기를 바랄 뿐이다. 하지만 갖지 못한 자가 가질 수 있는 위치와 조건, 또는 능력을 획득하게 되면 갖지 못한 자의 이기심과 탐욕은 부의(-) 방향에서 정의(+) 방향으로 바뀐다. 이기심과 탐욕은 가진 자이건 갖지 못한 자이건 인간의 본성이다.

둘째, 공산주의라고 해서 자본주의 보다 덜 이기적이고 탐욕적이지 않다. 종종 공산주의가 더 탐욕적이고 이기적이다. 나는 2001년에 당시 여전히 공산주의 잔재가 남아있었던 러시아 지방 중소 도시에서 흥미로운 경험을 했다. 대학교 기숙사 방 배정에 일시적인 문제가 있어 노동자 가족 숙소에서 약 한 달 간 지낸 적이 있다. 2층 건물에 약 2~30가구가 함께 사는데 각 층마다 공동 주방이 있었다. 그것만으로도 엄청난 스트레스였다. 서로 음식이나 식재료, 주방도구들을 전용하거나 훔치는 문제로 다툼이 자주 있었다. 한 흥미로운 점을 관찰했는데 그것은 가스레인지에 불이 24시간 켜져 있었던 것이었다. 때문에 아무도 요리를 하지 않는데도 가스가 24시간 계속 소모되었다. 사람들은 자신들이 요리를 할 때가 되면 그저 켜져 있는 가스 불에 조리할 것을 올려 사용하고 조리가 끝나면 가스 불을 그대로 두고 자신들의 방으로 갔다. 물론 가스는 공짜였다. 소비에트 공산주의 시절에 가스를 무료로 제공하던 것이 그대로 남아있었고 신은 러시아에게 막대한 양의 가스를 축복하였다. 그렇지만 아무리 공짜라도 왜 끄지 않을까? 나의 의문은 러시아 친구의 답변으로 해소되었다. 점화-연소 장치가 고장 났고 아무도 자기 돈을 들여 그것을 고칠 생각은 없었다. 다른 누군가가 자신의 비용으로 고쳐줄 것으로 모두 기대했다. 그래서 가스 불을 켜기 위해 성냥을 사용해야 했는데 가스 불을 껐다 켰다 하면 성냥을 소모해야 했다. 물론 성냥은 각자가 자신의 비용으로 부담해야 했다. 하지만 가스는 공짜였다. 결국 집단 이기심 또는 집단 합리성은 개인 부담이 되는 성냥 값을 아끼기 위해 공공 무상으로 제공되는 가스를 낭비하는 결과를 낳았다. 그들은 모두 이전에 위대한 공산주의 체제의 프롤레타리아였다. 나는 그 경험으로 왜 소련이 망했는지 충분히 이해할 수 있었다. 공산주의가 자본주의보다 좋은 체제라는 것은 망상이거나 근거 없는 주장에 불과하다. 그것은 자신의 경험이 빈약하며 인간과 사회에 대한 이해가 모자람을 스스로 증명하는 것이다. 공산주의 사회라고 인간이 덜 탐욕적이거나 이기적이지 않다. 단지 자본주의와 다르게 탐욕과 이기심을 충족하는 게임의 룰이 다를 뿐이다. 자본주의에서 탐욕과 이기심은 보다 투명한 게임의 룰과 자본의 축적을 통해 이루어진다. 반면 공산주의에서 탐욕과 이기심은 보다 애매모호하고 불투명한 게임의 룰과 관료적 지위의 축적(공산당이건 국가기관이건)을 통해 이루어진다. 인간은 결국 인간이다.

인간의 욕구는 세 개의 부분으로 이루어져 있는 것처럼 보인다. 하나는 코어에 해당하는 부분이다. 이 코어를 이루는 부분이 생물학적 욕구이다. 이는 원초적인 인간의 본능적, 동물적, 그리고 이기적 욕구들과 관련이 있다. 자기보호의 욕구, 성욕, 그리고 식욕 등이 이에 해당한다. 이와 같은 욕구들은 인간의 뇌의 가장 안쪽 부분에서 관할한다. 이러한 욕구들은 인간의 출생과 함께 형성되며 일생동안 지속되며, 인간의 의지와 동기(motive)를 좌우하는 가장 강력한 동인이다. 종종 많은 사람들은 많은 경우에 이와 같은 욕구들이 자신의 생각과 행동의 동인인 것을 의식하지 못하거나 어렴풋이 인지하기도 한다.

두 번째 층은 이 코어를 둘러싸고 있는 외피이다. 이 안쪽 외피 역시 욕구에 해당하는 부분이다. 하지만 이 욕구는 사회적 욕구라는 점에서 코어 부분의 생물학적 욕구와는 구분된다. 인간에게 중요한 욕구이지만 다른 사회적 관계를 형성하는 동물들에서도 유사한 특성들이 관찰될 수 있다. 자존감(self-esteem), 인정(recognition), 애정(love), 지위(status), 또는 지배-통제(command-control) 등이 이에 해당한다. 이와 같은 욕구들은 인간이 다른 인간들과 사회적 관계를 형성하게 되면서부터 인간의 의지와 동기를 좌우하는 강력한 동인으로 작동하게 된다. 인간은 출생과 함께, 부모와 다른 형제들과의 사회적 관계를 갖게 되면서 이와 같은 욕구들이 형성, 발달하게 된다. 이후 인간은 성장하면서 점차 어린이집, 학교, 군대와 직장, 지역 공동체, 다른 사회적 모임, 그리고 방송, 미디어 등의 원격정보통신을 통해 사회적 관계를 확장시켜가면서 이와 같은 욕구들이 다양화되고 확장되며 정교화하게 된다. 최근 들어 온라인을 통한 가상세계의 확장으로 이와 같은 인간의 욕구는 현실공간을 넘어 가상공간으로 확장되었다.

세 번째 층은 이 내부 외피를 둘러싸고 있는 가장 바깥쪽의 외피이다. 이를 도덕적 또는 가치적 욕구로 정의할 수 있다. 이 부분에서는 인간의 보다 추상적인 도덕적 또는 규범적, 가치적, 신념적, 이데올로기적 욕구들을 관할한다. 정의, 공평, 평등, 애국심, 선악, 옳고-그름 등과 같은 추상적인 관념에 대한 추구 또는 그와 같은 추상적인 가치를 실현하는 것에 대한 욕구 등이 이에 해당된다. 이는 흔히 자아실현의 욕구와도 관련이 있다. 하지만 중요한 점은 이와 같은 욕구들은 종종 스스로의 실체로 존재하기보다는 보다 내면에 있는 생물학적, 사회적 욕구들을 포장하는 포장지로 기능한다는 점이다. 바꾸어 말하면, 종종 이와 같은 가치적 욕구들은 실제로 자신의 생물학적, 사회적 욕구들을 그럴듯하게 감추어 그와 같은 생물학적, 사회적 욕구들을 실현하는 주요한 수단으로 이용된다는 점이다. 예를 들면, 사회개혁, 공정과 정의, 독재에 대한 저항, 부패척결, 민족, 통일, 반일 등의 가치를 표면적으로 주장하지만 그 내면에는 그러한 가치들을 주장하는 개인의 물질적 부과 성욕, 자기보호의 욕구 등과 같은 생물학적 욕구나 지위-자존감, 과대망상증의 충족, 지배통제욕구 실현, 나르시시즘의 충족을 통한 쾌락 등의 사회적 욕구를 실현하려는 동기가 감추어져 있고 이와 같은 숨은 동기들을 실현하기 위한 수단으로 이와 같은 규범적, 가치적 욕구들이 이용된다. 이는 규범적, 가치적 욕구들의 주장은 그 주장자를 도덕적으로 매력적으로 만들어 다른 사람들의 지지와 관심을 포집할 수 있으며 이를 자산 또는 지렛대로 그와 같은 추종자들에게 영향력을 행사함으로서 자신의 생물학적, 사회적 욕구들을 실현시킬 수 있기 때문이다. 따라서 어떤 정치인이 자신이 사회개혁과 국가발전, 평화와 안정, 또는 역사발전 등을 위해 대통령 또는 국회의원이 되어야 한다고 주장한다면 이와 같은 주장 속에는 (내가 아니면 안 된다는 또는 내가 그 주체가 되어야 한다는) 과대망상증 또는 나르시시즘이 깔려있다. 종종 이와 같은 규범적, 가치적 욕구들을 주장하는 사람도 자신이 갖고 있는 다른 다양한 욕구들과 이 가치적 욕구들이 서로 연동되어 있다는 사실을 의식하지 못한다. 예를 들면, 어떤 이가 표면적으로 성매매나 동성애, 낙태, 환경 등의 문제를 지적하면서 그것과 관련된 인권과 환경보호 등의 가치에 대해 주장할 때 실제로는 그 사람이 자신이 중요한 역할을 하거나 자신이 다른 사람들의 생각과 행동에 영향을 미치고 있다는 사실의 확인을 통해 나르시즘적, 지배통제적, 또는 과대망상적 욕구의 충족을 추구할 수 있다.

일반적으로 한 개인에게는 이와 같은 생물학적, 사회적, 가치적 욕구들이 서로 함께 존재하며 종종 서로 충돌하는 경향이 있다. 인간은 다양한 욕구들을 동시에 함께 추구한다. 또한 하나의 욕구가 실현되면 거기에서 멈추지 않고 다른 욕구들을 끊임없이 추구한다. 이는 인간의 자연스러운 본성이다. 인간의 생물학적, 사회적 욕구는 가치적 욕구나 주장들에 의해 교묘하게 감추어져 있고 매우 은밀하고 왜곡된 방식으로 사회적 욕구추구를 매개로 표출된다. 이처럼 인간의 생물학적, 사회적 욕구와 규범적, 도덕적, 가치적 주장은 서로 다른 영역에서 병행해서 존재하며 매우 긴밀하게 연계되어 있다. 대체로 가치적, 규범적 욕구들은 주장이나 요구 등의 형태로 명시적으로 외부로 분명히 표출된다. 반대로 생물학적, 사회적 욕구들은 그 사람의 진심이나 필요와 관련이 있으며 외부로 표출되지 않는 채로 그 사람의 마음속에 은밀히 숨어 있다.

따라서 종종 우리는 한 개인의 주장과 진심이 다르거나 요구(demand)와 필요(necessity)가 다른 경우를 접하게 된다. 이는 이 둘이 서로 다른 실체이기 때문이다. 진심이나 필요를 직접 알기는 어려우며 이를 알기 위해서는 밖으로 표명되는 주장이나 요구를 통해 추정해야 한다. 우리가 이 진심이나 필요를 파악하는 것이 필요한 이유는 이 진심이나 필요가 한 개인의 현재의 생각과 행동을 이해하고 미래의 생각과 행동을 추정하며, 동시에 그에 영향을 미칠 수 있는 단서를 우리에게 제공하기 때문이다. 명시적인 주장이나 요구와 진심 또는 필요를 면밀히 구분하는 것은 여러 다양한 거래나 협상, 싸움이나 전쟁 상황에서 상대방을 정확히 분석하고 자신이 원하는 결과를 이끌어내기 위해 매우 중요하다. 예를 들어 인질협상 상황에서 인질납치범이 인질의 신체의 일부, 즉 귀나 손가락을 잘라 보내면서 자신이 정한 데드라인 시점까지 인질의 몸값을 제공하지 않는다면 인질을 죽이겠다고 협박할 경우 어떻게 해야 할까? 정답은 무시하는 것이다. 이 주장은 진심이 아니다. 인질의 몸의 일부를 자른다는 것은 인질을 죽이지 않겠다는 의미이다. 이는 인질납치범이 인질의 생명을 중요하게 생각한다는 것이 아니라 인질을 살려두는 것이 인질납치범에게 이익이기 때문이다. 인질납치범은 인질을 다른 무엇인가와 교환하고자 하는 것이고 그 교환하고자 하는 무엇인가가 인질납치범이 진심으로 원하는 것이다. 애초에 인질이 교환의 가치를 가지지 않았다면 인질납치범이 인질의 신체의 일부를 자르는 수고를 하면서까지 인질의 목숨을 살려둘 필요가 없었을 것이다. 그렇다면 인질납치범은 돈을 원할까? 그럴 수도 있고 그렇지 않을 수도 있다. 돈을 요구한다고 해서 실제로 인질납치범이 돈을 필요로 하는 것은 아닐 수도 있다. 인질협상 교육에서 이 차이는 거듭 강조된다. 요구는 필요를 추정할 수 있는 한 단서이지 그 요구 자체가 필요는 아니다. 그럴 수도 아닐 수도 있다.

인질협상에서의 그와 같은 원칙들은 국제정치와 국내정치, 사회, 경제의 여러 측면을 이해하는데 매우 유용한 정보를 준다. 북한이 서울을 불바다로 만들 것이라고 주장한다고 해서 그것이 그들의 진심은 아니다. 그럴 수도 있지만 아닐 수도 있다. 서울을 불바다로 만들 것이라면 핵미사일을 쏘면 된다. 북한이 핵미사일을 서울에 쏘기로 결정하고 행동에 옮기면 그만이다. 실제 공격행동을 위해서는 사전 경고를 하지 않는 것이 전략적으로 더 유리하다. 그들은 실제로 한국전쟁 시에 그렇게 했다. 공격을 준비하는 개는 짖지 않는다. 협박을 한다는 것은 아직은 실제로는 그렇게 할 생각이 없다는 것의 반증일 수 있다. 이는 그들이 한국 사람들에 대한 연민의 정이 있어서가 아니다. 그렇게 했을 때 치러야 할 대가로 인해 그렇게 해야 할 실익이 없기 때문이다. 그들이 서울을 불바다로 만들 것인가 아닌가는 한국이 평양을 불바다로 만들 보복 능력과 의지가 확실하고 신뢰성이 있는가에 달려있다. 그리고 그와 같은 보복능력과 의지는 우리가 스스로 통제할 수 있는 변수이다. 한국에게 보복 능력과 의지가 있는 한 북한의 주장은 진심이 아니며 그들의 요구는 실제로 그들이 한국으로부터 원하는 필요와는 다를 수 있다. 누군가가 대중 앞에서 정의와 공정을 주장한다고 해서 그것이 그 또는 그녀의 진심은 아니다. 그럴 수도 있고 아닐 수도 있다. 그 또는 그녀의 진심은 정의와 공정을 주장함으로서 이후에 자신에게 주어지는 명예, 타인의 인정, 소득, 지위 등일 수도 있다. 이런 맥락에서 그 또는 그녀의 요구는 그 또는 그녀의 필요는 아니다. 대중으로부터 지지와 찬사는 정의나 공정을 주장하는 자의 명예욕을 충족시켜주며, 인정에 대한 욕구를 해소해주고, 높은 소득과 지위, 권력을 제공해준다. 그 또는 그녀는 정의와 공정에 대한 교환의 대가로 스스로의 필요를 채운다. 사기꾼이 좋은 사업기회라고 속삭이는 것은 자신에게 돈을 달라는 얘기이고, 전통과 유산을 지켜야 한다고 주장하는 자는 다른 사람들이 그렇게 하는 것이 자신에게 경제적, 사회적 이익이 되기 때문이다. 인권을 주장하는 자는 그렇게 하는 것이 자신의 소득과 출세에 유리하기 때문이다. 결국 주장은 진심이 아니며, 요구는 필요가 아니다. 어떤 사람들은 주장으로 자신의 진심을 숨기며 필요를 요구로 포장한다. 또 다른 사람들은 자신의 진심과 필요가 무엇인지 파악하지 못한 채 주장하고 요구한다. 그들은 스스로의 주장과 진심, 요구와 필요를 구분하지 못한다. 주장과 요구는 진심과 필요를 추정하는 하나의 단서로서 의미를 가질 뿐이다.

종종 생물학적, 사회적 욕구 추구와 관련된 인간의 본성을 이념이나 규범, 도덕, 종교 등으로 억제하고 바꾸려고 시도하기도 하지만 이러한 시도는 대체로 실패한다. 이는 생물학적, 사회적 욕구는 인간의 생각과 행동을 결정하는 상수에 해당하기 때문이다. 때문에 이에 대한 변경을 통해 인간의 생각과 행동을 바꾸려는 시도는 거의 예의 없이 의도치 않은 부작용과 함께 실패로 끝난다. 20세기 초반 미국의 금주법(Prohibition Law)의 사례나 공산주의 실험, 부동산문제를 해결하기 위해 "집에 대한 생각을 바꾸려는 주장이나 정책들," 그리고 조선의 성리학적 이상주의의 실험 등이 그에 해당하는 좋은 사례들이다. 인간의 생각과 행동이 y 결과변수라면, 그에 영향을 미치는 독립변수들은 x에 해당한다. 이를 $y = a + bX1 + cX2 + \ldots + e$로 표현할 수 있다. 여기서 a는 변하지 않는 상수 또는 constant이다. 인간의 물질적 탐욕이나 성욕, 자기보존의 본능과 인정의 욕구 등과 같은 생물학적, 사회적 욕구들은 변수에 해당하는 x가 아니라 상수에 해당하는 a이다. 따라서 조작 불가능한 요소이다. 만약 이를 조작하려 한다면 막대한 사회적 비용과 고통을 수반한다. 북한이 아직도 "주체사상"이라고 알려진 인간의 생각을 바꾸는 작업을 마무리하지 못한 것을 봐도 잘 이해할 수 있다. 물론 그에 대한 대가는 매우 크다. e는 사회현상에서 통제할 수 없거나 예측할 수 없는 에러 또는 오차에 해당한다.

흔히 다양한 차원의 욕구들이 서로 충돌하게 되는 경우 보다 원초적인 욕구들 즉 생물학적 욕구나 사회적 욕구가 언제나 보다 덜 원초적이고 표면에 속한 피상적인 가치적 욕구들보다 더 우세하게 선택된다. 따라서 어떤 한 개인에게 민족의 가치와 사회정의 등의 피상적 규범적 가치들과 부에 대한 갈망과 같은 생물학적 욕구가 동시에 공존하고 서로 충돌하게 된다면 그 개인이 후자를 선택하는 것은 예외적이거나 비정상적인 것이 아니다. 인간의 자연스런 정상적이고 일반적인 반응일 뿐이다.

욕구의 충족과 관련하여 서로 다른 차원 또는 영역의 욕구들이 서로 충돌하게 되는데 이때 인간은 인지부조화(cognitive dissonance)를 경험한다. 인간은 생물학적 욕구를 충족시키면서 동시에 사회적 욕구를 충족시키고, 그리고 또한 가치적 욕구를 충족시키고 싶어 한다. 즉 인간은 부자이면서 동시에 다른 사람들로부터 인정이나 사랑을 받고 지배통제를 하면서 도덕적인 인물로 비쳐지고 자신이 옳다고 믿는 가치를 자신이 정한 민족이나 국가, 사회, 계급 등의 준거집단에서 실현하고 싶어 하는 것이다. 하지만 이와 같은 서로 이질적이고 종종 충돌하는 욕구들을 동시에 추구하는 것은 인지부조화로 이어진다. 인지부조화는 해당 개인에게 심리적 긴장과 불안정을 가져다준다. 때문에 인지부조화를 해소하고자 하는 심리적 방어기재가 작동하게 된다. 요즘 유행하는 "내로남불"이라는 단어는 서로 이질적인 욕구들을 함께 추구함으로서 발생하는 인지부조화를 해소하기 위한 심리적 방어기재를 의미한다고 볼 수도 있다.

인간은 이 경우에 사적 영역과 공적 영역을 구분함으로서 인지부조화를 해소하려고 시도하기도 한다. 즉 사적영역에서 작동하는 욕구와 공적영역에서 추구하는 욕구를 철저하게 의식적, 무의식적으로 분리함으로서 사적 영역의 생물학적, 사회적 욕구와 공적영역의 가치, 규범적 욕구의 충돌을 해소하는 것이다. 이렇게 인지부조화를 해소함으로서 내면의 평화를 회복한다.

욕구충족을 향해 움직이도록 추동하는 힘은 의지이며 이 의지는 회피동기와 접근동기라는 두 개의 서로 다른 엔진으로 구성되어 있다. 회피 동기는 주로 시간 프레임 상 단기적인 욕구추구와 관련이 있다. 회피 동기는 실직, 구직실패, 재산이나 지위의 박탈 등과 같은 예상되는 바람직하지 않은 상황에 대해 회피하고자하는 욕구이다. 접근동기는 주로 시간적으로 중, 장기에 해당하는 욕구들과 관련이 있다. 이는 사업의 성공, 강남 고가 아파트의 구입, 직장에서의 성공, 사회적으로 높은 지위의 획득 등과 같은 미래의 바람직한 상황을 추구하는 욕구이다. 이와 같은 시간 프레임과 관련된 회피동기와 접근동기의 특성 때문에 선거 캠페인이나 광고와 같은 인간의 마음을 얻어야 하는 작업에서는 회피동기와 관련된 욕구들을 자극하는 제안들은 단기목표로 접근동기와 관련된 욕구들을 자극하는 제안들은 장기목표로 배치하는 것이 효과적이다. 물론 각 개인들의 성격적 특성에 따라 어떤 동기에 더 잘 반응할 것인가도 차이가 있다.[2]

서로 다른 욕구들이 충돌함으로서 인지부조화가 나타나는 것처럼, 욕구충족을 위한 의지가 현실이라는 벽에 부딪혀 좌절될 때도 마찬가지로 인지부조화가 발생한다. 인지부조화의 출처는 ① 자신이 원하는 긍정적인 목표의 성취가 실패하였을 때, ② 긍정적인 자극이 소멸하였을 때, 또는 ③ 부정적인 자극에 직면하였을 때이다. 인간은 고가 아파트나 물질적 풍요, 선호하는 직장이나 학교에 들어가는 것 등의 긍정적인 목표를 실패하였을 때 인지부조화를 경험하는데 이는 자신의 기대와 실제현실간의 간극 때문이다. 긍정적인 자극이 소멸한 것은 이혼이나 가족의 붕괴, 실직 등과 같이 자신이 소중하고 가치 있게 여기는 것들이 갑자기 사라지게 됨으로서 경험하게 되는 인지부조화이다. 부정적인 자극에의 직면은 차별이나 소외, 학대의 경험이나 재난의 경험, 범죄나 전쟁 또는 다른 피해의 경험에 처하게 되는 것을 의미한다. 이와 같은 인지보조화를 경험할 때 인간은 대체로 그와 같은 결과나 상황에 대한 귀책

---

2 김경일, 지혜의 심리학, 2판 (서울: 진성북스, 2019), pp. 132-150.

사유를 자신의 노력부족이나 무능력, 부주의, 게으름, 어리석음 등과 같이 스스로에게 돌리기보다는 사회구조적 모순, 불공평이나 불공정, 사회제도적 차별, 운명 등과 같은 자신이외의 다른 누군가의 탓으로 돌리는 경향이 크다.3

한편 인지부조화의 긴장(strain)이나 스트레스(stress)는 분노(anger), 우울(depression), 죄의식(guilty consciousness), 공포(fear), 좌절(frustration), 낮은 자존감(low self-esteem)등의 부정적인 감정들로 이어진다. 다시 이러한 부정적 감정들은 문제해결을 위한 여러 대응전략(coping strategy)의 모색으로 이어진다. 인간의 의지를 추동하는 힘은 이 여러 대응전략의 모색과도 관련이 있다.4

욕구실현의 의지로 인해 인간은 각자의 감정적, 정서적 취약점(weak point)을 가진다. 욕구실현의 의지는 회피동기와 접근동기, 그리고 인지부조화로 겪게 되는 부정적 감정들이라는 에너지에 의해 추동된다. 욕구실현의 좌절과 이로 인한 부정적 감정들은 해당 개인들로 하여금 여러 다른 대안적 방법이나 전략들을 모색하도록 이끌게 되는데 이 때문에 이 부정적 감정들은 각 개인의 감정적, 정서적 취약점이 된다. 때문에 이 취약점을 터치하게 되면 해당 개인으로 하여금 특정한 생각이나 행동을 하도록 만들거나 하지 않도록 만들 수 있다. 이 취약점은 마치 폭탄의 뇌관에 해당한다고 비유할 수 있다. 뇌관을 터치하면 폭탄이 터지는 것처럼 이 취약점을 터치하면 인간의 생각과 행동을 (터치하는 주체가 의도하는 대로) 이끌 수 있다. 이 취약점은 종종 한 개인의 무의식속에 위치해있으며 합리적 계산이나 이성적 판단의 영역보다는 즉각적, 원초적, 비합리적, 비이성적 정서와 감정의 영역과 연결되어 있다.

취약성은 해당 개인마다 다르게 나타날 수 있는데 이는 각 개인이 겪게 되는 욕구실현의 의지와 좌절, 그리고 인지부조화와 부정적 감정들이 해당 개인의 인생경로에 따라 다양하기 때문이다. 예를 들면, 사법시험 합격을 통한 출세의 욕구가 좌절되는 경험은 이에 대한 대안적 출세경로인 사회운동을 통한 타인들로부터의 인정욕구충족 또는 사회적 영향력 획득이라는 대안전략의 선택으로 이어질 수 있다. 이때 이러한 특정 개인의 정서적 취약점은 출세, 지위상승, 지배-통제 등에 대한 강렬한 욕구실현 의지이다. 이와 같은 취약성은 어떤 개인에게는 이성에 대한 성욕일 수 있으며, 어떤 개인에게는 신변이나 경제적 안전에 대한 욕구, 어떤 개인에게는 인정에 대한 욕구

---

3 Ronald L. Akers, Criminological theories, 3rd ed. (Los Angeles: Roxbury, 2000), pp. 158-161.
4 Ibid.

일 수 있다. 자신의 낭만적이고 이국적인 여행이나 음식사진을 인스타그램에 올리는 행위는 인정에 대한 욕구충족의 갈망일 수 있다. 자신의 시나, 수필, 또는 다른 누군가의 권위 있는 글귀 등을 SNS에 올리는 행위들은 자신의 지식과 현명함, 높은 교양 수준을 알림으로서 다른 사람들로부터 인정을 받고자 하는 인정욕구 또는 자신의 우월함을 재확인하는 지배-통제의 욕구일 수 있다. 요즈음 흔히 관찰되는 특정 인물에 대한 팬덤현상은 그 해당 인물과 자신을 동일시함으로서 자신의 지위-자존감, 지배-통제, 또는 나르시시즘이나 과대망상증을 충족하려는 욕구실현의 의지일 수 있다. 특정인물을 지지함으로써 또는 그 지지그룹의 일원으로서 자신의 정치사회적 지배-통제력을 재확인하거나 또는 사회개혁, 정치개혁 등과 같은 개혁을 추동하는 일원으로서의 자신의 역사발전과정에서의 중요성을 재확인함으로써 자신의 인정욕구, 지배욕구, 나르시시즘 등을 재확인할 수 있는 것이다.

이와 같은 각 개인의 취약점들은 그와 같은 개인을 이용하고자 하는 행위자로서는 매우 결정적인 공략지점이 된다. 공작원을 포섭하는 정보관들, 신도를 포섭하는 사이비종교 교주들, 고객을 공략하는 광고업자들, 피해자를 물색하는 사기범들, 자살폭탄테러 자원자를 포섭하는 테러리스트들, 표를 구하는 선거 캠페인의 전략가들은 모두 이와 같은 취약점을 파고들려고 노력한다. 특히 빅데이터와 공개출처정보분석, 머신러닝과 인공지능 등의 정보처리기술이 높은 수준으로 발전한 오늘날은 이와 같은 취약성을 식별하고 터치하는 작업이 매우 정교하게 구현될 수 있다. 미래에는 이와 같은 개개인의 취약점에 대한 공략이 더욱 고도화되고 정교해질 것이다. 따라서 개개인의 욕구실현의 의지를 조종함으로서 해당 개인의 생각과 행동을 컨트롤할 수 있는 가능성이 더욱 커질 것이다.

인간의 욕구실현의 의지는 "거래" 또는 "폭력"이라는 수단을 통해 다른 사람들을 대상으로 관철된다. 이 "거래"에 해당하는 영역은 경제이다. 경제는 교환을 통해 인간의 욕구를 실현하는 활동이다. 잘 알려진 것처럼, "수요와 공급의 원칙"이 이와 같은 인간들 간의 교환활동을 관할한다. 한편 잘 알려지지는 않았지만 "폭력"에 해당하는 영역은 전쟁활동 또는 싸움활동이다. 인간은 자신들의 폭력을 사용하여 다른 상대방을 압박, 약탈함으로서 자신의 욕구를 실현한다. 이러한 방식의 약탈활동을 관할하는 자연법칙은 "약탈(또는 강탈)과 마찰(또는 저항)"의 원칙이다. 약탈은 약탈 주체의 공격 의지의 크기이며, 마찰은 이 약탈에 저항하는 저항 주체의 저항 의지이다. 클라우제비츠가 전쟁은 의지와 의지의 충돌이라고 지적한 것은 이 약탈-마찰의 충돌

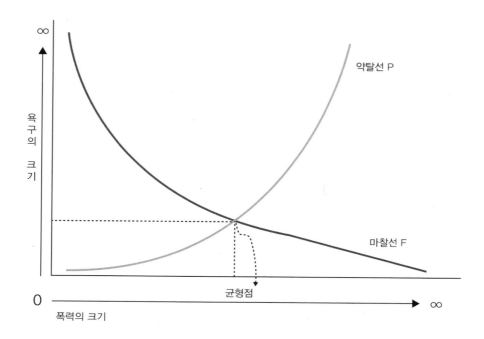

| 그림 1 | 폭력의 크기와 욕구의 크기

로 이해될 수 있다. 인간은 폭력을 사용하여 욕구를 실현하기 위해 자신의 약탈의지를 상대방에게 강요한다. 이때 상대방이 가지는 폭력의 크기와 연동된 마찰의지에 의해 억제 또는 견제된다.

위 그림에서 가로축은 폭력의 크기를 나타내며 폭력의 크기는 0에서 무한대(∞)로 향한다. 세로축은 약탈자의 욕구의 크기를 나타내며 역시 0에서 무한대(∞)로 향한다. 약탈선(P: Plunder) 또는 약탈의지의 선은 기하급수적으로 우상향한다. 폭력의 크기가 커질수록 욕구의 크기도 증가하는데, 이 증가는 마찰선에 의해 억제되는 균형점에 도달하기까지는 천천히 증가하다가 마찰선을 돌파하고 더 이상 상대방의 저항을 받지 않게 되는 마찰선 위의 공간에 진입하게 되면 폭력의 크기의 증가에 따른 욕구의 크기가 기하급수적으로 빠르게 증가하게 된다. 이는 현실에서 폭력적 학대가 어느 분기점을 넘으면 급격히 그 정도와 빈도수가 심해지는 것으로도 확인될 수 있다. 반대로 마찰선(F: Friction)은 상대방(저항자)의 폭력의 크기와 약탈자의 욕구의 크기에 영향을 받는다. 저항자의 폭력의 크기가 클수록 약탈자의 욕구는 급격히 줄어들며 저항자의 폭력의 크기가 0으로 수렴할수록 약탈자의 욕구는 급격히 증대되게 된다. 따라서 위의 마찰선(F)과 같은 모양의 아래로 기하급수적으로 우하향하는 곡선의 형태를 띤다. 약탈선이 마찰선에 도달하지 못한 마찰선 아래의 공간은 약탈자가 저항자의 마찰의지에 의해 억제되며 욕구불만족을 경험하게 된다. 반대로 약탈선이 마찰선을 돌파한 마찰선 위의 공간에서는 약탈자는 욕구만족 상태가 되며 저항자는 약탈자에 의해 지속적인 약탈-피해를 경험하게 되며 지속적인 욕구불만족 상태가 된다.

위의 그림은 만족스럽지는 않지만 대체로 이러한 약탈-마찰의 관계와 두 서로 충돌하는 행위자 사이의 힘과 만족의 균형점에 대해 보여준다. 인간은 폭력을 사용하여 욕구를 실현하기 위해 자신의 약탈의지를 상대방에게 강요한다. 이때 상대방이 가지는 마찰의지에 의해 억제 또는 견제된다. 이 약탈의지와 마찰의지가 서로 부딪히는 힘의 균형점에서 최적 폭력의 크기와 실현 또는 충족할 수 있는 욕구의 크기가 결정된다. 이 힘의 균형점에서 약탈자와 저항자(또는 마찰자)의 견제와 균형(check and balance)이 이루어지고 양 충돌주체간의 욕구만족과 불만족, 가해와 피해 등의 균형이 이루어지며, 평화가 유지된다. 또한 이 지점에서 약탈자는 욕구실현을 위한 다른 수단인 거래 또는 협상을 시작할 수 있다. 이는 약탈자가 더 이상 현재 자신이 보유하고 있는 정도의 폭력 크기를 통해서는 스스로의 욕구를 실현할 수 없다고 인지하기 때문이다. 또는 약탈자는 자신이 가지고 있는 상대적인 폭력의 크기 자체를 키우거나, 예를 들면 군사력의 증강이나 자신의 싸움능력을 키우는 것과 같은, 아니면 현재 자신이 보유한 정도의 폭력으로 다른 보다 약탈이 쉬운 상대를 찾아 타깃을 이동할 수도 있다.

III

전략과 국가전략

◆ ◆ ◆

1. 전략의 의미

전략(strategy)이란 나의 의지(또는 욕구)를 상대방에게 관철시키는 방법을 의미한다. 나의 의지는 나의 이해(interest) 또는 이익들로 이루어진 총합이다. 전쟁은 그와 같은 나의 의지가 적의 이해 또는 이익들로 이루어진 총합인 적의 의지와 충돌하는 것이다. 이와 같은 전쟁, 즉 나의 의지와 적의 의지(나의 입장에서 이는 저항 또는 마찰에 해당한다)가 충돌하는 상황에서, 나의 의지를 관철시키는 활용예술(art) 또는 방법과 관련된 것이 전략이다.[1]

종종 전략을 전장 환경이나 전쟁에 사용되는 수단과 혼동하는 일이 있다. 예를 들어 선거 전략을 이슈 또는 바람과 인물, 그리고 구도로 이해하는 것은 전략을 잘못 이해하고 있는 것이다. 선거가 치르지는 특정시기에 유권자들을 사로잡는 이슈나 분위기가 어떠하며, 어떤 인물이 유력 후보로 나오고, 진영 간, 세력 간 구도가 어떻게 형성되어 있는지 등은 선거 전략이 아니라 해당 선거가 치르지는 선거라는 전장 환경 즉 어디에서(where)에 해당한다. 전략은 그것이 선거 전략이건 전쟁 전략이건 이 어디에서(where)가 아니라 이와 같은 환경에서 어떻게(how) 나의 가용 자원과 병력과 무기(또는 수단)를 사용해서 궁극적으로 나의 의지를 관철시키는 승리를 쟁취할 것인가에 해당한다. 마찬가지로 전략은 자원과 병력, 그리고 무기(또는 수단) 그 자체를 의미하는 것도 아니다. 전쟁에서 승리하기 위해 소요되는 자원과 병력을 얼마나 확보하고 훈련 등을 통해 병력의 전투능력을 얼마나 높이고 어떤 무기와 물자를 확보하는

---

1 박창희, 『군사전략론: 국가대전략과 작전술의 원천』, (서울: 플래닛미디어, 2013), pp. 101-103.

가하는 문제는 전쟁 수행과 관련된 직접적인 전략이 아니다. 이는 전쟁준비를 의미하며 무엇을 가지고(with what)에 해당하는 문제이다. 전략은 가용할 수 있는 자원과 병력, 수단을 어떻게 주어진 전장 환경에서 활용할 것인가의 문제이다. 따라서 누가 탄도미사일의 확보나 로봇이나 드론 등의 첨단 무인전투체계 확보 그 자체를 군사전략이라고 말한다면 그는 전략을 잘못이해하고 있는 것이다. 마찬가지로 치안전략은 경찰력의 강화나 장비의 도입, 시스템의 정비 그 자체는 아니며 범죄예방 또는 범죄와의 전쟁 수행 그 자체와 관련이 있는 것이다. 전략은 자원과 수단의 확보 그 자체는 아니며 그러한 자원과 수단을 전장 환경에 적용하여 승리를 위해 적절히 활용하는 것과 관련이 있다.[2]

2. 전략과 다른 관련 개념들

전략은 다른 관련 개념들인 전술(tactics)과 작전술(operational arts), 그리고 비전(vision) 등과 위계적으로 연계되어 있다. 하지만 그와 같은 관련 개념들과는 분명히 차별된다. 통상적으로 전략이라는 개념은 넓은 의미와 좁은 의미 두 가지 차원에서 사용된다. 넓은 의미의 전략은 전략과 전술, 작전술과 비전을 모두 포괄하는 의미로 사용된다. 이 경우에는 의지의 관철, 목적 실현, 또는 승리를 위해 주어진 환경에서 주어진 자원과 병력, 수단을 활용하는 모든 활용술(art) 또는 방법을 통칭한다. 한편 보다 좁은 그리고 엄밀한 의미에서의 전략은 비전과 작전술, 전술 등과 위계적으로 연계되어 있다. 비전은 가장 상위에 있는 개념이다. 비전은 가장 추상적이고 시간적으로 장기적이며, 공간적으로 넓고, 궁극적인 목표에 해당한다. 비전에서부터 상대적으로 보다 구체적이고 시간적으로 단기적이며, 공간적으로 협소하고, 궁극적인 목표에 도달하는 단계적 목표에 해당하는 순서로 전략과 작전술, 그리고 전술이 위치한다. 전술은 따라서 가장 구체적이고 시간적으로 단기적이며, 공간적으로 협소하고, 가장 세부적인 단계적 목표달성 방법에 해당한다. 전술이 모여 작전술을 이루고 작전술이 모여 전략이 되며 전략이 모여 궁극적인 비전의 달성으로 이어진다. 따라서 비전과 전략, 작전술과 전술은 궁극적인 비전을 기점으로 서로 연계되어야 하며 일관되게

---

2 Ibid, pp. 88-100.

통합되어야 한다. 전략은 따라서 비전을 실현하기 위한 (작전술과 전술에 비해 상대적으로) 보다 추상적이고 시간적으로 장기적이며, 공간적으로 넓은 범위의 목표달성과 관련된 활용술 또는 방법에 해당한다고 볼 수 있다.[3]

한 개인이 부자가 되기 위한 의지 또는 욕망을 어떻게 실현할 것인가의 사례를 들어 전략과 다른 개념들과의 상대적 관계를 살펴볼 수 있다. 어떤 개인의 개인적 의지 또는 욕망이 부자가 되는 것이라면 이는 비전에 해당한다. 자신의 연소득, 현재 가지고 있는 자산, 그리고 활용할 수 있는 대출 등 여러 가용 자원을 어떻게 활용할 것인가는 넓은 의미의 전략에 해당한다. 이 전략이 수행되는 시기의 경제상황이나 투자환경, 사람들의 문화와 생활양식 등은 환경조건에 해당한다. 전략은 다시 작전술과 전술로 나눠진다. 작전술은 전략의 하위개념에 해당하며 전략을 보다 구체화한 형태이자 전술과 전략을 이어주는 다리 역할을 한다. 예를 들어 어떤 개인이 부자가 되기 위한 방편으로 부동산 투자전략을 세웠다면 서울 주요 지역의 부동산 구매를 위한 계획과 방안은 작전술에 해당할 수 있다. 전술은 다시 이와 관련하여 구체적인 자금조달, 특정한 지역의 특정한 부동산 매물과 같은 구체적인 매물선택, 구입시기 선택 등과 관련된 방법들에 해당한다. 이처럼 비전과 전략, 작전술, 그리고 전술은 보다 추상적이고 거시적인 수준에서 보다 구체적이고 미시적인 수준으로 서로 연계되어 있다. 이처럼 비전-전략-작전술-전술이 서로 유기적으로 연계되고 보다 상위 단계의 목표 실현을 위해 하위의 개념들이 서로 같은 방향을 향해 통합되어야 한다.

전략과 다른 개념들과의 관계는 상대적이다. 예를 들면 전략은 활용주체와 목표, 그리고 적용범위 등에 따라 작전술이 될 수도 있고 반대로 작전술이 전략이 될 수도 있다. 한반도 전쟁전략은 한국의 입장에서는 전략수준에 해당할 수 있지만 미국의 입장에서는 인도-태평양 전구에서의 전쟁전략 수행을 위한 한 부분으로서의 작전술 수준에 해당한다. 따라서 비전-전략-작전술-전술 등의 각 수준별로 서로 다른 개념들을 상대적으로 이해할 필요가 있다. 한국에게 북한의 비핵화(또는 한반도 비핵화)는 한반도에서의 평화실현을 위한 궁극적인 전략목표에 해당하겠지만 미국이나 중국, 러시아 등의 입장에서는 북한의 비핵화는 자신들의 글로벌 패권경쟁을 위한 하위영역의 동아시아-서태평양 지역군사전략의 한 부분에 해당한다. 따라서 이들 글로벌 패권게임 참여자들에게 북한 비핵화는 더 핵심적인 보다 상위의 인도-태평양 전구(theater)

---

3 노양규, 『작전술』, (충남: 충남대학교 출판문화원, 2016), pp. 21-42.

또는 글로벌 군사전략 차원에서의 경쟁세력과의 군사력 균형유지를 위한 하나의 작전술 수준의 의제에 불과하다. 즉 이들에게 북한 비핵화는 보다 상위의 자신들의 전략 목표실현을 위한 필요조건이지 충분조건은 아니다.

한국과 같은 지역 중견국가가 주변 글로벌 게임 참여자들과 경쟁하기 위해서는 이 비전-전략-작전술-전술의 상대적 수준의 오차문제를 반드시 확인하고 이 부분을 글로벌 게임 참여자에 맞추어 영점조정할 필요가 있다. 만약 그렇지 않다면 해당 중견국가는 전략적 옵션이 고갈되어 막다른 골목에 직면하거나 글로벌 게임 참여자들과의 경쟁과 협력에서 상당한 전략적 불이익을 경험할 수 있다. 예를 들면, 한반도 비핵화와 한미연합훈련 중단을 동시에 주장하는 중국의 이중동결(double freeze)논리에 대응해 한국은 동아시아 비핵화와 군사력 감축이라는 한반도보다 더 넓은 지역적 규모에서의 비핵화-군사력 감축을 주장하는 대응논리로 중국을 압박할 수 있다. 이를 통해 한국은 미국에 대한 글로벌 세력 경쟁을 염두에 두고 핵전력과 군사력을 강화하는 중국을 압박함으로서 한반도에서의 북한 비핵화 협상에서 보다 유리한 국면을 만들어 낼 수 있을 것이다. 즉 한국은 주변 글로벌 패권 경쟁자들과의 전략게임에서 스스로의 이익실현을 위해 글로벌 강대국처럼 사고하고 판단하고 대응할 필요가 있다.[4]

전략과 관련 개념들의 개별적 정의를 이해하는 것 보다 더 중요한 점은 전략과 관련 개념들의 상대적인 관계를 이해하고 이를 수준별로 유기적으로 연계시키고 통합시키는 것이다. 비전은 궁극적 목표이자 실현하고자 하는 의지이며, 전략은 이를 달성하기 위한 방법이다. 그리고 전략은 다시 필요에 따라 하위 단위의 전략으로 세분화될 수 있다. 즉, 한 국가의 물리적(physical), 정신적(spiritual) 주권의 확보와 번영이 해당 국가의 궁극적인 목표이자 비전이라면 이를 실현하기 위한 전략은 국가전략(또는 국가안보전략)이 된다. 그리고 이 국가전략은 다시 전쟁전략, 외교전략, 경제전략, 정보전략, 교육전략, 과학기술전략, 문화전략 등으로 세분된다. 전쟁전략은 다시 각 전장권역별로 아시아-태평양 전략, 유럽전략, 북극권전략 등으로 나눠진다. 작전술은 이렇게 세분화된 전략의 하위단위가 된다. 작전슬은 구체적으로 한반도, 동해, 오호츠크해, 타이완 해협 등에서 실제 병력과 무기 등을 활용해서 어떤 시나리오의 전쟁을 수행할 것인지에 대한 방안, 계획, 활용술로 구현된다. 한반도 국지전의 경우에는 서부전선, 중부전선, 동부전선에서의 전쟁수행 계획과 방법, 후방에서의 대분란전

---

4 Ibid, pp. 43-74.

(counter-insurgency) 및 민사작전의 수행 계획과 방안 등이 이 작전술에 해당한다. 전술은 다시 이 보다 하위 개념의 구체적인 작전지역(예를 들면 고지나 야외, 또는 메가시티 도심 등)에서의 병력과 무기운용과 관련된다. 여기서 중요한 점은 전술 운용과 목표는 작전술 운용과 목표와 위계적으로 통합되어야 하고 다시 작전술의 그것들은 전략의 그것들과, 그리고 다시 전략의 운용과 목표는 궁극적으로 비전과 연계되고 위계적으로 통합되어야 한다는 것이다. 따라서 추상-구체, 장기-단기, 넓은 범위-좁은 범위의 수직적 스펙트럼을 따라 비전-전략-작전술-전술이 매우 정교하고 치밀하게 연계되고 통합되도록 설계될 필요가 있다.5

3. 정책과 법령

일반적으로 정책(policy)과 법령(law and regulations)은 전술적 수준에 해당한다. 전쟁수행 또는 군사작전에 있어 가장 하위단위의 구체적이고 단기적인 병력과 무기의 운용은 전술에 해당한다. 하지만 평화 시 통상적인 국가기관의 구체적인 활동을 전술이라고 부르지는 않는다. 이 경우에 해당하는 국가기관의 활동을 우리는 일반적으로 정책수행(police implication) 또는 법령집행(law enforcement)이라고 부른다. 정책과 법령은 비전-전략-작전술-전술의 위계적 스펙트럼에서 전술의 수준에 해당하는 것으로 이해되어야 한다. 예를 들면, 경제발전전략의 수행을 위해 자유무역지대 법령제정과 집행, 인적자원개발 정책, 법인세 인하를 통한 투자유지 정책 등이 마련된다. 마찬가지로 사회안전전략의 추진을 위해 성범죄 예방정책, 음주운전 처벌강화 법안제정 및 집행, 사이버 스토킹 예방정책 등이 마련된다. 이와 같은 정책과 법령 등은 보다 상위의 전략목표와 유기적으로 통합되어 하나의 전략적 목표를 지향하도록 구성되어야 한다. 다시 이 전략적 목표들은 보다 상위의 비전과 연계되어야 한다. 즉 사회안전전략과 경제발전전략은 삶의 질의 향상이라는 보다 상위의 비전 달성을 위해 통합될 수 있다. 여기서 중요한 점은 정책과 법령은 전략과는 다르며 그 상대적 관계에서 정책과 법령이 전략의 하위 개념에 해당한다는 것이다. 따라서 정책과 법령은 보다 구체

---

5 신범식·윤민우·김규철·서동주, 『러시아의 사이버 안보』, (서울: 사회평론아카데미, 2021), pp. 64-87.

적인 수준에서 명확히 제시되어야 한다. 또한 전략적 목표에 대한 고려를 염두에 두고 다수의 정책과 법령이 디자인되어야 한다.[6]

전략과 법령 또는 정책의 위계적 관계가 역전될 때 그 보다 상위의 목표에 해당하는 중대한 자기의지실현의 실패 또는 자기이익의 침해가 발생한다. 과도한 법률 또는 규범 중심적 사고가 과잉강조되는 한국과 같은 국가에서 이러한 현상이 관찰될 수 있다. 통상적으로는 나의 의지의 실현 또는 나의 물질적, 권력적, 또는 심리적 이익의 관철이라는 비전 목표의 실현을 위한 방법으로 전략이 구성된다. 그리고 이 전략의 실현을 위한 수단 또는 도구로 법령이 선택되어 사용된다. 이때 법령은 사용되거나 사용되지 않을 수 있다. 법령은 전략 수행과 실현을 위한 도구에 해당하며 법령 이외의 수단이 사용될 수도 있다. 하지만 법령(그것이 국내법이든 국제법이든)이 과도하게 강조되는 사회에서 법령은 비전의 위치에 놓여질 수 있다. 예를 들면 칸트의 법철학은 절대주의적 도덕원리에 기초해 이와 같은 이성적 원칙의 최종형태인 계약으로서의 법령에 과도한 의미를 부여한다. "세계가 멸망하더라도 정의를 세워라(Fiat justitia, pereat mundus!)"라는 그의 말은 이와 같은 법령의 과잉강조를 통해 법령에 전략보다 상위에 해당하는 비전의 지위를 부여한 상징적인 표현이다. 세계가 멸망하면 생존과 물질적 번영이라는 나의 이익이 침해되는데 정의를 세우는 것이 무슨 의미가 있을까? 흥미로운 것은 한국의 법령과 정치, 그리고 교육 등에서 칸트의 법철학이 과도하게 지배적인 영향을 미치고 있다는 점이다. 한국 정부와 국민들이 이해할 수 없을 정도로 지나치게 국제기구, 세계시민, 세계의 영구평화, 환경, 인권, 경제적 평등 등과 같은 인류보편(?)의 윤리적인 문제에 관심을 가지는 것도 이와 같은 칸트 법철학의 과도한 영향과 관련이 없지 않아 보인다. 칸트의 법철학이 특히 한국에 자기-파괴적인 영향을 과도하게 미치게 된 데에는 단순히 근대 한국 국가건설과정에서 칸트주의 독일 법철학이 영향을 미쳤다는 것뿐만 아니라 한국의 전통적인 성리학적 윤리-세계관과 이 칸트주의 법철학이 상당한 유사성을 가진 것에도 주요하게 영향을 받았을 것이다. 어쨌거나 중요한 것은 이러한 법령의 과도한 강조는 종종 자기 이익을 스스로 침해하는 자기-파괴적인 결과를 가져온다는 점이다. 전술에 해당하는 법령이 자기 의지 또는 이익 실현을 위한 전략 수행의 기준이 됨으로써 꼬리가 몸통을 흔드는 현상이 발생하게 된다. 즉, 법령의 조문을 기준으로 전략을 어떻게 수행할 것

---

6 Ibid.

인지가 결정되는 역설적인 현상이 나타난다.[7]

법령과 정책을 전략실현의 하위 수단으로 이해하게 되면, 서로 다른 법령과 정책의 방안들이 제시되고 서로 충돌하는 입법의 과정과 정책결정과 집행의 과정은 그 자체가 전투행위라는 점을 이해할 수 있다. 국제기구나 회의에서 국제법과 협정, 협약을 둘러싼 이견과 충돌은 그 자체가 전투행위이다. 중국은 이러한 점을 인식하여 자신들의 전략개념인 삼전(Three Warfare)의 주요한 한 구성요소로 법률전(Legal Warfare)을 들고 있다. 국내정치에서 의회에서의 입법의 과정과 법률제정과 정책결정 및 집행을 둘러싼 논쟁과 갈등 및 대치는 그 자체가 각 국내 정치세력의 전략실현을 위한 전투의 과정이다. 법률과 정책을 둘러싼 전투는 비키네틱(non-kinetic)전의 특성을 보이는데 자신의 의지를 법률과 정책에 투영함으로서 규범적-가치적 정당성을 확보하고 의지 관철의 수단을 장악함으로서 전략적 목표 달성을 위한 결정적 고지를 장악하게 된다. 사이버 국제규범을 둘러싼 미국-서방의 "자유롭고 개방된 하나의 글로벌 인터넷 망" 원칙과 러시아-중국의 "디지털 웨스터팔리아" 원칙의 충돌, 국내정치에서 음주운전, 사이버스토킹, 애완동물학대 등과 같은 행위들이 범죄화되고 처벌되는 과정을 둘러싼 입법과 정책들은 이와 같은 법령과-정책을 둘러싼 충돌하는 세력들 간의 전투의 사례들이다. 결국 법령과 정책은 전략적 이해관철을 위한 전술적 수단이다.

흥미로운 점은 법령은 불안전하기 때문에 다른 여러 비법령적 전술적 수단들을 사용할 가능성들을 남겨준다는 것이다. 법령은 우선 "무엇인가를 하도록 규정하거나" 그렇지 않으면 "무엇인가를 하지 못하도록 규정한다." 때문에 법령에서 하도록 규정하지 않은 다른 많은 행위의 선택지들은 할 수 있는 것이다. 법령에서 A라는 행위를 하라고 규정한다고 해서 B, C, D의 행위들을 못하는 것은 아니다. 법령에서 언급한 바가 없으므로 여전히 할 수 있다. 한편 법령에서 B라는 행위를 하지 못하도록 규정한다면, 여전히 A, C, D의 행위를 할 수 있다. 같은 논리로 A, C, 그리고 D의 행위들을 하지 못하도록 법령에서 규정한 바가 없기 때문이다. 한편 법령은 언어 또는 단어로 표현된다. 언어는 상징적 상호작용의 수단이며 현실을 상징적인 형태로 암호화한(coding) 결과물이다. 때문에 그 추상성을 완벽히 걷어낼 수는 없으며 따라서 아무리 구체적으로 현실을 표현하고 묘사하더라도 여전히 언어가 현실을 100퍼센트 완

---

7 임미원, "칸트의 실천철학의 기초: 자율성과 사회계약론을 중심으로," 「법철학연구」, 22(3) (2019): pp. 191-224.

벽히 대표할 수 있는 것은 아니다. 불완전한 언어로 정의된 법령은 여전히 해석의 여지가 있다. 해석하는 주체는 이 여지를 활용하여 주도적으로 자신의 의지와 이익을 관철시킬 수 있다. 우리는 이와 같은 여지를 법령의 회색지대라고 부른다. 회색지대에서는 특정 행위를 실행하는 것이 불법일 수도 합법일 수도 있다. 때문에 법을 위반하지 않고 그와 같은 특정 행위를 실행할 수도 있다.

다음과 같은 예를 들어보자. 정부기관이 민간인을 대상으로 온라인상에서 공개된 정보를 조직적으로 수집하여 분석하는 것을 금지하는 법령이 있다. 그렇다면 정부기관이 국가안보에 위협이 되는 해커나, 조직범죄자들, 폭력적 극단주의자들, 또는 적국의 스파이들에 대한 온라인상의 정보활동을 법령이 개정되어 그와 같은 행위를 정부기관이 할 수 있도록 허락할 때까지 기다려야 할까? 기다릴 필요가 없을 수도 있다. 민간회사나 민간 연구자들에게 정보기관을 대신해서 그와 같은 온라인상의 정보활동을 의뢰하면 된다. 법령에서 민간인이 민간인에 대해 온라인상에서 정보활동을 하는 것은 언급된 바가 없기 때문이다. 실제로 미국이 주도하는 정보활동의 다중이해당사자주의(multi-stakeholderism)는 이를 보다 그럴듯하게 표현한 것이다.[8] 해외의 테러리스트나 마약 카르텔 보스를 사살하거나 체포하려면 어떻게 해야 할까? 해외에서 임무를 수행할 특수전 부대의 지휘통제 편제를 국방부 장관에서 정보기관 수장으로 변경하거나 현지에서 해당 타깃을 납치해서 자국 내 경찰기관에 간접적인 방법으로 인도하면 된다. 민간인인 정보기관 수장의 지휘명령을 받게 되면 타국에 특수전팀이 침투하더라도 국제법상의 군사침공에 해당하지 않는다. 지역 경찰이 출근길에 픽업한 마약조직의 보스는 해당 경찰기관의 우연한 발견이 된다. 따라서 불법적인 증거 수집이나 체포를 금지하는 법령의 적용을 회피할 수 있다.[9] 국제법상의 전쟁에 해당하는 무력침공을 회피하면서 타국의 영토를 병합하려면 민간 무장전투원을 이용하면 된다. 자국 군의 엘리트 부대원들을 전역시키고 이들이 민간보안회사 직원으로 채용되어 타국에 군사침공을 하게 되면 해당국 정부는 국제법상 전쟁개시의 책임을 지지 않는다. 타국에 대한 선거개입공작이나 해킹은 애국적인 해커들이 자발적 동기로 감행하거나 돈을 목적으로 한 사이버 범죄자들이 한 것이다. 역시 국가책임이 없다. 우

---

8 B. Wittes and G. Blum, *The Future of Violence: Robots and Germs, Hackers and Drones.* (New York: Basic Books, 2015), pp. 17-90.

9 윤민우, 『폭력의 시대 국가안보의 실존적 변화와 테러리즘: 테러리즘과 국가안보, 그리고 안보정책』, (서울: 박영사, 2017), pp. 443-444.

리는 이들을 국가의 프록시(proxy) 병력으로 부른다. 법률에 규정하지 않으면 할 수도 있는 것이다. 다른 방식으로. 우리가 법령을 위반하지 않는 것은 해당 법령을 지켜야 할 본연적 의무를 실천해야하기 때문이 아니다. 법령을 위반하는 것이 궁극적으로 비용-편익 계산에서 우리 자신에게 더 불이익이 되기 때문이다.[10]

4. 전략의 수준별 스펙트럼과 창의적 문제인식

창의성은 보다 추상적인 상위 수준의 개념으로 올라가서 사고할 때 발휘된다. 예를 들면, 전술이나 정책, 그리고 작전술 등과 같은 하위수준에서의 방안들이 데드엔드에 부딪혀 상황이나 국면을 타개할 어떤 획기적인 대안이 찾아지지 않는다면, 그와 관련된 보다 상위의 전략이나 비전의 수준에서 문제를 다시 인식, 평가하고 해당 상위수준에서 다시 여러 다른 하위수준의 구체적인 작전술이나 전술, 정책 등을 고민하면 어떤 다른 쓸모 있는 대안을 찾을 수 있다. 가령 북한 핵문제에 대한 한국의 대응방안 역시 이와 같은 방식으로 찾아질 수 있다. 북한의 핵무기 보유의 문제는 사실상 전술과 같은 하위수준의 문제일 수 있다. 이는 보다 상위수준의 전략인 북한과의 군사력 균형 또는 대북 전쟁억지전략과 관련되어 있다. 북한 역시 핵무기 보유라는 전술적 옵션의 선택은 한국-미국의 압도적인 군사력에 대한 군사력 균형의 복원 또는 대미-대남 전쟁억지방안 모색의 일환이다. 때문에 북한의 핵무기 보유-포기와 같은 하위의 전술수준에서 북한 핵 포기를 위한 6좌 회담 또는 북한 핵 포기와 대북경제지원의 맞교환 등과 같은 제한적인 방안들이 데드엔드 또는 교착상태에 빠졌을 때는 북한 핵문제와 관련된 보다 상위의 전략적 수준에서 문제를 재해석하고 다른 대안들을 모색할 필요가 있다.

대북 군사력 균형 또는 대북 전쟁 억지력의 관점에서 북한 핵무기를 재해석 하면 여러 다른 방안들이 눈에 들어올 수 있다. 예를 들면 북한이 핵을 스스로 포기하도록 할 수도 있지만 북한이 핵무기를 보유함에도 불구하고 전략적 수준에서 여전히 북한에 대한 군사력 우위를 유지하면서 북한에 대한 대량보복공격능력 확보를 통해

---

10 윤민우, "신흥 군사안보와 비국가행위자의 부상: 테러집단, 해커, 국제범죄 네트워크 등," 김상배 엮음, 『4차 산업혁명과 신흥 군사안보』. (서울: 한울, 2020), pp. 275-318.

대북 전쟁억지력을 확보할 수 있다. 이 경우에 한국은 ① 스스로 핵능력을 보유하여 북한에 대한 전략적 2차 보복타격능력을 확보하거나 ② 미국의 핵전력을 활용하여 북한에 대한 대량보복공격 역량을 구축하거나 ③ 또는 다른 핵무기에 버금가는 비핵수단을 통한 대량보복공격 역량을 갖출 수 있다. 여기서 핵심 쟁점은 북한의 1차 핵공격에도 불구하고 북한전역을 파괴하거나 북한전체 인구를 섬멸할 수 있는 충분하고 신뢰성 있는 2차 보복타격 능력을 한국이 갖출 수 있는가의 문제이다. 즉, 북한이 핵을 갖는가 그렇지 않는가가 전략적 쟁점이 아니라 한국이 북한에 대해 MAD (Mutually Assured Destruction: 상호확중파괴) 상태를 확보함으로서 북한에 대한 군사력 균형과 대북 전쟁억지력을 확보할 수 있는가이다.

상황을 이렇게 상위 전략차원에서 재해석하면 전술적 선택지는 ① 북한의 핵보유 열망을 포기시키거나 ② 한국의 자체 군사적 보복능력을 강화시키거나 하는 방식으로 다변화된다. 따라서 ①안이 작동하지 않을 때 ②안을 모색해 볼 수 있게 된다. 전략적 측면에서 보다 중요한 것은 북한이 핵을 갖지 못하게 하는 것이 아니라 북한에 대한 군사력 우위의 확보를 통한 대북전쟁억지력의 유지이다. 만약 북한이 핵을 갖고 있지 않더라도 한국이 북한에 대한 전쟁억지력을 갖지 못하고 북한의 군사력이 한국을 압도할 경우에는 한국은 여전히 심각한 안보위협에 직면하게 된다. 반대로 북한이 핵무기를 보유하더라도 한국이 핵을 가진 북한에 대해 군사력 우위와 전쟁억지력을 보유한다면 북한 핵은 우리의 근심거리가 아닐 수 있다. 이 경우에 북한 핵은 중국 또는 미국의 주요 근심거리가 되며, 이들이 기꺼이 북한 핵의 제거를 위해 비용과 노력을 지불하려 할지 모른다. 북한 핵의 제거 자체도 중요한 문제이겠지만 그 결과 도출을 위해 누가 더 많은 비용과 노력을 지불할 것인가도 매우 중요한 문제이다. 더 답답하고 간절한 측이 더 큰 비용과 노력을 지불한다. 따라서 적어도 한국에게 있어서 본질적 문제는 북한의 핵보유 여부가 아니라 한국-북한의 군사력 균형이며 한국의 대북 전쟁억지력의 확보이다. 핵확산과 관련된 문제는 미국, 러시아, 중국의 문제이며 우리의 문제는 아니다. 북한핵은 중국의 동아시아 패권추구에도 걸림돌이 된다. 이 역시 우리의 문제는 아니다. 이처럼 문제 해결을 위해 보다 상위 수준의 전략적 방안과 목표들을 고려하는 것은 문제의 창의적 해결을 위한 다양한 전술적, 정책적 옵션들의 발굴을 위한 결정적인 열쇠가 된다.

관심 있는 주제나 문제를 비전-전략-작전술-전술의 스펙트럼에서 어떤 수준에 맞출 것인가는 그 문제를 어떻게 이해하고 문제 해결을 위해 어떤 방안들을 발굴하고

적용할 것인가에 결정적인 영향을 미친다. 한국과 북한의 통일문제 같은 것을 예로
들 수 있다. 통일을 비전의 수준에 맞추게 되면 그 보다 하위 수준에 해당하는 전략
적, 작전술적, 전술적 선택지들이 그에 종속되어 제한되게 된다. 통일이 비전이 되면
북한 핵문제, 한미동맹, 대중관계, 대러관계 등과 관련된 전략과 전술들이 모두 통일
실현이라는 비전수준의 목표달성의 과정 또는 수단들로서의 성격을 갖게 된다. 북한
핵문제 접근은 언제나 남북대화와 긴밀히 연계되게 된다. 이는 이 문제를 통일의 과
정으로 인식하기 때문이다. 한국의 대러시아 접근에는 거의 예외 없이 북한이 포함
되게 된다. 한러 경제협력은 남북러 경제협력의 일환으로 다루어지며, 한러 안보협
력은 중국이나 일본 등의 다른 패권적 주변국들에 대한 세력균형이 아니라 북한문제
관리에 초점이 맞추어지게 된다. 반면 통일을 그 보다 상위의 비전 예를 들면 한국
의 안보와 경제적 번영과 같은 목표달성을 위한 하위 차원의 전략적 또는 전술적 옵
션으로 이해하게 되면 통일 이외의 다른 전략적, 작전술적, 또는 전술적 옵션들이 눈
에 들어오게 되고 보다 더 다양한 대북 또는 대주변국 접근의 선택지들이 고려될 수
있다. 이 경우에 북한과의 통일이라는 옵션이 한국의 경제적 번영과 안전보장에 더
도움이 될 수도 있고 그렇지 않을 수도 있는 작전술적, 또는 전술적 옵션이 된다. 따
라서 한국의 경제적 번영과 안보에 이익이 되는 경우에 북한과의 통일을 고려해야
하겠지만 오히려 손해가 될 경우에는 북한과의 통일을 선택하지 않을 수 있다. 만약
한국의 지속적인 경제적 번영과 안보를 위해 지금보다 더 큰 인구와 시장규모가 요
구된다면 북한이외의 동유럽이나 중앙아시아 국가들과 같은 북한과 비슷한 인구와
시장규모의 다른 선택지들과의 통화통합을 포함한 시장통합을 고려해 볼 수도 있다.
나의 경제적, 안보적 이익이 북한과의 통일보다 우선한다면 말이다. 노동을 제공하
고 물건을 구매하는 사람이 꼭 북한인일 필요는 없다. 이처럼 어떤 특정한 의제를
비전-전략-작전술-전술의 스펙트럼 상에서 어떤 수준에 두는 가는 그와 관련된 고려
되고 활용될 수 있는 다양한 수준의 선택지에 중요한 영향을 미칠 수 있다.

　하위 수준에 위치해야할 의제가 보다 상위 수준에 놓이게 되면 자기 파괴적인 중
대한 이익침해를 가져온다. 통일을 비전 수준으로 두게 될 때 한국은 중대한 자기
이익의 침해를 감수해야할 수도 있다. 한러관계를 남북협력을 통한 통일의 수단 또
는 과정으로 놓게 되면 북한문제와는 독립적인 한러관계 발전을 통한 중국 등의 주
변 패권추구국가들에 대한 세력균형의 옵션을 활용하지 못할 수도 있다. 북한과는
무관하게 부유하고 번영하는 러시아 극동-시베리아 지역은 중국에 대한 주요한 견제

수단이 될 수 있다. 소련-러시아와 중국의 관계가 가장 좋지 않았을 시기가 소련-러시아가 극동지역에서 가장 강성했을 때(1965~1988년)라는 것은 우연이 아니다. 아시아-태평양 지역에서 대미 견제를 위한 러시아의 중국에 대한 편승은 러시아 극동-시베리아 지역의 경제적, 안보적 취약성과도 관련이 있다. 러시아는 극동-시베리아 지역에서의 취약성 때문에 유럽-중동-카프카스-중앙아시아에서의 러시아 패권에 대한 중국의 지지를 교환대가로 중국의 동아시아 헤게모니를 인정하려고 한다. 따라서 북한과 무관하게 한러 경제협력 등을 통해 러시아 극동지역이 부유하고 번영해지는 것은 이 지역에 대한 모스크바의 관심을 환기시킴으로서 러시아를 중국 견제에 좀 더 적극적으로 전환하도록 하는 효과를 기대할 수도 있다. 통일이 한국이라는 국가의 자유로운 주권과 경제적 부와 안전보장과 같은 국가이익에 우선할 수는 없다. 이는 후자가 전자보다 더 상위 수준의 목표에 해당하기 때문이다. 북한과의 통일의 대가로 통일 한국이 중국의 패권적 영향에 안보적으로 더 취약해지고 경제적으로 더 종속될 수도 있다. 통일을 비전으로 추구함으로서 한국이 인도-태평양 지역에서 중국이 헤게모니를 장악하는데 의도치 않게 기여함으로서 궁극적으로 스스로의 주권과 경제적 부와 안보상의 이익을 침해하는 결과를 초래하는 위험에 대해 평가하고 이를 회피해야 한다.

5. 국가전략

전략이 국가행위자에 의해 활용될 경우 이는 국가전략이 된다. 국가전략은 국가행위자의 생존과 번영, 인정욕구, 그리고 패권적 지위추구 등과 같은 욕구-의지를 실현하기 위한 활용술이다. 국가전략 역시 비전-전략-작전술-전술의 수준별 목표와 방안들로 위계적으로 구성되고, 연계-통합되어 있다. 가장 추상적인 최상위 수준에서 국가전략은 일반적으로 국가안보전략(National Security Strategy)으로 구체화되어 나타난다. 이와 같은 국가안보전략은 각국의 최고정책결정권자에 의해 제시되며, 해당 국가의 핵심이익, 목표, 열망 등과 관련된 가장 근본적이고 거시적인 비전과 이와 같은 비전을 실현하기 위한 가장 최상위수준의 포괄적인 실천전략을 담고 있다. 2022년 10월 12일에 발표된 미국 바이든 행정부의 "국가안보전략 2022"[11]와 2021년 3월 17일에 발표된 영국의 "경쟁의 시대의 글로벌 영국: 안보, 국방발전 그리고 외교정책에 대한 통합평가(Global Britain in a Competitive Age: the Integrated Reviews of Security, Defense Development and Foreign Policy)"[12] 등은 이와 같은 사례들에 해당한다. 이와 같은 국가전략서들은 완곡하고, 간접적이며, 품격있는 표현들로 이루어져 있지만 사실상 해당 국가의 가장 본질적인 생존과 번영, 인정욕구, 그리고 패권적 지위추구 등과 같은 것들을 함의하고 있다.

미국은 자신의 국가안보전략 2022에서 중국, 러시아 등과의 신냉전 갈등과 패권충돌에서 미국의 최강대국으로서의 글로벌 정치적·경제적·외교적 영향력을 빼앗기지 않겠다는 의지를 명확히 했다. 미국은 이 전략지침에서 중국, 러시아, 이란, 북한 등 적대국가들이 초래하는 위협과 사이버, 감염병 팬데믹, 기후변화로 인한 위기, 글로벌 공급망 위협, 장기화된 인도주의적 위기, 폭력적 극단주의 테러 등과 같은 비국가적 요인으로부터 초래되는 위협들, 그리고 양자컴퓨팅, 인공지능 등과 같은 급격한 신흥기술발전으로 인한 위협 등에 대해 식별하였다. 이와 같은 인식으로부터 미국은 다음과 같은 국가안보와 관련된 전략적 비전과 목표를 도출하였다.

① 미국인의 안전을 보장하고;
② 미국의 경제적 번영과 기회를 확대하며;
③ 미국의 삶의 방식인 민주적 가치를 재확인하고 이를 수호하며;
④ 동맹과의 협력을 강화하고;
⑤ 기후변화와 기타 공유되는 도전들에 대응하기 위한 국제공동체에 합류하여 세계 국제기구들에서의 리더십의 지휘를 다시 회복하며;
⑥ 외교적 해법을 중시하면서도, 국가방위력을 스마트하고 규율 있게 증진시키고;
⑦ 모든 미국인들을 위한 무역과 국제경제조약을 체결하고;
⑧ 공공건강과 코비드-19로 인한 공공보건과 억제된 경제위기에 결단력 있게 대응하여 민주주의를 재활성화하고;
⑨ 같은 가치를 지닌 동맹들과 협력하여 전 세계의 민주주의를 회복하는 것이다.[13]

---

11 National Security Strategy, October 2022, The White House.
12 HM. Government. 2021. March. Global Britain in a Competitive Age: the Integrated Reviews of Security, Defense Development and Foreign Policy. https://www.gov.uk/government/collections/the-integrated-review-2021#integrated-review
13 Ibid.

또한 해당 국가안보전략은 위와 같은 목표들을 달성하기 위한 가장 추상적인 수준의 실천전략도 제시하고 있다. 예를 들면, 기후변화에 대한 대응전략으로 청정에너지 전환이 제시되었다. 사이버 안보의 위험성에 대한 대응으로는, 사이버 공간에서의 역량과 회복력 강화, 미국 정부의 사이버 안보에 대한 준비태세 확립, 민간과 정부의 협력 강화와 공동대응, 악의적인 사이버 활동에 대한 효과적 대응, 사이버 안보 인력양성을 위한 투자확대 등과 같은 구체적 내용들이 제시되었다. 이 밖에도 미국은 사이버 공격에 대한 책임을 묻기 위해 사이버적·비사이버적 모든 수단을 강구하여 신속하고 비례적인 보복공격으로 대응할 것을 명확히 하였다. 이처럼 미국의 국가안보전략서는 국가의 비전과 목표, 그리고 이를 실현하기 위한 최상위 수준에서의 실천전략을 담고 있다.

영국의 국가안보전략서(즉, 통합평가서) 역시 미국의 그것과 유사한 내용으로 구성되어 있다. 해당 전략서는 전 세계의 동맹국과 파트너들과의 관계를 강화함으로서 영국의 국가비전을 달성해야 한다고 강조한다. 해당 전략서는 다음과 같은 영국의 4가지 비전을 제시하고 있다.

① 과학과 기술을 통해 전략적 우위를 지속한다. 이러한 전략을 국가안보의 요소에 포함시켜 위대한 영국을 글로벌 과학기술 국가이자 책임있는 사이버 강대국으로 확고히 세운다. 이는 영국이 경제적, 정치적, 그리고 안보적 우위를 획득하는 데 있어 핵심적이다.

② 미래의 열린 국제질서를 만들어낸다. 위대한 영국을 과거 전성기와 같은 열린사회와 경제로 만들 수 있는 국제기구, 법, 그리고 규범들을 다시 활성화하기 위해 파트너 국가들과 함께 협력한다. 이는 영국 국민과 전 세계의 다른 이들에게 민주주의와 자유무역과 국제협력의 전적인 혜택을 깨닫게 해 줄 것이다. 이는 미래를 선도하는 사이버 공간과 우주 공간에서는 더욱 그러하다.

③ 국내와 해외의 안보와 국방을 강화한다. 이를 위해 동맹과 파트너 국가들과 함께 협력하는 것은 물리적 세계와 온라인 세계에서의 광범위한 위협에 대응하여 국민을 보호하고 개방성의 혜택을 극대화하는데 도움이 된다. 위협은 중국 등 국가행위자로부터의 위협, 극단주의의 급진화와 테러리즘, 심각한 조직범죄, 그리고 대량살상무기의 확산이다.

④ 국내와 해외의 회복적 탄력성을 건설한다. 극단적인 기후부터 사이버 공격에 이르는 위협에 대응하기 위해 예측하고, 예방하며, 대응을 준비하는 능력을 향상시킨다. 이는 특히 기후변화와 종의 다양성의 상실과 같은 위협의 원천을 봉쇄하는 것을 포함한다.[14]

이러한 비전들을 실현하기 위해 영국이 제시하고 있는 구체적인 최상위 수준의 실천전략은 다음과 같다. 첫 번째 비전과 관련하여 영국은 첨단기술개발을 통해 정치, 경제, 안보 등의 글로벌 주도국을 지향한다. 이와 함께, 영국은 자유민주주의 국제질서를 공고히 하는 데 주도적 역할을 수행한다. 특히 영국은 사이버 안보에 있어 동맹국과 파트너 국가들과 협력하여 공동대응을 추구한다. 두 번째 비전을 실현하기 위해 영국은 유럽에 치중한 글로벌 안보기여를 '인도-태평양 지역으로 옮기고(India-Pacific tilt)', 중국을 '체제 경쟁자'로 간주하여 중국이 인도-태평양 지역의 자유주의적 국제질서를 위협하고 훼손하는 것을 억제한다. 세 번째 비전과 관련해서 영국은 미래 안보를 위협하는 대량살상위협에 대한 대응을 위해 미국과 동맹관계를 증진하고, 미국, 오스트레일리아, 캐나다, 뉴질랜드와의 '파이브아이즈(Five Eyes)정보협력 체계'를

---

14 Ibid. In this context, the Integrated Review sets out four overarching objectives:
- Sustaining strategic advantage through science and technology, incorporating it as an integral element of national security and international policy to firmly establish the UK as a global S&T and responsible cyber power. This will be essential in gaining economic, political and security advantages.
- Shaping the open international order of the future, working with partners to reinvigorate the international institutions, laws and norms that enable open societies and economies such as the UK to flourish. This will help our citizens and others around the world realise the full benefits of democracy, free trade and international cooperation — not least in the future frontiers of cyberspace and space.
- Strengthening security and defence at home and overseas, working with allies and partners to help us to maximise the benefits of openness and protect our people, in the physical world and online, against a range of growing threats. These include state threats, radicalisation and terrorism, serious and organised crime, and weapons proliferation.
- Building resilience at home and overseas, improving our ability to anticipate, prevent, prepare for and respond to risks ranging from extreme weather to cyber-attacks. This will also involve tackling risks at source — in particular climate change and biodiversity loss.

공고히 하여 영국 국내와 해외의 안보와 방위를 더욱 강화한다. 마지막 네 번째 비전과 관련하여 국내안보를 공고히 하기 위해 영국은 '총체적이며 탄력적인 안보공동체'를 구성하고, 지구온난화, 코로나 바이러스 등의 전 지구적 국민보건과 방역 위협에 집중 대비한다.[15] 이와 같은 내용들은 다음과 같은 사실을 명확히 한다. 첫째, 영국은 앞으로 미국과의 동맹을 강화할 것이다. 둘째, 영국은 자유와 민주주의의 가치와 공동이익을 공유하는 다른 동맹국들 및 파트너 국가들과 함께 정치적, 군사적으로 글로벌 리더로서의 영향력을 강화할 것이다. 셋째, 영국은 이에 따라 대중국 봉쇄-대결정책을 미국과 함께 이끌어 나갈 것이며, 2030년을 대비할 것이다.

국가안보전략에 가장 주요한 두 요소는 미국과 영국 등의 사례에서 확인되는 것처럼 국가의 열망 또는 핵심 위협에 대한 지목이다. 전자는 주로 패권적 지위의 추구 또는 자신들의 국가적 가치의 실현과 관련이 있다. 미국과 영국의 경우 이는 자유민주주의 체제와 시장경제질서의 보편적 확산과 유지, 그리고 글로벌 패권적 지위의 유지 등으로 나타난다. 러시아는 자유민주주의 및 인권 등의 미국-서방의 가치와 미국의 글로벌 패권주의에 대한 거부 및 러시아적 정체성과 가치, 도덕성의 수호, 독자적 문명으로서의 러시아 세계의 복원, 그리고 글로벌 패권의 한 축으로서의 러시아의 강대국 지위복원 등을 국가안보전략에 담고 있다.[16] 중국의 국가안보전략에 담긴 열망은 미국을 아시아-서태평양에서 몰아내고 이 지역 내에서 중국을 중심으로 한 위계적 패권질서를 구축하겠다는 것이다. 중국은 이를 '중국의 꿈' 또는 '중화민족의 부흥'으로 표현한다. 이를 위한 실천전략으로 중국은 미국을 상대로 '반접근 거부 전략(A2/AD=Anti-Access/Area Denial)'을 채택하고, 동시에 일대일로(Belt and Road Initiative) 전략을 추진한다.[17]

---

15 한국군사문제연구원. 2021. 3.23. 영국의 '글로벌 국가안보전략서' 주요내용. 한국군사문제연구원 뉴스레터. 제960호 p.1-2 인용. https://www.kima.re.kr/3.html?Table=ins_kima_newsletter&s=11&mode=view&uid=1004

16 J. Darczewska, "The anatomy of Russian information warfare: The Crimean operation, a case study." Point of View, No. 42, OSW(Osrodek Studiow Wschodnich) Center for Eastern Studies, Warsaw, (May 2014). pp. 5-6. Vladimir Putin, "Meeting of the Valdai International Discussion Club." September 19, 2013. Retrieved from http://en.kremlin.ru/events/president/transcripts/19243.

17 윤민우, "미국-서방과 러시아-중국의 글로벌 전략게임: 글로벌 패권충돌의 전쟁과 평화,"「평화학연구」, 23(2) (2022), pp. 5-24.

한편 후자는 그 국가의 위협인식과 관련이 있다. 국가안보전략에는 가장 주요한 위협 또는 주적(primary enemy)이 지목되며 해당 위협 또는 적에 대한 대응전략이 고려되어 제시된다. 주요한 위협 또는 주적은 국가행위자이거나 비국가행위자일 수 있으며, 인적 요소가 아닌 환경, 기술, 조건 등의 물적 요소가 될 수도 있다. 미국의 사례에서 확인되는 것처럼, 미국이 지목한 주요 위협은 냉전시기에는 소련이었으며, 지난 20년간은 국제 이슬람 극단주의 테러위협이었다. 그리고 다시 최근에 중국, 러시아, 이란, 북한 등 적대적 국가행위자로 이동하였다. 이 밖에 미국은 마약, 기후위기 등을 주요 국가위협으로 지목하였으며, 최근에는 사이버 공간으로부터의 위협과 신흥기술이 초래하는 불확정성을 주요 위협으로 인식하고 있다. 이와 같은 위협인식 대응에 대한 실천전략으로 주적 또는 주요 위협에 대한 내적-외적 세력균형(국방력강화, 자체 문제해결역량 강화, 또는 유사 입장국들과의 동맹), 봉쇄, 억제, 또는 대응행동 등의 옵션들 가운데 최적 대안이 선택된다.

국가안보전략은 다시 하위 수준의 각 부문별 전략으로 나눠진다. 여기에는 전쟁전략(또는 군사전략), 외교전략, 정보전략, 경제전략, 과학기술전략, 사회문화전략 등이 포함된다. 이와 같은 하위수준의 전략들은 국가안보전략의 비전과 목표를 달성하기 위한 각 부분별 실천전략의 성격을 갖는다. 따라서 이 하위영역들은 모두 통합되어 국가안보전략의 목표달성을 지향하도록 설계되어야 한다. 예를 들면, 미국의 경우 국가안보전략은 다시 하위수준의 국가정보전략(National Intelligence Strategy), 국토안보부 전략계획(DHS Strategic Plan) 등으로 구체화 된다. 그리고 이와 같은 하위수준의 전략들은 다시 그 보다 더 하위수준의 전략으로 구체화될 수 있다. 국가정보전략이 다시 하위수준의 국가방첩전략 2020-2022(National Counterintelligence Strategy of the USA 2020-2022)로 구체화되는 것은 그와 같은 사례에 해당한다.[18]

---

18 NCSC Mission: 'Lead and support the U.S. Government's counterintelligence (CI) and security activities critical to protecting our nation; provide CI outreach to U.S. private sector entities at risk of foreign intelligence penetration; and issue public warnings regarding intelligence threats to the U.S.' ODNI. Homepage. NCSC MISSION, VISION, GOALS. https://www.dni.gov/index.php/ncsc-who-we-are/ncsc-mission-vision

| 국가안보전략(National Security Strategy): 대통령 |

| 국가정보전략(National Intelligence Strategy): DNI
— Annual Threat Assessment of the U.S. Intelligence Community

· 참고: 이와 유사한 수준과 성격의 전략서는 국토안보부(DHS)의 Quadrennial Homeland Security REview(QHSR)과 국토안보부 전략계획(DHS Strategic Plan)이 국토안보관련 DHS 산하 기관들에 대한 장기적 전략과 우선순위에 대한 가이드라인을 제공하는 전략보고서로서의 기능을 한다. |

| 국가방첩전략 2020-2022(National Counterintelligence Strategy of the United States of America 2020-2022): NCSC
— NCSC는 ODNI 센터 중 하나이다.
— 이는 앞선 DNI의 국가정보전략에 대한 보다 구체적인 방첩관련 전략가이드를 제공한다.

· 참고: DHS의 경우 DHS의 부문별 정보기관의 역할을 하는 정보와 분석부 (OIA: Office of Intelligence and Analysis)가 거시적인 DHS의 전략계획을 구체화하는 기능을 담당한다. |

| 그 외 정보공동체의 부문별 정보전략 안내 및 관련 활동에 대한 출간물 및 생산물 등 |

| 그림 2 | 국가방첩전략계획의 흐름도[19]

---

19 연구자 작성.

러시아 사례 역시 같은 흐름을 보여준다. 최상위수준의 국가안보전략은 하위수준의 러시아 연방 정보안보독트린, 러시아 연방 군사독트린, 국제정보안보정책 기본원칙 등으로 구체화되고 이는 다시 정보사회발전전략, 정보공간에서의 러시아 연방군의 활동에 관한 개념적 시각. 러시아의 외교정책 개념 등으로 하위수준의 세부영역에서 더욱 구체화되어 추진된다. 아래의 그림은 그와 같은 흐름도를 보여준다. 국가안보전략이 군사부문에서 러시아 연방 군사전략으로 구체화되고, 이는 다시 사이버공간에서 러시아 연방군의 사이버군사전략으로 더욱 구체화되는 식이다.

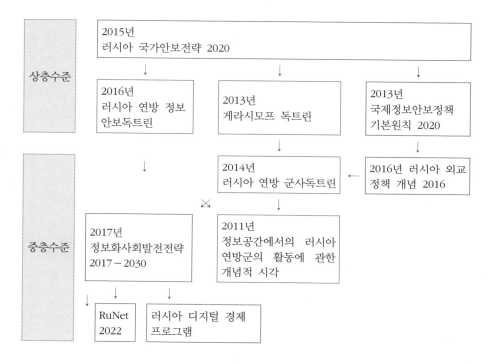

| 그림 3 | 상층·중층수준에서의 러시아 사이버안보 전략, 독트린, 및 정책 개념 흐름도[20]

---

20 신범식·윤민우, "러시아 사이버안보 전략 실현의 제도와 정책," 「국제정치논총」, 60(2) (2020), p. 197.

일반적으로 국가안보전략의 하위수준에 해당하는 전략에서 최우선순위는 전쟁전략에 부여된다. 이는 국가의 생존이 가장 중요한 핵심가치이기 때문이다. 전쟁전략은 현실적으로 예상되는 주된 위협 또는 주적과의 전쟁시나리오를 기반으로 도출된다. 이 전쟁시나리오는 전쟁억제와 전쟁수행의 시나리오를 모두 포함한다. 전쟁전략은 크게 두 요소로 구성된다. 하나는 전쟁수행역량 강화와 관련된 국방전략이며, 다른 하나는 전시 전쟁수행을 위한 전쟁전략이다. 또한 전쟁전략을 중심으로 여러 관련 부문별 전략들이 도출된다. 예를 들면, 협상, 국제적 명분과 정당성 확보, 또는 동맹강화와 관련된 외교전략, 전쟁전략 수행을 지원하거나 은밀한 비군사적 수단을 활용한 비밀공작 또는 비밀전쟁 수행과 관련된 정보전략, 전쟁전략을 뒷받침하는 물적 기반을 구축하는 것에 해당하는 경제전략과 과학기술전략, 그리고 전쟁 결심 및 수행과 관련된 의지와 국가의 통합성 유지를 위한 국가 구성원의 정신적 기반구축에 해당하는 사회·문화·교육전략 등이 그와 같은 것들이다.

　한국의 국가안보전략은 흔히 외교안보전략과 동의어로 이해되는데 이는 국가안보전략에 대한 몰이해를 보여주는 사례이다. 외교안보전략의 외교와 안보는 전략의 위계적 서열에서 같은 수준에 병치될 수 없다. 국가전략 또는 국가안보전략의 하위 수준에 국방-전쟁전략, 외교전략, 정보전략 등등이 배치되어야 한다. 따라서 외교전략은 국가안보전략의 하위전략이다. 이는 외교전략이 국가안보전략의 실현을 위한 여러 수단들 가운데 하나에 불과하다는 의미이다. 바꾸어 말하면 국가안보전략은 외교전략 이외에도 국방-군사전략, 정보전략, 경제전략 등 다른 옵션을 통해서도 추진할 수 있다. 하지만 외교를 상위의 국가안보전략과 같은 수준에 놓게 되면 국가안보전략목표를 추구하는데 있어 외교적 수단에 과도한 무게중심을 두는 편중화 현상이 나타나게 될 위험성이 있다. 이는 반대로 국방력 건설을 통한 과시, 전쟁수행 또는 수행의 위협, 정보공작, 경제적 압박, 사회문화적 영향력 공작 등과 같은 다른 다양한 옵션들이 고려 대상에서 배제되거나 간과되는 문제를 드러낸다. 이와 같은 수단의 편중현상은 국가안보전략목표 추구에 있어서 중대한 제한이 될 수 있다.

　미국과 러시아 등의 통상적인 다른 국가들은 안보전략을 외교안보전략으로 이해하지는 않는다. 국가안보전략 목표를 설정하고 그 목표실현을 위한 하위차원의 전략으로 군사전략, 국방전략, 외교전략, 정보전략, 사이버전략, 경제발전전략, 과학기술전략, 사회문화전략 등이 구성된다. 그리고 예상되는 가상 전쟁 시나리오에 대한 억제와 대응을 기준으로 전쟁전략이 구성되고 이를 중심으로 다른 전략적 옵션들이 구성된다. 이는 전쟁을 실제로 하겠다는 의미는 아니다. 그럴 수도 그렇지 않을 수도 있다. 이는 구분될 필요가 있다. 예상되는 주적과의 전쟁에서 승리를 위한 조건을 구축하기 위해 국방-군사전략과 외교전략, 그리고 정보전략 등을 포함한 여러 다른 전략적 옵션들이 설계되고 그 전략적 목표들이 추구된다는 의미이다.

이들 국가들의 다양한 하위차원의 전략들을 살펴보면 다음과 같은 특징들이 식별된다. 전쟁전략은 실제 전쟁에서 주적과 언제(when), 어떻게(how), 어디에서(where), 무엇을 가지고(with which), 누구와 함께(with whom), 무엇을 쟁취하기 위해(for what) 싸울 것인가를 기준으로 설계된다. 국방전략은 이 전쟁전략의 실현을 위해 필요한 병력과 무기, 자원의 확보와 관련이 있으며 전쟁 역량의 준비과정과 관련이 있다. 외교전략은 주로 주적을 어떻게 외교적으로 고립시키고 압박하여 군사적 수준을 사용하지 않고 나의 국가안보전략목표를 관철시킬 것인 가와 나의 동맹을 어떻게 양적, 질적으로 강화시켜 역시 나의 국가안보전략목표를 관철시킬 것인 가에 초점이 맞추어 진다. 따라서 이들 국가들에서 외교는 국가안보전략실행을 위한 하나의 옵션에 지나지 않는다. 외교 이외에도 군사적 압박, 정보공작, 사회문화심리전, 사이버 기술공격과 심리공작, 경제적 압박과 봉쇄 등 다양한 옵션들이 있으며 이러한 다양한 수단들은 주어진 조건과 제약을 고려하여 다양하게 조합되고 운용된다. 예를 들면, 미국은 이슬람 극단주의 테러세력에 대한 글로벌 대테러 전쟁에서 군사적 수단, 외교적 수단, 정보공작, 그리고 법집행의 네 가지 기둥(four pillars)을 축으로 이를 적절히 통합하여 운용하였다. 러시아는 전쟁 등의 군사적 수단과 사이버 심리공작을 통한 선거개입, 원유나 가스 등의 에너지 자원을 이용한 경제적 봉쇄와 압박, 국제기구를 통한 다자적 또는 양자적 외교 수단의 활용 등과 같은 여러 비군사적 수단을 적절히 조합하여 사용한다. 게라시모프 원칙에서는 이 군사적 수단과 비군사적 수단의 적절한 조합 비율을 1 : 4로 제안한다. 이와 같은 안보전략목표 추구를 위한 다양한 옵션의 적절한 활용은 미국과 러시아 등과 같은 강대국 행위자에게만 해당하지는 않는다. 과거 야세르 아라파트가 이끌었던 팔레스타인 해방 기구는 1972년 뮌헨 올림픽 인질납치 테러를 통해 팔레스타인 독립 문제를 유엔의 주요 외교의제로 이끌어냈다. 아프가니스탄의 탈레반이 미국과 아프간 중앙정부를 평화회담의 테이블로 이끌어내고 이들로부터 외교적 협상의 주체로 인정을 받게 된 것은 아프가니스탄을 테러와 마약범죄의 수렁으로 만든 자신들의 테러전략 때문이었다. 국가안보전략은 외교안보전략이 아니다. 이는 외교가 국가안보전략목표 추구의 유일한 선택지가 아니기 때문이다.

"안보는 미국 경제는 중국이라는" 자기 분열적 주장은 안보전략에 대한 몰이해에서 비롯된다. 앞서 지적한 것처럼 안보전략의 하위 수준에서 군사전략과 국방전략, 외교전략, 정보전략, 경제전략, 과학기술전략, 사회문화전략 등이 구성된다. "안미경중(안보는 미국 경제는 중국)" 주장의 첫 번째 문제는 상위수준의 국가안보전략과 하위수준의 경제전략이 같은 수준에서 두 개의 서로 충돌하는 강대국과 연계될 수 있는가이다. 하위수준의 경제전략은 상위수준의 국가안보전략에 종속되어야 하며 때문에 궁극적으로 "국가안보는 미국"이라는 측면이 "경제는 중국"이라는 측면에 선행한다.

두 번째 문제는 안보와 경제 사이의 위계적 수준의 차이를 무시하고 안보를 국방-군사를 의미하는 것으로 받아들인다고 하더라도 국방-군사 전략이 외교, 정보, 경제, 과학기술, 사회문화 등과 같은 다른 부문의 전략들과 서로 배타적으로 분절되지 않는다는 점이다. 이는 특히 현실세계(오프라인)와 가상세계(온라인)가 병존하고 서로 연동되어 있으며, 정치와 군사, 경제와 안보, 공적부문과 사적부문의 경계가 불분명하게 서로 통합되어 있고, 국가 간 국경의 구분도 모호한 오늘날의 환경에서는 더욱 그러하다. 이와 같은 21세기 전략 환경에서 군사와 외교, 정보, 경제와 사회문화를 구분하여 분절적으로 접근하는 것은 비현실적이다. 예를 들면, 군사와 민간의 이중사용(dual-use) 기술은 군사와 경제 모두에 영향을 미친다. 반도체와 전기배터리를 포함한 글로벌 공급망과 생산망은 각국의 경제와 산업뿐만 아니라 군사력 균형과 전쟁수행 방식에도 영향을 미친다. 반도체와 2차 전지는 전기차와 산업용 드론과 민간 로봇뿐만 아니라 무인전투체계와 군사용 드론과 미사일에도 주요하게 영향을 미친다. 사이버 공간은 지상과 해양, 공중과 우주 등의 현실공간과 더욱 긴밀히 통합되고 있다. 이 때문에 물리적 전쟁과 정보심리전의 구분 역시 어려워지고 있다. 사이버 공간에 대한 국제규범질서구축과 관련하여 표현의 자유와 사적권리가 보장되는 하나의 글로벌 인터넷망을 주장하는 미국-서방과 국가의 온라인 주권과 통제권을 보장하는 디지털베스트팔렌 원칙을 주장하는 러시아-중국은 정면으로 부딪히고 있다. 이 두 개의 주장 가운데 어떤 주장이 사이버 공간의 보편적 국제규범질서로 받아들여지게 될 것인지는 글로벌 경제와 안보패권질서 모두에 영향을 미친다. 또한 정규군과 비정규군, 군사적 수단과 정보공작, 범죄적 수단의 구분도 점차 무의미해지고 있다. 로보 어드바이저를 이용한 자본시장교란이나 사이버 공격을 통한 가상화폐시장과 주식시장의 교란 등은 군사적 수단을 이용한 공중폭격이나 해상봉쇄와 같은 경제봉쇄의 효과를 만들어 낼 수 있다. 해커와 범죄자, 테러리스트와 민간군사기업의 용병들은 언제든 전쟁수행의 첨병으로 활용될 수 있다. 세상은 빠르게 변하고 있다. 안보와 경제를 정말 구분할 수 있을까? 여기에 "예"라고 자신 있게 답을 할 수 없다면 당신은 안미경중을 예기할 수 없다. 애초에 구분될 수 없는 것을 가지고 분절적인 전략을 실행하겠다는 것은 망상이다.

IV

정보에 관하여

◆ ◆ ◆

1. 정보와 작전

정보는 작전과 유기적으로 연계되어 있다. 작전은 싸움에서 주어진 수단을 쓰는 기술, 즉 전쟁술에 해당된다. 전쟁술은 넓은 의미에서는 징병, 무장, 장비, 훈련 등 싸움의 준비를 위한 전투력을 만드는 활동을 의미하며, 좁은 의미에서는 싸움의 승리를 위해 그와 같은 주어진 수단을 쓰는 기술을 의미한다. 작전은 이 좁은 의미에서의 전쟁술을 의미한다. 작전은 통상적으로 전략과 작전술, 그리고 전술을 모두 포함한다. 작전은 이와 같은 전략-작전술-전술을 기획하는 일(즉 작전기획)과 이를 실제 싸움에 운용하는 일을 모두 포함한다. 대체로 전술은 전투자체를 배치하고 수행하는 일로 정의되며, 전략은 이와 같은 수많은 전투들을 서로 연결하여 전쟁의 목적을 달성하는 일로 정의될 수 있다. 작전술은 이 전략과 전술 둘 사이를 연결하는 개념이다.[1]

정보는 진행과정 상 작전의 전 단계에 해당한다. 정보는 나 또는 우리의 주변을 둘러싼 환경과 상황, 그리고 돌발요인 등을 식별하게 해주고 작전을 설계할 수 있도록 지원한다. 이 정보지원은 작전에 필요한 시야를 틔어주고 예상되는 과정과 결과를 미리 짐작해볼 수 있도록 하고, 적의 어디를 어떤 방식으로 공격하고 적의 예상되는 목표와 공격방향 등에 대해 추정해볼 수 있도록 하는 등의 작전에 필요하거나 도움이 되는 전반적인 내용을 포함한다.[2]

예를 들어 길에서 내가 적대적인 상대방과 마주쳤을 때를 가정해보자. 이 경우에

---

1 칼 폰 클라우제비츠, 『전쟁론 1권』, 김만수 옮김 (서울: 갈무리, 2005), pp. 171-172.

2 L. Freedman, *Strategy: A History* (New York: Oxford University Press, 2013), pp. 69-81.

정보는 상대방의 신체상태, 말의 내용과 뉘앙스, 몸짓과 표현, 눈의 시선과 눈빛 등의 여러 사안들에 해당한다. 나는 이와 같은 사안들을 수집하고 그러한 것들을 통합적으로 연계하고 분석 평가함으로서 적절한 대응방안(즉 작전)을 선택하게 된다. 이 방안은 해당 적대적 상대방이 나에게 어떤 위해 의도가 있는지, 있다면 어떤 종류의 물리적 또는 심리적 폭력을 어느 정도까지 행사할 것인지, 그리고 그의 싸움능력(이는 상대방의 싸움 경험과 기술, 그리고 소지한 무기 등을 종합적으로 평가한 것이다)은 (나와 비교했을 때) 어느 정도인지 까지를 종합평가한 후 도출된 것이다. 이와 같은 추론-판단과정에서 정보는 내가 어떤 식으로 대응할 것인지를 의미하는 작전계획수립의 재료가 된다. 이 계획은 추상적-일반적 대응방법선택에서 구체적-개별적 대응방법선택의 순서로 구상된다. 먼저 추상적-일반적 수준에서 도주할 것인지, 싸울 것인지, 협상을 시도할 것인지 등의 옵션에 대한 검색과 선택이 이루어진다. 그리고 다시 보다 구체적-개별적 수준에서(싸움의 옵션을 선택할 경우에), 선제공격여부, 어떤 물리력을 어느 정도 수위로 사용할 것인지, 어떻게 사용할 것인지, 상대방의 어디를 공격할 것인지, 예상되는 싸움의 결말과 주위의 평가, 기대효과 등에 대한 대략적인 구상과 판단, 행동결심이 이루어진다.

물론 싸움은 늘 계획한대로 진행되지 않는다. 주먹이 오고 간 순간부터 미리 세웠던 계획이 모두 뒤틀리기 시작하는 것을 경험한다. 대부분의 싸움은 깨끗하고 간결해 보이는 작전계획에서 개싸움(dog fighting)으로 변질된다. 이는 개인 간의 싸움뿐만 아니라 2022년 러시아-우크라이나 전쟁과 같은 국가 간의 전쟁에서도 흔히 관찰되는 현상이다. 최근 공개된 푸틴이 승인한 우크라이나 침공 사전계획문서에 따르면, 러시아는 당초 우크라이나를 침공 10일 만에 점령하고, 2022년 8월까지 합병 완료하겠다는 야심찬 계획을 세웠었다. 이에 따라 러시아는 우크라이나 군사시설에 대한 대규모 미사일 타격과 공습으로 침공하고, 발전소나 철도와 같은 주요 기반시설은 우크라이나 점령 후에 자신들이 활용해야 하기 때문에 공격목표로 삼지도 않았다. 하지만 이와 같은 간결하고 전격적인 러시아의 작전계획은 생각대로 풀리지 않았으며 약 10개월이 지난 현재는 우크라이나 군 병력과 민간인에 대한 대규모 살상과 주요 기반시설 들에 대한 철저한 파괴를 위주로 하는 작전으로 전환되었다. 이러한 전쟁 국면의 변화는 현재 러시아와 우크라이나 간의 전쟁이 개싸움 형태의 모습으로 변질되었음을 보여준다.[3]

---

3 김성훈, "김칫국 들이컨 푸틴… 우크라 열흘이면 점령, 8월엔 합병," 「헤럴드경제」, 2022년 12월 2일.

하지만 이와 같은 작전과 실제 싸움 간의 괴리의 문제는 다른 차원의 사안이다. 애초 작전에서 이탈한 싸움의 진행국면에서는 유연성, 창의성, 적응력, 그리고 전투지속성이 요구된다. 이는 부분적으로 다음 장에서 다룰 전투심리와 전투지속성의 문제와도 관련이 있다. 한편 작전에서 이탈한 싸움의 진행 국면에서도 여전히 정보 수집-분석을 통한 작전의 수립과 판단·결심, 그리고 행동의 사이클이 유지되고 있다는 점을 인지하는 것이 중요하다. 개싸움 과정 중에도 지속적으로 작전의 실제 전투 적용과정에서 나타나는 결과의 피드백, 돌발변수와 빠른 상황변화 등에 반응한 새로운 작전계획이 수립되고 이것이 다시 다음 전투행동에 반영되는 등의 정보-작전의 순환과정이 계속된다. 물론 미숙하고 역량이 부족한 싸움꾼은 이 개싸움 과정에 돌입하면 생각이 마비되고 하나의 정형화된 사고를 지속하는 터널비전에 들어갈 수 있다. 하지만 숙련되고 역량 있는 싸움꾼은 싸우는 과정에도 계속 이 정보-작전의 순환고리(즉 작전수행의 성공/실패의 피드백이 다시 정보로 환원되는 사이클)가 유지되며 즉각적이고, 유연하며, 창의적인 대응을 통해 싸움을 승리로 가져간다.[4]

2. 정보의 개념

정보는 그 개념정의를 명확히 할 필요가 있다. 그렇지 않으면 혼돈의 바다에 빠진다. 이는 한국어의 부정확함 또는 비엄격성과도 관련이 있다. 예를 들면 정보통신의 정보와 국가정보원의 정보는 같은 개념인가? 정보혁명 또는 정보전쟁의 정보는 정보활동 또는 정보기관의 정보라는 단어와는 어떻게 다른가? 이런 개념상의 혼돈들이 명확히 정리되지 않으면 정보가 무엇이고 그것을 어떻게 다루고 사용해야 할지를 명확히 알기 어렵다. 따라서 먼저 정보에 대한 다른 논의들을 전개하기에 앞서 여러 가지 의미로 사용되는 정보를 구분하고 명확히 할 것이다. 이를 위해 영어단어를 직접 사용할 것이며, 이는 한국어 단어의 애매모호함 때문이다.

정보는 크게 인포메이션(information)과 인텔리전스(intelligence)로 나뉜다. 이는 서로 다른 개념이다. 인포메이션은 인텔리전스의 전 단계에 해당한다. 인포메이션을 분석-평가를 통해 가공한 결과물이 인텔리전스이다.[5] 하지만 최근 들어 이와 같은 고전적

---

4 Freedman, *Strategy: A History*, pp. 96-107.

구분을 보다 더 정교화시킬 필요성이 생겨났다. 이는 온라인 공간과 여러 다른 정보 매체의 발전으로 정보량이 폭발적으로 증가하면서 나타난 현상이다. 이를 인터넷 이전과 이후의 시기로 나눌 수 있다. 인터넷 이전시기에는 인포메이션 자체가 매우 희소했음으로 이를 획득하는 것 자체가 중요했다. 따라서 어렵게 획득한 인포메이션이 낮은 수준의 분석-평가를 통해 인텔리전스로 변환되었다. 이 과정에서 보통 인포메이션의 수집과정은 첩보로 정의되었다. 이 시대에는 상대적으로 수집한 정보의 분석-평가보다는 첩보가 중요했다. 이른바 기밀자료의 확보가 인텔리전스의 주요한 부분을 차지했다. 하지만 인터넷 이후 시대에 들어오면서 정보량이 폭발적으로 증가했다. 이 때문에 첩보의 비중이 상대적으로 줄어들었다. 반면 이 시대에는 어떻게 이 어마어마한 양의 공개, 비공개 정보를 처리(분석-평가)할 것인가가 더 중요한 문제가 되었다. 이 때문에 OSINT(공개출처정보활동), 머신러닝(Machine Learning), 빅데이터, 인공지능(Artificial Intelligence) 등이 주목 받고 있다.

이와 같은 변화는 인포메이션 영역의 세분화와 질적 변화를 가져왔다. 이전에는 인포메이션으로 통칭해서 다루어지든 것이 보다 더 단계별로 세분화되었다.[6] 이들을 각각의 수준별로 살펴보면 다음과 같다. 먼저 실재 또는 사실이 있다. 보통 진실이라고도 불린다.[7] 우리는 대체로 이 실재를 알 수 없다. 우리가 실재를 안다고 생각하는 것은 우리 뇌의 착각(오인식)일 수 있다. 실재를 찾으려고 애쓰더라도 우리는 진정한 실재에 결코 도달할 수 없다. 단지 그것이 진실이라고 증거와 추론을 통해 판단할 뿐이다. 우리가 실재라고 생각하는 것은 하나의 데이터(data)에 불과하다.

예를 들면 지난 2021년 서울시장보궐선거에서 당시 오세훈 서울시장후보가 "과거 내곡동 생태탕 집에 갔었는지"가 쟁점이 되었던 적이 있다. 해당 주장의 사실여부 즉 실재는 알 수 없다. 우리는 이 에피소드를 미디어 보도내용으로 안다. 해당 보도내용은 실재가 아니라 하나의 데이터이다. 실재일 수도 그렇지 않을 수도 있다. 만약 오세훈 당시 서울시장후보가 직접 "갔다 또는 안 갔다"는 진술을 했다면 우리는 사실을 확인할 수 있었을까? 여전히 그렇지 않다. 이는 단지 또 다른 하나의 진술, 즉 데이터에 불과하다. 우리는 그 말이 사실인지 거짓인지 여전히 알 수 없다. 그의 기

---

5 문정인, "국가정보의 기본개념," 문정인 편저, 『국가정보론』, (서울: 박영사, 2002), pp. 23-54.

6 김상배, 국가정보활동의 미래: 진단과 제언, 국가 정보활동의 과거 현재 미래, 국가정보원 창설 60주년 기념 학술회의, 정보세계학회·한국국가정보학회 2021년 하계학술회의 발표자료.

7 Ibid.

억이 왜곡되었는지, 인식편향이 발생했는지, 의도적으로 거짓말을 했는지, 아니면 진실을 이야기했는지 여전히 알 길이 없다. 관련 진술을 당시 오세훈 시장후보를 목격했다고 주장하는 목격자를 통해 듣더라도 마찬가지의 문제가 발생한다. 이 목격자의 진술 역시 같은 이유로 신뢰하기 어렵기 때문이다. 그의 진술은 또 다른 데이터에 불과하다. 우리가 확인할 수 있는 것은 실재가 아니며 데이터이다.

우리를 둘러싼 주변 환경에 존재하는 데이터를 우리의 인지체계(국가의 경우 정보기관, 선거캠프의 경우 선거캠프의 전략팀)가 감지하게 되면 데이터는 인포메이션으로 전환된다. 이때 데이터가 선택적으로 수집되고 분류되는데 이를 1차 가공과정이라고 부를 수 있다. 이 인포메이션은 좁은 의미의 인포메이션이다.[8]

인포메이션은 다시 편집과 통합을 거쳐 지식(knowledge)이 된다. 좁은 의미의 인포메이션이 지식으로 변환되는 과정을 2차 가공이라고 부를 수 있다. 인포메이션은 잘못된 정보, 가짜정보, 기만정보, 허위정보, 사실정보, 가치있는 정보, 관련없는 정보 등 여러 질적 수준과 유형으로 이루어져 있다. 이와 같은 다양한 수준과 유형의 인포메이션들을 걸러내고 선별하고, 통합하고 배제하는 과정을 거쳐 지식이 생산된다. 최근 들어 이 데이터-인포메이션-지식의 과정이 무인체계에 의해 대체되고 있다. 데이터에서 인포메이션으로 변환되는 1차 가공과정에 주로 OSINT와 빅데이터 등과 관련된 웹사이트 크롤링, 다크웹 또는 딥웹 검색, 소셜 네트워크 검색 등의 기법들이 사용될 수 있다. 인포메이션에서 지식으로 변환되는 2차 가공과정에 빅데이터 분석과 인공지능 알고리듬을 이용한 머신러닝과 딥러닝 등의 기술이 적용될 수 있다.[9]

지식의 다음 단계는 지혜(wisdom)이다. 지식은 쌓이고, 서로 화학적으로 결합되고, 응축되는 과정을 거쳐 지혜가 된다. 지혜는 인공지능 분석이 끝나는 지점에서 시작되는 인간의 영역이다. 인공지능이 더 발전되면 이 영역도 아마도 인공지능으로 대체될 수 있을지 모른다. 하지만 아직까지 이 단계는 숙련된 전문성과 경험을 필요로 하는 인간의 영역이다. 지혜는 지식이 화학적으로 변환된 결과물이다. 지혜는 제한된 인포메이션과 지식을 토대로 전체 현상을 파악하고 미래의 상황을 예측하여, 적절한 대응방안을 도출하도록 도움을 준다.[10] 예를 들면, 2020년 3~5월 경 코로나 문제가 국내에서 본격화 되었을 때, 전국 교도소나 구치소, 그리고 외국인 집단 거주지

---

8 Ibid.

9 Ibid.

10 Ibid.

나 활동지 등이 선제적으로 전수 조사되고 방역대응조치가 이루어졌어야 했다. 하지만 당시 5월경에 글쓴이가 일부 교정 및 출입국 관계자들을 통해 확인한 바로는 질병관리본부(지금은 질병관리청)로부터 이에 대한 아무런 지시가 없었으며, 교정 및 출입국 당국에서는 현황을 파악하지 못하고 있었다. 이런 것들에 대한 선제적 예상과 판단은 데이터나 인포메이션의 취합과 분석 또는 관련 지식의 획득만으로는 이루어지지 않는다. 이는 코비드-19의 특성, 감염병의 척도없는 네트워크 형태의 확산경로, 교정기관과 출입국관리본부의 업무행태, 사람들의 동선, 외국인들이나 재소자들의 심리와 행태 등에 대한 여러 관련된 그렇지만 이질적인 복합 지식들의 통합적 이해를 바탕으로 추론하고 판단하는 영역이다. 이를 위해서는 지혜를 필요로 한다.

넓은 의미의 인포메이션은 이와 같은 데이터, (좁은 의미의) 인포메이션, 지식, 그리고 지혜의 전 과정을 모두 포함하는 개념이다. 좁은 의미의 인포메이션과 구분하기 위해 넓은 의미의 인포메이션을 메타인포메이션(meta-information)이라고 부르기도 한다. 어떤 사람들은 이 메타인포메이션을 메타지식(meta-knowledge)으로 정의하기도 한다.11

메타인포메이션은 인텔리전스로 변환된다. 메타인포메이션에 정보분석과 평가, 판단, 그리고 전략적 의도나 목적(strategic intention or purpose)이 더해지면 인텔리전스가 된다. 전략적 의도나 목적은 사람 또는 사람들의 집단이 전쟁 또는 경쟁상황에서 적 또는 경쟁자들에게 승리하기 위한 목표와 관련이 있다. 때문에 메타인포메이션을 이러한 의도와 목적에 맞게 다시 재가공하고 분석하고 평가·판단하면 이는 인텔리전스가 된다. 미래에 기술이 발전하더라도 인텔리전스는 인공지능으로 대체될 수 없다. 이는 인간의 영역이다. 만약 이마저도 슈퍼컴퓨터나 로봇이 대체하게 된다면 인류는 이미 멸망하고 없을 것이다. 아마도 예측할 수 있는 다소 먼 미래까지는 이런 시대가 오지 않을 것으로 전망된다. 적어도 그때까지는 인간은 인공지능과 경쟁하지도 않고 경쟁할 필요도 없다. 인텔리전스는 인간 행위자의 의도와 목적을 기반으로 메타인포메이션을 활용하는 n차 가공과정의 결과물이다. 우리는 이를 정보생산물이라고 부른다. 2022년 대선레이스 당시 이슈가 됐던 내용 중에 "윤석열 X 파일"이라는 것이 있었다. 이는 정보생산물에 해당한다. 이 때문에 이를 생산한 인간 행위자의 의도와 목적을 떼어놓고 그 내용에 대해서만 관심을 집중하는 것은 의미가 없다. 정보생산물은 이를 생산한 인간행위자의 전략적 의도와 목표를 반영하고 있기 때문이다.

---

11 Ibid.

인텔리전스는 상대적 개념이다. 생산자의 관점에서 인텔리전스는 그 본질적 속성을 가진다. 하지만 다른 행위자(적을 포함한)의 입장에서 해당 인텔리전스는 데이터(이용 가능한 여러 데이터들 가운데 하나)가 된다. 이 때문에 인텔리전스는 생산과 동시에 다시 데이터로 전환되는 환류의 과정을 거치며, 관찰자의 입장에 따라 인텔리전스 또는 데이터가 되는 상대적 속성을 띤다.

3. 정보의 두 가지 속성: 비밀과 공개

정보(인텔리전스)는 두 가지 속성을 동시에 가진다. 이 둘 중 어떤 속성을 활용할 것인지 여부에 따라 비공개와 공개에 관한 판단이 이루어진다. 정보를 언제나 비밀로 다루고 외부로 공개하지 말아야 하는 것은 아니다. 정보의 비밀과 공개 여부는 해당 정보를 어떤 목적으로 활용할 것인가에 따라 유연하게 결정되어야 한다.

정보가 작전을 위한 재료나 기초로 활용될 때 이 정보에 대해서는 비밀을 유지해야 한다. 이 정보가 알려지면 작전 수행에 큰 지장을 초래하기 때문이다. 이와 같은 비밀성의 속성을 가지는 정보는 수집되고 분석되어 정보생산물이 된다. 정보생산물은 대통령 등의 최고정책결정권자의 판단과 결심을 위한 자료가 된다. 이와 같은 판단과 결심은 전략계획 또는 정책지시 등으로 구체화되어 실제행동으로 나타나게 된다. 정보생산물이 적에 의해 파악되거나 외부에 공개되게 되면 적대적 의도를 가진 상대방이 우리 쪽의 전략계획 또는 정책지시, 그리고 그에 따른 실제행동을 미리 예측할 수 있게 된다. 이는 적에게는 상당한 전략적 이익을 제공하는 반면 우리 쪽에는 상당한 전략적 불이익을 가져다준다. 따라서 정보생산물의 비밀성은 전략계획 또는 정책지시의 성공적 수행을 위해 매우 중요한 문제가 된다.

이와 같은 정보의 비밀성은 첩보(intelligence)와 보안·방첩(security and counterintelligence)의 필요와 관련된다. 적의 작전 설계에 토대가 되는 정보는 수단과 방법을 가리지 않고 알아내야 한다. 이는 첩보에 해당한다. 이와 같은 행위를 수색-정찰(search and reconnaissance)로 표현하기도 한다. 이를 위해 적과 친밀하게 교제하고 그들의 생각에 귀 기울이며 그들의 행동을 면밀히 관찰하여야 한다. 적과 더 많은 시간을 보내고 더 친밀해질수록 더 많은 양질의 정보에 접근할 수 있다. 이는 인간정보(HUMINT)에 해당한다. 한편 위성과 정찰기, 수상함 및 잠수함, 전자적 수단, 사이버 해킹 등 여러 기술적 수단을 통해서도 적의 정보를 파악할 수 있다 이는 기술정보(TECHINT)에 해당한다. 반면 적이 우리 측을 상대로 정보를 수집하려는 행위를 차단하고 방어할 필요가 있다. 이는 보안방첩의 영역에 해당한다. 보안방첩에는 인원보안, 시설보안, 문서보안, 기술보안, 사이버보안 등이 있다. 인원보안은 인적자원에 대한 적의 포섭, 회유, 협박 등을 통한 침해위협을 차단하는 것이다. 시설보안은 건물, 오피스 등 공간과 시설 등에 대한 적의 침투위협을 차단하는 것이다. 이를 위해 출입제한구역 또는 접근금지구역 등이 설정될 수 있다. 문서보안은 문서나 자료 등 정보콘텐츠 자체에 대한 보안이다. 기술보안은 두 가지 의미를 담고 있는데 핵심 기술콘텐츠 자체에 대한 보안과 CCTV, 생체인식 등 기술적 수단을 이용한 보안을 모두 의미한다. 마지막으로 사이버보안은 적이 사이버 공간을 통해 우리 측의 정보통신네트워크와 디바이스 등에 대해 가하는 정보탈취위협 등에 대한 차단과 억제, 탐지, 대응과 관련된다. 이밖에도 보안방첩은 각 부문별로 군사보안, 산업보안 등으로 불리기도 한다.

한편 정보가 작전적(전략적/전술적) 공격의 수단으로 활용될 때가 있다. 이때는 공개를 해야 할 때이다. 정보의 공개를 위해서는 분명한 작전적 의도와 목적에 기초해야 하고 공개를 통해 달성하려고 하는 뚜렷한 작전목표가 있어야 한다. 그냥 시간이 지나니까 공개하는 것은 아니다. 미국의 정보기관들이 적극적으로 정보를 공개하는 것은 이러한 활용방식의 사례이다. 온라인에는 공개해도 될까 싶은 고급 정보들이 미국의 정보기관에 의해 공개되어 있다. 이는 정보를 작전 수단으로 활용한 결과이다. 여기에는 거짓정보, 역정보, 저질정보 등도 포함된다. 경우에 따라서는 내게 불리한 정보가 온라인상에 돌아다닐 때 적극적으로 여러 잡다한 정보들을 대량으로 공개하는 경우도 있다. 이는 내게 불리한 치명적 정보를 거대한 정보의 쓰레기더미에 파묻기 위한 것이다. 온라인에서 이 경우는 정보가 너무 많아 검색하기 어려운 상황에 해당한다. 이와 같은 정보의 작전적 공개는 정보가 정보전쟁(information warfare)의 무기이자 수단으로 활용되는 경우이다. 이를 "정보의 무기화(weaponization of information)"라고 부른다.[12]

정보를 무기로 활용할 때는 단어와 문장들로 구성된 언어(말과 글)가 전략적 의도에 따라 효과적으로 구사되어야 한다. 이때 정보는 메시지(message)로 작동한다. 불특정

---

12 김상배, "정보의 무기화: 정보전 위협의 부상과 정보작전의 대응," 제8차 미래작전환경분석 세미나 발표자료, 2022년 9월 16일. 육군교육사령부.

다수를 상대로 메시지가 흩뿌려져서는 의도한 전략적 효과를 거두기 어렵다. 전략적 의도와 설계에 따라 어떤 특정 인간(또는 인간 그룹) 타깃을 대상으로 어떤 메시지가 어떻게 전달되어야 할지가 면밀하게 고려되어야 한다. 이때 메시지를 생산하거나 전달하는 주체는 메신저(messenger)이다. 메신저가 총포에 해당한다면 메신저를 통해 나오는 메시지는 총탄 또는 포탄에 해당한다. 메신저는 저명한 인사, 정치인, 정부고위관계자, 학자, 유명인, 방송이나 미디어 매체, 유튜브, SNS 등에 해당한다. 메시지는 특정한 인간 타깃의 생각과 마음(또는 감성)에 영향을 미쳐 이들의 인식, 판단, 행동을 지속 또는 변화시키려는 의도로 활용된다.

4. 정보 사이클과 주요 활동들

정보는 소요제기-수집-분석-생산/배포-피드백의 사이클로 이루어져 있다. 작전계획과 수행을 위해 정보소요자(대통령, 선거캠프의 후보, 군 지휘관, 그리도 그들의 스태프 등)가 소요제기를 하면 여러 이용 가능한 데이터들을 수집하기 시작한다.[13] 수집의 방법으로는 여러 사람들로부터 전해 듣는 휴민트(HUMINT), 기술적 수단을 활용한 테킨트(TECHINT), 그리고 온라인 등의 공개정보를 활용한 오신트(OSINT) 등이 있다.[14] 이 수집과정에서 마구잡이로 관련 있어 보이는 데이터들을 무차별적으로 모으는 것보다는 인간의 심리/성격/동기 등에 대한 가정과 주요변수들을 토대로 가설을 설계하고 필요한 데이터들을 차별적으로 선별하는 것이 더 비용-효과 대비 우월하다. 특히 당신의 정보팀이 인원과 예산, 가용자산 면에서 제한적이라면 더욱 그렇다. 과학적 연구를 수행하는 것처럼 가설설계-자료수집으로 연역적으로 접근할 필요가 있다. 이를 과학적 정보 분석 기법이라고 한다.

수집된 데이터는 씻어내고 손질할 필요가 있다. 대체로 이 과정에서 수집된 데이터의 진위여부, 질적 수준 등을 기준으로 데이터가 분류되고 정리된다. 대체로 크로스체크를 하게 되면 수집된 데이터의 타당성과 신뢰성이 파악될 수 있다. 이때 흔히 거짓정보, 역정보 등과 같은 불량정보들을 단순히 버리는 실수를 하기가 쉬운데 이

---

13 문정인, 2002, pp. 23-54.
14 Ibid.

는 잘못된 것이다. 이와 같은 불량정보들에는 그 불량정보를 생산하거나 유통시킨 행위자의 의도가 숨어있다. 때문에 불량정보들은 그 의도나 목적을 분석하기 위한 매우 좋은 자료가 된다.

손질된 데이터는 분석과정을 거쳐 정보생산물이 된다. 분석에는 숙련된 전문가가 읽고 평가, 판단하는 것과 통계적 분석, 지리-정보 분석, 사회관계망 분석, 빅데이터 분석 등 여러 기술적 방법 등이 동원될 수 있다. 이때 정보분석을 담당하는 분석전문가가 앞서 언급한 "지혜"의 수준을 갖추고 있을 경우 분석의 질은 매우 높아진다. 정보분석가의 분석의 질이 높을 경우 정보수집과 통합과정에서의 인적, 물적, 기술적 한계를 충분히 보완할 수 있다. 흥미로운 점은 반대로 정보수집과 통합과정에서의 역량의 양적, 질적 우위에도 불구하고 최종 정보분석에 결함이 있을 경우 그 최종 정보생산물의 질이 저하된다는 사실이다. 2003년 미국의 이라크 침공결정의 주요 근거가 되었던 이라크의 대량살상무기 확보여부에 대한 정보실패는 수집과 통합과정의 실패가 아니라 정보분석과 판단과정의 실패였다. 이러한 실패는 미국과 영국의 경우와 같이 막대한 정보자산과 뛰어난 첩보수집과 통합역량에도 불구하고 최종 단계의 정보분석과 판단과정의 문제 때문에 발생할 수 있다. 이는 정보분석과 판단 과정에서 "지혜"의 중요성을 보여주는 좋은 사례이다. 정보분석이 끝난 정보생산물은 구두보고나 보고서의 형식으로 정보소요자에게 전달된다. 정보소요자는 다시 피드백을 통해 보완이나 추가요구 등을 하게 된다. 이는 다시 소요제기가 된다.15

정보는 세 가지 주요 활동을 모두 포함한다. 이는 ① 정보 수집-분석(intelligence), ② 보안·방첩(security and counterintelligence), 그리고 ③ 비밀공작(Covert Operation 또는 CoOps)이다. ①은 나를 둘러싼 환경과 상황, 그리고 전쟁이나 경쟁 상대방에 대해 아는 것이다. 앞서 언급한 인텔리전스 활동이 여기에 해당하며 그 결과는 정보생산물이다. 이 활동은 지휘관이나 최고의사결정자, 또는 그를 보좌하는 스태프들이 판단을 내리고 작전계획을 수립하는 것 등을 돕기 위한 것이다. ②는 상대방이 나의 정보를 수집하거나 나를 공격 또는 공작활동을 하는 것을 막는 것이다. 나의 취약성을 보호하고 나에 대한 공격을 디펜스하는 것들이다. 그리고 상대방의 공격으로부터 발생하는 피해를 최소화하는 것도 여기에 해당한다. 대테러(counter-terrorism), 대간첩(counter-espionage), 대공(counter-communism), 보안(security) 등의 개념은 모두 여기에 해당한다. 국군방첩사령

---

15 Ibid, pp. 114-151.

부의 "방첩"이라는 의미에는 이와 같은 기관의 핵심 임무와 속성이 담겨있다. 영어로 시큐리티(security)라는 단어는 우리말로 안보 또는 보안으로 번역된다. 시큐리티가 안보로 번역될 때에는 위계적 조직구조에서 보다 높은 수준에 해당하며 추상적이고 일반적인 의미로 사용된다. 이 경우에 안보는 공격-방어의 의미를 모두 포함한다. 반면 시큐리티가 보안으로 번역될 때에는 보다 낮은 수준에서 구체적인 활동, 임무, 정책수행의 의미로 사용된다. 이때에는 보안·방첩의 성격이 강조되며 주로 적대세력의 공격, 스파이 공작, 위해 등에 대한 방어의 의미로 쓰인다. 마지막으로 ③은 여러가지 은밀한 공작활동들을 의미한다. 여기에는 암살, 사보타지, 내란선동, 민주화시위 조장, 정권전복, 여론동향 파악, 여론조작, 선거개입, 가짜뉴스 공작, 역정보 공작, 주요 인물매수, 해킹, 사이버 영향력 공작 등 여러 초법적, 초윤리적 활동들이 포함된다. 이러한 활동은 일반 사람들이 인지하는 세계의 수면아래에서 벌어지고 있다. 마치 존재하지 않는 것처럼 보이지만 실제로 지금 이 시간에서 벌어지고 있으며 당신이 생각하는 것 보다 훨씬 많고 다양하다. 세계 대부분의 국가들과 기관, 단체들이 이러한 활동들을 하고 있다. 2009년 이스라엘 대테러 교육에서 만났던 "람(가명일 것으로 추정된다)"이라는 친구는 이스라엘 보안기관에서 9년 동안 중동과 유럽, 북아프리카에서 이스라엘의 적들을 상대로 이러한 비밀공작을 수행했던 팀의 리더였다. 당시 그는 자신의 경력에서 은퇴하고 미국 예일대학교 국제정치학 박사과정에 진학할 예정이었다.[16]

5. 정보판단의 유의점

정보판단과정에서 가장 주의해야 할 점은 인지편향이다. 인지편향이 문제가 되는 것은 수집된 정보를 분석-판단하는 과정에 개입하여 분석가 또는 판단자가 잘못된 정보평가와 판단을 내리도록 이끌기 때문이다. 대체로 정보판단의 실패의 이유가 정보부족인 경우는 약 30퍼센트에 불과한데 비해 이 인지편향 때문인 경우는 70퍼센트에 달한다. 즉 대개 정보가 부족해서 정보판단의 실패가 발생하는 것은 아니라는 말이다.[17] 대표적인 사례는 선조가 1590년에 사신으로 보낸 두 사람(황윤길과 김성일)이

---

16 Ibid, pp. 23-54.

일본의 도요토미 히데요시를 만나고 돌아온 뒤 올린 차별적 정보보고이다. 황윤길은 도요토미 히데요시의 조선침공 개연성이 매우 높다고 보고한 반면 김성일은 매우 낮다고 보고했다. 김성일의 정보보고와 조선 정부의 김성일 의견의 채택은 인지편향이 개입한 정보판단 실패의 사례에 해당한다. 선조는 실패한 정보판단을 받아들였고 그 결과는 우리가 잘 안다. 다른 적절한 사례는 1950년 한국전쟁과 관련이 있다. 당시 중국의 조선족으로 구성된 조선의용군 정예 병력이 북한 인민군에 편입된 것을 토대로 채병덕 참모총장에게 북한의 남침 가능성이 보고되었다. 채병덕 총장은 이를 무시했고 이러한 판단실패에 인지편향이 개입되었다. 1997년 한국의 외환위기 역시 대표적인 인지편향이 야기한 정보판단실패 사례에 해당한다. 똑같은 정보보고를 기반으로 다른 판단을 내릴 수 있다. 이는 인지편향이 개입하기 때문이다. 그리고 그 결과는 참혹하다.[18]

인지편향에는 다음의 세 가지 종류가 있다. ① 모든 것이 정상적으로 돌아가고 있다는 정상화 편향, ② 자신의 희망과 관련된 정보를 선별적으로 받아들이는 선택적 지각, ③ 결과가 낙관적일 거라는 희망사고(wishful thinking)로 들여다보는 낙관주의 편향 등이다. 여기에 비슷한 인지편향의 사람들이 함께 모여 그들만이 배타적으로 관계를 구축하고 그룹 내에 권위주의적 문화가 지배한다면 집단사고(group thinking)의 문제로 이어진다. 집단사고는 집단 내 사고와 판단이 획일화되고 다른 의견이 배제되는 현상을 의미한다. 미국 케네디 행정부의 쿠바 피그만(Bay of Pig) 침공실패는 이 집단사고의 폐해를 단적으로 보여주는 대표적인 사례이다.[19] 인지편향과 집단사고는 다시 터널비전(tunnel vision)으로도 이어진다. 이는 마치 터널에 들어온 것처럼 시야가 좁아지고 다른 대안들을 생각지 못하게 되며 특정하고 익숙한 판단과 방안에 강박증처럼 매달리는 현상이다. 지난 문재인 정권의 부동산 정책과 안보정책에서 이와 같은 인지편향과, 집단사고, 그리고 터널비전이 관찰되는 것처럼 보인다. 이와 같은 인지편향을 예방하기 위한 방편으로 정보의 구조화 분석기법, 악마의 변호인(devil's advocate) 등과 같은 기법들이 제시된다. 사상이나 생각, 규범, 가치 등의 관념적 사고

---

17 김강무, 정보분석과정에 미치는 인지편향의 영향과 구조화분석기법의 적용 범위 연구, 국가정보원 창설 60주년 기념 학술회의, 한국국가정보학회 2021년 하계학술회의 발표자료.

18 Ibid.

19 Graham Allison and Philip Zelikow, Essence of Decision: Explaining the Cuban Missile Crisis (New York: Pearson Education, 1999).

에 대한 지나친 몰입을 피하고 같은 부류의 사람들 또는 같은 종류의 정보들에 집착하는 것을 경계할 필요가 있다. 또한 언제나 내 판단이 틀릴 수도 있다는 비관적 태도를 잃지 말아야 한다.[20]

정보판단에서 중요한 것은 조기경보(early warning)이다. 조기경보는 미래에 발생할 위험을 미리 예상하고 미리 준비하는 것이다. 예를 들면 선거를 치르는 선거캠프의 경우 최종 투표일까지 선거전기간에 걸쳐 경쟁자의 대응방안, 선거운동 방향과 전략, 돌발변수들, 변화되는 여론 지형과 상황들, 그리고 주요 쟁점이슈들에 대한 선제적 정보예측 즉 조기경보가 이루어져야 한다. 이는 국가의 경우에도 마찬가지이다. 국가는 앞으로 5년, 10년, 20~30년, 50년간의 미래 안보환경과 돌발요인들, 주요 적대세력의 동향과 국가전략 등을 종합적으로 판단하여 미래예측정보를 도출할 수 있어야 한다. 미국은 대표적으로 국가정보예측(National Intelligence Estimates) 보고서를 산출하여 미래 5년, 10~20년, 또는 50년 뒤까지의 국가안보환경과 전략에 관한 조기경보를 실시해오고 있다.[21]

미국정부의 조기경보의 사례들 가운데 하나로 2022년 2월 7일 출간되고 같은 해 3월 8일 ODNI(Office of Directorate of National Intelligence) 홈페이지에 게시된 "2022년 미 정보공동체 연례위협평가(2022 Annual Threat Assessment of the U.S. Intelligence Community)"를 들 수 있다.[22] 이 보고서는 다음 한 해 동안 미국의 가장 직접적이고 심각한 위협들에 대해 평가하고 있다. 해당 보고서에서 제시된 위협들은 다음과 같다.

> ① 중국(CHINA): 보고서는 중국의 동아시아 태평양 지역에서의 초강대국 전략을 위한 국가주도 정치·경제·외교활동; 미국과의 경쟁에서 이기고 전 세계에 대한 중국의 영향력을 강화시키려는 경제, 군사, 외교적 목적과 활동; 지역과 미국을 위협하는 중국의 군사 능력 확장; 중국의 지속적 WMD 확대; 우주개발능력 확장; 사

---

20 Andrew Grenville, Kahneman, Tversky and the CIA-Grappling with Biases and Heuristics. maru, August 18, 2020 https://www.marugroup.net/insights/blog/grappling-with-biases-and heuristics (검색일: 2021.07.20.).

21 석재왕, 국가정보원법 개정 이후 국정원의 발전 방향, 국가정보원 창설 60주년기념 학술회의, 한국국가정보학회 2021년 하계학술회의 발표자료.

22 이 보고서의 앞선 보고서는 2021년에 출간된 2021 Annual Threat Assessment of the U.S. Intelligence Community가 있다. DNI와 NSA가 생산해낸 보고서에 대한 대중의 공개가 2021년부터 이루어진 것으로 추정된다.

이버 스파이 능력; 그리고 중국의 허위정보 유포, 여론조작, 중국을 비난하는 정치인들과 중국에 대한 비난여론 등을 압박과 위협을 통해 덮어버리려는 등의 악성 영향력을 중국과 관련된 위협들로 제시하였다.[23]

② 러시아(RUSSIA): 보고서는 미국에 가장 위협적이고 도전이 되는 국가로 러시아를 지목하였다. 보고서는 러시아의 주변지역과 전 세계에 대한 패권추구 목적과 활동; 러시아의 군사·안보·스파이 활동 수단의 지속적 사용과 이를 통한 미국과 동맹국에 대한 압력과 자국의 이익추구 및 관철; 러시아의 군사 능력; WMD; 사이버 스파이, 영향력 그리고 공격 위협; 미국 국내에 대한 위협적인 악성 영향력; 정보기관, 프록시, 그리고 사회여론에 대한 영향력 수단들을 활용한 서구 동맹국들에 대한 악성영향력의 강화; 우주경쟁 능력을 러시아와 관련된 위협들로 지목하였다.[24]

③ 이란(IRAN): 보고서는 이란이 미국의 중동에 대한 영향력을 쇠퇴시키고 글로벌 무슬림을 수호하는 범이슬람파워(pan-Islamic power)를 이란 중심으로 통합시키려는 장기적 비전으로 나아가고 있다는 점; 중동지역에서 미국을 직접 또는 프록시를 통해 공격하는 점; 이란의 하이브리드 전쟁능력이 가져오는 중동지역에서의 미국의 이익에 대한 위협; 핵무기 개발 능력증대; 미국 네트워크에 대한 사이버 공격 및 악의적 영향력의 위협 등을 이란과 관련된 위협들로 예측하였다.[25]

④ 북한(NORTH KOREA): 보고서는 미국과 미국 동맹국들에 대한 북한 김정은의 핵무기 개발과 ICMB, IRBM, SLBM 등의 무기개발 및 시험으로 인한 핵위협; 군사력 향상을 위한 지속적인 무기개발; WMD; 그리고 북한의 사이버 스파이, 사이버 범죄 및 사이버 공격 능력에 대한 위협을 지목하였다.[26]

⑤ 보건안보 위협(HEALTH SECURITY): 보고서는 새로운 감염병들의 확산 우려; 오랜 동안 지속된 코비드-19 팬데믹의 영향으로 인한 경제적 어려움(특히 저소득국가의 경제문제로 인한 사회·정치적 불안정과 그 관련 안보이슈); 미국 보건시스템의 부담 등의 위협; 팬데믹 대응을 위한 글로벌 대응의 부족; 코비드-19 바이러스 기원에 대한 의구심들과 생물학 안보; 생물학적 무기의 개발과 연계된 선택지에 대해 일부 미국의 적성 국가들이 어떤 계획을 가질 것인가에 대한 우려; 그리고 비정상적인 보건사

---

23 ODNI. 2022. pp. 6-9.

24 Ibid, pp. 10-13.

25 Ibid, pp. 14-15.

26 Ibid, pp. 16-17.

태 등을 위협으로 지목하였다.[27]

⑥ 기후변화와 환경파괴(CLIMATE CHANGE & ENVIRONMENTAL DEGRADATION): 보고서는 기후 변화가 지속적인 물리적 충격과 지정학적 경쟁을 가중시킬 것이므로 이와 관련된 문제가 미국 국가안보와 국가이익을 악화시키는 위협이 될 것으로 예측하였다.[28]

⑦ 기타 초국가 이슈들(ADDITIONAL TRANSNATIONAL ISSUES) 위협: 보고서는 미국에 대한 직접적이고 긴급한 초국가이슈들로 앞서 제시한 기후변화, 환경파괴, 팬데믹 이 슈들을 제외한 사항들로부터 발생하는 위협들을 다음과 같이 예측하였다. 첫째, 신기술의 혁신적 사용(INNOVATIVE USE OF NEW TECHNOLOGY)위협이다. AI, 로보틱스, 자율주행, 스마트 기술, 바이오 기술 등의 신흥기술(emerging technology)의 상업적, 군사적 경계가 허물어지면서 이러한 신흥기술을 사용하는 국가행위자와 비국가 행위자들이 과거 미국의 전형적 군사적 수단이었던 근거리 통신에 대한 보안, 항 공과 우주에 대한 장악력, 그리고 군사력의 투사 등에 대한 직접적 위협이 되었 다고 평가하였다. 둘째. 초국가 조직범죄의 위협(TRANSNATIONAL ORGANIZED CRIME: TCOs)이다. 인신매매, 불법마약류 반입, 사이버 범죄(랜섬웨어 공격 등), 그리고 경제 범죄와 돈세탁 등의 위협을 평가하였다. 셋째, 이민(MIGRATION) 위협이다. 세계의 경제적 빈곤, 내전, 전쟁과 테러로 인한 자국 안전 문제, 미국에서의 경제적 기회 등으로 인하여 멕시코와 미국 국경 등을 통한 불법적 입국과 이민을 통한 연계 위협에 대해 제시하였다. 넷째, 글로벌 테러리즘(GLOBAL TERRORISM)의 위협이다. 보고서는 다양한 이념적 배경과 개인적 동기에 고취된 개인들과 소규모의 셀들로 인한 테러위협이 미국인들과 미국 영토와 해외의 미국의 이익에 대한 지속적인 위협으로 남아있다고 평가하였다. 구체적으로는 ISIS, 알카에다, 헤즈볼라, 그리고 인종 또는 민족적으로 동기화된 폭력적 극단주의자들의 위협이 제시되었다.[29]

⑧ 갈등과 불안정성(CONFLICT & INSTABILITY): 보고서는 남아시아 지역의 아프가니스탄, 인도-파키스탄, 인도-중국, 근동 또는 중동지역, 동아시아의 버마, 서반구지역의 남아메리카와 캐리비안 지역, 그리고 아프리카의 사하라 이남 지역을 들어 이들 지역에서의 테러리즘, 폭력과 내란으로 인한 정권과 정치적 · 경제적 불안정, 코 비드-19로 인해 가중된 사회경제적 위험상황 등이 미국의 이익과 안보에 위협이 되는 부분들을 지적하였다.[30]

---

27 Ibid. pp. 18-19.
28 Ibid pp. 21.
29 Ibid. pp. 22-27.

이와 같은 미래안보위협예측보고서는 미국 정보공동체의 전 기관들로부터 제공되는 정보들을 통합하여 최상위 안보정책결정회의체인 NSC에 제출되는 보고서가 작성되는 시점의 다음 해를 기준으로 미국의 미래 국가안보위협을 평가한다. 해당 보고서는 또한 그와 같은 포괄적인 안보위협요인들이 어떤 관점에서 미국의 이익과 미국인들에 대한 위협이 되는 지 여부와 관련된 통합적이고 직관적인 정보를 제공하고 있다. 이와 같은 미래안보예측정보보고서는 조기경보에 해당한다.

하지만 한국의 경우 이러한 조기경보와 관련된 미래안보환경예측정보판단이 취약하다. 이와 같은 조기경보를 위해서는 관련 전문가들의 집단-지성적 지혜와 전략판단이 필요한데 한국은 이러한 시스템이 제대로 구축되어 있지 않다. 미중패권전쟁이라고 수많은 사람들이 언급하지만 이 패권전쟁의 현황과 실체, 장기 전망에 관한 종합적(comprehensive), 체계적(systematic) 조기경보가 이루어진 적은 없다. 대부분의 전문가들이 미-중 패권경쟁에서 국가의 실익, 균형점 등을 찾아야 한다고 주장하지만 그와 같은 실익과 적절한 균형점이 무엇인지 명확히 평가하고 제시하고 있는 경우는 거의 없다. 그리고 미래안보환경에서 이와 같은 국가의 이익과 미-중 사이의 균형점이 어떻게 형성될 것인지를 구체적으로 예측하고, 평가하고, 지목한 사례도 드물다.[31] 이는 한국이 여전히 상대적으로 취약한 국가인 이유이다. 약소국이어서 조기경보가 없는 것이 아니라 조기경보가 없어서 여전히 그저 그런 나라에 머물고 있는 것인지도 모른다.

지난 2020년 12월에 있었던 국가정보원법 개정은 매우 우려스럽다. 이는 이와 같은 법 개정을 시도한 주체들의 국가안보와 국가정보에 대한 낮은 인식수준을 그대로 보여주었다. 국가비전, 안보환경, 전략목표, 그리고 정보활동에 대한 면밀한 평가와 분석 없이 성급히 국가정보원법 개정이 튀어나왔다. 그리고 이를 토대로 국가정보의 핵심기관인 국가정보원의 발전방향과 과제가 모색되었다. 꼬리가 몸통을 흔드는 것이고 인과관계의 앞뒤가 바뀐 것이다. 논리상으로는 국가안보환경과 국가비전 및 전략목표가 먼저 설정되고, 정보전략의 차원에서 국가정보원 발전전략과 임무가 식별되고, 이를 위한 여러 방안들 가운데 하나로 국가정보원법 개정이 고려되어야 한다. 예를 들면, 한국을 둘러싼 안보위협평가에는 중국, 북한 등의 적대적 국가로부터 오

---

30 Ibid. pp. 28-30.
31 석재왕, 국가정보원법 개정 이후 국정원의 발전 방향.

는 전통위협과 테러, 국제범죄, 사이버 공격, 감염병, 빈곤, 재난, 식량, 환경, 에너지 등의 비국가 행위자 또는 비인격적 요인으로부터 오는 비전통적 위협이 포함되어 종합적으로 고려되었어야 한다. 이에 대한 종합평가를 근거로 한국의 국가안보에 가장 중요한 주적 또는 주위협의 우선순위 리스트가 작성되어야 했다. 그리고 이를 바탕으로 국가안보전략목표가 정해져야 했고 이 아래에 정보전략목표가 작성되었어야 한다. 그 아래에 정보기관들 가운데 하나인 국가정보원의 발전방향, 임무, 그리고 목표가 정해졌어야 한다. 그 아래에 다시 국가정보원 발전전략이 도출되어야 하며, 다시 그 아래 수준에서 국가정보원 발전전략의 여러 옵션들 가운데 하나로 국가정보원법 개정이 추진되었어야 한다. 우리의 경우는 그 순서가 완전히 뒤집혔다. 이런 식으로 사업을 하면 그 기업은 오래 지속되기 어렵다. 특정 정보기관이 정보와 보안방첩, 수사 임무를 모두 수행할 것인가 아니면 정보임무만을 수행할 것인가, 국내와 해외 정보를 모두 다룰 것인가, 아니면 해외정보업무만을 다룰 것인가와 같은 논의는 문제의 본질이 아닌 지엽적인 각론들이다. 정보기관의 국내정치 개입 및 인권침해 위험성을 근원적으로 차단하려면 정보기관을 없애면 된다. 하지만 이는 국가안보의 중대한 공백이라는 의도치 않은 결과를 초래한다. 따라서 국가정보기관이 초래할 수 있는 국내정치개입과 인권침해 위험과 같은 부정적 폐해의 위험성을 어느 정도 감내하면서도 국가정보기관을 설치하고 해당 기관에 효과적인 정보활동수행을 위한 책임과 권한을 부여한다. 이는 국가안보위협에 적절히 대응하기 위해서는 권한과 역량을 갖춘 국가정보기관이 필요하기 때문이다.

결국 국가정보기관에게 일정정도의 정보활동수행을 위한 책임과 권한을 주면서도 국가기관의 활동이 초래할 수 있는 부정적 폐해를 견제하기 위한 적절한 균형점이 찾아져야 한다. 이와 같은 균형점은 한국이라는 국가가 마주하고 있는 안보환경과 직접적인 관련이 있다. 국가정보기관은 오늘날 한국과 한국민에 가해지는 안보위협에 적절히 대응할 수 있을 정도의 충분한 책임과 권한, 역량이 주어져야 한다. 그러면서도 정보기관에게 주어진 권한과 역량으로 인해 자유민주주의와 인권에 대한 과도한 침해가 일어나지 않도록 적절한 견제방안이 마련되어야 한다. 하지만 불행히도 2020년의 국가정보원법 개정은 그 적절한 균형점에 해당한다고 보기 어렵다. 이는 해당 법 개정이 국가안보위협에 효과적으로 대응할 수 있도록 국가정보기관에 충분한 권한과 역량을 부여하지는 않은 채 과도한 견제만을 초래했기 때문이다.

V

전투심리와 전투지속성, 그리고 전사계급(warrior class)

◆ ◆ ◆

1. 전투심리와 전투지속성

앞서 언급한 정보-작전의 연계고리에 전투심리(combat psychology)가 결합되면 전쟁 수행을 위한 삼각형(triangle)이 완성된다. 이 세 개의 축은 긴밀히 연계되어 마치 전쟁수행기계처럼 작동해야 한다. 전쟁기계(war machine)라는 의미 속에는 정보-작전이 유기적으로 작동하는 것과 여기에 전투심리가 일정한 수준으로 유지되는 내용이 담겨있다. 전투심리는 적을 완전히 섬멸하거나 자신이 완전히 섬멸되거나 하는 궁극의 전투 종결점까지 지속되어야 한다. 이와 같이 높은 수준의 결전의지, 즉 전투심리가 유지되는 것을 전투지속성이라고 표현할 수 있다.

정보-작전이 완벽히 이루어진다고 하더라도 이러한 결과물이 실제 전투행동(combat action)으로 이어지지 않으면 여전히 불완전하다. 정보-작전이 완벽하게 구비되었다고 하더라도 실제 싸움에서 전투심리가 고도로 유지되지 않으면 승리로 이어질 수 없다. 싸움과 전투는 엄청난 스트레스이고 일반적인 사람들이 이러한 적대적 상황에서 심리적으로 견뎌내는 것은 쉬운 일이 아니다. 거의 모든 포유류들(특히 포식동물(predator)이 아닌 포유류들)에는 개체생존을 위한 본능적 기재가 내제되어 있는데 이는 다른 포유류에 대한 살상이나 공격에 대한 역겨움 또는 거부감, 적대적 대치에 대한 심한 불안과 스트레스 등이다. 실제로 2차 대전에 참전한 미군을 대상으로 한 연구에 따르면 전쟁 중 전선에서 적을 향해 실탄 사격을 한 비율이 기껏해야 15퍼센트를 넘지 않았다. 나머지 대부분은 자신을 죽이기 위해 달려오는 적을 향해서도 실탄을 발사하지 않았다는 것이다. 이러한 현상은 동물들에게도 관찰된다. 따라서 정보-작전이 실제 공격행동 또는 전투로 이어지기 위해서는 이 (개별 전투원들의) 전투심리가 효과적으로 작동해야 한다. 오늘날 미군은 전투 실제상황을 기초로 한 시뮬레이션 훈련을 통해 보병 전투원의 실탄 사격비율을 90퍼센트 이상까지 끌어올렸다. 이러한 미군의 노력은 최근 대테러전쟁에서 미군의 탁월한 전투력으로 결실을 맺고 있다. 오늘날 미군은 풍부한 전쟁 경험을 갖춘 잘 정비된 전투기계이다. 이 문제와 관련해서 오늘날 한국군의 현황은 확인할 길이 없다. 베트남전에서 보인 한국군의 높은 전투지속성과 탁월한 전투심리를 한국인에게 본연적으로 내제된 당연한 것으로 간주하면 곤란하다. 당시 한국군은 한국전쟁을 치른 지 10년밖에 되지 않은 훈련되고 숙련된 전투기계였다. 실전경험을 갖춘 대부분의 한국군 간부들이 그대로 한국군에 남아 있었다. 당시 한국군 대비 북베트남군 사상자 비율이 최대 1:100까지 달했던 것은 우연이 아니다. 일반인들은 잘 인지하지 못하지만 전투현장에서 전투원의 몇 퍼센트가 실제로 적에게 사격을 가하여 적을 살상하는지, 이들이 얼마나 높은 전투심리를 유지하면서 절망적이고 불확실한 상황에서도 평정심을 유지하면서 전투를 지속할 수 있는 지는 전쟁 승패의 매우 결정적인 요인이다. 종종 이 부분은 군사력 비교에서 간과된다.[1]

정보-작전과 전투심리가 함께 공존해야 함에도 불구하고 공존하기 어려운 것은 이 둘이 서로 매우 다른 상충하는 뇌의 작용을 필요로 하기 때문이다. 정보-작전은 먼 미래까지 포함한 미래에 대한 예측, 적에 대한 면밀한 관찰과 분석, 전쟁 결과에 대한 심도 깊은 추정, 전쟁수행 과정에서의 여러 돌발 상황에 대한 사전 고려 등에 대한 사려 깊은 사고와 합리적인 계산을 포함한다. 이러한 능력은 오랜 학습을 통한 지식의 축적과 연구와 분석을 통한 창조적 아이디어의 도출 등으로 키워진다. 하지만 이와 같은 능력은 전투수행과정에서는 오히려 독이 될 수 있다. 승리와 패배와 관련된 결과에 대한 생각, 상대방의 전투역량에 대한 계산 등은 이른바 공격불안이라고 알려진 적대적 상황에 대한 과도한 스트레스를 불러일으킨다. 또한 부정적인 결과를 미리 예상하게 함으로서 스스로 전투의지를 꺾고 미리 포기하는 잘못된 선택으로 이끈다. 특히 신체적인 강건함을 위한 훈련이나 전투나 폭력사용의 훈련 또는 경험 없이, 문학, 철학, 예술 등과 같은 고도의 추상적인 사고를 하도록 편향적으로 훈련받은 사람들은 이 부분에 취약해질 수 있다. 그들의 뛰어난 상상력은 온갖 부정적인 결과들을 끊임없이 재생산하고 적에 대한 지나친 연민의 정을 불러일으켜 적대

---

1 데이브 그로스만·로런 크리스텐슨, 『전투의 심리학』, 박수민 옮김 (파주, 경기: 플래닛, 2013).

적 상황에서 전투수행 자체를 어렵게 할 정도로 스스로를 심리적으로 마비시킨다. 일단 전투가 시작되면 전투심리가 필요하다. 전투심리는 전투지속성을 이끌어낸다. 전투심리에서 요구되는 능력은 지금 순간, 현재, 또는 매우 단기적인 시간적 프레임에 생각을 집중하는 것이다. 이때, 전투현장에서 싸움을 계속하고 적을 죽이는 일에 모든 신경이 집중되어야 한다. 경우에 따라서는 자신의 안위가 위태로운 상황에서도 적을 공격하고 살상하는 행동을 지속할 수 있어야 한다.

예를 들면, 강화된 전투심리를 갖춘 전투원 또는 전사들은 다음과 같이 사고하는 경향이 있다. 이들은 이길 수 있을 때만 싸우지 않으며, 싸울 수 있다는 것 자체를 축복으로 여긴다. 이를 이른바 전사적 영웅주의(warrior heroism)라고 정의할 수 있다. 이는 전투를 수행하는 전사로서 자기 정체성을 규정하고 이를 매우 명예롭고 가치 있는 것으로 여기는 마음가짐, 가치태도, 또는 생각이다. 이와 같은 전사적 영웅주의의 지향은 삶과 죽음의 문제를 초월하며, 그 자체가 삶에서의 궁극적 목표 또는 가치가 된다. 이와 같은 전사적 영웅주의로 가득 찬 전투원들은 전투과정 중에 그 결과를 생각지 않고 개개의 전투 순간에 집중하고 그 순간에 자신이 할 수 있는 최선을 다했는지에 집중한다. 그들은 결과에 대한 막연한 두려움과 불안이 전투정신을 집어삼키고 막연한 공포가 질병처럼 자신의 전투정신을 집어삼키는 것을 경계한다. 따라서 전투 중에 자신의 불안을 컨트롤하기 위해 노력한다. 이들은 이 때문에 종종 종교적이 되는 경우가 많다. 이는 이들이 전투결과와 자신의 죽음과 같은 운명을 신의 영역에 맡기는 태도를 가지기 때문이다. 마키아벨리는 이 운명을 포르투나(fortuna)라고 부르고 인간이 통제할 수 있는 인간의 능력인 비르투(virtu)와 인간이 통제할 수 없는 포르투나가 결합되어 성공과 실패가 결정된다고 진술했다. 전투와 싸움은 특히 예측할 수 없는 우연과 돌발변수들에 의해 그 결과가 좌우되는 측면이 크다. 이 때문에 전투원들은 대체로 종교적인 경향을 강하게 보인다. 이들은 전사의 명예에 관심을 집중하고 죽고 사는 문제에 대해 초월적 태도를 가진다. 죽음을 받아들일 준비가 항상 되어 있으며 얼마나 오래 살 지보다 어떻게 죽을 지에 대해 더 큰 관심을 보인다. 오늘날 미군의 모토인 "오늘 싸우자!(fight today!)"는 "오늘 싸우다 죽을 준비가 되어 있다는"의미를 내포하고 있는 것처럼 보인다. 전투원들은 죽음에 이르는 최후의 순간까지 수단과 방법을 가리지 않고 끝까지 싸운다는 전투정신을 유지하는데 주력한다. 이슬람 극단주의 테러지도부는 이와 같은 맥락에서 무기가 없다면 주먹으로 싸우고 팔이 잘리면 욕설로 저주하고 목소리가 나오지 않으면 침이라도 뱉으라고 자신들의 테러전투원들에게 가르친다.

　지식수준이 높고 학습능력이 뛰어난 사람들에게서 이와 같은 전투심리가 결여되고 공격불안이 높은 경우가 종종 관찰된다. 반대로 전투심리가 높고 공격불안이 낮은 사람들에게서는 사려 깊은 사고나 높은 학습능력이 나타나지 않는 경우가 흔히 관찰된다. 높은 전투심리와 낮은 공격불안은 학습능력이 높지 않은 10~20대 후반의 남자 청소년들의 높은 폭력성 또는 공격성과 관련이 있다. 시대와 지역을 가리지 않고 보편적으로 나타나는 현상은 이들 인구들의 범죄성이 높다는 점이다. 이들의 높은 범죄성은 온, 오프라인을 가리지 않고 다른 연령대나 성별과는 뚜렷이 구분된다. 이들은 또한 매우 애국적이거나 높은 인종적, 종교적, 정치사회적 우월주의와 극단주의 성향을 보이며, 이를 실현하기 위한 방안으로 폭력적 공격과 전투에의 참여를 선호한다. 이들은 자신이 영원히 살 것이라고 생각하는 경향이 있으며 자신이 죽을 수도 있다는 사실에 대해 그다지 관심을 두지 않는다. 이들의 사고의 시간 프레임은 매우 짧으며, 폭력 피해자의 정서나 폭력의 결과에 대한 고려는 거의 없다. 격투기 선수들이나 전투경험이 많은 엘리트 군인들에서도 이런 경향들이 관찰된다. 이와 같은 부류의 사람들은 전투심리가 높고 공격불안은 낮지만 사려 깊은 사고가 취약하다. 때문에 폭력 사용을 마구 남발하기가 쉽고 이는 종종 사회와 자신에게 피해를 안겨주기도 한다. 문제는 이렇게 서로 공존하기 어려운 뇌의 충돌하는 두 능력을 뛰어난 리더가 되기 위해서는 모두 갖추어야 한다는 점이다. 마키아벨리가 지적한 "사자의 용맹과 여우의 간교함"이라는 말은 이를 은유적으로 표현한 것이다. 간혹 우리는 현실에서 이와 같은 리더를 만나기도 한다. 박정희 전 대통령은 이러한 특성을 함께 가졌던 한국 현대사의 사례이다. 과거 한국사에서는 광개토대왕이 이에 해당하는 사례일 수 있다. 세계사에서 칭기즈칸과 나폴레옹 등을 우리는 그와 같은 리더로 기억한다. 그들은 자신들의 국가를 번영·영광, 그리고 제국의 길로 이끈다. 우리는 그와 같은 뛰어난 리더들에게 큰 빚을 지고 있다.

　여기서 의미하는 전투심리는 흔히 일상에서 다루어지는 전투와 관련된 외상후스트레스장애(PTSD)와 그에 대한 치유가 아니다. 이는 이 글의 관심의 대상이 아니며 다른 글에서 다룰 다른 주제이다. 여기서 전투심리는 전투지속성(combat sustainability)과 밀접한 관련이 있다. 어떻게 전투원의 심리적 태도와 상태를 전투에서 적을 살상하는 데 온전히 집중하도록 심리적으로 최적화 할 것이며 그리고 그 상태를 해당 전투원의 전투력이 완전히 상실되거나(전사하거나 하여) 그렇지 않으면 전투가 완전히 종료되는 시점까지 일정하게 높은 수준으로 유지할 것인가와 관련된 의제이다. 이와 관련된 가장 최적화된 전투심리의 상태는 심장에 총탄을 직접 맞고도 계속 총의 방아쇠를 당겨 적을 향해 사격하는 것이다. 심장에 총을 맞더라도 약 3초 정도 생명이 지속되며 그 사이에 사격을 3~5회 정도 할 수 있다. 이는 마지막 순간까지 살상행동을 계속하도록 전투원의 마음과 생각을 전투최적화 하는 것이다. 일반적으로 군에서는 이를 전투정신(combat mentality)이라고도 부른다.

전투심리를 이해할 수 있는 가장 좋은 사례는 아마 야생 늑대일 것이다. 야생 늑대는 상대와의 싸움에서 이길지 질지를 고민하지 않는다. 상대가 자신보다 강한지 약한지에 대한 고려도 없다. 또한 싸움에서 자신이 어떤 부상이나 피해를 당할지 미리 계산하지 않는다. 늑대는 포식동물로서의 본능에 따라 움직인다. 일단 싸움에 돌입하게 되면, 늑대는 상대방의 취약점(목덜미와 같은)에 집중하여 전력을 다해 달려들고 사력을 다해 싸운다. 대체로 양을 상대하건 호랑이를 상대하건 같은 정도의 몰입도와 집중력으로 싸운다.

검도나 유도, 주짓수와 같은 격투기 훈련에서도 이러한 점들이 공통적으로 강조된다. 죽도를 들고 상대방과 마주설 때 온 힘을 다해 집중하는 것은 상대방에 대한 공격이다. 검도에는 방어기술이 몇 개 없다. 이는 공격에 오롯이 집중하기 위해서이다. 공격은 최선의 방어이다. 일반적으로 이런 시합을 할 때 승리를 위해서는 평정심을 유지하는 것이 매우 중요하다. 평정심을 유지한다고 반드시 이기는 것은 아니지만 평정심을 유지하지 못하면 거의 대부분의 경우에 진다. 평정심은 상대방이 나보다 약하다고 생각될 때 스며드는 상대방에 대한 무시와 방심, 상대방이 나보다 강하다고 생각될 때 발병하는 상대방에 대한 두려움과 압도됨 모두의 경우에 무너진다. 나의 신체에 대한 부상 가능성이나 싸움에 졌을 때의 창피함, 불안감 등을 미리 생각할 때도 무너진다. 여기서 평정심은 상대방의 급소에 대한 공격집중과 나의 기량을 극대화하여 싸움에서 사전에 정보-작전을 통해 수립된 나의 실행계획을 기계처럼 이행하는 것이다. 이 상태에서는 상대방과 싸움을 위해 마주서 있더라도 머리가 맑아지고 마음이 차분해지면서 눈의 시선은 적의 급소를 향해 집중된다. 거의 모든 스포츠 시합이나 싸움과 전투에서 승리의 열쇠는 이 전투정신의 평정심 유지에 달려있다.

전투심리가 최적화된 상태는 오토파일럿(auto-pilot) 상태이다. 마치 항공기가 인간 파일럿 없이도 자동항법장치를 통해 목적지를 향해 자율비행을 하는 것과 같이 전투원이 자동으로 전투 환경에서 전투를 지속하는 것을 의미한다.[2] 이는 우리 뇌에 자동전투프로그램을 새로 까는 것에 비유될 수 있다. 어떤 면에서는 컴퓨터에 운영체제 프로그램을 까는 것과 유사하다. 인간의 생각과 행동은 습관에 의해 지배를 받는다. 인간은 대부분의 경우에 정밀하고 사려 깊은 숙고를 거쳐 판단하고 행동하기 보다는 습관에 의해 즉각적인 정형화된 반응을 한다. 당신이 매일 당신의 직장이나 학교로 어떻게 출근하는지를 생각해 보라. 어떤 교통수단을 타고 어떤 경로를 통해 가는지 정밀하게 고민하는가? 아마 대부분의 경우에 당신이 인지하지도 못한 사이에 당신의 몸이 이미 출근해 있는 것을 발견하게 될 것이다. 이는 오토파일럿이 일상의 당신의 판단과 행동을 처리하는 대표적인 사례이다. 우리는 대부분의 문제들을 이처럼 오토파일럿에 의해 처리하고 대응하는데 이는 이런 방식으로 많은 문제들을 처리하지 않으면 우리 뇌가 과부하가 걸려 이로 인한 스트레스로 우리 생존이 위협받기 때문이다. 이렇게 에너지가 보존된 우리의 뇌는 예외적인 상황이나 돌발 상황 또는 새로 대응해야 하는 문제나 고도의 사고력을 요하는 과제들에 선택-집중하여 운용된다. 마치 오토파일럿 상태로 운용되다가, 이, 착륙이나 돌발 상황 대처 시에 인간 파일럿이 조종간을 잡는 항공기의 운용방식과 유사하다.

오토파일럿은 습관의 결과물로 볼 수 있다. 이 습관의 결과물을 유니버설 스크립트(universal script)라고도 부를 수 있는데 우리의 의사결정과 행동을 지배하는 매우 추상적인 수준의 인지대본이다. 이 유니버설 인지대본은 트랙(track)이라고 부르는 가장 구체적이고 에피소드적인 일상의 경험들의 (유니버설 인지대본이라는 건축물의) 벽돌로 구성된다. 개개의 트랙이 모이면 이는 스크립트(script)를 형성한다. 스크립트가 모이면 다시 프로토 스크립트(proto script)가 되고 이는 다시 메타 스크립트(meta script)가 된다. 유니버설 스크립트는 이 메타 스크립트가 모인 결과물이다. 중요한 점은 개개의 구체적인 경험들이 모여서 우리의 생각과 행동을 가이드 하는 유니버설 스크립트가 형성되고 이것이 마치 오토파일럿처럼 대부분의 상황에서 우리의 생각과 행동을 결정한다는 사실이다. 흔히 이를 습관이라고 부르는데 생각보다 습관이 우리의 생각과 행동을 결정하는 경우가 매우 강하고 빈번하다. 유니버설 스크립트는 결국 축적된 에피소드와 경험들이 만들어내는 인간 뇌의 어떤 운영체제 또는 기본 프로그램에 해당한다.[3]

---

2 그로스만·크리스텐슨, 『전투의 심리학』.
3 Minwoo Yun and Mitchel Roth, "Terrorist Hostage-Taking and Kidnapping: Using Script Theory to Predict the Fate of a Hostage," Studies in Conflict and Terrorism, 31 (2008), pp. 737-738.

흥미로운 점은 우리가 매우 익숙하지 않는 환경에 처하게 될 때 이 유니버설 스크립트에 기능 마비가 발생하게 되고 이는 우리 인간에게 극도의 불안과 스트레스를 유발한다는 사실이다. 이와 같은 불안과 스트레스는 자기 침해적인 돌발 행동을 일으키게 하거나 경우에 따라서는 자기 파괴적인 자살에 이르게 만들기도 한다. 당신이 해외에 처음 나갔던 때를 기억하는가? 그 때 느꼈던 정신적 피로함과 알 수 없는 불안감 등을 기억하는가? 이는 당신의 유니버설 스크립트가 그와 같은 낯선 환경에서 어떻게 오토파일럿을 구동해야 할지 몰랐기 때문이다. 바꾸어 말하면 당신의 뇌의 운영체제에 마비가 일어난 것이다. 마치 당신의 컴퓨터 프로그램에 벽(bug)이 걸린 것처럼. 당신이 익숙하지 못한 적대적 대치상황에 처할 때, 잘 경험해보지 못한 욕설, 비난을 들을 때, 길거리에서 예상치 못했던 시비나 폭력적 공격을 받을 때도 마찬가지 현상이 일어난다. 당신의 뇌가 기능정지가 된다. 익숙하지 않은 환경에서 어떻게 대응해야 할지 모르기 때문이다. 때문에 당신의 컨트롤타워(즉 뇌)는 별안간 마비가 된다. 어떻게 대응해야 될지 판단이 서지 않게 된다. 저항해야할 지, 도주해야할지, 아니면 타협해야할지, 즉각적 상황판단에 오류가 발생하고 결정장애로 당신은 어떻게 할지 몰라 멈추어 서 있게 된다.

전투심리가 유니버설 스크립트에 오토파일럿 형태로 깔려있지 않은 인간의 뇌는 적대적 전투상황에서 공격불안에 시달리게 된다. 종종 공격불안을 가진 것으로 보이는 유력한 정치인들이나 스포츠 선수들이 실패하는 사례들을 목격할 수 있다. 그들의 실패의 원인은 그들의 역량부족에 있는 것이 아니라 공격불안에 있다. 과거 2002년 한국 축구국가대표팀 선수선발 시에 히딩크 당시 감독이 가장 염두에 두었던 부분이 선수들의 멘탈이었다. 이는 2002년 축구국가대표팀의 성공과 긴밀히 관련이 있어 보인다. 우리는 종종 정치경험이 없는 유력한 인사들이 정치에 뛰어들어 실패하는 경우를 관찰한다. 이때 이들은 하나같이 정치공부가 부족했다는 점을 이야기하지만 문제는 정치공부의 부족이 아니라 공격불안을 다루기 위해 필요한 심리훈련이 없었던 것일 수도 있다. 그와 같은 사람들에게 필요한 것은 정치공부가 아니라 차라리 포커게임일지도 모른다. 정치는 본질적으로 전투나 도박과 같은 속성을 가진다. 이런 것들의 본질은 상대가 있는 적과의 싸움이라는 점이다. 이 때문에 공격불안의 통제와 전투정신과 전투지속성의 고취가 승리나 성공을 위해서 매우 결정적이다. 공격불안이 높은 사람은 이런 문제를 훈련을 통해 해소하지 않고 이런 유형의 게임에 뛰어들면 안 된다. 도박판에 돈을 베팅을 했는데 베팅 액수에 부담을 느끼고 돈을 잃어버릴까봐 전전긍긍하고 상대방과 적대적 대치를 견디지 못하면 어떻게 돈을 딸 수 있겠는가? 이런 사람들의 패는 다 읽힌다. 굳이 그들이 패를 보여주지 않아도 손 안에 무슨 패를 들고 어떤 생각을 지금 하고 있는지 프로페셔널 도박사들은 그냥 안다. 공격불안의 해소는 훈련(training)이 필요한 것이지 학습(learning and study)이 필요한 것이 아니다. 각개 전투훈련과 전쟁사 학습의 관계와 같다. 전쟁사를 아무리 많이 읽는다고 전투능력이 키워지는 것은 아니다.

공격불안은 위험이나 위협, 또는 원치 않는 불편한 갈등, 대치, 적대적 상황에 직면할 때 마음이 편치 않거나 가슴이 두근거리는 상태를 의미한다. 대체로 많은 사람들은 이와 같은 심리적 스트레스에 시달리게 되면 이를 어떡하든지 빠르게 벗어나려는 강렬한 욕구를 느끼며 이 때문에 어떠한 대가를 치르고서라도 그 갈등상황 자체를 회피하려는 강렬한 동기에 의해 움직이게 된다. 많은 경우에 이 때문에 사람들은 잘못된 판단이나 어리석은 결정, 돌이킬 수 없는 치명적 선택 등을 하게 된다. 혹시 과거 어떤 유력한 정치인의 잇따른 대권후보 또는 서울시장 후보사퇴는 양보가 아니라 공격불안 회피의 무의식이 작동한 때문은 아니었을까? 전사의 모토는 다음과 같다. "운명의 마지막 순간까지 절대로 항복(양보)하지도 후퇴하지도 말라(you never surrender and never retreat until the end of your destiny)."

주식투자도 공격불안이 중요하게 작동하는 게임이다. 이는 본질적으로 도박이며 따라서 전쟁 또는 선거와 같다. 제로섬 게임에 해당한다. 이런 종류의 게임의 특징은 상대가 있는 게임을 한다는 것이다. 주식투자는 매우 간단한 게임이다. 쌀 때 사서 기다렸다가 비쌀 때 팔면 된다. 이 과정에서 기다림이라는 시간이 개입된다. 이 기다림에 공격불안의 마법이 작동한다. 그래서 대부분의 사람들은 돈을 벌기 어렵다. 대부분의 경우에 이 공격불안에서 벗어나기 위한 유혹을 참지 못하고 잘못된 결정을 하게 된다. 대부분의 사람들은 비쌀 때 사서 쌀 때 판다. 주가가 오르면 팔아야 하는데 파는 것이 심리적으로 쉽지 않다. 더 오를 것이라는 기대감도 있지만 심리적으로 공격불안이 사라졌기 때문에 뇌가 편안한 상태가 되어 투자한 상황에서 벗어나려는 동기가 크지 않다. 반대로 주가가 떨어진 경우에는 이 공격불안이 증가하게 되어 뇌가 불편하고 불안한 상황이 심화된다. 온갖 최악의 시나리오들이 뇌의 근심을 증폭시킨다. 때문에 손해를 보고서라도 이 상황에서 빨리 벗어나서 뇌가 평안한 상황으로 복귀하려는 충동이 일어난다. 결국에는 내가 우량주에 투자를 했다면 미래의 어느 시점에서는 오를 개연성이 매우 높다는 사실을 알고 있는데도 말이다. 주식투자의 공격불안은 길거리에서의 싸움과 포커와 전쟁과 테러와 인질협상 등과 같은 다른 영역에서의 공격불안의 문제와 매우 닮아있다. 이는 적대적인 후보들이 충돌하는 선거레이스에서도 유사하게 나타난다. 선거의 승리를 위해서는 결과에 주요하게 영향을 미치는 돌발적인 긍정적, 부정적 에피소드와 지지율의 변화가 주는 공격불안의 스트레스를 잘 관리할 수 있어야 한다.

적대적 대치 상황이나, 미래에 발생할 것 같은 나쁜 결과에 대한 공격불안은 당신의 영혼을 갉아먹고 판단력을 흐리게 한다. 이는 종종 잘못된 결정으로 당신을 이끈다. 적국의 침략이나 침공의 위협, 경제적 협박과 외교적 강압 등에 직면하면 거의 예외 없이 화해와 양보, 굴복을 주장하는 자들이 득세한다. 그들은 온갖 이상적 규범과 정당성과 역사적 선례와 경제적 손익을 들먹이면서 항복과 타협을 주장하는 논리를 펼친다. 병자호란 당시 최명길 등의 세력들이 주장했던 화친론은 공격불안이 작동한 결과로 볼 수도 있다. 그러나 많은 경우에 그와 같은 항복의 대가는 치명적이다. 길거리에서 나에게 주먹을 던지는 상대방에게 저항하지 않는다고 해서 덜 맞지는 않는다. 사실은 그 반대이다. 저항하지 않으면 더 잔인하게 더 치명적으로 폭행당한다. 오래전 러시아 한 도시의 거리를 지나다가 뒤쫓아 온 외국인 혐오자로 보이는 6명에게 둘러싸여 집단 린치를 당할 위기에 처한 있었다. 건물 벽에 등을 지고 맹렬하게 싸운 적이 있다. 치고 박고 차고 막고 하면서 난투극이 벌어졌다. 많이 맞고 많이 때렸던 것 같다. 그 짧은 순간 모든 생각과 신경은 격투에 오롯이 집중됐다. 당시 내가 때렸던 러시아 친구의 얼굴과 목, 복부는 지금도 큰 수박처럼 내 눈에 보인다. 난투극 중에 별안간 그들이 도망가기 시작했다. 반격하기 위해 쫓아가다가 주변에서 구경하던 한 나이든 노인이 말리는 바람에 멈추었다. 갑자기 이성이 돌아왔고 외국에서 더 난리쳐봐야 이로울 것이 없다는 현실을 직시했다. 그래서 상황이 종료되었다. 대체로 주변 사람들은 상황이 종료되었을 때야 개입한다. 이는 국가 간의 관계에서도 마찬가지이다. 저항하지 않았으면 그날 무슨 일이 일어났을지 짐작하기 어렵다. 종종 해외에서 한국인이 집단 폭행당하고 때에 따라 치명적 결과로 이어진다는 보도가 나오곤 한다.

하지만 우리는 역사에서 저항 없는 항복을 선택한 많은 사례들을 관찰한다. 그리고 그 대가는 참혹하다는 사실도 역시 알 수 있다. 치러야 하는 무엇보다 큰 대가는 자신의 존엄성이 갉아 먹히고 노예의 굴종에 길들여진다는 사실이다. 이는 지속적으로 피해자의 지위를 경험하는 약소국과 두들겨 맞는 여자(battered women), 학대당하는 아동, 성폭행 피해자, 인질 등에서 공통적으로 관찰되는 신드롬이다. BWS(Battered Women Syndrome)라고 불린다. 가정폭력의 피해자는 마치 마약에 중독되는 것처럼 폭력 피해에 중독된다. 그리고 폭력의 가해자에 대한 애착을 형성한다. 그리고 그에게 의존하고 사랑하게 된다. 이는 스톡홀름 신드롬으로도 알려져 있다. 이는 매우 병리적인 현상이다. 하지만 피해 당사자는 이러한 현상을 스스로 깨닫지 못한다. 그래서 가정폭력의 피해자를 가정으로 돌려보내면 안 되는 이유이다. 이 신드롬의 사이클로 다시 피해자를 복속시키기 때문이다. 사이비 종교 교주를 사랑하는 교주로부터 성폭행당한 신도들의 경우도 마찬가지이다.

　반대로 가해자의 입장에서 이와 같은 피해자의 '자기존엄성의 훼손'과 '노예의 굴종에 길들여짐'은 '강압적 통제(coercive control)'에 해당한다. 강압적 통제는 피해자의 자유를 박탈하고 자존감 또는 자의식을 무너뜨리는 행동패턴으로 정의된다.[4] 전쟁의 궁극적 승리는 적의 '전투의지(will of fight)'의 최종적 부러뜨림을 통해 완성된다. 이 전투의지는 저항의지와 자기존엄성 등으로 이루어져 있다. 전투의지가 부러진 피해자는 강압적 통제자에 대한 '저항의 생각' 자체를 하지 못하게 되며, 자기 열등감(inferiority complex)과 종속적 정체성을 자연스러운 상황으로 받아들이게 된다. 강압적 통제가 완성되면, 가해자는 피해자에 대해 물리적 폭력을 굳이 행사할 필요가 없게 되며, 피해자가 수직적 위계관계에 길들여지는 관성이 지속되게 된다. 피해자가 이 심리적 열등의식을 극복하고 물리적 폭력을 사용하여 가해자와 맞서 싸우기는 생각보다 무척 어렵다. 이는 물리적 폭력의 우열보다 심리적 길들여짐의 관성의 힘의 작용 때문이다.

　이와 같은 강압적 통제 현상은 개인 간의 관계뿐만 아니라 국가 간의 관계에도 광범위하게 관찰된다. 예를 들면, 성폭력의 가해자와 피해자의 관계, 인질과 인질범, 학교폭력의 가해자와 피해자 등이 이에 해당한다. 정보활동이나 범죄수사에서 효과적인 심문(interrogation)을 위해서도 심문 대상자의 저항의지를 부러뜨리는 것은 이후 효과적인 자백과 진술을 위한 선결조건이 된다. 국가 간의 관계에서도 역사적으로 지속적인 피해와 학대경험이 축적된 국가나 민족들은 그 가해 국가나 민족들에 맞서 폭력적으로 저항하거나 정복전쟁을 수행할 생각조차 못하게 된다. 오히려 그 강압적

---

4 Scottish women's aid. https://womensaid.scot/wp-content/uploads/2017/11/CoerciveControl.
　pdf

통제의 관계를 자연스러운 것으로 받아들이고 본인들의 열등한 지위를 자연스러운 것으로 받아들이게 된다. 이는 전투력 자체의 우열과는 별개의 문제이다. 이 저항의지 자체가 부러지지 않는다면 상대적으로 군사력의 열세인 행위자라도 아프가니스탄의 수십 년간의 대소련, 대미 전쟁에서 관찰할 수 있는 것처럼 얼마든지 창의적인 방법을 통해 효과적인 저항을 수행할 수 있다. 경우에 따라서는 몽골과 다른 북방 민족들이 중국왕조들을 정복한 것처럼 저항의지 자체가 부러지지 않는다면 언제든 강한 적을 상대로 효과적인 전쟁수행이 가능하다. 하지만 전투의지 자체가 부러지고 강압적 통제기제에 길들여지게 되면 우월한 통제권자에 대해 감히 폭력적 저항이나 정복전쟁을 수행하는 것 자체를 생각조차 못하게 된다. 이는 심리적 길들여짐의 차원의 문제이다. 조선의 대중국 사대정책이 단순히 힘의 우열관계에 따른 전략적 숙고의 결과가 아니라 강압적 통제에 따른 심리적 길들여짐의 결과인지 냉철히 되짚어 보아야할 문제이다. 동아시아-서태평양 지역에서의 중국의 패권국가로의 복귀, 중화 중심의 천하질서의 구축을 당연한 것으로 받아들이는 태도는 정상적인 반응이라고 보기 어렵다. 만약 일본이 오늘날 중국이 주장하는 '중국의 꿈', '중화민족의 부흥', '중화패권질서의 구축' 따위의 주장들과 똑같은 주장들(예를 들면, 일본의 꿈, 일본민족의 부흥, 일본패권질서의 구축)을 했다면 한국과 한국민이 이를 매우 다르게 받아들였을지 모른다. 과거 일본의 대동아공영권의 주장은 본질적으로 오늘날 중국의 망상적 주장과 별반 다르지 않다. 하지만 한국과 한국민의 정서적 반응은 흥미롭게도 매우 다르다. 이는 한국과 한국민의 중국의 '강압적 통제'에 길들여진 축적된 결과 때문은 아닌지 한번 되짚어 볼일이다.

한편, 이들 평화론자들 또는 항복론자들이 그런 어리석은 결정을 하게 되는 것은 무엇 때문일까? 이는 그들이 공격불안의 희생자이기 때문이다. 그들은 알 수 없는 불안과 근심의 상태를 빠르게 벗어나고자 이를 위해 치러야하는 대가를 과소평가하고 공격불안에서 벗어나는데 따른 편익을 과대평가한다. 이는 그들의 불안감이 그들의 정신작용에 개입하여 그들의 뇌의 연산처리가 오작동한 결과이다. 강대국-약소국, 학대 배우자-피학대 배우자, 가정폭력 부모-자녀, 사이비 종교 지도자-신도 관계는 병리적이지만 약소국, 피학대 배우자, 자녀, 신도의 입장에서는 예측 가능한 관계이다. 정서적, 물리적 학대는 고통스럽지만 예측가능하다. 이는 그들의 공격불안을 감소시켜준다. 그들은 자신들의 애정과 사랑, 복종, 우호적 태도, 착하게 행동함 따위로 자신들의 가해자를 통제할 수 있을 것이라고 믿는다. 그리고 그들 자신들의 가해자들이 다른 알 수 없는 제3자의 위협으로부터 자신을 보호해 줄 수 있을 것이라고 믿는다. 이는 길들여짐이다. 이렇게 길들여지게 되면 이로부터 피해자들은 정서적 안정감을 경험한다. 여기서 나타나는 피해자들의 자존감의 상실로 인한 정신적 폐해를 상쇄하기 위해 이들은 다른 도덕적, 규범적, 교리적 정당성을 발굴하고 이를 근거로 정신적인 안정을 찾는다. 이를 합리화라고도 하며 속칭 정신승리라고도 한다. 심리학적으로는 정신적 자위행위(mental masturbation)라고 한다. 예를 들면 자신들은 폭력을 거부하고 평화를 사랑하는 도덕적으로 우월하고 정신적으로 성숙한 존재이기 때문에 폭력을 사용하는 가해자보다 더 가치적으로 우월한 지위에 있다는 식이다.

공격불안은 특히 육체적인 고통의 경험이나 적대적 상황에 대치했던 경험, 또는 그와 관련된 훈련 경험이 없는 사람들에게서 빈번히 나타난다. 이들에게 지식의 획득과 학습은 오히려 독이 될 수 있다. 지적인 능력은 이들의 상상력을 자극하여 미래의 불안에 대한 여러 가지 시나리오들을 예상하게 함으로서 공격불안을 더욱 증폭시킨다. 위기 시에 이러한 자들이 그 국가의 의사결정을 주도한다면 그 국가는 파멸에 이르게 된다. 이는 국가가 아니라 다른 인간 조직도 마찬가지이다. 공격불안이 없는 사려 깊지 못한 무모한자가 리더가 되어도 문제이지만 공격불안으로 가득 찬 사려 깊고 영민한 자가 리더가 되는 것도 문제이다. 한니발과 카르타고는 2차 포에니 전쟁에서 카르타고 정부에 가득 찬 이와 같은 정치인들과 지식인들에 의해 희생당했다. 국가를 포함한 모든 인간의 조직은 위기와 불확실성의 시대에는 특히 공격불안을 이해하고 그것을 다스릴 줄 아는 리더가 있어야 한다. 살아남고 번영하고자 한다면 말이다. 노예의 안락함은 살아남는 것도 번영하는 것도 아니다. 종종 이러한 노예 상태는 평화라는 말로 포장된다. 폭력이 없음을 평화로 이해하면 이와 같은 평화에는 두 종류가 있다. 스스로의 존엄성이 인정받는 평화가 있을 수도 있지만 노예 상태를 받아들임으로서 평화로울 수도 있다. 주인과 노예의 관계는 매우 평화롭다. 이는 노예된 자가 주인의 학대를 받아들이고 견디기 때문이다.

공격불안은 훈련으로 극복할 수 있다. 물론 어떤 사람은 공격불안이 최소화된 전사의 자질을 갖고 태어난다. 그리고 어떤 사람은 어린 시절 초기 사회화 과정에서 공격불안을 최소화하고 전사의 자질을 함양할 기회를 가질 수도 있다. 하지만 그러한 사실이 곧 이미 나이가 든 사람이 공격불안을 최소화하고 전사의 자질을 훈련을 통해 강화할 수 없다는 말은 아니다. 언제나 기회는 있다. 영어나 러시아어 등의 외국어 학습이나 각종 스포츠의 훈련과정과 유사하다. 기본적으로 모든 교육, 훈련이 그러하듯이 공격불안 감소 훈련도 세뇌(brainwash)의 과정이다. 뇌에 프로그램을 새로 깐다고 생각한다면 적합한 접근방법이다. 유사한 세뇌의 과정을 통해 테러리스트들을 포섭하고 자살테러리스트들을 리쿠루팅하며 스파이 활동을 위한 공작원과 협조자들을 포섭한다. 사기꾼이 사기를 위해 피해자를 설득하는 과정도 유사하다.

공격불안의 극복은 다음과 같은 4가지의 기본적인 심리훈련(또는 세뇌)의 메커니즘으로 구성될 수 있다. 이에 대한 보다 자세한 사항들은 이후 인지전과 내러티브에 대한 논의에서 다룰 것이다. 여기서는 간략히만 살펴본다. 첫째, "알기"의 단계이다. 본인이 공격불안 증세가 있다는 사실을 알고 이것이 무엇이며 자신의 생각과 판단에 어떤 영향을 미치는지를 안다는 사실만으로도 이 문제를 상당히 다스릴 수 있다. 둘째는 "익숙해짐"의 과정이다. 이 과정에서는 욕설, 적대적인 대치, 참혹한 전투상황, 갈등 상황 등에 스스로를 가급적 많이 노출시키고 이에 익숙해지는 것이 필요하다. 이는 오프라인의 실제 환경에서도 이루어질 수 있지만, 영화, 게임 등과 같은 가상환경에서도 이루어질 수 있다. 이와 같은 상황에 대한 경험빈도의 증가는 익숙해짐을 높인다. 셋째는 "모방"이다. 공격불안이 낮은 사람(롤 모델)을 모방하는 것이다. 그들의 생각과 행동, 대응양식 등을 따라하는 것만으로도 상당한 공격불안의 감소효과를 볼 수 있다. 초기에는 그러한 "따라하기"에 상당한 심적, 정서적 부담을 느끼겠지만 이를 극복하고 "따라하기"가 되풀이 된다면 점점 심적으로 편안해지면서 자신의 제2의 본성으로 전투심리가 자리 잡을 수 있다. 넷째는 "학습"이다. 이 학습은 파블로프의 조건학습과 스키너의 강화학습, 그리고 반두라의 사회학습 모두를 포함한다. 조건학습은 종이 울리면 개가 침을 흘리는 것처럼 어떤 큐(cue)에 대한 조건반사와 관련된 학습이다. 특수전 부대에서는 이를 "근육훈련"이라고도 표현한다. 수없이 되풀이되는 반복훈련을 통해 조건학습이 이루어진다. 스키너의 강화학습은 처벌-보상 기재의 반복에 의해 이루어진다. 권장할 행동은 보상하고 억제해야 할 행동은 처벌하는 것이다. 이를 통해 권장하는 행동은 지속시키고 억제해야 할 행동은 제거시킨다. 마지막으로 반두라의 사회학습은 어떤 그룹, 집단, 단체, 조직 등에서 이루어지는 집단 구성원 사이의 사회관계적, 문화적 학습이다. 사회문화적으로 또래집단에서 어떤 행동은 권장되고 어떤 행동은 비난 받는다. 이를 통해 해당 그룹 내에서 특정 행동이 우세하게 지속되게 된다. 운동권 출신 정치인들이 공격성이 높은 이유는 오랜 기간 동안 이루어진 사회학습의 결과이다. 9.11 테러에 참여했던 알카에다 자살폭탄테러범들은 공격 이전 6개월 동안 가족을 포함한 어떤 외부인과의 접촉도 차단된 채 임무에 참여한 조직원들만의 배타적인 사회관계를 유지했다. 이러한 배타적 사회관계는 자살테러에 대한 사회학습을 강화한다. 조직원들은 서로 서로 두려움(공격불안)을 통제하는데 이때 다른 조직원들과의 동료애, 연대의식 등이 중요한 학습기재로 작동한다. 예를 들면, 이들은 동료에 대한 배신이라는 죄의식과 동료에 대한 책임감 때문에 스스로의 공격불안을 통제하고 끝까지 테러임무완수에 집중한다. 이러한 사회학습은 단체버스를 동원한 선거과정에서도 나타난다. 지방에서 서울로 단체버스를 타고 이동하는 중에 특정 후보를 뽑아야 한다는 메시지가 지속적으로 사회문화적 압박으로 작용한다. 소속된 사람들은 집단으로 함께 이동하는 중에 이런 메시지에 반복적으로 노출되고 관련 이야기를 서로 나눔으로서 특정 개인이 집단행동으로부터 이탈하는 것을 막는다. 사회학습은 이러한 현상을 지칭한다. 학습의 순서는 대체로 조건학습-강화학습-사회학습의 순서로 이루어진다.

2. 전사계급(warrior class)

역사적으로 전투심리와 전투지속성을 미덕(virtue)로 여기는 특별한 인간그룹들이 존재한다. 이들은 여타 다른 인간그룹들과는 뚜렷이 구별되는 독특한 인식체계와 믿음, 가치체계를 갖고 있다. 전사계급은 이와 같은 독특한 폭력전문가집단을 지칭한다. 이와 같은 인간그룹에 대한 직접적인 지적은 베블렌의 "레저계급(The Leisure Class)"에서 나타난다.[5] 미국의 사회학자 베블렌은 20세기 초반 "레저계급(The Leisure Class)"가설을 제시하며 폭력적 능력을 가진 지배계급에 대해 주장하였다. 그에 따르면 이 레저계급은 농업, 상업, 제조업 등과 같은 직접적인 노동과 생산에 전혀 관여하지 않는다. 그들은 대부분의 시간을 전투 또는 그와 관련된 활동에 쏟는다. 그들은 평생을 폭력적 능력을 수련, 증진하는데 집중한다. 그들에게 전투를 포함한 폭력의 사용은 가장 본질적인 활동이며 나머지 시간은 수련이나 훈련, 사냥이나 유흥 등과 같은 폭력적 능력을 증진하는 활동이나 그렇지 않으면 레저활동에 소모한다. 폭력전문가 계급으로서 그들은 동질적인 하위문화를 공유하며 폭력의 사용과 폭력적 능력을 가장

---

5 Thorstein Veblen, The Theory of the Leisure Class (New York: Dover Publications, Inc., 1994).

가치 있는 행위로 인식한다. 자신들의 명예나 자존감은 전사로서의 자부심과 신화에 근거한다. 반대로 경제활동과 관련된 활동은 천시 또는 경멸되며 따라서 이와 관련된 활동을 하는 자들은 경멸되고 자신들(전사계급들)을 위해 서비스하는 대상으로 인식된다. 이들과 대비되는 계급은 경제계급(The Economic Class)으로 정의된다.6 대표적인 예로 역사적으로 유목전사들은 정착사회의 농민들을 자신들이 착취하는 소나 양 등의 목축동물들과 유사한 대상으로 바라보았다. 중세 유럽의 기사계급 역시 이 레저계급의 대표적인 사례에 해당한다. 이들은 폭력적 능력을 통해 농민과 상공업자들을 지배하고 이들 보호 대상들이 제공하는 공물로 삶을 영위한다. 이들에게 경제활동은 명예롭지 못한 것으로 인식되었고 따라서 이들은 직접적인 경제활동으로부터 스스로를 분리시켰다.7

이 전사계급은 근대사회로 이행하는 과정에서 권력의 중심에서 밀려났다. 전근대사회에서 근대사회로의 이행은 경제활동을 직접적으로 수행하는 자본계급이 폭력전문가인 레저계급을 몰아내고 주변화하는 권력이동의 과정으로 이해될 수도 있다. 이 과정에서 레저계급의 일부는 근대 국민군대나 직업경찰의 일부로 흡수되었고 여기에 흡수되지 못한 다수의 레저계급은 불법화되어 근대사회의 주변부로 밀려나게 되었다.8 톰 크루즈가 주연했던 영화 "라스트 사무라이"는 일본의 전사계급인 사무라이가 근대 국민군대로의 이행과정에서 어떻게 주변화되고 잉여화되는 지의 과정을 잘 보여주고 있다. 이 이행과정에서 사무라이의 일부는 근대 일본제국군대의 간부로 편입되었고 다른 일부는 자의건 타의건 잉여화되고 범죄화되었다. 대표적인 일본의 조직범죄집단인 야쿠자의 기원은 이 잉여화된 사무라이들이다.9

1990년대 소련붕괴 이후의 갑자기 폭발적으로 증대한 러시아 마피아 현상을 설명하기 위해 러시아 사회학자 볼코프는 베블렌의 개념을 빌려 "약탈인간(predatory men)"의 개념을 제시하였다. 이 약탈인간 역시 본질적으로 전사계급을 지칭한다. 그에 따르면 약탈인간은 범죄조직원 등과 같이 통상적인 경제활동을 거부하며 자신이 가진 폭력적 능력을 통해 자신들의 부와 권력을 추구하는 사람들을 의미한다. 이들은 경제활동을 하는 이른바 경제인간들을 경멸하며 열등한(폭력적 능력이 없기 때문에) 약탈과

---

6 Ibid.

7 Ibid.

8 Abadinsky, Organized crime, 8th ed. (Belmont, CA: Thomson Wadsworth, 2007).

9 Ibid.

착취의 대상으로 인식한다. 이들의 태도는 유목전사들이 정주문명의 농민들을 바라보던 인식과 놀랍도록 닮아있다.[10] 예를 들면, 러시아의 전통적인 지하범죄세력인 "도둑들의 세계(Vory v Zakone: Thieves in Law)"의 서약(Code) 가운데 다음과 같은 흥미로운 조항들이 있다. 이와 같은 조항들은 "도둑(Vor)은 어떤 국가가 소유한 사업체에서도 일하면 안 된다", "도둑은 단지 그가 훔쳤거나, 뺏었거나, 사기로 획득했거나, 도박으로 딴 것에 의존해서만 생활해야 한다. 그러한 경우에만 도둑은 진정 정직하고 독립적이라고 여겨지며 진정한 도둑이 된다", "소련의 법은 도둑에게 적용되지 않으며 도둑은 이와 같은 법들을 지킬 필요가 없다", "도둑은 자신의 법과 공물을 소유한다", "도둑은 소련군대에 복무하지 않는다", "도둑은 어떠한 폭압적인 정권이나 체제하에서도 일(working)하지 않으며...", "도둑은 노동자들의 공물을 취해야 한다" 등과 같은 것들이다.[11] 잔혹하고 폭압적인 소련체제하에서도 이 도둑들의 묵계가 지켜졌다는 사실과 이와 같은 묵계들이 주로 폭력적인 약탈계급으로서의 정체성과 자존감을 유지하는 것들로 이루어졌다는 점은 매우 흥미롭다.

이와 같은 전사계급, 레저계급, 또는 약탈계급은 본질적으로 전투심리와 전투지속성을 핵심적인 가치규범과 문화적 코드로 공유한다. 이들에게는 전사로서의 정체성과 폭력적 능력의 획득과 구현, 그리고 전투나 폭력적 갈등에 맞섬 등이 중요한 존재론적 의미를 가진다. 이들은 본질적으로 경제적 인간들을 경멸하는데 이는 그들의 폭력적 능력이 열등할 뿐만 아니라 전투심리와 전투지속성이 결여되어 있기 때문이다. 이들의 현상인식과 가치체계, 상황판단 등은 본질적으로 경제적 인간들의 문제인식이나 가치체계, 합리적 계산 등과는 본질적으로 다르다. 오늘날 세상에는 이와 같은 다른 부류의 전사계급들이 존재한다.

이와 같은 레저계급 또는 약탈인간은 근본적으로 근대국가에 도전한다는 정치적 의미를 가진다. 이는 국가권력에 대한 직접적인 폭력적 도전을 목표로 하는 이슬람 극단주의 테러집단과 같은 테러세력 뿐만 아니라 표면적으로는 국가권력에 도전하는 정치적 속성을 갖고 있지 않은 것 같은 경제적 이익을 추구하는 마약카르텔이나 마피아 범죄집단 또는 해커들 역시 궁극적으로는 정치적 속성을 가진다. 이는 이들이 모두 홉스가 제시하는 사회계약론의 핵심인 사적(private) 폭력사용권의 영구포기에 의

---

10 Vadim Volkov, Violent Entrepreneurs: the Use of Force in the Making of Russian Capitalism (Ithaca, NY: Cornell University Press, 2002).

11 Federico Varese, The Russian Mafia (New York: Oxford University Press, 2001), pp. 150-152.

한 계약국가에 참여하지 않고 사적인 폭력능력을 여전히 소지하고 사용하고 있다는 사실에서 기인한다. 즉 국가의 폭력독점에 대한 중대한 도전이 되며 국가권력과 개인들 간의 계약자체에 대한 중대한 도전이 된다. 흥미로운 사실은 정치적 권력의 획득을 목표로 하는 테러집단과 경제적 이익의 획득을 목표로 하는 범죄집단 또는 해커들의 이해관계의 본질적 성격이 수렴하는 현상이 나타난다는 점이다. 이는 테러집단과 범죄집단, 또는 해커들 간의 전략적 연대(strategic alliance)로 정의된다.[12]

최근 들어 나타나는 흥미로운 현상은 이 전문 전사계급들이 다시 전쟁의 주역으로 등장하고 있다는 점이다. 테러집단에서 전투원으로 활약하는 전사들과 마약카르텔이나 마피아 등과 같은 범죄 집단에서 고용되는 집행자들(enforcers) 또는 용병들(mercenaries), 그리고 해커들(hackers)은 공통적으로 폭력 사용에 특화되고 그러한 집단으로서의 하위문화(subculture)를 공유하는 전문가 집단들이다.[13] 이들과 맞선 국가행위자를 위해 활약하는 정보요원들, 수사관들, 특수부대원들, 그리고 민간보안기업의 용병들 역시 폭력사용을 전문으로하고 자신이 속한 집단의 하위문화를 공유하는 폭력사용의 전문가들이다. 흥미롭게도 이들 국가행위자와 비국가행위자를 위해 일하는 폭력전문가들은 서로에 대해 더 가까이 느끼며 같은 하위문화를 공유하고 또 잦은 크로스오버(cross-over)를 경험한다. 흥미로운 점은 이러한 폭력전문가에 의존하는 탈근대 전쟁의 양상이 역시 마찬가지로 폭력전문가에 의존했던 전근대 전쟁의 양상과 점차 닮아간다는 사실이다. 전근대전쟁은 기사나 사무라이 또는 유목부족의 전문 전사들과 같이 평생을 전투능력의 향상과 전장에서의 경험을 축적해 온 폭력전문가 계급에 의존했었다는 사실이다. 이러한 폭력전문가 집단은 아마추어리즘이 대세였던 근대전쟁에서 그 중요성이 사라졌다. 하지만 최근 들어 탈근대의 진행과 함께 다시 이들 폭력전문가들이 전쟁무대의 주역으로 등장하고 있는 것처럼 보인다.

미래사회로 갈수록 주목할 만한 역사적 발전궤적은 아마도 다시 폭력전문가들에 의한 전쟁의 시대가 오고 있다는 것이다. 9.11 테러와 2014년과 2022년 러시아-우크라이나 전쟁 이후 이러한 경향은 점점 더 두드러지고 있으나 사실상 1990년대 미국

---

12 Tamara Makarenko, "The Crime-Terror Continuum: Tracing the Interplay between Transnational Organised Crime and Terrorism. Global Crime, 6(1) (2004), pp. 129-145.

13 셰인 해리스, 『보이지 않는 전쟁 @ War』, 진선미 옮김 (서울: 양문, 2015); Richard H Schultz Jr. and Andrea J Dew, Insurgents, terrorists, and militias (New York: Columbia University Press, 2004).

에서 벌어졌던 마약카르텔과의 전쟁에서부터 이러한 폭력전문가들에 의한 소규모 전쟁은 시작되었다. 미국과 러시아 등 국가행위자들의 전문 전사들과 테러조직과 범죄조직들, 민간 용병들, 그리고 해커들은 모두 폭력전문가들이다. 이들은 고도로 훈련받고 풍부한 전투경험을 축적한 전문 전사들이다. 이들 전문전사들은 미국의 델타포스나 네이비씰, 또는 SWAT 팀이거나 대테러특수팀, 영국의 SAS나 러시아의 스페츠나츠나 OMON 등과 같은 특수부대원과 CIA, DIA, NSA, CVR, GRU, FSB 등의 일급 정보요원들이거나 FBI나 DEA, ATF 등의 현장 언더커버(undercover) 수사요원들을 포함한다. 여기에는 사이버 전문요원들도 역시 포함된다. 테러조직이나 국제범죄조직의 전투원이나 정보원 그리고 해커들 역시 국가의 전사들에 못지않은 고도로 훈련받고 풍부한 전투 경험을 갖춘 폭력전문가들이다. 많은 경우에 이들은 전직 특수부대 요원이거나 정보요원, 또는 수사관들이다. 그렇지 않더라도 알카에다나 ISIS, 탈레반, IMU(Islamic Movement of Uzbekistan) 등의 캠프에서의 테러훈련은 국가의 엘리트 부대의 훈련에 버금가는 전문성과 강도를 갖고 있다. 이러한 미래사회의 폭력전문가들에 의한 전쟁양상에 대한 예견은 이미 1990년대 초에 앨빈 토플러에 의해 지적된바 있다. 그는 미래전쟁의 주역은 박사학위를 가진 핵배낭을 짊어진 전선의 보병이 될 것이라고 주장했다.[14]

미래사회의 폭력전문가들에 의한 소규모의 비밀스러운 정밀타격(pin-point strike) 형태의 전쟁은 전근대사회의 유목전사들과 기사들, 용병들, 노예병사들과 같은 전문전사들이 주도했던 전쟁과 닮아있다. 이들의 전쟁은 폭력전문가들 사이의 전쟁이며 일상의 경제인간들과는 다소 동떨어진 채로 작동했다. 일상의 농민들과 정주민들, 도시의 상공업자들은 엘리트들이 수행하는 전쟁의 피해를 입을 수는 있었지만 그 전쟁의 적극적인 주체는 아니었다. 과거 폭력전사들은 평생을 거쳐 자신들의 폭력적 능력을 수련하였으며 그 폭력적 능력을 통해 자신들의 계급적 지위와 경제생활을 영위했다. 그들에게 있어 전쟁 또는 폭력행위는 전문 직업이자 윤리적, 이념적 지향성의 중심이었다. 그들은 전문 전사로서의 명예와 용맹함, 자부심 등을 소중히 여겼으며 전투는 그들에게 삶의 의미이자 중요한 의식(ceremony)이었다. 최근 들어 유사한 문화적 지향성과 태도, 그리고 전쟁양상이 테러전쟁과 조직범죄와의 전쟁, 스파이공작,

---

14 Alvin Toffler and Heidi Toffler, War and Anti War (New York: Warner Books, Inc., 1993), p. 110.

특수작전, 해커전쟁 등에서 관찰된다. 최근의 전쟁은 사실상 일반인들의 일상과는 동떨어져 있다. 전쟁에 참여하는 국가의 엘리트 부대원과 엘리트 경찰들, 정보요원들, 전문 분석가들, 해커들, 그리고 비국가부문의 테러리스트들, 범죄조직원들, 해커들은 폭력전문가로서의 자신들만의 이념적, 문화적 특성을 가진다. 이들은 자신들의 폭력행위에 대해 특별한 자부심을 느끼며 평생에 걸쳐 자신들의 능력을 배양하고 그러한 일에 종사한다. 경우에 따라서 테러조직이나 범죄조직에서 국가의 군이나 경찰, 정보기관으로 또는 반대로 국가의 군이나 경찰, 정보기관에서 테러조직이나 범죄조직, 민간보안회사, 또는 해커집단으로 경력을 옮겨가는 경우는 있으나 이들이 자신들의 폭력 경력을 완전히 그만두고 다른 일상적 경제활동으로 옮겨가는 경우는 드물다. 전쟁은 점점 더 일상과는 동떨어지며 일반인들이 인지하지 못하는 곳에서 인지하지 못하는 방식으로 수행될 것이다. 인공지능과 드론, 로봇병기와 생명공학, 나노테크놀로지 등이 본격화되는 미래사회에는 이러한 경향이 더욱 두드러지게 될지 모른다.

Ⅵ

전쟁의 본질, 전쟁양식의 변화, 그리고 미래전쟁

◆ ◆ ◆

1. 전쟁의 본질

전쟁의 본질을 이해하기 전에 몇 가지 전쟁에 대한 오해들에 대해 지적해 둘 필요가 있다. 특히 전쟁의 결정과 수행의 주요 주체들은 앞서 언급한 전사계급들이다. 이들의 전쟁에 대한 계산과 판단은 경제인간들의 그것들과는 다르다. 주로 경제인간들의 전쟁의 본질에 대한 몰이해는 이들 전사계급들의 가치관과 인식체계, 전략적 계산에 대한 무지에서 비롯된다.

전쟁의 본질에 대한 오해와 관련된 몇 가지 사항들은 다음과 같다. 먼저 전쟁과 평화는 서로 배타적으로 둘로 뚜렷이 구분되지 않는다는 점이다. 사실상 전쟁과 평화는 연속된 스펙트럼이다. 절대전쟁과 절대 평화의 양 끝단에서 나타나는 현실적인 전쟁-평화는 전쟁-평화의 스펙트럼 상 그 어딘가에 위치한다. 절대전쟁은 전쟁 당사자들 사이의 극단적 증오와 핵무기 등을 포함한 대량살상무기를 동원해 상대방을 완전히 섬멸시키려는 것을 포함하는 아마겟돈 형태의 전쟁을 의미한다. 반면 절대평화는 행위자들 사이에 의지의 충돌이나 이익의 상충이 없는 완전히 평화롭고 조화로운 상태이다. 절대평화에서는 폭력과 갈등 자체가 존재하지 않는다. 하지만 현실은 이와 같은 절대전쟁 또는 절대평화의 모습으로 나타나지 않으며, 조직화된 범죄적 가해, 테러리즘, 비밀전쟁, 사보타지, 혁명과 반란, 분란전, 제한전, 대량살상무기를 사용하지 않는 재래식 정규전 등 다양한 형태의 절대평화도 절대전쟁도 아닌 어느 정도의 폭력충돌의 유형으로 존재한다. 따라서 현실은 이와 같은 다양한 수위의 폭력충돌들이 전쟁-평화의 스펙트럼을 따라 위치한다고 보는 것이 더 타당하다. 특히 오늘날은 이 전쟁과 평화의 스펙트럼 상에서 중간지대(즉 회색지대)에 위치하는 저강도 전쟁양식들이 더 보편적으로 나타나고 있다. 이 때문에 오늘날은 특히 전쟁과 평화의 이분법적 구분이 어려운 항상적 전쟁적 평화상태 또는 평화적 전쟁상태가 보다 일반화되고 있다. 문제는 통상적으로 생각하는 고정관념속의 전쟁이 아니더라도 나의 의지를 관철시킬 폭력적 수단은 다양하고 전사계급들은 이와 같은 다양한 옵션들에 대해 끊임없이 탐색한다는 점이다.

둘째, 평화의 선언이나 약속은 평화를 가져오지 않는다는 점이다. 우리는 국제법이나 국제협약을 통해 평화를 달성할 수 있다고 믿는 경향이 있다. 이는 착각이다. 사실상 국제법이나 국제협약을 지켜야 될 본연적 의무는 없다. 적어도 전사계급들은 그렇게 생각하며, 이들은 협약이나 법을 패권게임을 수행하는 하나의 게임규칙 정도로 이해한다. 이 때문에 이들은 필요하다면 언제든 게임규칙을 어길 준비가 되어있다. 이와 같은 선언이나 약속을 지키는 이유는 그것이 잠정적으로 나에게 더 이익이 되기 때문이다. 만약 그와 같은 선언이나 약속을 어기고 전쟁을 시작하는 것이 내가 치러야 할 대가에 비해 더 큰 이익을 나에게 가져다준다면 언제든 그와 같은 선언이나 약속을 어길 수 있다. 전쟁의 결정에서 중요한 것은 그것이 선언이나 협약의 위반인가가 아니라 전쟁을 수행함으로서 내가 치러야 할 대가가 감내할만하고 나의 군사력으로 적을 압도할 수 있는가의 여부이다. 평화의 선언이나 약속과 전쟁의 시작과 종료의 결심은 다른 차원의 문제이다. 이는 한국-북한의 평화협정이 곧 평화를 가져오지 않는다는 사실을 의미한다. 한국과 북한 간의 전쟁 회피는 선언이나 약속이 아니라 양측의 군사력의 견제와 균형이다.

셋째, 전선이 없는 전쟁은 종종 전선이 뚜렷한 전쟁보다 더 참혹하다. 이는 1990년대 소련 붕괴 후 러시아의 조직범죄 세력들 간의 암투로 비참했던 사회경제적 상황과, 오랜 테러와 내전으로 시달려 오고 있는 콜롬비아, 예맨, 아프가니스탄, 시리아, 이라크, 소말리아 등의 사례가 잘 보여준다. 종종 우리는 한국과 북한 간의 평화를 유지시켜 주는 장치가 휴전선이라는 것을 잊는다. 애초에 휴전선이 그어진 이유가 권력투쟁의 양 당사자를 물리적으로 분리시켜 싸움을 멈추고자 한 것이다. 권력투쟁의 본질은 통일한국의 군 지휘권(폭력)과 통화발행권(부)을 차지하기 위한 정치세력간의 충돌이다. 이는 폭력과 부의 장악이 곧 승리한 세력의 의지를 상대방에게 강요할 수 있도록 해주는 필요조건이기 때문이다. 휴전선이 사라지면 한국-북한은 더 참혹한 전선 없는 전쟁으로 빠져들지 모른다. 이는 인간의 부와 권력을 둘러싼 투쟁과 나의 의지의 강요와 관철은 전선의 유무와 관련이 없기 때문이다. 한국과 북한의 권력 엘리트 그룹 사이의 세력 투쟁이 종결되지 않은 상태에서 휴전선이라는 전선이 걷어지면 더 참혹한 내전과 암살, 폭동과 테러리즘으로 이어질 수 있다. 이 둘 사이의 현실적인 평화는 궁극적으로 어느 한쪽이 승리하거나 아니면 서로 완전히 분리(decoupling)됨으로 가능할 뿐이다.

넷째, 군사력의 감축이 전쟁의 위험을 낮추는 것이 아니라 더 높일 수 있다. 종종 한반도 군사긴장 수위를 낮추기 위해 한국-북한 사이의 군사력 감축이 제안되기도 한다. 하지만 이는 착각이다. 현실적으로 2차 세계대전 이후 지난 수십 년 동안 세계 도처에서 전쟁이 발발한 지역들은 군사력 수준이 낮은 국가들이었다. 군사력 수준이 낮은 국가들에서의 전쟁은 이웃국가들과 국제질서에 미치는 부정적 영향력이 작다. 이 때문에 이들 국가들에서는 더 쉽게 전쟁이 발생한다. 2020년 아제르바이잔-아르메니아 전쟁, 2022년 러시아-우크라이나 전쟁도 그와 같은 사례이다. 2000년대 이후 아프가니스탄과 이라크, 시리아에서의 전쟁 사례도 이에 해당한다. 전쟁의 양 당사자 또는 한쪽 당사자의 약한 군사력은 전쟁을 부르는 좋은 초대장이다. 강한 군사력을 가진 국가들의 전쟁은 이웃국가들과 국제사회에 치러야 할 더 큰 대가를 의미한다. 이는 해당 국가들뿐만 아니라 이웃국가들과 국제사회가 더 적극적으로 전쟁을 회피하도록 노력할 이유가 된다. 역설이지만 군사력 감축이 아니라 군사력 증강이 더 전쟁의 개연성을 낮춘다. 이는 한국-북한의 관계에도 동일하게 적용된다. 양측의 군사력 증강과 균형은 양측의 전쟁위험을 낮춘다. 군사 강대국들 사이의 우발적인 전쟁은 그에 대한 공포나 우려와는 달리 생각만큼 현실적이지 않다. 인간은 적을 100대를 때리는 것보다 내가 맞을 1대를 더 우려한다. 이는 국가 간의 전쟁에도 동일하게 적용된다. 전쟁 개시를 결정하는 국가는 적을 얼마나 살상하고 파괴할 수 있을지 여부보다 자신이 치러야 될 예상되는 살상과 파괴를 더 우려한다.

마지막으로 평화를 노력으로 만들 수 없다는 점이다. 평화는 적금(savings)이 아니다. 노력이 축적되면 쌓여서 달성되는 어떤 생산물이 아니다. 평화는 위협에 대한 근심이 사라진 하나의 일시적 상태이다. 이 위협은 국가나 비국가 행위자 등으로부터 오거나 과학기술의 변화, 기후위기, 감염병 등과 같은 환경조건의 변화로부터도 온다. 따라서 이 다양한 위협에 대해 늘 경계하고 준비하고, 대응하는 과정상에서 일시적으로 만들어지는 위협이 억제되고 통제된 상태이다. 이 때문에 대체로 전쟁의 개시 여부는 어떤 특정 개인이나 집단들의 평화를 위한 운동이나 노력들과는 관련이 없는 문제이다. 평화는 노력의 결실이 아니라 나의 폭력적 물리력과 결전의지로 관리되는 관리의 대상이다.

전쟁의 본질은 의지와 의지의 충돌이다. 이를 보다 자세하게 정의하면 전쟁은 정치적 권력집단 사이에서 조직적인 정치·경제·사상 및 군사력 등을 사용하여 자기의 의사를 상대에게 강요하는 투쟁 행위라고 정의될 수 있다.[1] 클라우제비츠는 이를 간단히 "나의 의지를 상대방에게 강요하는 폭력적 행위"라고 규정했다.[2] 이와 같은 전쟁의 본질에 대한 정의에서 중요한 두 개의 키워드는 "의지의 강요"와 "폭력행위"이다. 여기서 "의지의 강요"는 전쟁의 궁극적 목표에 해당하며 "폭력행위"는 수단에 해당한다. 즉 전쟁은 적에 대해 (적의 의사와 관련 없이) 폭력행위를 통해 나의 의지를 관철시키는 것이다. 이는 본질적으로 물리적 행동이면서 커뮤니케이션이라는 이중적 속성을 동시에 갖는다. 나의 의지는 앞서 인간의 본성과 관련해서 살펴본 인간의 욕구들로 구성된다. 적의 의사와 관련이 없다는 의미는 적이 원하는 것을 실현하지 못하도록 하는 것과 원하지 않는 것을 실행하도록 하는 것을 포함한다. 폭력행위는 적을 살상하거나 살상하겠다고 위협하는 것을 포함한다. 이 폭력행위는 본질적으로 커뮤니케이션의 속성을 가진다. 그것이 행동으로 전달되건 아니면 텍스트나 음성으로 전달되건 적이 나의 폭력행위의 치명적 위협을 인지-인식해야하기 때문이다.

전통적으로 적에 대한 나의 의지의 관철은 폭력행위라는 수단을 통해 적에게 나의 메시지를 전달하는 것이었다. 이를 위해 군사력은 동원되는 하나의 폭력수단이었다. 이 때문에 본질적으로 군사적 기동과 군사력을 이용한 전쟁수행은 전략적 커뮤니케이션(strategic communication)의 한 양식에 해당한다. 적은 나의 군사력의 행사로부터 나의 메시지를 이해하고 나의 의지를 받아들이거나 거부하게 된다. 이때 적이 나의 의지를 거부하면서 나의 군사력 사용에 군사적 결전으로 대응하게 되면 전쟁이 된다. 하지만 이와 같은 군사력을 이용한 전쟁은 폭력사용의 한 양식에 불과하다. 통상적으로 전쟁이라고 불리지 않는 많은 다양한 형태의 폭력사용이 존재한다. 예를 들면 현재 전쟁을 연구하는 학자들은 '국가'라는 행위자와 '1,000명 이상의 전사자' 발생이라는 인명피해를 기준으로 전쟁을 정의하였다.[3] 이와 같은 전쟁에 대한 정의는 여기에 포함되지 않는 많은 다양한 폭력들을 전쟁의 범주에서 제외시킨다. 과거 미국-소련 간에 펼쳐졌던 냉전과 테러리즘, 비밀전쟁, 스파이공작, 암살, 사보타지, 분란전,

---

1 육군교육사령부, 미래 작전환경분석서, 2022년, p. 104.

2 Ibid, p. 110.

3 Ibid, p. 104.

비국가 행위자들에 의한 비정규전과 혁명 등은 전쟁으로 정의되지 않을 수도 있다. 하지만 이런 것들은 여전히 폭력행동이며 나의 의지를 관철시키기 위한 하나의 적절한 수단으로 채택되는 것들이다. 이 때문에 이와 같은 다양한 전쟁 이외의 폭력행위들은 본질적으로 군사력을 이용한 전쟁과 마찬가지로 전략적 커뮤니케이션에 해당한다. 대표적으로 테러리즘은 "행동에 의한 프로파간다(propaganda of the deeds)"로 정의된다. 이는 테러리즘이 결국 폭력적 수단을 통해 의지를 관철하기 위한 하나의 메시지라는 의미이다.

비록 학술적 또는 정치적, 법적 동기에 의해서 전쟁과 전쟁 이외의 폭력행위들을 개념적으로 구분하고 있다고 하더라도 이와 같은 구분이 실존적으로 의미가 있는지는 의문이다. 나의 의지를 폭력수단을 통해 적에게 강요하는 목적을 달성하기 위해서 사용하는 폭력이 전쟁이건 그렇지 않건 폭력사용의 주체에게는 큰 의미가 없다. 연구를 위해 전쟁의 작업정의(working definition)를 어떻게 하는가 또는 법적, 정치적, 규범적으로 어떤 행위를 전쟁으로 정의하는 가는 나의 의지와 전략적 목표를 어떻게 관철시킬 것인가와는 다른 문제이다. 이와 같은 폭력사용자의 적극적인 실용적 관점에서 보면 전쟁이건 전쟁이외의 폭력행위이건 나의 의지를 관철시켜주는 가장 비용-효과대비 최적대안이 가장 좋은 폭력사용의 수단이다. 이와 같은 실존적 관점에서 보자면 통상적인 개념으로서의 전쟁이외의 다양한 다른 유형의 폭력행위들을 전통적 근대적 의미에서의 전쟁과 함께 넓은 의미의 전쟁으로 정의할 수 있다. 전쟁은 나의 의지를 관철시키는 폭력적 수단이며 근본적으로 이 수단은 적에 대한 살상과 파괴, 공포의 조장을 통해 적의 저항의지를 부러뜨림으로서 나에게 기대효과를 가져다준다.

만약 물리적 폭력수단을 이용한 공포의 조장을 통해 적의 의사결정에 개입함으로서 나의 의지를 관철시키는 것이 아니라 적의 의사결정에 직접 개입하여 나의 의지를 관철시킬 수 있다면 어떨까? 이는 물리적 폭력사용의 경로를 우회하여 나의 의지를 적에게 직접 관철시키는 것이 된다. 이렇게 되면 폭력사용에 들어가는 수고로움과 비용, 그리고 적의 군사적 저항에 따르는 마찰력을 회피할 수 있다. 흥미롭게도 정보통신과 과학기술이 고도로 발전된 오늘날과 미래에는 이와 같은 폭력적 수단을 우회할 수 있는 개연성이 증대하고 있다. 정보전(information warfare)과 심리전(psychological warfare), 사이버전(cyber warfare), 인지전(cognitive warfare) 등은 그와 같은 폭력적 수단을 우회할 수 있는 형태의 전쟁양식들이다. 일반적으로 이와 같은 유형의 전쟁양식들은 비키네틱전(non-kinetic warfare)이라고 불리며 물리적 폭력수단이 동원되는 키네틱전

(kinetic warfare)과 대비된다. 이와 같은 비키네틱전이 여전히 전쟁으로 정의될 수 있는 것은 이것들이 여전히 나의 의지를 적에게 관철시키도록 해주기 때문이다. 메시지나 영상, 텍스트 등과 같은 커뮤니케이션 수단을 이용한 공포의 조장, 사이버상의 괴롭힘(bullying)과 심리적 압박, 적의 의사결정체계에 대한 인지적 개입과 조작 등을 통해 적의 인지-인식구조에 영향을 미치고 궁극적으로 나의 의지를 관철시킬 수 있다. 이 때문에 이와 같은 행위들은 본질적으로 전쟁의 성격을 갖는다. 오늘날은 이 비키네틱전과 키네틱전이 통합되어 수행되는 경향으로 발전하고 있는데 이와 같은 형태의 전쟁을 혼합전(또는 하이브리드전, hybrid warfare)으로 정의한다.

2. 전쟁양식의 변화

전쟁(war)이 나타나는 양식을 전(warfare)으로 정의할 수 있다. 따라서 전은 문명의 발달에 따라 여러 가지 양상으로 다르게 나타날 수 있으며 전쟁의 양식이 변화 또는 진화되는 것과 관련이 있다. 전쟁이 나와 적의 의지의 충돌이라는 본질은 변함이 없지만 이와 같은 의지의 충돌이 어떤 특정한 군사력을 사용하여 어떻게 구체적으로 나타나는 가는 대체로 인간 문명의 발달에 따라 변화하면서 각 역사적 시대별로 차별적인 특성을 보인다.[4]

클라우제비츠는[5] 전쟁은 변화할 수 있고 끊임없이 변화하는 실체(war is changeable)라고 보았다. 이러한 그의 지적은 정당한 것처럼 보이며 실제로 인류사에서 인간이 수행한 전쟁 행위는 끊임없이 그 수행양식이 변화해오는 과정 속에 있다. 이를 토플러는 생산의 양식에 따라 파괴 행위인 전쟁의 양식이 이에 대응하는 경향이 있으며 따라서 생산 양식이 변하게 되면 그 생산의 양식을 변화시킨 근원적인 힘이 전쟁의 양식도 동일하게 변화시키는 추동력이 된다고 파악했다.[6] 이러한 전쟁 양식의 변화에 대한 논의는 이후 다른 학자나 전문가들에 의해서도 끊임없이 제기되어 아퀼라와 론펠트는 정보화 시대의 도래에 따라 오늘날의 전쟁은 네트워크 전쟁의 형태로 그 양식이 변했다고 주장했으며,[7] 린드의 경우는 전쟁의 양식이 1, 2, 3세대 전쟁을 거쳐

---

4 Ibid, p. 105.
5 칼 폰 클라우제비츠, 『전쟁론』, 허문순 옮김 (서울: 동서문화사, 2009).
6 Toffler and Toffler, 1993.

오늘날은 4세대 전쟁의 양식으로 진화했다고 주장했다.[8]

리드의 경우는 이러한 주장들을 더욱 정교하게 발전시켜 전쟁의 양식이 1648년 웨스트팔리아 체제의 성립이후 나폴레옹 전쟁의 양식인 1세대 전쟁에서, 2세대(제1차 세계대전), 3세대(제2차 세계대전), 4세대(베트남 전쟁)를 거쳐 오늘날에는 5세대 전쟁(9.11 테러 이후에 전개되고 있는 대테러 전쟁을 포함한 오늘날의 전쟁형태)양식으로 진화해 오고 있음을 주장했다.[9] 그에 따르면, 오늘날의 분란전(insurgency warfare)과 사이버전, 하이브리드전 등은 5세대 전쟁으로 정의될 수 있다. 5세대 전쟁의 두드러지는 특징은 무제한적(unrestricted)이라는 점과 군사부문과 비군사부문의 경계가 불분명해졌다는 점이다. 무제한성의 의미는 전통적 군사적 수단이외에 조직적 범죄, 사이버 공격, 허위조작정보, 프로파간다, 인구이동, 경제적 압박, 외교적 위협, 분란전과 테러, 비밀전쟁 등 제한 없는 다양한 수단들이 전쟁에 활용되고 있다는 것이다. 경계의 불분명성은 무제한성과 관련된다. 이는 무기와 비무기, 전쟁과 정치·외교, 범죄와 전쟁, 전투원과 비전투원, 국가와 비국가, 국내와 국외, 온라인과 오프라인 등 여러 부문들 사이의 뚜렷한 구분이 애매모호해지는 회색지대 현상이 강화되고 있다는 의미이다.[10]

러시아 역시 이와 같은 변화된 오늘날의 전쟁양식의 특성에 대한 유사한 인식을 보여주고 있다. 게라시모프 독트린에 따르면, 러시아는 전통적인 피와 폭력을 동반한 물리적 폭력충돌을 넘어 사이버 심리전과 사이버 공격, 여타 다른 외교적 압박과 경제적 압박, 그리고 테러리즘과 같은 비전쟁적 방식(Невоенный метод)을 적극적으로 새로운 개념으로서의 전쟁의 범주에 포함시켜 오늘날의 전쟁을 이해하고 있다. 여러 비군사적 방법과 군사적 방법의 적절한 비율은 4 : 1 정도가 적절한 것으로 제시된다. 이와 같은 게라시모프 독트린의 핵심은 전쟁의 게임규칙(rules of war)이 바뀌고 있다는 것이며 따라서, 비군사적 수단이 전통적인 군사적 수단보다 더 효과적이라는 것이다. 이와 관련하여 다음과 같은 몇 가지 핵심 포인트들이 제시될 수 있다. 첫째, 갈등에는 점차적으로 더 많은 정보와 다른 비군사적 수단들이 포함된다. 둘째, 비밀작전과 비정규적 부대가 오늘날의 전쟁에서 점차 더 중요해지고 있다. 셋째, 전략적(strategic),

---

7 Arquilla and Ronfeldt, 1996.

8 Lind, 2004.

9 Reed, 2008.

10 Minwoo Yun, "Insurgency warfare as an emerging new mode of warfare and the new enemy," Korean Journal of Defense Analysis, 22(1) (2010), pp. 113-115.

작전적(operational), 전술적(tactical) 수준들 사이의 구분과 공격(offensive)과 방어(defensive) 작전들(operations)의 구분이 사라지고 있다. 넷째, 정보무기는 적의 이점에 대응하는 비대칭적 작전을 가능하게 해주고 적 영토의 전반에 걸친 저항전선의 형성을 가능하게 해준다. 다섯째, 정보전쟁은 적의 전투능력을 떨어뜨리는 기회를 만들어낸다. 사이버 심리전 또는 사이버 심리공작은 여기서 매우 핵심적인 비군사적 활동을 구성한다. 그것은 전략적이면서 동시에 작전적이고 전술적인 성격을 갖는다. 또한 그와 같은 사이버 심리공격의 주체는 군과 정부기관뿐만 아니라 민간부문을 모두 포함한다. 이런 측면에서 전투원과 비전투원 간의 전통적인 구분은 그 의미가 퇴색된다.[11]

전쟁양식의 변화에 중요한 영향을 미치는 요인으로 공간과 기술이라는 두 가지 측면을 상정해 볼 수 있다. 여기서 공간은 전쟁이라는 행위가 벌어지고 있는 무대를 의미하며 기술은 인간이 부와 권력을 만들어 내는데 동원되는 생산의 양식과 긴밀한 연관 관계가 있다. 전쟁공간의 확장과 기술의 혁신적 도약이라는 두 요인들은 서로 상호작용하며, 이는 통합적인 힘으로 전쟁양식의 변화를 만들어 낸다.[12]

전쟁공간이 확장되고 다변화됨에 따라 전쟁의 승리를 결정하는 게임의 규칙들이 바뀌게 된다. 땅이라는 전쟁공간에 바다라는 또 다른 공간이 추가되면 상륙전과 바다를 통한 해상 교통로 장악의 문제가 전쟁의 승패를 결정하는데 주요한 영향을 미치게 된다. 여기에 다시 하늘이라는 새로운 공간이 추가되면 전쟁의 승패에 정보, 지원, 폭격 등을 위한 하늘 공간의 장악이라는 문제가 전쟁의 승패에 추가적으로 영향을 미치게 된다. 다시 기존의 물리적 공간에 더해 사이버라는 가상공간이 전쟁공간으로 편입되게 되면 전쟁의 수행방식과 성격, 그리고 전쟁의 승패를 결정하는 요인들에 커다란 변화가 나타나게 된다. 2022년 러시아-우크라이나 전쟁에서 이와 같은 현상들이 관찰되었다. 사이버 공격과, 허위조작정보, 스타링크 위성시스템과 GIS 아르타 기술들과 같은 사이버 공간과 우주공간의 장악과 관련된 요인들이 전쟁의 승패에 또 하나의 주요한 영향을 미치고 있는 것을 확인할 수 있다.[13]

과학기술의 발전 역시 전쟁양식의 변화에 큰 영향을 미친다. 최근에 인류사에서

---

11 윤민우, "사이버 공간에서의 심리적 침해행위와 러시아 사이버 전략의 동향,"「한국범죄심리연구」, 14(2) (2018), p. 96, 100.

12 Reed, 2008.

13 윤민우·김은영, "전쟁 양식의 진화로서의 21세기 국제테러리즘과 초국가범죄조직에 대한 이론적 접근,"「한국테러학회보」, 5(1) (2012), pp. 62-64.

일어난 가장 주요한 발전 가운데 하나는 기계화와 산업화이며 그리고 다른 하나는 정보통신기술의 혁명이다. 기계화와 산업화는 인간을 살육하고 파괴하는 행위를 역시 그러한 방식으로 바꾸는데 결정적인 영향을 미쳤다. 이에 대표적인 것이 무기의 기계화와 산업화이며 그러한 대표적인 사례들은 기관총과 탱크, 그리고 비행기 등이다. 이러한 살육과 파괴의 기계화와 산업화는 전쟁의 양식에 중요한 변화를 가져왔다. 1차 대전과 2차 대전이 기존의 전쟁과는 다른 방식 즉 산업화된 살상과 파괴의 모습을 띠었고, 무기의 산업생산력이 전쟁 승패에 주요한 영향을 미쳤다. 정보통신기술의 발전도 전쟁의 양식에 중대한 변화를 가져왔다. 예를 들면 과거 베트남 전쟁에서 TV등의 대중 미디어가 전쟁을 미국의 안방으로 옮겨놓음으로서 베트남 전쟁의 승패는 전투현장이 아니라 미국 국내에서 일어난 반전운동이라는 제2전선에서 결정이 났다. 오늘날 컴퓨터와 스마트폰, 그리고 인터넷 등의 정보통신기술과 AI, 위성, 드론, 그리고 로봇 등 첨단무인전투체계는 매우 유의미한 기술의 변화로 제시될 수 있으며 이러한 오늘날의 기술의 발달은 파괴와 살육을 정보화, 무인화, 자동화하는 데 중요한 영향을 미치고 있다. 여기에 바이노나노, 인지심리, 뇌과학 및 신경과학, 사이버전자전 등의 관련 기술의 급격한 발전은 전쟁의 영역을 물리영역을 넘어 인간의 뇌 또는 인지(cognition) 영역까지 확장시키고 있다. 이와 같은 과학기술의 급격한 발전은 전쟁의 승패를 결정하는 공식을 바꾸고 있으며, 궁극적으로 인간의 뇌를 장악하는 것이 전쟁의 승패를 결정하는 무게 중심(center of gravity)이 되게 하고 있다.[14]

3. 미래전쟁

미래전쟁은 과거와는 다른 근본적인 전쟁패러다임의 전환을 의미한다. 이는 기존의 땅과 바다와 하늘 공간이외에 사이버와 우주, 그리고 인간의 인지(cognition) 공간이 추가된 다영역(multi-domain) 환경에서의 통합공간장악의 전략적 중요성이 커졌기 때문이다. 이는 전쟁 승패의 결정방식의 변화와 관련된다. 이와 관련하여 미래전쟁의 몇 가지 특성들을 짚어 보면 다음과 같다.

먼저, 전쟁 공간(war domain)의 다변화와 통합이 일어나고 있다. 전통적으로 전쟁 공

---

14 Ibid.

간은 지상, 바다, 하늘이었다. 여기에 사이버 공간과 우주 공간이 새로운 전쟁 공간으로 등장했다. 최근 들어서는 이 다섯 개의 공간에 인간의 인지 영역(cognitive domain)이 추가되었다. 이 인지 공간에는 적국의 전투원과 민간인, 자국의 전투원과 민간인, 그리고 이 전쟁을 지켜보는 관객(audience)으로서의 국제사회일반의 인식, 의견, 생각, 마음 등이 모두 포함된다. 즉 인간의 뇌 작용에 해당하는 인지-인식의 공간자체가 전쟁공간이 되었다. 나토는 전쟁공간으로서의 인간의 인지영역에 주목하고 이에 대한 대응전략개발의 필요성에 대해 주목하고 있다.15 이와 같은 전쟁공간의 시, 공간적 확장은 영역 간의 경계를 불분명하게 만들 것이며, 모든 전쟁공간들의 상호긴밀성이 더욱 강화되는 초연결전쟁(hyper-connected war)으로 발전할 것이다. 이와 같은 전쟁에서는 정치, 경제, 사회, 문화 등 비전통적 전쟁공간의 중요성이 더욱 부각될 것이다.16

개별 전쟁공간에서의 전략목표와 관련해서는 동일한 규칙이 적용된다. 전략목표는 궁극적으로 공간의 장악이 된다. 전통적으로 지상에서의 공간 장악은 주요 거점에 대한 보병의 점령으로 실현되었다. 이러한 원칙에 따라, 성이나 요새의 구축, 고지점령, 우회기동과 포위, 수도나 주요 도시 점령, 보급로 확보와 차단 등이 지상전의 주요 전략목표가 되어 왔다. 이는 바다와 하늘 공간에도 유사하게 적용되며 제해권과 제공권이라는 전략목표로 구현되었다. 같은 원칙이 새로 등장한 사이버, 우주, 그리고 인지 영역에도 적용된다. 사이버, 우주, 인지 영역에 대한 각각의 공간 장악력이 궁극적인 전략목표가 된다. 이러한 전략목표를 달성하기 위해서는 각각의 공간이 가지는 특성이 반영될 수 있다. 예를 들면, 사이버의 경우 전략목표는 케이블과 전력망, 데이터베이스와 무선 공유기, 라우터 등의 기반시설과 연결 장비·장치들, 컴퓨터와 모바일폰, IoT, 로봇, 드론, 무인전투정 등의 하드웨어 디바이스, 그리고 그와 관련된 반도체와 부품, 컴퓨터 및 디바이스 운영을 위한 소프트웨어 프로그램과 AI, SNS 플랫폼, 클라우딩 서비스 등의 무형자산, 그리고 마지막으로 온라인상 정보콘텐츠 그 자체 등에 대한 장악력과 통제력이 된다. 우주 공간의 경우에 이는 정찰, 정보통신 위성의 안정적 운용, 적대적 킬러위성으로부터의 위성자산 방어, 적대적 위성체계와 운용을 공격할 수 있는 킬러위성 등과 같은 공격-방어능력의 보유와 적대세

15 Alonso Bernal, Cameroc Carter, Ishpreet Singh, Kathy Cao, Olivia Madreperla, "Cognitive Warfare: An Attack on Truth and Thought," Fall 2020, NATO, Johns Hopkins University, p. 4; Lea Kristina Bjorgul, "Cognitive warfare and the use of force," 03 November 2021.

16 육군교육사령부, 미래 작전환경분석서, pp. 31-32.

력의 우주공간 이용 접근을 거부할 수 있는 거부-억지능력 등을 포함한 우주공간의 장악력과 통제력이 된다. 인지 영역에서는 사람들의 인지 영역을 장악·통제하고 아측이 적에 비해 매력과 정당성, 설득력, 지지 등의 측면에서 압도적 우위에 서는 것이 전략목표가 된다. 이를 위해 사람들이 아측의 내러티브에 우호적 생각과 감정을 갖도록 구현하는 능력의 구축과 적대적 세력의 내러티브(narratives)의 프로파간다 효력을 무력화하거나 차단하는 대응-내러티브(counter-narratives)의 역량이 요구된다.

개별 공간에서의 공간 장악력은 다른 공간에서의 전쟁 결과와 공간 장악 여부에 중요한 영향을 미친다. 이 때문에 개별 공간들은 다른 공간들의 전략적 목표와 연결되어 있고, 전쟁의 승패는 공간들의 장악여부의 결과의 총합에 의해 결정되는 측면이 있다. 예를 들면, 사이버 공간의 장악을 위해서는 태평양과 대서양 등과 같은 대륙과 대륙을 이어주는 대양의 해저케이블의 안정적인 운용이 필수적인데 이는 심해에서 해저케이블 해킹이나 파괴를 거부할 수 있는 해저 공간에 대한 해양장악력이 선결조건이 될 수 있다. 우주 공간의 장악력 여부는 사이버 공간을 통한 해킹위협으로부터 위성의 안정적 운용을 얼마나 담보할 수 있는지, 그리고 피해발생시 회복력(resilience)은 어느 정도인지에 따라 결정될 수 있다. 인지 영역의 공간장악력 역시 사이버 공간에서의 트롤봇이나 가짜뉴스, 프로파간다, 가스라이팅 등에 대한 통제력과 긴밀히 연계되어 있다. 이와 같은 공간들의 관계와 통합공간에서의 미래전 양상을 그림으로 보여주면 다음과 같다. 전쟁의 승패는 6개의 공간이 통합되어 만들어내는 정육면체의 내부에 해당하는 3차원의 입체공간의 통합공간장악결과에 의해 결정된다. 한 공간에서의 작전 수행의 결과는 해당 공간의 전황뿐만 아니라 다른 공간에서의 전황에 실시간으로 동시에 영향을 미친다. 즉, 우크라이나 마리우폴에서의 러시아 군의 군사 작전은 실시간으로 인지 영역과 사이버 공간에서의 러시아의 대서방 공간장악력에 영향을 미칠 수 있다. 한편 각각의 전장에서의 군사적 움직임, 댓글공작, 사이버 해킹 등의 움직임은 서로 네트워크 형태로 연결되어 있다. 각각의 군사적, 비군사적 움직임은 이 통합전장에서 노드에 해당하고 이 노드들의 연계는 네트워크의 링크(link) 또는 디그리(degree)에 해당한다고 볼 수 있다. 이렇게 보면 6개 전쟁 공간에서의 통합전쟁은 마치 3차원 공간에서 바둑을 두는 것과 같은 모습을 띤다. 그리고 마찬가지로 전쟁의 승패는 3차원 공간에서 둔 바둑 네트워크의 결과 공간을 얼마나 장악하여 누구의 전쟁 내러티브가 더 우세한지에 따라 결정될 수 있다. 이런 측면에서 통합공간에서의 전쟁은 물리적 폭력(kinetic violence)과 비물리적 폭력(non-kinetic violence)이 동전의

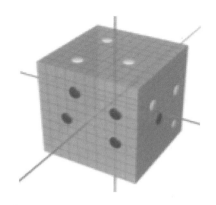

| 그림 4 | 3차원 바둑과 행위자들

양면과 같이 결합된 모습임을 알 수 있다. 즉, 군사적 섬멸과 파괴에 해당하는 키네틱 폭력은 다른 수단에 의한 내러티브 또는 행동을 통한 프로파간다이며, 비키네틱 이야기(story)의 성격을 갖는 내러티브는 다른 수단의 의한 폭력 또는 프로파간다를 통한 행동에 해당한다. 결국 양자는 모두 나의 의지를 적에게 관철시키는 각기 다른 수단이며, 이는 전쟁의 궁극적 정의에 해당한다.

이와 같은 다영역 통합전쟁에서 사이버 공간은 전략적으로 중요한 의미를 가진다. 나는 2014년 논문[17]에서 이미 이와 같은 사이버 수단과 공간의 전략적 중요성을 마한의 해양 전략을 재해석함으로서 제시한바 있다. 과거 해양은 거대한 공용도로로서 전략적 중요성을 가졌으며 해양 공간을 장악한 자가 글로벌 패권을 장악했다. 이는 바다와 같은 공용도로를 장악하게 되면 공격-방어를 위한 시간과 위치를 결정할 수 있는 자유를 누릴 수 있기 때문이다. 이를 전략적 유연성이라고 정의할 수 있다. 같은 맥락에서 과거 한반도 북부에서 유라시아 대륙을 가로질러 헝가리 초원지대로 연결되는 초원의 길은 기마군단에게는 거대한 공용도로였다. 이 초원의 길은 바다와 마찬가지로 전략적 유연성을 제공했다. 오늘날과 미래는 사이버 공간이 과거 바다와 초원의 길에 해당하는 전략적 유연성을 제공할 것이다. 이는 앞서 살펴본 것처럼 사이버 공간은 지상, 바다, 하늘, 우주, 인간의 인지 영역 등 이어진 다른 공간들을 연결하는 거대한 공용도로이기 때문이다. 따라서 사이버 공간의 주인이 공간들이 중첩

---

17 윤민우, "사이버 안보위협의 문제와 전략적 의미, 그리고 대응방안에 대한 연구," 국제문제연구 (2014, 겨울), pp. 120-129.

된 다영역 전쟁(multi-domain war)에서 공격-방어의 시간과 위치를 결정할 수 있다. 전쟁의 승패를 결정하는데 주요한 열쇠는 전쟁국면의 주도권 또는 우세권을 장악하는 것이다. 즉 자신이 결정한 싸움의 장소와 시간에서 자신이 정한 게임의 방식으로 전쟁을 수행하는 것이다. 주요한 연결통로의 장악은 이와 같은 싸움의 주도권을 쥘 수 있도록 허락한다. 이 때문에 미래전은 사이버 공간을 정복하는 자가 다영역 전쟁의 승자가 될 개연성이 크다. 이는 그 승리자를 글로벌 패권의 주인으로 만들 것이다. 전쟁의 승리는 공간을 정복한 자의 것이고 그 정복의 결과는 제국(empire)의 완성으로 이어진다.

둘째, 전쟁행위자의 다변화와 통합이 일어나고 있다. 우선 전통적인 전쟁 주체인 국가행위자 이외에 테러리스트, 해커들, 댓글부대들, 용병들, 국제조직범죄세력들, NGO들, 다양한 이슈와 관련된 활동가들(activists)과 단체들 등 다양한 비국가행위자들이 전쟁 주체로 등장하고 있다.[18] 알카에다나 ISIS, 탈레반 등은 아프가니스탄과 시리아-이라크, 그리고 세계 도처에서 미국, 러시아 등 강력한 국가행위자를 상대로 전쟁을 수행했다. 어나니머스와 같은 해커들은 자신들의 방식으로 국가행위자를 상대로 전쟁을 수행한다. 이번 2022 러시아-우크라이나 전쟁에서도 어나니머스는 우크라이나 침공에 맞서 푸틴의 러시아를 상대로 전쟁을 선언했다. 이들은 이후 사이버 공격으로 러시아를 공격했다.[19] 이들은 이와 같은 공격의 일환으로 러시아 병사 12만 명의 개인 정보를 해킹해서 유포했다.[20] 블랙워터 USA와 와그너 그룹 등과 같은 용병단체들은 각각 시리아-이라크 전쟁과 2014년과 2022년 러시아-우크라이나 전쟁에서 전쟁 주체로 활동했다. 동유럽과 구소련권 국가들에서 일어났던 색깔혁명도 러시아의 시각에서는 대중의 도덕과 인식에 영향을 미치는 정보전쟁으로 이해된다. 이 정보전쟁의 첨병에 미국-서방의 NGO들과 활동가들이 있었다.[21]

다변화와 함께, 국가행위자와 비국가행위자들 사이의 통합이 동시에 이루어지고

---

18 윤민우, "신흥 군사안보와 비국가행위자의 부상," 4차 산업혁명과 신흥 군사안보, 김상배 엮음 (서울: 한울아카데미, 2020), pp. 275-318.

19 Joe Tidy, "Anonymous: How hackers are trying to undermine Putin," BBC News, 20 March 2022. https://www.bbc.com/news/technology-60784526

20 Carmela Chirinos, "Anonymous takes revenge on Putin's brutal Ukraine invasion by leaking personal data 120,000 Russian soldiers," Fortune, April 5 2022. https://fortune.com/2022/04/04/anonymous-leaks-russian-soldier-data-ukraine-invasion/

21 신범식 · 윤민우 · 김규철 · 서동주, 『러시아의 사이버 안보』, (서울: 사회평론아카데미, 2021), p. 16.

있다. 국가행위자가 자신의 개입을 은폐하고 실질적인 전쟁목적을 달성하기 위해 비국가행위자들을 국가의 프록시(proxy) 병력으로 활용하는 사례들이 점차 빈번해지고 있다. 이를 전쟁의 외주(outsourcing)로도 이해할 수 있다.[22] 이라크전에서 미군이 블랙워터 USA 등과 같은 PMC(Private Military Company)에 전쟁의 외주를 준 것은 대표적인 사례이다. 러시아는 같은 방식으로 와그너 그룹을 러시아-우크라이나 전쟁에 활용하였다. 국가-비국가 행위자의 전쟁주체 통합현상은 단순한 전투외주를 넘어 훨씬 더 복잡하고 은밀하다. 러시아는 민간사이버범죄조직인 러시아비지니스네트워크(RBN)을 2008년 조지아 침공 때 활용했으며[23], 2016년 미국 대선개입 때 APT 28과 APT 29로 알려진 해커그룹들이 동원되었다.[24] 중국은 중국계 국제조직범죄 네트워크와 해외 도처의 중국계 현지체류자들과 유학생들을 정치문화전쟁(political cultural warfare)의 첨병으로 동원한다. 중국 국가안전부(MSS: Ministry of State Security)는 정치전쟁과 비밀공작 활동을 위한 정보작전센터를 설치하고 대표적인 중국계 국제조직범죄 네트워크인 죽련방(United Bamboo)을 중국의 해외 군사력 투사와 정치문화적, 경제적 영향력 침투 등에 활용한다. 중국계 조직범죄집단들은 마약거래, 도박, 불법이민 등의 범죄활동뿐만 아니라 해운사업, IT, 관광, 엔터테인먼트, 부동산 사업 등 합법적인 사업에도 자본을 투자하고 사업을 운영한다.[25] 인도양의 전략적 요충지인 몰디브의 중국 해군기지는 이런 방식으로 서서히 확보되었다.[26] 중국의 유학생들과 학자들, 공자학원과 같은 교육문화기관은 중국의 이념과 사상, 문화, 이미지 등을 해외에 침투, 확산시키고 중국에 대한 부정적인 의견, 여론, 동향 등을 통제하고 무력화시키는 정치문화전쟁 최전선의 전투 집단이다.[27] 같은 맥락에서 해외에 있는 중국계 또는 중국인들은 해외

---

22 송태은, "하이브리드 위협에 대한 최근 유럽의 대응," IFANS 주요국제문제분석, 2020-31, 국립외교원 외교안보연구소, p. 8.

23 Ibid, p. 12.

24 윤민우, "사이버 공간에서의 심리적 침해행위와 러시아 사이버 전략의 동향," 「한국범죄심리연구」, 14(2) (2018), p.100.

25 윤민우, "신흥 군사안보와 비국가행위자의 부상," p, 305.

26 Awadhesh Kumar, "Chinese Military Base in the Indian Ocean Near Maldives Figment of Imagination," *Indian Politics*, May 18, 2020. 검색일 2022년 4월 21일, https://www.indian-politics.co.in/chinese-military-base-in-the-indian-ocean-near-maldives-figment-of-imagination/; David Brewster, "China's new network of Indian Ocean bases," *The Interpreter*, 30 January, 2018. 검색일 2022년 4월 21일, https://www.lowyinstitute.org/the-interpreter/chinas-new-network-indian-ocean-bases.

현지사회의 정치문화적 친중국화(pro-Chinanization)의 트로이목마로 활용된다.[28]

홍미로운 점은, 그 형태와 속성, 외양, 역할 등이 다양한 이들 국가-비국가 행위자들은 미래전쟁 게임이라는 거대한 3차원 바둑판에서 본질적으로는 균질한 바둑돌에 해당한다는 사실이다. 이 차이는 체스의 말들과 바둑돌을 비교해 보면 두드러진다. 체스의 말들은 각각의 쓰임새와 역할이 지정되어 있으며 따라서 차별적이다. 예를 들면, 퀸이 제거되면 다른 말들로 그 역할을 대신할 수 없다. 반면 바둑의 돌들은 본질적으로 그 쓰임새와 역할이 무차별적이며, 가변적이다. 즉, 특정한 돌들이 제거될 경우에도 언제나 다른 돌들로 그 제거된 돌들을 대체할 수 있으며, 게임 판 어디에도 쓰임에 따라 투입될 수 있다. 이는 최근 들어 제기되고 있는 모자이크 전쟁의 전투개념과도 맥락이 닿아있다. 모자이크 전쟁은 ISR(감시정찰체계)과 C4I(지휘통제체계) 및 타격체계의 분산을 추구하고 이를 준독립적으로 운용함으로써 중앙의 지휘통제체계를 보호하고, 또한 중앙 시스템이 파괴된다 할지라도 지속적인 작전능력을 확보할 뿐만 아니라 새로이 전투조직을 구성해낸다.[29] 따라서 각 전투단위는 본질적으로 모자이크의 조각처럼 균질적이고 이 각각의 균질적인 전투단위를 어떻게 조합하여 다른 형태로 구성된 전투집단을 운용할 것인가는 전쟁 조건과 상황, 그리고 목적에 따라 달라진다.[30] 이 때문에 이 구성전투집단을 구성하는 모자이크 조각은 본질적으로 바둑돌처럼 균질적이다. 국가 행위자인 지상군, 해·공군과 정보기관, 경찰 등 법집행 기관, 비국가행위자인 여러 테러집단, 용병, 해커들, 댓글부대들, 조직범죄세력, NGO 및 활동가들, 그리고 심지어 인공지능과 무인드론, 로봇, IoT와 같은 무인체계들은 본질적으로 균질한 바둑돌이 된다. 예를 들면, 최근 우크라이나 전쟁에서 정규군과 용병과 민병대, 드론과 휴대용 대전차미사일을 든 보병, 러시아 군의 범죄를 휴대폰으로 촬영하여 SNS에 올리는 우크라이나 민간인, 온라인에서 반러시아 또는 반우크라이나 댓글을 달거나 유포하는 SNS나 유튜브 유저들은 본질적으로는 균질한 모자이크 조각에 해당한다. 이는 러시아-우크라이나 전쟁의 본질적인 속성이 다영역작전(multi domain operation)이며, 이 복합 영역에서의 궁극적인 전략목표가 "누구의 내러

---

27 클라이브 해밀턴, 『중국의 조용한 침공(Silent Invasion)』, (서울: 세종, 2021), pp. 293-342.

28 Ibid, pp. 68-77.

29 남두현 외, "4차산업혁명 시대의 모자이크 전쟁: 미군의 군사혁신 방향과 한국군에 주는 함의," p. 158.

30 Ibid, p. 157.

티브(narrative)가 더 우세할 것인가"이기 때문이다. 각각의 모자이크 들은 이 우세한 내러티브를 만들어 가는 다영역 공간의 점들에 해당하며 이 점들이 만들어내는 관계의 네트워크가 전체 내러티브를 구성한다.

셋째, 전쟁수단의 다변화와 통합이 일어나고 있다. 전쟁 수단의 다변화는 전술적-작전적 차원과 전략적 차원 모두의 층위에서 함께 진행되고 있다. 전술적-작전적 차원에서 예를 들면, 드론의 중요성이 커지고 있다. 인류사에서 전쟁은 기동전(또는 전격전)과 진지전(또는 소모전)이 교차되어 왔다. 이는 전쟁수단의 변화와 관련이 있어 보인다. 1세대 기동전은 기병이 주역이었고 이는 기관총과 참호에 의해 무력화되었다. 탱크는 기관총과 참호로 이루어진 진지를 돌파하는 2세대 기동전의 주역이었다. 최근 아제르바이잔-아르메니아 전쟁과 러시아-우크라이나 전쟁을 보면 드론과 휴대용 대전차미사일 등에 의해 그 효용성이 약화되고 있는 것처럼 보인다. 63억 원짜리 최첨단 러시아 T-90M 탱크가 2천 800만 원짜리 휴대용 로켓포에 파괴된 것은 기동전 수단으로서의 탱크의 효용성에 의문을 제기할 수 있는 흥미로운 사건이다.31 따라서 미래 3세대 기동전의 주역은 보다 작고 빠르고 대당 가격이 저렴한 전쟁수단이어야 한다. 드론은 이에 대한 답일 수 있다. 드론 기동전의 가능성은 아제르바이잔-아르메니아 전쟁에서 전쟁개시 3일 만에 험준한 카라바흐 산악지형에 참호와 요새, 지뢰로 무장한 아르메니아 군을 아제르바이잔의 드론이 전격전으로 섬멸하고 전쟁의 결정적 승리를 거둔 것에서 확인되었다.32 산악지형이 대부분인 한반도 전장환경에서도 군집드론을 이용한 기동전을 고려할 필요가 있다. 새로운 전쟁수단으로서의 드론은 이와 관련된 전방 발전지원설비인 소형모듈식원자로(SMR), 2차전지배터리, 드론 부품의 현장지원을 위한 3D 프린팅, 그리고 군집드론의 지휘·통제·조율을 위한 AI 등의 여러 관련 전쟁수단들의 등장을 추동할 것이다.

전술-작전적 측면에서 이러한 수단의 다변화는 기존 유인전투수단에서 무인전투수단으로의 확장으로도 나타난다. 유인전투수단이 인간병사＋살상무기＋식량＋결전의지(애국심, 신념, 증오, 복수심, 전사적 영웅주의 등으로 이루어지는 전투심리와 전투지속성)로 이루어져 있다면 무인전투수단은 로봇, 드론, 무인전투차량 등의 무인시스템＋살상무기＋연료 또는 에너지＋AI 또는 소프트웨어 프로그램(무인디바이스를 구동하는) 등으로 이루어져 있

---

31 김해연, "63억원 최신형 러시아 탱크, 2천 800만원 로켓포 한방에 박살," 「연합뉴스」 2022년 5월 13일 https://www.yna.co.kr/view/MYH20220513016800704

32 Abbasova, "Game of Drones in the South Caucasus," p. 16.

다. 살상과 파괴라는 폭력행동을 직접 수행할 수 있다는 측면에서 보면 유인전투수단과 무인전투수단은 본질적으로 차이가 없다. 따라서 이러한 관점에서 보자면 전쟁이라는 비즈니스가 유인전투수단을 무기와 장비, 식량으로 지원하고 결전의지로 동원하여 거대한 전쟁기계를 가동시키는 것과 무인전투수단의 무기와 장비, 그리고 에너지원(전력 또는 2차전지 배터리 등)을 지원하고 소프트웨어를 구동시켜 거대한 전쟁기계를 돌리는 것은 동일하다. 궁극적으로 미래에는 이와 같은 유·무인전투체계가 긴밀히 통합운용되는 거대한 전쟁기계가 가동될 것으로 전망된다. 이와 같은 유, 무인 전투수단의 다변화는 군사부문과 민간부문의 전통적 구분 역시 무의미하게 만들고 있다. 이는 최근 2022 러시아-우크라이나 전쟁에서 확인되었다. 민간위성인 스타링크는 전쟁의 수단으로 동원되었다.[33] 무인전투디바이스 운용에서 레이더(Radar)와 라이다(LiDAR), 인공지능의 모방학습(Imitation learning)과 에이스타($A*$) 알고리듬, 소형모듈식원자로(SMR), 2차전지배터리, 무기나 장비, 부품의 현장지원을 위한 3D 프린팅, 반도체, 그리고 구글 GPS 네비게이션 시스템에 이르기까지 다양한 민간 기업들의 평화적 기술과 지식들은 주요한 전쟁수단으로서의 이중적 성격을 가진다. 그리고 점차 민간-군사 부문이 결박된 민간-정부-군의 복합전투집단이 보편화되고 있다.

전략적 측면에서의 수단의 다변화는 더욱 극적이다. 이슬람 극단주의 테러세력은 전쟁 수단으로 총과 혀와 성기를 꼽고 있다. 총은 총기와 폭탄 등과 같은 물리적 살상과 파괴를 야기하는 테러 또는 전투 수단이다. 혀는 선전·선동·프로파간다를 의미한다. 이는 온, 오프라인에서의 극단주의 전파와 지지층 및 전투원 리크루팅 등을 통한 세력확장을 의미한다. 마지막으로 성기는 인구수의 압도를 의미한다. 출산과 이민·난민 등의 이주로 해당지역에서 무슬림 극단주의 지지층의 수가 압도적이 되는 것이다. 이들은 북미와 유럽에서 이 무슬림 인구증가로 결국 이슬람이 기독교와 이교도 세력에 대해 전쟁에서 승리할 것이라고 확신한다.[34] 흥미롭게도 중국 역시 한족의 이주를 전쟁수단으로 삼아 위구르 지역과 홍콩 지역을 정치사회적으로 장악했다.[35] 중화사상과 동북공정의 담론은 중국판 극단주의 프로파간다이다. 러시아 역

---

33 김형자, "아마존 vs 스페이스X, 우주인터넷 경쟁 시동," 「주간조선」, 2022년 5월 14일. http://weekly.chosun.com/news/articleView.html?idxno=19448

34 Minwoo Yun and Eunyoung Kim, "An ethnographic study on the Indonesian immigrant community and its Islamic radicalization in South Korea," Studies in Conflict and Terrorism 42(3) (2019), p. 307.

시 조지아, 우크라이나, 몰도바 등의 인근 국가들의 친러시아 주민들을 세력 확장의 수단으로 이용했다. 전략적 측면에서 이처럼 프로파간다와 정보전, 심리전, 그리고 심지어 이민·난민 등이 전쟁수단으로 등장하고 있다. 이는 기존의 키네틱 전쟁 영역 이외에 사이버와 인지 영역과 같은 비키네틱 전쟁영역이 전쟁의 영역으로 추가되면서 나타난 전쟁 승패의 결정방식이 바뀌었기 때문이다. 전통적으로 전쟁의 승패는 보병이 물리적으로 적의 중심부(center of gravity)를 점령함으로서 결정이 났다. 하지만 미래전은 점령 그 자체로 결정되지 않는다. 전략적 수준에서 전쟁의 승패는 적 지휘부와 대중의 뇌에 나의 내러티브를 새로 쓰고 이를 통해 적의 마음과 생각을 완전히 장악함으로서 끝이 난다. 이는 전쟁의 승패가 영토적 점령 그 자체만으로 달성되지 않으며, 그 이후에도 내러티브를 새로 쓰고 마음과 생각을 장악하는 지난한 과정이 기다리고 있다는 것을 의미한다. 이것이 얼마나 어려운 지는 미군이 시리아-이라크와 아프가니스탄에서 치렀던 오랜 대테러전쟁에서 확인되었다. 이와 같은 전쟁의 최종승리를 위해서는 기존의 전통적인 키네틱 폭력 수단이외에 사람들의 뇌와 인지영역을 장악하기 위한 다양한 다른 수단들이 필요해졌다. 이 때문에 SNS와 유튜브, 방송통신, 온라인 댓글과 해시태크, 이민·난민 등을 통한 영향력 공작의 도구적 중요성이 증대했다.

다영역 전쟁이 벌어지면서 전술-작전 수준과 전략 수준에서 다양한 전쟁 수단들이 통합되고 있다. 예를 들면, 유인 폭격기와 지상의 보병, 드론, 수상함과 잠수함 등은 실시간으로 통합되어 전투수행을 위한 최적 타격방안을 도출할 수 있다. 또한 이러한 킬-체인(kill-chain)에 결합된 AI는 딥러닝을 통해 특정 타깃에 대한 섬멸-파괴 타격이 국제여론과 적의 지도부와 대중의 결전의지에 어떻게 영향을 미치는지를 미리 계산해낼 수 있다. 각각의 공간에서 사용되는 전쟁수단들은 다른 공간들에서 사용되는 전쟁수단들과 네트워크로 통합될 수 있다. 이러한 전체 전쟁수단네트워크는 상황과 조건, 목적에 따라 분산된 방식으로 또는 통합된 방식으로 운용된다. 이러한 네트워크 전투 집단은 인간 지휘(Human command) 기반의 지휘통제체계(C3: Command and Control, Communication System)에 의해 운용(관찰-판단-결심-행동: OODA)된다. 여기에 AI에 의한 기계 보조 통제(Machine-assisted control)가 결합되어 최적전투수단의 도출과 운용을 실시간으

---

35 예영준, "홍콩 삼키는 중국인 인해전술···정식 이주만 한해 5만명," 중앙일보, 2017년 6월 28일. https://www.joongang.co.kr/article/21706409#home; 윤민우, "위구르 민족문제와 테러리즘, 그리고 중국의 국가테러리즘," 「한국경호경비학회지」, 45 (2015), pp. 107-127.

로 전투현장에 지원해 준다. 전술-작전 차원에서의 전투수단의 운용이 인간 지휘에 보고되어 내려오는 명령을 기다리지 않고 실시간으로 즉각 반응할 수 있도록 AI가 현장 전투수단을 직접 지원한다. 인간 지휘체계가 물리적으로 제거되거나 통신의 문제로 이용가능하지 않을 경우에도 현장 전투수단이 계속 운용될 수 있도록 기계 보조 통제가 역할을 수행할 수 있다.[36]

넷째, 전쟁대상의 다변화와 통합이 일어나고 있다. 전쟁대상은 공격타깃으로도 이해될 수 있다. 전쟁이 다양한 전쟁행위자가 참여하는 다영역 내러티브 결전으로 진화하면서 전쟁대상이 기존의 적 전투원에서 적 민간인뿐만 아니라 아측의 전투원과 민간인, 그리고 전쟁을 지켜보고 있는 관객들에 해당하는 국제사회 구성원들로 다변화되고 있다. 이는 누구의 내러티브가 더 윤리적으로 더 정당한가, 더 인지적, 정서적으로 설득력이 있는가, 더 매력적인가 등이 전쟁 승패에 결정적인 영향을 미치게 되었기 때문이다. 키네틱 폭력의 영역에서도 여러 비국가행위자가 전쟁 주체로 참여하면서 전투원과 민간인 사이의 구별이 현실적으로 불가능한데다가 많은 전쟁참여자들이 이른바 정식 전투원도 아니고 민간인도 아닌 회색지대(gray area)에 존재한다. 경우에 따라서는 이른바 파트-타임으로 수당을 받고 간헐적으로 전투에 참여하는 우연한 게릴라(accidental guerilla)도 존재한다.[37]

결국 전투원과 비전투원 또는 민간인, 그리고 전쟁당사자가 아닌 국제사회일반의 구분과 경계가 모호해지면서 전쟁대상이 통합되는 현상이 나타난다. 전쟁대상에는 직접적인 물리적 섬멸과 파괴의 대상이 되는 전투원과 민간인뿐만 아니라 이를 지켜보는 국제사회일반을 포함한 여러 대상들 역시 포함된다. 이들 역시 내러티브 전달의 대상이 되기 때문이다. 예를 들면, 러시아의 우크라이나 전투원과 민간인에 대한 무자비한 살육과 강간, 학대는 몰도바와 카자흐스탄과 조지아 등의 다른 구소련권 국가들과 국민들에 대한 경고의 메시지이다. 전쟁초기 국제의용군에 대해 러시아 군이 정밀조준타격을 했던 것은 다른 잠재적인 국제의용군 자원자와 국제적 대러시아 항전 여론에 대한 선제적 경고 메시지였다. 미래전은 내러티브들 간의 충돌이고 누구의 내러티브가 더 정당하고 매력적이고, 우월한가를 어필하는 경쟁이다. 이 전쟁

---

36 남두현 외, "4차산업혁명 시대의 모자이크 전쟁: 미군의 군사혁신 방향과 한국군에 주는 함의," p. 159.

37 David Kilcullen, "The Accidental Guerrilla: Fighting Small Wars in the Midst of a Big One," New York: Oxford University Press (2009).

에서는 모두가 전쟁대상이 된다.

다섯째, 전쟁결과의 다변화와 통합이 일어나고 있다. 전통적으로 전쟁결과는 물리적 결전에 의해 달성되었고, 적 전투력의 섬멸과 적의 영토에 대한 점령으로 판가름 났다. 하지만 오늘날 전쟁 승패는 이와 같은 단일 요소로 결정되지 않는다. 이는 미군이 아프가니스탄과 시리아-이라크에서 승리를 거두지 못한 것으로 증명되었다. 이번 우크라이나 전쟁 역시 마찬가지이다. 푸틴의 러시아가 군사적으로 모든 우크라이나 영토를 완전히 점령하고 우크라이나 군을 완전히 궤멸시켰다고 가정하더라도 러시아의 승리로 전쟁이 종결될 것처럼 보이지는 않는다. 이는 오늘날의 전쟁 또는 앞으로의 미래전의 결과는 키네틱 영역에서의 군사적 결전뿐만 아니라 비키네틱 영역에서의 매력과 마음-생각 장악에도 달려있기 때문이다. 러시아는 이미 향후 우크라이나 전쟁의 전황 추이와는 무관하게 이미 이 전쟁에서 패배했다. 중, 장기적으로 한 세대 또는 두 세대가 지났을 때 우크라이나는 더 탈러시아-친서방 방향으로 이동해 있을 것이다. 이 전쟁으로 러시아의 정치사회적, 경제적, 문화적 쇠퇴는 더 진행되고 러시아는 훨씬 덜 매력적이고 더 침략적인 국가로 인식될 개연성이 크다. 이는 푸틴의 러시아가 다극체제를 형성하는 강대국의 한 축이 되려는 전략목표를 달성하는 것으로부터 러시아를 더 멀어지게 할 수 있다.[38] 이처럼 전쟁의 결과는 물리적 영역과 심리적, 경제적, 문화적, 정치사회적 영역으로 다변화되어 나타난다. 그리고 그와 같은 각 영역에서의 전쟁결과는 통합되는 총합의 형태로 나타난다. 최근 경향을 보면 이때 전체 전쟁의 승패를 결정하는 데는 물리적 폭력이 일어나는 키네틱 전쟁 영역에서의 결과의 총합보다는 사이버와 인지 영역에서 벌어지는 비키네틱 내러티브 전쟁 결과의 총합에 더 큰 영향을 받는 것처럼 보인다. 즉 키네틱 결전에서 패배하고도 전쟁에서 승리하는 그러한 결과가 만들어질 수 있다는 것이다. 리드는 이를 5세대 전쟁의 특징이라고 규정했다.[39] 탈레반의 아프가니스탄 전쟁 승리와 미군의 시리아, 아프가니스탄 철수는 그와 같은 통합전쟁결과에서의 비키네틱 승리의 중요성을 입증하는 좋은 사례이다.

---

38 Jolanta Darczewska, "The anatomy of Russian information warfare: The Crimean operation, a case study," Point of View 42 OSW(Osrodek Studiow Wschodnich) Center for Eastern Studies, Warsaw, May 2014, p. 6.

39 Donald J Reed, "Beyond the War on Terror: Into the Fifth Generation of War and Conflict," Studies in Conflict and Terrorism, 31(8), pp. 686-690.

결과적으로 전쟁과 비전쟁의 경계가 모호해지고 있으며, 미래에는 항상적 평화적 전쟁(또는 전쟁적 평화)상태가 지속될 것이다. 이와 같은 항상적 평화-전쟁 상태에서 무기는 국면에 따라 여러 다른 방식으로 활용될 수 있다. 예를 들면, 북한의 핵무기는 물리적 섬멸-파괴의 수단이지만 동시에 미사일 실험, 무력시위 등을 통해 여론분열과 갈등조장, 공포의 조장 등을 목적으로 한 인지전의 수단으로도 이용될 수 있다. 평화와 전쟁은 더 이상 이분법적으로 구분되는 개념이 아니며 연속된 스펙트럼으로 이해할 필요가 있다. 절대평화와 절대전쟁의 양 끝단의 어딘 가에 현 상황이 위치하며, 이 위치는 항상 이동하는 과정에 있다. 이런 측면에서 러시아의 개념구분은 매우 시사점이 크다. 러시아는 평화-전쟁 스펙트럼을 4개의 하위유형으로 구분한다. 이는 ① 평화적 공존, ② 이해관계의 갈등 또는 자연적 경쟁, ③ 무장충돌, 그리고 ④ 전쟁이다. 러시아의 이론개념으로는 전쟁은 어떤 특정 시기에 국한된 의미가 아니며 단계적으로 이해갈등과 충돌이 격화되어 가는 과정이다.[40] 미래의 전쟁을 보다 이와 같은 평화-전쟁의 스펙트럼으로 이해하고 접근하는 것이 타당할 것이다.

---

40 Juha-Pekka Nikkarila and Mari Ristolainen, "RuNet 2020-Deploying traditional elements of combat power in cyberspace?" in Juha Kukkola, Mari Ristorainen, and Juha-Pekka Nikkarila (eds.). Game Changer Structural Transformation of Cyberspace. Puolustusvoimien tutkimuslaitoksen julkaisuja 10 (Finnish Defence Research Agency Publications 10), Finnish Defence Research Agency (2017), p.194.

VII

전쟁의 틀: 미국 – 서방과 중국 – 러시아의 글로벌 패권전쟁

◆ ◆ ◆

1. 일반논의

전쟁의 승리를 위해서는 좋은 전략기획이 필수적이다. 그리고 이와 같은 전략기획은 전쟁이 벌어지는 전체 게임판의 틀에 대한 이해를 전제로 한다. 이 전쟁의 틀은 충돌하는 두 적대세력간의 대치구도와 전선에 대한 이해를 포함한다. 여기서는 오늘날 벌어지고 있는 2022년 러시아-우크라이나 전쟁과 타이완 해협에서의 갈등고조, 북핵위기와 한반도와 주변해역에서의 긴장고조 등의 국지적 에피소드들을 연결하는 기본적인 글로벌 전쟁의 틀에 대해 스케치한다.

최근 전개되고 있는 2022 러시아-우크라이나 전쟁은 미국-서방 대 중국-러시아가 벌이고 있는 글로벌 패권충돌의 한 에피소드로 이해할 수 있다. 미국과 중국-러시아의 글로벌 패권충돌이 점점 본격화 되면서 전지구적 범위에서 그 충돌의 접점에 있는 지역들에서의 안보위기가 고조되고 있다. 신범식은[1] 이와 같은 글로벌 패권충돌의 접점 또는 최전선을 글로벌 강대국들의 세력이 맞부딪히는 지정학적 단층대라고 정의하면서 최근 들어 그와 같은 강대국들의 힘의 충돌 압력에 의해 전지구적 범위에서 지정학적 단층대가 활성화되고 있다고 표현한다. 그와 같은 지정학적 단층대에 위치한 국가들은 평화를 유지하기 위해 이전보다 더 큰 도전에 직면하고 있다.

미국과 러시아-중국이 벌이는 글로벌 패권충돌과 연계된 지역적 에피소드들은 우

---

1 신범식, "지정학적 중간국 우크라이나의 대외전략적 딜레마," 「국제 · 지역연구」 제29권 1호 (2020), 38.

크라이나 전쟁이외에도 세계 도처에서 최근 몇 년 사이에 끊임없이 발생해왔다. 2020년 있었던 아제르바이잔-아르메니아 전쟁과 휴전협정의 일련의 과정에서의 러시아의 역할과2 2022년 1월 있었던 카자흐스탄의 대규모 반정부 시위에 러시아 군이 CSTO(Collective Security Treaty Organization)의 권위를 빌려 개입한 사례는3 해당 지역들에서 미국-서방의 세력 침투를 차단하기 위한 러시아의 지정학적 패권추구 전략과 깊이 연계되어 있다. 최근 북한이 공세적으로 전개하고 있는 핵무력 도발 역시 중국-러시아의 미국의 글로벌 패권에 대한 도전과 무관치 않아 보인다. 중국-러시아는 배후에서 북한을 부추겨 미국이 역내에서 구축하고 있는 패권질서의 안정성을 뒤흔들고 있는 것처럼 보인다.4 한편 미국은 최근 타이완에 대한 중국의 공격을 억제하는 것이 미국의 절대적인 우선순위라고 선언했다. 이 역시 미국과 중국이 벌이고 있는 글로벌 헤게모니 충돌과 관련이 있다.5

오늘날 거대한 유라시아 판은 미국-서방과 중국-러시아의 글로벌 패권전쟁이 벌어지고 있는 기본적인 게임판이다. 이 판에서 충돌하는 미국-서방과 중국-러시아는 유라시아 대륙전체의 심장부(heartland)와 해양지역(periphery Islands)을 가로지르는 림랜드(Rimland) 지역을 따라 서로 대치하고 있다. 이 대치전선은 크게 두 개의 국면으로 나뉜다. 하나는 미국-서방이 러시아와 대치하는 국면이며, 다른 하나는 미국-서방과 중국이 대치하는 국면이다. 이 두 개의 국면은 서로 긴밀하게 연계되어 있고 서로 주요한 영향을 미친다.

미국-서방은 미국을 중심으로 두 개의 날개를 가진다. 하나는 나토(NATO)로 대표되는 왼쪽 날개이다. 여기에는 영국과 EU가 주축이 된다. 또 다른 하나는 일본, 오스트레일리아, 인도 등이 포함되는 쿼드체제이다. 여기에 한국, 타이완과 같은 아시아-태평양의 주요 동맹국이 포함된다. 이 국가들은 미국의 오른쪽 날개에 해당한다. 미국

---

2 Ian Kelly, "Russia took advantage while the West slept," *The Atlantic*, November 4, 2021. 검색일 2022년 4월 15일, https://www.theatlantic.com/ideas/archive/2021/11/russia-west-caucasus/620581/.

3 *BBC News*, "Kazakhstan: Why are there riots and why are Russian troops there?" 10 January 2022. 검색일 2022년 4월 15일, https://www.bbc.com/news/explainers-59894266.

4 Sungmin Cho and Oriana Skylar Mastro, "North Korea ia becoming an asset for China," *Foreign Affairs*, February 3, 2022. 검색일 2022년 4월 17일, https://www.foreignaffairs.com/articles/north-korea/2022-02-03/north-korea-becoming-asset-china.

5 Ibid.

을 정점으로 유럽과 인도-태평양의 주요 동맹국들은 미국 주도의 글로벌 패권체제에서 권력과 부와 문화적 우위를 가지는 기득권 국가들(the haves)에 해당한다. 이들은 미국-유럽이 대표하는 자유민주주의와 개인주의, 자유시장경제 등의 가치를 공유한다. 따라서 엄밀한 의미에서 말하자면 이들 미국 이외의 행위자들은 서방(West) 진영에 포함된다. 이들은 미국의 패권적 지위에 기초한 현재 서방 우위의 글로벌 질서에서 혜택과 기득권을 누리며 따라서 현상유지의 이해관계를 공유한다. 중국-러시아는 이와 같은 현상유지에 대한 도전세력이다. 국지적 이견이나 이해관계의 충돌이 있지만 대체로 영국, 프랑스, 독일, 오스트레일리아, 일본 등과 같은 미국 이외의 서방국가들도 개별적으로 러시아-중국과 패권전쟁을 벌이고 있으며 미국 주도의 글로벌 질서가 유지되는 것에 공통의 이해를 가진다. 한국 역시 이러한 맥락에서 보자면 미국-서방 주도의 현상이 유지되는 것이 더 스스로의 이해관계에 부합할 수 있다. 이는 한국이 넓게 보면 미국 중심의 글로벌 패권체제에서 정치적, 경제적, 군사적, 사회적, 또는 문화적 기득권 국가의 범주에 해당하기 때문이며 이런 맥락에서 서방에 포함되는 서방국가에 해당한다.

중국-러시아는 이와 같은 미국 주도의 글로벌 패권체제에 불만을 갖고 이에 도전하는 세력들이다. 이들은 오늘날 미국-서방 중심의 글로벌 패권질서의 현상(status quo)을 변경하고 자국 중심의 글로벌 패권질서를 구축하고자 하는 공통의 이해관계를 갖는다. 중국은 동아시아-서태평양에서 자신들이 설정한 중화문명권에서 패권의 중심이 되려는 전략적 비전을 실현하려고 한다. 러시아는 유사하게 유라시아 대륙 내에서 자신들이 설정한 러시아 문명권에서의 제국질서실현을 전략적 비전으로 두고 있다. 이와 같은 중국-러시아의 전략적 비전의 공통분모는 미국의 글로벌 패권체제의 와해와 유라시아와 그 주변 바다로부터의 미국 세력의 축출이다. 중국, 러시아의 연대는 반미-반서방을 공통 키워드로 한 전략적 협력관계이다. 러시아는 유라시아 서부에 보다 더 큰 이해관계를 갖고 있으며, 이 때문에 유라시아 동부에서 중국의 헤게모니를 인정함으로서 유라시아 서부지역에서의 미국-서방과의 충돌에서 중국의 지지와 지원을 얻고자 한다. 반대로 중국은 유라시아 동부지역에 해당하는 동아시아-서태평양에 중점적 이해관계를 갖고 있으며, 이 때문에 유라시아 서부에서의 러시아의 패권추구에 협력, 동조함으로서 유라시아 동부지역에서의 미국-서방과의 충돌에서 러시아의 지지와 지원을 기대한다.

여기서 인도는 독특한 지위를 가진다. 대중국 전선에서는 미국이 구축한 진영에 참여하지만 대러시아전선에서는 미국이 구축한 진영에 참여하지 않는다. 이는 러시아, 중국, 그리고 인도와 파키스탄이 그리고 있는 남아시아 지역에서의 하위단위에서의 패권충돌의 지정학적 특성 때문이다. 인도는 중국을 주요한 세력위협으로 간주하며 러시아와 긴밀한 협력을 구축하여 중국을 견제하고자 한다. 러시아 역시 잠재적으로 중국의 세력팽창을 견제할 필요가 있기 때문에 인도와의 세력연대를 추구한다. 이 때문에 상하이협력기구(SCO)에 중국의 반대를 무릅쓰고 러시아가 인도를 끌어들였으며,[6] 인도 역시 최근 우크라이나 전쟁에서 대러시아 제재에 참여하는 것을 거부하고 있다.[7]

| 그림 5 | 유라시아판과 심장부, 해양지역, 그리고 림랜드[8]

6 Yuan Jiang, "Russia's strategy in Central Asia: Inviting India to balance China," *The Diplomat*, January 23, 2020. 검색일 2022년 4월 18일, https://thediplomat.com/2020/01/russias-strategy-in-central-asia-inviting-india-to-balance-china/.

7 Patrick Wintour, "Russia and India will find ways to trade despite sanctions, says Lavrov," *The Guardian*, 1 April 2022. 검색일 2022년 4월 18일, https://www.theguardian.com/world/2022/apr/01/russia-and-india-will-find-ways-to-trade-despite-sanctions-says-lavrov.

8 Adnan Kapo, "Mackinder: Who rules Eastern Europe rules the World," IGES(Institute for Geopolitics Economy and Security), February 8, 2021. https://iges.ba/en/geopolitics/mackinder-who-rules-eastern-europe-rules-the-world/

이 장에서는 미국-서방과 러시아-중국이 전지구적 범위에서 벌이고 있는 패권충돌을 그린다. 이를 통해 북한핵 문제와 한반도와 인근 해역을 둘러싼 안보위협들, 타이완을 둘러싼 전쟁가능성, 러시아-우크라이나 전쟁 등 유라시아 판 도처에서 전개되고 있는 개별적인 전쟁과 전쟁의 위협들을 이해하는 전쟁의 기본틀을 제시하고자 한다. 이를 위해 이 글은 우선 미국-서방과 중국-러시아가 대체로 유라시아 대륙판의 초승달 연안지역에 해당하는 림랜드(Rim land)에서 서로 맞부딪히고 있는 지정학적 단층선(fault line)의 주요한 충돌 지점과 해당 지점에서의 현황을 기술한다. 이들 지점들은 러시아와 미국-서방이 부딪히는 ① 북극권역과 노르웨이 인근해역, 베링해, ② 발트해와 발트 3국, 칼린그라드, ③ 우크라이나와 크림반도, 흑해, ④ 카프가스와 카스피해, ⑤ 시리아와 중동, ⑥ 중앙아시아, ⑦ 오호츠크해와 동해, 그리고 중국과 미국-서방이 부딪히는 ① 위구르 지역, ② 중국-인도 국경지역과 인도양, ③ 동남아시아와 남지나 해역 ④ 타이완과 센카쿠, 동지나 해역과, 남서 태평양, ⑤ 한반도를 포함한 동북아시아와 주변 해역 등이다.

이 글은 또한 이와 같은 패권충돌세력들의 지정학적 대치의 기본틀에 중요한 영향을 미치는 탈지정학적 노이지(noisy)들과 그와 같은 노이지와 패권충돌의 상호작용에 대해 기술한다. 이와 같은 노이지들은 ① 중국-러시아 사이의 균열 가능성, ② 이슬람 극단주의 테러세력을 포함한 테러리스트, 국제조직범죄자들, 해커들, 용병들, 그리고 NGO(Non-governmental organizations) 활동가들(activists), 이민·난민 등의 비국가 행위자들, 그리고 ③ 신흥전략공간(emerging strategic spaces)의 문제9 등이다.10 이와 같은 노이지들은 미국-서방 대 중국-러시아의 패권충돌의 판도와 진행 과정과 결과에 어떤 식으로든 영향을 미쳐 그 불안정성과 예측불가능성을 강화시킨다.

---

9 신흥전략공간은 기존의 땅, 바다, 하늘 이외에 최근 들어 기술의 혁신과 발전으로 전략공간에 추가되고 있는 사이버, 우주, 인간의 의식(cognition) 공간들을 의미한다. 이와 같은 비물리적(non-physical) 공간들이 기존의 물리적 공간에 더해져 모두 6개의 전략공간에서 패권충돌이 벌어지고 있다고 주장된다. 따라서 패권충돌의 결과 역시 6개의 전략 공간 전 영역(domain)에서 벌어지는 세력충돌의 결과의 총합에 의해 결정된다고 주장된다.

10 Cyril Onwubiko and Karim Ouazzane, "Multidimensional Cybersecurity Framework for Strategic Foresight," *International Journal on Cyber Situational Awareness*, 6(1) (2021), 46-77; Jerry Drew, "Space, Cyber and Changing Notions of War," *Small Wars Journal*, August 30, 2017. 검색일 2022년 4월 18일, https://smallwarsjournal.com/jrnl/art/space-cyber-and-changing-notions-of-war.

2. 미국-서방과 러시아의 충돌 권역

1) 북극권역

오랜 기간 추위로 얼어붙었던 북극권역이 지구온난화로 녹아내리면서 오랜 기간 유지되어왔던 평화 역시 위협받고 있다. 이 권역에서 러시아-중국과 미국-서방 사이의 세력충돌이 격화되고 있다.[11] 러시아는 기후변화로 변화된 북극권역을 독점적으로 지배하고자 한다. 이는 러시아가 이 지역의 자원을 러시아 경제발전의 동력이자 전략무기화 하려는 의도와 북극항로를 러시아의 내해로 통제하려는 의도, 안보상 취약해진 러시아의 긴 해안선에 대한 우려, 그리고 해당 지역에서의 군사적 억제력을 유지·강화시켜 이를 발판으로 대미핵전력의 균형을 유지하려는 의도 등과 관련이 있다.[12]

예를 들면, 야말반도를 포함한 북극권역에는 막대한 원유와 가스 등의 에너지 자원이 매장되어 있고 이의 개발이 가능해졌다.[13] 북극항로는 한국에서 유럽까지의 바닷길을 남쪽을 돌아가는 기존의 항로보다 약 32퍼센트 정도 기간으로 따지면 기존 40일에서 10일 정도를 단축시켜 30일 만에 유럽 목적지에 도착할 수 있게 한다.[14] 북극해에 접한 러시아의 해안선은 거의 6,000km에 달한다. 이 긴 해안선을 미국-서방의 잠재적 위협으로부터 지켜야하는 안보상의 부담도 러시아에게 가중되었다.[15]

---

11 Fabian Villalobos, "As U.S. shifts Arctic strategy to counter Russia, allies offer valuable info," *The RAND Blog*, September 24, 2021. 검색일 2022년 4월 18일, https://www.rand.org/blog/2021/09/as-us-shifts-arctic-strategy-to-counter-russia-allies.html; Rolf Folland, "Arctic Security: Deterrence and Detente in the High North," *The Arctic Institute*, March 30, 2021. 검색일 2022년 4월 18일, https://www.thearcticinstitute.org/arctic-security-deterrence-detente-high-north/.

12 Villalobos, "As U.S. shifts Arctic strategy to counter Russia, allies offer valuable info."

13 Joel K. Bourne, Jr., "See Russia's massive new gas plant on the Arctic coast," *National Geographic*, March 23, 2019. 검색일 2022년 4월 20일, https://www.nationalgeographic.com/environment/article/sabetta-yamal-largest-gas-field.

14 김준래, "북극항로의 안전항해 가능해져," *The Science Times*, 2018년 11월 1일. 검색일 2022년 4월 20일, https://www.sciencetimes.co.kr/news/.

15 Michael Paul and Goran Swistek, "Russia in the Arctic: Development plans, military potential, and conflict prevention," *SWP(Stiftung Wissenschaft und Politik Research Paper* 3, February 2022, 26.

러시아 핵전력의 3축 가운데 하나인 핵잠수함들이 그동안 북극의 두꺼운 얼음 밑에서 보호를 받았으나 이제는 지구온난화로 이 핵잠수함 전력이 미국-서방의 탐지와 식별의 대상이 된다. 이 때문에 러시아의 글로벌 대미핵전력 균형의 가장 중요한 축인 SLBM 전력의 취약성이 증대했고, 이 때문에 북극권역에서의 SLBM 전력의 안정적인 운용을 위해 역내에서의 군사적 지배력을 확보해야할 필요성이 증대되었다.16 이와 같은 복합적인 전략적 고려 때문에 러시아는 북극해를 자신이 독점적으로 통제하는 내해로 만들려고 한다.

반면 미국-서방은 항행의 자유를 내세우며 러시아의 북극해와 북극권역 독점을 막으려 한다. 이와 같은 이해관계의 충돌 때문에 북극의 조용했던 바다는 전쟁의 바다로 바뀌고 있다. 특히 북극해의 양쪽 출입구인 베링해와 노르웨이 인근 해역에서 미국-서방과 러시아의 군사적 대치와 갈등이 격렬해졌다. 미국은 북극권역의 직접적 이해당사국들인 노르웨이, 덴마크, 캐나다, 아이슬란드 등의 서방 동맹국들과 연대하여 러시아의 공세에 맞서고 있다.17

한편, 중국 역시 러시아와 미국이 벌이고 있는 북극권역에서의 패권충돌에 뛰어들었다. 중국은 스스로를 '인근북극국가(near Arctic state)'라고 부르면서 북극의 에너지와 일대일로 정책(Belt and Road Initiative)의 한 축으로서의 북극항로에 상당한 관심을 기울이고 있다. 중국의 이와 같은 북극항로에 대한 관심은 북극항로에 대한 연결통로로서 동해가 가지는 전략적 가치로 인해 중국이 한반도와 동해에 가지는 전략적 야욕으로 이어진다. 이처럼 북극항로를 둘러싼 강대국들의 패권충돌은 북극항로와 이어지는 영국 주변 해역과 오호츠크해, 북서태평양, 동해에서의 패권충돌과 연계된다. 러시아는 북극권역에 중국이 슬금슬금 기어들어오는 것에 대해 이중의 시선을 갖고 있다. 한편으로 러시아는 스스로의 힘의 한계로 인해 미국에 대한 견제를 위해 중국의 협력을 필요로 한다. 따라서 미국에 맞선 러시아-중국의 협력은 북극권역에서 강화되고 있다.18 하지만 동시에 러시아는 중국의 북극권역에 대한 세력 확장과 '항행의 자유' 주장에 대해 경계한다. 러시아는 중국이 남지나해에서 독점적 지배권을 요구하는 것처럼 북극권은 러시아의 독점적 지배권역이며 항행의 자유의 대상이 아니

16 Paul and Swistek, "Russia in the Arctic: Development plans, military potential, and conflict prevention," 29.

17 Villalobos, "As U.S. shifts Arctic strategy to counter Russia, allies offer valuable info."

18 Folland, "Arctic Security: Deterrence and Detente in the High North."

라고 주장한다. 흥미롭게도 북극권의 항행의 자유와 관련된 논쟁은 러시아에 맞서 중국과 미국이 같은 목소리를 낸다. 따라서 러시아-중국의 협력기조에도 불구하고 북극권에서 러시아와 중국의 갈등은 수면아래에 잠복되어 있다.[19]

2) 발트해 – 폴란드 권역

이 권역은 나토의 동진과 관련이 있다. 2016년 나토가 발트 3국과 폴란드에 2천 5백에서 3천명에 달하는 지상군 4개 대대 배치를 결정하면서 러시아는 이에 극렬하게 반발하였다. 나토의 이 결정은 2014년 러시아의 우크라이나 침공과 크림반도 병합에 대한 나토의 대응행동(counter-action)이었다.[20] 하지만 러시아로서는 나토군의 전진배치로 인해 발트 3국과 폴란드에서 지리적으로 매우 가까운 상트 페쩨르부르크와 모스크바를 포함하는 러시아의 중심지역(center of gravity)이 직접 위협을 받게 되었다. 러시아 정치, 경제, 사회, 문화, 인구 등 대부분의 국부와 국력이 이 지역에 집중되어 있다. 더불어 발트3국의 독립으로 칼린그라드가 러시아의 본토와 단절되어 육지의 섬으로 남게 되었다. 러시아로서는 나토의 위협으로부터 칼린그라드를 방어해야 하는 도전에도 직면한다. 이런 상황에서 발트3국과 폴란드에 대한 나토 군사전력의 전진배치는 러시아로서는 상당한 안보위협이 된다.

이와 함께 러시아는 발트해에서의 영향력 유지에도 어려움에 직면한다. 발트해는 러시아의 경제중심지역으로 이어지는 막대한 해상물동량이 지나가는 러시아의 핵심적인 해상교통로이다. 때문에 러시아로서는 이 해상교통로의 통제가 주요한 국가안보의 문제이다. 발트해의 러시아 해군함대는 이 해상교통로 통제를 위한 매우 핵심적인 해양 전력이다. 또한 발틱함대는 나토와의 전쟁 시에 칼린그라드의 러시아 지상군 병력에 대한 물자와 병력지원과 함께 발트해 장악을 통해 독일과 폴란드의 측면을 위협할 수 있다.[21] 소련의 붕괴로 발트 3국을 잃게 되면서 러시아는 발트 3국의

---

19 Chris Cheang, "Russia, China and the Arctic: Cooperation or looming rivalry?," *RSiS Commentary*, 28 July 2020. 검색일 2022년 4월 20일, https://www.rsis.edu.sg/rsis-publication/rsis/russia-china-and-the-arctic-cooperation-or-looming-rivalry/#.Ym5B4YXP1PY.

20 Agence France-Presse, "NATO to deploy 4 'robust' battalions in Baltics, Poland," *Defense News*, June 13, 2016. 검색일 2022년 4월 20일, https://www.defensenews.com/smr/road-to-warsaw/2016/06/13/nato-to-deploy-4-robust-battalions-in-baltics-poland/.

21 Jonas Kjellen, "The Russian Baltic Fleet: Organization and role within the Armed Forces in 2020," *FOI-R-5119-SE*, February 2021, 22-27.

핵심적인 전략 해군기지들을 사용하지 못하게 되었고 이 때문에 발트해의 주요한 해군기지는 러시아 본토와 발트 3국에 의해 단절되어 육지의 섬이 된 칼린그라드 이외에는 남지 않게 되었다.[22] 이러한 상황변화는 러시아에게 중요한 전략적 핸디캡이 되었다. 한편 2014년 러시아의 크림반도 합병 이후로 나토와의 관계가 악화되면서 발트해 권역에서 전력을 강화시키고 있는 나토에 맞서 러시아는 발틱함대의 전력을 강화시킬 필요성이 증대했다.[23] 하지만 나토의 이 권역에 대한 동진과 러시아의 재정적 한계로 인해 2000년 이후 2017-2018년까지 러시아 발트함대 전력에 상당한 퇴행이 있었다.[24] 지난 2017년 러시아가 중국 해군과 함께 역사상 처음으로 발트해에서 '해상연합-2017'훈련을 실시한 것은 이와 같은 상황전개와 관련이 있었다. 나토에 대한 군사력 열세를 중국과의 협력을 통해 상쇄하고 나토를 견제하려는 러시아의 의도와 중국의 대양해군의 야망이 빚은 결과물이었다.[25]

하지만 최근 들어 러시아는 나토의 군사력 확장에 대항하여 발틱 권역에서의 군사력 증강에 다시 노력을 기울이고 있다. 나토는 폴란드와 발트3국에 나토 군사시설을 설치하고 군을 현대화하며, 러시아 국경인근에서 훈련과 정찰을 강화하고 있다. 러시아는 이에 맞서 칼린그라드에 발틱 함대의 기지를 두고 역내에서 최초로 합동군전력을 설치했다. 이는 해군과 지상군, 그리고 공군 전력과 해안선 부대와 대공방어망을 모두 포함한다. 러시아는 칼린그라드를 중심으로 대나토 반접근/지역거부 (anti-access/area denial: A2/AD) 네트워크를 구축했다. 이와 함께 군 전력과 무기체계의 현대화에도 노력을 기울이고 있다. 이를 통해 러시아는 역내에서 나토 군사력에 대한 억제력을 재건하는데 초점을 맞추고 있다.[26]

22 Ibid, 18.

23 Ibid, 21.

24 Nikolai Novichkov, "Russia's Baltic Fleet-Counterbalancing NATO's Regional Build-Up," *Maritime Defense Monitor*, 6 April 2021. 검색일 2022년 4월 20일, https://msd-mag.com/2021/04/articles/maritime-operations-doctrine/22524/russias-baltic-fleet-counterbalancing-natos-regional-build-up/.

25 신경진, "중국 대양해군의 야망 … 지구 반바퀴 돌아 발트해서 러시아와 훈련," 「중앙일보」, 2017년 7월 25일. 검색일 2022년 4월 20일, https://www.joongang.co.kr/article/21782259.

26 Novichkov, "Russia's Baltic Fleet-Counterbalancing NATO's Regional Build-Up."

3) 우크라이나 – 흑해 권역

이 권역 역시 나토의 동진과 관련이 있다. 우크라이나가 색깔혁명과 유로마이단 이후 친서방 노선을 본격화하면서 러시아는 직접적인 안보위협에 직면했다. 우크라이나 국내정치는 대체로 동부지역 기반의 친러시아 세력과 서부지역 기반의 친서방 세력으로 나눠져 있다. 이는 인구구성과 지리적 근접성, 그리고 역사적 유산이 복합적으로 작용한 것이다. 대체로 서부 지역은 오스트리아 합스부르크 제국의 영향권 하에 있었고 동부지역은 러시아 제국의 영향권 하에 있었다. 이런 배경으로 인해 우크라이나 국내정치는 분열의 여지가 잠재되어 있었다.[27] 색깔혁명-유로마이단 이후 우크라이나에서 친서방주의자 세력이 국내정치를 주도하면서 우크라이나의 나토 가입이 매우 가시화 되었다. 이에 러시아는 극렬히 반발했다. 러시아는 우크라이나의 민주화로 대표되는 색깔혁명-유로마이단을 미국-서방이 인권과 민주화, 자유주의를 주장하는 NGO 활동가들을 프록시 병력으로 앞세운 정보전쟁[28]이라고 인식했다. 따라서 러시아의 반테러, 반극단주의 개념정의에 이슬람 극단주의나 인종적 극단주의이외에도 자유주의, 개인주의, 글로벌리즘, 민주화, 인권에 대한 주장들도 포함된다.[29]

러시아에게 우크라이나는 두 가지 측면에서 매우 중요하다. 하나는 발트 3국과 마찬가지로 우크라이나에 대한 나토의 동진은 러시아 핵심지역이 직접 군사적 위협에 노출되는 결과를 가져온다. 러시아는 우크라이나를 러시아의 하복부(underbelly)라고 인식한다. 서방 세력에게는 우크라이나가 존재론적 위협을 초래하는 핵심 전략지역은 아니다. 서방에게 우크라이나는 러시아에 대한 공세를 위한 전진기지로서 중요한 의미를 가진다. 반면에 러시아에게 우크라이나는 존재론적 위협을 초래한다. 우크라이나가 서방의 통제 하에 있게 되면, 볼고그라드와 아조프해 전역을 포함하는 카자흐스탄에서 우크라이나 사이의 러시아의 남부지역 전체가 취약해진다. 이는 해당지역에 침공세력을 저지할 만한 자연적 방벽이 거의 존재하지 않기 때문이다. 러시아는

---

27 신범식, "지정학적 중간국 우크라이나의 대외전략적 딜레마," 36-69.

28 러시아는 정보전쟁을 정보-기술전과 정보-심리전을 포함하는 의미로 이해한다. 여기서는 선전, 선동, 프로파간다 등을 포함하는 정보-심리전을 의미한다. 러시아는 색깔혁명과 민주화를 테러리즘과 분리주의, 극단주의로 인식한다.

29 Nathaniel Copsey, "Ukraine," in Donnacha O Beachain and Abel Polese eds., *The Colour Revolutions in the Former Soviet Republics.* (New York: Routledge, 2010), 30-44.

2차대전시 독일의 침공으로 이러한 존재론적 안보위협을 경험한 바 있다. 미국-서방이 러시아에 대한 군사적 침공의 의도를 전혀 갖고 있지 않다고 하더라도 러시아의 역사적 경험과 전략적 취약성으로부터 나오는 우크라이나에 대한 인식은 서방과는 질적으로 다르다.[30]

다른 하나는 우크라이나 남쪽 크림반도와 흑해는 글로벌 강대국으로서의 지위를 가진 러시아가 유럽, 중동, 지중해, 아프리카로 세력을 투사하는 전진기지이자 연결통로라는 점이다. 특히 흑해 연안에 위치한 오데사항과 세바스토폴항은 군사적 세력투사와 상업적 무역을 위한 러시아의 게이트웨이이다. 러시아의 흑해함대는 보스포로스와 다다넬스 해협을 거쳐 러시아 중동 전략의 핵심기반인 시리아의 라타키아 해군기지와 인근 공군기지를 전진기지로 삼아 지중해로 투사된다. 따라서 우크라이나와 크림반도, 흑해는 러시아의 중동, 북아프리카, 남유럽 안보전략에서 결정적인 지위를 차지한다. 또한 러시아의 핵심적인 가스 파이프라인은 우크라이나를 거쳐 유럽으로 보내진다. 에너지를 다른 국가들을 통제하는 무기로 사용하는 러시아로서는 가스관 연결통로로서의 우크라이나는 중요한 세력투사의 지렛대이다. 이와 같은 이유들 때문에 이 지역이 나토의 동진에 의해 막히게 되면 러시아는 사실상 글로벌 강대국으로서의 지위를 상실하게 되는 결과를 가져온다. 이는 푸틴의 핵심기조인 강대국 러시아 국가전략과 정면으로 배치된다.[31]

때문에, 우크라이나 전쟁 이전에도 여러 차례 러시아와, 서방, 그리고 당사국인 우크라이나가 관련된 안보위기가 있어 왔다. 2014년 러시아의 돈바스 지역 침공과 크림반도 병합, 그리고 인근 아조프해의 러시아 내해화와 아조프해와 흑해를 연결하는 케르치 해협의 통제는 이와 같은 러시아의 안보전략적 이해관계와 긴밀히 연계되어 있다.[32] 이에 대항해 미국-서방은 우크라이나에 대한 지원과 흑해와 아조프해, 그리고 케르치 해협에서의 군사활동을 강화해왔다. 2021년 6월 24일에 흑해에서 크림반도로 접근하는 영국 구축함에 러시아 SU-24M 전폭기가 OFAB-250 폭탄 4발을 투하

---

30 George Friedman, "Ukraine: On the Edge of Empires," *Rane Worldview*, December 17, 2013. 검색일 2022년 4월 20일, https://worldview.stratfor.com/article/ukraine-edge-empires.

31 Friedman, "Ukraine: On the Edge of Empires."

32 Global Conflict Tracker, "Conflict in Ukraine," *CFR(Council on Foreign Relations)*, April 29, 2022. 검색일 2022년 4월 30일, https://www.cfr.org/global-conflict-tracker/conflict/conflict-ukraine.

하였으며, 러시아 국경수비대의 경비함정이 영국 구축함을 향해 경고사격을 가한 사건이 발생했다.[33]

　2022년 3월 발생한 러시아의 우크라이나 침공은 이와 같은 우크라이나를 둘러싼 오랜 러시아와 미국-서방의 패권충돌과 우크라이나의 특히 젤린스키 정부에 의해 추동되는 친서방 노선의 결과이다.[34] 러시아의 전쟁 초기 군사 배치와 기동을 고려하면, 탱크와 기계화 보병을 이용해 우크라이나 수도 키이우를 포함한 우크라이나 주요 도시들을 목표로 전격적인 작전기동전(OMG)을 전개하려는 러시아의 전형적인 작전술을 엿볼 수 있다. 전쟁 개시 직전 러시아는 우크라이나 북쪽의 벨로루스와 동쪽의 돈바스, 그리고 남쪽의 크림 반도에 각각 러시아 기동군을 배치하고 준비시켰다. 전쟁개시와 함께, 벨로루스의 러시아군은 둘로 나뉘어 한 축은 드네프르강을 따라 키이우로 남진하고 다른 한 축은 하르키프를 향했다. 돈바스의 러시아군은 키이우 방향을 향해 동에서 서로 진군하고 남쪽의 크림반도의 러시아군은 흑해연안을 따라 우크라이나 남부 배후지역을 장악하였다. 서쪽의 트란스니스트리아 배치된 러시아군의 기동은 나타나지 않았다. 아마도 해당 러시아 군의 임무는 폴란드-우크라이나 접경에 배치된 미군-나토군을 견제하는 것으로 추정해 볼 수 있다. 이와 같은 초기 러시아군 배치와 군사기동으로부터 러시아가 애초부터 키이우 함락을 포함하여 우크라이나 전역에 대한 장악과 젤린스키 정부 제거를 목표로 삼았던 것을 추정해 볼 수 있다.[35]

　이런 러시아의 안보전략과 이해관계를 고려할 때 러시아는 우크라이나에서의 친러시아 교두보 확보라는 구체적 성과 없이 전쟁을 마무리 지으려 할 것 같지 않다. 반면 우크라이나 젤린스키 정부와 친서방주의자들 역시 그와 같은 러시아가 원하는 전쟁결과는 받아들일 수 없는 것이어서 쉽사리 항전을 멈출 것 같지 않다. 한편 미

---

33 Peter Dickinson, "British warship challenges Russian claims to Crimea," *Atlantic Council*, June 25, 2021. 검색일 2022년 4월 20일, https://www.atlanticcouncil.org/blogs/ukrainealert/british-warship-challenges-russian-claims-to-crimea/.

34 Klaus Wiegrefe, "NATO Eastward Expansions: Is Vladimir Putin Right?," *Der Spiegel*, 15 February 2022. 검색일 2022년 4월 20일, https://www.spiegel.de/international/world/nato-s-eastward-expansion-is-vladimir-putin-right-a-bf318d2c-7aeb-4b59-8d5f-1d8c94e1964d.

35 *CBS News*, "Ukraine rejects Russian demand to surrender port city of Mariupol in exchange for safe passage," 20 March 2022. 검색일 2022년 4월 20일, https://www.cbsnews.com/news/ukraine-mariupol-russia-surrender-reject/.

국-서방의 경우 우크라이나는 대러 공세를 위한 전진기지의 성격이지만 서방진영의 방어를 위한 절대 저지선은 아니기 때문에 굳이 러시아와의 핵전쟁 위험성을 무릅쓰고 우크라이나 전쟁에 개입하려 할 것 같지는 않다. 미국-서방의 대러 절대 저지선은 폴란드-우크라이나 접경인 것으로 보인다. 러시아로서는 전쟁 장기화시 전쟁비용과 서방의 경제제재가 상당한 압박요인이 되겠지만 중국이 배후에서 러시아의 경제를 지원할 것이기 때문에 사활적 안보이해가 걸려있는 상황에서 소득 없이 전쟁을 마무리지으려하지 않을 것이다. 중국은 미국에 대한 패권도전에서 러시아와의 연대가 반드시 필요하기 때문에 러시아를 경제적, 외교적으로 지지하지 않을 수 없다. 결과적으로 이 전쟁은 오래 지속될 개연성이 있다. 최근 푸틴은 키이우 함락에 실패하고 전쟁이 장기화되자 러시아군 병력을 키이우 방면에서 철수시키고 우크라이나의 동부 돈바스 지역 루한스크와 도네츠크의 장악에 집중하고 있다. 그러면서 푸틴은 전쟁의 주된 목표가 돈바스 해방이라고 선언했다. 이는 전쟁의 장기화에 따른 부담에 직면하여 푸틴이 사실상 전쟁목표의 규모를 우크라이나 전역에 대한 점령에서 돈바스 장악으로 축소시킨 것으로 이해할 수 있다. 보도에 따르면, 이를 뒷받침하듯 푸틴이 승인한 우크라이나 침공 사전 계획에는 러시아가 당초 우크라이나를 침공 10일 만에 점령하고, 올해 8월까지 합병 완료하겠다는 야심찬 계획을 세웠었다. 현재 러시아가 전쟁을 장기전으로 끌고 가면서 우크라이나 기반시설에 대한 대규모 폭격과 우크라이나인들에 대한 살상에 주력하고 있는 것은 당초 전쟁 계획은 아니었으며, 전쟁이 생각대로 풀리지 않자 전방위적 살상과 파괴를 전략목표로 작전계획을 변경한 것으로 이해할 수 있다.[36] 현실적으로 우크라이나를 둘러싼 러시아와 미국-서방, 그리고 우크라이나 친서방·친러시아 정치세력들의 갈등은 우크라이나의 분할 또는 봉합을 통해 당사자 모두가 받아들일 수 있는 적절한 균형점이 찾아지지 않는 한 해소되기 어려울 것으로 전망 된다.[37]

4) 카프가스 – 카스피해 권역

이 권역은 대체로 세 가지 핵심이슈가 존재한다. 하나는 카스피해의 원유와 가스

36 김성훈, "김칫국 들이킨 푸틴...우크라 열흘이면 점령, 8월엔 합병," 「헤럴드경제」, 2022년 12월 2일.

37 Paul Kirby, "Why has Russia invaded Ukraine and what does Putin want?," *BBC News*, April 30, 2022. 검색일 2022년 4월 21일, https://www.bbc.com/news/world-europe-56720589.

와 같은 에너지 자원이다. 특히 이와 관련해 아제르바이잔은 미국-서방의 주요한 지정학적 린치핀(linchipin)이다. 미국-서방의 에너지 기업들은 이 카스피해 에너지 자원개발에 관심이 크다. 러시아는 이러한 미국-서방의 침투를 달갑지 않게 여긴다.

다른 하나는 카스피해 에너지 자원을 러시아의 영향을 받지 않고 미국-유럽으로 안정적으로 공급, 수송하는 문제이다.[38] 이는 중앙아시아의 카자흐스탄과 우즈베키스탄, 투르크메니스탄 등의 에너지 자원의 유럽으로의 안정적 공급문제와도 관련이 있다. 중앙아시아와 카스피해의 에너지 자원이 아제르바이잔을 거치면 육로로 반러시아-친서방 성향의 조지아를 거쳐 흑해 또는 터키를 지나 바로 유럽으로 공급된다. 이 BTC(Baku-Tbilisi-Ceyhan) 루트는 비교적 러시아의 영향에서 자유롭기 때문에 미국-서방의 안정적 에너지 공급망 확보에 기여하며 반대로 러시아의 에너지 자원을 무기로 한 대유럽 영향력 투사에 부적(-)으로 영향을 미친다.[39] 2013년 이후 터키 국내정치의 권위주의 정체성의 강화로 터키가 미국-서방 진영으로부터 다소 이탈하여 친러시아 성향으로 기울면서 노이지가 발생하고 있다. 이는 카프가스 지역에 영향을 미칠 수 있는 미국-서방의 전진기지로서의 터키의 전략적 가치가 약화되는 것을 의미하며, 동시에 러시아의 이 지역에 대한 독점적 영향력이 강화될 수 있는 것을 의미한다.[40]

마지막으로 카프가스 지역은 러시아의 안보이해와 밀접한 관련이 있다. 우크라이나와 마찬가지로 카프가스 지역은 러시아 남쪽국경지역의 취약한 하복부(underbelly)에 해당한다. 러시아 남쪽 지역은 타타르인들과 카프가스의 여러 토착민족들, 그리고 투르크계 민족들과 같은 여러 비러시아계 무슬림 민족들이 집중적으로 분포되어 있다. 이들 민족들 사이에서 이슬람 극단주의 또는 터키와 아제르바이잔을 거쳐 중앙아시아와 러시아내 투르크 민족들을 묶는 범투르크주의가 확산될 경우 남부 러시아 전체와 중앙아시아-중부시베리아 지역 전체가 심각한 안보위협에 직면할 수 있다. 이 때문에 모스크바 정부는 특히 중동의 시리아-이라크와 러시아를 연결하는 카프가

---

38 윤민우, "지정학적 중간국의 외교전략: 아르메니아와 아제르바이잔 사례비교," 「한국국가전략」, 14호 (2020), 216-217.

39 윤민우, "아르메니아와 아제르바이잔의 외교정책: 남카프가스 지역의 전쟁과 평화," 「평화학연구」, 22권 2호 (2021), 208-209.

40 Ilke Toygur, Funda Tekin, Eduard Soler I Lecha, and Nicholas Danforth, "Turkey's foreign policy and its consequences for the EU," In-Depth Analysis Requested by the AFET committee, European Parliament, February 2022 - PE 653.662., pp. 10-14.

스 지역에서의 이슬람 극단주의-분리주의 움직임에 매우 민감하게 반응할 뿐만 아니라 아제르바이잔이 범투르크주의의 스프링보드로 작용하는 것도 동시에 경계하고 있다.[41] 1990년 초반 소련 연방 해체 직후부터 북카프가스의 체첸 분리주의 이슬람 무장 세력의 위협과 인근의 잉구셰티아, 카바르디노-발카리아, 오셰티아, 타타르스탄 등지에서의 이슬람 극단주의 테러리즘의 확산 문제는 러시아의 중대한 안보위협 가운데 하나였다.[42] 이에 더불어 터키와 아제르바이잔이 연계된 범투르크주의의 카프가스 지역 내 확산도 러시아로서는 안보적 근심거리의 하나이다. 이 때문에 러시아는 반이슬람-반투르크-친러시아 성향의 아르메니아를 자신의 남쪽 국경을 이슬람주의와 범투르크주의로부터 막는 방벽으로 활용한다. 여기에 2008년 러시아의 조지아 침공 이후로 남카프가스 지역의 조지아가 친미-친서방 국가로 돌아서면서 지역 내 미국-서방 세력의 확산에 대해서도 경계하고 있다.[43]

반면 미국-서방은 조지아에 대한 관심을 제외하면 이 지역에서 공세적인 외교적 영향력과 군사력투사를 통해 러시아를 압박하고자 하는 동기는 그다지 크지 않다. 이는 2019년 말 아제르바이잔-아르메니아 전쟁에서 보였던 미국-서방의 무관심에서도 드러난다. 반면, ISIS(Islamic State in Iraq and Syria)를 포함한 이슬람 극단주의자들은 이 지역에 이슬람 극단주의를 전파하여 이 지역을 이슬람 원리주의 칼리프 국가의 일부로 만들려는 강한 동기를 가지고 있다. 실제로 ISIS는 2010년 중반 체첸을 이슬람 칼리프 국가의 한 지방으로 선언했다. 따라서 이 지역의 주요한 안보대치는 러시아와 글로벌 이슬람 극단주의 테러세력 사이에 나타나고 있다. 반면 미국-서방과 러시아는 현재로서는 아제르바이잔-아르메니아 라인을 완충지대로 두고 서로 직접적인 충돌을 자제하고 있다. 더욱이 터키가 미국-서방 진영과 불편한 관계를 보이고 있어, 미국-서방으로서는 이 지역에 힘을 투사할 만한 지렛대가 사실상 없는 상태이다. 이와 같은 최근의 전략 환경은 지역 국가들이 정도의 차이는 있지만 대체로 모두 친러시아 성향을 보이도록 영향을 미친다.[44]

---

41 윤민우, "아르메니아와 아제르바이잔의 외교정책: 남카프가스 지역의 전쟁과 평화," 209-212.

42 Minwoo Yun, "Terror: The Chechen Cauldron," *Crime and Justice International*, 22(92), 31-37.

43 윤민우, "아르메니아와 아제르바이잔의 외교정책: 남카프가스 지역의 전쟁과 평화," 209-212; Marta Ter, "The Caucasus Emirate, the Other Russian Front," *CIDOB* Notes 129, Barcelona Center For International Affairs, November 2015.

44 윤민우, "아르메니아와 아제르바이잔의 외교정책: 남카프가스 지역의 전쟁과 평화," 209-212.

5) 중동 권역

이 권역은 우크라이나와 카프가스 문제와 긴밀하게 연계되어 있다. 러시아에게 중동은 러시아가 여전히 강대국임을 확인시켜주는 강대국 정치의 주요 무대이다. 소련에 비해 상대적으로 국제정치적, 군사적, 경제적 영향력이 심각하게 축소된 러시아는 핵보유국의 지위와, UN 안보리 상임이사국의 지위, 그리고 중동에 대한 세력투사가 주요한 강대국으로서의 자기정체성과 지위를 재확인하는 수단이다.[45]

시리아는 이와 같은 러시아의 이해관계와 중동에서의 헤게모니 유지를 위한 미국-서방의 이해, 그리고 ISIS 등의 이슬람 극단주의의 종교적-정치적 열망이 서로 직접적으로 충돌하는 무대이다.[46] ISIS는 시리아-이라크 지역에서 이슬람 칼리프 국가의 거점을 확보하고 이를 베이스로 전 세계로 이슬람 근본주의 운동을 확산시킴으로서 글로벌 이슬람 칼리프 국가를 건설하려고 한다. 미국-서방과 러시아는 이와 같은 이슬람 칼리프 국가의 건설을 저지해야 하는 공통의 이해를 공유한다. 러시아는 이슬람 근본주의가 카프가스와 중앙아시아를 넘어 러시아 국경내로 밀려들어올 위협에 선제적으로 대응해야 한다. 한편 미국-서방은 글로벌 헤게모니 유지의 근간이 되는 중동 에너지 자원의 안정적인 공급망을 유지해야 할 뿐만 아니라 동아시아와 유럽의 서방 동맹국들을 연결하는 해상교통로의 안정성을 관리해야 한다. 중동-북아프리카-동부아프리카 일대를 연결하는 이슬람 칼리프 국가의 건설은 이 해상 교통로의 안정성을 심각하게 위협하며 시리아-이라크에서의 이슬람 칼리프 국가 건설은 그러한 최악의 시나리오의 출발점에 해당한다. 따라서 역시 선제적으로 대응할 필요가 있다.

하지만 ISIS 세력의 격퇴 이후에 어떤 세력이 시리아를 장악할 것인가에 관해서 미국-서방과 러시아는 첨예하게 이해관계가 충돌한다. 러시아는 중동과 지중해에서의 자신의 세력투사의 거점 확보를 위해 친러시아 성향의 아사드 정권을 지지할 필요가 있다. 반면 미국-서방은 반아사드 친서방 반군세력이 시리아를 장악하는 것을 선호한다. 친서방 시리아 정권의 등장은 중동에서 러시아의 상당한 세력후퇴로 이어질 수 있기 때문이다.[47] 여기에 최근 터키가 노이지로 등장했다. 전통적으로 터키는

---

45 Ekaterina Stepanova, "Russia in the Middle East: Back to a "Grand Strategy"- or Enforcing Multilateralism," *Politique Estrangere*, 2 (2016), 2-4.

46 Ibid, 2-4.

47 William Hale, "Turkey, the U.S., Russia, and the Syrian Civil War," *Insight Turkey*, 21(4)

마국-서방이 러시아의 중동진출을 틀어막는 병뚜껑으로 기능했다. 하지만 최근 들어 터키가 친러시아 성향으로 살짝 기울면서 러시아가 이 지역에서 패권적 영향력을 확장하는데 기여하였다. 터키의 이러한 태도 변화는 2019년 나토 회원국인 터키가 러시아의 S-400 미사일 방어 시스템을 구입하기로 결정하면서 미국과의 심각한 갈등을 일으킨 사례에서 단적으로 나타났다.[48]

6) 중앙아시아 권역

이 권역은 과거 소련 연방에 속했던 중앙아시아 5개국(카자흐스탄, 우즈베키스탄, 투르크메니스탄, 타지키스탄, 그리고 키르기스스탄)과 아프가니스탄을 포함한다. 오늘날 이 지역에서는 러시아와 미국-서방 간의 직접적인 세력충돌은 없다. 미국-서방은 최근 아프가니스탄 철수를 끝으로 이 지역에서 후퇴하였다. 한 때 미국-서방은 2001년 아프가니스탄 침공 이후 탈레반을 축출하고, 친서방 정권을 수립하고, 우즈베키스탄의 하나바드 공군기지와 키르기스스탄의 마나스 기지에 미군병력을 주둔시키는 등 2010년대 중, 후반까지 이 지역에 적극적으로 세력을 투사하면서 러시아와 중국의 안보위협인식을 자극했다. 하지만 2010년대 중반까지 미군이 우즈베키스탄과 키르기스스탄에서 철수하고, 미국-탈레반 사이 무력 충돌을 종식하는 2020년 2월 29일 도하 합의에 따라 아프가니스탄에서도 미군과 나토 동맹군이 합의 서명 후 14개월 내에 완전히 철수하였다. 이는 미국-서방 세력이 이 지역에서 완전히 물러나는 것을 의미한다.[49]

미국-서방의 이 지역 철수는 오히려 이슬람 극단주의 세력과 러시아, 중국 사이의 새로운 안보문제를 야기하고 있다. 먼저 탈레반 정권이 아프가니스탄에 다시 들어서게 됨으로서 아프가니스탄을 스프링보드로 북쪽의 중앙아시아와 동북쪽의 중국 위구르 지역으로 이슬람 극단주의가 본격적으로 확산될 위험이 높아졌다. 아프가니스탄이 탈레반과 ISIS-K 등 다양한 이슬람 극단주의 테러세력들의 테러공격과 극단주의 확산의 수렁으로 변질되면 인근 중앙아시아 국가들과 위구르 지역에 극단주의 테러 위협을 확산시킬 수 있다. 동시에 전 세계 아편-헤로인의 85퍼센트가 생산되는 아프

(2019), 25-40.

48 Jonathan Marcus, "What Turkey's S-400 missile deal with Russia means for Nato," *BBC News*, 13 June 2019. 검색일 2022년 4월 21일, https://www.bbc.com/news/world-europe-48620087.

49 윤민우, "미군의 아프가니스탄 철군이 중앙아시아와 동아시아 안보 질서에 미치는 영향," EMERiCs 전문가 오피니언. 대외경제정책연구원, 2021.

가니스탄 마약이 인근 중앙아시아와 러시아 내륙, 그리고 중국서부와 내륙으로 확산될 위험성도 더 높아졌다. 이는 미군과 나토 동맹군이 떠남으로서 사실상 아프가니스탄의 국제마약거래를 통제할 주체가 사라졌기 때문이다. 이와 같은 테러-마약 결합(terror-crime nexus)은 아프가니스탄을 중심으로 인근 중앙아시아와 중국 위구르 지역까지 이 권역 전체를 사실상 만성적 안보불안 상태인 수렁으로 만들 수 있다. 미군이 떠난 직후부터 아프가니스탄에서는 중국인들이 가장 위험해졌다는 얘기가 돌았다. 아마도 미국-서방은 아프가니스탄을 힘의 공백 상태로 만들어 중국의 위구르 지역과 중앙아시아 지역을 만성적 안보불안 지역으로 수렁화시킴으로써 이를 러시아와 중국에 안보부담으로 떠넘기려는 전략적 선택으로 아프간 철수를 결정했을 것으로 추정된다. 러시아와 중국의 배후지가 만성적 안보불안에 빠져드는 것은 러시아-중국이 미국-서방과 맞부딪히고 있는 다른 권역에서 러시아-중국을 봉쇄하고 압박하는데 미국-서방에 주요한 전략적 이점을 가져다 줄 수 있다. 아프가니스탄으로부터의 미군의 철수는 미국이라는 공통의 적이 이 지역에서 사라짐으로써 중앙아시아에서 잠복되어 있던 러시아-중국의 패권경쟁을 다시 야기할 수도 있다. 러시아는 자신의 근외지역(near abroad)으로 간주하는 중앙아시아에 중국이 "일대일로"로 경제력과 군사력, 그리고 정치력을 확장시켜가는 것에 대해 의심의 눈으로 바라보고 있다. 중국은 중앙아시아와 아프가니스탄 지역을 이란을 거쳐 서부 유라시아와 유럽으로 가는 일대일로의 경유지로 인식하고 세력 투사를 강화하고자 한다. 따라서 중앙아시아와 아프가니스탄의 정치적 안정과 친중국화는 따라서 중국으로서는 일대일로를 완성하기 위한 가장 중요한 미싱링크이다. 러시아-중국 사이의 세력 갈등 가능성 역시 이 지역에서 미군 철수를 결정할 때 미국이 고려한 전략적 사안 가운데 하나였을 것이다.[50]

7) 오호츠크 – 동해 권역

이 권역은 북극항로를 둘러싼 갈등과 연계되어 있으며, 러시아와 미국-일본의 군사력 대치, 그리고 러시아 극동 해안지역의 안보, 동북아시아에서의 미국과 동맹국들에 대한 러시아의 세력균형의 문제 등이 주요하게 얽혀 있다. 먼저 오호츠크 해는 러시아의 대미 핵잠수함 전력 운용의 핵심 지역이며, 블라디보스토크에서 북극항로로 이어지는 핵심 연결통로이다. 따라서 이 해역의 전략적 가치는 러시아에게 매우

---

50 윤민우, "미군의 아프가니스탄 철군이 중앙아시아와 동아시아 안보 질서에 미치는 영향."

크다. 미국 해군전력에 비해 상당한 열세에 있는 러시아 해군전력은 지상군과 공군의 도움을 받을 수 있는 러시아 연안 수역에서 작전하는 것이 절대적으로 유리하다. 특히 대미 전략무기의 3대축 가운데 하나인 SLBM(Submarine Launched Ballistic Missile) 핵추진잠수함의 안정적 운용은 대미 전략균형을 위한 결정적 수단이다. 러시아는 이 SLBM을 대양인 태평양에서 탁월한 대잠능력을 보유한 미 해군 함대를 상대로 운용하기는 어렵다. 때문에 미국과 거리상 가까우며 러시아 연안에서 지상군과 공군의 지원을 받을 수 있는 내해에서 작전하는 것은 매우 중요하다. 오호츠크 해는 이 모든 조건을 이상적으로 구비하고 있다. 캄차트카 반도와 사할린 섬으로 해역 전체가 안전하게 러시아 영토로 둘러싸여 있으면서 오호츠크 해역에서 북서태평양으로의 진출입 입구에는 남쿠릴 4개 섬이 마치 체크 포인트처럼 배치되어 있다. 더욱이 이 해역은 러시아 태평양 함대의 본부인 블라디보스토크에서 가까울 뿐만 아니라 캄차트카 반도에는 위도가 높음에도 불구하고 부동항에 가까운 페트로파블롭스트-캄차트키 군항이 위치한다. 러시아 비밀핵잠수함 기지인 빌류친스크도 이 캄차트카 반도 남부에 있다. 이와 같은 오호츠크 해역의 전략적 가치 때문에 최근 들어 러시아와 미-일 사이의 군사적 긴장이 매우 높아졌다. 러시아는 남쿠릴열도 4개 섬을 군사기지화하고 여기에 S-300V4 대공미사일을 배치하고 레이더 기지와 전투기, 드론, 탱크와 기관총과 포병 사단을 전개하였다. 또한 섬에 비행장을 건설하였으며 해군 거점을 설치할 계획에 있다. 이에 맞서 미국과 일본은 해군전력 증강과 미사일, 항공전력 증강으로 맞서고 있다.[51] 최근(2022년 2월)에는 우크라이나 위기 중에 러시아 태평양 함대 소속 24척이 오호츠크해에서 기동했으며, 대규모 해·공군 합동훈련을 이 지역에서 실시했다.[52]

미국-일본-한국과 러시아-중국-북한의 충돌은 동해에서도 현재 진행형이다. 2020

51 Stephan Blank, "The Arctic and Asia in Russian naval strategy," *Korean Journal of Defense Analysis*, 29(4) (2017), 576-579; Yu Koizumi, "Russian Military Modernization in the Northern Territories and Its Implications for Japanese Foreign Policy," *International Information Network Analysis*, The Sasakawa Peace Foundation, 05. 31. 2021. 검색일 2022년 4월 21일, https://www.spf.org/iina/en/articles/koizumi_01.html.

52 Nitin J Ticku, "Russia's exhaustive military drills raise alarm bells in Japan; Tokyo says Moscow flexing muscles amid Ukraine tensions," *The Eurasian Times*, February 15, 2022. 검색일 2022년 4월 21일, https://eurasiantimes.com/russias-exhaustive-military-drills-raise-alarm-bells-in-japan/.

년 11월, 미 해군 구축함(USS John S. McCain)이 동해의 러시아 태평양 함대 본부가 있는 블라디보스토크 항구 인근 해역인 표트르대제만(Peter the Great Gulf) 안으로 2km 정도 항해해 들어갔다. 러시아는 이 해역을 영해로 간주하지만 미국은 이를 인정하지 않는다. 러시아 태평양 함대는 비노그라도프 구축함(Admiral Vinogradov destroyer)을 출동시켰고 미 해군 멕케인함은 철수했다.[53] 2019년 7월 러시아 폭격기와 중국 폭격기가 함께 동해상 한국방공식별구역(KADIZ)을 무단 진입한 것과 러시아 폭격기가 그와 연계하여 독도 상공에 진입한 것은 미국-동맹국들과 러시아-중국의 동해에서의 대치의 또 다른 사례이다. 이는 러시아-중국이 한-미-일 동맹의 약한 고리인 한국을 동맹에서 이완시키고 한-일 갈등을 증폭시킴으로서 미국의 역내 동맹 체제를 약화시키려는 분명한 의도와 계획 하에서 진행되었던 것으로 보인다. 당시 러시아 Tu-95MC 폭격기는 독도상공에 진입했는데 한국 공군은 영공침입으로 간주하고 F-16을 출격시켜 수백발의 경고사격을 하는 등 대응했다. 당시 일본 역시 독도 상공을 자국의 영공으로 간주하고 있기 때문에 러시아의 자국 영공 무단침입과 함께 오히려 한국에 자국 영공에 전투기를 출격시켜 대응했다고 항의했다. 러시아의 독도 상공 침입은 아이러니하게 한국과 일본의 갈등을 증폭시켰다. 한국의 영공침범 사과요구에 러시아 측은 분쟁 중인 상공의 비행에 대해 한국 측에 사과하면 한-일간의 영토분쟁에서 한국의 영토권을 인정하는 결과가 되기 때문에 제3자로서 사과할 수 없다고 답변했다. 이와 같은 KADIZ 무단진입과 관련된 러시아-중국의 연합비행은 분명히 동해권역에서의 미국과 동맹국들의 동맹체제약화를 의도한 도발로 보인다. 러시아의 KADIZ 무단진입 빈도가 특히 미-일과 불편한 관계를 유지했던 문재인 정권기간인 2017년부터 급격히 증대했던 것과 특히 이 시기 러시아-중국의 연합비행이 증대했던 것, 그리고 같은 패턴으로 중국의 KADIZ 단독 무단진입 역시 급격히 증가했던 것을 통해 그러한 추론을 도출할 수 있다.[54]

---

53 Dimitri Simes Jr., "Russian military buildup in Northeast Asia rattles Japan and US," *NIKKEI Asia*, December 16, 2020. 검색일 2022년 4월 21일, https://asia.nikkei.com/Politics/International-relations/Russian-military-buildup-in-Northeast-Asia-rattles-Japan-and-US.

54 윤민우, "러시아 항공기의 카디즈 무단 진입 의도 분석," 신범식·윤민우·김민철, 러시아의 상공비행의 자유에 대한 입장 분석 및 대응, 2021년 외교부 용역보고서, 89-108.

3. 미국 – 서방과 중국의 충돌 권역

1) 위구르 권역

이 권역은 인근 중앙아시아와 아프가니스탄과도 연계되어 있다. 미국-서방의 아프가니스탄 철수로 사실상 중국과 미국-서방의 충돌은 직접적으로 나타나지는 않는다. 하지만 이슬람 극단주의의 확산과 국제마약거래의 확산, 그리고 중국과 위구르 민족 사이의 민족문제와 인권탄압문제가 전면에서 전개되는 배후에 미국-서방과 중국 사이의 패권충돌이 잠복되어 있다.[55] 중국의 위구르인들에 대한 참혹한 인권탄압은 위구르인들 사이에서 분리주의 움직임과 이슬람 극단주의 운동의 확산을 가져왔다. 중국은 테러리즘과의 전쟁이라는 명분하에 강제불임 등을 포함한 위구르인과 문화, 역사, 전통, 언어 등에 대한 대대적인 소멸을 자행하고 있다.[56] 이에 대항해 ETIM (Eastern Turkestan Islamic Movement)으로 대표되는 위구르 이슬람 극단주의 세력은 아프가니스탄과 파키스탄 북부에 근거지를 두고 ISIS와 탈레반, 그리고 파키스탄 이슬람 조직들과 긴밀한 연대를 맺고 있다.[57] 한편 중국인들이 위구르 지역의 경제활동과 부를 거의 독점하면서 경제적인 잉여화와 빈곤에 내몰린 위구르인들 사이에서 마약거래와 마약 사용이 증가하였다. 전 세계 헤로인류 마약의 주산지인 아프가니스탄과 지리적으로 인접해 있다는 점도 이에 영향을 미쳤다.[58] 이러한 이 권역에서의 테러리즘, 마약, 민족문제, 인권 등 비전통적안보위기는 잠재적으로 중국의 역내 패권유지에 위협이 되고 있다. 미국-서방은 특히 이 지역의 위구르 인권문제를 집중적으로 제기하면서 중국에 대한 국제여론의 압박과 공세적 공공외교를 전개하고 있다.[59]

---

55 윤민우, "미군의 아프가니스탄 철군이 중앙아시아와 동아시아 안보 질서에 미치는 영향."

56 *International Federation for Human Rights*, "China: ongoing Human rights violations against Uyghurs and other Turkic Muslims in Xinjiang," 28 June 2021. 검색일 2022년 4월 21일, https://www.fidh.org/en/region/asia/china/china-ongoing-human-rights-violations-against-uyghurs-and-other.

57 윤민우, "위구르 민족문제와 테러리즘, 그리고 중국의 국가테러리즘,"「한국경호경비학회지」, 45 (2015), 107-127.

58 Ibid, 107-127; Murray Scot Tanner, "Trafficking Golden Crescent Drugs into Western China: An Analysis and Translation of a Recent Chinese Police Research Article," *CNA Analysis & Solutions*, CQR D0024357 A2, January 2011, 7-8.

59 Aamer Madhani, "U.S. imposes sanctions on China over human rights abuses of Uighurs,"

미국-서방은 애초에 아프가니스탄과 중앙아시아 국가들에 친서방 민주정부를 수립하고 이를 거점으로 중국-러시아를 배후에서 포위-봉쇄하려고 계획하였던 것으로 보인다. 이런 전략적 기조에 따라 아프가니스탄 대테러전쟁을 명분으로 우즈베키스탄과 키르기스스탄에 미군을 전진 배치하고, 역내 민주화를 지원하였다. 아프가니스탄에서 탈레반 축출이후 친서방 하미드 카르자이 정부가 들어선 것과 키르기스스탄에서 민주화 색깔혁명이 발생한 것은 이와 같은 미국의 글로벌 전략과 관련이 있다. 하지만 중앙아시아에서의 색깔혁명이 실패하고 이들 권위주의 국가들이 미국이 배후에 있는 민주화 물결에 대한 위협과 반감을 느끼면서 친러시아-친중국 기조로 돌아서면서, 미국의 중앙아시아 전략은 실패했다.[60] 여기에 아프가니스탄에서도 미국-서방은 대테러 전쟁과 국제마약밀거래통제를 지속하면서 친서방 정부를 유지하는데 막대한 대가를 치러야했다. 최근 들어 중국의 동아시아-서태평양에서의 전력 증강과 위협확대, 북한핵문제 관리 등이 최우선순위의 과제로 부각됨에 따라 이 지역에 미국-서방의 전력을 집중해야할 필요성도 증대하였다. 이와 같은 전략 환경의 변화로 인해 미국은 아프가니스탄과 인근지역에서 완전 철수를 결정하고 이슬람 극단주의 세력에게 아프가니스탄을 넘겨주는 것을 용인함으로서 아프가니스탄과 위구르 지역을 포함한 아프가니스탄 주변지역을 국제테러리즘과 마약밀거래의 수렁으로 만드는 전략을 선택한 것처럼 보인다. 미국-서방 언론에서 중국의 위구르인 인권탄압에 대한 문제를 자극적으로 제기하는 것은 이를 부각함으로서 이슬람 극단주의 테러세력의 주적에 대한 관심을 중국으로 돌리려는 의도도 깔려있는 것으로 보인다. 미국은 아프가니스탄이 이러한 이슬람 극단주의 테러리즘의 위구르 지역으로의 확산의 전진기지로 작용할 것을 기대할 수 있다. 이 권역에서 이슬람 극단주의의 확산으로 중국에 안보적 부담이 되는 것은 동아시아-태평양 권역에서 미국에게 전략적 이점을 가져다 줄 수 있다.[61] 내가 먹을 수 없다면 적도 못 먹게 해야 하는 것이다. 위구르 지역에서 테러공격으로 죽는 중국군 한 명은 동아시아-서태평양 전역에 동원될 수 있는 중국군 한 명이 줄어드는 것을 의미한다.

PBS News, December 16, 2021. 검색일 2022년 4월 21일, https://www.pbs.org/newshour/world/u-s-imposes-sanctions-on-china-over-human-rights-abuses-of-uighurs.

60 Eugene Rumer, Richard Sokolsky, and Pail Stronski, "U.S. policy toward Central Asia 3.0," *Carnegie Endowment for International Peace*, January 2016, 5-17.

61 윤민우, "미군의 아프가니스탄 철군이 중앙아시아와 동아시아 안보 질서에 미치는 영향."

2) 인도 – 인도양 권역

이 권역은 중국-인도의 국경분쟁과 중국 해군의 인도양 진출이 주요한 이슈이다. 중국의 일대일로는 세 개의 연결 띠로 구성되어 있는데 하나는 북극항로를 통과하는 길이며, 다른 하나는 중앙아시아를 지나 서부 유라시아로 향하는 길이다. 인도양은 바다를 통한 세 번째 루트에 해당한다.[62] 이는 아프리카 지부티의 중국 해군 기지와 연결된다. 중국은 몰디브로부터 페이드후 피놀후 섬을 2016년부터 2066년까지 50년 간 임차함으로서 인도양에 해군 기지를 확보하였다. 중국의 해외 기지 건설은 대체로 초기 단계에 민간사업으로 위장하여 부동산을 취득하고 이후 적절한 시기와 조건이 되면 군사기지 건설로 전환하는 방식으로 진행된다.[63] 이와 관련하여 흥미로운 점은 최근 중국의 한국 부동산 투자가 서울을 제외하면 강릉과 부산, 제주도에 집중된다는 점이다. 모두 동지나해와 동해로 해양 전력을 투사하기 위한 스프링보드가 되는 해군 기지건설의 최적지이다. 이 초기 민간 부동산 투자에 중국의 국영기업이나 중국 국가안전부(MSS: Ministry of State Security)의 배후 조종을 받는 중국계 국제범죄조직(삼합회의 죽련방등과 같은)이나 민간투자펀드가 전면에서 활용된다. 중남미의 파나마, 니카라과, 베네수엘라, 우루과이 등에 대한 일대일로도 이러한 모습으로 전개된다. 인도는 중국의 이와 같은 자국의 앞마당에 해당하는 인도양에 대한 세력 확장에 민감하게 반응하고 있다. 특히 몰디브를 두고 인도와 중국은 냉전에 가까운 대치를 하고 있다.[64]

---

62 Andrew Chatzky and James McBride, "China's Massive Belt and Road Initiative," *Council on Foreign Relations*, January 28, 2020. 검색일 2022년 4월 21일, https://www.cfr.org/backgrounder/chinas-massive-belt-and-road-initiative; Mia Bennett, "With the Polar silk Road, China's Belt and Road Initiative moves into the Arctic," *Cyropolitics*, June 27, 2017. 검색일 2022년 4월 21일, https://www.cryopolitics.com/2017/06/27/chinas-belt-and-road-initiative-moves-into-the-arctic/.

63 Awadhesh Kumar, "Chinese Military Base in the Indian Ocean Near Maldives Figment of Imagination," *Indian Politics*, May 18, 2020. 검색일 2022년 4월 21일, https://www.indian-politics.co.in/chinese-military-base-in-the-indian-ocean-near-maldives-figment-of-imagination/; David Brewster, "China's new network of Indian Ocean bases," *The Interpreter*, 30 January, 2018. 검색일 2022년 4월 21일, https://www.lowyinstitute.org/the-interpreter/chinas-new-network-indian-ocean-bases.

64 Rangoli Mitra, "The China-India Cold War in Maldives," *The Diplomat*, January 19, 2022. 검색

미국-서방으로서는 이 권역에서 중국을 저지하는데 인도는 핵심 열쇠에 해당한다. 인도는 중국의 육로를 통한 중동과 인도양 진출을 중국 서남쪽 국경에서 봉쇄할 수 있으며, 인도양을 통한 중국의 해상 일대일로도 차단할 수 있다. 더욱이 인도의 중국에 버금가는 막대한 인구 규모는 미국-서방에게 중국의 풍부한 저임금 노동력과 거대한 시장을 대체할 수 있는 대체제로서 중요한 의미를 가진다. 이런 맥락에서 미국-서방으로서는 2020년 수차례 발생한 인도와 중국 간의 라다크 지역을 포함한 히말라야 일대에서의 국경분쟁은 환영할 만한 일이다. 인도-중국의 국경충돌로 양국 간의 적대적 대치와 감정의 악화가 심화되었다.[65] 인도의 쿼드 편입은 이러한 중국과의 국경분쟁과 중국의 인도양 진출에 대한 강한 위기감에서 추동된 것으로 보인다.

인도와 중국의 갈등은 러시아와 파키스탄의 관계와 맞물려 복잡한 구도를 만들고 있다. 러시아는 경제력에 더해 군사력이 빠르게 증대하는 중국을 견제하고 상하이협력기구(SCO)가 중국에 일방적으로 주도되는 상황을 피하기 위해 인도를 끌어들이고자 했다. 러시아-인도의 협력이 강화되고 중국 주도의 상하이협력기구(SCO)에 인도를 회원국으로 끌어들인 것은 러시아의 이와 같은 의도가 구현된 것이다. 중국은 러시아-인도에 대한 견제 카드로 파키스탄을 인도와 함께 상하이협력기구에 초대하였다. 파키스탄은 전통적인 인도로부터의 안보위협과 갈등 때문에 중국과 매우 긴밀한 협력을 유지하고자 한다.[66] 이와 같은 복잡한 구도 속에서 미국-서방의 인도-태평양에서의 대중국 봉쇄에 결정적 열쇠는 인도의 스탠스에 있다. 하지만 인도는 미국-서방의 대러시아 봉쇄에 참여하는 것은 거부한다. 미국-서방이 중국-러시아와 맞서고 있는 상황에서 인도의 이러한 대중·대러시아 차별적 스탠스는 미국-서방에게 풀기 어려운 난제가 되고 있다.

일 2022년 4월 21일, https://thediplomat.com/2022/01/the-china-india-cold-war-in-maldives/.

65 *BBC News*, "Indian soldiers killed in clash with Chinese forces," 16 June 2020. 검색일 2022년 4월 21일, https://www.bbc.com/news/world-asia-53061476; Jeffrey Gettleman, "Shots fired along India-China border for first time in years," *The New York Times*, 8 September 2020. 검색일 2022년 4월 21일, https://www.nytimes.com/2020/09/08/world/asia/india-china-border.html.

66 Salvatore Babones, "Why is democratic India joining Russia and China's Anti-Western club, the SCO?," *Forbes*, November 29 2017. 검색일 2022년 4월 21일, https://www.forbes.com/sites/salvatorebabones/2017/11/29/why-is-democratic-india-joining-russia-and-chinas-anti-western-club-the-sco/?sh=255ebd4b4cac.

3) 동남아시아 – 남지나해 권역

이 권역에서는 미국-서방과 중국과의 충돌에서 미얀마와 베트남, 인도네시아, 필리핀 등이 핵심지역에 해당하며, 남지나 해역의 해상영유권 분쟁이 해상교통로 장악과 관련된 핵심이슈로 지목될 수 있다. 2021년 미얀마 사태는 이 권역에서 미국-서방의 대중국 봉쇄선의 돌파를 위한 중국의 기도와 관련이 있다. 미얀마와 같은 약소국의 군부 쿠데타는 중국과 같은 강대국의 후견 없이 발생하기 어렵다. 미얀마는 인도-타이-베트남을 잇는 미국-서방의 대중국 봉쇄선상에 위치한다. 중국으로서는 미얀마를 손에 넣으면 미국-서방의 대중국 봉쇄를 뚫고 동남아 해역과 인도양으로 진출할 수 있다. 중국은 미얀마에 중국 해군기지를 확보하고 이를 근거지로 주변 일대에 군사력을 투사하려고 할 것이다.[67] 미국-서방에게 미얀마는 포획하기 어려운 난제이다. 쿠데타를 주도한 군부의 대체재는 아웅산 수지 민간정부이다. 하지만 이 아웅산 수지는 군부 못지않게 친중적이다. 때문에 군부 쿠데타를 저지하고 민주정부를 세우더라도 미얀마에 반중-친서방 정권이 들어선다는 보장은 없다.[68] 때문에 당분간은 민주화 시위와 로힝야족 인권탄압과 같은 민족분규, 이슬람 극단주의의 역내 전파, 그리고 미얀마의 쿠데타 세력과 반쿠데타 세력의 내전 등을 방조함으로서 미얀마를 수렁으로 만드는 것이 대중봉쇄 전략에 유리할 수 있다.[69]

베트남과 인도네시아는 역내 대중국 봉쇄를 위한 린치핀(linchipin)에 해당한다. 인구규모와 경제규모, 그리고 대중국 억지력 등에서 핵심적인 미국-서방의 파트너이자 전진기지이다. 이 때문에 미국-서방은 베트남과 인도네시아에 상당한 지원과 관심을 기울일 것이고 이들 국가의 경제는 당분간 안정적으로 발전할 개연성이 크다. 베트

67 Sebastian Strangio, "China pledges support for Myanmar's junta, no matter how the situation changes," *The Diplomat*, April 4, 2022. 검색일 2022년 4월 21일, https://thediplomat.com/2022/04/china-pledges-support-for-myanmars-junta-no-matter-how-the-situation-changes/.

68 Bill Birtles, "Myanmar's coup against Aung San Suu Kyi puts China in a tricky spot. But there's also plenty to gain," *abc News*, 3 February 2021. 검색일 2022년 4월 21일, https://www.abc.net.au/news/2021-02-03/toppling-of-aung-san-suu-kyi-puts-china-in-a-tricky-spot/13115916.

69 David Hutt, "Why doesn't the West sell weapons to Myanmar's anti-junta rebels?," *The Diplomat*, February 4, 2022. 검색일 2022년 4월 21일, https://thediplomat.com/2022/02/why-doesnt-the-west-sell-weapons-to-myanmars-anti-junta-rebels/.

남은 특히 중국과 국경을 맞대고 있을 뿐만 아니라 중국과 국경분쟁 그리고 스프래틀리 군도를 두고 해상 영유권 분쟁을 치른 적도 있어 대중국 봉쇄의 첨병이자 전진기지로서 매우 중요한 지위에 있다.[70] 예를 들면, 미국의 공격을 회피하기 위해 만든 중국의 하이난다오의 위린 핵잠수함 기지는 베트남으로부터 350km 밖에 떨어져 있지 않아 베트남의 공대함 미사일 공격에 취약하다. 이 기지는 남지나해에서 전략적으로 가장 중요한 중국의 해군기지이다.[71] 일본은 2020년 10월에 베트남에 이러한 공격수단(P-3C)을 제공하겠다고 제의했다. 베트남은 중국과의 갈등 때문에 미국-일본과의 전략적 관계 발전에 매우 적극적이다.[72]

베트남이 러시아 무기의 주요 수입국이라는 점 때문에 러시아가 베트남에 대한 전략적 이해를 가진다고 판단하는 것은 오해이다. 원유, 가스와 함께 무기판매는 러시아의 주요한 대외무역의 수입원이다. 특히 경제력이 취약한 러시아 극동지역은 무기판매가 주요한 핵심 산업기반이다. 하지만 러시아는 세계시장에서 미국-서방의 제재와 중국제 무기의 러시아제 무기와의 기술격차감소로 점점 판매활로가 좁아지고 있다. 베트남은 인도, 중국과 함께 러시아제 무기를 대규모로 구매하는 몇 안 남은 주요한 고객이다. 때문에 러시아의 베트남에 대한 무기 판매는 전략적 의도라기보다는 거의 경제적 동기에 기인한 것이다. 러시아는 이 지역에서 중국과 미국-서방의 패권충돌에 끼어들고 싶은 생각은 없다. 물론 러시아가 캄란 만의 해군기지에 대한 통제권에 관심이 있는 것은 사실이다. 하지만 해당 해군기지는 미국 역시 눈독을 들이고 있다. 러시아의 베트남과의 긴밀한 군사적-경제적 관계는 베트남과 극심한 갈등을 겪고 있는 중국과의 관계를 불편하게 할 수 있다. 따라서 러시아로서는 대미견제를 위해 중국을 고려해야 하는 입장이어서 베트남과 인근지역에 대한 적극적인 군사력을 투사할 개연성은 크지 않다.[73]

---

70 Huong Le Thu, "Rough Waters Ahead for Vietnam-China Relations," *Carnegie Endowment For International Peace*, September. 30, 2020. 검색일 2022년 4월 21일, https://carnegie-endowment.org/2020/09/30/rough-waters-ahead-for-vietnam-china-relations-pub-82826

71 Damen Cook, "China's Most Important South China Sea Military Base," *The Diplomat*, March 9, 2017. 검색일 2022년 4월 21일, https://thediplomat.com/2017/03/chinas-most-important-south-china-sea-military-base/

72 Victor Teo, "Japan's weapons transfers to Southeast Asia: Opportunities and Challenges," *ISEAS Perspective*, 2021(70) (25 May 2021), 5.

73 Nikola Mikovic, "Russia and Vietnam: An alliance of convenience," *The Interpreter*, August

마지막으로 중국이 연루된 남지나해에서의 영유권 분쟁 역시 이 권역의 주요한 패권충돌이슈이다. 남지나해 영유권 분쟁은 스프래틀리 군도, 파라셀 제도, 스카버러 암초 등을 둘러싸고 중국과 베트남, 타이완, 필리핀 등의 동남아시아 국가들과 벌어지고 있다. 하지만 이면에는 중국과 미국-서방의 패권충돌이 자리 잡고 있다. 중국은 스프래틀리 군도와 파라셀 제도를 군사기지화하고 스카버러 암초를 자국령에 편입시킴으로서 남지나 해역 전체를 자국의 내해로 만들겠다는 구상이다. 이는 중국으로 하여금 동남아시아 전역을 자국의 패권적 영향권 안으로 포획할 수 있게 하고 나아가 한국과 일본 등 동북아시아 국가들의 해상교통로를 차단함으로서 이들 국가들에 대한 중국의 영향력을 확대할 수 있도록 한다. 또한 남지나 해역의 장악은 필리핀에 주둔한 미군과 남서태평양의 미군 전력의 거점인 괌과 미국의 동맹인 오스트레일리아까지 위협할 수 있다. 여기에 더해 미국에 대한 중국의 상호확증파괴전략의 핵심인 하이난 핵잠수함기지에 대한 미군의 공격가능성을 차단할 수 있다. 이에 대해 미국은 베트남-타이완-필리핀 등을 배후에서 지원하면서 일본, 오스트레일리아, 영국 등과 함께 항행의 자유를 기치로 중국의 남지나해 장악 기도에 대응하고 있다.[74] 미국은 베트남에 대한 전략적, 경제적 지원뿐만 아니라 최근 2021년 4월에 필리핀 정부와의 불화를 잠재우고 필리핀에 미군주둔을 계속할 수 있도록 필리핀과 방문군 협정(VFA)을 계속 유지하는 것을 합의했다.[75] 2022년 3월에는 사상 최대 규모의 미국-필리핀 연합군사훈련을 실시했다.[76] 일본 역시 필피핀과 군사협력을 증대시키고 있다.[77]

2, 2021. 검색일 2022년 4월 21일, https://www.lowyinstitute.org/the-interpreter/russia-and-vietnam-alliance-convenience.

74 Global Conflict Tracker, "Territorial Disputes in the South China Sea," *Council on Foreign Relations*, April 29, 2022. 검색일 2022년 4월 30일, https://www.cfr.org/global-conflict-tracker/conflict/territorial-disputes-south-china-sea.

75 Carla Babb, "Philippines says US Visiting Forces Agreement to remain in effect," *VOA News*, July 30, 2021. 검색일 2022년 4월 22일, https://www.voanews.com/a/east-asia-pacific_philippines-says-us-visiting-forces-agreement-remain-effect/6208923.html.

76 *Al Jazeera*, "US, Philippines kick off their largest-ever military drills," 28 March 2022. 검색일 2022년 4월 22일, https://www.aljazeera.com/news/2022/3/28/us-philippines-kick-off-their-largest-ever-war-games.

77 Mari Yamaguchi, "Japan, Philippines to step up security ties amid China worry," *AP News*, April 8 2022. 검색일 2022년 4월 22일, https://abcnews.go.com/International/wireStory/japan-

4) 타이완 – 동지나해 권역

이 권역은 타이완 독립문제와 일본-중국 사이의 센카쿠 영토분쟁이 핵심이다. 이 권역을 미국-서방과 중국 가운데 누가 장악하는가에 따라 동아시아-서태평양 전체 세력충돌판도에 영향을 미칠 수 있다. 또한 중국의 대미 상호확증파괴능력 확보여부와 글로벌 질서 재편에도 영향을 미칠 수 있다. 특히 중국이 타이완을 합병하게 되면 중국은 동북아시아와 동남아시아-남지나해를 연결하는 해상교통로를 차단함으로서 남북으로 연결된 인근 권역 모두에서 미국-서방과의 세력충돌에서 상당한 전략적 우위를 점할 수 있다. 더욱이 미국의 서태평양 전력 전개의 핵심기반인 오키나와와 괌, 그리고 오스트레일리아를 직접 위협할 수 있다. 이는 오스트레일리아의 중립지 대화와 미국의 하와이 동쪽으로의 철수를 이끌어낼 수 있다. 이는 중국의 궁극적인 비전인 상호확증파괴능력을 기반으로 하여 미국과 대등한 지위에서 세계를 분할 통치하는 중국 중심의 동아시아-서태평양 제국질서를 실현하도록 할 수 있다. 중국이 주장하는 민주적인 신형대국질서는 미국과 동등하게 권역을 분할하는 국제질서이다. 따라서 "민주적인"의 의미는 미국과 중국 또는 미국-중국-러시아의 관계를 의미하는 데 국한되며, 중화질서권역 내에서 중국과 다른 속국들과의 관계는 전혀 동등 또는 민주적인 것을 의미하지 않는다. 타이완은 침몰하지 않는 항공모함으로 중국이 동지나해-서태평양과 인근 해역에서 미국의 접근을 거부하고 중화질서를 구축하는데 기반이 되는 군사력 투사의 전진기지가 될 수 있다.[78]

반면 미국-서방은 타이완 독립을 유지하여 타이완에서 오키나와를 거쳐 일본 남단 가고시마를 연결하는 대중국 봉쇄선을 유지해야 한다. 이를 통해 동남아시아와 동북아시아의 미국 동맹국들을 연결하는 해상 교통로를 확보함으로서 이들 두 권역들에서 대중국 봉쇄를 지원할 수 있다. 또한 중국의 해군 전력이 동지나해를 나와 서태평양으로 진출하여 괌과 오스트레일리아를 직접 위협하는 것을 사전에 차단하고 중국이 미국 본토에 대한 상호확증파괴 능력을 갖추는 것을 예방할 수 있다.[79] 여기에

philippines-step-security-ties-amid-china-worry-83935171.

78 John J. Mearsheimer, "The Gathering Storm: China's Challenges to US power in Asia," *The Chinese Journal of International Politics*, 3 (2010), 381-396; Michael Beckley, "The Emerging Military Balance in East Asia," *International Security*, 42(2) (2017), 78-119.

79 Beckley, "The Emerging Military Balance in East Asia," 78-119.

는 프랑스도 중국의 서태평양 세력 확장에 중요한 이해관계가 있다. 프랑스는 태평양에 자국 영토를 여전히 보유하고 있어 태평양 국가의 일원으로 스스로를 인식하며 때문에 중국의 서태평양으로의 세력 확장에 첨예한 이해를 가진다.[80]

　이와 같은 상황에서 타이완의 독립여부는 첨예한 미국-서방과 중국의 이해관계가 충돌하는 문제이다. 현재로서 타이완은 사실상의 독립국가이며 미국-서방의 대중국 봉쇄 동맹에 참여하고 있는 서방 동맹국의 일원이다. 그리고 사실상 일본이 관할하고 있는 센카쿠 열도는 타이완-오키나와-가고시마를 연결하는 방어선의 전방 GP (Guard Post)로 기능한다. 중국은 타이완을 합병함으로서 이 봉쇄선을 돌파해야 하지만 현실은 그리 간단치 않다. 최근 들어 중국이 타이완 주변과 센카쿠 주변에 쳐진 타이완과 일본의 방공식별구역(ADIZ)을 빈번히 침범하여 이를 무력화시키려고 시도하고 주변 해역에서 해상훈련을 빈번히 실시하는 것은 중국의 타이완 합병과 미국-서방의 봉쇄선 돌파 노력의 일환이다. 중국은 국방백서에서 타이완을 반드시 통일하겠다고 밝히고 있으며 2019년 최신예 스텔스 전투기 J-20을 이 지역에 배치했다. 이는 미국의 타이완에 대한 M1 에이브럼스 탱크와 스팅어 지대공 미사일 등의 무기 판매에 대한 대응으로 비춰진다. 미국은 대중국 견제의 첨병으로 타이완을 지목하고 있으며 타이완을 고슴도치로 만들어 타이완과 주변 해역, 그리고 해협너머 중국 본토를 중국군의 킬존(Kill Zone)으로 만들려고 계획한다. 이러한 전략에 따라 미국은 최근 방어용 무기뿐만 아니라 공격용 전략무기까지 대대적으로 제공하고 있다. 여기에는 MQ-9 무인기와 HIMARS(하이마스) 로켓 시스템, SLAM-ER 정밀 장거리 공대지 미사일 등이 포함되어 있다. 더불어 미 해병대는 타이완 해병대를 대상으로 최근 분란전(insurgency warfare) 전술교육훈련을 제공하였다. 이는 중국군의 타이완 본토 침공 시에 타이완 본토 자체를 과거 아프가니스탄이나 이라크-시리아 사례처럼 분란전의 수렁으로 만들려는 미국의 전략적 의도인 것으로 보인다. 미국은 타이완에 군사협력뿐만 아니라 TSMC의 반도체 산업에 대한 지원을 포함한 경제협력으로 맞서고 있다. 미국 바이든 대통령은 미국이 타이완 해협에서의 평화를 위협하고 현상유지를 변경하는 어떤 일방적 시도에도 강하게 반대한다고 강조했다. 이러한 미국의 일련의 움직임은 미국이 오랫동안의 타이완 문제에 대한 전략적 모호성에서 대중국 봉쇄의 전

---

80 글쓴이는 2019년 4월 파리에서 열렸던 "국제안보와 정의" 세미나에 참석하였다. 해당 세미나에서 프랑스 외교부는 이와 같은 태평양 지역에서의 자국의 이해와 동아시아 지역에서의 자국 해군의 지원기지 확보와 관련된 이해에 대해 표명한 바 있다.

략적 명확성으로 이동하고 있는 추이를 보여준다.[81]

타이완을 둘러싼 미국과 중국의 대치와 전쟁가능성은 한반도에서의 미국-중국 대치와 전쟁가능성과 연계되어있다. 중국은 타이완을 군사적으로 침공할 시에 미군의 개입을 선제적으로 차단하거나 최소화하기 위해 북한으로 하여금 한반도에서 군사도발을 부추길 수 있다. 이는 한국에 주둔한 주한미군 전력과 전쟁 시 미군을 지원하게 될 일본군 전력, 그리고 한국군 전력이 타이완으로 투사되는 것을 근원적으로 차단할 수 있다. 이 점에서 생각해보면 주한미군은 미국으로서는 전략자산인 동시에 부담이다. 반대로 북한의 군사 도발 시에도 역시 중국은 한-미-일 전력이 한반도에 집중된 틈을 노려 타이완에 대한 군사적 침공을 감행할 수 있다.[82] 이와 같은 타이완-한반도의 전략적 상호연계성에서 오히려 북한이 중국에 동조하지 않을 개연성이 크다. 북한은 중국의 타이완 침공을 돕기 위해 한반도에서 군사도발을 일으키는 대가로 미국과 동맹국들에게 군사적으로 보복공격을 받아 정권의 존립자체가 위험해지는 위험을 감수하려 하지 않을 것이다. 한편 만약 미국이 동시전쟁에 휘말려 한국과 타이완 둘 중 하나를 어쩔 수 없이 반드시 포기해야 한다면 버리는 카드는 한국이 될 개연성이 크다. 이는 타이완을 잃게 되면 동남아시아와 남지나해, 괌을 포함한 남서태평양, 동지나해, 그리고 동북아시아 전선 전체가 모두 영향을 받기 때문이다. 반면 한국을 잃더라도 그 전략적 손실이 결코 작지는 않지만 인도-태평양 전구에서 대중국 봉쇄선의 기본틀 자체가 변경되는 것은 아니다.

5) 한반도 및 동북아시아 권역

한반도는 양날의 칼이자 방패이다. 이와 같은 한반도의 지정학적 특수성은 한반도의 분단 또는 통일 여부와 무관하게 그 차이가 크지 않다. 미국-서방의 입장에서 한반도는 중국-러시아를 공격할 수 있는 공격의 스프링보드이자 동아시아-서태평양의 대중국 봉쇄선을 유지할 수 있는 최전선의 방패이다. 반대로 중국의 입장에서도 한

---

81 Charles Chong-Han Wu, "The End of Washington's Strategic Ambiguity? The Debate over U.S. Policy toward Taiwan," *China Review*, 21(2) (2021), 177-202; Susan V, Lawrence and Caitlin Campbell, "Taiwan: Political and Security Issues," Congressional Research Service, *IN FOCUS*, April 4, 2022. 검색일 2022년 4월 22일, https://sgp.fas.org/crs/row/IF10275.pdf.

82 Ki Suh Jung, "The Implications of Simultaneous Conflicts in South Korea and Taiwan," *CIMSEC*, November 2, 2021. 검색일 2022년 4월 22일, https://cimsec.org/the-implications-of-simultaneous-conflicts-in-south-korea-and-taiwan/.

반도는 미국과 동맹국들로부터 스스로의 하복부를 방어할 수 있는 방패이자 미국과 동맹국들을 공격할 수 있는 스프링보드이다. 한반도 서안에서 중국의 정치, 경제, 군사력의 심장부인 발해만-베이징-상하이-칭다오 등이 모두 공격사정거리에 있으며, 반대로 만약 중국의 군사력이 한반도 동남부 연안에 배치된다면 일본의 전 지역이 중국의 공격사정거리에 있게 된다.[83]

한반도 북부지역이 극동지역 보호를 위한 만족스러운 완충지대가 될 수 있었던 냉전 시대 소련과는 달리 중국의 심장부를 보호하기 위해서는 현재의 분단선은 불충분한 절충점이다. 서해를 사이에 두고 분단된 한반도 남쪽의 서쪽 해안선 전체가 중국 본토공격의 발사대(launching pad)가 될 수 있다. 평택항에 미군 해외기지 가운데 가장 큰 규모의 기지가 들어선 것은 이러한 상황과도 무관치 않다. 평택항은 미국의 대중 공세의 전진기지이다. 따라서 냉전 시기 소련과는 달리 중국으로서는 현재의 남북분단 상황에 만족하기 어렵다. 이와 같은 중국의 이해관계로 인해 중국은 남북분단에 만족한 냉전시기 소련과는 달리 한반도 남쪽 지역을 포함한 한반도 전체를 친중국 영향권으로 포획하는데 관심을 가지지 않을 수 없다.[84]

러시아로서도 한반도는 미국-서방과의 패권충돌에서 중요한 지정학적 가치를 가진다. 한반도 북부는 러시아 극동을 방어할 수 있는 완충지대이다. 이러한 근본적인 한반도의 지정학적 가치는 소련 시기부터 푸틴 집권하의 러시아에 이르기까지 거의 변함이 없다. 소련 시절에는 한반도가 공세적인 측면에서도 일본과 서태평양에 전개된 미국과 동맹국들을 타격할 가장 이상적인 공격의 스프링보드(springboard)로서의 전략적 가치를 지녔었다. 하지만 오늘날 러시아는 상당한 세력약화로 인해 이 권역에서 이와 같은 공세적 스탠스를 접었다. 단지 러시아에게 한반도는 극동 보호를 위한 완

---

83 윤민우, "소련·러시아의 대한반도 안보쟁책과 군사전략: 흐루쇼프 시기 - 푸틴 시기(1953-2020)," 러시아분과 연구팀(신범식·김규철·윤민우·서동주), 한국전쟁 이후 주요 시점별 소련·러시아의 한반도 지정학적 가치 평가와 안보정책 및 군사전략 연구, 2020년 국방부 연구용역 보고서, 69; Michael Sadykiewicz, "The Geostrategic Role of Korea in the Soviet Military Doctrine," *Asian Perspective*, 7(1) (1983), 106.

84 윤민우, "소련·러시아의 대한반도 안보쟁책과 군사전략: 흐루쇼프 시기 - 푸틴 시기(1953-2020)," 69; Christy Lee, "Former Top US Commander in Korea Urges Allies to Include China in War Plans," *VOA News*, January 11, 2022. 검색일 2022년 4월 22일, https://www.voanews.com/a/former-top-us-commander-in-korea-urges-allies-to-include-china-in-war-plans/6391856.html; Sadykiewicz, "The Geostrategic Role of Korea in the Soviet Military Doctrine," 106.

충지대로서의 전략적 가치와 극동-시베리아 경제발전을 위한 동아시아-서태평양 경제권으로의 편입을 위한 발판으로서의 경제적 가치 등이 주요한 전략적 관심사항이다. 이런 관점에서 러시아는 한반도에서의 전쟁이나 급변사태 등을 원하지 않으며, 더더욱 한반도 북부가 미국 등 서방세력에 의해 장악되는 것을 원하지 않는다.[85]

이 권역에서 러시아와 중국의 전략적 제휴는 러시아의 전략적 역량의 한계와 중국의 전략적 사려 깊음의 결과이다. 러시아는 오호츠크해와 북극권역, 그리고 유라시아판 서쪽과 남쪽에서 미국-서방의 압력에 직면해 있다. 군사적, 경제적 역량이 고갈되어가고 있는 러시아로서는 따라서 동북아시아 권역에서 미국-서방과 중국을 상대로 독자적으로 전략적 이해를 추구할 수 없다. 이 때문에 러시아는 중국에 이 지역의 헤게모니를 양보하고 유라시아판의 다른 권역에서 중국의 지지를 구하는 방식으로 중국과 전략적 제휴를 시도한다.[86] 러시아는 이 권역에서 미국의 세력을 걷어내야 하는 공동의 이해를 중국과 가진다. 동북아시아 권역에서는 러시아가 중국의 역내 헤게모니를 인정하고 그 대가로 중국으로부터 러시아 극동-시베리아의 안전보장과 러시아의 역내 강대국 지위를 인정받는 정도로 중국과 타협하고 있다. 한편 중국은 러시아의 시베리아-극동에 대한 안보 불안을 증폭시키지 않도록 매우 조심하고 배려한다.[87] 사실상 러시아의 시베리아-극동지역이 중국의 포획위협에 그대로 노출되어 있음에도 중국은 이를 거의 활용하지 않는다. 중국 동북 3성의 인구규모만 2억 2천만 명인 반면 캐나다보다도 큰 면적을 차지하는 러시아 시베리아-극동 전역의 인구는 6백6십만 명에 불과하다. 이는 러시아의 취약한 하복부의 안보우려를 덜어줌으

---

85 윤민우, "소련·러시아의 대한반도 안보쟁책과 군사전략: 흐루쇼프 시기 - 푸틴 시기(1953-2020)," 69, 510; Artyom Lukin and Georgy Toloraya, "Moscow's Diplomatic Game on the Korean Peninsula," In Nuclear Weapons and Russian-North Korean Relations. Foreign Policy Research Institute, Chapter 4. (2017); Anthony V. Rinna, "Moscow's "turn to the East" and challenges to Russia-South Korea economic collaboration under the New Northern Policy," *Journal of Eurasian Studies*, 10(2) (2019), 159-168; Sadykiewicz, "The Geostrategic Role of Korea in the Soviet Military Doctrine," 104-105.

86 윤민우, "소련·러시아의 대한반도 안보쟁책과 군사전략: 흐루쇼프 시기 - 푸틴 시기(1953-2020)," 69, 509; Artyom Lukin, "Russia's Game on the Korean Peninsula: Accepting China's Rise to Regional Hegemony?," In The China-Russia Entente and the Korean Peninsula. The National Bureau of Asian Research, *NBR Special Report #78*, (2019), 21-29.

87 윤민우, "소련·러시아의 대한반도 안보쟁책과 군사전략: 흐루쇼프 시기 - 푸틴 시기(1953-2020)," 511; Lukin and Toloraya, "Moscow's Diplomatic Game on the Korean Peninsula."

로서 러시아가 유라시아판의 서쪽과 남쪽 전선에 집중하도록 배려한 중국의 전략적 사려 깊음이다. 러시아의 주력이 유라시아의 서쪽과 남쪽을 향할 때 (동북아시아를 포함한) 동아시아-서태평양에서의 미국-서방으로부터의 대중국 전략적 압박이 완화되기 때문이다. 이러한 중국-러시아 결속은 미국-서방의 희망과는 달리 상당히 견고하며 이 때문에 한반도 유사시에 중국군과 함께 러시아군이 매우 이른 시기에 신속히 한반도 전장으로 전개될 수 있다. 최근 몇 년 사이에 양적, 질적으로 급증한 중국-러시아의 연합지상군 훈련과 해군훈련은 이와 관련이 있다. 대개의 경우 이와 같은 훈련은 대테러전, 안정화작전, 또는 인도적 지원활동이라는 단서를 단다. 중국과 러시아는 2021년에도 중국 북중 닝샤(Ningxia) 지역에서 대규모 합동군사훈련을 실시했다. 이 훈련은 러시아군이 사상최초로 중국내에서 군사훈련을 수행했다는 의미가 있다. 이는 한-미 합동군사훈련에 대한 대응이었다.[88]

중국-러시아는 한-미-일 동맹체제에서 한국을 약한 고리로 인식한다. 따라서 한국을 이 동맹체제에서 이탈시켜 미국의 영향력을 역내에서 배제시키려 한다. 북한 핵문제 해결과 중립화되고 비무장화된 통일한국에 대한 지지, 경제협력 등은 중국과 러시아가 한국을 미국의 동맹체제로부터 이탈시켜 자신의 진영으로 끌어들이는 당근이다.[89] 중국의 한국에 대한 사회문화적 침투와 중국한족·조선족 이주정책, 한국 내 자산 투자 등은 한국을 친중 국가로 끌어당기기 위한 인지전(cognitive warfare)이다. 중국의 한국에 대한 경제적, 외교적 압박은 한국을 친중 국가로 길들이기 위해서이다.[90] 중국의 한-일간의 역사 갈등 증폭과 중국-러시아의 독도상공과 동해 방공식별구역(ADIZ) 침입 등은 한국과 일본 간의 영토분쟁과 영유권 분쟁을 심화시키기 위한 기도이다. 한국과 일본이 돌아설 수 없을 정도로 심각하게 갈라져 미국의 입장에서 둘 중 하나를 반드시 선택해야만 하도록 강요할 수 있다.[91]

---

88 Hyunwoo Nam, "Korea's strategic importance growing amid US-China tensions," *The Korea Times*, August 22, 2021. 검색일 2022년 4월 22일, https://www.koreatimes.co.kr/www/nation/2021/08/120_314247.html.

89 윤민우, "러시아 항공기의 카디즈 무단 진입 의도 분석," 102.

90 Kimberly Orinx and Tanguy Struye de Swielande, "China and Cognitive Warfare: Why Is the West Losing?," in Bernard Claverie, Baptiste Prébot, Norbou Beuchler, and François du Cluzel, eds., *Cognitive Warfare: The Future of Cognitive Dominance*, NATO Collaboration Support Office (2022), 8.

91 윤민우, "러시아 항공기의 카디즈 무단 진입 의도 분석," 102.

한반도 주변 해역은 중국의 군사전략에서 주요한 의미를 가진다. 중국이 한국을 포획하려는 이유 가운데 하나는 이것과도 관련이 있다. 중국의 대미 상호확증파괴능력 확보에 한반도 주변 해역은 중요한 연결고리이다. 우선, 중국은 서해를 자신들의 내해로 만들려 한다. 서해에 미국과 동맹국의 해군이 전개된다는 의미는 중국의 정치, 경제, 군사적 심장부인 베이징과 상하이, 칭다오, 발해만을 포함하는 중국 동부 연안지역이 모두 미국-서방의 공격권에 들어가게 된다는 것을 의미하기 때문이다. 향후 중국의 SLBM 사정거리가 획기적으로 증가하게 되면 서해는 대미 상호확증파괴 전력 운용을 위한 핵심 지역이 될 수 있다. 이 경우 내해가 된 서해는 러시아의 오호츠크 해에 준하는 전략적 가치를 중국에게 가져다 줄 것이다. 중국의 서해 내해화에 가장 큰 걸림돌은 한국 해군전력과 동맹국인 미 해군의 서해 접근 가능성이다. 최근 중국 해군이 백령도 40km 앞까지 와서 한국을 위협하고 서해 작전구역 경계선인 동경 124도를 한국 해군이 넘어오지 말라고 경고하는 것은 이와 관련이 있다. 중국은 또한 동해에도 매우 중요한 전략적 이해를 가지고 있다. 중국이 동해에 관심을 가지는 이유는 두 가지 때문이다. 하나는 북극항로 활용을 위해서는 동해를 반드시 거쳐 가야하기 때문이다. 또 다른 하나는 중국의 대미 전략핵잠수함 운용을 러시아의 묵인 하에 오호츠크 해에서 전개할 수도 있기 때문이다. 이를 위해서도 동해를 지나야 한다. 중국이 오래 전부터 한반도 동해연안에 항구를 가지려는 관심을 강하게 보인 것은 이러한 전략적 고려와 관련이 있다. 중국 SLBM의 동해와 오호츠크해 접근 위험성은 한국이 대미협상에서 한국의 전략적 가치를 미국이 제고할 수 있도록 하는 주요한 지렛대가 될 수 있다. 한국이 중국에게 넘어가면 미국은 중국의 전략핵잠수함을 오호츠크해와 북극해에서 만나게 될지 모른다.[92] 한편 같은 맥락에서 북한의 대동강에서 원산만까지 운하가 건설될 개연성에 대해서도 주목할 필요가 있다. 이렇게 되면 중국해군은 한국 남해안을 우회하여 대한해협을 통과하지 않고도 서해에서 직접 동해로 진출할 수 있게 된다. 이 역시 중국에 중대한 전략적 이점을 가져

---

92 Daehan Lee, "South Korea reveals plans to deter China via A2/AD," *Naval News*, 12 January 2022. 검색일 2022년 4월 22일, https://www.navalnews.com/naval-news/2022/01/south-korea-reveals-plans-to-deter-china-via-a2-ad/; Eunsook Chung, "The Yellow Sea in an era of growing Chinese ambitions and South Korea," *The European Security and Defence Union*, February 20, 2020. 검색일 2022년 4월 22일, https://magazine-the-european.com/2022/02/20/the-yellow-sea-in-an-era-of-growing-chinese-ambitions-and-south-korea/.

다준다.

결국 한반도와 동북아시아 지역에서 미국과 중국, 그리고 러시아 모두를 절충시킬 수 있는 공통분모는 현상유지(status-quo)이다. 이 현상유지는 미국-서방진영에 속한 한국과 중국-러시아 진영에 속한 북한이 현재의 대치상태로 그대로 존속하는 것이다. 이와 같은 힘의 균형에서 어떤 식으로든 현상유지가 재편되는 경우의 수는 미국, 중국, 그리고 러시아의 전략적 계산에 영향을 미치며, 어떤 식으로든 안보위기를 심화시킬 수 있다. 한반도 통일은 어떤 식으로든 현상변경을 가져온다. 먼저, 통일한국이 미국의 동맹으로 남는 경우는 중국과 러시아에게 상당한 전략적 위협이 된다. 반대로 통일한국이 중국의 지역패권질서에 빨려 들어갈 경우 미국-일본으로서는 상당한 전략적 압박을 받게 된다. 통일한국이 중립으로 남게 될 경우에도 현상변경으로 이어진다. 이 경우에 완충지대가 된 통일한국은 만약 충분한 정도의 스스로의 군사억지력을 중국(또는 중국-러시아)을 상대로 갖추지 못하게 될 경우에 미군이 철수한 아프가니스탄의 경우와 유사한 상황에 직면하게 될 수 있다. 지정학적 조건 때문에, 중립지대인 군사력이 미미한 통일한국에 중국-러시아는 지상군을 유사시에 바로 국경을 넘어 전개시킬 수 있는 전략적 이점을 크게 가진다. 반면 자연적인 "멈추는 힘(stopping power)"인 바다에 가로막혀 유사시에 미국은 신속히 지상군을 한반도로 전개하기 어렵다. 따라서 중립화된 통일한국은 시간이 지날수록 사실상 중국의 영향권 내로 빨려 들어갈 수밖에 없다. 중국군과 미군이 모두 한반도에 주둔하지 않을 경우 사실상 중국군만 독점적으로 한반도에 주둔하는 결과를 초래한다. 이는 통일한국-중국의 국경지역에 주둔한 중국군은 전략적으로 사실상 한반도에 주둔하고 있는 것과 별 차이가 없기 때문이다. 한편 이와 같은 중국화의 개연성 때문에 중립화된 통일한국은 미국-일본에게는 전략적 부담이 된다. 이 때문에 미국-일본으로서는 통일한국을 경제적으로 빈곤하고 정치사회적으로 불안정한 고립된 수렁으로 만드는 것이 전략적으로 중-러에 대한 봉쇄선을 안정화시키는데 유리하다고 판단할 개연성이 있다. 결국 통일한국은 스스로의 전쟁의지와는 무관하게 더 격렬한 군사적 긴장상태와 만성적 국내정쟁과 경제위기의 소용돌이로 휘말릴 위험성이 크다. 이와 같은 역학관계는 누가(남한이건 북한이건) 통일한국의 권력주체가 되는 가 또는 통일된 상태인가 아니면 분단 상태가 지속되는 가의 여부에 크게 영향을 받지 않는다. 핵심은 한반도의 권력주체의 성격과 분단 또는 통일여부가 아니라 한반도의 현상변경의 결과로 어떤 진영이 더 전략적 우위를 갖게 되는가이다.

결국 한반도의 통일은 현상변경을 결과하고 이는 관련 당사국들의 전략적 계산을 더 불확실하게 만든다. 이와 같은 불확실성은 물리적 충돌가능성을 더 높일 수 있으며 중립화된 완충지대는 수렁이 된다. 이는 한국과 북한과의 통일이 한반도의 평화를 가져오지 않을 수도 있다는 사실을 의미한다. 이는 한국인들의 바람과는 관련이 없다. 이 권역에서 미국-서방과 중국-러시아의 패권충돌은 글로벌 패권충돌의 연장선상에 있다. 따라서 한반도 가운데에 그어진 물리적 전선이 사라지더라도 지정학적 패권충돌의 단층대의 모양과 역동성이 바뀌겠지만 캄차트카 남부에서 남쿠릴열도와 일본을 거쳐 오키나와와 타이완, 동남아시아로 이어지는 기본 대치축선 자체가 사라지는 것은 아니다. 통일한국이 미국의 동맹으로 남는 경우에는 한중국경에 전선이 그어질 것이며 통일한국이 중국의 속국으로 편입될 경우에는 전선이 대한해협에 그어질 것이다. 이와 관련하여 통일한국의 권력주체가 북한의 지배엘리트인가 아니면 한국의 지배엘리트인가는 그다지 중요한 변수가 아닐지도 모른다. 만약 통일한국이 중립으로 남을 경우에는 아마도 한반도 전체가 완충지대로 아프가니스탄이나 미얀마의 경우와 유사하게 만성적 정치사회적 불안과 경제적 어려움을 겪는 수렁으로 바뀔 수도 있다.

이와 같은 패권충돌의 기본 틀에서 북한 핵은 알려진 것과는 달리 그다지 중요한 안보의제가 아닐 수도 있다. 아마도 미국과 중국, 그리고 러시아도 그렇게 생각할지 모른다. 북한 핵이 기존의 중-러-북과 한-미-일의 세력구도의 현상자체를 변경시키지 않는 한 핵심적 전략의제는 아닐 수 있다. 특히 이는 미국과 중국, 러시아에게 그러하다. 지금으로서는 북한 핵이 미·일·러·중과 남·북한의 세력균형판도 자체를 바꿀 게임 체인저로 보이지는 않는다. 미국의 우선 관심은 중국의 봉쇄이다. 한-미-일 동맹이 굳건히 유지되고 이 체제가 대중국 봉쇄에 효과적으로 작동한다면 북한 핵은 사실상 노이즈에 불과할 수 있다. 미국의 북한 핵에 대한 접근은 대중국 견제의 측면에서 풀어가야 할 하위문제이다. 중국 중심의 동아시아 패권질서를 억제하기 위해 핵이 있든 없든 북한을 중국의 영향으로부터 떼어놓는 것이 미국의 전략적 이해일 수 있다.[93] 러시아의 최우선 관심은 러시아 극동의 안보이다. 때문에 국경을 접한 북

---

93 Stephen J. Blank, "North Korea: Nuclear Threat or Security Problem?," *Journal of Indo-Pacific Affairs*, Air University Press, December 2, 2020. 검색일 2022년 4월 22일, https://www.airuniversity.af.edu/JIPA/Display/Article/2432401/north-korea-nuclear-threat-or-security-problem/.

한이 러시아에 적대적이지 않는 한 핵을 가진 북한은 러시아의 우선 관심사항이 아니다. 러시아의 관심사항은 국경을 접한 북한 또는 통일한국이 러시아에 적대적인가 그렇지 않은 가이다.[94] 중국 역시 북한이 미국-서방과 중국 사이에서 어디에 서는 가 그리고 불안정한 북한정권이 중국의 대미-대서방 완충지대로서 얼마나 오랫동안 유지되는 가이지 북한이 핵을 보유하는지 그렇지 않은지는 부차적인 관심사이다. 중국으로서는 핵을 갖지 못한 북한이 한국에 흡수되는 것보다 핵을 가진 북한이 완충지대로서 존속하는 것이 좋다. 러시아와 중국의 생각 속에는 핵을 가진 북한이 조커의 역할을 함으로서 러시아와 중국이 미국-서방을 상대로 전략적 이점을 갖게 되는 그림이 자리 잡고 있을 수 있다. 결국 북한 핵에 대한 패권충돌 국가들의 주요한 관심은 북한 핵 그 자체가 아니라 북한 핵이 영향을 미칠 일본과 한국의 핵무장화와 군사력 증강, 한-미-일 동맹 공고화 등과 같은 현상변경의 가능성이다.[95] 이런 맥락에서 지난 문재인 정권의 3불 정책은 군사안보적으로는 거대한 전략적 오판이다. 이는 한국과 한국민을 더 위태롭게 만들었다.

강하고 부유한 통일한국을 가장 극렬히 반대하는 주변 국가는 중국이다. 이는 중국이 한반도와 국경을 맞대고 있기 때문이다. 중국으로서는 통일한국이 어떤 정치이념과 체제를 띠는 가가 중요하지 않다. 누구의 편에 서는가가 더 중요하다. 김정은의 북한이 주도하는 통일한국이 등장하더라도 이 국가가 미국의 동맹에 서면 중국으로서는 나쁜 상황에 직면하게 된다. 경우에 따라서는 친미독재국가가 친미자유민주주의국가보다 관리하기 더욱 어려울 수도 있다. 독재국가는 대중여론에 대한 영향력 공작이나 선거개입 등을 통해 권력 엘리트를 교체할 수 없기 때문이다. 미국 동맹의 통일한국의 등장은 중국의 심장인 베이징에서 가까운 압록강 인근에 미 지상군이 주둔하고 남포항에 미 해군이 드나들게 된다는 것을 의미한다. 이 경우에 중국의 중화제국건설 야욕은 문턱에서 좌절되게 된다. 중국 북해함대 본거지인 발해만과 정치, 경제의 심장인 베이징과 상하이, 중국 항모전단 주력이 배치된 청도가 모두 미국의

94 윤민우, "소련·러시아의 대한반도 안보정책과 군사전략: 흐루쇼프 시기 - 푸틴 시기(1953-2020)," 144; Lukin & Toloraya, "Moscow's Diplomatic Game on the Korean Peninsula."

95 Daniel M. Kolkey, "Changing China's strategic calculations over North Korea," *Pacific Council on International Policy*, Janury 23, 2018. 검색일 2022년 4월 22일, https://www.realcleardefense.com/articles/2022/04/21/changing_chinas_strategic_calculations_over_north_korea_828288.html; Nam, "Korea's strategic importance growing amid US-China tensions."

근접 타격권 안에 들어온다. 중화민족부흥은 망상으로 끝날 수 있다. 미국의 대중 봉쇄에 동참하고 있는 베트남 역시 공산주의 독재국가이다. 때문에 반중친미의 통일한국이 들어서게 되면 중국이 선택할 수 있는 전략적 옵션은 한국을 만성적인 분란전과 테러와 조직범죄, 그리고 정정불안과 사회경제적 혼란에 시달리는 수렁으로 만드는 것이다. 이 경우에 압록강 접경의 중국 지역은 통일한국 정부에 반발하는 무장전사들과 테러리스트들과 범죄자들의 근거지가 될 것이다. 통일한국군과 경찰이 국경을 넘어 중국 지역으로 도피한 이들 반정부 테러 또는 범죄세력들을 소탕하기는 불가능할 것이다.

한편 통일한국은 미국에게는 관리할 수 있는 위협이다. 반중친미의 통일한국은 미국의 전략적 승리이다. 미국은 대중국 봉쇄전에서 결정적으로 유리한 고지를 선점할 수 있다. 반면 친중반미의 통일한국이 들어서더라도 미국의 대중 봉쇄선 자체는 그대로 유지될 수 있다. 이는 한국이 미국의 대중 봉쇄선에서 전진 배치되어 있는 GP에 해당하기 때문이다. 또한 바다가 한국과 일본 사이를 가로막고 있어 대중 봉쇄선의 GOP에 해당하는 일본전선은 (상당한 전략적 과부하가 걸리겠지만, 일본의 군사대국화를 묵인하는 방식으로) 대체로 그대로 유지가 가능하다. 친중반미의 통일한국이 들어서는 경우에 미국은 한반도 전체를 만성적 경제적 빈곤과 정치사회적 불안의 수렁으로 만드는 전략적 선택을 할 개연성도 있다. 홍콩의 경우처럼 미국과 서방국가들이 한국의 고급두뇌들과 전문 인력들과 자산가들에게 영주권 또는 시민권을 발급하면 많은 우수한 한국인들과 자본이 미국 또는 다른 서방국가들로 빠져나갈 것이다. 친중반미의 한국에 살고 싶지 않은 한국인들은 매우 많다. 특히 전문 인력들과 자산가들은 더욱 그러하다. 이들이 빠져나가고 경제위기에 직면하게 되면 통일 한국은 자연스럽게 수렁이 될 수 있다. 이는 북한 주도의 통일이건 한국 주도의 통일이건 마찬가지이다. 이와 같은 계산은 현재 분단상황에서의 한국의 경우에도 동일하게 적용될 수 있다. 한국이 친중으로 급격히 기울 경우 미국-서방이 선택할 선택지 가운데 하나는 한국의 수렁화이다. 브레인 유출과 자본 유출을 포함해서. 베네수엘라가 그랬고 홍콩이 그랬다. 이 경우에 한국이 선택할 옵션은 중국에 대한 사회경제적 의존도의 심화이다. 이는 한국의 중국으로의 종속화를 더욱 심화시킬 것이다.

러시아는 오히려 강하고 부유한 한국의 통일을 환영할 가능성이 크다. 이는 러시아가 강하고 부유한 한국을 역내 패권추구세력인 중국과 일본을 견제하기 위한 파트너로 인식하기 때문이다. 하지만 러시아 극동지역 인근에 미군이 주둔하는 경우에 러시아는 이에 대해 격렬하게 반대할 것이다. 이는 러시아가 한반도 북부의 미군의 존재가 극동지역 안보에 직접적인 위협이라고 인식하기 때문이다. 통일한국이 친미 국가로 남더라도 미군이 평양-원산 선을 넘지만 않고 통일한국이 러시아에 적대적이 지만 않는다면 러시아는 이를 참을 수 있을 것이다. 러시아는 유라시아의 다른 권역 에서와는 달리 동북아시아 권역에서는 패권적 지위를 추구하지 않는다. 러시아는 이 지역에서 자신들의 경제적, 군사적 역량의 한계와 문화적 이질성을 인지하고 있다. 따라서 러시아의 역내 안보전략은 수세적이다. 러시아는 역내에서 그것이 중국이건 일본이건 패권적 제국질서가 등장하는 것을 경계하며 다수의 지역 국가들의 견제와 균형이 작동하는 안정적 역내질서를 희망한다. 이 때문에 러시아는 패권적 야심이 없으면서 정치적, 경제적, 군사적 역량을 갖춘 한국(또는 통일한국)을 가장 적절한 동맹 파트너로 인식한다.

일본은 남북한이 분단된 현상을 유지하는 것을 통일된 한국보다 더 선호하는 것처럼 보인다. 일본에게는 통일된 한국이 분단된 한국보다 여러 모로 더 나은 옵션이 아니다. 일본의 악몽은 통일된 한국이 중국의 영향권으로 포획되어 대한해협에 미국 -서방과 중국-러시아의 충돌의 전선이 그어지는 것이다. 이렇게 될 경우 일본열도 전체가 미국-서방의 대중국 봉쇄의 최전선이 된다. 과거 고려가 몽골에 포획된 후 일본 열도가 침공 받은 상황이 재현될 수 있다. 반대로 통일한국이 미국의 핵심 동맹이 될 경우도 그렇게 바람직한 옵션은 아닐 수 있다. 이 경우에 강대국으로 발돋움한 통일한국과 일본은 미국의 인도-태평양 전략구도에서 미국의 핵심 파트너(즉 미국주도 패권질서의 2인자) 자리를 두고 경쟁을 벌여야 한다. 미국이 주도하는 글로벌 패권질서아 래에서 경제적, 정치적, 군사적 강대국 전략을 통해 지역적 패권국가를 지향하는 일 본의 입장에서는 이와 같은 강한 한국과의 불필요한 경쟁은 그렇게 환영할 만한 일 은 아니다. 만약 통일한국이 출현할 경우 한국이 정치적, 경제적, 군사적으로 무기력 한 중립지대 또는 미-일 동맹의 주니어 파트너 정도로 남는 것이 일본에게는 유리하 다. 이 지점은 미국과 일본의 이해가 상충되는 지점일 수 있다. 미국으로서는 한국이 강한 미국의 동맹국으로 남으면서 일본과 한국의 정치적, 경제적, 군사적 힘이 적절 한 균형을 이루면서 서로 미국과의 협력을 위해 경쟁을 벌이고 이를 미국이 적절한 중재를 통해 조절하는 구도가 가장 바람직하다. 이와 같은 일본과 미국의 한국에 대 한 다른 전략적 입장은 분단된 현 상황에서도 비슷할 수 있다. 미국의 인도-태평양 지역에서의 해군력은 지난 20년간의 글로벌 대테러 전쟁과 미국의 경제침체의 결과로 반토막이 났다. 오늘날 미국의 해군력을 포함한 군사력은 급증하는 중국의 해군력을 포함한 군사력을 억제하기에는 힘에 부친다. 미국은 이를 일본과 한국 등과 같은 역내 준강대국들의 군사력 증강을 통해 보완하려고 한다. 한국이 미국의 인도-태평양 전략에 협조하지 않고 한반도의 좁은 지역에 스스로를 제한하려고 한다면 미국으로서는 일본의 군사대국화를 지원하는 것 이외에는 별다른 대안이 없다. 일본은 이를 군사대국화와 지역패권국가로의 발돋움을 위한 기회로 이용하려 한다. 현 분단 상황에서 격화되는 북한의 핵위협과 중국의 대만침공위협 등은 일본에게는 안보의 위기가 아니라 기회이다. 일본은 이를 핑계로 정당하게 미국과 국제사회에 어필하여 군사대국화를 지향할 수 있다. 한국이 일본의 이와 같은 패권전략을 견제하려고 한다면 스스로 역내에서 군사대국화와 패권국가화를 지향하여 미국의 가장 신뢰할 수 있는 파트너로 자리매김해야 할 것이다.

북한의 공식적인 주장이나 한국의 일부 좌우 정치세력들이 믿고 있는 것처럼 북한의 김정은 정권이 정말로 한국과의 통일을 원하는지 의심해볼 여지가 있다. 또한 이와 관련하여 북한이 진심으로 한국과의 본격적인 인적교류나 경제협력을 희망하는지도 되짚어 볼 필요가 있다. 이와 같은 의심은 김정은의 전략적 고려에 대한 추론 때문이다. 전략가(strategist)는 불확실성을 싫어하며, 최악의 상황을 전제로 판단한다. 통일 또는 남북협력은 김정은에게는 전략적 불확실성을 의미한다. 당신은 모나코의 왕과 미국의 유력 정치인 가운데 한 명 사이에서 선택하라면 어떤 선택을 할 것인가? 김정은은 꽤 큰 사이즈의 상당한 군사력을 가진 국가의 왕이다. 임기도 없으며 막대한 부도 독점하고 있다. 북한이 가난한 것이지 김정은이 가난한 것은 아니다. 이와 같은 현재의 기득권을 미래의 불확실성에 내놓고 배팅할 이유가 없다. 만약 김정은 정권이 한국을 흡수통일하려 한다면 이는 이와 같은 통일 이후의 전략적 불확실성이 제거되거나 이에 대한 관리가 가능하다는 전제가 충족되어야 할 것이다.

통일은 김정은의 입장에서는 한국의 보수우파와 토착 사회주의자들과의 권력 투쟁을 의미한다. 어느 쪽이든 이 도박에서 진다면 결과는 파멸이다. 아마도 김정은의 입장에서는 한국의 토착 사회주의자들과의 권력투쟁이 더 어렵고 그들로부터의 보복이 더 참혹할 수도 있다. 낮은 단계의 연방제나 국가연합 등의 통일방안은 넌센스이다. 군 지휘권을 한국과 북한이 각각 나누어 가지는 방안이 권력분립의 안정을 가져올 것이라는 생각은 순진함의 결과이거나 아니면 사기이다. 남북통일과정의 가장 핵심은 군 지휘권의 장악을 통한 권력 장악이다. 권력은 총구에서 나온다. 남북한의 군을 어떻게 재편하고 특히 수도(capital)에 가장 근접한 전투부대와 특수전을 수행하는 엘리트 부대의 지휘권을 남과 북 가운데 누가 가질 것인가는 합의되기 거의 불가능하다. 만약 다행히 이 문제가 해소된다면 남북통일이 가능할까? 그렇지 않을 수 있다. 군 지휘권의 최적분할이 이루어지면, 이제 권력투쟁의 무대는 군 지휘권을 우회적인 방식으로 장악할 수 있는 형사사법권과 예산권과 같은 국가의 다른 권력수단으로 옮겨간다. 김관진 전 국방장관과 박찬주 전 장군이 어떻게 숙청되었는지를 기억하면 이 맥락을 이해할 수 있다. 갑질과 인권침해, 부패, 민간인 사찰, 개인비리, 청탁, 성범죄 등등 군 지휘관 개인을 처벌하고 겁박할 수단은 생각보다 많다. 형사사법권을 장악한 측이 궁극적으로 군 지휘권을 가질 것이다. 이 논리는 예산과 같은 경제 권력에도 똑같이 적용된다. 예를 들면, 직업군인들은 연금과 퇴직 후 생계문제에 매우 취약하다. 이런 것들도 한국과 북한 사이에 최적분할이 가능할까? 그런 것들도 나누어지면, 그 다음에는 암살, 테러, 겁박, 여론선동, 그리고 선거조작 등과 같은 범죄와 테러와 정치공작이 김정은 세력과 한국의 토착 사회주의자들과 보수 우파들 사이의 권력투쟁의 전면에 등장할 것이다. 어떤 경우든 통일한국은 수렁으로 갈 수 있다. 권력은 본질적으로 나누어지지 않는다. 다행히 권력 투쟁에서 승리하더라도 김정은은 자유민주주의와 권력에 대한 저항에 익숙한 적대계층 5천 7백만 명을 새로 세뇌시키고 통치해야 한다. 이건 김정은에게도 쉬운 과제가 아니다. 김정은은 한국의 전임 대통령들의 퇴직 후 운명을 어떻게 생각할까? 이 질문에 답을 할 수 있다면 김정은의 생각을 추론할 수 있다.

김정은의 입장에서는 굳이 통일을 해야 한다면 전쟁을 통한 무력통일이나 한국 내 북한 스파이 망을 동원한 한국 내 정부전복이나 내란, 분란전, 사보타지 등을 선호할 개연성이 크다. 이는 어떤 식으로든 한국과 한국민에게 막대한 인명과 재산의 피해를 야기한다. 김정은의 입장에서는 통일과정에서 한국과 한국민을 철저히 파괴 또는 와해시켜 통일 후 야기되는 잠재적 권력투쟁의 불안을 미리 제거하는 편이 낮다. 예를 들면, 차라리 핵공격으로 한국인들을 대량살상하고 한국의 일부 지역(특히 수도권과 한반도 남부지역)을 우크라이나의 체르노빌이나 일본의 후쿠시마처럼 폐허로 만든 뒤 통일하는 것이 김정은으로서는 더 합리적 선택일 수 있다.

본격적인 남북교류나 협력 역시 마찬가지로 김정은이 받아들이기 어렵다. 북한인이 한국에 자유롭게 갈 수 있다면 대규모 이민이나 난민 사태가 발생할지 모른다. 그러면 김정은 정권은 와해된다. 착취할 피통치자들 없이 독재국가는 존립할 수 없다. 그래서 북한은 북중국경과 북러국경을 통제한다. 한국의 자본과 사람들이 북한으로 유입되는 것 역시 정권안정에 대한 심각한 불안요인이다. K-POP과 한류드라마 유입 정도로 북한사회가 심각한 사회문화적 안보위기에 직면하는 상황에서 한국과의 교류가 얼마나 김정은 체제에 심각한 안보 불확실성을 야기할지는 추론하기 어렵지 않다. 김정은은 바보가 아니다. 김정은으로서는 불확실성을 감수하면서 굳이 생사를 건 도박을 할 이유가 없다. 김정은이 한국에 원하는 것은 한국의 (문화가 아니라) 돈과 기술의 유입이다. 한국은 북한에 돈과 기술만을 제공해주고 핵을 가진 김정은 체제의 북한이 부유해지는 것을 굳이 감수해야 할 필요가 있을까? 한국은 이것이 보다 본격적인 교류와 협력의 모멘텀으로 이어져 북한이 보다 개방적이고 온순한 국가로 변화되기를 바라겠지만 그 인과성은 매우 약하다. 미국은 똑같은 희망적 사고(wishful thinking)로 지난 4-50년간 중국에 돈과 기술을 제공했다. 그리고 중국은 미국과의 글로벌 패권투쟁으로 이를 보답했다. 중국이 강하고 부유해지면서 전체주의적 독재체제는 더욱 강화되었다. 김정은의 북한은 같은 꿈을 꾸고 있는 것처럼 보인다.

결국, 통일이건 본격적인 남북교류협력이건 그 결과가 어디로 튈지 김정은으로서는 예측이 안 된다. 따라서 핵무장을 통해 체제유지의 절대조건을 갖춘 북한으로서는 한국과 적당한 거리를 유지하면서 한국의 돈과 기술만을 취하는 것이 가장 합리적인 선택이다. 마치 결혼할 생각은 없는데 돈은 필요해서 관계를 지속하는 연인과 같다.

과거 독일 통일의 사례를 모델로 통일방안 마련에 노력하는 경우가 있는데 이는 부질없는 짓이다. 수십 년간 통일방안을 갈고 닦았는데 왜 남북통일이 안 되는지 고민한다면 치밀하고 정교한 결혼계획을 세웠는데 왜 내가 쫓아다니는 사람과 결혼이 안 되는지 의아해 하는 것과 마찬가지로 황당한 일이다. 결혼은 계획의 정교함으로 되지 않는다. 결혼이 안 되는 것은 적어도 둘 중 하나가 원하지 않는 것이다. 자신들의 통일에 자랑스러워하는 독일인들에게는 미안한 얘기이지만 그들의 통일은 그들의 노력의 결과가 아니다. 미-소 세력충돌에서 한쪽이 스스로 와해되었기 때문이다. 서독으로 탈출하고 반정부 시위를 하는 동독인들을 동독 정부가 압도적이고 잔인한 폭력으로 진압했더라면 동독 정권은 유지될 수 있었을 것이다. 그리고 이를 소련이라는 후견인이 굳건히 지지해 주었더라면 더더욱 그렇다. 민주화 시위는 전지전능한 수단이 아니다. 분명히 힘의 임계점이 존재한다. 어떤 경우에는 독재정권이 붕괴되고 어떤 경우에는 민주화 시위 자체가 분쇄된다. 최근 홍콩의 사례는 대표적이다. 모든 민주화 시위가 모든 독재정권을 붕괴시킬 수 있는 것은 아니다. 동독의 붕괴는 고르바초프의 거대한 전략적 오판과 호네커의 우유부단함이 빚어낸 결과물이다. 간혹 한국에 오는 독일인들이 통일에 대해 많은 지혜와 경험과 전문성을 가진 것처럼 떠벌린다. 그들은 대체로 퇴물이 된 저명한(?) 학자나 인사이거나 독일 내에서 그저 그런 전문가들이다. 그들은 한국인들에게 자신들의 통일과 관련된 여러 생각들을 떠벌리고 그 대가로 공짜여행을 한다. 독일의 진짜 에이스급 현역 안보전문가들은 한국문제에 관심이 없다. 독일 통일은 우연과 기회의 결과이다. 러시아와 중국과 북한은 그 과정과 결과에 대해 그때 뼈저리게 학습했다. 두 번 다시 한국과 같은 다른 국가들에게 그런 기회와 행운이 같은 방식으로 오기는 어려울 것이다. 통일방안 모색에 전력을 기울이는 것은 본인의 자유다. 다만 나라 전체가 그기에 매달리는 것은 안타까운 일이다.

4. 노이지와 전망

이와 같은 미국-서방 대 러시아-중국이 서로 유라시아 판에서 맞부딪히고 있는 지정학적 대치의 기본틀은 몇 가지 주요한 노이지(noisy)들에 의해 영향을 받고 뒤흔들릴 수 있다. 이와 같은 노이지 가운데 하나는 지정학적 요인이며 나머지 것들은 탈지정학적 신흥안보(emerging security)의 이슈들이다. 이와 같은 노이지들은 미국-서방 대 중국-러시아의 패권충돌의 판도와 진행 과정과 결과에 어떤 식으로든 영향을 미쳐 그 불안정성과 예측불가능성을 심화시킨다.

첫째는 중국-러시아 사이의 균열 가능성이다. 이 균열은 러시아와 중국의 이해충돌과 러시아의 불안정성 때문에 발생한다. 러시아와 중국은 몇몇 권역에서 이해관계가 첨예하게 갈린다. 지금으로서는 대미 견제라는 공동의 목표로 인해 중국-러시아의 갈등이 수면아래에 잠복해 있다. 하지만 미국 세력의 후퇴는 러시아-중국의 균열을 촉발시킬 수 있다. 예를 들면, 러시아는 중앙아시아를 자신의 영향권이라 인식하고 중국은 일대일로를 위해 반드시 중앙아시아를 거쳐 가야 한다. 아직까지는 이 문제가 봉합되어 있다. 중국 주도의 SCO(상하이 조약기구)와 러시아 주도의 CSTO(집단안보조약기구)의 어색한 공존은 이러한 봉합의 결과이다. 북극권 역시 마찬가지이다. 러시아는 북극해를 자신의 영해로 인식하고 이 해역의 "항행의 자유"에 반대한다. 반면 중국은 스스로를 준북극권 국가(그런 개념이 있는지는 모르겠지만)로 정의하고 이 해역에서의 "항행의 자유"를 주장한다. 이는 중국이 중앙아시아와 마찬가지로 일대일로를 위해 북극해역을 반드시 거쳐 가야 하기 때문이다. 중국은 동지나해와 남지나해에서는 미국-서방의 "항행의 자유" 원칙에 반대하지만 북극해에서는 이를 찬성한다. 러시아-중국은 북극해 문제를 두고 격렬하게 부딪힐 수 있다. 한반도와 동북아시아 권역 역시 마찬가지이다. 미국 세력이 후퇴하면 중국은 이 권역에서 중국 중심의 중화질서를 구축하려한다. 하지만 러시아는 이에 반대하며, 이 권역이 러시아가 주요한 한 축으로 참여하는 지역 국가들의 다극화된 질서가 구축되기를 희망한다. 이는 대중 전선에서 한국과 러시아가 전략적 연대를 모색할 수 있는 지점이다.

러시아의 국내정치적 불안정성도 러시아-중국 연대에 균열을 가져올 수 있다. 이는 다음과 같은 것들을 포함한다. 먼저 푸틴 정권이 가까운 미래에 다른 어떤 정권으로 교체될 것이라는 사실이다. 언제가 되었던 푸틴 사후에는 러시아는 다른 성격의 정권을 가질지도 모른다. 이 새로운 정권이 푸틴과 같은 강대국 노선을 유지할지는 미지수이다. 여기에는 러시아 인구의 세대교체도 맞물려 있다. 여전히 소련해체 이전에 태어난 실로비키들이 러시아의 정치와 경제, 사회문화 권력을 장악하고 있지만 2040년경까지는 러시아 인구의 대부분이 소련해체 이후에 태어난 새로운 세대로 그 주역이 바뀔 것이다. 이들은 이전 세대들과 달리 더 서구화되고 개방되고 글로벌화된 문화와 생각을 가진다. 이 지점이 러시아와 중국이 다른 점이다. 중국의 새로운 세대는 더 폐쇄적이고, 국수적이고, 자문화 중심적이다. 지금은 러시아와 중국의 권력엘리트들이 상당히 유사한 문화적 정서적 공감대를 가지지만 지금으로부터 20년 뒤는 다를 수 있다. 러시아와 중국의 새로운 세대의 문화적-정서적 차이는 매우 크다. 더욱이 러시아의 경제와 군사력은 현재의 추이를 유지한다면 앞으로 더욱 쇠퇴할 개연성이 크다. 지금보다 더욱 약해진 러시아는 유라시아판의 서쪽과 남쪽에서 미국-서방과 타협할지 모른다. 그리고 동북아시아에서도 강한 러시아는 중국과 패권경쟁을 하는 경쟁자로 등장하겠지만 지금보다 더욱 약해진 러시아는 동북아시아에서 더욱 소극적인 행위자로 변화할 수도 있다. 이 경우에 러시아는 동북아시아에서 한국과 더 긴밀한 공조와 연대를 모색할 수도 있다. 러시아의 계산으로는 부유하고 강한 한국은 역내 패권추구의 열망을 가진 중국 또는 일본을 견제할 수 있는 가장 적절하고 신뢰할 만한 동맹이기 때문이다. 대미-대서방 전선에서, 강하고 부유한 러시아도 중국에게는 큰 전략적 부담이지만 지금보다 더 약해진 러시아 역시 중국에게는 매우 큰 전략적 손실이다. 지금 동북아시아에서 러시아가 중국의 헤게모니를 인정하면서 중국에 전략적 지원을 아끼지 않는 것은 러시아의 힘이 어중간한 상태에 있기 때문이다.

다음으로 지적될 노이지들은 주로 신흥안보와 관련된 이슈들이다. 오늘날 전쟁은 전통적인 땅과 바다와 하늘 등의 공간이외에도 우주와 사이버, 그리고 인간의 의식 (perception) 공간이 전쟁의 영역(domain)으로 들어왔다. 이와 같은 새로 추가된 전장영역들에서 나타나는 테러나, 사이버 공격, 인지전(cognitive warfare), 과학기술혁명 등의 신흥안보의 이슈들은 전통적인 전쟁 영역에서 벌어지는 지정학적 대치전선을 균열시키거나 상당한 불확실성을 제공한다. 바꾸어 말하면 신흥안보의 노이지들이 기존의 지정학적 대치전선의 형세를 주요하게 바꿀 수 있다는 의미이다.

예를 들면, 이슬람 극단주의 테러세력을 포함한 테러리스트, 국제조직범죄자들, 해커들, 용병들, 그리고 NGO 활동가들, 그리고 이민자·난민 등의 비국가 행위자들이 기존의 유라시아판의 지정학적 대치선에 상당한 불확실성과 영향을 미칠 수 있다. 한편으로 이들 비국가행위자들은 독자적으로 지정학적 패권충돌에 영향을 미칠 수 있다. 중앙아시아와 중동 등의 지역에서 이슬람 극단주의 테러세력과 국제마약밀거래의 확산은 해당 권역에서의 지정학적 대치선에 불확실성을 만들어낸다. NGO들의 지정학적 단층선에 있는 국가들에서의 색깔혁명과 같은 민주화 요구와 운동 역시 지정학적 충돌에 영향을 미친다. 다른 한편으로 이와 같은 비국가 행위자들을 미국-서방 또는 중국-러시아가 전략적 와일드카드로 활용할 수 있다. 강대국 국가행위자들은 이들을 직접적으로 자신들의 프록시 병력으로 사용할 수도 있고 이들 비국가행위자들의 행동을 유도하거나 방조, 또는 후원함으로서 간접적으로 전략게임에 활용할수도 있다. 이 노이지는 전략게임의 와일드카드에 해당한다. 러시아는 와그너 그룹이라는 용병과 해커들, 댓글부대 등을 우크라이나 침공과 2016년 미국대선개입 등에 이용해 왔고 서유럽의 극우극단주의 테러세력들을 서유럽 국내정치 개입과 갈등조장의 지렛대로 활용했다. 중국 역시 조직범죄단체인 삼합회와 중국 유학생들, 해커들, 댓글부대들, 해외 친중세력들을 활용하여 해외 국가들에 대한 정보심리전을 전개한다. 미국은 NGO 등을 후원하여 러시아-중국에 포획된 권위주의 국가들에서 친서방-민주주의 정권이 들어서도록 기도한다. 이민·난민 역시 세력 확장의 무기로 이용된다. 러시아는 근외 국가들의 러시아 디아스포라를 활용하여 세력투사의 발판으로 이용하며, 중국은 위구르와 홍콩 등에서 대규모 한족이주를 통해 해당 지역 인구구성을 바꾸어 놓았다. 중국 주변의 인근국가들에서도 대규모 중국이주민은 선거와 여론 조작을 통해 해당국가에 중국의 영향력을 투사하는 발판이 된다.[96]

한편 미국-서방 대 중국-러시아의 글로벌 패권전쟁은 이와 같은 물리적 공간에서만 진행되고 있지 않다. 동시에 가상세계인 의식(perception)의 공간에서도 진행되고 있다. 이 공간은 사이버 공간을 의미하지만 사이버 공간만을 의미하지는 않는다. 의식 공간은 사이버 공간을 포함하여, 국제법-국제협약과 같은 규범질서, 기축통화와 금융체계, 산업생산과 소비체계, 에너지 공급-소비 망, 사이버 이외의 방송, 통신, 출판 등의 정보통신 네트워크, 교육, 문화와 지식 콘텐츠를 모두 포함한다. 이 의식공간에서 미국-서방의 자유민주주의, 개인주의, 사적권리의 보장, 이동의 자유, 보편적 인권의 가치, 투명성과 공정한 경쟁, 법에 의한 지배 등의 가치들과 중국-러시아의 국가의 사적 영역에 대한 통제, 집단주의, 배타적 주권영역과 종족주의를 기반으로 한 공간분할, 내정간섭의 배제, 보편적 규범이 아닌 각 국가의 특수성과 인격적 지도자에 의한 지배, 미국-서방의 자유민주주의 가치와 질적으로 동등하게 존중되고 나란히 공존하는 권위주의적 독재체제와 규범질서 등이 서로 충돌한다. 이 의식 공간을 누가 장악하는가의 공간장악 여부는 물리적 공간에서의 지정학적 패권충돌의 결과에 밀접한 영향을 미친다. 이는 제해권과 제공권이 지상전 결과에 미치는 영향과 같다. 사이버 공간 장악 능력과 우주 공간 장악 능력, 그리고 의식 공간의 장악능력은 패권전쟁의 승패에 결정적 영향을 미친다.

사이버 공간에서 패권충돌은 사이버 국제규범질서 구축에 대한 세력 충돌로 나타난다. 미국-서방은 열린, 투명한 하나의 글로벌 인터넷 공간을 주장하며 개인에 대한 국가통제를 최소화하는 원칙을 주장한다. 반면 중국-러시아는 국가별로 사이버 공간을 분할하는 "디지털 베스트팔렌" 원칙을 주장하며 해당 영역에서 국가의 개인에 대한 통제를 주장한다. 이들은 국가 전체의 인터넷 망을 인트라넷 망으로 구축하려고 하며 국가가 통제하는 제한된 통로를 통해 글로벌 인터넷 망과 연결하려고 한다. 러시아의 "루넷 2020(Runet 2020)"과 중국의 "금순(황금방패)공정"은 자국의 인터넷 전체를 인트라넷으로 만들고자 하는 러시아-중국의 전략적 의도이다. 중국-러시아는 이 자국의 인트라넷망에 자국의 세력권내에 속해야 한다고 생각하는 주변 국가들을 포획하

---

96 윤민우, "신흥 군사안보와 비국가행위자의 부상," 『4차산업혁명과 신흥 군사안보』, 김상배 엮음 (서울: 한울, 2020), 275-318.

려고 시도한다. 미국의 중국 화웨이에 대한 공격은 이와 같은 중국-러시아의 움직임에 대한 미국의 전략적 반격이다. 미국이 중국을 배제하고 자국과 서방동맹들만으로 구축된 국제 반도체생산망을 구축하려는 시도 역시 이와 관련이 있다.[97]

K팝과 한류는 이와 같은 의식공간의 패권전쟁의 또 다른 사례이다. 미국이 은근히 K팝과 한류의 글로벌 확산과 영향력을 방조 또는 지원하는 이유는 이러한 문화적 콘텐츠가 특히 중국과 북한과 같은 폐쇄국가에 파괴적인 영향력을 미치기 때문일 수 있다. 한국의 문화적 콘텐츠는 자유주의와 개인주의, 인권과 보편성 등의 서방의 가치를 담고 있다. 한국의 문화콘텐츠가 글로벌 파급력과 지배력을 갖는 이유는 한국의 세대와 문화가 서구화되었기 때문이다. 이 때문에 한국의 문화콘텐츠는 중국과 북한 등과 같은 폐쇄적 종족주의를 기반으로 하는 전체주의 체제를 공격할 수 있는 첨단병기이다. 중국과 북한이 이에 대해 매우 민감하게 반응하는 이유도 이 때문이다. 미국으로서는 비서방의 외피를 쓰고 있는 한국의 문화 콘텐츠는 매우 유용한 무기이다. 미국과 유럽의 문화 콘텐츠가 직접 영향력을 미친다면 이는 비서방 사회로부터 제국주의적 인종주의적 문화침략이라는 경계와 역풍을 불러올 수 있다. 반면 한국의 문화 콘텐츠는 이러한 경계와 반발로부터 자유롭다. 한국은 외견상 서방국가로 비춰지지도 않으며 심지어 일본처럼 제국주의를 한 전과도 없다. 그럼에도 불구하고 서방의 가치와 문화를 전파, 확산시킴으로써 폐쇄적 독재국가의 세대교체와 사회문화의 변화를 이끌어 내어 정치권력의 교체를 야기할 수 있는 충분한 잠재력이 있다. 미국이 의도적으로 K팝과 한류를 만들어내고 확산시킨 것은 아니지만 이러한 현상과 자산의 전략적 활용가치를 인식하고 증폭·확산시킬 수는 있다. 한국 문화콘텐츠에 대한 최근 미국 정부와 사회의 동향을 보면 이러한 전략적 의도가 개입되었다고 추론할 수 있다.

이외에도, 바이든 행정부가 대체에너지와 재생에너지를 강조하는 것은 원유와 가스라는 화석에너지 자원위에 세워진 러시아의 군사력과 경제력을 뿌리부터 뒤흔들 수 있다. 이는 미국-서방에게 중국-러시아와의 전쟁에서 커다란 전략적 이점을 제공한다. 돈을 찍어낼 수 있는 통화 권력은 군사력과 함께 글로벌 패권유지의 또 다른 기둥이다. 중국으로서는 디지털 화폐는 미국의 달러권력을 뒤흔들 수 있는 기회이다.

---

97 윤민우, "미러 사이버 안보 경쟁과 중러 협력," 『사이버 안보의 국가전략 2.0』, 김상배 엮음 (서울: 사회평론아카데미, 2019), 297-333.

반면 국가의 통제를 벗어나 비국가 행위자에 의해 주도되는 블록체인과 가상화폐는 어느 쪽이든 강대국 패권질서에 대한 중대한 도전이다. 미국과 중국은 따라서 비국가 행위자에 의해 주도되는 가상화폐에 대한 통제에 같은 이해를 가진다. 하지만 동시에 그 이면에는 미국과 중국 가운데 누가 달러권력에 변수가 될지 모르는 디지털화폐와 블록체인을 장악할 것인가를 두고 패권충돌이 진행되고 있다. 최근 나타나고 있는 러시아와 중국의 달러의 기축통화지위를 흔들려는 시도들(예를 들면 러시아산 원유와 가스의 루블화 결재시도, 중동산 원유의 위안화 결재시도 등)도 글로벌 패권충돌의 한 사례이다.

이 장은 2022년 러시아-우크라이나 전쟁과 타이완 위기, 그리고 북한의 핵도발 등과 같은 각각의 개별적인 안보위기의 에피소드들이 전지구적 범위에서 전개되는 패권전쟁의 기본틀 아래에서 진행되고 있다는 사실을 보여준다. 서로 관련 없어 보이는 시간적, 공간적으로 동떨어진 에피소드들은 사실상 서로 긴밀히 연계되어 있다. 이 때문에 특정 지역의 안보위기의 해법은 그와 연계된 다른 지역의 안보위기들에 대한 고려와 전지구적 패권충돌의 기본틀, 그리고 탈지정학적 신흥안보 요인들의 영향들에 대한 통합적이고 전일적이며 관계적인 고려를 필요로 한다. 한국의 국가안보전략은 이와 같은 복합적인 전략환경평가를 바탕으로 디자인되어야 한다.

미국-서방 대 중국-러시아의 패권충돌은 더욱 본격화되고 복잡한 양상으로 전개될 것이다. 이와 같은 충돌은 전통적 지정학적 패권충돌과 신흥안보부문에서의 충돌이 서로 결합되는 복합지정학적 충돌의 양상을 띠게 될 것이다. 복합지정학적 충돌은 과거 냉전시기에 있었던 미국과 소련의 물리적 공간에 한정된 평면적인 지정학적 충돌에 더해 사이버 공간의 규범과 질서의 구축문제, 테러리즘과 해킹, 국제조직범죄들, 이민·난민과 같은 초국가적 위협들, 코비드-19 같은 감염병, 기후위기와, 식량위기 등과 같은 국제적 문제들과 같은 여러 노이지(noisy)들이 중층적으로 결합된 오늘날의 글로벌 패권충돌을 지칭한다.[98] 김상배는 사이버 안보로 대표되는 신흥안보와 관련된 비지정학적 문제들이 지정학의 임계점을 넘게 되면 전통적인 지정학에 영향을 미치게 되는 복합지정학으로 변모한다고 주장한다, 그는 따라서 오늘날의 지정학은 이 전통 지정학에 비지정학적 문제들(즉 노이지들)이 결합된 복합지정학의 성격을 띤다고 지적한다.[99] 이와 같은 복합지정학적 충돌은 오늘날 유라시아판 림랜드의 한

---

98 윤민우, "미국-서방과 러시아-중국의 글로벌 전략게임," p. 9.

99 김상배, 『미중 디지털 패권경쟁』, (서울: 한울, 2022), pp. 120-123.

국과 우크라이나, 타이완 등을 포함한 핵심 주축지역 또는 린치핀(linchpin)을 중심으로 두 세력이 서로 충돌한다. 여기에 더해 노이지에 해당하는 여러 신흥안보의 이슈들이 더해져 지정학적 패권충돌에 불안정성과 불예측성을 강화시키고 패권충돌의 판도와 결과에 영향을 미친다.100 예를 들면, 전통적인 지정학적 패권충돌은 사이버 공간에서의 국제규범질서 구축을 둘러싼 충돌로 이어진다. 미국-서방은 하나의 글로벌 인터넷 공간을 주장하며 개인에 대한 국가통제의 최소화를 주장한다. 반면, 러시아-중국은 국가 주권별로 사이버 공간을 분할하는 '디지털 베스트팔렌'원칙을 주장하며 해당 배타적 영역 내에서 국가의 개인에 대한 통제를 주장한다. 이와 같은 국제규범질서구축을 둘러싼 충돌은 기후위기, 식량, 반도체 공급망, 코비드-19 같은 감염병 대응, K팝 한류와 같은 문화 예술 등 다양한 부문에서 서로 첨예하게 나타나며, 그 결과는 전통적 지정학적 패권충돌의 향방에 중요한 영향을 미친다.101

---

100 윤민우, "미국-서방과 러시아-중국의 글로벌 전략게임," p. 31.
101 Ibid, pp. 32-33.

VIII

전쟁의 바람: 안보환경 및 위협요인들

◆ ◆ ◆

스스로를 둘러싼 환경, 즉 안보환경과 위협요인들에 대한 이해는 앞서 살펴본 전쟁의 틀과 함께 국가와 같은 개별행위자가 직면한 전쟁을 승리로 이끌기 위해 필요한 좋은 전쟁전략을 기획하기 위한 선결조건이다. 안보환경의 특징들은 위협요인들의 특성과 위험성에 영향을 미친다. 그리고 각각의 위협요인들의 특성과 위험성은 해당 전쟁행위자(즉, 국가 또는 비국가행위자)가 맞이하게 될 개연성이 높은 전쟁 시나리오를 도출하는데 주요한 판단근거가 된다. 좋은 전략기획은 이와 같은 식별된 개연성 높은 최적 전쟁 시나리오를 바탕으로 작성될 필요가 있다. 이와 같은 맥락에서 이 장은 앞서 살펴 본 전쟁의 틀에 대한 논의와 함께 전쟁전략 도출을 위한 주요한 사전조건에 대한 논의라는 성격을 가진다. 특히 여기에서는 한국의 시각에서 안보환경과 위협요인들을 식별하고 평가한다. 즉 국가행위자인 한국의 시각에서 한국을 둘러싼 미래 안보환경의 특징들과 위협요인들의 특성과 위험성에 대해 살펴본다.

1. 안보환경의 특징들

지난 2-30년간 빠르게 진행된 정보·통신·과학기술의 발전과 사이버공간의 확장, 그리고 4차산업혁명으로의 이행 등은 오늘날 인간을 둘러싼 삶의 양식에 혁명적 변화를 가져오고 있다. 이 같은 변화는 마찬가지로 국가가 직면한 안보환경에도 혁명적 변화를 가져왔다. 이 때문에 국가는 급변하는 안보환경에 부응하여, 위협요인들을 식별하고, 최적의 전쟁전략 및 방안들을 개발하고, 발전시켜나가야 할 필요가 있다.[1]

---

1 윤민우. 2019. "미러 사이버 안보 경쟁과 중러 협력," 김상배 엮음 사이버 안보의 국가전략 *2.0.*

최근 안보환경은 급변하고 있다. 이 때문에 전통적인 안보개념으로는 잘 설명하기 어려운 전방위적인 회색지대현상과 불확정성이 주요한 안보환경의 특징으로 떠오르고 있다. 이를 구체적으로 살펴보면 다음과 같다.

첫째, 안보영역(security domain)의 확장이다. 이는 정보·통신·과학기술의 발전과 정보와 지식의 폭발적 증대와 관련이 있다.[2] 오늘날 안보위협은 기존의 전통적인 공간인 땅과 바다, 하늘에 더해 우주와 사이버, 그리고 인지 영역이 새롭게 추가된 6개의 영역(domain)에서 다루어지게 되었다. 이제 안보위협은 기존의 전통적 물리 공간에 더해 사이버 공간과 인간의 인지 공간이 추가된 다영역(multi-domain)에서의 문제로 다루어지고 있다.

둘째, 안보위협 행위자의 확산이다. 과거 냉전시대 에스피오나지(espionage)등 국가안보위협의 주된 행위 주체는 국가행위자들(state actors)에 국한되었다. 그러나 오늘날은 북한, 중국 등 적대적 국가행위자들에 더해 테러리스트와 국제조직범죄세력, 핵티비스트(hacktivists), 리키비스트(leakivists), 해커들, 산업스파이활동을 하는 민간 기업 등 여러 다양한 비국가 행위자들이 추가되었다.[3] 한편 이와 같은 안보위협 행위자의 다변화와 함께, 국가행위자와 비국가행위자들 사이의 통합이 동시에 이루어지고 있다. 국가행위자가 자신의 개입을 은폐하고 실질적인 국가적 전략목표를 달성하기 위해 비국가행위자들을 자신들의 스파이 활동이나 군사작전의 프록시(proxy) 병력으로 활용하는 사례들이 점차 빈번해지고 있다.[4]

예를 들면, 미국은 다양한 민간 보안회사들과 정보통신 사업자들, 플랫폼 기업들을 정보활동의 첨병으로 은밀히 운용한다. 미국은 이를 '다중이해당사자주의'라는 완곡한 표현으로 지칭한다. 사이버 보안회사인 '엔드게임', '크라우드 스트라이크', '팰런티어 테크놀로지', '바나' 등과 오프라인 보안회사인 크롤 어소시에이트(Kroll Associates), 블랙워트 USA(Blackwater USA) 그리고 AT&T, 버라이즌, 마이크로소프트, 구글, 아마존, 애플, 페이스북, 테슬라 등의 정보통신부문 기업들은 사실상의 정보기관이다.[5]

서울대학교 국제문제연구소 총서 21, 서울: 사회평론 아카데미.

2 윤민우, 『폭력의 시대: 국가안보의 실존적 변화와 테러리즘』, (서울: 박영사, 2017).

3 Homeland Security. 2020. the Office of Intelligence & Analysis Strategic Plan for Fiscal Years 2020-2024. file:///C:/Users/thank/Desktop/2022%EB%B0%A9%EC%B2%A9/20_0206-oia-strategic-plan-fy20-24.pdf

4 송태은, "하이브리드 위협에 대한 최근 유럽의 대응," IFANS 주요국제문제분석, 2020-31, 국립외교원 외교안보연구소, p. 8.

러시아는 민간사이버범죄조직인 러시아비지니스네트워크(RBN)를 정보활동에 활용했으며,[6] 2016년 미국 대선개입 때 APT 28과 APT 29로 알려진 해커그룹들이 각각 FSB와 GRU의 은밀한 지원에 따라 동원되었다.[7] 나쉬(Nashi)라고 불리는 친크레믈린 청소년 운동(pro-Kremlin youth movement) 조직이 러시아 정부의 후견아래 2008년 조지아 침공과 이후 우크라이나 크림 반도 합병 등에 러시아 정부를 위한 인터넷에서의 담론형성과 여론공작, 가짜뉴스, 댓글공작 등과 같은 정보-심리작전에 조직적으로 동원되었다. 여기서 "러시아를 위해 적과 싸우기를 희망하는" 블로그들을 위한 지침매뉴얼(instruction manual)을 작성하고 정보전쟁 참여를 독려했던 FEP(Foundation for Effective Politics)의 막심 자로프(Maksim Zharov)는 크레믈린과 나쉬를 연결하는 주요한 매개자였다.[8] 러시아 정부나 정보기관 등에 의해 은밀히 후견되는 이와 같은 사이버 전사들은 인터넷 트롤(trolls)이나 봇(bots) 또는 쓸모 있는 멍청이(useful idiots) 들로 불린다.[9] 트롤팜(troll farm)이라고 불리는 IRA(Internet Research Agency) 역시 대량의 허위정보를 소셜미디어와 인터넷 채팅방, 토론방, 뉴스 댓글 등을 통해 유포하고 가짜 계정의 소셜봇과 봇부대를 이용하여 사이버 활동을 급증시켰다고 알려졌다. IRA는 러시아 정부로부터 금전적 지원을 받는 민간회사로 알려져 있다.[10]

중국은 중국계 국제조직범죄 네트워크와 해외 도처의 중국계 현지체류자들과 유학생들을 정치문화전쟁(political cultural warfare)의 첨병으로 동원한다. 중국 국가안전부는 정치전쟁과 비밀공작활동을 위한 정보작전센터를 설치하고 대표적인 중국계 국제조직범죄 네트워크인 죽련방(United Bamboo)을 중국의 해외 군사력 투사와 정치문화적, 경제적 영향력 침투 등에 활용한다. 중국계 조직범죄집단들은 마약거래, 도박, 불법이민 등의 범죄활동뿐만 아니라 해운사업, IT, 관광, 엔터테인먼트, 부동산 사업 등 합

---

5 세인 해리스, 『보이지 않는 전쟁 @ WAR』, 진선미 옮김, (서울: 양문, 2015), pp. 179-208.

6 Ibid, p. 12.

7 윤민우, "사이버 공간에서의 심리적 침해행위와 러시아 사이버 전략의 동향," 「한국범죄심리연구」, 14(2) (2018), p. 100.

8 Carr, Inside Cyber War, pp. 17-18.

9 Alonso Bernal, Cameron Carter, Ishpreet Singh, Kathy Cao, Olivia Madreperla, "Cognitive Warfare: An attack on truth and thought," NATO Cognitive Warfare Project, Fall 2020, pp. 23-26; ISER(Institute for Social and Economic Research), "Cognitive Wars," 11 March 2021. https://iser.org.ua/en/analitika/gromadianske-suspilstvo/kognitivna-viina

10 송태은, "디지털 허위조작정보의 확산 동향과 미국과 유럽의 대응," 주요국제문제분석 2020-13, 국립외교원 외교안보연구소, pp. 22-23.

법적인 사업에도 자본을 투자하고 사업을 운영한다.[11] 중국의 유학생들과 학자들, 공자학원과 같은 교육문화기관은 중국의 이념과 사상, 문화, 이미지 등을 해외에 침투, 확산시키고 중국에 대한 부정적인 의견, 여론, 동향 등을 통제하고 무력화시키는 정치문화전쟁의 최전선에 있는 스파이 또는 전투 집단이다.[12] 중국의 애국적 해커그룹들은 현재 중국 군부와 정보기관의 명령을 받는다. 해커들이 모두 인민해방군에 징집된 병사 혹은 정보기관의 정식 스파이는 아니지만, 베이징 정부는 은밀히 그들의 활동을 지원하면서 공식적으로는 그 존재를 부인한다.[13] 이미 2006년 8월 미국 펜타곤은 중국 내에서 활동하는 적대적인 민간 사이버 단체들이 NIPRNET[14]을 공격하여 최대 20테라바이트 분량의 자료를 다운로드 했다고 주장한 바 있다.[15] 이처럼 중국 정부가 민간 해커그룹들을 해킹과 스파이 활동 등에 조직적으로 동원해왔다는 것은 잘 알려진 사실이다.[16] "우마오당"으로 불리는 여론공작과 심리전, 영향력 공작을 위한 중국의 댓글부대는 또 다른 대표적인 사례이다. 중국 댓글부대는 코비드 19 사태 이후에 더 조직화, 체계화 되었으며, 중국 정부와 관영매체 등과 긴밀하게 협력하면서 메시지를 퍼 나르고 허위 뉴스를 전파하며, 이를 리트윗하거나 좋아요를 누르는 데 동원된다. 서방 연구기관들은 중국 댓글부대가 2016년 미 대선에 개입했던 러시아의 인터넷리서치에이전시(IRA) 같은 사이버전군단으로 발돋움한 것으로 평가한다. 단순히 애국주의로 무장한 중국 청년층이 뛰어드는 것이 아니라 정부 차원의 국제 여론 조작 시스템을 구축했다는 것이다. 여기에는 중국 민간의 인터넷 기술 기업들도 관여하고 있다고 한다.[17]

셋째, 안보위협 수단의 다변화이다. 과학기술의 발전과 4차산업혁명으로 통상적인 안보위협 수단을 뛰어넘는 다양한 안보위협수단이 등장하고 있다. 이와 같은 안보위협 수단은 군사와 민간 영역, 안보와 경제 영역의 구분을 허물고 융합되는 추이로

---

11 윤민우, "신흥 군사안보와 비국가행위자의 부상," p. 305.

12 클라이브 해밀턴, 『중국의 조용한 침공(Silent Invasion)』, (서울: 세종, 2021), pp. 293-342.

13 해리스, 『보이지 않는 전쟁 @ WAR』, p. 120.

14 미 국방부 대금 결제, 부대 이동, 전투기 배치, 공무원 이메일 등 기밀로 분류되지 않았지만 민감한 정보를 다루는 미군의 전산망.

15 한나스·멀베논·푸글리시, 『중국 산업스파이: 기술 획득과 국방 현대화』, p. 382.

16 Ibid., pp. 381-404.

17 최유식, "국제무대 마이크 장악 200만 중국 댓글부대 미 대선 노린다," 「조선일보」, 2020년 6월 23일, https://www.chosun.com/site/data/html_dir/2020/06/23/2020062303057.html

전개되고 있다. 이와 함께 이와 같은 다변화된 안보위협수단의 제조와 수송, 사용과 관련된 글로벌 공급망 구축이 안보위협의 핵심 의제로 등장하였다. 새로이 떠오르고 있는 안보위협 수단들을 예를 들면, 로봇, 드론, IoT, 지능형 CCTV, 구글 글라스 등 디바이스들과 AI와 SCADA, 빅데이터, 딥러닝, 블록체인 등과 같은 정보처리와 정보 보안, 기반시설 운영을 위한 프로그램들, 랜섬웨어나, 멀웨어 등과 같은 공격용 사이 버 무기들, 디지털 플랫폼들, 뇌-컴퓨터 인터페이스 기술, 바이오-나노 기술, 혼합현 실(mixed reality) 기술, 그리고 이와 같은 디바이스들과 운영시스템, 프로그램, 기술들을 지원할 수 있는 안정적 에너지 공급을 위한 SMR(소형 모듈원자로) 등과 같은 기술, 비메 모리 반도체와 같은 핵심 부품들, 그리고 정보처리 능력을 획기적으로 증대시킬 수 있는 퀀텀컴퓨팅(quantum computing) 등과 같은 기술들, 인간의 행동과 인지영역에 대한 조작과 개입, 영향력 투사를 위한 뇌과학과 인지심리학, 행동과학, 그리고 사회과학 의 지식들이 모두 이에 해당한다. 이와 같은 새롭게 대두된 하드웨어와 소프트웨어, 과학기술과 지식들에 있어서는 군사와 민간, 정부와 민간, 안보와 경제 영역의 구분 이 뚜렷하지 않으며, 통합되어 있다.

넷째, 안보위협 취약성의 분산과 증대이다. 위에서 제시한 것처럼 안보 영역의 확 장과 위협 행위자의 확산, 위협 수단의 다변화의 결과로 안보위협 취약성이 분산되 고 증대되었다. 정부와 민간, 군사와 비군사, 안보와 경제가 전일적으로 융합되면서 상대적으로 국가안보의 약한 고리에 해당하는 민간과 경제 부문의 취약성이 증대하 였다. 이는 전통적으로 국가안보수호를 위한 활동의 핵심 고려 대상이었던 정부와 군사, 안보 부문에 대한 심각한 피해를 야기할 수 있는 우회통로(또는 백도어)로 민간부 문(즉 경제·사회·문화·교육부문)이 악용될 가능성이 증대하였다는 것을 의미한다. 최근 국 내·외의 우려스러운 안보실패의 사례들을 살펴보면, 핵심 국가, 군사, 안보 부문의 심각한 보안침해사고가 이들 핵심 부문과 연계된 민간기업과 기관, 민간 부문 실무 담당자, 정부부문의 중하위급 관계자 또는 구성원들의 사적인 측면을 우회루트로 활 용하여 발생된 것을 알 수 있다. 또한 안보위협의 영역이 확장되면서, 대학과 교육문 화예술, 싱크탱크, 미디어 등 다양한 부문에서의 안보위협 역시 증대되었다. 이 밖에 도 에너지, 전력, 수도, 물류 등과 같은 국가 핵심기반시설이 SCADA(Supervisory Control and Data Acquisition)와 같은 정보통신시스템에 의해 운용되면서 국가핵심기반시설이 기 존의 오프라인 위협에 더불어 사이버안보위협의 대상으로도 포함되었다. SCADA는 인터페이스, 소프트웨어, 운영체계(operating system), 그리고 프로토콜 등을 사용하는데 이에 대한 사이버 공격이나 해킹은 SCADA 실패(failure)로 이어지며, 그 결과는 대규모 정전사태나 에너지 공급망 혼란, 물류체계의 붕괴와 같은 국가급 재난으로 이어진다.[18] 이는 한 국가의 대다수의 사람들에게 불안, 근심, 공포 등의 심리적 위해는 물론, 산업 또는 국가 전반의 심각한 경제적, 안보적 위해를 가할 수 있다.[19] 실제로 글로벌 물류산업에 대한 랜섬웨어 공격은 점점 증가하고 있는 상황인데, 사이버 보안 회사인 블루보얀트(BlueVoyant)의 보고에 따르면 2019년에서 2020년 사이에 이와 같은 공격은 양적으로 3배 증가했다.[20] 여기에 선거제도 역시 해외 적대세력의 영향력 공작의 대상이 되면서 미국의 경우 국가핵심기반시설로 선거제도자체를 포함시키는 움직임을 보였다. 이처럼 오늘날 안보위협의 취약성은 국가와 사회 전방위적으로 분산, 다변화, 증대되어가는 양상을 보이고 있다.

다섯째, 안보위협 행태의 수렴이다. 전통적으로 범죄, 테러, 스파이활동, 전쟁 등과 같은 다양한 유형의 안보위협은 각각의 위협 층위와 부문별로 구분되어 졌고, 국가의 대응 역시 군, 정보기관, 또는 경찰 및 법집행기관 등과 같은 전담기관들이 각각의 고유한 업무를 수행하는 부문별 전문화(division of labor) 원칙에 따라 이루어졌다. 하지만 최근 들어 범죄-테러-스파이활동-전쟁 등의 다양한 안보위협들이 서로 수렴되고, 전일적으로 중첩되고, 혼재되는 위협으로 나타나는 경향이 두드러지고 있다. 이러한 경향은 특히 사이버 공간에서 두드러지지만, 오프라인에서도 마찬가지로 관찰되고 있다. 예를 들면, 사이버 공간에서 랜섬웨어 공격이 발생하였을 경우, 또는 프로파간다나 댓글공작, 또는 영향력 공작이 실행되었을 경우에 이와 같은 위협적 행동의 주체와 목적이 범죄, 테러, 스파이활동, 또는 전쟁의 어떤 유형으로 식별되어야 하는지, 따라서 국가의 어떤 기관이나 행위주체가 대응의 주체가 되어야하는지 애매모호한 경우가 다반사이다. 이와 같은 경우는 조직범죄나 테러단체, 민간의 행동주의(activism) NGO 단체들이 국가 행위자의 영향력 공작이나 스파이, 또는 전쟁의 의도

---

18 Andress and Winterfeld, Cyber Warfare: Techniques, Tactics and Tools for Security Practitioner, pp. 126-127.

19 Andress and Winterfeld, Cyber Warfare: Techniques, Tactics and Tools for Security Practitioner, p. 199.

20 Nicole Sadek, "Shipping Companies Confront Cyber Crooks as Economies Reopen," Bloomberg Government, June 29, 2021, https://about.bgov.com/news/shipping-companies-confront-cyber-crooks-as-economies-reopen/#:~:text=Ransomware%20attacks%20on%20shipping%20firms,in%20the%20last%20four%20years

와 통합되면서, 오프라인에서도 유사하게 나타나고 있다. 용병이나 핵티비스트들이 전쟁 수행의 주체로 등장하면서, 이들의 활동이 국가의 전쟁수행의 한 부분으로 이해되어야 하는지 아니면 독자적인 테러나 범죄행위로 이해되어야 하는지 모호한 경우가 많다. 이처럼 오늘날 범죄-테러-스파이활동-전쟁 등의 다양한 안보위협은 애매모호하게 서로 중첩되어 있으며, 따라서 이에 대응하는 국가의 방첩활동, 범죄예방 및 대응, 대테러, 그리고 전쟁 수행 등은 서로 다른 유형의 국가안보활동들과 중첩되고 긴밀히 연계되고 있다.

이러한 현상은 최근 벌어지고 있는 2022년 러시아-우크라이나 전쟁에서 확연히 목격된다. 해킹과 내러티브 충돌과 여론조작, 용병에 의한 전쟁외주와 전통적 군사적 충돌, 그리고 미디어 여론전이 복잡하게 뒤섞여 있으며, 국가 행위자와 스파이들, 어나니머스와 같은 국제 핵티비스트들, 친러시아 또는 친우크라이나 애국적 해커들, 언론인들, 자원참전자들, 개인들이 다양하게 뒤섞여 충돌하고 있다. 이러한 현상은 과거에도 러시아 애국해커들에 의한 2007년 에스토니아 및 2008년 조지아 사이버 공격, 2009년 아랍 해커들에 의한 이스라엘 사이버 공격, 2013년 어나니머스의 미 정부, 금융기관 사이버 공격, 러시아의 2016년 미국대선개입 등에서 관찰되었다.[21] 결과적으로 전쟁과 비전쟁(스파이활동, 테러, 범죄 등)의 경계가 모호해지고 있다.

2. 안보위해 요인들

안보환경의 특징들은 안보위해 요인들의 특성과 위험성에 영향을 미친다. 한국과 같은 개별행위자를 둘러싼 일반적인 환경조건에 해당하는 것이 안보환경이라면 위해 요인들은 한국에 구체적으로 위협이 되는 인격적 또는 비인격적 행위주체에 해당한다. 인격적 행위주체는 크게 국가행위자와 비국가행위자로 나뉠 수 있다. 이들은 공통적으로 한국을 공격 또는 위해하려는 동기나 전략적 의도를 갖는다. 한편 비인격적 행위주체는 자연현상 또는 사회구조이거나 기술 등과 같은 의도나 동기를 갖지 않는 자연적·물리적 위해요인에 해당한다. 이들 인격적-비인격적 행위주체들은 서로 상호작용하는 경향이 있으며 이와 같은 상호작용의 결과는 한국에 복합위협으로

---

21 Carr, Inside Cyber War, pp. 15-29.

영향을 미칠 수 있다.

여기에서는 앞서 살펴본 안보환경의 특징들을 토대로 한국에 대한 안보위해 요인들을 식별하고 이들의 특성과 위험성에 대해 살펴본다. 안보위해 요인들은 대체로 ① 북한, 중국과 같은 국가행위자, ② 테러세력이나 국제조직범죄세력, 해커 또는 핵티비스트들과 같은 비국가행위자, 그리고 ③ 과학기술의 발전과, 환경 및 기후위기, 경제산업환경의 변화, 감염병 등과 같은 비인격적 구조적·외생적 조건의 변화로 인해 나타나는 취약성의 확산과 같은 비인격적 행위주체로 구분된다. 이와 같은 분류의 기준을 보다 자세히 설명하면 다음과 같다. 먼저 국가행위자에 의한 위협은 해당 국가의 전략적 의도와 목표에 따라 국가기관의 지휘·통제·지원 아래 실행되는 안보위해 행위들을 의미한다. 따라서 비국가행위자나 비인격적 위해 요인들과 관련되더라도 이와 같은 행위들이 국가행위자의 전략적 의도 또는 지휘·통제·지원 등과 연관되어 있을 경우에는 국가행위자에 의한 위해로 간주된다. 둘째, 비국가행위자에 의한 위협은 국가 행위자의 전략적 의도나 지휘통제와 전혀 관련이 없는 순수한 비국가행위자의 경제적, 정치적, 사회적, 종교적, 사적 의도나 목적을 달성하기 위해 발생하는 위해행위를 말한다. 마지막으로, 비인격적 행위주체는 특정한 인격적 행위주체의 의도적 목표 실행과 관련이 없는 자연재해나 환경변화, 과학기술의 발전과 같은 비인격적 구조적·조건적 요인에 의해 발생하는 취약성의 확산을 의미한다. 이와 같은 비인격적 요인들은 인격적 행위자들에 대한 힘의 증강효과(force multiplier)로 작용하는 경향이 있다. 힘의 증강효과는 기존 인격적 행위자의 위협의 힘(force of threat)의 크기는 그대로인데 비인격적 요인들의 변화로 그 위협의 힘의 파괴력(power of destruction)이나 치명력(power of lethality)이 증대하는 현상을 의미한다.

1) 국가행위자로부터의 안보위해

(1) 북한

북한은 과거부터 계속되는 한국의 안보위협이며 미래에도 이러한 상황은 지속될 것으로 판단된다. 현재 북한은 윤석열 정부 출범 이후 한국에 대해 강대강 전략을 고수하며 위협과 비난을 지속하고 있다. 북한이 '전승절'이라고 주장하는 한국전쟁 휴전협정일에 김정은이 윤석열 대통령의 실명을 거론하며 노골적으로 비난한 바 있다. 김여정은 2022년 8월 18일 담화에서 사실상 남북관계의 단절을 선언한 바 있다. 이후에도 북한 선전매체 '메아리'와 '통일신보' 등을 통해 윤석열 정부에 대한 비난을 지속하고 있다. 최근 윤석열 정부가 북한의 비핵화 조치에 상응해 단계적 경제지원을 한다는 내용의 '담대한 계획'을 발표하였을 때도 비판적인 태도를 보인바 있다. 이에 더해, 최근 2022년 9월 8일에는 김정은이 최고인민회의 시정연설과 핵교리 법제화 등을 통해 핵무기를 선제 공격수단으로 사용할 것임을 분명히 했다. 북한은 한국을 대상으로 사용할 전술핵무기를 사실상 실전배치 단계에 진입시킨 것으로 평가된다. 이와 관련하여 전문가들은 테러공격을 포함한 북한의 남한에 대한 국지도발 가능성을 높게 예측하고 있다.[22]

도발적인 북한이 내포하는 안보위협을 세 가지로 구분해서 살펴보면, 북한의 지속적인 핵능력 고도화로 인한 역내안보질서에 대한 위협, 핵무기와 운반체계인 미사일 능력의 고도화에 기반을 둔 ICBM과 SLBM, 그리고 전술핵무기 등이 초래하는 군사위협, 그리고 북한의 사이버 기술공격의 위협과 프로파간다와 영향력 공작을 포함한 정보심리전 또는 인지전의 위협 등이다. 이와 같은 위협은 북한이 한국과 미국의 압도적인 경제력과 재래식 전력에 맞서 핵과 미사일, 그리고 사이버를 3축으로 한 비대칭전력을 구체화한 결과이다. 이와 같은 세 가지 위협을 살펴보면 다음과 같다.

첫째, 북한의 가장 큰 위협인 핵능력 고도화는 현실적으로 향후에도 지속될 것으로 판단된다. 반면, 북한이 비핵화 협상에 응할 개연성은 매우 낮아 보인다. 이 때문에 북한의 고도화된 핵능력을 상수로 두고 미래 안보위협에 대응할 필요가 있어 보인다. 북한은 핵무장을 통한 국가체제안정과 이를 기반으로 한 미국 세력의 한반도로부터의 축출, 그리고 대한국 적화통일이라는 전략적 목표를 국가출범 이후로 한 번도 포기한 적이 없다. 북한은 그와 같은 전략목표를 달성하기 위한 구체적이고 현실적인 수단으로서의 핵능력 확보와 고도화를 중단 없이 지속해왔다. 지난 2017년 이후 북한은 핵실험 모라토리움을 선언했지만 여전히 핵능력 증대를 위해 핵실험 준비와 소형 전술핵탄두 개발을 위한 미사일을 테스트하는 등 핵개발 및 핵무력 능력 개발을 지속적으로 고도화해 온 것으로 판단되고 있다.[23] 현재 고도의 핵능력을 갖춘 북한은 윤석열 한국 정부와 바이든 미국 정부의 대북한 핵포기 전략에 노골적인

---

22 조한범, "핵교리 법제화와 북핵 대응의 질적 전환," Online Series CO 22-25, 2022년 9월 15일, 통일연구원; 북한, 윤석열 정부 대북정책 잇단 비난... 전문가 "남북 강대강 국면 돌입 속 대남 도발 가능성." 「VOA」, 2022. 8. 10. https://www.voakorea.com/a/6694085.html

23 美전략사령부서 첫 북핵대책토론회…"北 핵능력 고도화에 우려" 「파이낸셜뉴스」, 2020. 7. 21. https://www.fnnews.com/news/202207210022209548

불만을 드러내며 이에 맞서 핵실험의 재개, 미사일 발사 도발 등으로 맞서고 있다. 2022년 6월 미 국무부 대변인은 북한의 7차 핵실험이 조만간 임박할 수 있다는 가능성을 시사하면서, 북한의 핵실험 의지가 매우 강력하다고 강조하였다.[24] 국정원은, 2022년 9월 28일 보도에 따르면, 북한의 7차 핵실험이 10월 16일에서 11월 7일 사이에 있을 가능성이 있다고 비공개 국회 정보위원회에서 밝혔다.[25]

이런 북한의 핵위협에 대해서 미국 ODNI의 "2022년 미국 정보공동체 연례위협평가(Annual Threat Assessment of the U.S. Intelligence Community) 보고서"는 김정은은 핵무기와 대륙탄도간미사일(ICBM)이 북한 전체주의와 독재체제를 지켜낼 수 있는 궁극적인 보장안(ultimate guarantor)이라고 여기고 있으며 시간이 지남에 따라 국제사회로부터 결국 핵무기 보유국으로서의 지위를 인정받게 될 것이라고 믿고 있다고 분석하였다. 또한 같은 보고서는 미국과 국제사회의 경제제재에 따른 김정은 정권의 경제적 어려움과 코비드-19로 인한 보건위기 등은 김정은 체제를 전복시킬 만한 근본적인 문제는 되지 않을 것으로 판단하고 있다고 분석하였다. 이밖에도 해당 보고서에 따르면, 김정은은 한국에 대한 전략적 영향력을 견지할 수 있는 수단으로서 핵능력을 획득할 확실한 목표를 갖고 있다.[26] 이와 같은 미국 ODNI 최근 분석에 따르면, 북한이 핵능력을 포기할 여지는 극히 낮으며, 따라서 상응하는 경제적 대가 또는 그 밖에 다른 어떤 수단도 북한을 비핵화 협상으로 불러들일 수 없다. 이 때문에 북한의 비핵화 협상은 사실상 불가능하며, 북한 핵능력과 핵위협을 상수로 설정하고 이에 대해 안보 대응을 모색하는 것이 보다 현실적이다.

이와 같은 평가를 뒷받침 하듯, 북한의 핵위협에 대해 미국 네브라스카 주의 오마하에 있는 미 전략사령부에서 지난 5월 미국의 정보·군 당국 관계자들(ODNI와 DIA)과 전문가들이 북한 핵위협에 대한 토론회를 열었다. 그동안 러시아와 중국의 핵위협에 대해서만 토론회를 개최했던 전략사령부가 북핵의 위협에 대해 논의한 것은 그만큼 북핵의 위협이 고도화하고 심각해졌다는 것을 반증한다. 또한 북한 핵위협을 사실상 실존하고 분명한 위협으로 받아들이기 시작했다는 사실의 방증이다.[27] 미 전략사령

---

24 국제사회 '북 핵실험 가능'...한미 '단호 대응' 시사, 「BBC News 코리아」, 2022. 6. 7. https://www. bbc.com/korean/news-61715049

25 주희연, "국정원 북 7차 핵실험, 10월 16일 ~ 11월 7일 가능성," 「조선일보」, 2022년 9월 28일.

26 "국제사회 '북 핵실험 가능'...한미 '단호 대응' 시사." 「BBC News」; ODNI, p. 17.

27 Ibid.

부의 토론에서는 단기간 내에는 북한의 핵 포기 가능성은 제로에 가깝다는 것, 한국과 미국의 양보를 얻어내기 위해 소형 핵을 실재로 사용할 가능성도 있다는 점, 그리고 북한의 비핵화를 이끌어 내는 것은 실제로 어렵고, 핵사용 억제가 정책의 목표로 바뀌어야 하며, 이에 대한 고민이 필요하다는 내용 등이 제기되었다.

둘째, 완성된 핵능력과 연계하여, 북한은 운반체계인 미사일 능력의 고도화를 통해 ICBM, SLBM, 그리고 MRBM 등의 비대칭 무기개발과 군사력 증강에 박차를 가하고 있다. 2021년 초 노동당 8차 대회에서 김정은은 우선적으로 개발할 새로운 무기체계를 선보였다. 핵추진잠수함(nuclear-powered submarine), 극초음속 활공체(hypersonic glide vehicles), 장거리 고체추진 미사일(long-range solid-propellant missiles), 다탄두각개목표재돌입체(multiple indecently targetable re-entry vehicle: MIRV) 등이다. 이와 같은 무기의 개발은 장기간에 걸치는 것이지만 김정은의 북한 군사력 및 무기체계의 증강과 발전을 위한 의지를 보여주는 차원에서 매우 위협적이다. 특히 MIRV의 경우 북한이 ICBM과 SLBM을 개발한 뒤에 개발하는 것이어서 북한의 MIRV 능력은 거의 완성단계인 것으로 평가할 수 있다. 북한은 지난 2022년 5월 4일에 평양 순안 일대에서 동해상으로 탄도 미사일 1발을 발사했다. 해당 발사에 대해 전문가들은 신형 ICBM인 화성-17형에 이 MIRV 기술 검증 시험을 했을 것으로 보았다.[28] 북한이 MIRV를 확보했을 경우 북한의 핵 강국 이미지 제고에 도움이 되고 적국의 탄도미사일요격 시스템의 효율성을 떨어뜨려 미국의 미사일 방어(MD)에 대한 북한의 대응능력이 향상될 것으로 판단된다. 일반적으로 MIRV능력을 확보해야만 ICBM 능력이 완성된 것으로 보는데 북한은 이를 염두에 두고 있는 것으로 보인다. 북한이 이와 같은 무기체계를 확보한다면, 궁극적으로 북한의 대미 협상력이 제고될 뿐만 아니라 미국에 대한 핵억제능력을 북한이 갖게 된다. 이 경우 북한의 한국에 대한 군사적 침공 또는 국지적 도발이나 테러공격, 국내정치개입 공작 등과 같은 여러 형태의 도발에 대한 대북 억제력에 균열이 발생하게 되어 한국의 안보와 한반도 평화에 큰 위협이 된다.

이 외에도 김정은은 미국 본토와 한국을 공격할 수 있는 다양한 수준의 무기체계를 지속적으로 시험, 개발하면서 군사력 증강과 무력도발을 이어오고 있다. 이와 같은 무기체계에는 단거리탄도미사일(Short-range ballistic missiles: SRBM), 준중거리탄도미사

---

28 [분석] "북한 4일 쏜 탄도미사일, '화성-17형' 다탄두(MIRV) 기술검증 목적", 「뉴스핌」, 2022. 5. 5. https://www.newspim.com/news/view/20220505000040

일(Medium-range ballistic missile, MRBM: MRVM), 순항미사일, 잠수함발사탄도미사일(Submarine-launched ballistic missile: SLBM), 극초음속활공비행체(Hypersonic Glide Vehicle: HGV) 등이 포함된다. 이 가운데 특히 북한은 2022년 1월 5일에 HGV의 형상설계를 실험한 것으로 파악된다.[29] 이 외에도 미국 정보당국의 보고서는 북한의 화학무기와 생물학무기들의 위협이 상존하고 있음을 경고한다. 해당 보고서는 이러한 무기들은 북한이 전쟁 시에 사용할 가능성이 높다고 분석하였다.

한편 북한의 핵능력과 핵무기 투발수단 고도화는 북한의 사이버 및 인지전, 그리고 테러와 같은 저강도 국지도발 역량과 깊이 연계되며, 통합적 위협을 초래할 수 있다. 먼저 북한 핵무기는 EMP(Elector Magnetic Pulse) 공격의 수단으로도 사용되어 한국의 사이버 및 정보통신시스템을 파괴할 수 있다. 북한의 EMP탄은 한국의 전략지휘통제통신체계와 정보통신망, SCADA에 의해 운용되는 전기, 수도, 가스, 보건, 물류, 발전소 등 국가핵심기반시설을 마비시키거나 파괴할 수 있다. 이는 평시에도 국가적 안보위협이 되지만, 전시에는 그야말로 치명적 위협이 된다. 또한, 북한의 핵실험, 미사일 도발 등은 그 자체로 인지전의 수행 수단이 된다. 핵무기는 다른 무기와는 달리 실제 사용도 위협적이지만 사용될 것이라는 위협을 통해 적의 지도부와 대중, 그리고 제3국에 대해 가하는 인지적인 영향력도 매우 크다. 핵무기의 사용 위협과 실제 사용은 다른 성격을 가지는데 전자는 특히 적의 지휘부의 판단, 결심, 행동에 영향을 미치는 동시에 적의 대중과 해외 여론에 영향을 미치는 인지전 수행의 이상적인 수단이 된다. 북한의 잇따른 핵무기 도발과 러시아-우크라이나 전쟁에서 푸틴의 지속적인 핵사용 경고등은 이와 같은 인지전의 수행이라는 측면에서 들여다 볼 필요가 있다. 인지전의 주요한 전략 목표는 적의 지도부와 대중을 분열시키고 적에게 위기감, 공포를 조장함으로서 적 내부의 분열과 갈등, 반복, 대립을 극대화하는 것이다. 이 때문에 북한핵이 인지전의 수단으로 한국 사회에 정보심리적 영향을 미치는 측면에 대해서도 들여다볼 필요가 있다. 핵무기를 기반으로 한 북한 군사력 강화는 또한 북한의 대한국 국지도발과 테러공격의 위험도 높인다. 핵무력 보유로 한국과 미국의 전면공격을 받을 위험으로부터 벗어나 체제의 안정성이 확보되었다고 북한이 판단할 경우 북한은 보다 공세적인 도발로 태세를 전환할 수 있다. 북한이

---

29 전문가 "북, 극초음속 활공체 원뿔형 설계 시험"…軍주장 반박, 「매일경제」, 2022. 1. 10. https://www. mk.co.kr/news/politics/view/2022/01/27133/

비교적 대한국 군사력 우위에 있다고 판단했던 1960~80년대에 한국에 대한 게릴라 도발과 테러공격이 집중되었다는 점을 복기해보면 이와 같은 위협에 대해 선제적으로 고민할 필요가 있다.

셋째, 북한의 사이버 능력 고도화로 인한 사이버기술공격과 인지전의 위협의 증대에 주목할 필요가 있다. 이와 같은 위협은 사이버 스파이활동, 사이버 범죄, 사이버 기술공격, 그리고 사이버 공간을 통한 국내 여론과 대중들에 대한 영향력 공작, 선거 개입 등을 포함한다. 북한의 사이버 위협수준에 대해 ODNI의 "정보공동체 연례위협 평가(Annual Threat Assessment of the U.S. Intelligence Community) 보고서"는 "평양은 미국의 일부 핵심기반시설과 네트워크 그리고 비지니스 네트워크에 일시적이고, 제한적인 와해를 야기할 수 있는 전문적인 능력을 갖추고 있을 것으로 평가된다"[30]라고 명시하여 러시아와 중국에 이은 중요한 사이버 공격 위협요인으로 평가하였다. 2021년 2월 17일, 바이든 행정부의 네드 프라이스(Ned Price) 국무부 대변인은 핵과 탄도 미사일 못지않게 북한의 사이버 활동을 주시하고 있으며 대북 정책 검토에 있어서도 북한의 사이버 능력을 총체적으로 포함할 것이라고 언급하였다. 미 공군장관 지명자 프랭크 켄달(Frank Kendall)은 2021년 5월 25일에 북한의 사이버 능력이 미국 우주안보에 대한 위협이 될 수 있다는 의견서를 상원 인준 전 서면답변으로 제출하였다.[31] 이와 같은 북한의 사이버 공격능력에 대한 인식에 따라 미국정부는 바이든 정부의 출범이후 북한의 사이버 위협에 대한 대응을 강화하고 있다.

북한은 김정은 정권 출범직후부터 핵, 미사일과 함께 사이버전 역량을 주요한 비대칭 전력의 한 축으로 인식하고 꾸준히 사이버 공격과 전쟁, 스파이활동 및 범죄 능력을 강화해오고 있다. 북한은 정찰총국과 같은 정보당국이 지휘·감독하는 것으로 추정되는 사이버 해커조직들을 다수 활용하여 한국과 미국은 물론 전 세계를 대상으로 정치적·경제적 목적을 위해 사이버 활동을 수행해오고 있다. 이와 같은 활동에는 암호화폐와 외화를 탈취해 대북경제제재를 회피하여 핵과 미사일 능력 강화를 위한 자금을 확보하고, 각국의 정부, 군, 방위산업체, 에너지 관련 연구소 등에 대한 사이버 공격을 통해 주요 기밀정보를 유출하는 등이 포함된다.[32]

북한의 사이버 공격은 한국에게 가장 큰 위협이다.[33] 반면 한국은 북한의 낮은 정

---

30 Id. ODNI, 2022. p. 17.
31 Id. 김보미·오일석. 2021. p. 1. 인용.
32 Id. 김보미·오일석. 2021. p. 2.

보화 수준 때문에 북한을 목표로 사이버 공격을 효과적으로 수행하기 매우 어렵다. 이 때문에 한국과 북한의 사이버 전력은 비대칭적인 속성을 가진다.[34] 북한의 사이버 전력은 전면전 시 사이버전 대비, 핵무기와 무기체계 고도화를 위한 국방기술 탈취, 대남공작 수행, 외화벌이, 최고 존엄 모독에 대한 보복 등 다목적으로 한국을 상대로 활용될 수 있다.[35] 이제까지 한국은 북한의 정보당국이 운용하는 다수의 사이버 해킹조직의 정치, 군사, 첨단과학기술, 외교안보, 개인정보 등 기밀유출부터 금융기관과 주요 기업들에 대한 다양한 사이버공격과 암호화폐거래소에 대한 해킹까지 다양한 스파이활동과 범죄활동의 표적이 되어 왔다.

특히 북한은 최근 들어 사이버 공격 행위에 매우 적극적인 것으로 알려져 있다. 북한 핵도발로 인한 국제사회의 대북경제제재와 코비드-19 봉쇄, 그리고 계속되는 핵과 미사일 개발 소요 등으로 인해 외화가 절실하게 필요해진 북한이 자금 조달을 위해 사이버 해킹과 절도에 몰두한 것이 최근 북한발 해킹과 사이버 범죄 증가에 기여하였다. 2021년 한 해에만 북한 해커들이 암호화폐 플랫폼(cryptocurrency platforms)에 대해 최소 7회 공격하여 약 4억 달러 가치의 디지털 자산을 훔쳤다. 이와 같은 공격의 대부분은 라자루스(Lazarus)라고 불리는 해킹 그룹에 의해 실행되었으며, 이 그룹은 북한의 핵심 정보기관인 정찰총국(The Reconnaissance General Bureau)에 의해 통제된다.[36] 미국 ODNI(The US Office of the Director of National Intelligence) 2021 연례위협평가(2021 Annual Threat Assessment)에 따르면, 북한의 사이버 스파이, 사이버 절도, 그리고 사이버 공격 위협은 매우 증대되고 있으며, 특히 북한은 핵과 미사일 개발을 위한 자금 조달을 위해 전세계 금융 기관들과 암호화폐거래소에 대한 사이버 절도에 주력한다. 북한과 관련된 주요한 해커조직들로는 라자루스 그룹(Lazarus Group), APT 38, 블루노르프(BlueNoroff), 스타더스트 천리마(Stardust Cholloima) 등이 있다.[37]

북한의 해커들은 수준이 매우 높은 것으로 평가되며, 최근 블록체인을 적극적으로

---

33 앞선 북한의 사이버 활동과 북한의 위협에 대한 내용 참고하시오.

34 Id. 채재병, 2020, 국내외 사이버안보 환경의 변화와 한국의 대응, 국가안보전략연구원, p. 1.

35 Id. 김보미·오일석. 2021. p. 3.

36 BBC News, "North Korea hackers stole $400m of cryptocurrency in 2021, report says," 14 January 2022, https://www.bbc.com/news/business-59990477

37 An official website of the United States government, "North Korea Cyber Threat Overview and Advisories," CISA, Department of Homeland Security, the US, https://www.cisa.gov/uscert/northkorea

노리고 상당한 액수의 암호 화폐를 훔친 것으로 알려졌다. 2022년 8월에는 북한의 APT 공격 단체인 라자루스(Lazarus)가 최근 애플의 M1 칩셋에 대한 공격수위를 높였다는 조사보고서가 발표됐다. 라자루스는 계속해서 가짜 취업 안내문 혹은 스카우트 제안문을 피싱 공격의 미끼로 내걸고 여러 부류의 사람들을 공격하고 있는데 최근 유명 암호화폐 플랫폼인 코인베이스(Coinbase)의 암호 화폐 거래 운영자 자리가 났다는 내용의 문서로 멀웨어를 내보내는 중이라고 알려졌다. 이 멀웨어는 M1 칩셋을 노리고 만든 것이다. 이 라자루스 그룹은 정부, 금융기관, 언론기관들을 주로 공격하는 것으로 알려져 있다. 이 그룹은 과거 워너크라이 랜섬웨어 피해를 일으킨 해킹사건에 관여한 것으로 추정된다. 라자루스 그룹 멤버이자 워너크라이 2.0 랜섬웨어 공격에 책임이 있는 박진혁은 미 FBI 수배명단(Wanted)에 올라 있다. 그는 과거 북한의 프론트 컴퍼니(front company)인 KEJV(Korea Expo Joint Ventures)를 위해 십년간 일했다.[38] 블루노르프와 안다리엘 역시 해외 금융기관에 대한 사이버 공격으로 불법수입을 획득한다. 블루노르프는 약 1,700명으로 구성된 해커조직으로 한국에서 자금탈취에 성공하였다. 안다리엘은 상대국의 전산망에 대한 취약점을 분석하는 1,600명 정도로 구성된 해커조직이다. 2016년 9월 한민구 전 국방장관의 컴퓨터와 국방부 인트라넷에 침입하여 군사작전계획서(작계 5015) 탈취를 시도한 바 있다.[39] 최근 활발히 활동하는 김수키 역시 정찰총국 산하조직으로 국제적인 사이버 첩보활동을 수행한다. 보고서에 따르면, 김수키는 한·미·일 정부기관과 싱크탱크 등의 여러 분야 전문가들을 대상으로 한반도 관련 안보문제에 대한 전반적인 첩보활동을 하고 있다. 김수키는 탈륨이라는 해커조직과 동일한 해커조직인 것으로 파악되고 있다.[40]

북한의 국내 사이버 공격이나 사이버 스파이활동은 주요 언론기관, 금융기관 등에 악성코드를 유포하는 행위, 청와대·국무조정실·정당 등에 대한 전산망 공격, 대학병원 및 대학 전산망 서버장악, 한수원 조직·설계도 해킹 등이 있다.[41] 이를 구체적으로 시기별로 살펴보면 다음과 같다. 2013년 2월에 언론사와 금융권, 그리고 청와대와 주요 정부기관에 대한 사이버 공격이 발생했다. 2014년에는 한국수력원자력의

---

38 Geenens and Smith, "Hacker's Almanac," p. 13.

39 Ibid. p. 7

40 Ibid.

41 윤태영·우정민, (2018), "북한의 대남 사이버공격 양상과 행태: 사이버파워와 강압이론을 통한 분석,"「융합보안논문지」, 18(1): 117-128.

직원 이메일을 통한 사이버 공격으로 원자력발전소 도면 등 기관 내부 자료와 청와대·국방부·국정원 작성문서로 추정되는 자료를 탈취하여 공개하였다. 2016년에는 국내 방산업체 전산망을 해킹하였으며, 잠수함·무인기·비행기 등 핵 투발수단 관련 국방신기술탈취를 위해 해킹을 시도하였다. 또한 같은 해 9월에는 사이버사령부 및 국방통합데이터센터 서버에 대한 해킹공격 시도가 있었다. 2017년 9월에는 제6차 핵실험과 연계하여 다음(daum)의 이메일의 취약점을 이용한 공격과 가상화폐거래소 공격이 있었다. 2018년과 2019년에는 문재인 정부의 대북전략을 탐색하기 위해 통일부를 대상으로 수차례 해킹을 시도한 것으로 추정된다(2018년 630건, 2019년 767건). 또한 2019년에 하노이 미북정상회담이 사실상 실패로 끝나면서 국회 외통위, 정보위, 국방위 소속 국회의원들과 대북 전문가들에 대한 사이버 공격이 있었다. 2020년에는 탈륨이 한국정부의 대응전략을 파악하기 위한 차원에서 남한 외교안보라인에 대한 사이버 공격이 있었다. 2021년에는 코로나19 백신 및 치료제 기술에 접근하기 위해 존슨앤 존슨, 노바백스, 신풍제약 등 한국·미국·영국의 6개 제약사에 대한 해킹 시도가 있었다. 또한 같은 해에 김수키의 소행으로 알려진 한국항공우주산업(KAI)에 대한 해킹으로 인해 KF-21 보라매 전투기와 한국형 다목적 기동헬기인 수리온 헬기 관련 기술이 유출된 것으로 추정된다. 역시 같은 해인 2021년 김수키는 서울대병원 서버 1대와 업무용 PC 62대를 해킹하여 환자 정보 6,969건을 유출하였다.[42] 2022년 8월말 기준으로 국내에서 서울대학교가 가장 많은 사이버 공격을 받고 있는 것으로 파악되었고 대부분의 공격이 중국과 북한으로부터 오는 것으로 파악되었다. 서울대학교에 공격이 집중되는 이유는 대학 자체가 갖고 있는 과학기술 및 전문지식에 대한 탈취도 있지만, 서울대학교가 갖고 있는 뛰어난 정보통신환경 때문에 공격의 경유지로 활용가치가 높기 때문이기도 하다.[43] 이와 같은 북한의 사이버 공격과 사이버 스파이 활동의 역량과 사례 등을 감안할 때, 북한의 사이버 위협은 한국의 안보에 주요한 위협요인이 되고 있다. 이 외에도 북한은 유튜브, 트위터, 페이스북 등을 활용하여 사이버 심리전 및 인지전 등 대남 선전·선동·프로파간다의 플랫폼으로서 사이버 공간을 적극 활용하고 있다. 또한 북한은 강력한 전자파 무기를 개발하기 위해 러시아의 기술을 도입하고 있다.[44] 이를 통해 북한이 사이버와 전자전을 결합한

---

42 김보미·오일석. 2021, p. 9-14 인용. 보다 자세한 내용은 이 보고서를 참고.
43 관계자 설명.
44 Id. 채재병, 2020, p. 11.

사이버전자전 역량구축에 대한 의도를 갖고 있는 것으로 추정해 볼 수 있다.

한편 이밖에도 북한에 의한 대한국 스파이활동 역시 중요한 안보위협이다. 이와 같은 위협은 지속되고 있는 것으로 보인다. 과거와 비교할 때 최근 달라진 점은 북한의 사이버 공간을 통한 공격이나 스파이활동이 증대한 반면, 공작원이나 정보원 등을 활용하는 오프라인에서의 스파이활동이 줄어든 것으로 보인다는 것이다. 오프라인 활동에서도 2000년 이후로 직파 간첩을 직접 보내는 것은 줄어든 반면, 탈북자로 위장하여 한국에 입국하도록 하는 우회 전략이 증대한 것처럼 보인다. 또한 통계에 따르면, 최근에는 간첩행위에 대한 수사나 체포, 처벌 건수가 매우 적다. 이를 종합하면 최근 정보통신기술의 발달로 북한에서 인원을 직접 보내는 직파간첩이나 탈북자로 위장한 인원 등 오프라인에서의 활동이 크게 줄어들었으며, 상대적으로 온라인에서의 정보활동이 증대했다는 점을 추정할 수 있게 한다. 하지만 이와 같은 추이가 실제 그러한 것인지, 아니면 한국의 대북한 방첩활동이 약화되어서 실제 북한의 오프라인 정보활동을 강도 높게 감시, 대응하지 않아서 그런 것인지는 확실치 않다. 이 때문에 조심스러운 추이 분석이 요구된다.

북한의 오프라인 대한국 침입경로를 살펴보면, 최근 들어서는 인원이 북한에서 직접 한국으로 침투하기 보다는 중국, 캄보디아 등의 제 삼국을 통해 한국으로 입국하거나 제삼국의 인원들을 통해 간접적으로 활동하는 것이 보다 보편적인 것으로 보여진다. 특히, 국내 입국과 활동이 용이한 중국 조선족을 통해서 한국 내에 있는 북한 동조자들을 회유, 포섭하거나, 금품을 대가로 군이나 산업계 인물 등을 포섭하여 군 기밀정보와 내부정보, 과학기술 정보 등을 유출하거나 친북·반국가 세력 네트워크를 구축하고 지원한다. 이와 함께, 국내에 정착한 탈북자들을 대상으로 이들을 회유, 강압, 협박함으로서 다양한 정보수집, 공작, 공개적 사회갈등조성 등의 활동을 수행하고 있는 것으로 판단된다.[45]

2012년부터 2022년까지 최근 10년간 발생한 대표적인 북한의 오프라인 정보활동

---

45 O'Carroll, Chad. 2021. 8. 10. Zooming in: How North Korean conducts spy operations in South Korea. NKNews. https://www.nknews.org/2021/08/zooming-in-how-north-korean- conducts-spy-operations-in-south-korea/ 다만, 이는 언론의 보도와 국가정보원 등의 정보기관의 기소, 경찰의 체포활동이 이루어질 때 언론이 보도되는 것으로 요원을 활용한 실제 대남 스파이 활동의 절대적인 수가 줄어들었는지에 대해서는 확실하지 않고 연구자의 분석에 근거한다. 다양한 변수가 작동하여 밝혀지고 보도되는 스파이활동이어서 관련해서는 보다 깊이 있는 연구가 따로 필요할 것이다.

을 살펴보면 북한의 대한국 정보활동은 다음과 같은 몇 가지 유형들로 식별된다. 북한의 오프라인 정보활동은 (1) 한국 내에 있는 친북 동조자들을 포섭하여 이들로 하여금 정보수집, 비밀공작활동, 사회분열 및 반미활동을 수행하게 하는 행위, (2) 금품을 대가로 공작원 또는 협조자들을 포섭하여 군이나 산업 등의 기밀을 유출·절취하는 행위, (3) 북한의 직파간첩을 통한 비밀공작행위 및 사회혼란조성행위, 그리고 (4) 탈북자들을 포섭하여 스파이로 활용하는 행위 등으로 구분해 볼 수 있다. 이 가운데 특히 탈북자들을 활용한 정보활동이 김정은 집권 이후에 강화되어 왔다. 이를 구체적으로 살펴보면, (가) 북한 공작원이 탈북민을 위장하여 한국 내에 거주하는 탈북자들의 정보를 파악하여 북한 당국에 전달하는 활동; (나) 주민들의 탈북의지를 꺾어 탈북자 수를 줄일 목적으로 탈북자들을 위협하거나 회유하여 다시 재입북하도록 하는 활동; (다) 재입북한 탈북자들을 대한민국을 비난하는 선전도구로 활용하는 활동; 그리고 (라) 국내 거주 탈북자들을 활용한 대한국 스파이활동 등으로 탈북민들을 활용하고 있다. 이와 같은 탈북민들의 정보활동활용은 북한의 직파간첩을 통한 대한국 정보활동과 깊이 연계되어 있다. 국내 탈북민의 증가와 탈북민 사회의 형성은 마치 미국과 서유럽의 이슬람 이민사회가 이슬람 극단주의 테러세력이라는 물고기가 활동할 수 있는 기반인 물이 되고 있는 것처럼 북한 직파간첩(물고기)이 활동할 수 있는 물이 되고 있다는 점에서 주요한 대북 방첩활동의 위협이 된다.

위에 제시된 오프라인 정보활동의 4가지 유형들에 해당하는 구체적인 사례들은 다음과 같다. 첫 번째로 국내 친북세력 또는 북한동조세력을 활용한 정보활동이다. 이는 과거 소련의 적극조치(Active Measure)에 해당하는 정치공작으로 적의 정부와 대중들, 그리고 다양한 대중들 사이를 분열시켜(drive wedges) 혼란과 공포, 그리고 분열과 증오를 조장하고 적의 가치와 제도, 질서에 대한 대중들의 신뢰를 떨어뜨려 적의 정책수행을 마비시키는 것을 목표로 한다.[46] 이를 위해 북한은 통일전선부, 문화교류국, 정찰총국 등의 대남공작기관을 활용하여 국내 친북세력을 통해 한국 사회를 분열, 갈등시킨다. 이와 같은 활동은 공개적으로 국가정보원의 해체, 국가보안법의 폐지, 한미동맹반대, 주한미군 철수, 공산주의사회건설 등의 주장으로 나타난다. 이를

---

46 Todd C. Helmus, Elizabeth Bodine-Baron, Andrew Radin, Madeline Magnuson, Joshua Mendelsohn, William Marcellino, Andriy Bega, and Zev Winkelman, "Russian Social Media Influence: Understanding Russian Propaganda in Eastern Europe," RAND, Santa Monica, California, 2018, pp. 7-8.

통해 북한은 한국 사회의 분열과 증오를 조장하고, 국가안보정책과 추진체계를 무력화하며, 반미친북세력을 리크루팅하고 확산시킨다.[47]

이러한 유형에 해당하는 대표적인 사례는 2021년에 발생한 청주지역의 시민단체 활동가가 연루된 청주간첩단 사건이다. 이 사건에서 관련혐의를 받고 있는 4명에 대해서 국정원은 이들이 북한 통일전선부 문화교류국 소속 공작원의 지령을 받고 미국 스텔스기 F-35 도입반대관련 시위 및 여타 활동을 벌인 혐의를 제기했다. 그리고 이들이 지방의 온라인 신문을 이용하여 북한을 위한 선전·선동 내용을 보도하고 김정은 정권을 찬양하는 내용을 웹페이지에 게시하기도 하였던 사실을 수사를 통해 확인하였다.[48] 국정원의 수사결과에 따르면 이들 친북성향의 시민단체 활동가들은 2017년에 중국과 캄보디아에서 북한 공작원을 만나 '북한노선에 동조하는 사람들을 포섭해 한국에 지하조직을 결성하라'는 지령을 받고 이를 위해 활동자금 2만 달러를 받았다.[49] 당시 청주간첩단 사건 관련자 가운데 한명이었던 충북동지회 소속 김종표는 과거 간첩사건으로 처벌된 이석기를 중심으로 한 범경기동부연합의 주요 인물 가운데 하나였다. 이 범경기동부연합은 이석기를 핵심연결고리로 민노당 및 통진당 당권파 그룹 등과 연계되어 있었으며, 북한의 대한국 공작부서인 225국과 연결되어 있었다.

북한의 225국은 이전에도 1992년 중부지역당 간첩사건 당시 중부지역당 황인호 등과 연계되었으며, 1999년 민혁당(민족민주혁명당), 2006년 일심회, 2011년 왕재산 간첩사건 등을 주도했던 것으로 알려졌다. 과거 민노당 당권파이자 중앙위원이었던 이정훈은 2006년 일심회 간첩단 사건의 조직원이었다.[50] 또한 2011년 왕재산 사건에서는 주사파 운동권 출신 총책 김 모씨가 90년대에 북한에 포섭된 후 약 20여 년간 북한 노동당 225국의 지령을 받고 정보수집 등의 간첩활동을 하고 지하조직 '왕재산'[51]

---

47 이들 북한의 대남공작기관의 주요 활동 중 하나는 사이버 테러인데, 사이버 관련 공작, 스파이활동 등은 뒤에 따로 다룰 것이다.

48 The Korean Times. 2021. 8. 18. Activists charged with espionage allegedly used local newspaper for N. Korean propaganda. https://www.koreatimes.co.kr/www/nation/2021/08/103_313634.html

49 '북한 지령 받고 반미 활동했다'...청주 활동가들 '간첩 혐의', 「BBC News Korea」, 2021. 8. 9. https://www.bbc.com/korean/news-58112280. 국가정보원에서 이들의 자택과 사무실에서 확보한 USB에는 2017년부터 최근까지 북한과 주고받은 지령문, 보고문 80여 건이 저장되었으며 김정은 국무위원장에 대한 충성맹세 혈서 사진도 포함되어 있었다.

50 군정보관계자 및 과거 운동권 경력자 인터뷰.

51 북한이 '김일성의 항일유적지'로 선전하는 함경북도 온성의 산(山) 이름을 따 '왕재산'이라 명칭하

을 결성하고, 북한체제 선전을 위한 벤처기업 '코리아콘텐츠랩'과 합법적 간첩활동을
위한 위장으로 '지원넷'이라는 기업을 설립해 활동 토대를 구축하는 등 친북 정보활
동을 수행하였다.52 이와 같은 사례들을 고려할 때, 북한과 국내 친북정치사회단체
및 인물 등과의 연계는 과거부터 지속적으로 전개되어 왔으며, 이러한 연대는 최근
까지도 지속되고 있는 것으로 판단해볼 수 있다. 이처럼 북한은 자신들의 직파간첩
을 이용하기 보다는 대한민국 내의 북한에 동조할 수 있는 친북성향의 인물들과 정
치사회시민단체들을 이용한다.

　두 번째로, 북한은 자신들에 동조하거나 친북사상을 갖고 있는 대상만을 타깃으로
하는 것이 아니라 이와 같은 정치·사상·가치성향과는 무관한 대상들도 타깃으로
한다. 예를 들면, 금전에 취약한 인물들도 금전적 제공을 미끼로 북한의 대한국 정보
활동에 협조하도록 포섭한다. 최근 2022년 4월에 보도된 사건이 이에 해당한다. 이
사건에서 현역 대위와 기업가가 비트코인으로 각각 4,800만과 7,000만원의 가상화폐
(virtual currency)를 받는 대가로 북한 공작원(SNS계정명 보리스)에 포섭되어 군사기밀과 접
근 가능한 다른 자료들을 북한 해커에게 전달하였다.53 국방부 발표에 따르면, 포섭
된 현역대위는 가상화폐거래 기업가로부터 건네받은 시계모양의 카메라를 이용해 필
요한 정보를 촬영했다. 이후 해당 기업가는 USB 타입의 해킹장치를 이용하여 비밀
정보들을 유출하였다.54 당시 간첩활동에 포섭된 현역대위의 소속이 2017년 핵 위기
고조시 창설된 중부권에 있는 육군 특수임무여단으로 유사시 북한 최고위층 전쟁지
도부를 제거하는 임무를 수행하는 이른바 '참수작전' 수행부대였다는 점에서 특히 문
제가 제기되었다.55 이 사건의 뒤에 있던 북한 공작원(일명 보리스)은 두 사람의 체포
뒤에 사라졌는데 해당 북한 공작원이 주로 거처하는 곳이 캄보디아였던 것으로 조사
되었다. 보리스와 접촉하던 국내 사업가도 캄보디아를 방문한 기록이 있었다. 한 언

　였다고 함. 월간조선. 2011년 10월호. "뉴스추적: 北 225국 지령 '왕재산 간첩단' 사건 조사 뒷이야
　기" http://monthly.chosun.com/client/news/viw.asp?nNewsNumb＝201110100016
52 Ibid., 「월간조선」, 2011년 10월호. http://monthly.chosun.com/client/news/viw.asp?nNewsNumb
　＝201110100016
53 「한국강사신문」, 2022. 7. 1. 그것이 알고 싶다, 현직 장교 포섭 군사기밀 유출해간 스파이…북한
　해커 부대의 실체 추적. http://www.lecturernews.com/news/articleView.html?idxno＝100883
54 South Korea arrests two for passing military secrets to North, 「BBC」, 2022. 28, April.
55 '북 지위부 제거 계획' 유출? … 군, 비밀 수정작업돌입, 「KBS News」, 2022. 4. 29. https://news.
　kbs.co.kr/news/view.do?ncd＝5452494

론사의 사건 관련 보도에 따르면, 보리스는 캄보디아에서 활동하던 북한의 해커부대 일원일 것으로 추정되었다.[56] 이 사건으로 체포된 해당 현역대위는 국군 방첩사령부와 군 검찰에 의해 무기징역으로 기소되었으나 재판부에 의해 국가보안법 혐의에 대해서는 무죄로 판결되었고 단지 5건의 군사기밀 유출에 대해서만 징역 10년형을 선고받았다.

국내 정보관련 전문가의 증언에 따르면, 캄보디아는 최근 북한의 정보원들과 공작원들이 다양한 형태로 위장을 하고 정보활동과 불법적 경제활동을 수행하는 거점으로 활용되고 있다.[57] 보도에 따르면, 대북제제 관련 모니터링을 하는 다수의 해외 정보전문가들 역시 북한의 정보활동과 불법적 경제활동이 캄보디아에서 다수 이루어지고 있다고 지적한다.[58] 북한 공작원들에 의해 운영되는 호텔, 카지노, 여행사, 식당, 술집 등이 지난 2020년 중반부터 다수 운영되고 있다. UN 전문가 패널 보고서(UN Expert Panel report to UNSC)에 따르면, 북한의 정찰총국 소속으로 파악되는 김철석이라는 공작원이 캄보디아에서 C.H. World Travel Co. Ltd. 등 동남아시아 관광에 특화된 회사를 운영하고 있다. 캄보디아 당국은 위 회사와 회사의 은행계좌를 폐쇄했다고 밝혔지만, 이 회사는 그 이후에도 여전히 합법적으로 등록이 되어 있는 것으로 보도되었다. 더 나아가 해당 보도는 김철석이 위조된 북한대사관직원 여권을 소지하고 있었을 뿐만 아니라, 그 위조 여권을 만드는 데 관련된 서류위조에도 연계되어 있으며, 캄보디아의 유력한 정치인들과 친밀한 관계를 유지하는 부정부패자들(트리 핍)과 깊이 결탁해 있다고 지적하였다.[59] 한편, 캄보디아에서 활동하는 한 언론인은 캄보디아에서 북한이 위조화폐를 세탁한다던지 북한 공작원들이 위조된 캄보디아 여권을 공작을 위해 사용하고 있다고 보도하였다.[60] 국내 정보전문가들의 지적과 미디어 보도내용들을 종합하면, 이와 같은 캄보디아의 고위 정치인 및 관료들과 북한과의 긴

---

56 <그것이 알고 싶다> 1313회, '덫을 놓는 유령 - 어둠 속의 스파이' 편.

57 이 주장은 연구자가 국내의 군사관련 정보기관의 두 명 이상의 정보요원들과의 인터뷰를 통해 전해들은 국내정보기관요원들의 의견임을 밝힌다.

58 "North Korean spy ran hotels, casinos and travel agency in Cambodia: UN report." 「NK News」, 2022. 2. 15. https://www.nknews.org/2022/02/north-korean-spy-ran-hotels-casinos-and-travel-agency-in-cambodia-un-report/

59 FFA 자유아시아방송. 캄보디아, 자국 내 '북 스파이 사업활동' 부인... "제제 엄격 이행"

60 Ibid. 이러한 언론보도는 수사기관의 수사결과나 재판결과 등을 기반으로 하는 것은 아니어서 북한의 캄보디아 활동과 관련한 전문가들의 의견이 담긴 언론사의 보도임을 명확히 한다.

밀한 커넥션이 북한이 캄보디아를 공작과 불법경제활동의 근거지로 활용할 수 있는 주요한 배경인 것으로 판단할 수 있다.[61]

　세 번째로, 고도의 전문적 훈련을 받은 요원을 한국에 직접 침투시켜 공작활동을 수행하는 북한의 직파간첩 사례가 최근 들어 언론에 드물게 보도되고 있지만, 그럼에도 불구하고 북한의 직파간첩을 통한 공작활동 역시 지속되고 있는 것으로 추정할 여지가 있다. 최근 보도된 몇몇 사건들은 이와 같은 추론을 뒷받침한다. 예를 들면, 2019년 북한의 직파간첩으로 의심되는 40대 남성이 국정원과 경찰에 의해서 체포된 사례가 언론에 보도되었다. 이 남성은 제3국에서 국적 세탁 후 제주도를 통해 국내에 들어와 승려로 위장하고 불교계에 잠입하려고 하였다. 이 같은 직파간첩의 경우 2010년 '황장엽 암살조'로 알려진 정찰총국 소속 공작원 2명이 탈북자로 입국하려던 중 발각된 사건이후 약 9년 만에 처음 언론에 알려진 것이다. 이는 북한의 직파간첩을 통한 정보활동과 공작이 지속되고 있다는 것을 뒷받침한다.[62]

　탈북자로 위장한 직파간첩의 정보활동 및 공작수행의 또 다른 사례도 보도되었다. 2021년 11월 12일 영국 일간지 디플로마트(The Diplomat)의 보도에 따르면, '국화(Chrysanthemum)'라는 암호명을 가진 북한 탈북자 송 모 씨는 2016년 5월 함경북도 보위부 소속 해외비밀 공작원으로 2018년 한국에 탈북자로 입국하여 스파이활동을 수행하였다. 송 모 씨는 한국 내에 있는 탈북자들의 연락처를 보위부에 넘겨주고 '북에 있는 가족들이 위험해 질 수 있다고 협박'하는 방식으로 이들을 중국을 통해 다시 입북시키고 대한국 비방 프로파간다를 수행하도록 강요하는 등의 활동을 한 것으로 국

61　이 같은 언론의 보도 후 2022년 2월 19일자 보도에 따르면 캄보디아 정부는 유엔의 제제위원회의 결의를 준수하고 있다고 밝히며 앞선 언론보도에 대해서 북한사업체가 캄보디아에게 합법적 사업권을 주지 않았다고 관련 보도에 대해 부인하였다. (Cambodianess. 2022. 2. 19. Cambodia Denies the Presence of North Korean Businesses in the Country. https://cambodianess.com/article/cambodia-denies-the-presence-of-north-korean-businesses-in-the-country) 그리고 2022년 2월 24일자 캄보디아 언론의 보도에 따르면 앞선 NK News에 인용된 캄보디아 내 북한 스파이 활동에 대한 UNSC에 대한 보고서가 Report for the UN Security Council [UNSC]에 보고되기 전의 유출된 초본(a leaked draft)이라고 밝혔다(KHMER TIMES. 2022. 2. 24. Report on N Korea spy in Cambodia was from a leaked draft, UNSC says. https://www.khmertimeskh.com/501030559/report-on-n-korea-spy-in-cambodia-was-from-a-leaked-draft-unsc-says/. 그러나 이 기사에는 앞선 유출된 초본의 내용이 거짓이라는 기사내용은 발견되지 않았다는 점을 밝힌다.

62　북한간첩: 9년 만의 직파 간첩 체포...직파간첩의 역사, 「BBC News Korea」, 2019. 7. 25. https://www.bbc.com/korean/news-49107677

가보안법 위반혐의로 기소되었다.[63] 엔케이 데일리(NKDaily)의 보도에 따르면, 이와 같은 북한 직파간첩의 활동은 한국뿐만 아니라 중국과 같은 제3국에서도 관찰된다. 이들은 현지에 있는 탈북민의 한국행 시도 움직임을 감시, 관리, 보고하고, 중국 내 탈북민을 유인, 납치하는 등의 활동을 수행했다.[64]

마지막으로, 최근 들어 북한은 국내에 정착한 탈북자들을 이용 탈북자들을 대상으로 한 정보수집, 공작활동, 그리고 친북활동들을 강화하고 있다. 관련 언론보도를 분석하면 북한에서 전문적으로 훈련시킨 정보요원을 직파하기보다는 이미 한국에 탈북자로 입국하여 정착한 사람들을 공작원이나 협조자로 회유·포섭·협박·기만하여 활용하는 것을 더 선호하는 것으로 보인다. 북한 보위부가 한국에 있는 탈북자들을 포섭하는 방법은 다음과 같다. 먼저 한국에 있는 탈북자들의 연락처와 북한에 남아있는 가족들의 연락처 등의 개인정보를 수집, 파악한다. 다음으로, 수집된 정보를 바탕으로 활용가능한 것으로 선별된 국내 탈북자들에게 접촉하여 북한에 남아있는 가족들의 목숨과 안전을 담보로 간첩활동을 강요, 협박한다.

2022년 3월에 간첩행위로 기소되어 3년형을 선고받은 한 탈북자는 자신이 북한에 남아있는 형제의 목숨에 대한 위협 때문에 간첩활동에 가담하였다고 법정에서 진술하였다. 이 탈북자는 2018년에 북한에 남아있는 형제로부터 어떤 사람을 만나야 한다는 전화를 받고 북한-중국 국경 인근지역에서 북한 공작원을 접촉했다. 이후 그는 북한으로 납치되어 국경수비대의 고위간부로부터 북한에 있는 가족의 생명을 대가로 북중 국경에서 활동하는 탈북 브로커들과 북한 국경수비대들 중 뇌물을 받는 자들, 그리고 미국과 한국에 북한군에 대한 정보를 제공한 자들에 대한 정보를 수집·제공할 것을 요구받았다. 이후 그는 한국에 다시 입국하여 중국 메신저인 '위챗(WeChat)'을 통해 보위부로부터 지령을 전달받았다.[65] 이와 같은 탈북자들을 활용한 사례는 해당 사례이외에도 다수인 것으로 보고되었으며, 탈북자들은 주로 탈북단체들의 동향과 북한인권활동 내역 등의 정보활동을 강요받는다. 일단 최초의 강요에 응한 탈북자들

---

63 The Diplomat. November 12, 2021. Agent Chrysanthemum: North Korean spy indicated for coercing defectors to return 'home'. 2022. 7. 5. 접속

64 숱한 탈북민 밀고해 표창까지 받은 보위부 여 스파이의 운명은?, 「NKDaily」, 2021. 11. 12. 2022년 7월 5일 접속. https://www.dailynk.com/20211110-2/

65 "How a North Korean defector was coerced into spying for pyongyang." 「NK Korea」, 2022. 3. 3. https://www.nknews.org/2022/05/how-a-north-korean-defector-was-coerced-into-spying-for-pyongyang/

은 이를 빌미로 다시 협박을 받아 보위부의 정보활동에 계속해서 협조하는 것으로 알려졌다.[66]

이 같은 탈북자들을 활용한 북한공작의 주된 목표는 탈북방지이다. 이는 김정은이 집권직후인 2012년 11월 초에 북한 국가보위성의 최우선 과제로 수단과 방법을 가리지 않고 월경·월남자가 더 없게 하는 탈북자 제로(0)를 선언한 것과 관련이 있다. 이 같은 김정은의 지침에 따라 보위성 등 북한 당국은 탈북을 억지하기 위해 한국과 중국 등의 탈북자들을 역으로 활용하는 활동을 강화한 것으로 볼 수 있다. 한편 탈북자 활용은 직파간첩 양성과 파견에 따르는 경제적 부담과 위험을 줄이는 실리적 효과도 있다. 이와 같은 요인들이 복합적으로 작용하여 최근 들어 탈북자들을 대상으로 한 간첩포섭활동이 강조되고 있는 것으로 판단된다.

요약하면, 북한의 오프라인 정보활동은 여전히 지속적·적극적으로 수행되고 있다. 다만 과거에 비해 국내 정보·수사기관에 의한 직파간첩과 국내 고정간첩 등의 검거 건수는 상당히 줄어들었다. 그러나 이를 단순히 북한의 오프라인 정보활동의 감소로 이해하는 것은 주의할 필요가 있다. 이는 위에서 살펴본 것처럼, 북한이 탈북자를 활용하는 등 보다 저렴하고 덜 위험한 다양한 방법으로 여전히 대한국 정보활동을 최근까지도 지속하고 있기 때문이다. 또한 검거 빈도수의 감소가 반드시 북한 정보활동 자체의 빈도수나 질적인 위협수준의 저하로 이어지지는 않는다는 점도 인식할 필요가 있다.

(2) 중국

중국의 안보위협은 북한의 그것과 비교할 때, 보다 더 전일적이고, 통합적이며, 무차별적이고, 애매모호하며, 전략적이고, 집요하다. 중국의 국가안보전략은 미국을 아시아-서태평양에서 몰아내고 이 지역에서 패권국가가 되어 미국과 세계를 양분하겠다는 것이다. 이를 위해 중국은 지정학적으로 미국을 상대로 '반접근 거부 전략(A2/AD =Anti-Access/Area Denial)'을 채택하고, 1차 설정선인 '제1도련선(island chain)'과 2차 설정선인 '제2도련선(island chain)'을 그었다. 중국의 글로벌 패권질서추구는 중국의 일대일로 (Belt and Road Initiative) 전략에서도 확인된다. 중국의 비전통적-비키네틱 전쟁전략은 이와 같은 중국의 국가전략 비전과 목표를 달성하기 위한 구체적인 추진방안으로서의

---

66 충격! 북한보위부, 탈북자 북한가족을 인질삼아 탈북단체 내 보위부 스파이 활동 강요, 「디펜스 뉴스」, 2019. 8. 20. 2022. 7. 5. 접속.

성격을 가진다.

중국의 위협은 인도-태평양 지역에서는 대만문제를 정점으로 지속적으로 심화되고 있다. 지난 2022년 8월 2일 미국 펠로시 미 하원의장의 대만방문과 잇따른 미국 의원들의 8월 14일 대만방문에 대해 중국은 군사적 무력시위와 미국에 대한 보복언급을 통해 미국과의 갈등을 고조시켰다.[67] 이에 대해 미국은 중국이 전략적으로 미국에게 핵심적인 대만을 침공할 경우 전쟁도 불사하겠다는 강경한 입장을 명확히 했다. 중국이 미국과의 전쟁을 상당히 부담스러워한다는 점을 고려할 때 중국의 대만 침공이 가까운 시일 내에 당장 현실화 될 가능성이 그리 높지는 않은 것처럼 보인다. 그럼에도 불구하고, 만약 중국이 대만을 침공하는 시나리오가 현실화 될 경우에 중국은 주한미군을 한반도에 묶어두고 미국의 아시아-태평양 전력을 분산시키기 위해 한국에 대한 북한의 군사 도발을 사주할 개연성이 있다. 또는 이와는 별개로 북한이 미군의 전력이 대만에 집중된 틈을 타 한국에 대한 군사도발을 획책할 수도 있다. 한편, 미국의 요구에 따라 한국이 대만의 군사 분쟁에 직, 간접적으로 연루될 개연성도 크다. 어떤 방식으로든, 대만의 군사 분쟁은 한반도에서의 안보문제와 연계되어 있다.

한편 중국의 계속되는 집요한 군사력 증강은 인도-태평양지역 전체와 한반도와 주변해역 지역에 모두 상당한 안보위협으로 작용한다. 중국은 역내에서 미국의 군사력을 축출하고 중국 중심의 패권질서를 구축하려고 시도한다. 중국의 군사력은 경제력과 함께 이를 위한 주요한 실행수단이다. 중국은 한반도와 주변해역뿐만 아니라 서태평양 전 지역에 군사력을 투사할 수 있을 정도의 군사강국이 되었다. 현재 중국은 핵무기, 정밀타격 미사일, 세계에서 가장 큰 규모의 지상군, 역내 가장 큰 규모의 해·공군, 다수의 항공모함과 거대한 우주 기반, 대규모의 사이버군 등을 보유하고 있다.[68] 이와 같은 군사력이 한국을 상대로 투사될 것이라는 명확한 증거는 없지만 그렇지 않을 것이라는 명확한 근거 역시 없다. 중국은 제1도련선을 설정하고 제1도련선내로 미군의 군사력이 진입하는 것을 용인하지 않겠다는 반접근지역거부 전략(Anti-Access, Area Denial: A2AD)을 실현하고자 한다. 이 전략의 목적은 최소 괌, 가능

---

67 中, 미국 의원단 대만 방문에 "과단성있는 반격 조처할 것" 「MBC News」, 2022. 8. 15. https://imnews.imbc.com/news/2022/world/article/6398295_35680.html

68 한국, 중국의 군사위협에 대비해야 한다, 「한국일보」, 2021. 2. 19. 기고. https://www.hankook-ilbo.com/News/Read/A2021021811260003462

하면 하와이로 중국과 미국의 군사력 투사의 경계선을 획정하고자 하는 것이다. 이에 따르면, 한국은 제1도련선 내 즉 최소 군사대치 경계선 내에 속한다. 따라서 유사시에 한국을 상대로 중국이 군사력을 투사하지 않을 것이라는 보장은 없다. 특히 한국과 북한의 군사적 충돌 시 중국이 이른 시기에 한국을 상대로 북한을 지원하여 군사력을 투사할 여지가 있다.

중국의 온, 오프라인을 아우르는 전쟁전략을 전일적, 통합적, 중장기적으로 가이드하는 근본지침은 초한전(unrestricted warfare)이다. 중국은 이 초한전 전략개념에 따라 정보활동과 영향력 공작, 군사적 위협, 외교적 강압, 경제보복 등의 비키네틱전을 중국의 글로벌 패권체제(또는 중국식 표현으로 중화천하질서) 달성을 위한 수단으로 인식한다. 중국의 초한전은 이와 같은 중국의 궁극적인 세계패권전략목표를 실현하기 위한 구체적인 실행 전략이다. 이는 보다 직설적으로 말하면, 규범과 도덕, 상식의 한계를 뛰어넘어 조직범죄와 뇌물, 사이버 기술절도, 정치·선거 개입, 사보타지, 경제보복, 문화공정, 여론공작 등 초법적, 초규범적 수단을 포함하여 모든 수단과 방법을 총동원하여 미국-서방과의 전쟁에서 승리하여 중화패권질서를 구축하겠다는 의미이다. 초한전 전략은 미국-서방과 전통적인 전쟁으로는 싸워서 승리할 수 없다는 전략적 인식하에 중국이 채택한 비대칭(asymmetric) 또는 비정통(non-conventional) 전략인 것으로 보여진다. 이와 같은 맥락에서 정보활동(intelligence operation)은 전쟁양식의 하나로 간주된다.69

중국은 정보활동은 삼전(Three Warfare) 개념과도 관련이 있다. 이 삼전 개념은 초한전의 하위 개념이다.70 초한전의 여러 실행 유형 가운데 특히 심리전(psychological warfare), 여론전(war of public opinion), 그리고 법전(legal warfare)을 합쳐 삼전으로 정의한다. 삼전의 목표는 아측의 인원(population)들에 대한 지지 또는 충성심을 유지하고, 적측의 인원들의 가치나 사기를 떨어뜨리고, 제3자에게 영향을 미치는 것이다. 이를 위해 인터넷을 포함한 미디어와 사회 관계망을 통해 정보를 유포, 확산시키고 심리적 영향력에서 우위를 확보하고 필요하다면 법적 규범들을 위반하면서도 아측의 법적인 정당성을 확보하고 반대로 적의 위법성을 비난한다. 삼전의 세 가지 구성요소들은 상호강화작용을 통해 전체적인 삼전의 효과를 극대화한다.71

---

69 Qiao Liang and Wang Xiangsui, Unrestricted Warfare, (Beijing: Literature and Arts Publishing House, February 1999); 육군 관계자와의 인터뷰.
70 육군 관계자와의 인터뷰.

최근 들어 정보통신과학기술의 발전과 4차산업혁명으로 전장과 비전장의 영역이 수렴하는 회색지대의 확장현상이 두드러진다. 이와 같은 전략 환경에서 정보의 무기화(weaponization of intelligence)가 빠르게 진행되고 있다. 이는 초한전 전략을 근간으로 한 중국의 정보전 위협의 심화로 이어진다. 특히 정보(information), 역사문화, 교육, 여론, 가치, 과학기술, 경제, 정치사회 등과 같은 인간의 인지 영역(cognitive domain)에서의 인지우세권이 미래전쟁의 승리의 핵심 요소가 될 것으로 전망되고 있다. 중국의 초한전 전략은 그와 같은 맥락에서 이해해야 하며, 중국판 정보전쟁 또는 인지전의 성격을 갖고 있다. 따라서 중국의 온, 오프라인 정보활동은 온·오프라인에서의 전방위적 침공행위로 간주해야 한다.[72] 이 때문에 클라이브 해밀턴 교수는 이를 '중국의 조용한 침공(Silent Invasion)'이라고 묘사했다.[73]

중국의 정보활동은 중국의 글로벌 패권추구라는 추상적인 최상위의 국가전략 목표실현을 위한 주요한 추진방안 가운데 하나이다. 정보활동은 중국을 경제 및 군사 대국으로 만들어 '중국굴기'와 '일대일로'를 완성하고 중국을 전세계에서 가장 강력한 패권국가로 만들려는 분명한 전략적 의도에 따라 수행된다. 이 때문에 중국의 정보활동은 매우 파괴적이고, 위협적이다. 이는 온·오프라인을 통합하며, 전통적인 스파이 기관과 스파이 활동에 더해 학자, 유학생, 기업가, 과학기술자, 사업가, 해커, 범죄조직 등 합법과 불법, 규범과 상식 등을 뛰어 넘는 전방위적인 정보활동을 전개한다. 이 때문에 정보활동으로 인식하지 못한 채 스파이 공작의 타깃이 되는 일이 빈번히 발생하고 있다.[74] 특히 중국은 교육문화단체나 학자, 유학생 등과 같은 통상적 국제교류를 스파이 활동 목적으로 활용함으로서 정보활동과 통상적 활동 사이의 경계가 훨씬 더 애매모호하다. 이 때문에 외견상 중국의 정보활동이 전통적인 정보활동보다 덜 위협적이고 덜 파괴적으로 보이는 경향이 나타나지만 실제로는 대상국가에 미치는 위협은 더욱 장기적이고, 전방위적이며, 치명적이다.[75]

---

71 Kimberly Orinx and Tanguy Struye de Swielande, "China and Cognitive Warfare: Why Is the West Losing?." Bernard Claverie, Baptiste Prébot, Norbou Beuchler, and François du Cluzel, Cognitive Warfare: The Future of Cognitive Dominance, NATO Collaboration Support Office (2022) 978-92-837-2392-9, pp. 8/1-6.

72 육군 자료 참조.

73 클라이브 해밀턴, 『중국의 조용한 침공』, 김희주 옮김 (서울: 세종, 2021).

74 윌리엄 한나스·제임스 멀베논·안나 푸글리시, 『중국 산업스파이: 기술 획득과 국방 현대화』, 송봉규 옮김 (서울: 박영사, 2019).

중국의 정보활동 대상은 크게 두 가지로 구분된다. 하나는 경제의 지속적인 발전과 국방현대화를 뒷받침하기 위한 과학기술획득이다. 다른 하나는 대상국에 대한 영향력 공작(influence operation)이다. 전자는 중국의 글로벌 패권 추구를 위한 실천전략인 일대일로를 통한 경제의 지속적 발전과 전쟁능력 강화를 위해 요구되는 산업 및 국방 부문의 첨단과학기술의 지속적 확보를 의미한다. 이를 위해 미국, 영국, 유럽, 일본, 오스트레일리아, 한국 등 주요 선진국들의 과학기술 및 국방기술과 지식, 노하우 등을 획득하려고 시도한다. 그 구체적인 실천방안으로 중국은 전통적 스파이활동과 비전통적 스파이활동, 그리고 오프라인 활동과 사이버 기술절도를 통합하여 운용한다. 비전통적 스파이활동에는 학술교류협력, 기술무역, 해외 브레인 유치, 논문·학술지·서적·보고서 등 오프소스 활용, 유학생과 방문학자 활용, 해외 중국인 디아스포라(diaspora), 조직범죄, 사이버 해킹과 불법 절취 등 온·오프라인을 망라한 다양한 수단과 채널, 방법이 모두 포함된다.[76]

후자는 ① 경제 보복과 약탈적 경제협력, 원조 등을 통한 정치적 영향력 장악, ② 외교적 강압과 압박, ③ 무력시위, 군사 훈련 등을 통한 위협, ④ 환구시보 등 전통적 미디어와 대중 시위 등을 통한 압박, ⑤ 댓글 선동, 가짜뉴스, 가스라이팅 등 사이버 공간을 통한 여론전·심리전, ⑥ 조직범죄를 통한 타국에 대한 은밀한 세력 확장, ⑦ 타국 주요 인사들과 오피니언 리더, 미디어, 정당, 정부, 학계, 문화예술계, 시민사회단체 등에 대한 포섭과 지원을 통한 영향력 확장, ⑧ 중국인(조선족 포함)의 이주, 유학, 취업, 투자, 체류 정책으로 타국에 대한 영향력 확장, ⑨ 문화공정과 역사문화 약탈 등을 포함한다.[77] 이와 같은 영향력 공작은 중국 공산당의 최상위 컨트롤타워의 조율과 전략적 지침, 지휘 통제에 따라 중, 장기적, 전략적으로 추진된다. 예를 들면, 공자학원의 경우 중국 공산당 통일전선공작부장 경력의 인사들이 국무원 교육부 직속기관인 국가한판(국가 한어 국제보급 영도소조 판공실)을 통해 2007년에서 2020년 7월까지 지휘통제 했다. 이는 공자학원의 지휘통제가 은밀히 중국 국가전략지도부의 정보활동의 일환으로 추진되었다는 것을 의미한다. 해외 각국들의 공자학원에 대한 의심과 퇴출 움직임을 완화시키기 위해 2020년 7월부터 공자학원의 운영주체를 중국 국제 중문교육 기금회로 변경했지만 은밀한 정보활동 지휘체계자체를 중단했다고

---

75 Ibid.

76 Ibid.

77 클라이브 해밀턴, 『중국의 조용한 침공』.

보기는 어렵다.[78]

영향력 공작의 핵심 전략 목표는 해당 국가 내 친중 세력을 확보하고 이를 확장시켜 중국의 영향력을 극대화하는 것이다. 이와 같은 중국의 영향력 공작은 미국, 오스트레일리아, 캐나다, 영국 등의 서방 동맹국들과 파키스탄 같은 일대일로 상의 국가들에서 매우 심각한 위협으로 제기되고 있다. 중국은 선거개입, 정치권 침투, 학계, 미디어, 과학기술, 교육, 시민사회단체 등에 전방위 침투를 수행함으로서 해당 국가 내 정치진영의 양극화와 진영 간 갈등을 격화시키려고 기도한다. 이를 통해 중국은 자유민주주의 체제 자체에 대한 혐오, 냉소, 무관심, 정부 및 정치경제사회 엘리트들에 대한 불신, 혐오 극대화, 그리고 궁극적으로 국가에 대한 정체성과 국가 시스템 자체를 마비시키는 것을 지향한다.[79]

중국의 정보활동 추진체계는 정보활동의 최상위 컨트롤 타워를 축으로 다음의 7가지 루트로 구성되어 있다. 최상위 컨트롤 타워에는 중국의 국가정보기관인 국가안전부(Ministry of State Security: MSS)와 인민해방군(People's Liberation Army: PLA)이 위치한다. 이들 기관은 시진핑을 정점으로 한 중국 국가최고지휘부의 지도, 지휘, 통제를 받는다. 정보활동의 실행루트는 ① 학술지, 논문, 보고서, 서적 등 오픈소스의 수집, 분류, 보관, 분석, ② 중국에 기반을 둔 과학기술기관들, 단체들, 협회들, 문화예술협회들, 우호친선협회들, 학회들을 통한 정보활동, ③ 타깃 국가에 기반을 둔 기관들, 협회들, 학회들, 대학 및 대학원 학생회, 중국인 단체, 중국계 기업을 통한 정보활동, ④ 타깃 국가에 체류하는 중국 유학생과 근로자, 학자, 사업가, 교포, 언론인, 그리고 이들과 연계된 타깃 국가의 학자, 사업가, 과학기술자, 정부 및 정치 인사들, 오피니언 리더들, 정치사회시민단체, 언론인들을 통한 정보활동, ⑤ 타깃 국가에 체류 중인 중국 외교관들, ⑥ 전통적인 스파이들, ⑦ 사이버 해커들과 댓글부대들로 구성되어 있다.[80]

다양한 민간 추진체계들은 컨트롤 타워에 해당하는 중국 정보기관들에 의해 전략적 지침과 지휘·통제·조율을 받는다. 이와 같은 결합방식은 온라인과 오프라인을

---

78 송의달, "반미 넘치고 반중은 없는 한국...주범은 22개 대 공자학원," 「조선일보」, 2022년 9월 15일.

79 Orinx Kimberly and de Swielande, Tanguy Struye. 2022. "China and Cognitive Warfare: Why Is the West Losing?." Bernard Claverie, Baptiste Prébot, Norbou Beuchler, and François du Cluzel, Cognitive Warfare: The Future of Cognitive Dominance, NATO Collaboration Support Office, 978-92-837-2392-9.

80 Ibid.

막론하고 같은 방식으로 나타난다. 예를 들면, 중국 사이버 해커들은 중국공산당 중앙군사위원회 산하 인민해방군 총참모부 예하 3부 2국(61398 부대)에 의해 은밀히 지휘 통제를 받는다.[81] 같은 방식으로 중국의 댓글공작 부대인 우마오당은 중국 당국의 지휘통제를 받고 있으며, 중국 정부는 매년 4억 4800만의 댓글을 위조해 여론조작을 시도한다.[82] 국가안전부는 직속기관으로 중국현대국제관계연구원, 국제관계학원, 장난사회학원을 두고 있으며, 중국 내 각 지역의 직할시와 성 및 자치구에도 지역기관을 두고 있다. 이들 기관들은 해외 대상 국가의 지방정부, 민간과의 학술교류, 민간교류, 지방자치단체교류 등의 각종 국제 교류협력을 지휘통제 한다. 국가안전부 정보요원은 6-10년 단위 해외 장기체류를 기본으로 하는 전문요원과 기술, 데이터 수집활동을 하는 정보원, 여행객, 기업인, 유학생, 연구원 등 잠재적 요원 또는 프록시(proxy) 요원에 해당하는 민간인 인력 풀(pool) 등으로 구성된다.[83] 해외 대상국가의 중국 학생회는 해당 국가 중국 대사관의 교육부 주재관이 은밀히 지휘 통제한다. 이는 다시 중국 국가안전부의 지휘통제를 받는 것으로 판단된다.[84] 중국의 범죄조직인 죽련방을 포함한 삼합회는 국가안전부의 지휘통제를 받는 것으로 알려졌다.[85] 중국의 해커들은 인민해방군 사이버사령부 및 61398부대와 국가안전부의 지휘통제를 받는다. 2020년 7월에 미 법무부가 기소한 두 명의 해커인 리 시아오유(Li Xiaoyu, aka Oro0lxy)와 동 지아지(Dong Jiazhi)는 국가안전부 요원의 지휘통제 및 지원을 받았다.[86] 중국 인민해방군에 의해 지휘통제 되는 중국 해커그룹들은 약 20여개 그룹 2만 여명의 APT 요원으로 이루어진 것으로 추정된다.[87]

이와 같이 다양하고 복잡한 중국 정보활동 네트워크의 결합방식은 핵심 내러티브

81 Mandiant, APT1: Exposing One of China's Cyber Espionage Units, pp. 7-8. http://intelreport. mandiant.com/Mandiant_APT1_Report.pdf.

82 송의달, "돈·선물·성관계...세계 휩쓰는 중공의 국내 정치 공작, 한국에선?" 「조선일보」, 2022년 7월 22일.

83 송의달, "한국 내 공자학원도 중 스파이공작 첨병?" 「조선일보」, 2020년 1월 24일.

84 한나스 외, 『중국 산업스파이: 기술 획득과 국방 현대화』, pp. 245-289; 해밀턴, 『중국의 조용한 침공』, pp. 293-342.

85 J. Michael Cole, "On the Role of Organized Crime and Related Substate Actors in Chinese Political Warfare Against Taiwan," Prospect & Exploration, 19(6) (2021), pp. 55-88.

86 Geenens and Smith, "Hacker's Almanac," p. 10.

87 세인 해리스, 『보이지 않는 전쟁 @ WAR』, 진선미 옮김, (서울: 양문, 2015), pp. 122-123.

를 근간으로 긴밀히 결박되어 있다. 이는 이슬람 살라피 극단주의 내러티브를 축으로 전세계적으로 중앙지휘부를 메인 허브로 척도없는 네트워크(scale-free network)로 느슨하게 결합된 알카에다나 ISIS의 구조와 유사하다. 중국은 중화민족의 부흥과 글로벌 패권장악, 애국심, 중화민족의 지배적 지위에 대한 역사적 운명 등을 담은 중화극단주의라는 핵심 내러티브를 접착제로 글로벌 네트워크를 구축하고 있다. 중국-베이징 정부는 이와 같은 중화극단주의 네트워크의 플랫폼이자 지휘부로 기능하며, 중국 국무원, 인민해방군과 국가안전부는 실행을 위한 실행 컨트롤타워에 해당한다. 이 중화극단주의 네트워크에 자발적, 비자발적으로 결합된 정부 및 민간 부문 행위자들은 중국의 발전과 패권질서 구축에 기여하는 전사이자 전위대로 자신들을 인식하여 이를 전랑(war wolf)으로 표현한다. 중국정보활동 네트워크 결합방식에서 다른 이슬람 극단주의나 극우극단주의 또는 어나니머스와 같은 핵티비즘 네트워크, 또는 미국이나 러시아 등의 다른 스파이활동 네트워크 등과 비교할 때 두드러지는 특징은 민족적으로 중국인에 과도하게 배타적으로 집중된다는 점이다. 이는 러시아와 비교할 때도 두드러진다. 러시아의 경우 미국 내 정보공작에서 포섭대상으로 삼는 민족적 러시아계의 비율이 25%에 지나지 않는데 비해 중국의 경우 중국계 비율이 98%에 달한다. 이처럼 중국은 미국과 오스트레일리아, 유럽 등 해외 공작활동의 경우에 현지의 중국계를 활용하는데 과도하게 집중한다. 중국은 이들의 중국, 중국에 있는 가족들, 중국에 있는 오랜 친구들, 중국문명 등에 대한 의무감을 자극하며, 어떤 방식을 써서라도 중국을 도우려는 개인들의 열망(애국심 등)에 호소한다. 경우에 따라서는 해외 중국계인들의 중국내 가족이나 친척들의 신변을 위협함으로서 이들의 협조를 끌어내기도 한다.[88] 이와 같은 중국 정보활동네트워크의 결합방식에서 한국의 경우 조선족이라는 독특한 집단이 문제가 된다. 그간의 경험적 사례들로 판단해 볼 때 안보적 측면에서 이들을 중국인들을 간주하는 것이 보다 타당해 보인다.

지난 20-30년간 중국은 꾸준히 서구국가들과 일본, 중앙아시아 등의 주변 국가들, 그리고 일대일로 경로상의 국가들에 대해 정치적, 경제적 영향력 투사와 지적재산권 침해, 주요 첨단국방산업기술 탈취, 정보통신망 및 물류공급망 장악 등과 같은 정보활동을 무차별적, 전방위적, 공세적으로 추진해왔다. 이를 위해 중국은 민간기업, 영화산업, 대학의 첨단기술 연구실 등 다양한 루트를 통해 자금지원 및 투자를 하면서

---

88 한나스 외, 『중국 산업스파이: 기술 획득과 국방 현대화』, pp. 352-361.

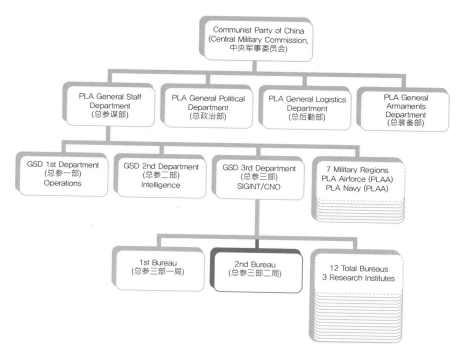

| 그림 6 | 중국의 61398 부대 지휘체계 조직도[89]

주요 기술을 빼내오거나 훔쳐왔다. 이러한 활동을 위해 다양한 프로그램들을 운영하고 있는데 그 가운데 대표적인 것이 '천인계획'이다. 이는 매우 성공적이었던 것으로 평가되었다. 천인계획은 2008년부터 중국정부가 국적을 불문하고 과학기술 분야 최고 인재를 대량 영입하기 위한 프로젝트이다. 중국은 인재확보의 과정에서 약점을 잡거나 미인계를 활용하는 등 불법적이고 비윤리적인 방법도 마다하지 않고 사용하고 있는 것으로 알려져 있다. 미국 하버드대 화학생물학과 교수인 찰스 리버 교수의 사례가 대표적이다.[90] 중국의 무차별적인 과학기술탈취 스파이활동의 일환인 천인계획은 중국이 운영하는 200개의 인재유치 프로그램 중 하나에 불과하다. 월스트리트 저널(WSJ)에 따르면, 중국의 천인계획이 예상보다 빨리 인재확보에 성공하자 이제는 만인계획으로 확대하여 2022년까지 인공지능, 바이오 등 첨단 기술 분야에 도전하려

89 Mandiant, APT1: Exposing One of China's Cyber Espionage Units, pp. 7-8.
90 Ibid.

는 계획을 세우고 있다. 이러한 만인계획 역시 기존의 산업 스파이활동의 방법과 같이 인재를 유치해 핵심기술을 빼돌리려는 행위가 주요한 전략이라고 볼 수 있다.

중국의 첨단 국방·산업 과학기술 정보탈취는 오프라인뿐만 아니라 사이버 공간에서도 약탈적으로 전개된다. 중국은 이를 위해 다양한 사이버 스파이 또는 해커 조직들을 운용하고 있다. 중국은 미국, 유럽 등 서방 선진국뿐만 아니라 대외확장정책의 일환인 일대일로의 대상 국가들을 타깃으로 사이버 스파이활동을 벌이고 있다. 글로벌 사이버 보안업체인 파이어아이(FireEye)는 자사가 출간하는 연례보고서 'M-Trends 2019'에서 중국의 사이버그룹들 중 하나를 지목하였다. 파이어아이는 중국의 사이버 스파이 조직을 APT 40(Advanced persistent Threat 40)으로 명명하고 일대일로 대상 국가들의 엔지니어링, 교통, 국방, 해양, 화학, 연구, 정부, 기술조직, 교육 등에 대한 광범위하고 약탈적인 스파이활동을 하고 있다고 밝혔다. 이 APT 40 조직이 위치한 중국 하이난 지방은 중국 신호정보기관과 인민해방군 기술국의 근거지인데, 이 사이버 스파이 조직은 하이난 지역 IP주소를 쓰고 있다는 점 등을 들어서 APT 40이 중국 사이버 스파이조직의 일부라고 확신한다고 밝혔다. M-Trends 2019에 따르면 이 APT 40의 활동은 일대일로 대상국들 중 동남아시아에 위치한 국가들과 선박 또는 해양기술과 같은 해양 이슈에 관련된 글로벌 기업체를 유치한 국가들에 집중되어 있다.[91]

중국은 또한 러시아의 정보심리전 사례를 벤치마킹하여 주요 자유민주주의 국가들의 국내 정치사회문화에 개입하여 영향력을 미치려는 공작활동을 집요하게 지속하고 있다. 여기서 중국의 문화공정은 매우 중요한 부문을 차지한다. 중국의 공자학원은 이와 같은 중국 문화공정의 주요한 현지 추진체계이자 거점으로 운용되고 있다. 공자학원은 중국의 전 세계를 대상으로 한 중화문명의 선전을 위해 조직되었다. 특히 2013년 시진핑 체제 출범 이후로 미국과 중국 주변국들, 그리고 일대일로의 대상 국가 등에 공자학원이 집중적으로 설치되었다. 이는 중국의 일대일로가 단순한 글로벌 경제·물류 네트워크 구축 사업이 아니라 중화 패권질서 구축전략이라는 점을 보여준다.[92]

FBI에 따르면 공자학원은 문화교류를 한다는 것을 명목으로 미국의 주요 대학교에 설치되어 중국공산당 사상을 선전하고, 반중정서를 완화하며, 중국의 영향력을

---

91 중, 일대일로 대상국 겨냥해 스파이 활동, 「보안뉴스」, 2019. 6. 16.
92 전 세계 '공자학원' 퇴출 바람 속 한국만 무풍지대, 「주간조선」, 2021. 6. 24.

확대하고, 중국 정부의 불법적 스파이활동에 악용할 목적으로 이용되고 있다. FBI가 이러한 사실을 상원정보위원회 청문회에서 밝히면서, 미국 의회는 공자학원의 폐쇄를 주도하고 있다. 공자학원의 미국 내 중국공산당 체제와 중화사상의 선전·선동은 과거 나치독일의 미국 내 친나치 로비와 선전·선동 사례에 비견된다.[93] 미국의 경우 공자학원이 100개가 넘는 대학들과 협력체계를 갖추고 있으며 총 152곳이 운영되고 있다. 유럽의 경우 158개소가 운영되고 있다. 전 세계적으로는 146개국에 548개소의 공자학원이 운영되고 있으며, 각국 대학, 초, 중학교 등에 설치된 공자학당까지 합치면 모두 12,000곳이 넘는다. 이와 같은 기관들에서 중국어 등을 배우기 위해 교육받은 학생들만 약 345만여 명으로 추산된다.[94]

공자학원은 모두 공산당 원로간부에 의해 운영된다. 공자학원의 운영본부는 교육부 산하기관이나 공산당 중앙위 통일전선공작부의 주요직에 있던 인사들이 지속적으로 총이사회 주석직을 오랫동안 맡아왔다.[95] 이 공산당 중앙통일전선공작부는 국내·외 여러 정파 및 조직, 유력 인사들과의 연대를 강화하고 통일전선을 형성하여 공산당의 영향력을 지속적으로 확대하는 조직이다. 때문에 공자학원은 공산당이 직접 통제하는 선전조직이라고 볼 수 있다.[96]

공자학원은 현지 정부의 동향과 반중활동을 감시하고 여론을 조작하는 등의 역할을 맡고 있다. 중국에 부정적인 의견을 비치는 학자들이나 연구자들의 중국입국 비자를 거절하거나 이들을 위협하거나 압력을 가해 반중 의견이 피력되는 것을 억제하는 등의 활동을 하였다. 예를 들면 캐나다에서 티베트인들의 봉기를 옹호한 현지 TV 보도에 대해 워털루 대학에 중국에서 직접 파견된 공자학원 원장이 해당 뉴스를 보도한 현지 언론을 비판하며 '언론과 싸우라'고 부추겼다. 이러한 행동에 대해 미국 의회는 중국 공산당이 각국에서 여론조작을 위해 행하는 다양한 수단 중 하나가 공자학원이라고 명확히 지적하였다.[97] 이밖에도 공자학원이 첨단기술을 연구하는 대학

---

93 중국공자학원, 스파이혐의로 미 수사 중, 「미래한국」, 2018. 4. 30. www.futurekorea.co.kr/news/articleView.html?idxno=105769

94 Ibid.

95 최근에는 이러한 스파이활동 및 선전조직 활동으로 인해 각국에서 조사와 폐쇄조치를 당하자 2020년 7월 공자학원 운영주체를 민간에서 운영하는 것처럼 교체하고 이사장직도 순수과학자인 칭화대 양웨이 교수가 임명되었다.

96 전 세계 공자학원 퇴출 바람 속 한국만 무풍지대, 「주간조선」, 2021. 6. 24.

97 Ibid.

등에 설치되어 군사목적 등을 위해 연구되는 첨단기술을 유출하는 스파이 활동을 할 개연성이 해외 각국들에 의해 지적되었다. 이러한 공자학원에 대한 우려 때문에 캐나다, 미국, 독일, 스웨덴, 프랑스, 호주 등지에서 공자학원의 폐지가 이어지고 있다.

이와 같은 중국의 정보활동에 대해 해외에서는 중국의 침공(China's invasion)이라고까지 불릴 정도로 중대한 위협으로 인식한다. 미국은 중국의 스파이활동에 대해 2000년 이전부터 인지하고는 있었지만 2008년에서 2011년 사이에 이를 심각한 상황으로 인식하고 본격적으로 경계하기 시작했다. 특히 미국 국가방첩집행국(Office of the National Counterintelligence Executive: ONCIX)의 2011년 보고서는 중국이 패트리어트 미사일이나 F-35와 같은 첨단 무기기술절도부터 민간기업의 반도체, 정보통신기술 등과 같은 핵심 첨단기술, 영업비밀, 코비드 19 백신기술 등 광범위한 산업기밀에 이르기까지 무차별적으로 훔치고 있어 미국의 경제, 안보에 큰 위협이 됨을 분명히 했다. ONCIX 2011 보고서는 중국의 산업스파이 활동에 대해서 "중국은 산업스파이 침탈자로 가장 활동적이고 지속적이다. 미국의 민간기업과 사이버안보 전문가들은 중국의 컴퓨터네트워크 침공의 맹렬한 공격을 받고 있다"라고 진술했다.[98] 미국 하원의 사이버 스파이관련 증언에 나선 CSIS(Center for Strategic and International Studies)의 루이스(Lewis)는 중국이 필요한 기술을 얻는 방법은 서구기술을 필요하면 합법적이거나 불법적인 수단을 모두 사용해서 탈취하는 것이라고 진술하였다.[99] 2018년 미국 FBI의 국장 크리스토퍼 레이는 미국 내 중국 스파이 활동에 대해 "중국의 스파이 활동이 광범위한 분야에서 이루어지고 있다. 옥수수 종자에서부터 우주선까지 훔칠 수 있는 것은 모두 훔친다. 특히 지식재산권 도용이 심각해 미국에 매년 6,000억 달러 이상의 경제적 손실을 입히고 있다. 스파이 활동의 근본 목적은 기술력을 바탕으로 자급자족을 실현하려는 것이며, 궁극적으로 미국 기업들을 세계시장에서 도태시키고 중국이 미국을 대신할 패권국가가 되려는 것이다"라고 진술했다.[100] 2020년 미 국토안보부(Department of Homeland Security의 국토위협평가(Homeland Threat Assessment)는 중국과 중국의

---

98 Office of the national Counterintelligence Executive(2011). Foreign spies stealing US economic secrets in cyberspace. https://www.globalsecurity.org/intell/library/reports/2011/foreign-economic-collection_2011.htm

99 Lewis. J. A. (2013, July 9). Cyber espionage and the theft of US intellectual property and technology. Center for Strategic and international Studies.

100 한국 내 공자학원도 중 스파이공작 첨병? 미국에서 논란. 퇴출운동 이어져, 「동아일보」, 2020. 1. 27.

공산당이 전 세계에서의 미국의 경제적 리더십에 대한 심각한 도전이며 중국의 지적재산권 침해가 중대한 문제가 된다는 점을 명시하였다.[101] FBI의 최근의 보고에 따르면 중국이 연루된 대미 산업스파이 행위가 10년 동안 14배 증가하였으며 FBI가 수사하고 있는 약 5,000건의 방첩사건 중 중국에 의한 스파이활동으로 보이는 것이 절반이상이라고 하였다. 특히 휴스턴에 위치한 세계최대 의학 클러스터 중 하나인 텍사스메디컬 센터와 텍사스 아동병원 백신개발센터 등에 대한 중국의 스파이활동에 대한 조치로 미국은 휴스턴 총영사관에 대해 폐쇄조치까지 내렸다.[102]

미국은 중국의 정보활동 위협이 단순한 지적재산권 침해나 국방산업과학기술 탈취를 위한 공세적 스파이활동이 아니라 미국과 서방의 리더십과 가치, 경제, 군사, 과학기술, 문명에 대한 근본적인 안보위협으로 인식하고 있다. 예를 들면, 미국의 전직 대통령인 트럼프(Trump)는 2018년부터 중국을 미국의 경제적·군사적 위협으로 인식하고 이에 대한 언급을 지속해 왔다. 뒤를 이은 바이든 행정부의 백악관 핵심참모와 정보기관은 중국이 미국의 가장 중대한 도전이 된다는 것을 확실히 하였다.[103] 미국가정보장실(Office of the Director of national Intelligence: ODNI)의 미 정보당국의 연례위협평가(Annual Threat Assessment of The US Intelligence Community)는 '중국의 강대국 추진'문제를 핵심 사안으로 다루었고, 토니 블링컨 미 국무장관 및 윌리엄 번스 미 중앙정보국(CIA) 국장 등은 중국을 위협으로 평가하였다.[104] FBI는 홈페이지에 "중국 공산당과 정부가 주도하는 각종 스파이 활동이 미국의 민주적 가치와 경제적 행복에 중대한 위협이며, 이에 대처하는 것이 FBI 방첩 활동의 최우선 과제라"라고 명시하고 있다.[105] FBI 국장은 2020년 7월 7일 허드슨 연구소 연설에서 중국과 연계된 미국 내 산업스파이 행위가 최근 10년 새 1,300% 증가했으며 미국의 첨단 군사·산업 기밀 탈취를 위해 활동하는 중국의 사이버 스파이만 최소 18만 명에 이르는 것으로 파악하고 있다고 진술했다.[106] 또한 FBI는 중국이 서방 국가들의 정치에 개입하는 활동에 대해

101 U.S. Department of Homeland Security. October 2020. Homeland threat assessment.
102 '영사관 폐쇄'로 불붙는 중스파이 논란...한국은 남 일일까, 「매경프리미엄」, 2020. 8. 1.
103 국가안보전략연구원, January 2022 포스트 아프간 미국이 대외정책과 한미관계, INSS 전략보고, No. 156. p. 6.
104 Ibid. p. 7.
105 송의달의 차이나 프리즘. 10년 새 1300% 급증한 중국 스파이들... 한국은 무풍지대? 모든 개인·조직의 첩보 활동 의무화하고 글로벌 기업 무너뜨린 중국의 스파이 총력전, 「조선일보」, 2020. 9. 10.

언급하면서 2022년 미국 뉴욕에서 있었던 의회선거의 개입사례를 지목했다.[107]

　이와 같은 중국의 정보활동에 대한 위협인식은 미국 이외의 영국 등 다른 서방 동맹국들에서도 유사하게 나타나고 있다. 최근 들어 화웨이 문제를 통해 고조되었던 중국의 5G정보통신망 공급망에서의 시장점유율의 확대와 중국의존도의 확대는 단순한 시장논리가 아니라 ICT 공급망과 관련한 정보안보전반의 이슈와 연계되어있다. 또한 5G의 속성상 AI 인프라스트럭쳐(infrastructure), 자율주행 자동차, CCTV, 드론, 로봇 등 다양한 IoT 연계 디바이스들과도 연계되어 있어 중국의 ICT 공급망에서의 막대한 영향력 행사는 정보안보, 사이버 위협, 미래전, 미래경제산업발전 등 전방위적 영역에서 미국뿐만 아니라 EU, 영국, 캐나다, 오스트레일리아 등의 다른 서방 동맹국들의 안보와도 직결되는 사안이다. 이 때문에, 코비드 19 팬데믹 이전에는 다소 유보적이던 영국, 유럽, 캐나다, 오스트레일리아 등 다른 서방 동맹국들이 최근 중국의 스파이활동과 주권침해에 대해 깊은 우려를 표하기 시작했다. 예를 들면, 2021년에는 EU가 유럽 내에서의 가짜뉴스 확대를 통한 정치적 간섭, 악의적인 투자를 통한 산업정보 유출, 인권유린, 그리고 서구적 가치관에 동조하지 않는 중국을 '체제적 라이벌(systemic rival)'이라고 표현하였다. NATO는 2022년 발간한 개혁방안 보고서 'NATO 2030'에서 '중국을 유럽이 직면한 위험'으로 명시하였다. 2022년 6월에는 미 크리스토퍼 레이 FBI국장과 영국의 MI5의 켄 매컬럼 국장이 런던회담에서 중국의 불법적이고 무차별적인 산업 스파이활동에 대한 우려를 표명하고 이 사안이 양국 정보당국의 가장 최우선적인 위협이라는 점을 명확히 하였다.[108] MI5는 최근 중국의 스파이 활동에 대한 감시활동을 2배로 늘렸으며, 대중국 수사진행 건수는 2018년 대비 7배 증가하였다고 밝혔다.

　글로벌 차원에서의 중국의 패권적 중화제국질서에 대한 국가전략비전과 이를 위한 실행전략으로서의 초한전 전략, 그리고 세부 실행수단으로서의 정보활동 및 영향력 공작 등은 동북아시아의 지역적 차원에서 주요한 타깃인 한국에 대해서도 거의 동일하게 이루어져 왔던 것으로 판단된다. 중국의 글로벌 패권전략추구에서 특히 한국은 주요한 공략대상이며, 중국의 패권질서 내에 반드시 포획해야 하는 핵심 발판(stepping stone)이다. 중국이 미국 및 서방 세계를 대상으로 그어놓은 제1도련선 내에

---

107 Ibid.

108 미 FBI, 영 MI5 "중국 산업스파이 큰 위협"... 존슨 영국 총리 사임 발표, 「VOA」, 2022. 7. 7.

속한 유일한 미국의 핵심동맹이자 자유민주주의 국가가 한국이다. 한국은 또한 중국과 국경을 맞대고 있는 국가들 가운데 가장 강하고 부유한 국가 중의 하나에 해당하며, 중국과 가장 인접한 미군의 주둔지역이다. 이점에서 중국은 글로벌 패권 전략의 1단계에 해당하는 제1도련선 밖으로 미국-서방 세력을 몰아내는 반접근-거부 전략을 완성함에 있어 한국의 중국 영향권으로의 포획은 핵심적 전략목표가 된다.[109]

이와 같은 중국의 패권추구 야욕과 미국-서방 대 중국의 패권충돌구도를 함께 고려할 때, 중국은 한국의 안보와 관련하여 주요한 위해요인이 된다. 그와 관련하여 구체적인 사항들을 살펴보면 다음과 같다. 첫째, 중국은 주한미군과 한국군에 대한 군사적 정보활동의 소요가 있다. 중국은 대만 침공 시에 주한미군 또는 한국군이 어떻게 대응하고 군사력의 배치가 어떻게 변화할 것인지, 또는 한국이 대만에서의 미군 또는 미-일 연합군의 중국과의 전쟁수행에서 어떤 역할을 할 것인지, 한국의 주요 항구들과 인프라들은 미군의 전투수행을 어떻게 지원하게 될 것인지 등 다양한 군사적 사안에 대한 첩보수집의 소요가 있다. 또한 한국과 주한미군이 미국의 대만에서의 전쟁수행을 효과적으로 지원하지 못하도록 중국이 사보타지, 프로파간다, 인지전과 같은 정보활동을 국내에서 수행할 수도 있다. 이와 함께, 한반도 내에서의 통상적 군사력 변화 동향 파악을 위해 한국과 주한미군의 군사력 증강과 작전계획 등에도 관심을 기울일 것이며, 한국의 첨단국방과학기술동향에도 주목하여 기술절도를 시도할 개연성이 크다. 이처럼 중국은 한국군과 주한미군의 군사력과 무기체계, 부대배치와 이동, 수송 및 지원, 전쟁물자와 병력동원, 작전계획 등과 관련된 상당한 안보위해요인이 된다.

둘째, 중국은 한국을 한·미·일 삼각동맹체제의 약한 고리로 보고 한국을 흔들어 대중국 봉쇄체제를 허물어뜨리고 미군을 궁극적으로 한반도에서 철수시키려고 기도한다. 중국의 이와 같은 야욕은 3불1한의 주장에서 뚜렷하게 구체화되었다.[110] 중국은 러시아와 함께 동북아시아에서 미국 동맹국들인 한국과 일본에 미국의 MD(미사일 방어)체제가 배치되는 것에 강하게 반대한다. 미국 MD체제의 전진배치는 미국 동맹체제가 역내에서 공고화되는 것을 의미하며 동시에 중국 정치, 경제, 군사의 핵심인 서해 연안지역에 대한 직접적인 안보위협이 되기 때문이다. 미국은 미사일 방어시스

---

109 윤민우, "미국-서방과 러시아-중국의 글로벌 전략게임: 글로벌 패권충돌의 전쟁과 평화," 「평화학연구」, 23(2) (2022), pp. 7-41.

110 이동훈, "중 3불1한 주장...문재인 약속했나 안했나?" 「주간조선」, 2022년 8월 11일.

템이 중국이나 러시아에 대한 것이 아니라 북한에 대한 대응체계라고 주장하고 있으나 중국은 이를 그대로 받아들이고 있지 않다.[111] 중국의 한국 내 사드 배치에 대한 강경한 반대는 이와 관련된 것이다.

중국의 한국 흔들기는 러시아와 함께 최근 들어 한국 ADIZ(방공식별구역) 무단진입을 강화한 것에서 단적으로 드러난다. 특히 이와 관련하여 2019년 7월 처음으로 시도된 중국-러시아의 연합순찰(joint-patrol)비행은 상당한 외교적, 전략적 중요성을 가지며 두 나라의 전략적 파트너십을 과시한 것이다. 이 연합순찰비행의 핵심타깃은 이들이 역내 미국 동맹체제의 상대적으로 가장 약한 고리로 보고 있는 한국이다. 역내 미국 동맹국들인 일본이나 오스트레일리아에 비해서 한국은 중국의 힘을 사용한 압박에 취약하다. 베이징은 당근과 채찍을 숙련되게 사용하여 서울을 길들임으로서 한미동맹을 약화시키고 한국을 중립화시키거나 가능하다면 중국 세력권으로 포획하려고 한다.[112] 한국 ADIZ 침입과 같은 군사적 힘의 과시는 한국 경제의 높은 중국의존도를 이용한 경제적 압박과 북한을 통한 한국 길들이기, 한국 내 중국의 정치경제적, 사회심리문화적 영향력의 확산을 통한 탈서방-친중국화 등의 여러 사용 가능한 옵션 가운데 하나이다.[113] 한국을 궁극적으로 핀란드화(Finlandization)시킴으로서 역내에서 미국의 동맹 체제에 중대한 타격을 가하고, 궁극적으로 이러한 효과를 인도-태평양 권역 전체로 확산시키려고 기도한다.[114]

2017년 문재인 정권 출범 이후 최근 수년간 중국의 한국 ADIZ에 대한 침입이 급격히 증가하는 경향은 이를 뒷받침 한다.[115] 다음의 표는 중국의 연도별 한국과 ADIZ 침입 빈도수이다. 해당 통계는 한국 국방부의 공식자료가 아니라 언론 보도자료의 검색을 통해 수치화한 자료이다. 이 때문에 한국 정부에서 비밀로 하고 일반에 공개하지 않는 더 많은 사례들이 존재할 수 있다.[116] 국방부 관계자에 따르면, 한국

---

111 이상헌, "미합참차장 "미사일방어, 중국·러시아·이란 아닌 북한에 초점"," 「연합뉴스」, 2021년 2월 24일.

112 Lukin (2019).

113 송의달, "중국에 겁 먹고 나약한 한국 정치인들 …어렵게 쟁취한 독립 지킬 수 있나," 「조선일보」, 2021년 7월 20일.

114 Lukin (2019).

115 Mercedes Trent, "Over the line: The implications of China's ADIZ intrusions in Northeast Asia," FAS(Federation of American Scientists), 2020, 15.

116 Trent (2020), p. 15.

ADIZ 침입사례는 미디어를 통해 일반에 공개하는 것은 극히 일부에 불과하고 대부분은 비밀로 분류하여 공개하지 않고 있다. 또 다른 국방부 관계자에 따르면, 대략 미디어를 통해 알려진 빈도수의 2~3배 이상의 실제 사례가 존재하는 것으로 추산된다.[117] 흥미로운 점은 중국의 한국 ADIZ 침입이 2016년에 처음으로 발생한 이후 해마다 급격하게 증가하고 있다는 사실이다. 중국은 2016년 1월 31일에 사전 통보 없이 한국의 ADIZ에 처음으로 무단 침입했다. 당시 두 개의 중국 군용기가 이어도 근방 한국의 ADIZ와 일본의 ADIZ 사이의 중첩되는 지역에 진입했다. 이후 곧바로 일본의 ADIZ로 진입한 이후 다시 한국 ADIZ를 침범했고, 무선 교신을 통한 한국군의 경고에 따라 대마도 해협을 통해 북쪽으로 비행했다.[118] 이후 중국은 동해와 대마도 해협, 그리고 제주남방해상과 서해로 이어지는 비행루트에 대한 비행을 급격히 증가시켰다.[119]

| 표 1 | 중국 군용기의 연도별 한국 ADIZ 침입 빈도수[120]

연도	한국 침입 빈도수
2010년	-
2011년	-
2012년	-
2013년	-
2014년	-
2015년	-
2016년	50
2017년	80
2018년	140
2019년	25 이상

* 한국 ADIZ 침입에 대한 자료는 공개된 대중 미디어 보도로부터 추산되었다.

---

117 군 관계자와의 인터뷰.
118 Trent (2020), p. 19.
119 Trent (2020), p. 15.
120 Trent (2020), p. 15.

중국의 시기별 비행루트 변화 동향 분석은 중국의 한국에 대한 전략적 의도를 더 분명히 한다. 2017년까지, 중국의 한국 ADIZ 침입 비행은 두 개의 보다 짧은 경로를 따라 빈번히 이루어졌다. 첫 번째 루트는 이어도 남서쪽에서 KADIZ에 들어와 한-일 간의 중첩되는 공역을 통해 비행하고 이후 중국 본토를 향해 북서쪽으로 비행하여 서해로 향한다. 2018년에 중국은 이 루트를 따라 65회 비행했다. 두 번째는 남쪽으로부터 이어도로 북상하여 KADIZ에 진입한 후 다시 선회하여 이어도 남쪽으로 빠져나가는 비행경로이다. 이 경로는 가장 덜 도발적인 성격을 거지며 중국은 단지 자신들의 ADIZ를 순찰한다고 주장한다. 2018년에 이 경로를 따른 비행은 70회 이루어졌다.[121] 하지만 2018년 2월 27일 중국은 동해안으로 깊숙이 들어오는 새로운 루트로 비행했다. 이 비행경로는 한국영토에 가까우며 KADIZ에 보다 깊숙이 침범하는 성격을 가진다. 이 비행경로는 대마도 해협을 통과하여 한국 해안선을 따라 북상하여 포항 인근 KADIZ를 침범하고 울릉도와 한국 본토 중간 지점으로 비행한다. 2018년에 중국 군용기는 이 비행경로를 따라 7회 비행하였다. 이 비행루트는 한국과 일본의 ADIZ를 동시에 침범하며 한국 본토와 제주도를 둘러싸는 비행궤적을 보인다. 이와 같은 순찰비행은 한국과 일본의 영토분쟁을 유발하여 한·미·일 동맹 체제의 아킬레스건인 한일관계를 흔들어 동맹 체제를 와해시키려 기도한다는 점에서 훨씬 더 도발적인 성격을 가진다.[122]

아래 그림에 나타난 중국의 비행경로를 살펴보면 중국의 한국과 일본, 그리고 타이완 등의 주변국 ADIZ침입의 주요 의도와 타깃을 엿볼 수 있게 한다. 중국(한국의 경우 중국-러시아 연합비행)의 비행경로는 한국의 남서해안과 남해안, 그리고 동해안을 둘러싸고 있는 모습을 보이다. 이를 통해 중국의 의도들을 짐작해 볼 수 있는데 그 가운데 주요한 하나는 한반도에서의 전쟁 시에 미군의 증원 병력과 물자가 수송되는 해상교통로를 차단하기 위한 것으로 보인다. 한반도 전쟁 시에 미군의 증원 병력과 물자는 해상교통로를 통해 부산항으로 들어오게 되는데 이를 해상에서 차단하려는 의도를 갖고 있으며 최근 중국-러시아의 한국과 일본의 ADIZ 침입은 이러한 군사적 의도를 훈련하기 위한 목적을 내포하고 있는 것처럼 보인다.[123]

---

121 Trent (2020), p. 19.
122 Trent (2020), p. 20.
123 군 관계자와의 인터뷰.

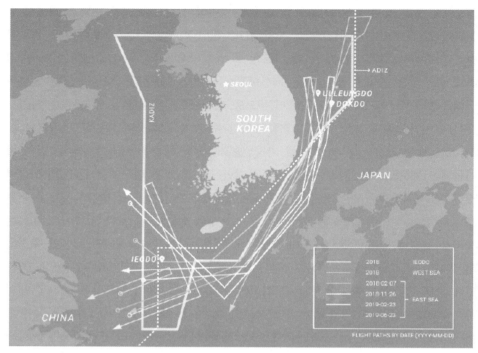

| 그림 7 | 중국 군용기의 KADIZ 침범 비행경로[124]

　이와 같은 추정은 위의 그림의 중국 군용기의 타이완 ADIZ 침범 비행경로와 비교해 보면 보다 더 설득력을 가진다. 한국 ADIZ 침범 비행경로와 매우 유사한 타이완을 둘러싸는 형태의 비행궤적이 나타난다. 이를 통해 전쟁 시 타이완에 대한 미국과 동맹국들의 군사적 지원의 해상교통로를 차단하려는 중국의 의도가 숨어 있음을 추정해 볼 수 있다. 이는 근본적이고 포괄적인 중국의 동아시아-서태평양 전구에서의 전쟁전략과 관련이 있음을 추정해 보게 한다. 이와 같은 중국의 AIDZ 침입 비행궤적은 중국이 한국과 타이완 모두에 대해 역내에서 미국과 동맹국들과의 해상교통로를 차단함으로 전쟁 시에 이들 국가들을 미국의 군사적 지원으로부터 고립시키고 평시에는 심리적 압박과 일본과의 분쟁유발, 불화를 통해 미국의 동아시아-서태평양 동맹시스템으로부터 이탈시키려는 목적을 갖고 있는 것을 추정해 볼 수 있게 한다.

---

124 Trent (2020), p. 21.
125 Trent (2020), p. 25.

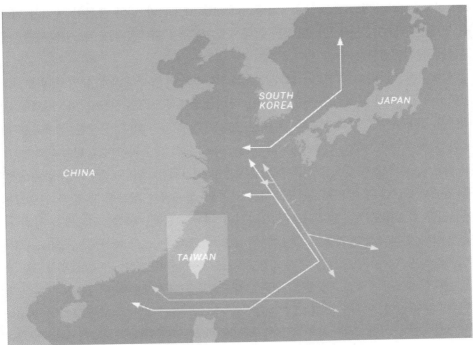

| 그림 8 | 중국 또는 중국-러시아 군용기의 타이완 및 한국 ADIZ 침범 비행경로[125]

중국의 대한국 정보활동은 이와 같은 중국의 한·미·일 삼각동맹체제균열과 한국 흔들기의 전략적 기조에 따라 수행되어진다. 특히 중국의 한국 내 정치, 경제, 사회, 문화, 역사, 교육, 엔터테인먼트 등의 전방위에 걸친 영향력 공작은 이와 같은 기조에 따른 것으로 이해할 필요가 있다. 초한전 전략에 따라, 정치, 선거개입과 여론조작, 군사적 위협, 경제적 압박, 외교적 공세, 문화공정 등 다양한 카드를 전일적, 통합적으로 운용할 수 있다. 여기에는 해상민병대를 이용한 서해상 무력시위도 포함된다.[126] 이와 같은 중국의 전략과 관련하여 중국이 명확하게 명문화한 증거는 없지만 현재 동아시아-서태평양 역내에서의 상황과 중국의 행보를 보면 이와 같은 전략적 분석이 충분히 가능하다. 중국의 군사굴기와 역내 중화패권질서 구축을 위해서는 미군이 뒷받침하고 있는 역내에서 강력한 군사력과 경제력을 가진 한국과 일본에 대응

---

126 이서항, "중국의 새 어민세력 해상민병을 경계하자," 「KIMS Periscope」 제76호, 한국해양전략연구소, 2017년 3월 21일.

해야한다. 따라서 중국은 한·미·일 동맹체제를 깨뜨리기 위한 충분한 동기를 가지고 있다. 중국의 대한국 안보위해는 이와 같은 중국의 전략적 의도와 역내 세력충돌 구도에서 기인한다.

셋째, 중국의 대북 영향력 강화는 중국의 한반도와 주변해역에 대한 세력투사와 관련하여 또 다른 위협요인이다. 중국은 한미동맹체제를 와해시키고 미국세력을 역내에서 철수시키기 위해 북한을 주요한 조커로 활용하고 있다. 중국은 핵무장을 한 북한을 사주하여 도발함으로서 미국의 대중국 봉쇄선을 돌파하려고 할 수 있다. 이와 같은 중국의 전략적 노림수는 대만문제까지 연장될 수 있다. 중국이 북한에 관심을 가지는 또 다른 이유는 동해에 대한 중국의 접근권의 확보이다. 중국의 글로벌 패권전략의 실행방안인 일대일로는 유라시아 대륙을 통한 육로와 인도양을 통한 바닷길 이외에 북극해를 가로지르는 제3의 루트가 존재한다. 이 때문에 중국은 러시아를 자극하면서까지 스스로를 준북극권 국가로 정의한 바 있다. 중국의 북극해를 통한 일대일로에서 한반도 동해안 항구에 대한 접근권은 핵심적인 사안이다. 덤으로 중국이 동해안에 군항을 갖게 되면 이는 한국과 일본에 대한 주요한 군사적 위협이 될 수도 있다. 이와 같은 이유 때문에 중국은 북한의 동해안에 전략적 관심을 갖고 있다. 나진항에 중국이 부두 사용권을 획득한 것도 이와 같은 의도의 일환이다. 따라서 중국은 북한에 영향력을 확대, 강화할 주요한 전략적 동기가 있다.

중국의 대북한 영향력 증강 전략이 한국에 대한 직접적인 안보위해 요인은 아니지만 적어도 간접적으로는 주요한 위해요인이 된다. 중국은 북한을 포함하는 한반도 전역에 대한 영향력 공작을 목표로 하고 있으며, 역사문화적 동북공정과 북한에 대한 경제적 영향력의 확대는 이를 위한 주요한 실행방안이다. 중국의 동북역사문화공정은 중국의 오늘날과 미래의 전략적 이해관계와 직접적인 관련이 있다. 역사문화는 미래 전략목표와 그 지정학적 범위와 위상 등을 구체화하는 내러티브와 당위적 기반을 제공한다. 즉, 과거의 위대한 역사문화를 미래에 투영하여 다시 재구성하는 방식으로 미래전략비전이 도출되게 된다. 중국의 중화패권질서는 이러한 구도로 짜여 있다. 과거의 영광스러운 제국질서와 근대 100년의 서양세력에 의한 굴욕의 역사와 굴기를 통해 미래에 과거의 영광스러운 중화제국질서를 재건한다는 기-승-전-결의 내러티브로 구성된다. 이와 같은 구도 속에서 오늘날 안보현실은 과거와 데쟈뷰되고 동아시아 질서는 중화패권질서로 재편되어야 한다는 비전과 당위성, 그리고 규범가치로 재해석된다. 이와 같은 내러티브 구도 속에서 북한을 포함한 한반도는 중화질서의 조공국이자 중화문명의 일원으로 재해석된다. 따라서 미국과 같은 서양세력의 영향력은 한반도에서 당위적으로 퇴출되어야 하며, 베이징과 한반도 국가들의 관계는 중심부와 주변부로 고착화된다. 이는 미래의 중국 중심의 정치적, 군사적, 경제적, 문화적 패권질서에 대한 신앙적·가치적 정당성을 부여하게 된다.

중국의 역사문화공정은 한편 한반도의 국가들(한국과 북한을 포함하는)의 만주지역에 대한 역사문화적 소유권 주장과 옛 영토 회복의 내러티브들에 대한 대응내러티브의 기능을 한다. 홍산문명공정, 하·상·주 단대공정, 그리고 동북공정은 이러한 전략적 목적 하에 수십 년 동안 치밀하게 단계적으로 진행되어 온 것이다. 따라서 이와 같은 역사문화내러티브는 곧 오늘과 미래의 안보적 이해와 직결된다. 고조선 이전시기, 고조선, 부여, 고구려, 발해, 고려 등의 과거 한반도와 만주를 포함한 유라시아 동부의 한민족 국가들의 역사와 옛 영토에 대한 오늘날 한반도 국가들의 정통성과 소유권 주장은 중국으로서는 간도를 포함한 만주지역에 대한 안보적 위협이 된다. 이와 같은 한반도 국가들의 내러티브가 작동할 경우 중화문명과 한국문명의 경계선 또는 대치선은 압록강이 아니라 요하 또는 난하가 된다. 이는 만주전체에 대한 안보불안을 초래한다. 과거의 문명 대치선은 현재와 미래의 안보구도와 지정학적 경계선에 영향을 미치기 때문이다. 한반도 국가들이 현재 분단되어 있어 이와 같은 주장이 본격화되지 않고 있을 뿐이지 이와 같은 옛 영토 회복과 맞물린 한반도 국가들의 만주로의 팽창욕구는 늘 잠복해 있는 휴화산과 같다. 실제로 중국의 동북공정을 포함한 역사문화공정은 1990년대 중반에서 2000년 초반까지 경제적으로 부유해지고 군사적으로도 강해진 한국의 만주지역의 역사와 고대문명, 그리고 고조선, 부여, 고구려, 발해, 및 고려의 옛 영토에 대한 과도한 관심에 대한 중국의 불안과 경계에 영향을 받은 바 크다. 중국이 역사문화공정을 통해 과거 만주지역의 한반도 국가들을 중국의 문명권으로 편입시키게 되면, 미래의 한반도 국가들을 한반도 내로 가둘 수 있게 되고 이는 오늘과 미래에 만주지역의 안보불안을 해소할 수 있는 기반이 된다.

중국은 이와 함께 북한에 대한 경제적 영향력을 확대 강화시키고 있다. 이는 한국에 대해서도 마찬가지이지만 북한의 대중국 경제의존도는 한국의 그것과는 비교할 수 없을 정도로 크다. 북한 역시 중국에 대한 경제적 의존도의 심화에 대해 우려를 하고 있지만, 핵개발로 인한 미국과 국제사회의 경제제제와 코비드-19로 인한 봉쇄정책으로 중국이외에는 마땅한 대안이 없는 상황이다. 결국 이와 같은 상황에 대한 획기적인 돌파구가 없는 상황에서 북핵 위기와 대북제제 국면이 당분간 지속될 것으로 전망된다. 이 때문에 중국의 북한에 대한 경제적 영향력의 침투와 북한의 대중국 경제의존도는 더욱 심화될 것으로 보인다. 이와 같은 추정은 2001년 17.3%에 불과했던 북한의 대중국 무역 의존도가 대북제재가 계속되면서 2019년에는 사상 최대인 95.2%를 기록한 것을 통해 뒷받침된다.[127] 이와 같은 상황에서 북한이 코비드-19를 이유로 북·중 국경을 전면 봉쇄한 것은 방역이외에도 중국의 대북 경제적 영향력을 견제하려는 정치적 전략으로서의 이유도 있었다. 하지만 이와 같은 일시적 조치로는 북한경제의 대중국 의존도를 낮추는 데는 역부족이다.[128]

넷째, 중국은 북한뿐만이 한국에 대해서도 앞서 언급한 역사문화공정과 함께 경제적·외교적 압박, 정치적 영향력 투사, 여론조작, 친중화 공작 등의 다양한 영향력 공작을 시도하고 있다. 중국이 미국, 오스트레일리아 등 해외 자유민주주의 국가들과 일대일로의 노상에 있는 국가들에 대한 친중국 영향력 공작과 유사한 형태의 세력투사를 한국에 대해서도 하고 있는 것으로 판단된다. 중국의 한국에 대한 3불 1한의 요구는 이러한 중국의 영향력 공작의 대표적인 사례이다. 공자학원은 중국의 대표적인 영향력 공작의 전위대이다. 이 밖에도 중국은 한국을 상대로 정치·경제·학계·언론·문화예술·시민사회의 유력인사들과 단체들을 경제적, 성적(sexual), 또는 그 외 다른 다양한 수단을 통해 포섭, 로비, 회유, 협박 등을 수행할 개연성이 크다. 한국의 각 분야 엘리트들과 유력 단체들은 이와 같은 과정을 통해 친중국 인사들 또는 세력들로 포섭되고 중국의 이익을 위해 활용될 수 있다. 이와 같은 사례들은 미국과 오스트레일리아 등에서는 이미 확인된 바 있다. 한국에서는 안희정 전지사를 둘러싼 미인계 의혹이 제기된 바 있다. 또한 중국은 여론조작과 댓글공작 등을 통해 한국의 선거에 개입하거나 한국 내 중국계 한국국적취득자와 영주권자를 활용하여 국내선거에 영향을 미칠 여지도 크다.

해외에서는 중국의 자유민주주의 국가들을 대상으로 한 선거개입이 이미 확인된 바 있다. 미국 국가방첩안보센터(NCSC) 윌리엄 에버니나 국장에 따르면, 중국의 홍콩과 대만에 대한 댓글과 언론 조작을 통한 선거개입은 수십 년간 지속되어 온 일이

127 "북한, 작년 중국 무역의존도 95.2%...사상 최대," 「무역뉴스」, KITA.NET, 2020년 5월 6일. https://www.kita.net/cmmrcInfo/cmmrcNews/cmmrcNews/cmmrcNewsDetail.do?pageIndex =1&n Index=57851&sSiteid=2

128 박수영, "돈주 영향력·중국 의존도 낮추려다 멈칫한 북한," 「rfa」, 2021년 7월 30일. https://www.rfa.org/korean/news_indepth/nkchinarelation-07302021141258.html

었다. 이러한 중국의 해외 선거개입은 홍콩, 대만 등 중화권 국가들뿐만 아니라 파이브아이즈(FiveEyes)의 일원인 오스트레일리아에서도 다수의 사례들이 발견되었다.[129] 2021년 9월에 오스트레일리아 대간첩 안보 기구인 국가안보정보원(ASIO)은 중국의 선거개입이 있었다는 점을 공식화했다. 이 사건에서는 중국 공산당의 지원을 받는 사업가가 호주 뉴사우스웨일즈주에 출마하는 노동당 후보를 매수하여 호주 정계에 영향력을 행사하려고 하였다. 이 사업가는 해당 후보에게 선거자금을 제안하였다. 이에 대해 ASIO의 마이크 버지스 원장은 "외국 정부 기관이 자신들에게 우호적인 정치인을 심으려고 시도한 것을 발각했다"고 밝혔다. 그 나라는 중국으로 알려졌다. ASIO는 이 사건을 명백히 선거에 간섭하려는 스파이활동으로 간주했다.[130] 심지어 최근 보도에 따르면, 중국은 페이스북으로 미국의 국내 정치에 대한 개입을 시도하다가 적발되었다. 페이스북과 인스타그램의 모회사인 메타가 올 11월 미국의 중간선거를 앞두고 총기 소유를 주장하는 등 미국의 보수주의자들을 흉내 내며 바이든 대통령을 비난한 중국의 가짜계정들을 삭제했다.[131] 이와 같은 내용들을 종합적으로 판단해볼 때, 중국이 한국을 상대로 한 선거개입을 하지 않을 것이라고 추정할 근거는 매우 희박하다.[132] 한 언론사가 중국의 한국에 대한 선거와 정치 개입을 분석한 기사를 보면 이러한 우려를 뒷받침한다. 해당 기사에 따르면, 중국 공산당이 선거에 개입하는 유형들은 ①특정 정당·후보에 은밀한 자금지원, ② 특정 정당·후보에 불리한 자료 수집, ③ 현지 언론 매수, 비자금 후원, ④ 인플루언서·댓글부대를 동원한 SNS 공격, ⑤ 중국인 유학생, 중국계 현지인, 민간단체 이용 등이다.[133] 이와 같은 중국의 위협들은 명백히 가장 큰 안보위협 가운데 하나이다.

다섯째, 중국의 한국에 대한 전통적인 스파이 활동 역시 주요한 안보위협이다. 중국은 정치정보와 외교·안보·국방 정보를 수집하고, 군사·경제부문의 첨단과학기술을 탈취하는 등의 전통적인 스파이 활동에 매우 적극적이다. 미국, 오스트레일리아 등 해외 자유민주주의 선진 국가들에 대한 중국의 이와 같은 무차별적인 스파이 활

129 "친중 정치인 심으려 했다" 중국 선거 개입 폭로로 난장판 된 호주, 「The JoongAng」, 2022. 3. 3. https://www.joongang.co.kr/article/25052717#home

130 Id. 「The JoongAng」, 2022. 2. 2.

131 강상구, "중, 페이스북으로 미 여론 개입하려다 적발," 「조선일보」, 2022년 9월 28일.

132 [기획] 중국 공산당의 외국 선거 개입 방법을 공개합니다, 「FN Today」, 2020. 3. 12. https://www.fntoday.co.kr/news/articleView.html?idxno=212453

133 Ibid.

동은 잘 알려져 있다. 중국은 한국에서도 유사한 형태의 무차별적이고 전방위적인 정치·군사·안보·경제·과학기술관련 비밀정보수집을 수행하고 있을 것으로 판단된다. 특히 그 동안 방위산업 및 첨단군사장비·무기 및 반도체와 가전제품들 관련 첨단기술에 대한 산업스파이 활동과 주요사업관련 지적재산권 탈취 등의 사건에서 대부분의 경우에 중국이 배후였던 것으로 알려졌다.

여섯째, ICT와 관련된 공급망의 중국 의존도 심화는 또 다른 중요한 안보위해 요인이다. 중국은 주요 통신설비와 장비, 부품 등을 무기화하려고 시도한다. 화웨이의 5G 통신망과 부품 및 장비 등을 둘러싼 미국-서방과 중국의 대립이 가장 대표적인 사례이다. 통신장비와 관련된 공급망 불안 문제와 화웨이 장비를 사용하였을 때 발생할 수 있는 각종 사이버 스파이활동과[134] 사이버공격이 발생하였을 때 자국의 핵심기반시설에 가해질 수 있는 치명적인 파괴나 혼란에 대한 우려 때문에 미국을 비롯한 주요 서방국가들이 반화웨이 정책으로 돌아서고 있다. 미국의 사이버관련 주요 정보기관인 CISA(Cybersecurity & Infrastructure Security Agency), NSA(National Security Agency), ODNI(Office of the Director of National Security)등은 이러한 우려를 공식적으로 제기하고 있다. 중국은 화웨이 부품이 들어간 5G 통신장비에 미리 백도어를 설치해두거나 의도적으로 불량 통신부품을 생산·제조함으로서 사이버 스파이활동을 위한 인프라를 구축할 수 있다. 즉, 화웨이 등 중국산 장비나 부품을 사용할 경우, 통신망내의 모든 정보를 중국이 무차별적으로 도·감청하거나, 가로채는 행위가 가능해진다. 또한 특정 통신 장비와 부품에 대한 중국의존도가 높아져 중국이 공급망을 무기로 해당 국가에 영향력을 행사할 수 있게 된다. 나아가 5G 통신망은 앞으로 IoT, 로봇, 드론, 지능형 CCTV, 자율주행차량, AI, 클라우드 컴퓨팅 등과 연계되게 되고 국가의 핵심기반시설 운영 시스템에도 도입이 될 예정이다. 이 경우에 중국의 영향력은 해당국가의 핵심기반시설과 국가안보 및 경제·산업 주요시설과 인사들, 그리고 일반인들

---

134 5G 통신장비를 화웨이제품으로 사용하였을 때 통신장비에 백도어를 설치하거나 통신부품의 불량의 의도적 생산이나 제조로 스파이활동이 가능해 진다. 즉, 통신망에서 활용하는 모든 정보를 무차별적으로 도청, 가로채는 행위가 가능하고 특정 통신 장비와 부품에 대한 중국의존도가 높아져 중국의 공급망을 무기화하는 전략에 피해를 입을 가능성을 높인다. 무엇보다 5G의 통신망은 앞으로 신흥기술을 이용한 IoT기기들과 자율주행차량, AI 등과 연계되면 더 나아가 국가의 필수 인프라스트럭처 시스템에도 도입이 되어 상당한 사이버공격 및 방첩관련 문제점들이 미국 정보당국들에 의해 지속적으로 제기되고 있다. 이 뿐만 아니라 5G 클라우드와 관련된 중국제품의 스파이활동가능성에 대해서도 문제점이 지적되고 있다.

의 개인정보와 사생활까지 미치게 될 수 있다. 이와 같은 상황이 가까운 미래에 현실화되면 이는 상상하기 힘든 막대한 안보위해 요인들이 된다는 점을 미국의 정보당국들은 지속적으로 제기하고 있다.[135]

이처럼 '스파이 위험' 경고등이 켜진 중국산 부품과 장비는 무분별하게 한국 사회는 물론 한국군 통신장비와 내무반까지 침투하고 있는 실정이다. 이는 한국에 중대한 안보위해 요인이 된다. 화웨이 칩이 들어간 AI 스피커가 4만 8,000개나 전군의 생활관에 설치되어 있다. 이 AI 스피커에는 하이실리콘(HiSilicon)이라는 업체의 반도체가 탑재되어 있다. 이 업체는 미국이 중국공산당의 대외 스파이 활동에 연루된 업체로 지목해 제재대상인 화웨이의 자회사로 미 행정부의 제재 목록에 있는 회사이다. 일선 경계작전에 투입된 '해강안 사업'의 핵심장비인 CCTV에서도 중국산 제품이 사용되었다. 중국산 CCTV는 파키스탄에서 2019년 초에 비밀 데이터 송신칩과 백도어 프로그램이 발견되었고 이를 통해 중국내로 밝혀진 특정 IP로 CCTV 촬영영상데이터를 네트워크를 통해 송신하는 것을 파키스탄 보안당국이 밝혀내어 발칵 뒤집힌 적이 있었다. 한국군은 화웨이 장비를 많이 쓰는 스마트 드론을 운용하고 있다. 이 드론은 역시 화웨이 장비를 많이 쓰는 5G 네트워크로 관제된다. 이 때문에 드론 촬영영상자료가 중국에 유출될 수 있을 뿐만 아니라 경우에 따라서는 한국군 드론이 중국에 의해 탈취당할 개연성도 있다. 미국은 이를 강력히 경고한 바 있다.[136]

일곱째, 북한과 마찬가지로 중국의 사이버전 전력이 위협적이다. 이는 한국에 대한 주요한 안보위해 요인이다. 미 정보당국의 분석에 따르면 중국의 사이버전 수행 능력은 러시아와 함께 세계 최고수준이다. 미국 ODNI의 2022년 "연례위협평가 (Annual Threat Assessment)"에 따르면 "중국은 미국 국내에서 원유, 가스 파이프라인과 철도시스템 등을 포함한 핵심기반시설들을 파괴하기 위한 사이버공격 능력을 거의 확실히 갖추고 있다"고 평가했다.[137] 시진핑 집권 이후 중국은 지난 10여 년 동안 세계 최고 수준의 사이버 스파이역량을 구축했다. 시진핑은 사이버 전력강화를 위해 군 및 정보기관을 재편하여 군-정보기관-기업-민간단체의 결합체계를 완성하고 고도의 해킹기술을 만들어내는 인프라를 구축했다.[138] 중국은 2021년부터 우주기지미션을

---

135 CISA. NSA. ODNI. 2021. Potential threat vectors to 5G infrastructure. www.odni.org.

136 신인균, "스파이 위험 경고등 켜진 중 부품, 한국군 통신장비와 내무반까지 침투," 「주간동아」, 2020년 10월 10일.

137 ODNI. 2022. p. 8.

시작했다. 중국의 우주기지는 2022년에서 2024년 사이에 완전 가동을 위한 시스템이 갖추어질 것으로 예상되고 있다. 이렇게 되면 위성시스템을 활용하게 됨으로서 중국 사이버 전력을 더욱 고도화될 전망이다.[139]

중국은 이와 같은 고도의 사이버 능력을 활용하여 한국을 대상으로 해킹과 중요 정보탈취를 하고 있는 것으로 의심되고 있다.[140] 중국이 배후에 있는 것으로 의심되는 해킹조직에 의한 사이버 공격들이 발생한 바 있다. 그러나 국내수사기관이 중국이 배후로 추정되는 그와 같은 해킹사건의 용의자를 특정해서 검거하거나 기소한 사례가 없다.[141] 따라서 한국에 대한 중국의 해킹이나 사이버 스파이활동은 미국 등 해외 사례를 통해 그와 같은 유사사례가 있을 것이라고 추정할 뿐이다. 다만 2018년에 중국의 해킹조직에 의한 사이버공격이 국내 에너지 기업을 대상으로 있었다는 보도가 있었다.[142] 이와 같은 중국의 대한국 사이버 스파이 활동은 미래에도 안보위해 요인으로 지속될 것으로 판단된다.

마지막으로, 중국의 '천인계획' 또는 확장된 '만인계획' 역시 한국에 대한 안보위해 요인이 된다. 이는 한국에 두뇌유출의 문제와 산업 및 국방 부문의 첨단과학기술 유출의 문제를 제기한다. 이는 두 가지의 문제를 한국에 던진다. 하나는 한국의 우수인재들이 해외로 유출됨으로서 한국의 미래 국가경쟁력과 국방 및 경제 발전에 부적(－) 영향을 미친다. 반대로 중국은 한국의 인재들을 흡수함으로서 한국과의 기술격차를 빠르게 줄여나갈 뿐만 아니라 궁극적으로는 한국의 과학기술 수준을 넘어섬으로서 미래 지속적인 중국의 국가경쟁력과 국방 및 경제발전을 견인해낼 수 있다. 따라서 이 문제를 인적자원(human resource)의 관리문제로 접근할 필요가 있다.[143] 이상과

---

138 Patrick Howell O'Neill. 2022. 3. 12. How China built a one-of-a-kind cyber-espionage behemoth to last. MIT Technology Review. https://www.technologyreview.kr/%EC%A4%91%EA%B5%AD%EC%9D%80-%EC%96%B4%EB%96%BB%EA%B2%8C-%EC%9C%A0%EB%A1%80%EC%97%86%EB%8A%94-%EC%82%AC%EC%9D%B4%EB%B2%84-%EC%B2%A9%EB%B3%B4%EC%A1%B0%EC%A7%81%EC%9D%84-%EB%A7%8C%EB%93%A4%EC%96%B4/

139 Id. ODNI. 2022. p. 8.

140 중국의 위협과 중국의 스파이활동의 내용을 참고하시오.

141 [월간중앙] 국경 없는 사이버테러, 대한민국이 위험하다. 해킹조직들, 전 세계 대상 '범죄 경유지'로 한국 눈독, 「The JoongAng」, 2022. 1. 23. https://www.joongang.co.kr/article/print/25042729

142 "중국 해킹조직, 한국 에너지기업 사이버 공격," 「연합뉴스」, 2019. 4. 24. https://www.yna.co.kr/view/MYH20190425021100038

143 이 부분에 대해서는 앞선 중국의 대한민국에 대한 스파이활동에 대한 설명을 참고하시오.

같이 지적한 중국이 한국에 대해 초래하는 다양한 미래 안보위해 요인들을 간략히 요약하면 아래와 같다.

| 표 2 | 한국에 대한 중국의 안보위해 요인[144]

한국에 대한 중국의 안보위해 요인
◆ 한국 정부, 군, 기업, 연구소, 핵심기반시설 관련 첩보 수집을 위한 목적의 친중국 인사 침투와 저인망 스파이 활동 　→ 중국 또는 조선족, 친중국 직원 등에 의한 휴민트(HUMINT) 수집 활동 　→ 무료 공유 와이파이(Wi-Fi)를 통한 사이버 해킹 위험성 상존(예를 들면, 미국 백악관과 펜타곤의 경우, 직원들 노트북/스마트폰 사용 철저 관리) ◆ 정치세력, 시민사회세력, 학계, 언론계, 유투버 등 주요 인사 및 단체들에 대한 포섭, 자금지원, 및 영향력 침투 　→ 이미 호주, 뉴질랜드 등에서 주로 진보 정당/사회단체 등에 대한 중국 정치 자금 스캔들이 문제가 된 적이 있음. 　→ 대만 친중 정당에 거액의 중국 정치자금 유입 　→ 한국에도 유사한 사례가 발생한 위험성 있음 ◆ 국내 친중 인사, 단체들을 통한 여론 공작 　→ 이와 관련한 현황 파악 필요. 특히 우마오당을 통한 온라인 여론/댓글 공작 　→ 공자학원 및 중국 유학생 단체들을 통한 오프라인 여론 공작 ◆ 북한을 통한 간접적 또는 중국의 직접적 군사/경제/외교적/미디어 위협을 통한 안보 위기 고조로 반한국, 반미, 친중 평화 여론 조성 　→ 중국과의 위기나 갈등 고조와 중국의 무력시위, 군사훈련, 외교적 압박, 경제보복, 적대적 여론전 등을 통한 국내 진영갈등 조장 및 여론 갈라치기 ◆ 시, 군, 구 단위 지방자치단체 등에 중국의 영향력 공작이 침투하여 국가의 저변 기저가 장악될 수 있음 　→ 최문순 전 강원지사 친중 행보: '정동진'에 차이나 타운 조성 시도 강원도 화천 '파로호'(오랑캐 무찌른 호수) 명칭 변경 시도 　→ 지방 정부에 대한 중국계 정치 자금 유입 및 관광, 호텔, 카지노, 부동산 자금 유입

---

144 글쓴이 작성.

- ◆ 국내 주요 군사시설 주변, 군사 전략상 주요 위치, 핵심기반시설 주변 등에 대한 중국인의 부동산 취득
  - → 예를 들면, 강원도 홍천에서 추진되었던 '차이나 타운'은 북한군의 전시 남침 주요 루트 상에 위치해 군사 전략상 문제점을 노출하였음
- ◆ 중국인, 조선족 등의 인구 급증과 이와 연계된 선거권 취득으로 국내 정치 및 선거에 영향을 미칠 수 있는 주요 정치 세력화
  - → 외국인 투표권자 80% 중국인: 청와대 청원 "외국인 선거권 폐지하라"(2021년)
- ◆ 중국의 한국 내 친중화 역사문화 공정
  - → 공자학원 국내 설립, 23곳 운영: 중국 체제 선전, 중국 스파이 거점
  - → 이순신 장군을 중국인으로 묘사하는 등 게임산업 콘텐츠를 통한 역사·문화 공정
  - → 지속적인 역사공정
- ◆ 한국 국방과학기술 발전으로 중국의 국방과학기술 탈취의 타깃 우려
  - → '국방과학연구소'(ADD) 기밀 수십만 건 유출 의혹(드론 등 무인전투체계 미래전 관련 정보 AI 기술 등 포함)
- ◆ 반도체, AI, 로봇, 바이오, 양자 컴퓨터 등 주요 산업과학기술이 탈취의 타깃이 될 수 있음
  - → 삼성전자 반도체 기술 중국 유출 ('산업기술보호법'에 의한 처벌 미미)
- ◆ 국내 대학(원), 연구소, 기업들의 과학기술 탈취
  - → 중국계 대학원생, 연구자 등을 받을 경우, 산업보안 위험 초래
  - → 합작기업, 합병, 중국자본 투자 등에 의한 기술 유출(SKT가 인수한 양자 암호 기업 IDQ의 중국인 주주 사례)
- ◆ 국내 학자, 과학자, 기술자 등에 대한 중국의 인재 스카우트
  - → 전자, 자동차, 조선, 항공, 화장품 등 다양한 분야의 한국 인재 유출
- ◆ 중국산 정보통신 장비/부품,CCTV 감시시스템, 드론 등의 무분별한 유입으로 인한 사이버 스파이/사이버 공격 위협 증대
  - → 중국산 장비/부품에 대한 보안 인증 매우 취약
  - → 사이버 공격/스파이 활동의 백도어(backdoor)로 이용될 수 있음
  - → 유사시, 백도어로 침투한 사이버 공격에 국내 핵심 기반 시설 및 정보통신 시스템이 마비될 수 있음

이와 같은 우려들을 뒷받침하듯이 국내에서도 다수의 미디어 보도들과 진술들을 통한 증례서술적인(anecdotal) 증거들이 제시되고 있다. 여기에는 중국의 해킹조직을 활용한 사이버 스파이활동과 댓글공작, 여론조작, 산업 및 경제 스파이 활동, 한국판 마타하리라고 불리는 인민일보 인민망 한국대표인 저우워보(Zhou Yubo) 사례에서 나타난 미인계를 활용한 정치·사회·언론·학계·기업·시민사회에 대한 영향력 공작, 한국에 거주하는 중국인들과 조선족들을 활용한 영향력 공작, 중국유학생들을 활용한 스파이활동, 전국 23개 대학에 설치된 공자학원 등을 활용한 정치사회문화 프로파간다 공작, 정치·경제·안보·언론·엔터테인먼트 분야 국내 주요 인물들에 대한 포섭과 친중화 공작 등이 포함된다. 따라서 앞서 살펴 본 미국과 유럽, 오스트레일리아 등에서 파악된 일련의 중국의 조용한 침공 사례가 한국에서만 예외적으로 진행되고 있지 않다고 믿을 근거는 없으며, 오히려 한국이 더 위험한 상황에 처해 있다고 보는 것이 합리적 추론이다.[145] 아래 그림의 국가정보원 자료에 따르면 2013년부터 2020년 6월까지 국내 산업기술의 해외유출을 시도하고 적발된 건수만 181건이고 그중 국가 핵심기술에 대한 해외유출 및 적발건수는 35건이었다.[146] 이들 국내 산업기술 및 국가 핵심기술 유출 사건의 66% 이상이 중국이 관여된 것으로 보고되었다. 알려지지 않은 사례까지 유추해보면 이와 같은 중국 관여 건은 최대 약 70%에 달할 수도 있다.

산업기술해외유출 및 시도 적발 건수(2013년~2020년 6월)

연도	2013	2014	2015	2016	2017	2018	2019	2020.6	합계
건수	29	31	30	25	24	20	14	8	181

* 출처: 국정원

국가핵심기술 해외유출 및 시도 적발 건수(2013년~2020년 6월)

연도	2013	2014	2015	2016	2017	2018	2019	2020.6	합계
건수	2	4	3	8	3	5	5	5	35

* 출처: 국정원

---

145 송의달, "돈·선물·성관계...세계 휩쓰는 중공의 국내 정치 공작, 한국에선?"; 송의달, "한국 내 공자학원도 중 스파이공작 첨병?"; 국내 언론계 주요 인사와의 인터뷰; 인터넷 커뮤니티 및 유튜브 관련 자료 검색.
146 Ibid. 중국이 국내엣 탈취한 핵심기술사례: 2010년 반도체 핵심기술 등 기밀, 2013년 디스플레이 패널 제조기술, OLED 공정 핵심기술, 2014년 디스플레이제조기술, 2016년

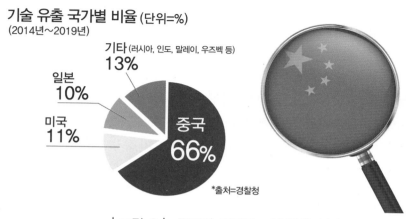

기술 유출 국가별 비율 (단위=%)
(2014년~2019년)

기타 (러시아, 인도, 말레이, 우즈벡 등)
13%

일본
10%

미국
11%

중국
66%

*출처=경찰청

| 그림 9 | 중국의 대한국 기술탈취 실태[147]

　중국이 한국으로부터 핵심기술을 탈취한 사례들은 다음과 같다. 이는 2010년 반도체 핵심기술 등 기밀, 2013년 디스플레이 패널 제조기술, OLED 공정 핵심기술, 2014년 디스플레이 제조기술, 2016년 OLED 소재 핵심기술, 고부가가치 선박설계도면, LNG선 건조기술자료, 2017년 LNG선 건조기술자료, 2018년 OLED장비 기술도면, 2019년 디스플레이 시각기술, 2020년 자동차 자율주행 핵심기술 등이다. 특허청 산하 한국지식재산보호원에 따르면 중국의 산업스파이들은 중국이 바로 응용하기 어려운 미국-유럽의 원천기술보다는 바로 따라하고 적용하기 쉬운 한국 기술을 선호하기 때문에 오랫동안 한국을 산업스파이활동의 주요 타깃으로 삼아왔다.[148] 이와 함께 특허청 내에 특허관련 산업기술 유출을 전담하는 특사경(특별사법경찰)의 절대적 인력부족 문제도 이와 같은 산업기술탈취 증대에 주요한 정적(＋) 영향을 미쳤다.[149]
　이와 같은 중국의 기술절도는 국내에서도 앞서 언급한 바와 같은 다양한 실행루트를 통해 이루어진다. 예를 들면, 중국정보기관 소속의 정식 정보원이 필요한 인력을 스카우트하는데 직접 개입하거나, 기업의 인수, 합병을 통한 기술 탈취, 기술자산 확보 후 기업을 해체하는 등의 다양한 방법이 활용됐다. 이 밖에도 국내 경쟁사나 협력사에 중국기업의 직원이나 스파이가 위장 취업하여 핵심기술을 절취하는 방법, 국

147 '영사관 폐쇄'로 불붙는 중스파이 논란...한국은 남 일일까, 「매경프리미엄」, 2020년 8월 1일.
148 Ibid.
149 특허관련 변리사와의 인터뷰.

내 기업의 연구에 참여한 중국인 연구원을 접촉하여 기술을 빼내는 방법, 국제 전시회에 출품된 국내 첨단제품을 타깃으로 산업스파이들이 전시담당직원을 회유하거나 해킹을 시도하는 방법 등을 통해 기술절도를 시도했다. 특히 중국의 산업스파이 활동은 삼성이나 SK 하이닉스와 같은 반도체, 배터리, 그리고 바이오 등의 국가주요핵심기술에 집중되고 있다. 최근 2022년에 전직 삼성 임직원 4명이 삼성의 자회사를 차리고 반도체 와이퍼 클리닝 제조기술을 중국에 넘기면서 돈을 받았다. 이 역시 부정경쟁방지 및 영업비밀보호에 관한 법률 등에 저촉되는 위법행위에 해당한다.[150]

해외에서 관찰되는 중국의 천인계획은 국내의 주요 과학기술자나 교수, 연구자, 전문가들을 대상으로도 유사하게 작동한다. 앞서 언급한 미국 하버드대 찰스 리버 교수의 사례와 유사하게 국내에서도 중국에 자율주행기술을 넘긴 혐의를 받은 카이스트 교수가 천인계획에 참여했다는 의혹을 받았다.[151] 중국은 국내 인재확보의 과정에서도 고액 연봉 재시에 더불어 약점을 잡거나 미인계를 활용하는 등 불법적이고 비윤리적인 방법 등을 무차별적으로 사용할 개연성이 크다.[152] 이와 관련하여, 국내 박사급 인재들과 삼성전자와 LG 화학, 한화디펜스 등 반도체, 2차전지배터리, 로봇, 첨단무기 등의 전, 현적 최고급 핵심인재들이 중국의 기업이나 연구소 등으로 스카우트되어 가는 것에 대해 주의를 기울일 필요가 크다.

이 밖에도 중국의 정보기관이 배후에 있을 것으로 추정되는 해킹조직들에 의한 해킹으로 산업정보가 탈취되고 있다. 이러한 해킹조직은 산업정보와 기술유출뿐만 아니라 안보 및 국방관련 과학기술정보에 대한 탈취공격도 실행한다. 미국 법무부가 FBI 수사를 통해 2020년에 중국인 해커 2명이 중국 국가안전부와 연계해 코비드-19 백신 정보를 탈취한 것으로 보고 이 해커들을 기소하였는데, 해당 해커들은 미국뿐만 아니라 한국에 대한 해킹에도 관여되었던 것으로 알려졌다.[153] 2019년 12월부터 2020년 5월까지 국내 바이오 산업계에 대한 해킹시도가 총 854건으로 보고되었는데 해킹을 시도한 인터넷 IP 주소 추적결과 중국이 18%에 달하였던 것으로 알려졌다. 북한 해커집단인 김수키를 포함해 톤토, 코니, 마카오 등 4개의 APT해커그룹이 사이

---

150 삼성전자, 파운드리 직원 이어…이번엔 자회사서 기술 유출 적발 세메스 전 직원 등 구속기소. 「SBS. Biz」, 2022. 5. 17. https://biz.sbs.co.kr/article/20000062823

151 Ibid.

152 Ibid.

153 Ibid.

버 공격을 한 정황을 확인했다고 보고되었다.[154] 이는 북한과 중국이 모두 관련된 해킹 공격이었다. 한편 국내 보안업체인 이스트시큐리티는 2019년 한 해 동안 중국인으로 추정되는 APT 해킹조직이 국내 온라인 게임사부터 언론사에 이르기까지 여러 차례 해킹공격을 시도하였다고 보고하였다.[155] 이밖에도, M-Trends 2019 보고서에 따르면, 중국 APT 40은 국내에 있는 세계적인 선박제조 기업들을 대상으로 사이버 스파이활동을 수행했을 것으로 추정된다.[156]

중국 해킹조직들의 공격은 한국의 첨단기술이나 산업기술탈취를 위한 공격에 그치지 않는다. 중국 해커들은 한국 정부를 공격하고 군사 및 안보관련 정보를 탈취하고 있다. 예를 들면, 2022년 중국 해커조직인 텡 스네이크(Teng Snake)가 국방부의 인트라넷을 자유롭게 돌아다니면서 주요 기관들을 해킹하였다. 이 해킹조직은 "한국의 보건복지부와 국방부를 해킹해 데이터를 탈취"했으며 한국 보건복지부를 공격했고, 거의 3.8 TB에 달하는 데이터를 유출"하였다고 밝혔다. 이어서 이들은 해당 데이터들이 "한국 전역에 있는 주요 의료기관으로부터 탈취한 핵심 정보를 포함하고 있다"고 주장하였다. 해당 사건에 대한 언론 보도에 따르면, 이 해커조직은 최근에도 90여 곳에 달하는 한국 기업의 사이트 목록과 함께 SQL 인젝션 공격을 통해 데이터베이스를 탈취할 수 있는 취약점이 있는 URL를 공개하는 등 한국을 타깃으로 한 해킹 공격에 적극 나서고 있다.

이 텡 스네이크(Teng Snake)가 단순한 비국가 해킹 조직이라고 보기는 어렵다. 이는 해당 조직이 한국의 북대서양조약기구(NATO) 가입은 새로운 전쟁을 촉발할 것이고, 자신들은 이미 한국 국방부에 대한 기밀문서를 갖고 있으며, 그동안 한국 국방부의 인트라넷을 자유롭게 돌아다녔다고 트위터와 페이스북에 주장하였다는 점 때문이다.[157] 이러한 정치적 주장을 해킹조직이 스스로를 정당화하는 것으로 볼 수도 있지만, 오히려 중국정부와 정보기관이 배후에서 이들을 지원하고 있다고 보는 것은 더 합리적이다. 중국은 지난 10여 년 동안 세계 최고의 사이버 초강대국이 되기 위해

---

154 정민수·장항배, 2020, "사이버 물리 공간에서의 기술 유출 사례 분석연구," p. 160-161, 「한국 산업보안연구」, 10(2). 18: 151-173.

155 韓바이오기업 집중 공격한 해커들…주로 美·中 IP로 접속, 「서울신문」, 2020. 6. 12. https://www.sedaily.com/NewsView/1Z3ZX5UZDL

156 중, 일대일로 대상국 겨냥해 스파이 활동, 「보안뉴스」, 2019. 6. 16.

157 [단독] 중국 해커조직 "한국 보건·국방분야 정부기관 해킹해 데이터 탈취" 인용, 「보안뉴스」, 2022. 5. 9. https://www.boannews.com/media/view.asp?idx=106607

노력하면서 세계 최고 수준의 사이버 첩보조직을 만들었다. 시진핑은 사이버 전력강화를 우선순위에 두고 집권직후부터 꾸준히 군 및 정보기관을 재편하여 군과 정보기관, 그리고 민간조직의 유기적 결합을 통해 그 어느 나라도 가지지 못한 해킹기술개발-운용의 인프라를 구축했다.

이와 함께, 중국은 자국의 사이버연구원들에 대한 강력한 통제를 실시한다. 연구원들의 연구 내용과 지식이 해외에 유출되지 않도록 이들의 활동과 연구내용을 통제하고 있다. 예를 들면, 세계적인 해킹대회 등에 중국의 사이버연구원들이 출전하기 위해서는 당국의 승인을 받아야 하는 데 이런 승인은 거의 이루어지지 않는다.[158] MIT Technology Review에 따르면, 중국의 해커들이 사용하는 댁신(Daxin)이 2021년에 발각되었는데 이는 '가장 진보된 형태의 멀웨어(malware)'로서 발각되기 전까지 10년 동안 전 세계 정부를 대상으로 한 첩보 작전에 사용되었다고 한다. 이 댁신을 발견해낸 사이버 보안 회사인 시만텍(Symantec)의 연구진에 따르면, 댁신은 '정상적인 네트워크 트래픽 내 통신을 숨기기 위하여 합법적인 연결을 가로채는 방식으로 작동한다. 그 결과 숨는 것이 가능하며 직접적인 인터넷 연결이 불가능한 보안 등급이 높은 네트워크에서 해커들이 바이러스 감염 컴퓨터를 통해 통신을 할 수 있도록 한다. 이 댁신은 적어도 2021년 11월까지 사용되었다고 알려졌다.[159] 이러한 내용들을 종합해보면, 한국 역시 중국 정보당국의 사이버 첩보활동에 노출되어 있었다고 추정하는 것이 더 타당하다. 댁신과 같은 멀웨어를 사용하면 보안등급이 매우 높은 정부나 국방 네트워크에서도 정보유출 및 탈취가 가능하기 때문이다.

해외에서와 마찬가지로 공자학원은 국내에서도 중국의 정보활동과 영향력 공작의 전진기지가 되고 있다. 한국의 경우 공자학원이 서울에 2004년 처음 개소된 이래로 현재 전국에 23개의 공자학원이 대학부설기관 또는 독립기관으로 운영되고 있다.[160] 이 숫자는 세계에서 두 번째로 많은 숫자이다. 이를 구체적으로 살펴보면, 서울·경기·강원권에 연세대, 한양대, 경희대, 한국외대, 인천대, 강원대, 대진대 등 7개, 충

---

158 Patrick Howell O'Neill. 2022. 3. 12. How China built a one-of-a-kind cyber-espionage behemoth to last. MIT Technology Review. https://www.technologyreview.kr/%EC%A4%91%EA%B5%AD%EC%9D%80-%EC%96%B4%EB%96%BB%EA%B2%8C-%EC%9C%A0%EB%A1%80%EC%97%86%EB%8A%94-%EC%82%AC%EC%9D%B4%EB%B2%84-%EC%B2%A9%EB%B3%B4-%EC%A1%B0%EC%A7%81%EC%9D%84-%EB%A7%8C%EB%93%A4%EC%96%B4/

159 Ibid. 인용

160 Ibid.

청·대전권에 충남대, 충북대, 우송대, 순천향대, 세명대 등 5개, 광주·전라권에 호남대, 세한대, 우석대, 원광대 등 4개, 부산·경남권에 동아대, 동서대 등 2개, 대구·경북권에 계명대, 안동대 등 2개, 제주권에 제주대, 제주한라대 등 2개, 그리고 서울 강남구 역삼동에 사단법인 서울 공자아카데미가 설치되어 운영되고 있다.161 이들 공자학원들은 중국 역사, 문화, 정치, 경제, 산업 등을 홍보하고, 중국 지도부와 공산당에 대한 찬양과 중화극단주의에 대한 선전·선동 등의 프로파간다와 문화공정을 수행한다. 공자학원은 대학 안에 머물러 있지 않고 외부로 활동범위를 뻗쳐 주변 지역의 각급 학교, 유아, 청소년 대상 교육기관에 공자학당을 세우고 중국에 대한 미화와 중국어와 중국문화, 중국사상을 유포, 확산시킨다. 이를 통해 공자학원을 거점으로 주변 공자학당과 협력관계를 구축한 국내기관·단체 등을 연결하는 전방위 네트워크를 구축하고 있다.162 국내 대학의 관계자에 따르면 중국의 대학들과 교류협정을 맺거나 공자학원을 설치할 때, 중국 측은 대학 내 정치활동(중국공산당 활동)의 자유 보장을 요구한다. 이는 공자학원이 단순한 교육문화 기관이 아니라 선전·선동의 첨병임을 보여주는 명확한 증거이다.163

앞선 해외 사례들과 비교해 볼 때, 국내에서도 중국의 정보기관이 공자학원을 거점으로 활용하여 정보활동과 영향력 공작 등을 수행하는 것으로 쉽게 추론할 수 있다. 특히 공자학원을 거점으로 중국은 국내 대학들에 퍼져 있는 중국인 유학생들을 조직화하여 운용하고, 이를 국내 주재 중국대사관의 교육부 주재관이나 정보기관 담당자가 지휘통제를 하는 것으로 추정된다. 한 언론보도에 따르면 공자학원에 대한 스파이 의혹으로 한국정부가 2017년에 공자학원 중국인 강사들의 비자발급을 거부하였는데, 이 와중에도 국내 7만 여명에 달하는 중국 유학생들이 중국 정보기관에 의해 박근혜 대통령 탄핵 촛불시위에 동원되었다는 주장이 있었다.164 홍콩에서 인권탄압이 심할 때에도 국내에서 중국의 인권탄압을 규탄하는 한국 시위대들을 대상으로 SNS를 통해 동원된 중국 유학생들이 린치와 언어폭력을 행사하였다. 해외 체류 중인 외국인 유학생들이 조직적으로 해당국가의 사람들을 대상으로 폭력적 공격을

---

161 송의달, "반미 넘치고 반중은 없는 한국...주범은 22개대 공자학원."

162 Ibid.

163 한국 내 공자학원도 중 스파이공작 첨병? 미국에서 논란. 퇴출운동 이어져, 「동아일보」, 2020. 1. 27.

164 Ibid.

가하는 것이 극히 이례적인 일임을 감안하면, 이들 중국인 유학생들의 행위가 중국 공산당 지도부 또는 정보기관의 지휘통제에 의해 이루어졌을 것이라고 추정하는 것이 타당하다. 또한 해당 국내사례가 해밀턴 교수가 자신의 저서에서 밝힌 오스트레일리아에서 중국인 유학생들이 일으킨 집단적 폭력시위와 매우 유사한 모습을 보인다는 사실 역시 그와 같은 추정을 뒷받침한다.[165]

국내에 침투하는 중국의 영향력 공작의 위협은 공자학원에만 국한되지 않는다. 국내 체류 중인 중국인 유학생과 취업자, 사업가, 화교, 그리고 조선족 등 중국계 디아스포라(diaspora) 인구자체가 중국의 영향력 공작의 트로이 목마로 활용될 위험성이 존재한다. 특히 국내 외국인 인구 가운데 절대 다수를 이들 중국인 디아스포라가 차지하고, 상당한 수에 달한다. 2020년 기준 894,900명의 중국국적을 가진 사람들이 국내에 거주하고 있다. 이들은 국내거주 외국인들 중 약 44%를 차지한다. 한편, 대학에 와 있는 중국 유학생들은 7만여 명에 달하는데 이들은 국내 대학에 있는 전체 유학생들의 약 76%에 달한다.[166] 이들 중국 유학생들과 국적자들이 국내에서 조직적으로 여론을 조작하고 중화극단주의 프로파간다를 유포, 확산시키며, 스파이활동을 하고 있을 수 있다. 이러한 위험성에 대한 국내 정부와 민간의 인식과 대응은 다른 서방 동맹국들과 비교할 때 매우 미흡한 수준이다.[167]

국내 중국인을 트로이 목마로 활용한 중국의 영향력 공작은 매우 심각한 안보위협으로 받아들여야 한다. 이는 한국국적을 취득한 중국인들이 외국 국적자 가운데 절대다수를 차지하고, 지방선거에 외국인 영주권자들이 투표권을 갖고 있어 중국인들이 국내정치에 조직적으로 개입할 개연성이 매우 높기 때문이다. 지난 2022년 6월 지방선거에서 투표권을 행사한 중국인은 9만 명에 달하며, 이 수치는 전체 외국인 유권자 가운데 78.9%에 달하는 수치이다. 이 외에도 한국 국적을 취득한 외국인 20만 명 중 조선족 포함 중국인이 12만 8400명에 달한다. 이 수치까지 포함하면 중국인들이 국내 선거에 조직적인 몰표를 행사할 경우 심각한 정치적 영향력을 끼칠 수

---

165 클라이브 해밀턴, 『중국의 조용한 침공』, p. 333.

166 'Money or freedom': Is South Korea safe from China's infiltration?, 「The Korea Times」, 2022. 6. 22. https://www.koreatimes.co.kr/www/nation/2021/09/120_315236.html

167 다만 전직 공무원, 대학교수 등으로 구성된 민간단체인 '공자학원 실체 알리기 운동본부'의 보고서에 공자학원에서 사용하는 교재 일부가 우리 청소년들에게 공산당 체제와 마오쩌둥에 대한 찬양하는 내용이 있고, 티베트의 종교 탄압을 왜곡하는 등의 활동에 대해 우려를 표시하는 정도이다.

있다.[168]

　이와 같은 우려는 다음의 중국 공산당의 법조항을 고려하면 매우 구체적이고 현실적이다. 2017년에 제정된 중국 국가정보법 7조는 '어떤 조직과 개인도 모두 관련법에 따라 국가의 정보공작활동을 지지하고, 돕고, 협조해야 한다'고 규정하고 있다. 또한 같은 법 14조는 '정보기관 요원들은 유관기관과 조직, 공민에게 정보 수집과 관련해 필요한 협조와 지지를 요청할 수 있다'고 규정하고 있다. 이는 법률적 근거에 따라 중국정부가 모든 중국인들에게 공민으로서 정보수집의 의무를 부여하고 이들을 스파이로 활용할 수 있다는 것이다. 이 공민의 범위에 해외에 있는 다수의 중국인들 (해당 국가의 국적을 취득했던 그렇지 않든 무관하게)이 포함된다. 결국 국내에 체류 중인 조선족을 포함한 모든 중국인들은 중국 정보기관의 공작원 또는 협조자로 운용되고 있거나 또는 잠재적으로 그렇게 될 개연성이 높은 것으로 간주해야 한다.

　이와 같은 중국의 무차별적 정보활동과 그 대상은 사이버 공간에서도 동일하게 관찰된다. 앞서 언급한 중국 국가정보법은 7조와 14조는 사이버 스파이활동에도 동일하게 적용된다. 또한 2017년에 제정된 중국 사이버보안법 28조는 (화웨이, 알리바바, 텐센트 같은) 인터넷서비스 운영자는 공안기관과 국가안전기관에 (접속 기술과 암호 해독 등의) 기술지원과 협조를 마땅히 제공해야한다.'라고 명시하였다.[169] 이에 따라 인터넷 서비스 운영자는 중국 공안기관과 정보기관의 정보수집 요구 등에 응해야만 한다. 이에 따라 중국 정보기관들은 언제든지 모든 중국 IT 기업들의 보안구역에 진입하고 서버를 열람할 수 있으며, 서버와 장비 등을 압수 할 수 있다.[170] 따라서 정보유출을 하고 있지 않다는 중국 기업이나 인터넷서비스 운영자들의 주장은 거짓이다.[171] 미국과 유럽 국가들이 화웨이의 5G시장 장악을 법으로 막고 있는 것도 이와 같은 화웨이를 통한 중국의 스파이 활동 위협 때문이다.[172] 화웨이가 중국 공산당과 정보기관의 전폭적인 지원을 받고 있는 회사라는 점을 미국 정보당국은 이미 수차례 밝혀왔다. 이점에서 화웨이 등의 중국정보통신기업의 부품이나 장비 등을 사용하고 있는

168 전경웅, "중국 국적 가진 중국인 9만 명...6월 지방선거에서 투표권 행사한다," 「뉴데일리」, 2022
　　년 4월 12일.
169 송의달의 차이나 프리즘. 10년 새 1300% 급증한 중국 스파이들...한국은 무풍지대?, 「조선일보」,
　　2020. 9. 10. 인용.
170 Ibid.
171 Ibid.
172 Ibid.

국내 정보통신망 운용자, 인터넷사업자, CCTV, 드론 및 자율주행차, IoT 등 4차산업혁명과 관련된 많은 부문이 중국의 사이버 정보활동 위협에 노출되어 있다고 볼 수 있다.

중국 인터넷 서비스는 전 세계적으로 엄청난 양의 개인정보를 포함한 다양한 정보를 무차별적으로 수집하고 있다. 이는 국내에도 동일한 위협이 된다. 실제 이러한 중국의 무차별적인 정보수집활동 사례는 잘 알려져 있다. 중국은 미국 개인신용정보업체 에퀴팩스(Equifax)를 해킹해 미국인 절반 정도의 개인정보를 탈취하였고, 2014년에는 미 연방정부 인사관리처 전산시스템 해킹으로 전·현직 공무원과 계약자 등 2,100만 명의 정보를 탈취하였다. 2018년에는 중국정부소속 해커가 해군 전산망을 통해 미 정부산하기관들과 최소 45개 군수 및 민간 기업에서 기술과 지식재산권을 탈취하는 등의 사례들이 보고되었다.173 '잡식성 정보수집'으로 알려진 중국의 개인 신상정보 탈취는 분명한 정보수집목표에 따라 이루어진다.174 중국은 탈취한 미국인의 개인정보를 활용하여 중국에 입국하는 미국인들 가운데 정부관련 인물들과 CIA, DIA 등의 정보기관 요원들을 파악하려고 의도한다. 중국은 통제사회이기 때문에 파악된 요주의 인물들에 대해 입국 시부터 24/7의 감시가 가능하다.175 이 외에도 중국이 상대국에 대해 정보공작을 하려고 할 때 타깃 대상들의 취약성들을(예를 들면, 빚을 지고 있거나, 부적절한 사생활이 있는 등의 약점들) 식별하여 이를 지렛대로 해당 인물들을 협박, 회유, 매수, 포섭할 수 있다. 국내에서도 유사한 대규모 개인정보탈취사건이 발생하였다. 그 대부분이 북한이나 중국 해커나 정보기관과 관련된 사건이었다.

이처럼 중국의 대한국 정보활동 위협이 오프라인과 사이버 공간을 막론하고 매우 높은 수준임에도 불구하고, 국내에서는 미국과 유럽 등의 다른 서방 동맹국들과는 달리 이에 대한 위협 인식이 매우 낮다. 여전히 중국의 스파이활동을 심각한 방첩 위협으로 인식하는 정부보고서나 학술연구 등이 드물다. 2022년 사이버 위협을 분석한 '2021년도 사이버위협 주요 특징 및 2022년도 전망'에도 원론적인 수준에서 중국과 미국의 갈등을 다루고 있는데 그치고 있으며, 중국의 국가주도 해킹이나 사이버 공격, 정보활동과 영향력 공작 등이 한국에 어떤 안보위협이 되는지에 대한 구체적이고 명시적인 논의는 다루고 있지 않다. 오프라인에서도 중국인들이 국내 선거에

---

173 Ibid.
174 Ibid.
175 Ibid.

개입하거나 투표권을 행사하는 문제에 대한 안보전략적 차원에서의 문제인식과 접근은 전무하다. 중국 유학생 문제 역시 교육부가 '외국인 유학생 유치'를 대학평가에 반영하여 대학들이 중국인 유학생들을 적극적으로 유치하도록 조장하는 결과를 만들어냈다. 지방자치단체 역시 무분별하게 중국과의 교류협력에 적극적이다. 예를 들면, 전 강원지사였던 최문순은 지난 2019년 중국 인민언론망과 협력하여 강원도 홍천에 한국에 중국문화를 소개할 '한중문화타운'을 건설할 계획을 발표했다. 이때 최문순 전 지사는 이 프로젝트를 '문화 일대일로'라고 표현하면서 중국의 일대일로를 찬양하는 발언을 해서 문제가 되었다. 결국 국내의 반중정서로 인해 이 프로젝트는 2021년에 무산되었지만, 지방자치단체가 중국의 영향력 공작을 오히려 도와주는 행보를 보인 대표적인 사례로 간주할 수 있다.[176] 이 밖에도 중국이 국내 체류 중국인과 유학생, 그리고 온라인 댓글부대 등을 동원한 국내 여론조작과 댓글공작, 선거개입 등에 대한 의혹제기가 있지만 이에 대한 체계적인 정밀 조사는 이루어지고 있지 않은 것처럼 보인다. 중국의 동북공정에 대한 전략적, 체계적 대응도 미흡하다. 국내 문화예술 및 영화·공연·엔터테인먼트 업계 등이 중국 자본의 의해 잠식되어 가는 것에 대한 인지전 차원에서의 대응 역시 전무하다. 이처럼 한국은 국가리더십의 인식부족과 전략부재, 그리고 국민들의 무관심으로 인해 중국의 '조용한 침공(silent invasion)' 위협에 그대로 무방비로 노출되어 있다.

중국의 정보활동을 통한 대한국 침공이 얼마나 치밀하고 전략적이며 전일적이고, 집요한지를 보여주는 일례가 최근에 관찰되었다. 중국의 영향력 공작은 온라인 게임의 프로파간다 효용성에 대해서도 놓치지 않는다. 중국은 한국에 대한 문화공정과 초한전 수행에 있어 온라인 게임 콘텐츠를 특히 한국의 저연령 아동과 청소년, 젊은층을 대상으로 한 중화극단주의 프로파간다의 이상적인 수단으로 인식하고 있는 것처럼 보인다. 이 때문에 중국은 한국의 게임 콘텐츠가 중국사회내로 유입되는 것은 철저히 차단하고 이와는 반대로 중국의 게임 콘텐츠는 한국에 침투, 확산, 유포 시키는 이중의 플레이를 하고 있는 것처럼 보인다. 최근 논란이 된 이순신 장군을 중국 게임 콘텐츠에서 중국문명의 일부로 묘사하고 있는 것은 이러한 관점에서 심각하게 받아들여야 한다.[177] 정보심리전 또는 인지전의 본격적인 등장으로, 프로파간다는 전

---

176 이 역시 연구자 개인의 의견이며 특별한 증거가 있지는 않다. 다만, 해외의 사례를 유추해서 중국 공산당과 정보기관의 모두스 오페란디가 국내에도 적용될 것으로 예측 한다면 얼마든지 가능한 일이다.

쟁 수행의 중요한 전략적 수단이 되고 있다. 온라인 게임은 프로파간다의 매우 효과적인 통로이자 도구가 되고 있다. 온라인 게임은 따라서 인지전의 주요한 전쟁터(battle ground)이자 전쟁무기가 되고 있다. 때문에 이제는 온라인 게임과 게임 콘텐츠 산업을 국가안보의 관점에서 바라보아야 할 시점이다.

2) 비국가행위자로부터의 안보위해

(1) 초국가 테러위협

글로벌 테러리즘의 안보위협의 정도는 최근 들어 상당히 감소하고 있다. 이는 글로벌 테러리즘으로 인한 사망이 계속해서 줄어들고 있다는 사실에 의해 뒷받침된다. 2021년에 테러공격빈도가 17% 증가한 반면 이로 인한 사망은 1.2% 줄었다. 이는 2007년 이후 가장 좋은 수치이다. 이는 테러리즘의 국제안보적 영향력이 줄어들었음을 의미한다.[178] 그럼에도 불구하고, 초국가 테러리즘의 위협은 여전한 국제사회의 주요한 위협으로 잔존할 것이다. 이는 최근 관찰되는 초국가 테러리즘의 주요한 속성변화와 관련이 있다. 이를 살펴보면 다음과 같다.

첫째, 지난 20년 간 가장 주요한 초국가 테러위협이었던 이슬람 극단주의 테러세력 내에서의 주요한 변화가 관찰된다. 지역적으로 이슬람 극단주의의 주요 무대가 시리아-이라크와 같은 중동과 미국, 유럽 등지에서 사하라 이남지역의 아프리카와 아프가니스탄 등과 같은 국제안보적으로 관심도가 떨어지는 변방 지역으로 이동하고 있다. 최근 사헬(Sahel) 지역이 테러리즘의 새로운 진원지가 되고 있다. 사헬은 사하라 사막의 경계를 뜻하는 말에서 생긴 것으로, 북쪽의 사하라 사막에서부터 남쪽 수단에 이르는 아프리카의 영역이다. ISIS는 시리아-이라크 지역에서의 군사적 패퇴로 그 관심을 사헬 지역으로 돌리고 있다. 이를 입증하듯 2021년에 최근 사하라 이남지역 아프리카가 전체 글로벌 테러로 인한 사망의 48% 정도를 차지했다. 특히 니제르, 말리, 콩고민주공화국, 부르키나파소에서 가장 급격한 테러로 인한 사망자의 증대가 있었다. 이는 해당 지역에서 2007년 이후로 테러사망이 10배 증가한 것을

---

177 이윤정, "중국게임, '이순신 장군=중국 문명' 논란…한국게임 베끼기도 골치,"「경향신문」, 2022년 7월 19일

178 ISD(Institute for Strategic Dialogue), "Global Terrorism Index 2022: Key findings in 6 Charts," 1 September 2022. https://www.isdglobal.org/digital_dispatches/global-terrorism-index-2022-key-findings-in-6-charts/

의미한다. 해당 지역의 높은 인구증가, 물, 식량부족, 기후변화, 약한 정부 등이 요인으로 지목되었다. 또한 다수의 범죄 조직들이 스스로를 이슬람 인써전시(insurgency)로 자칭하고 있어 테러와 범죄가 뒤섞인 만성적 정정불안과 사회혼란의 수렁으로 변모하고 있다.[179]

이와 같은 수렁화 현상은 미군이 철수하고 탈레반 정권이 다시 들어선 아프가니스탄에서도 관찰되고 있다. 미국과 나토가 빠진 아프가니스탄을 탈레반이 장악하였지만 아프가니스탄의 정정불안은 계속되고 있으며, 테러공격도 여전히 지속되고 있다. 탈레반 지도부는 조직 내 갈등으로 내홍에 시달리고 하부 조직에 대한 장악력은 약화되고 있다. 탈레반이 재집권한 뒤 파키스탄 등 주변국가에 흩어져 있던 알카에다와 ISIS 조직원들이 아프가니스탄에서 주도권 경쟁을 벌이는 바람에 아프가니스탄이 다시 국제 지하디스트 세력이 재기하는 근거지가 될 것으로 관측되고 있다.[180] 최근 알 자와히리의 제거와 같이 알카에다와 ISIS는 자신들의 지도자들을 잃는 등 여러 방면에서 쇠퇴를 겪는 듯 보이지만, 다른 한편에서는 탈레반이 재집권한 아프가니스탄에 모여들어 이 지역에서 다시 주도권 경쟁을 벌이며 세를 모으고 있다. 사이버 프로파간다에 능한 지하디스트 테러집단들은 소셜네트워크 등을 이용하여 탈레반 하부조직의 극단화를 이끌어 내고 자신들 조직에 대한 추종자들을 포섭하며 빠르게 세력을 확장하고 있다. 특히 ISIS-호라산(ISIS-K)은 극렬하고 잔인한 자살테러 공격을 이어가면서 외부에서도 추종자들이 몰리면서 조직원이 크게 확대되고 있는 상황이다.[181]

한편 아프가니스탄이 점차 국제 지하디스트 테러단체들이 부활하는 무대가 됨에 따라, 중국, 러시아, 터키 등은 탈레반 정권의 안정지원을 약속하고 자국의 이슬람 세력을 자극하지 말 것을 약속받는 등의 행보를 보이고 있다. 그러나 아프가니스탄을 재집권한 탈레반의 장악력이 약화됨에 따라 이러한 상황이 얼마나 유지될 수 있을지는 알 수 없다. 특히 탈레반은 과거 중국 내 이슬람 소수민족인 위구르족 독립세력인 동투르키스탄 이슬람 운동을 도운바 있다. 최근 ISIS 등의 다른 경쟁조직들에게 추종자들을 빼앗기고 있는 상황에서 탈레반이 하부조직으로부터 위구르 문제에

---

179 Ibid.
180 장지향, 2021, "이슈브리프. 탈레반의 아프가니스탄 재집권과 국제 지하디스트 세력의 활성화," 아산정책연구원.
181 Ibid.

대한 압박을 받게 된다면 어떤 선택을 하게 될지 불확실하다. 이와 같은 수렁화된 아프가니스탄은 지역 안보질서에 대한 주요한 불확정적(uncertain) 위협요인으로 남을 것이다.[182]

초국가 이슬람 극단주의 테러세력 내에서 주도권은 ISIS로 넘어간 것으로 보인다. 그 동안 ISIS와 알카에다 계열 사이에 주요한 주도권 다툼이 있어왔지만 최근 동향으로 볼 때 이와 같은 주도권 다툼이 거의 마무리되고 ISIS가 글로벌 지하디스트 테러세력의 허브(hub)로 자리를 잡은 듯하다.[183] 이 때문에 ISIS가 현재로서는 세계에서 가장 치명적인 테러그룹으로 보인다. 2021년에 4개의 이슬람 극단주의 테러그룹이 전세계 대부분의 테러사망에 대한 책임이 있었다. 이들은 ISIS, 알샤밥, 탈레반, 자맛 누스라 알 이슬람(JNIM)이다. 해당 4개의 그룹이 모두 3,364명의 테러사망에 책임이 있었으며, 이는 2021년 전체 테러 사망의 47퍼센트에 해당하는 수치였다. 이 가운데 에서도 ISIS의 연계그룹들인 ISIS-호라산(ISIS-K), ISIS-시나이(ISSP), 그리고 ISIS-서아프리카(ISWA)가 대부분의 테러공격과 이로 인한 사망을 기록했다.

둘째, 국제안보질서의 핵심지역에 해당하는 미국과 유럽 등지에서는 이슬람 극단주의 테러리즘의 영향력이 상당히 감소한 반면, 극우극단주의와 같은 정치적 테러리즘의 영향력이 증대하였다. 이를 뒷받침하듯 최근 미국과 유럽 등지에서는 정치적으로 동기화된(극우극단주의) 공격이 종교적으로 동기화된(이슬람 극단주의) 테러공격을 대체하였다. 종교적 테러는 82% 감소하였다. 반면 2018년에 정치적으로 동기화된 테러 사건과 사망자수가 2007년 이후로 최대치를 기록하였으며, 지난 10년간 정치적 테러리즘이 지속적으로 증대하였다. 서방지역에서 발생한 최근 테러공격의 73%가 정치적으로 동기화된 그룹이나 개인들에 의해 발생하였다.

미국-유럽의 극우극단주의 세력들은 다음과 같은 특징을 가진다. 대부분의 극우극단주의자들이나 극우극단주의 테러집단들은 매우 작은 집단부터 상대적으로 거대 규모의 집단까지 집단의 크기의 스펙트럼이 매우 넓다. 이 가운데 강력한 중앙의 테러 지휘본부(headquarter)에 의해 지휘통제받는 조직들은 그 수가 매우 적고 대다수는 탈중앙집중화되어 있는 소규모의 그룹들이다. 심지어 일부 소규모의 극우극단주의집단이나 모임들은 오프라인 모임 자체가 존재하지 않고 온라인에서의 토론포럼 등의 형

---

182 Ibid.

183 Ibid.

태로만 존재하는 경우도 있다. 이러한 탈중앙집중화 현상은 특히 미국이나 이탈리아 등에서 흔히 발견되며, 독일의 경우는 온라인과 오프라인 모두에서 적극적으로 활동하는 보다 큰 규모의 극우극단주의 단체의 수가 더 많은 것으로 알려져 있다.

미국과 유럽의 극우극단주의 단체들은 과거의 제국의 영광이나 파시즘, 또는 백인남성이 주류였던 사회문화 등에 대한 노스탤지아 또는 로망을 공유한다. 이들은 미국 또는 유럽의 백인-기독교 문명이 유대인과 제3세계의 이민자와 난민, 무슬림, 그리고 페미니스트와 성소수자 등에 의해 포위되고 공격받고 있다는 위기의식을 기반으로 한다. 이들은 스스로를 백인-기독교 문명과 정체성을 지키기 위한 성스러운 전쟁의 전사로 인식하며, 과거의 질서를 복원하기를 원한다. 최근 독일의 극우 쿠데타 모의 사건이 대표적이다. 이들은 이슬람 극단주의 테러세력과 증오의 상호증식작용을 통해 세력을 구축하고 확장해왔다.

흥미로운 점은 특히 유럽(그 가운데에서도 독일)의 극우극단주의는 푸틴의 러시아와 긴밀히 연계되어 있다는 것이다. 이는 상호작용의 결과이다. 유럽의 극우극단주의자들은 반미-친러시아 성향을 띤다. 이들은 미국이 유럽에 부당하게 간섭하며 2차 대전 이후 유럽을 예속화하고 있다고 믿는다. 따라서 유럽은 미국의 영향으로부터 벗어나야 하며 유럽인에 의한 유럽을 복원해 과거의 영광을 되찾아야 한다고 주장한다. 흥미로운 점은 유럽의 극우극단주의자들과 극좌극단주의자들이 이와 같은 반미주의에서 같은 목소리를 낸다는 점이다. 한편 극우극단주의자들은 친러시아 성향을 보인다. 이는 이들이 러시아를 백인-기독교의 이상적인 국가로 보기 때문이다. 유색인종과 페미니스트, 성소수자들이 넘치는 유럽 국가들과는 달리 러시아는 백인남성이 주류인 기독교적 가치와 정체성을 유지하고 있는 이상적인 모델로 인식된다. 러시아의 권위주의적 문화와 체제 역시 이들에게는 바람직한 것으로 받아들여진다. 극좌극단주의자들은 다른 이유로 러시아에 대한 우호적인 감정을 보이는데 이는 이들이 가지고 있는 과거 소련에 대한 향수 때문이다. 한편 러시아 역시 이와 같은 반미, 백인남성, 가부장적 가치관, 성소수자에 대한 반대, 기독교적 정체성 등의 메시지를 통해 유럽의 극우극단주의 세력들을 대상으로 영향력 공작을 수행한다. 이들은 유럽 극우극단주의 세력을 통해 유럽에 대한 러시아의 영향력을 침투, 확산시키고, 반대로 미국의 영향력을 유럽으로부터 후퇴시키려고 시도한다. 이와 같은 정보전쟁에서 러시아의 정보기관들과 민간 프록시들이 첨병으로 활동하고 있다.

셋째, 최근 초국가적 테러세력의 주요 활동(특히 선전, 선동, 프로파간다와 관련하여)이 오프라인에서 온라인으로 옮겨가는 현상이 두드러진다. 테러집단이나 극단주의자들은 SNS 등과 같은 온라인 공간에서 자신들의 메시지를 전달받는 청중들을 대상으로 프로파간다를 이용하여 리크루팅을 시행하거나 추종자를 확장시킨다. 이처럼 온라인에서 테러리스트와 극단주의자들이 프로파간다를 수행하는 것을 이슬람 극단주의 세력의 경우에는 사이버 지하드(cyber jihad)라고 부른다. 이와 같은 대상청중을 급진화시키고 테러전투원을 모집하는 등의 활동은 매우 비밀스럽게 이루어진다. 텔레그램(Telegram), 왓츠앱(WhatsAPP), 킥(Kik)과 같이 더 많은 수의 모바일폰 암호화 소셜네트워크 서비스가 출현하게 됨에 따라 이러한 플랫폼들은 테러리스트들의 은밀한 활동이 지속적으로 유지될 수 있도록 하는 도구로 악용되고 있다. 2018년과 20019년 유로폴(EUROPOL)과 함께 텔레그램(Telegram)에서 지하디스트 테러집단과 테러리스트, 그리고 추종자들의 폭력적 극단주의 콘텐츠와 사이버프로파간다를 수행하는 계정들에 대한 합동단속작전으로 2020년 이후 대다수의 지하디스트 테러집단의 사이버프로파간다가 다른 네트워크로 이동하였다. 이와 같은 이슬람 극단주의의 온라인 상에서의 이동은 극우극단주의자들의 동향과 대비된다. 극우극단주의자들은 이제까지 주로 활용하던 8chan 등에서의 단속이 강화되자 오히려 텔레그램(Telegram)으로의 이동이 증가하였거나, 페이스북(Facebook)으로 다시 회귀하는 추세를 보여주었다. 대부분의 테러리스트 프로파간다와 테러리스트 모집이 누구나 접근 가능한 '표층웹(surface web)'에서 이루어지고 있다. 유로폴의 분석에 따르면 전 세계 150개 이상의 소셜미디어 플랫폼이 테러집단과 추종자들에 의해 악용되고 있다. 다크웹의 경우 표층웹을 통해 이루어지는 테러리스트 프로파간다와는 달리 은밀히 이루어져야하는 자금모금이나 테러공격 계획, 지시 등이 이루어지는 것으로 알려져 있다.

최근 들어 ISIS가 도입한 비주얼 내러티브와 프로파간다의 심리적 전술이 가장 강력하게 발휘되고 있는 부분 중의 하나는 비디오 게임의 프로파간다 활용이다. 소셜네트워크 플랫폼에서는 ISIS가 무료로 배포하는 이슬람 지하드 비디오 게임을 다운받거나 구매할 수 있다. 지하디스트 테러집단에 의해서 활용되고 있는 비디오 게임은 Splinter Cell, Counter-Strike, America's Army, Modern Warfare 2, Medal of Honor: Warfighter, Quest for Bush, Night of Bush Capturing: A Virtual Jihadi 등이 있다. ISIS의 게임 소프트웨어 활용은 "게이밍 지하드(gaming jihad)"라고 불릴 정도로 활발하고 수준이 높다.

극우극단주의 역시 다른 유형의 극단주의들(즉 이슬람 극단주의)과 마찬가지로 온라인

공간을 프로파간다, 극우이념전파, 추종자의 모집, 자금모금, 그리고 시위와 다른 이벤트 등을 조직하기 위한 다양한 목적 실현의 수단으로 활용한다. 극우극단주의는 한 단계 더 진전된 온라인 프로파간다 방식을 활용한다. 극우극단주의 역시 ISIS와 마찬가지로 자신들의 존재를 온라인상에서 노출시키는 기본적인 전략을 사용한다. 다만 극우극단주의자들은 4Chan 또는 스톰프론트(Stormfront) 등의 같은 생각을 가진 (like-minded) 청중들이 모이는 소셜네트워크 플랫폼을 사용하여 다른 이들의 방해를 덜 받고 자신들의 급진적 신념들을 토론을 통해서 나누는 활동들에 보다 집중한다. 이러한 방식으로 기존의 백인 우월주의나 반유대인주의 등의 극우이념을 가진 사람들을 효과적으로 급진화시킨다. 특히 속임 장치를 활용하여 무지한 사람들과 취약한 사람들을 대상으로 극우극단주의적 이념을 정상적인 것으로 인식시킨다. 예를 들면, 극단주의적인 이념이나 집단이 무엇인지를 모르는 청소년들에게 게임 등 시각자료 등을 활용해서 극우주의의 이념에 동조하게 하는 것. 그리고 시각, 문자 자료를 같이 활용하여 특정 극우주의적 아이디어가 그 아래 담겨있는 메시지 또는 조크 등을 온라인에 퍼뜨려 사람들이 자기도 모르는 가운데 극우주의적 이념에 동화되거나 극우적 신념을 정상적인 것으로 받아들이게 만드는 것 등이다.

극우극단주의자들은 이러한 속임수에 사용되는 농담들을 '밈(memes)'이라고 하는데 예를 들면 극우주의자들이 말하는 톤으로 "지구의 글로벌 워밍은 좌파들의 음모야!" 또는 "실제로 홀로코스터가 발생했다면 이 지구가 더 좋은 곳이 되었겠지?"라는 말을 농담조로 하는 밈 조크를 만들어서 인스타그램(Instagram) 등에 퍼트린다. 미국의 극우극단주의자들은 "미국의 건국아버지들(founding fathers)"과 극우주의자들이 연관성이 있다는 밈이나 이야기들을 퍼트리는 등의 활동을 한다. 이처럼 밈이나 다른 자료들로 청년층을 꾀어내는 것은 이제 극우극단주의의 프로파간다 전략의 핵심적인 부분이 되었다. 특히 대학 캠퍼스에서 동조자들을 모집하고 자신들에 이념에 반대했던 사람들을 전향시키려는 노력을 집중한다. 2019년 한 해 동안 미국 내 대학 캠퍼스의 경우 백인우월주의 관련 홍보물건이나 자료들이 돌아다니는 것이 전년대비 약 120%정도 증가한 것으로 나타났다. 이러한 극우주의자들이 사용하는 밈(memes)은 '전복적 노출' 효과를 만들어낸다. 이는 사람들로 하여금 바로 극우극단주의 프로파간다를 수용하도록 만드는 것은 아니며, 웃기고 재미있으면서 기존의 사고를 전복할 수 있도록 유도하는 것이다. 이를 통해 다른 대안적 사실이 주어질 때, 청중들이 그동안 배워왔던 것들이 진실인가에 대한 생각이나 의구심을 가지도록 유도한다.

유로폴의 2021년 테러리즘 동향 보고서에 따르면 이탈리아의 경우 극우극단주의자들이 트위터(Twitter), 텔레그램(Telegram), 페이스북(Facebook), 그리고 브콘탁테(VKontate) 등의 소셜플랫폼을 다양하게 쓰고 있다는 것이 보고되었다. 특히 유로폴의 보고서는 극우극단주의 콘텐츠들과 관련된 텔레그램(Telegram) 채널이 2020년 3월 기준으로 약 6,000명의 사용자 계정이 증가하였다고 밝히고 있다. 그중 코비드 바이러스에 초점을 맞추고 있는 한 채널의 경우 같은 기간 동안 사용자들이 300명에서 2,700명으로 증가하였다고 보고되었다. 또한 극우극단주의 프로파간다를 전파하는 비디오게임, 게임 플랫폼사용, 포럼, 그리고 게임이용자들의 채널들이 지속적으로 증가하는 추세 역시 보이고 있다. 이러한 온라인 프로파간다의 증가는 최근 들어 청소년과 젊은 세대의 극우극단주의 테러리즘과 극단주의활동으로 인한 체포가 증가한 것을 일부 설명하고 있다고 분석되고 있다.

이와 같은 초국가적 테러리즘 또는 폭력적 극단주의의 온라인으로의 이주(migration) 는 특히 최근 3년간의 코비드 상황에서 더욱 촉진되었다. 초국가 테러리스트 그룹들은 코비드-19 팬데믹 상황을 이용하여 새로운 추종자들을 대상으로 극단화시키고 조직원들을 리크루팅하면서 각국 정부의 정통성을 공격하고, 폭력을 선동했다. 이와 같은 활동들은 특히 온라인에서 두드러졌다. 예를 들면, 폭력적 극단주의자들의 팬데믹 이용은 #CoronaJihad 사례에서 확인할 수 있다. 이들은 코비드 바이러스의 책임을 종교적 소수자들에게 뒤집어씌웠다. 전세계적으로 초국가 테러세력들은 코비드 바이러스의 창궐을 오정보(misinformation)와 허위조작정보(disinformation)를 확산시켜 새로운 추종자들과 조직원들을 리크루팅하는 기회로 삼았다. 이들은 코비드-19가 사람들이 미국을 숭배하는 것에 대한 신의 처벌이며 이 팬데믹은 미국이 전지전능하고 절대 패배하지 않는 존재가 아니라는 것을 보여주는 사례라는 반서구 내러티브를 유포, 확산시켰다.[184]

넷째, 초국가 테러세력의 사이버 테러공격 또는 각종 떠오르는 신기술을 이용한 테러공격의 위험성도 제기되고 있다. 테러세력의 핵심전략목표는 공포의 조장(terrorizing) 을 통한 정치적, 사회적, 종교적 메시지의 전달이다. 이 때문에 국가행위자의 비밀공작활동의 경우처럼 행위자의 존재를 감출 필요가 없으며, 오히려 자신들의 행위책임

---

184 United Nations Office of Counter-Terrorism Centre (UNCCT), "Strategic Communication," 29 May 2022.

을 거짓 주장하거나 과장할 개연성이 크다. 이는 그들이 자신들의 폭력적 행동과 위협을 미디어를 통해 노출시키고 확산시켜야하기 때문이다. 이런 측면에서 테러세력은 앞으로 사이버 공간을 테러리즘에 더욱 적극적으로 활용할 여지가 크다.

우선 이들은 오프라인에서의 폭력적 테러공격을 보조, 지원하기 위한 수단으로 온라인을 이용한다. 이와 관련하여 테러공포의 조장과 확산, 테러전투원 모집, 테러자금조달, 테러전략 및 전술 전파, 테러공격모의, 테러이용수단확보 등의 다양한 목적으로 사이버 공간을 활용한다. SNS가 이와 같은 테러세력의 온라인 활용의 주요 수단이 되어왔다. 향후 메타버스가 일상적인 소통의 수단이 되면 이 역시도 테러세력에 의해 적극적으로 활용될 것으로 전망된다.

한편 앞으로는 정보통신시스템, 수도, 에너지, 교통, 물류 등의 국가핵심기반시설들이 사이버 테러의 대상이 될 수 있다. 테러세력들은 국가핵심기반시설의 통제시스템인 SCADA(Supervisory Control and Data Acquisition) 등을 공격함으로서 공포의 조장과 사회혼란이라는 테러목표를 달성할 수 있다. 이와 같은 우려는 9.11 직후부터 여러 차례 제기되어 왔으나 아직까지 구체적으로 나타난 사례는 없다. 이는 테러세력 주요 지도부의 세대(generation)와 관련된 문제인 것으로 판단된다. 그간 테러세력 지도부를 구성했던 세대가 오프라인에서의 전통적인 물리적 테러에 익숙하고 이를 선호했던 것이 상대적으로 사이버 테러가 발생하지 않았던 이유인 것으로 보인다. 테러세력의 지도부들은 상당히 보수적인 경향을 보인다. 따라서 자신들이 익숙한 테러공격방법을 고수하는 경향성이 있다. 하지만 향후 테러세력 내에서의 세대교체는 사이버 테러의 개연성을 높이는 방향으로 작용할 것이다. 이는 이들이 사이버 공간과 기기들과 함께 자란 디지털 네이티브(natives) 세대이기 때문이다. 한편 테러세력의 사이버 작전 역량이 제한적인 것도 이유로 보인다. 예를 들면 ISIS 산하 온라인 작전그룹인 사이버 칼리페이트는 기술적인 수준이 제한적인 것으로 알려졌다. 이들은 APT(지능형 지속공격)와 같은 고도의 기술수준을 요하는 사이버 공격을 할 역량이 부족하다. 이들은 몇몇 잘 알려진 사이버 공격을 자신이 실행했다고 주장하지만 사이버 공격을 일반적인 해커들에게 아웃소싱(outsourcing)하거나 러시아의 정보기관과 같은 다른 행위자가 은밀히 수행한 사이버 공격을 자신이 한 것으로 허위광고 한 것으로 의심받고 있다.

이 밖에도 테러세력은 앞으로 드론이나 3D 프린팅 기술 등의 신흥기술을 테러공격에 더욱 적극적으로 이용할 것으로 전망되고 있다. 이미 테러세력은 자폭드론을 이용한 테러공격을 실행한 사례가 있다. 2019년 9월 14일 예멘 후티 반군에 의한 사우디아라비아 국영회사인 아람코의 정유시설에 대한 드론테러 공격은 대표적이다. 향후 소형군집드론에 의한 대규모 테러 가능성도 제기되고 있다. 또한 최근 아베 전 일본총리의 암살사례처럼 3D 프린팅 기술도 테러공격에 활용될 여지가 크다. 이와 함께 사이버 테러와 물리적 테러의 융합가능성도 제기된다. 예를 들면 무인자동차 등을 해킹하여 이를 차량돌진테러에 이용하거나 하는 등의 온·오프라인 복합테러 등이 이에 해당한다.

2021년 8월 미국의 아프간 철군 이후 바이든 대통령은 아프가니스탄 전쟁의 종전을 선언하면서 철군의 정당성을 주장하고 "대단한 성공"이라며 미국의 아프간에서의 군사활동을 자평했다.[185] 또한 2019년 10월 ISIS의 알 바그다디 사살과 2022년 7월 알 자와히리 제거로 이슬람 극단주의 테러세력은 상당한 타격을 받은 것으로 평가된다. 이와 같은 일련의 상황전개들은 초국가 테러세력과의 싸움의 한 챕터가 마무리된 것을 의미한다. 이처럼 지난 20년간 전 세계적으로 가장 주요한 안보위협사안이었던 이슬람 극단주의 테러세력의 위세가 꺾인 것은 분명하지만 그와 같은 위협이 완전히 사라졌다고 보기는 어렵다. 오히려 이슬람 극단주의 테러세력은 새로운 지도자 아래 조직을 재정비하고, 새로운 세대의 전투원과 지지자들을 충원하고, 영향력을 확대할 기회를 갖게 될 개연성이 있다.[186] 미국과 영국의 최근 국가안보전략의 주요 타깃의 이동(즉 테러리즘에서 중국으로의)은 실제 이슬람 테러세력의 위협이 완전히 제거된 것을 의미한다기보다는 중국이라는 미국과 서방의 더 임박하고 중대한 위협과 도전에 대응하기 위해 미국-서방의 안보의 초점을 조정하기 위한 과정에서 나온 것이다.[187]

이상과 같이 제시된 초국가테러리즘의 동향과 전망을 요약하면 다음과 같다. 이슬람 극단주의 테러단체의 글로벌 위협의 정도는 이전보다 약화되었지만 여전히 테러공격과 폭력적 극단주의의 프로파간다를 전파, 확산시키고 있다. 이들은 온라인상에서 SNS와 온라인 게임 등 각종 수단을 활용하여 폭력적 테러공격의 노하우와 극단적 믿음들을 유포하고 테러의 지지자들과 전투원들을 리크루팅하고 있다. 이러한 경향은 지속될 것이며 이는 계속되는 안보위해 요인으로 남을 것이다. 이와 함께 이슬

---

185 White House, August 31, 2021. "Remarks by President Biden on the Way Forward in Afghanistan."

186 권성근, "알자와히리까지 제거했지만 테러 위협 여전," 「뉴시스」, 2022년 9월 11일.

187 Id. White House.

람 극단주의 테러세력은 아프리카와 아프가니스탄 등과 같은 정정불안 지역에서의 영향력을 증대시켜 나갈 것이다. 이는 해당 지역의 만성적 안보 및 사회경제적 불안으로 이어져 해당 지역의 국제안보질서에 주요한 영향을 미칠 것이다. 한편 미국과 유럽 등지에서의 극우극단주의 역시 점증하는 위협으로 존재할 것이다. 최근 2022년 12월 독일에서 발생한 극우극단주의 세력에 의한 쿠데타 모의기도 사건은 그와 관련된 대표적인 사례이다. 이와 같은 테러리즘의 위협이 단기적으로 과거와 같은 대규모 도심테러로 이어지지는 않겠지만 특히 젊은층을 대상으로 그 세력을 확장시켜 나갈 것이다. 또한 극우극단주의의 위협은 미국과 유럽의 극우적 정치세력 등과 연계되어 이들 지역들의 국내 정치와 여론에 주요한 영향을 미칠 것이다. 이는 궁극적으로 미국과 유럽의 대서양 동맹에 대한 불안정 요인으로 작용할 수 있다. 이는 글로벌 차원에서의 안보질서의 변화로 이어질 것이다.

이와 같은 초국가 테러리즘의 위협이 한국에 대한 직접적인 안보위협이 되고 있는 것은 아니다. 가까운 미래에 한국에서 초국가 테러세력의 의한 대량살상테러가 발생할 개연성은 매우 낮다. 이는 한국이 이들의 직접적이고 우선적인 테러공격의 대상이 아니기 때문이다. 하지만 국내 무슬림 이주민과 외국인 근로자들과 무슬림 커뮤니티 증가와 이슬람 극단주의 전파사례 등을 감안할 때, 한국이 테러자금모금과 추종자 및 전투원 모집, 이슬람 극단주의 유포·확산, 온·오프라인 테러공격의 경유지 등의 국제 테러세력의 배후지로 기능할 개연성을 무시할 수는 없다. 이 때문에 이를 잔존하는 안보위협으로 보고 주의를 기울일 필요는 있다. 한편 국내에서도 미국-유럽 등과 유사한 포퓰리즘-극단적 민족주의(ultra-nationalism)의 위험성이 증대할 것으로 예상된다. 이는 대규모 테러공격의 형태로 나타나기 보다는 정치적·사회적 극단주의 운동과 결합되어 비치명적(non-lethal) 폭력으로 나타날 것이다. 하지만 이는 미국-유럽-일본 등과는 달리 극우민족주의가 아니라 극좌민족주의가 될 것으로 전망된다. 이는 한국의 경우 외세침략과 식민지의 역사적 경험으로 민족주의가 좌파적 성격을 띠기 때문이다. 미국-유럽 등은 극단적 민족주의가 제국주의 팽창정책과 함께 결합되어 발전한 반면, 한국의 경우 이와 같은 제국주의 세력의 팽창에 맞서 저항하는 과정에서 민족주의가 형성되고 발전해왔다. 이 때문에 한국의 반제국주의-반식민주의 민족투쟁은 제국주의의 괴뢰(puppet) 정부에 대한 반독재 투쟁과 연결되었고, 본질적으로 민중해방과 민족해방, 반미주의, 반일주의 등이 함께 결박되는 좌파적 특성을 가질 수밖에 없었다. 이 밖에도 각종 혐오들을 기반으로 특정 그룹에 속하거나 특정 그룹을 대표하는 불특정 개인들을 대상으로 한 증오범죄(hate crime)와 테러의 구분이 불분명한 형태의 폭력적 공격이 보다 빈번해질 것으로 전망된다. 이와 같은 여러 테러와 관련된 위협들은 한국의 국내정치의 불안정성을 심화시킬 개연성이 있다. 이 경우에 중국과 북한 등과 같은 적성국가들은 그와 같은 한국 정치·사회의 취약성을 이용하려 할 것이다.

(2) 초국가 범죄조직의 위협

초국가 범죄조직의 위협역시 주요한 한국의 안보위해 요인 가운데 하나이다. 특히 외국계 조직범죄단체들의 위협에 주목할 필요가 있다. 여기에는 중국과 태국, 베트남 등의 마약범죄조직이 국내 폭력조직이나 국내 체류 해당국가 출신의 외국인들과 연계해 국내에 마약시장을 형성하고 마약 유통망을 구축하는 것, 그리고 이와 연계된 암호화폐 등을 이용한 자금세탁, 온라인 및 오프라인 불법도박, 중국과 필리핀 등에 콜센터가 집중된 보이스피싱 등의 활동, 국내 체류하는 외국인들을 중심으로 한 범죄의 조직화 등이 포함된다. 한국에 마약을 공급하는 가장 주요한 국제범죄조직은 미국, 오스트레일리아, 일본, 동남아 등 전 세계 마약 시장에 진출해 있는 중국계 마약범죄조직이다.[188] 이들 중국계 범죄조직들은 보이스피싱과 도박, 암호화폐를 통한 자금세탁 등의 국제연계망에서도 매우 중요한 행위자이다. 한편 국내에 체류하는 베트남 등 다양한 국적의 외국인들이 조직적으로 마약, 도박, 사기 등의 범죄행위를 하고 있는 것으로 파악된다. 국가수사본부의 최근 자료를 보면 마약 및 지능범죄의 비중이 증가하였다. 또한 국내에 거주하는 외국인들의 범죄행위가 마약매매나 자금세탁, 불법사업 등으로 조직범죄화 되었다고 발표하였다. 2021년 4월에서 6월까지 주요 검거사례를 살펴보면 필리핀 현지 도박사이트 범죄단체검거사례(조직원 60명), 구소련권 마약판매 범죄단체 검거사례(조직원 53명), 베트남인 국내 밀반입 마약판매 범죄단체 검거사례(17명), 라이베리아 '로맨스스캠'사기조직검거사례(조직원 8명), 태국인 마약판매조직 검거사례(조직원 22명 검거) 등이 있다.[189] 이와 같은 범죄조직들은 국내에 있는 외국인들과 외국인 집단 거주 지역을 활동무대로 삼아 국내로 유입되고 자리를 잡았다. 시간이 지나면서 이들이 점차 세력을 확장하여 자신들의 본국과 해외 다른

---

188 [마약중독자의 고백㉜] 중국 폭력조직 삼합회와 '마약전쟁 시작', 「뉴스핌」, 2019. 6. 13. https://www.newspim.com/news/view/20190612000908

189 2021년 상반기 국제범죄 집중단속(형사), 경찰청 보도자료, 경찰청 브리핑, 2021. 8. 2. www.police.go.kr. https://www.korea.kr/news/pressReleaseView.do?newsId=156465117

국가의 본국 출신 조직들과 연계해 국제적 초국가범죄네트워크로 성장할 개연성이 있다. 미국과 독일 등 다른 해외 국가들에서 이민자공동체를 무대로 한 외국계 조직 범죄세력의 성장 궤적을 살펴볼 때 이와 같은 추정이 가능하다.[190]

외국계 국제조직범죄의 국내 침투 및 영향력 확장이 갖는 2차적인 문제점은 이들 범죄세력들이 중국이나 북한과 같은 적성 국가들의 스파이 공작과 연계될 위험성이 다. 중국이 자신들의 스파이활동이나 비밀공작, 영향력 공작 등의 전위대로 중국계 초국가 조직범죄세력을 이용한다는 사실은 잘 알려져 있다. 북한 역시 외화벌이 사 업의 일환으로 조직범죄에 오랫동안 깊이 개입되어 왔다. 북한산 마약거래와 무기밀 거래, 암호화폐절취 등은 잘 알려진 북한의 조직범죄연류 사례들이다. 이와 관련하 여 북한은 중국과 동남아의 다양한 범죄세력들과 비즈니스 네트워크를 형성하고 있 다. 한편 북한은 과거 김정남 암살사례에서 보듯 해외 국적자들을 자신들의 스파이 공작의 도구로 활용할 수 있다. 이 때문에 국내 체류하는 탈북자 범죄세력 또는 중 국계나 동남아계 등 외국인 조직범죄세력들을 북한이 자신들의 목적을 위해 프록시 로 활용할 위험성이 존재한다.

한편 국내 토착 마약·조직폭력 범죄단체 역시 주요한 위협이다. 한 언론보도에 따르면 지난 해 기준으로 국내 폭력조직은 전국에 약 206개 정도이며 약 5,197명의 조직원들이 활동하고 있다. 국내 범죄단체들은 과거에는 전국구로 세력을 확대하고 주로 유흥업소를 상대로 갈취하고 집단폭력을 행사하는 양상을 보였으나 최근에는 마약, 도박 등의 소규모 불법시장을 유지하는 경제적 실리추구형으로 바뀌었다.[191] 이들 국내 폭력조직들 중 일부는 상당히 지능화하여 합법적인 사업체로 위장하여 기 업의 경영권 양도 분쟁에도 가담하는 등의 모습을 보인다. 또한 최근 한 사례에서 보듯 정상적인 기업의 경영진으로 진출하여 합법과 불법의 경계가 모호해지는 회색 지대화 현상도 관찰된다. 범죄단체와 정치권, 지방정부와의 유착관계 의혹들도 제기 된다.[192] 또한 이들 범죄단체들이 가상화폐 등을 이용한 국제적 자금세탁이나 마약

---

190 검찰.

191 조폭 '주력 업종' 도박·마약으로 진화… 경기남부지역서 특히 '위세', 「NewDaily」, 2022. 2. 13. https://www.newdaily.co.kr/site/data/html/2022/02/23/2022022300130.html

192 이 프로그램의 주요 내용은 "제작진은 지난해 7월 21일 방송에서 은 시장이 2016년 6월 6.13지방 선거 기간 폭력조직 '국제마피아파' 출신 사업가로부터 자동차와 운전기사를 제공받는 등 이재명 경기도지사와 더불어 조폭과 결탁했다는 의혹"의 제기이다. 「한경정치」, 2019. 12. 19. 은수미 시장, 조폭연루 의혹 '그알' 손해배상 소송서 졌다…정정보도도 기각. https://www.hankyung.

거래, 건설, 호텔, 레저, 카지노 등 등 국제성 합법·불법 사업에도 관련이 되었다는 의혹제기도 있다. 이와 같은 초국가 비즈니스 네트워크에는 북한과 중국과 같은 적성국가들도 연루된다. 이와 같은 초국가 비즈니스 연계를 통해 국내조직범죄세력들은 중국과 동남아 등 해외에서 합법·불법 비즈니스와 자금세탁, 자산은닉 등의 거점을 확보하는 이점을 누릴 수 있다.

이러한 초국가 조직범죄의 사안들은 단순한 치안의 문제가 아니라 중대한 복합적인 국가안보위해 요인으로 다룰 필요가 있다. 이는 외국계와 국내 토착 범죄조직들 모두 마약문제나 자금세탁, 보이스피싱 등 주요한 사회경제적 안보 위협이 되기 때문이다. 또한 이와 함께 이들 조직범죄세력들은 북한과 중국 등과 같은 적대적 국가행위자가 국내에 정치적, 경제적, 사회적 영향력을 투사하는 통로로 활용될 위험성이 존재하기 때문이다.

(3) 비국가행위자들에 의한 사이버 위협

오늘날 사이버 공간의 확장으로 주요한 사이버 위협은 국가행위자뿐만 아니라 비국가행위자들로부터도 온다. 흔히 이 비국가행위자들은 해커들 또는 핵티비스트들로 불리는데 이들은 주요한 안보위해 요인이 된다. 많은 경우에 이들은 국가행위자의 프록시 병력으로 활용된다. 이 경우는 국가행위자의 사이버 위협에서 다루었기 때문에 생략하고 이 장에서는 비국가행위자들에 의한 사이버 위협에만 초점을 맞추어 살펴본다.[193]

비국가 해커들에는 다양한 그룹들이 포함된다. 이들은 대체로 스크립트 키디(Script kiddles), 멀웨어 제작자(Malware authors), 스캐머(scammers), 블랫햇, 핵티비스트(hacktivists), 그리고 애국적 해커들(patriot hackers) 등으로 구분된다. 스크립트 키디는 가장 기술 수준이 낮으며 가장 일반적인 비국가 행위자 해커 그룹이다. 이들은 일반적으로 다른 누군가가 제작한 스크립트나 도구를 자신들의 공격에 활용하며, 단순한 사용을 넘어 스스로 도구나 스크립트를 제작하거나 하는 등의 기술이나 능력을 보유하고 있지는 않다. 멀웨어 제작자는 매우 전문화된 유형의 공격자들이다. 이들은 고유한 멀웨어를 실제로 제작하며, 프로그래밍 기술과 공격 대상 운영체제에 대한 지식을 갖고 있다. 봇넷(botnets)을 활용하는 멀웨어를 개발하고, 루트킷(rootkits)과 같은 복잡한 도구를

---

com/politics/article/2019121988117

193 이와 관련된 사례들은 앞서 북한과 중국의 사이버 공격, 위협 등의 내용을 참고하시오.

제작할 수 있다. 스캐머는 공격자들 가운데 가장 낮은 수준으로 간주된다. 이들은 공격도구에 관련된 기술적 숙련도가 없으며, 스크립트 키디 보다도 더 수준이 낮다. 스캐머들은 피싱(phishing)이나 파밍(pharming)과 같은 사회공학적(social engineering) 속성을 가진 도구들을 종종 이용한다. 블랙햇은 해커 세계에서 가장 나쁜 행위자들로 분류된다. 이들은 다양한 동기로 시스템과 네트워크를 공격한다. 이들의 동기는 단순한 스릴(thrill)부터 금전적 이득까지 다양하다. 핵티비스트는 특정한 정치적, 사회적, 의견, 견해를 표출하고 지지하기 위해 자신들의 기술을 사용한다. 핵티비스트의 주요 동기는 시위와 다수의 참여, 위력 행사, 반대 의견 표출 등이기 때문에 DoS(Denial of Service), DDoS (Distributed Denial of service), 웹사이트 훼손(website defacement), 대량이메일발송(mass emailing), DNS(Domain Name Service) 하이재킹(hijacking) 등과 같은 피해는 제한적이면서 컴퓨터 기술 수준은 낮지만 핵티비스트의 정치, 사회적 견해와 주장에 공감하는 다수가 함께 동참할 수 있고, 여론, 언론, 사회에 대한 광범위한 메시지 알림 효과가 큰 공격기법들을 주로 활용한다. 어나니머스는 이 비국가 행위자 핵티비스트 유형에 속한다. 핵티비스트들은 매우 높은 정도의 정치적, 종교적, 사회적 지향성을 가진다. 이들은 언론의 자유(free speech), 인권(civil rights), 종교적 권리(religious right) 등을 포함한 여러 다른 이슈들을 중심으로 결집하고 행동할 수 있다. 마지막으로 애국적 해커들은 핵티비스트의 한 유형이다. 이들은 주로 민족, 국가에 대한 애국심, 충성심, 자부심 등을 매개로 결집되어 있다. 일반적인 핵티비스트들과 유사하게 대중운동과 담론형성, 위력행사 등의 성격을 갖고 있기 때문에 DDoS, 웹사이트 훼손 등의 유사한 공격 기법들을 주로 활용한다. 또한 최근 들어 애국적 해커들은 가짜뉴스나 선전·선동·프로파간다, 댓글공작, 사이버 공간상에서의 내러티브 담론 형성과 심리적 위력 행사 등 사이버 심리전 또는 인지전도 적극적으로 수행한다.194

2022년 상반기 6개월(1월-6월) 동안 전세계적으로 핵티비즘과 DDoS 공격이 급격히 증가했다. 이와 같은 해킹과 핵티비즘, 사이버 공격의 가파른 증가세는 미국과 아시아, 유럽 전역에 걸쳐 보편적으로 관찰되었다. 예를 들면, 악의적인 DDoS 공격의 빈도수는 2021년 상반기 6개월 동안과 비교할 때 2022년 같은 기간에 203% 증가했다. 또한 2022년 상반기 동안의 악의적인 DDoS 공격 사례 수치는 2021년 전기간(1월-12

194 Andress and Winterfeld, Cyber Warfare: Techniques, Tactics and Tools for Security Practitioners, pp. 194-197.

월) 동안의 공격 빈도수에 비해서도 60% 증가한 것이다. 애국적 핵티비즘을 포함한 핵티비즘 역시 2022년 같은 기간 동안 극적으로 증대했다. 특히 애국심 또는 이데올로기 등의 대의(cause)를 목적으로 한 핵티비즘은 2016년 이후 2022년 올해 들어 전 세계적으로 수백만 명의 삶에 영향을 미치는 주요한 위협 요인으로 등장했다. 이와 같은 종류의 핵티비즘은 과거의 단순한 "반사회적 괴짜 부적응자(antisocial geek misfit)" 수준을 훨씬 뛰어 넘어 전세계적으로 다양한 전략적 목적이나 대의를 실현하기 위한 최고 수준의 하나의 무기가 되고 있다.[195]

이와 같은 최근 사이버 위협의 주목할 만한 증가추세는 다른 자료들에서도 확인된다. 2020년에 이미 사이버 공격은 전세계적으로 다섯 번째 순위의 중대한 위협이었고 공공과 민간 부문 전반에 걸쳐 중대한 위협이라는 점은 상식이 되었다. IoT (Internet of Things) 사이버 공격 한 분야만 해도 2025년까지 2022년 수치의 두 배가 될 것이라고 예상된다. 반면에 사이버 공격에 대한 탐지 비율은 극히 낮다. 세계경제포럼 2020 글로벌리스크보고서(World Economic Forum's 2020 Global Risk Report)에 따르면, 사이버 공격 탐지 비율은 미국의 경우 0.05퍼센트 밖에 되지 않는다.[196] 또 다른 자료 역시 사이버 공격 위협의 최근 동향이 매우 우려할 만한 수준임을 보여준다. 해당 자료에 따르면, 전세계적으로 매일 30,000개의 웹사이트가 해킹된다. 전세계 64퍼센트의 민간 기업들이 적어도 하나의 유형 이상의 사이버 공격을 경험했다. 2021년 3월에 2천만 건의 사이버 침해 기록(20M breached records)이 있었다. 2020년에 랜섬웨어(ransomware) 사례가 150퍼센트 증가했다. 이메일은 약 94퍼센트의 모든 종류의 멀웨어(malware)와 관련이 있다. 매 39초마다 웹상에서 새로운 사이버 공격이 어디에선가 발생한다. 평균 대략 24,000개의 악성 모바일 앱(malicious mobile apps)이 인터넷에서 매일 차단된다. 300,000개의 새로운 멀웨어가 매일 만들어지며, 이와 같은 멀웨어는 바이러스(viruses), 애드웨어(adware), 트로전스(Trojans), 키로그스(keyloggers) 등을 포함한다. 2020년에 데이터 침해의 63퍼센트 정도는 금전적인 동기로 발생했다. 2021년에 이와 같은 사이버 침해를 복구하기 위해 전 세계 민간 기업들이 6조 달러(USD)를 지불

---

195 Dan Lohrmann, "Hacktivism and DDOS Attacks Rise Dramatically in 2022," Government Technology, August 21, 2022. https://www.govtech.com/blogs/lohrmann-on-cybersecurity/hacktivism-and-ddos-attacks-rise-dramatically-in-2022

196 Embroker, "2022 Must-Know Cyber Attack Statistics and Trends," August 16, 2022. https://www.embroker.com/blog/cyber-attack-statistics/

했다.[197]

최근 들어, 특히 올해 들어(2022년), 전세계적으로 사이버 공격위협 수준이 급격히 증대된 데는 다음과 같은 이유들 때문이다. 첫째, 2020년부터 시작된 코비드-19 (COVID-19) 팬데믹 영향으로, 사람들의 일상 활동이 오프라인에서 온라인으로 대거 이동하였다. 이와 같은 추이에 맞춰 범죄 역시 오프라인에서 온라인으로 대거 이동한 것으로 관찰된다. 사이버 절도에서 횡령, 데이터 해킹과 사이버 파괴에 이르는 거의 모든 유형의 사이버 범죄가 코비드-19 발생 이후에 600퍼센트 증가하였다.[198]

맨디언트 보고서에 따르면, 2021년 해커들이 전세계적으로 가장 빈번하게 사이버 공격을 실행한 타깃은 비즈니스와 전문직 서비스와 금융부문들이었다. 아래의 그림은 그러한 경향을 보여준다. 리테일과 호스피탈리티(retail and hospitality), 헬스케어(health-care), 하이테크(high tech) 등이 해커들이 가장 많이 공격대상으로 삼은 상위 5개 산업부문이었다. 이와 같은 상위 5개 부문은 매년 지속적으로 전세계적으로 가장 빈번히 해커들의 사이버 공격 대상이 되어 왔다.[199]

해커들의 사이버 공격 절차(attack process)는 7단계로 이루어져 있다. 1단계는 수색정찰(Recon 또는 Reconnaissance) 단계이다. 컴퓨터 네트워크 공격을 위한 사전 수색정찰이 이루어지며, 공격 타깃 환경에 대한 정보를 수집한다. 이 단계에서는 사회공학적(social engineering) 방법이 활용되기도 한다. 장기간 수색정찰을 위해서는 특정 시스템에 대한 감시목적으로 도구를 심어놓기도 한다. 키스트로크 로거(keystroke logger)같은 소프트웨어가 이를 위해 사용되기도 한다. 2단계는 스캔(Scan) 단계이다. 여기서는 일반 수색정찰에서 취약성이 파악된 타깃에 대해 보다 자세히 근접, 정밀 스캐닝을 실시한다. 당연히 공격 타깃의 운영 시스템에 대한 보다 특정한 정보가 취득된다. 3단계는 접근(Access) 단계이다. 접근 권한을 획득하기 위해 다양한 도구와 방법들이 활용될 수 있다. 이전 단계에서 접근 카드나 패스워드 등을 파악한다면, 로그인 할 수 있는 정당한 접근권한을 확보할 수 있다. 이메일이나 USB 드라이브를 이용하거나 또

---

197 Jacquelyn Bulao, "How Many Cyber Attacks Happen Per Day in 2022?," 「techjury」, July 8, 2022. https://techjury.net/blog/how-many-cyber-attacks-per-day/#gref

198 AP(Associated Press), "The Latest: UN warns cybercrime on rise during pandemic," 「abc News」, May 23, 2020. https://abcnews.go.com/Health/wireStory/latest-india-reports-largest-single-day-virus-spike-70826542

199 Mandiant Special Report, "M-Trends 2022," 2022. p. 18.

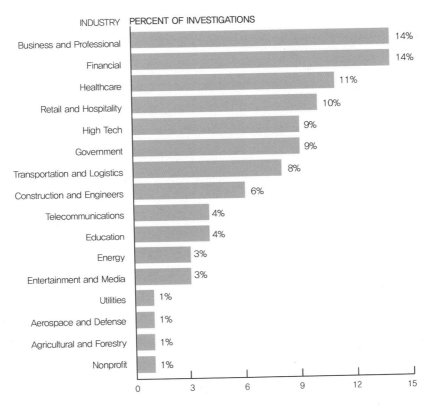

Global Industries Targeted, 2021

INDUSTRY	PERCENT OF INVESTIGATIONS
Business and Professional	14%
Financial	14%
Healthcare	11%
Retail and Hospitality	10%
High Tech	9%
Government	9%
Transportation and Logistics	8%
Construction and Engineers	6%
Telecommunications	4%
Education	4%
Energy	3%
Entertainment and Media	3%
Utilities	1%
Aerospace and Defense	1%
Agricultural and Forestry	1%
Nonprofit	1%

| 그림 10 | 사이버 공격 타깃이 된 글로벌 산업부문들(2021)[200]

는 웹기반 접근을 시도할 수 있다. 4단계는 단계적 확장(escalate) 단계이다. 접근이 성공한 이후에 이 단계에서는 부가적이고 다른 종류의 특권(privileges)을 획득하는 과정이다. 흔히 특권의 단계적 확장(Privilege escalation)으로 알려져 있다. 이 과정은 시스템 환경의 보안취약성과 결함 등을 이용하여 다양한 방법들을 통해 이루어진다. 5단계는 추출(exfiltrate) 단계이다. 일단 접근을 획득하고 이용권한을 확장한 다음에는 공격자의 주요 관심은 자신에게 가치 있는 데이터를 찾고 침입한 시스템 환경에서 공격자가 원하는 외부 위치로 데이터를 옮기는 것이다. 파일 전송을 위해 FTP SCP(Secure

200 Mandiant Special Report, "M-Trends 2022," 2022. p. 18.

Copy Protocol), XMPP(Extensible Messaging and Presence Protocol) 등과 같은 프로토콜들이 사용될 수 있다. netcat은 데이터를 옮기는 매우 강력한 툴이다. 6단계는 공격(assault) 단계이다. 이 단계에서 공격자는 접근하고, 권한을 확장하고, 데이터를 추출한 이후에 침입한 타깃 시스템 환경을 혼란시키거나 파괴한다. 그와 같은 공격 효과는 기만(Deception), 혼란(Disruption), 거부(Denial), 저하(Degradation), 파괴(Destruction) 등으로 이루어져 있다. 공격자는 이 5개의 공격 효과 중에 하나 또는 복수의 공격 효과를 기도한다. 마지막 7단계는 지속(sustain) 단계이다. 이 단계는 공격 이후에 접근권을 취득한 타깃 시스템에 계속 남아있도록 조치하는 단계이다. 이를 통해 공격자는 다음에 언제든 다시 침투할 수 있다. 백도어(backdoors)를 설치하거나 추가적인 포터(ports)를 열어놓거나 새로운 계정(account)을 만들어 놓거나 커맨드-컨트롤 소프트웨어(command-control software)를 설치하거나 하는 방법들이 이용된다.201

어나니머스와 같은 핵티비스트들은 2010년경부터 주요한 국제적 안보위해요인으로 등장했다. 이들은 주로 국가, 정부기관, 법집행기관, 정보기관들의 정보를 해킹하여 일반에 유출하거나 자신들의 대의에 적대적인 대상들에 대한 사이트마비나 변조 등을 통해 막대한 정치적, 경제적, 사회적 피해를 야기한다. 유명한 국제핵티비스트 세력인 어나니머스(Anonymous)가 대표적이며, 이외에도 디도시크릿(Distributed Denial of Secrets), 사이버 파르티잔(Cyber Partisans), 어게인스트더웨스트(AgainstTheWest), 아논 리크스(Anon Leaks) 등이 있다. 다만 핵티비즘이 활발하던 초기에 비해 2015년 이후 지난 몇 년 동안은 핵티비스트들의 활동은 크게 줄었다. 한 언론의 집계에 따르면 2015년에 35건에서 2016년에는 24건, 2017년에는 5건, 2018년에는 2건, 그리고 2019년 5월 까지는 0건이었다.202 여기에는 사이버 범죄행위에 대한 사법당국의 제제와 수사가 강력해 진 것이 가장 큰 원인으로 꼽혔다.203

그러나 이들 핵티비스트들의 활동은 최근 다시 활성화된 것으로 파악된다. 어나니머스의 최근 사이버 공격 주요 사례로는 2020년 6월 블루리크스(BlueLeaks)와 2022년

---

201 Andress and Winterfeld, "Cyber Warfare: Techniques, Tactics, and Tools for Security Practitioners," pp. 170-177.

202 어디로 갔나, 어나니머스? 핵티비스트 활동 크게 줄어, 「보안뉴스」, 2019. 5. 20. https://www.boannews.com/media/view.asp?idx=79651&direct=mobile

203 Ibid. "IBM에 의하면 미국, 영국, 터키 당국은 지난 몇 년 동안 핵티비스트들의 활동을 집중적으로 단속해왔다고 한다. "2011년부터 현재까지 최소 62명의 핵티비스트 해커들이 체포됐습니다."" 인용.

대러시아 사이버 전쟁이 있다. 전자는 그해 5월 미네아폴리스 경찰에 의한 조지 플루이드 살해사건에 대한 항의의 차원에서 이루어진 것이며 미국 정부의 검열과 감시(surveillance)에 대한 저항의 차원에서 이루어진 사이버 공격이었다. 미국 법집행기관(American law enforcement agency)에 대한 가장 대규모의 해킹 사건으로 알려진 이 사건에서 어나니머스는 1996년 8월에서 2020년 6월까지 기간 중에 생산된 200개 이상의 미국 법집행 기관들이 퓨전센터(fusion center)에 제공한 내부 정보(intelligence), 블루틴(bulletins), 이메일, 그리고 보고서 269.21 지비바이트(gibibytes)를 해킹해 공개했다.[204] 후자는, 2022년 2월 러시아의 우크라이나 침공에 대한 보복으로 푸틴의 러시아를 상대로 어나니머스가 사이버 전쟁을 선언하고, 러시아에 대한 사이버 공격작전을 실행한 것이다.[205] 어나니머스는 이와 같은 사이버 작전의 일환으로 러시아 병사 12만 명의 개인 정보를 해킹해서 유포했다.[206] 또한 러시아 주요 방송통신사인 RT.com과 러시아 국방부 웹사이트, 그리고 다른 러시아 정부 소유 웹사이트 등을 사이버 공격으로 마비시켰다. 이밖에도 어나니머스는 러시아 TV 채널을 해킹하여 우크라이나 음악을 방송했으며, 400개의 러시아 감시(surveillance) 카메라를 해킹하여 웹사이트에 공개하고, 러시아 연방중앙은행의 이메일 약 22.5 기가바이트(gigabytes) 용량을 해킹하여 공개했다.[207]

---

204 Nicole Karlis, "Inside "Blue Leaks," a trove of hacked police documents released by Anonymous," 「salon」, June 22, 2020. https://www.salon.com/2020/06/22/inside-blue-leaks-a-trove-of-hacked-police-documents-released-by-anonymous/

205 Joe Tidy, "Anonymous: How hackers are trying to undermine Putin," 「BBC News」, 20 March 2022. https://www.bbc.com/news/technology-60784526

206 Carmela Chirinos, "Anonymous takes revenge on Putin's brutal Ukraine invasion by leaking personal data 120,000 Russian soldiers," 「Fortune」, April 5 2022. https://fortune.com/2022/04/04/anonymous-leaks-russian-soldier-data-ukraine-invasion/

207 Maria Collinge, "Anonymous: Russian media channels broadcast Ukrainian songs after hacker group declare cyber war," 「iNews」, February 27, 2022. https://inews.co.uk/news/world/anonymous-hacker-group-russia-tv-channels-broadcast-ukrainian-songs-1486735; Pierluigi Paganini, "Anonymous hacked the Russian Defense Ministry and is targeting Russian companies," February 26, 2022. https://securityaffairs.co/wordpress/128428/hacking/anonymous-russian-defense-ministry.html; Waqas, "Anonymous sent 7 million texts to Russians plus hacked 400 of their security cams," Hackread, March 12, 2022. https://www.hackread.com/anonymous-sent-texts-to-russians-hacked-security-cams/; Waqas, "Confirmed: Anonymous Hacks Central Bank of Russia; Leaks 28GB of Data," Hackread, March 26,

이와 같은 점들을 고려하면 어나니머스와 같은 핵티비즘은 여전히 상존하는 위해 요인으로 간주해야 한다.[208] 다만 앞서 언급한대로 핵티비스트들의 절대적인 사이버 공격의 수는 줄어들고 있는 추세로 보인다. 그러나 오히려 핵티비즘의 관여대상이 종교, 정치, 핵, 안보, 인권, 정보공유 등으로 더 확장되는 방향으로 나가고 있을 뿐만 아니라 이들의 기술 수준 역시 고도화되고 있어 오히려 위협은 어떤 면에서는 더 증대하였다고 볼 수도 있다.[209]

해커 또는 해커그룹들을 특정하고 분류할 때, 사이버 보안 회사나 정부 당국에서 임의로 APT나 UNC, FIN 등과 같은 그룹명을 지정하고 분류한다. 이는 사이버 상에서 식별된 일단의 위협 무리들(clusters)의 기술(tactics), 기법(techniques)과 공격절차(procedure)에 따라 해커 그룹들을 분류하고 특정하기 때문이다. 이와 같은 기술, 기법, 공격절차를 TTP(Tactics, Techniques, Procedures)라고 부른다. 사이버 공간의 특성상 이 위협무리들의 진짜 이름이나 소속 등을 명확히 알기는 매우 어렵다. 따라서 위협 무리들에게 임의로 이름을 부여하고 고유 식별 번호를 지정하여 해커 그룹들을 정의하고 분류한다. UNC는 적대적 핵심기반시설, 도구, 및 기법 등과 같은 관찰 가능한 구성물을 포함하는 사이버 활동 무리(클러스터)이다. UNC는 식별된 사이버 활동을 현재 알려진 위협 행위자 또는 그룹의 것으로 즉각적으로 정의하기에 증거가 충분하지 않을 때, 사이버 보안 회사나 당국은 새로 식별된 활동을 추적하기 위해 UNC(Uncategorized) 위협 클러스트를 만들어 낸다. UNC는 한 건의 사건동안 발견된 특성들의 앵커링(anchoring)과 정의에 기반을 둔다. 일반적으로는 특정 UNC 명칭과 고유 식별 번호가 붙지만 경우에 따라서는 "TEMP.Reaper"와 같은 임시 그룹 이름이 사용될 수 있다. 위협 클러스터에 대한 지식이 충분히 성숙해지면 정해진 명명 규칙을 기반으로 하는 고유

2022. https://www.hackread.com/anonymous-hacks-central-bank-russia-leaks-28gb-data/

208 물론 이러한 활동에 참여한 핵티비스트들 중 일부는 우크라이나 정부의 독려를 받고 움직이는 핵티비스트들도 존재한다. 또한 러시아의 편에서 우크라이나에게 사이버 공격을 감행하는 핵티비스트들도 있다.

209 "엠시소프트(Emsisoft)의 위협 분석가인 브렛 캘로우는 CSO와의 인터뷰에서 "이 같은 상황은 전례가 없다는 점에 주목해야 한다. 이전에는 없었던 새로운 현상이다. 원래 이런 일을 늘 하는 정보기관 외에 양측에 가담한 여러 액티비스트 그룹이 활동 중이며 사이버 범죄 조직도 편을 갈라 전쟁에 합류했다"고 말했다. 캘로우는 "일반적인 관점에서 핵티비즘은 반드시 좋은 것만은 아니다. 명확하게 불법이며, 그 여파를 예측하기도 어렵다. DDoS 공격의 영향이 원래 표적 이상으로 퍼지는 경우도 발생할 수 있다"고 지적했다." 「IT WORLD」, 2022. 3. 7. 인용. https://www.itworld.co.kr/news/228109#csidx9bc7db1beadb6d194e2c5c041e3649a

명칭이 부여된다. APT(Advanced Persistent Threat)는 일반적으로 스파이 활동에 중점을 두는 무리들에 부여된다. 반면, FIN(Financially motivated)은 랜섬웨어 유포, 지불카드데이터 절도, 그리고 비즈니스 이메일 사기 등의 금전적 수익을 목적으로 하는 범죄 행위자들에게 부여된다.[210] 예를 들면, 멘디언트 보고서에서 지목된 해커 그룹들의 명칭은, FIN12, FIN13, UNC2891, UNC1945, UNC1151, APT10, APT41 등이 있다. 이 가운데 APT10과 APT41은 중국 해커 그룹들이고, UNC1151은 벨로루스와 연계되어 반나토(Anti-NATO) 정서와 러시아-벨로루시의 이익을 대변했다. FIN13은 멕시코에 있는 타깃을 노렸으며, 금전적 이득을 전략적 목표로 했다.[211] 2021년 위협 그룹에 대한 멘디언트 분석에 따르면, 1141개의 UNC 그룹과, 40개의 APT 그룹, 그리고 13개의 FIN 그룹들이 식별되었다.[212]

비국가행위자의 사이버 위협과 관련하여 최근 나타나는 흥미로운 현상은 조직적 사이버 범죄세력이 직접 사이버 공격을 하는 것이 아니라 다크넷 등을 통해 사이버 공격의 기술과 노하우, 도구, 그리고 인프라 등을 제공하고 금전적인 이득을 취한다는 점이다. 이들은 국가행위자나 다른 비국가 사이버 공격자들에게 사이버 공격 또는 범죄를 실행할 수 있는 멀웨어나 스파이 웨어를 제작하여 제공하거나, 네트워크나 프로그램 등의 보안상 제로데이(zero-day) 취약성을 미리 파악하여 이를 알려주거나, 멀웨어나 백도어 등을 미리 심어두고 사이버 공격 또는 범죄를 위한 인프라를 구축하여 이를 판매하거나 하는 등의 사이버 공격과 관련된 각종 서비스를 제공하고 금전적 대가를 받는다. 또한 다크넷 상에서 Bulletproof Hosting과 같은 다양한 의도를 가진 행위자들이 정보기관이나 사법당국의 감시를 피해 안전하게 자료나 정보를 업로드하거나 유포하도록 하는 플랫폼 서비스를 제공한다.[213] 이와 같은 사이버 범죄 조직의 다양한 서비스들은 국가행위자 및 비국가 사이버 공격자들의 사이버 공격이나 범죄 행위를 촉진시킬 개연성이 커 주요한 안보위해요인으로 다룰 필요가 있다.

마지막으로 비국가행위자에 의한 사이버 위협과 관련해서 가장 곤혹스러운 점은 정부와 민간보안기업, 또는 일반기업이나 단체들의 직원들이 내부자(internals) 위협의 출처로 돌변할 수 있다는 점이다. 내부자들은 사이버 보안의 측면에서는 가장 곤혹

---

210 Mandiant Special Report, "M-Trends 2022," 2022. p. 44.

211 Mandiant Special Report, "M-Trends 2022," 2022. pp. 45-74.

212 Mandiant Special Report, "M-Trends 2022," 2022. p. 22.

213 Geenens & Smith, "Hacker's Almanac."

스러운 해커들이다. 내부자는 상당한 수준의 컴퓨터 활용 능력을 지니고 있으며, 주로 과거 정보통신 또는 사이버 보안 관련 전문가나 종사자, 정부 및 민간 기관의 내부 사이버 보안관련 전, 현직 임직원 가운데 내부 불만자들을 의미한다. 이들은 다양한 이유로 내부불만을 가지며, 해당 기관 시스템에 대한 접근 권한을 이용하여 자신이 보안을 책임지는 기관을 상대로 해킹 공격, 정보 절취, 스파이 활동을 실행한다.[214] 내부자 해커들에 대한 방어 조치는 매우 어려운 반면, 이들의 가하는 피해는 매우 크다. 따라서 이 역시 안보위해 요인으로 인식할 필요가 있다.

3) 취약성의 확산과 관련된 비인격적 위해요인들

(1) 국가 핵심기반시설들(critical infrastructures)에 대한 사이버위협

국가 핵심기반시설(critical infrastructure) 부문에서의 스마트 시스템 구축은 매우 빠르게 진행되고 있다. 이와 같은 핵심기반시설에는 물류시스템에 포함될 수 있는 항만, 공항, 철도, 교통, 운송, 유통뿐만 아니라 사회가 작동하는데 필수적인 기반시설인 상·하수도, 전기, 가스, 원유, 보건의료 등이 광범위하게 포함된다. 최근 들어, 이와 같은 핵심기반시설들이 정보통신 자동화, 인공지능, 머신러닝, 딥러닝, IoT, 블록체인, 디지털·스마트 기술 등의 첨단 정보통신과학기술 등과 긴밀하게 결합되면서 발전하는 추이를 보여주고 있다. 그 대표적인 사례가 SCADA(Supervisory Control and Data Acquisition) 시스템이다. SCADA는 DCS(Distribute Control System), HMIs(Human-Machine Interfaces), MTUs(Master Terminal Units), RTUs(Remote Terminal Units) 등과 함께 ICS(Industrial Control System)를 구성한다. ICS는 전기, 물, 통신, 제조과정, 물류 등 산업기반시설을 관리하는 통제시스템이다. 하지만 통상적으로 이와 같은 엄밀한 SCADA와 ICS의 구분 없이 기술적으로는 ICS가 더 정확한 표현임에도 불구하고, SCADA가 더 자주 널리 쓰인다.[215] SCADA는 인터페이스, 소프트웨어, 운영체계(operating system), 그리고 프로토콜 등을 사용한다. SCADA 실패(failure)의 경우에, 그 결과는 매우 광범위하고 심각하다. 이 때문에 핵심기반시설들(national infrastructure)과 관련된 취약성이 증대되었으며 따라서 안보의 주요한 위해요인으로 등장했다.

특히 이러한 취약성은 최근 과학기술의 발전으로 더욱 증대했다. 과학기술의 발전

---

214 Kirwan and Power, 사이버 범죄 심리학, p. 76.

215 Jason Andress and Steve Winterfeld, Cyber Warfare: Techniques, Tactics and Toold for Security Practitioner, Waltham, MA: Elsevier (2011), pp. 122-123.

은 경제사회의 디지털화와 관련 정보와 지식의 확산을 가져왔다. 이로 인해 핵심기반시설에 대한 사이버 공격의 위협이 커지고 있다. 예를 들면, 최근 운영기술 시스템에 대한 사이버 공격이 증가했다. 디지털 전환의 가속화로 IoT와 운영기술(OT)시스템의 호환이 급격히 늘게 되었다 이 때문에 과거에는 소수의 자동화엔지니어만 알고 있던 특수 영역이던 OT시스템에 대한 정보가 더 많이 알려졌다. 이처럼 과거에 제한적 지식이던 OT 시스템에 대한 정보가 확산되자 사이버 공격이 증대되었다. OT 시스템에 대한 랜섬웨어공격과 디도스(DDoS) 공격 등이 국가 핵심기반시설인 화력 발전소, 원자력 발전소, 수도 시설 등을 목표로 감행되는 사례가 증가하고 있다. 한편 스마트 공장의 확산으로 이 부문 역시 취약성이 증대되었다. 2018년 대만의 반도체 업체 TSMC와 2019년 노르웨이의 화학업체 노르스크 하이드로(Norु Hydor)와 같은 스마트공장이 사이버 공격을 받았다. 앞으로 이러한 스마트 공장은 더욱 지능화가 가속화 될수록 사이버 공격에 노출될 위험이 커질 것이다.[216]

핵심기반시설의 또 다른 주요한 부문인 물류시스템 역시 취약성이 증대되었다. Not Petya 랜섬웨어는 글로벌 해운회사인 머스크(Maerk)에 상당한 피해를 입혔다. 해당 멀웨어(malware)는 모든 4,000개의 뉴 서버들(new servers)과 45,000개의 새 PC들, 그리고 2,500개의 어플리케이션들에 대한 기반시설 재설치를 야기했다. 그와 더불어 운송지연이 공급체인에 대한 상당한 피해를 야기했다. 머스크는 그 결과로 추정 3백십만 달러를 잃었다. FedEx도 같은 사이버 공격으로 머스크와 유사한 금액을 잃은 것으로 알려졌다. 2017년에 영국 운송회사 Clarkson PLC는 해킹 공격으로 데이터 유출 피해를 입었다. 해당 회사에 따르면, 공격자는 비인가 접속으로 데이터를 유출했던 것으로 밝혀졌다. 하지만 해당 회사는 유출된 데이터의 규모와 형태에 대해서는 공개하지 않았다. 같은 해에, 독일의 철도회사인 Deutche Bahn 역시 랜섬웨어 공격의 피해를 입었다. 2018년에 랜섬웨어 공격이 브리스톨 공항에 가해졌다. 이 공격으로 비행 정보에 대한 완전한 블랙아웃이 발생했다. 이 때문에 직원들이 화이트보드에 직접 손으로 적어 비행정보를 주기적으로 업데이트해야 했다.[217]

이와 같은 핵심기반시설에 대한 공격은 최근에도 계속되고 있다. 물류 서비스 회사 Hellman Worldwide Logistics는 2021년 12월에 명백한 랜섬웨어 공격을 받았으

---

216 채재병·김일기, 2021, "최근 사이버안보 동향과 시사점," 국가안보전략연구원. pp. 3-4.
217 Prabhughate, "Cybersecurity for transport and logistics industry," p. 8.

며, 이로 인해 회사의 고객들도 사기 통신의 표적이 되었다고 발표하였다.[218] 2022년 3월에는 세계에서 6번째로 큰 미국 글로벌 물류운송기업인 Expeditors International 이 공격받았다. 이 공격은 해당 기업의 세관 및 유통 활동을 관리하는 능력을 제한한 후 컴퓨터 시스템을 종료해 운영을 제한하였다. Expeditors사는 구체적으로 공격유형을 규명하지 않았지만 공격으로 인해 고객 운송에 대한 세관 및 유통 활동 관리를 포함한 서비스 운영을 수행하는 데 제한이 있고 시스템 복원 작업을 진행 중이지만 언제 정상적인 운영으로 회복될지에 대해서 명시하지 않았다. Expeditors사는 이로 인해 대부분의 운영이 제한될 것이라고 보고하였으며, 구체적인 공격유형을 발표하지 않았으나 그 유형을 보면 랜섬웨어 공격이라고 추정되었다.[219] 이처럼 글로벌 물류산업에 대한 랜섬웨어 공격은 점점 증가하고 있는 상황인데, 사이버 보안 회사인 BlueVoyant의 보고에 따르면 2019년에서 2020년 사이에 이와 같은 공격은 양적으로 3배 증가했다.[220]

이처럼 핵심기반시설에 대한 취약성이 증대되자 이에 대한 사이버 안보(cyber security)의 중요성이 증대되었다. 2019년에 발표된 시만텍(Symantec Corp: 현재는 Broadcom의 한 부분인) 보고서에 따르면, 특히 물류 및 공급망 네트워크가 주요한 사이버 공격의 표적 가운데 하나로 최근 대두되었다. 이와 같은 물류 부문에 대한 사이버 공격 위협은 글로벌 대기업뿐만 아니라 중소기업도 역시 그 대상이 된다. 안티 바이러스는 방화벽과 함께 표준으로 제공되는 피싱 및 맬웨어에 대한 기본 예방 조치임에도 불구하고, 특히 중소기업은 랜섬웨어와 같은 위협에 대한 고급 보안 조치에 투자하지 않기 때문에 매우 취약하고 준비되지 않은 상태로 남아 있다. 물류 및 공급망 부문의 디지털화가 증가하고 효율적인 기능을 위한 IoT, 클라우드 컴퓨팅, AI 및 데이터 분석에서 첨단 기술 지원 솔루션의 도입으로 이 부문은 점점 더 해커와 잠재적인 사이버 범죄자의 관심을 끌고 있다. 오늘날 글로벌 무역을 위한 핵심기반시설로서 물류의

---

218 Ionut Arghire, "Ransomware Operators Leak Data Stolen From Logistics Giant Hellmann," Security Week, December 20, 2021, https://www.securityweek.com/ransomware-operators-leak-data-stolen-logistics-giant-hellmann

219 Decipher Archive, https://duo.com/decipher/tag/cybercrime

220 Nicole Sadek, "Shipping Companies Confront Cyber Crooks as Economies Reopen," Bloomberg Government, June 29, 2021, https://about.bgov.com/news/shipping-companies-confront-cyber-crooks-as-economies-reopen/#:~:text=Ransomware%20attacks%20on%20shipping%20firms,in%20the%20last%20four%20years

중요성이 커지고 네트워크 전반에 걸친 디지털화의 가속화된 채택으로 인해 이 부문이 사이버 범죄의 다음 잠재적 표적이 되고 있다. 따라서 대부분의 국가들이 디지털 경제를 구현하기 위해서는 특히 물류부문에서 안전하고 잘 보호되는 사이버 공간을 확보하는 것은 지속가능한 성장과 성공을 위해 매우 중요하다. 따라서 사이버 안보를 강화하기 위해 물류부문의 기존 인프라를 재검토하고 사이버 안보 솔루션에 대해 적극적으로 관심을 기울이는 것은 매우 중요해지고 있다.[221]

미국은 이와 같은 문제에 대응하기 위해 '국가사이버안보전략 2018'을 수립하였다. 이는 실효성이나 강제성을 띠고 있으며, 다양하게 존재하는 국가안보 및 사이버 보안 관련 법령이나 대통령령과의 연계성을 강화시켜 강력한 실행력과 방향성을 담고 있다. 특히 눈에 띄는 것은 국가 핵심기반시설에 대한 사이버 공격 시에는 군사적 대응 및 보복조치에 대한 의지를 천명하고 이를 국가전략에 포함시켰다는 점이다.[222] 한국 역시 이 사안을 주요한 안보위해 요인으로 식별하고 대응전략을 모색할 필요가 있다.[223]

(2) 민간 네트워크에 대한 사이버 위협

사이버 위협으로부터의 취약성은 개인을 포함한 민간 네트워크에도 해당된다. 초연결 사회로의 진화로 통상적 민간 네트워크가 정부나 군, 국가핵심기반시설 등과의 연결성이 강화되어 국가 핵심 타깃에 대한 공격의 우회로로 활용될 개연성이 커졌다. 이 때문에 민간 네트워크의 취약성이 국가 전반의 위기나 재난으로 확대될 위험성이 상존한다. 이 때문에 이 문제를 안보위해요인으로 다루어야할 필요가 증대되었다. 특히 민간 네트워크는 국가 주요 기관과 핵심기반시설 등의 네트워크에 비해 보안에 매우 취약하다. 이러한 민간 네트워크의 취약점을 악용하여 다양한 사이버 공격행위자들이 디도스(DDoS)공격이나 악성 멀웨어 공격, 랜섬웨어(Ransomware) 공격 등을 감행하면서 금품을 갈취하거나 중요 정보를 빼내거나 스파이 활동을 하거나 공격을 감행하는 등의 목적을 달성한다. 또한 국가나 사회의 주요 인물들의 개인정보의

---

221 오일석·이형동, "랜섬웨어에 대한 안보전략적 대응 방안," 제2차 세종사이버안보포럼, 랜섬웨어와 국가안보, 2022년 1월 27일, 발표자료; Aditya Vazirani, "The Rising Significance Of Cybersecurity For Logistics," Entrepreneur, July 6, 2020, https://www.entrepreneur.com/article/352836

222 Ibid. pp. 3-4.

223 Ibid. p. 6.

탈취를 통해 이들을 위협, 포섭함으로서 주요 기밀들을 탈취하거나 이들의 민간 정보를 폭로함으로서 여론공작이나 선전전에 활용하기도 한다.[224] 최근 디지털화와 클라우드(Cloud)로의 마이그레이션(Migration)과 같은 추세가 가속화되었지만 민간부문은 일반적이거나 초보적인 보안조치 수준에 머물면서 클라우드, 홈 네트워크 등 모든 영역에 걸쳐 새로운 수준의 취약성이 증대되었다.[225]

이와 같은 민간 네트워크의 취약성에 대응하기 위한 국가 안보활동은 국가 기관과 다양한 관련 민간기관과 단체, 기업들과 긴밀한 연계가 이루어져야 하는데 국내의 경우는 그렇지 못한 실정이다. 따라서 국내의 경우는 민간 네트워크가 특히 매우 취약하다. 예를 들면, 국가정보원은 민간 사업자나 민간인이 거부할 경우 민간을 경유하여 공공기관이 사이버 공격을 받은 경우에도 강제로 조사를 할 수 없다. 실제 현행 「사이버안보 업무규정」이나 「정보통신기반보호법」 등 관련 법규나 업무규정은 민간에 대한 조사와 정보수집에 제한을 두게 한다.[226] 이에 따라 사이버 안보의 최일선에 있는 국가정보원의 대응 능력에 큰 제약이 가해지고 있다. 2021년 국가배후 해킹조직에 의한 국내 모 대기업 해킹을 국가정보원이 파악하고 해당기업에 감염원인과 악성코드 경유지 등 정보공유를 요청하였으나 업체 측에 의해 거부당한 사실이 있다.[227] 이에 관해 "국정원법 개정으로 국정원 직무에 사이버안보 업무가 공식적으로 포함되어 위협정보 수집과 대응 기능이 부여되었지만 하위 법령들이 정비되지 않아 실제적인 대응에 어려움이 많다"는 것이 국정원의 입장이다.[228] 이러한 상황에 때

---

224 Homeland Security. 2021. Homeland Threat Assessment October 2020.

225 채재병·김일기, 2021, "최근 사이버안보 동향과 시사점," 국가안보전략연구원. p. 2.

226 실제 현행 「사이버안보 업무규정」이나 「정보통신기반보호법」 등 관련 법규나 업무규정은 민간에 대한 조사와 정보수집에 제한을 두게 한다. 예를 들면 「사이버안보 업무규정」 제3조 2항은'국가 정보원은 중앙 행정기관 등 외의 기관에 대해서는 개별 법령에 근거가 있거나 해당 기관의 명시적인 요청 또는 동의가 있는 경우를 제외하고 는 해당 기관의 정보통신망에 대한 접근 시도나 사이버안보 관련 정보의 수집 등의 행위를 하면 안 된다. 대통령령 제31356호, 2020. 12. 21 개정. 제3조 2항.

227 사이버안보 통제탑 없는 한국, 경유지로 노리는 해커들.: 그 외에도 2021년 3월에는 에너지 관련 기반 시설을 운영하는 민간기업의 메일이 해킹공격을 당하였지만 전자우편 서버가 정보통신 기반 보호법상 기반시설이 아니라서 조사가 거부되었다. 2020년 11월에는 거액의 가상화폐를 요구한 해킹조직의 공격에 민간 방산업체가 이 사실을 신고해 보안대책을 지원하였으나 이를 시행하지 않다가 2021년 추가 피해를 당하였다. 그러나 이처럼 피해업체가 권고를 따르지 않은 경우에도 현행법상 제재할 방법이 없다. 「연합뉴스」, 2021. 12. 19. 기사내용 인용.

228 Ibid.

문에 대한민국의 국내 민간 네트워크가 해킹조직의 공격을 위한 중간경유지로 악용되고 있다. 지난 2021년 11월 한 국제 해킹조직이 국내의 아파트와 빌딩의 냉·난방기와 배수펌프 등의 자동제어시스템을 해킹하여 40개국에 있는 인터넷 서버를 공격하였다는 사실이 보도되었다.[229] 이러한 실정은 사이버 공격자들이 현재 국내 사이버 보안 관련 법령과 국가정보원의 민간조사권한의 제약을 알고 이를 악용하기 때문이라는 것이 국정원의 판단이다.[230] 이러한 취약점으로 인해 지난해 해커조직의 사이버 공격 경유지로 러시아나 미국보다 한국이 더 많이 이용되는 현상이 나타났다.

현재 국내에서는 국가정보원의 국가사이버안보센터가 해킹이나 사이버 공격에 대해 가장 높은 전문성과 대응역량을 보유한 기관이다. 또한 사이버 공격과 위협에 대해 실제적인 대응을 수행하는 핵심센터로서 역할을 담당하고 있다. 그럼에도 불구하고 이러한 국가정보원의 뛰어난 역량을 활용할 수 없는 현재 국내의 정보보호 및 사이버 안보관련 법령의 부재나 취약함은 사이버 위협에 대응하는 한국의 역량을 크게 제한하고 한국의 네트워크를 해킹의 중간경유지로 악용하게 만들고 있다. 이러한 경향이 획기적으로 개선되지 않는 한 국내 민간 네트워크는 중대한 사이버안보의 취약지점으로 남아있을 것이다.[231]

(3) 지적재산권절취와 경제·산업 스파이 위협

첨단과학기술은 글로벌 패권경쟁과 국가이익, 국가안보의 핵심 아젠더로 등장했다. 미래 기술패권을 둘러싼 기술정보보호의 중요성과 경제·산업안보는 매우 중요한 과제가 되고 있다. 첨단 과학기술들에는 정보통신, 반도체, 인공지능, 자율주행자동차, 전기차, 배터리, 로봇, 인공위성, 발사체 등 다양한 부문들이 포함된다. 또한 감염병 이슈에서 보듯이 백신, 바이오물리학, 헬스관련 데이터 및 생명공학기술 등도 포함된다. 각국들은 이와 같은 첨단 과학기술을 둘러싸고 국가정보기관들과 해커들, 학자들, 전문가들과 유학생들, 범죄자들까지 총동원하여 사활을 건 과학기술탈취와 방어의 총력전을 전개하고 있다. 이와 같은 보이지 않는 전쟁의 타깃에는 정부와 국가기관, 군, 국가연구소 등 국가핵심기관뿐만 아니라 중요기술이나 핵심기술 등을

---

229 Ibid. 인용.

230 Ibid.

231 현재 사이버 관련 안보 법안은 조태용 의원의 사이버안보기본법안, 김병기 의원의 국가사이버안보법안, 윤영찬 의원의 사이버보안기본법안의 세 가지가 있다. 현재 국회에 계류 중이다.

연구하거나 활용하는 중소기업, 연구기관, 대학연구실, 병원, 제약사 등 통상적으로 국가안보의 대상으로 여겨지지 않았던 민간부문들까지 전방위적으로 포함된다. 해외 정보기관들은 전통적 산업 스파이활동과 더불어 우수한 기업에 대한 적대적 합병인수와 내부자매수 및 인재영입, 그리고 해킹 등을 통한 영업비밀 및 정보탈취, 조작, 기만활동 등 수단과 방법을 가리지 않고 첨단 과학기술을 탈취하기 위해 노력하고 있다.

따라서 과거와는 달리 오늘날은 경제·산업보안의 중요성이 특히 강조되고 있다. 오늘날은 국가의 경제력이 국력의 핵심이 되고 있으며, 국가안보와 직결되고 있다. 첨단 과학기술은 그와 같은 국가의 경제력을 떠받치는 핵심 기반이 된다. 또한 첨단 과학기술은 국가의 국방력에도 가장 직접적인 영향력을 미친다. 이는 최근 러시아-우크라이나 전쟁에서 확인되었다. 미국이 우크라이나에 제공한 첨단 과학기술은 전쟁의 향방을 바꾸었다. 예를 들면, 테슬라가 제공한 스타링크는 러시아의 사이버 공격에 피해를 입은 우크라이나의 지휘통제시스템을 빠르게 복구시켰다. 차량 공유앱 우버와 같은 GIS 아르타 시스템을 활용한 우크라이나 군은 공격개시 시간을 기존 20분에서 1-2분으로 단축시킴으로서 러시아군 1,500명을 전멸시킬 수 있었다.[232] 이 밖에도 미국은 C-17 수송기로 이동이 가능한 이동식 마이크로 원자로를 도입하여 해외전진기지의 전력문제를 해결하려고 한다.[233]

특히 한국은 중국, 북한 등의 적성국들의 정보기관들에 의한 경제·산업스파이활동의 주요 표적이다. 한국은 이들로부터 그간 천문학적 단위의 금전적 피해를 입어왔다. 국가정보원에 따르면 2017년부터 2022년까지 총 99건의 첨단기술유출시도가 적발되었다.[234] 다양한 범위의 기술유출시도가 발생했고 그중 국가안보와 경제에 핵심적인 반도체, 디스플레이 등 핵심기술이 중국 등으로 유출된 것이 수십 건 포함되어 있었다. 이 같은 적발된 한국의 주력산업과 관련된 기술이 해외로 유출되었을 시 예상되는 피해금액은 22조원에 이를 것으로 추산되었다.[235] 이와 같은 산업과 국방

232 송지유, "러군 1500명 전멸한 죽음의 다리…우버 기술 결정적 역할했다," 「머니투데이」, 2022년 5월 16일.

233 최현호, "미 전쟁터에 원자로 설치, 비행기로 나른다…정말 안전할까," 「중앙일보」, 2022년 5월 3일.

234 국정원 5년여간 22조원대 핵심기술유출 시도 적발, 「연합뉴스」, 2022. 4. 2. https://www.yna.co.kr/view/AKR20220401155100504

235 Ibid.

부문의 첨단과학기술 탈취는 향후 더욱 증대될 것으로 보여 진다. 이러한 위협은 온라인과 오프라인을 막론하고 기승할 것이다. 특히 최근 폴란드를 비롯한 한국 방산물자의 해외수출과 한국 첨단방산무기체계의 높은 인지도로 인해 첨단국방과학기술도 산업부문의 그것과 함께 주요한 안보위해 대상이 될 것으로 전망된다.

　하지만 최근까지 국내에서는 이러한 경제·산업 방첩과 관련된 대응은 미흡했다. 국내에서도 산업보안문제의 위중함을 인식하여 2021년 개정된 국가정보원법에 경제방첩 개념을 방첩범위에 포함시켜 관련 처벌 근거규정을 두었다. 개정된 국가정보원법 제4조 직무조항 제1항 제1호 나목은 방첩의 범위에 "산업경제정보유출, 해외 연계 경제질서교란 및 방위산업침해"에 대한 방첩을 포함한다고 방첩의 범위를 규정하고 있다.[236] 이 같은 동 조항의 개정은 기존의 방첩을 "국내보안정보"의 한 분야로 간주하여 제한적으로 접근했다는 문제와, 경제방첩과 관련한 규율의 근거가 미비하였던 것을 보완했다는데 의미가 있다. 이로 인해 국내외에서 발생하는 경제방첩에 대한 적극적 대응이 가능할 수 있게 되는 근거를 마련하게 되었다. 이러한 국가정보기관의 경제방첩과 관련된 최근의 법 개정은 관련 경제방첩의 중요성과 그 심각성을 충분히 인식하고 기존의 산업보안 개념에서 국가안보의 문제로 인식하고 대응하겠다는 의지로 읽힌다. 이와 같은 방첩인식의 변화와 국가정보원의 법적 활동근거 마련은 앞으로의 경제 스파이활동에 대한 효과적 방첩대응을 위해서는 긍정적인 의미를 가진다. 다만, 개정되어 추가된 조항에도 여전히 해외연계 "경제질서교란"의 정의가 없어서 정보당국이 관련 사안에 대한 적극적인 방첩활동을 할 수 있는 범위에 대한 해석이 명확하지 않다는 점에서 여전히 문제가 남아있다.[237] 따라서 시행령을 통해 "경제질서교란"과 관련된 개념을 구체화하고 정보당국이 방첩업무를 추진함에 있어

---

236 국가정보원법. 개정 2021. 12.

237 관련해서 김호는 이번에 개정된 동 조항은 방첩의 정의를 직접 규정하지 않고 방첩의 범위를 예시적으로 규정하고 있는 형태로 기술되었다고 밝히고 있다. 또한 동 조항의 개정은 국가정보원법의 개정 전에는 방첩의 개념이 "국내보안정보"의 한 분야로 간주되어 방첩의 범위가 제한적이었고 경제방첩과 관련해서는 이에 대한 규율의 근거가 미비하였던 것을 보완하기 위해 '해외연계경제질서교란'을 추가하여 국내외에서 발생하는 경제방첩에 대한 적극적 대응이 가능할 수 있는 근거를 마련하는 데 의의가 있다고 분석하였다. 다만, 여전히 해외연계 "경제질서 교란"의 정의가 없어서 정보당국이 이에 대한 방첩활동과 대응을 할 수 있는 범위에 대한 해석이 명확하지 않다는 문제를 제기하였다. 김호, 2022, "경제방첩 법제의 개선에 관한 소고," 「The Journal of Convergence on Culture Technology」, 8(3): 323-329. p. 324.

서 보다 명확하게 업무를 수행할 수 있는 근거를 세분화해야할 필요가 있다. 그러나 일단은 개정된 국가정보원법이 방첩의 대상으로 대한민국의 경제안보와 경제적 이익에 반하는 행위를 모두 포함시킨다는 것을 명확히 했다는 점에서 의의가 있다.

(4) 신흥기술의 위협

신흥기술은 그 자체로는 가치중립적이지만 신흥기술이 초래하는 안보와 경제사회 환경이 새로운 형태의 위협을 초래하는 측면이 있다는 점에서 안보위해 요인으로 간주할 수 있다. 해외 정보기관과 스파이들은 신흥기술을 이용하여 정보를 탈취하고 영향력 공작을 수행하는 등 한국의 국익과 안보를 위협하는 시도를 할 수 있다. 미 NCSC(National Counterintelligence and Security Center)는 미국 방첩전략 2020-2022에서 미국을 대상으로 한 새롭게 떠오르는 기술(emerging technology)들을 이용한 스파이활동 위협에 대해 나열하였다. 이러한 떠오르는 신기술들은 앞서 언급한 인공지능(AI), 퀀텀컴퓨팅(quantum computing), 나노기술(nanotechonolgoy), 고도화된 암호화기술(improved encryption), 로봇기술(robotics), 사물인터넷기술(Internet of Things), 그리고 우주개발기술 및 인공위성 등이다. 미국은 이러한 기술들을 활용한 공격에 대한 안보적 대응의 어려움을 미래 안보위해 요인으로 꼽았다.[238]

이러한 신흥기술과 관련된 안보위해는 한국에도 마찬가지로 적용된다. 특히 중국은 이와 같은 신흥기술에 있어서 일부는 미국을 앞선 기술력을 보유하고 있다고 알려져 있다. 이런 중국이 신흥기술을 이용하여 한국 사회의 다양한 방면에서 비밀정보활동과 허위정보유포, 여론형성 등의 영향력 공작을 실행할 경우, 이는 매우 중대한 위협이 된다. 따라서 이러한 신흥기슬관련 안보위해 요인들을 선제적으로 인식하고 철저한 대응방안을 마련하는 것이 매우 중요하다.

이 밖에도 신흥기술의 발달은 다양한 비국가행위자들로부터의 위협을 증대시킨다. 이는 기술의 민주화 경향 때문이다. 기술의 혁신은 다양한 행위자들로 하여금 테러 공격과 스파이 활동, 범죄 등을 가능하게 만든다. 이는 그들이 필요로 하는 고도의 기술과 수단을 쉽고 값싸게 획득할 수 있기 때문이다. 예를 들면, 전 세계적인 인공지능이 겸비된 생물학적 장비, 드론, 고해상도의 위성자료, 고도화된 감시장비, 암호

---

238 National Counterintelligence and Security Center. 2020. National Counterintelligence Strategy of the United States of America. 2020-2022file:///C:/Users/thank/Desktop/2022%EB%B0%A9%EC%B2%A9/20200205-National_CI_Strategy_2020_2022.pdf

해독프로그램, 사물인터넷, 빅데이터 분석기술, 3D 프린터 등은 테러와 범죄, 스파이 활동을 보다 안전하고 쉽게 만든다. 최근 아베 전 일본 수상의 암살에 3D 프린터로 제조한 사제총기가 사용된 바 있다. 드론을 이용한 테러와 개인정보수집 등은 최근 주요한 안보위협 주제가 되고 있다. 군집 드론을 이용한 도심테러는 재앙이 될 수 있다. 이처럼 도덕적인 기준의 잣대가 낮은 다양한 국가 및 비국가행위자들이 신흥기술에 대한 접근성이 강화되게 되면 다양한 안보위해 요인이 될 수 있다.

(5) 보건·환경·사회·경제관련 위협들: 감염병, 환경·기후변화, 식량, 에너지, 이주·인구감소, 공급망 위협 등

보건·환경·사회·경제 관련 외생적 변화들이 미래의 주요한 안보위해 요인으로 등장하였다. 코비드-19와 같은 감염병 팬데믹, 탄소배출·환경오염 등으로 인한 기후변화와 자연재해증가, 식량과 에너지 수급의 불안정과 경제구조 변화요구, 전쟁과 정정불안, 빈곤 등으로 인한 초국가적 이주와 난민, 인구감소, 공급망 불안과 국제물류환경 변화 등이 그와 같은 사례들이다. 이를 각각 살펴보면 다음과 같다.

먼저, 감염병으로 인한 팬데믹은 지난 수년 동안 수많은 인명피해와 가늠하기 어려운 경제적, 정치사회적 피해를 만들어냈다. 이러한 피해는 특히 경제적 취약계층의 빚을 증가시키고 이들의 삶과 건강의 전체적인 질을 떨어뜨렸다. 이는 2차 피해를 야기하는데 국가전체적인 소비를 위축시켜 전체 산업을 어렵게 할 뿐만 아니라 정부로 하여금 세금을 들여 이들 취약계층들을 정부지원금으로 지원하지 않을 수 없게 함으로서 국가재정의 어려움을 증폭시켰다. 또한 감염병은 경제적 여유계층과 취약계층을 더욱 양분화시켜 계층 갈등을 증폭시킴으로서 정치적 불안정으로 이어졌다. 코비드-19 위기는 2019년 말 발발하여 2022년 12월 기준으로 현재까지 지속되고 있다. 문제는 이와 같은 감염병 위기가 이것이 마지막이 아니라는 점이다. 전문가들은 앞으로 이와 같은 또는 그보다 더 치명적인 감염병 위기가 주기적으로 닥쳐올 것이라고 경고한다.[239] 이에 더해 생물학적 무기를 보유한 국가나 테러리스트 집단이 의도적으로 감염병을 유포할 가능성도 상존한다.[240]

그럼에도 불구하고, 이와 같은 감염병 위협에 대한 대비는 여전히 미흡하다. 앞서

---

239 Id. ODNI. 2022. Annual Threat Assessment of the U.S. Intelligence Community. p.18.
240 코로나 19와 같은 팬데믹에 대한 국가정보기관의 역할에 대해서는 앞서 경제·산업안보를 다룬 부분에서도 언급하였다. 참고하시오.

언급한 대로 코비드-19 팬데믹 이후 이에 대한 효과적 대응을 위해 코로나 관련 보건데이터를 탈취하거나 백신정보를 빼내려는 시도들이 국가차원의 정보기관들에서 행해졌다.[241] 국내에서도 북한추정 해킹조직에 의한 코로나 백신 자가진단기 제조회사나 제약사 등에 대한 해킹시도가 보고되었다. 그리고 이러한 시기를 틈타 금전적 이익 등을 노리는 해킹조직들에 의한 공격도 여러 건 발생하였다. 코비드-19 백신개발에 활용되는 소프트웨어 개발업체인 ERT와 바이오 제약회사 아스트라제네카의 코비드-19 백신 임상시험 협력기관인 IQVIA도 랜섬웨어 공격을 받아 백신개발이 지연되었다. 독일의 뒤셀도르프 대학병원에서도 랜섬웨어 공격으로 인해 응급환자가 사망하는 사건이 발생하였다.[242]

감염병으로 인한 환경변화는 국가정보기관의 역할확대를 요구하고 있다. 실제로 코비드-19 팬데믹 이후 국민의 건강을 지키기 위해 백신확보, 치료제 및 관련 보건물자확보를 위해 각국의 정보기관들이 치열한 정보전을 벌였다. 알려진 바에 따르면, 이스라엘의 모사드는 코로나 팬데믹이 시작되자 이스라엘 의료계에 필요한 의료품들을 모든 정보네트워크를 활용하여 확보하고 공급하였다. 또한 이스라엘은 코로나 방역물품과 백신, 그리고 백신관련 개발정보까지 모사드의 정보활동을 통해 확보했다. 모사드는 코비드-19 대응과 관련해 "보이지 않는 적으로부터 국가를 방어한다는 생각으로 팬데믹에 대처했다"고 밝혔다.[243] 실제로 팬데믹으로 인한 피해를 최소화하는 것부터 팬데믹에서 가장 먼저 탈출하는 것 모두 경제사회안보와 밀접하게 관련되어있기 때문에 이와 같은 모사드의 활동은 경제안보 및 사회안보, 그리고 국가안보까지 방어하는 차원의 활동이라고 할 수 있다. 이와 같은 해외 사례들을 한국도 참조할 필요가 있다.

다음으로, 기후변화도 미래로 갈수록 점점 더 주요한 안보위해 요인으로 작용할 것이다. 기후변화는 오래전부터 인류가 겪어왔지만 전 세계 국가들이 파리협약을 중심으로 적극적인 대응에 나서기 시작한 것은 그리 오래되지 않았다. 기후변화로 인한 날씨와 생태계의 변화는 한국뿐만 아니라 전 지구적으로 개인의 삶과 경제활동, 정치적 갈등, 국제관계 등에 전방위적 영향을 미칠 것이다. 예를 들면, 기후변화로

---

241 Homeland Security. 2021. Homeland Threat Assessment October 2020.

242 Id. 채재병·김일기, 2020, "코로나 19 관련 사이버공격 양상 및 시사점," 국가안보전략연구원.

243 주간조선. 2021. 1. 11. 백신접종1등, 이스라엘 뒤엔 모사드가 있었다. http://weekly.chosun.com/news/articleView.html?idxno=16762

인한 파키스탄의 홍수와 사회경제적 붕괴는 이 지역의 국제안보질서에 변화를 가져와 궁극적으로 인도와 중국의 힘의 균형 변화를 통한 글로벌 안보질서에 주요한 변수가 될 수 있다. 유럽과 미국을 중심으로 한 파리협약에 따라 여러 가지 국제적 거버넌스 구축과 대응 방안이 논의되고 있다. 하지만 이 과정에서 당사국들 간의 입장차로 인해 국제적인 갈등이 나타날 소지가 크다. 즉, 탄소배출 감소에 관한 국가 간의 갈등, 취약국가들의 기후변화 대응력 지원 등을 위한 분담금을 누가 더 많이 내야하는지에 대한 문제, 탄소배출감소를 위한 신기술을 먼저 획득하기 위한 국가 간의 경쟁 및 정보활동, 그리고 권위주의 국가들의 파리협약 준수와 이행을 요구하는 과정에서 불거질 미국, 유럽 등 선진국들과 러시아, 중국, 인도 등의 개발도상국들의 갈등 등이 그러한 사례들이다. 기후변화는 단기적으로는 주요한 안보위해요인으로 두드러지게 식별되지 않으나 장기적으로는 패러다임 교체의 근본적 요인이 된다는 특징이 있다. 이 때문에 국가적인 장기적 전략비전을 가지고 미래의 변화된 기후환경에 맞춰 미리 준비하고 지속적으로 대응할 필요가 있다. 현실적으로 기후변화 자체를 다양한 이해관계를 가진 국가 및 비국가행위자들이 되돌리기는 어려울 것으로 보인다. 이는 기후변화의 문제가 글로벌 공공재의 성격을 갖기 때문이다. 개별 국가의 입장에서는 기후변화에 대한 기여는 최소화하고 국제협력을 통한 기후변화대응의 과실은 함께 누리는 것이 각국의 가장 합리적인 선택이다. 또한 각국의 기후변화로 인한 피해의 정도도 동일하지 않기 때문에 누가 어느 정도의 기여를 할 것인지의 문제도 조율하기 어렵다. 따라서 기후변화를 사실상 되돌리기 어렵다는 점을 감안하고 변화될 기후변화의 양상을 미리예측하고 이에 대해 선제적으로 대비함으로서 미래 변화되는 기후환경에서 한국의 국익을 극대화하는 방향으로 대응할 필요가 있다.

기후변화는 에너지 확보를 둘러싼 경쟁으로 이어진다. 이미 북극의 빙하가 녹으면서 이 지역의 에너지 자원에 대한 경쟁이 심화되고 있다. 화석에너지에서 재생에너지로의 변화는 산업구조와 에너지 공급망의 전반적인 재편을 의미한다. 예를 들면 재생에너지로의 전환은 광물자원에 대한 수요증대와 공급망의 안정적 확보문제로 이어질 수 있다. 원자력에너지에 대한 의존도 증대할 개연성이 있다. 수소에너지에 대한 수요도 커지게 될 것이다. 이와 같은 전반적인 환경변화는 한국에 적대적이다. 한국은 충분한 수소에너지 저장역량이 부족하며, 재생에너지 관련 기술에서도 뒤처져 있다. 또한 기존 원유나 가스 등과는 달리 재생에너지에 필요한 광물자원의 공급망도 안정적으로 확보하지 못했다. 원자력기술은 중국과 러시아에게 쫓기고 있다. 또한 자동차를 포함한 산업구조전반에 대한 재편역시 그 준비가 미흡하다. 한국은 사실상 사방이 바다로 막혀 있는 고립된 국가이며 모든 에너지 자원의 공급이 바다로부터 온다. 이 때문에 에너지 문제와 관련해서 해상교통로의 확보가 필수적이다. 한국이 이와 같은 복잡한 에너지로 인한 안보위해 요인에 적절히 대응하고 있다고 보기는 어렵다.

기후변화는 식량위기로 이어지며 이 역시 국제사회와 한국에 주요한 안보위해 요인이 된다. 기후변화로 인해 지역별로 작물생산량 등에 주요한 변화가 일어나는데 이에 대한 대응이 취약한 국가들의 식량생산량 저하 등으로 식량공급에 중대한 변화가 있을 가능성이 크다. 이는 글로벌 식량 공급량과 공급망의 주요한 변화를 의미한다. 한국과 같이 식량의 대부분을 해외로부터의 공급에 의존하는 국가들에게는 공급망과 공급량의 중대한 변화는 주요한 안보위해요인이 된다. 에너지 자원과 마찬가지로 한국은 식량 역시 바다를 통한 공급망에 절대적으로 의존한다. 이 때문에 해상교통로를 통한 안정적 식량공급망의 확보도 안보에 절대적인 관련이 있다. 따라서 한국은 식량위기에 대한 중, 장기적 전략을 가지고 지속적으로 이 문제에 대응해 나가야 한다. 하지만 한국이 적절한 대응전략과 역량을 갖추고 있다고 보기는 어렵다. 예를 들면, 식량생산과 관련되는 농수산업의 전문인력이 절대적으로 부족한 상황에서 전국 각 대학의 관련 학과들이 고사하고 있는 실정이다. 한국의 농수산업은 농지나 수산자원의 부족도 문제이지만 또 다른 심각한 문제는 농수산업에 종사할 인력구조가 붕괴되고 있다는 점이다. 보다 현실성 있는 농수산업 인구구조개편이 마련되어야 하지만 현재의 여러 방안들이 현실성을 갖추고 있다고 보기는 어렵다.

이밖에도 기후변화는 여러 다른 관련 안보문제들로 이어진다. 기후변화로 야기되는 물 부족과 신선한 식수확보 문제를 둘러싸고 국가들 간에 갈등이 고조될 수 있다.[244] 중앙아시아 국가들 간의 수자원 확보문제를 둘러싼 갈등은 대표적인 사례이다. 물 부족은 국민의 위생과 건강, 영양균형의 문제로 연결된다. 수자원은 식수와 농업을 위한 필요뿐만 아니라 산업생산을 위한 필요와도 밀접한 관련이 있다. 따라서 수자원을 공유하는 국가들 간의 수자원 확보는 전략적 차원의 문제가 된다. 기후변화로 인한 홍수, 지진, 태풍 등의 자연재해는 일본 후쿠시마 원전사태에서 보듯 막대한 인명, 재산 손실과 사회경제적, 정치적 변화를 야기할 수 있다.

---

244 Id. ODNI. 2022. Annual Threat Assessment of the U.S. Intelligence Community. p. 21.

이처럼 기후변화와 이로 인한 관련 문제들은 한 국가의 보건, 경제, 안보에 대한 위협이 됨은 물론 인류전체의 생존과도 직결되는 심각한 위협을 불러올 수 있다. 미국 ODNI의 2022년 "미국 정보공동체 연례위협 평가(Annual Threat Assessment of the U.S. Intelligence Community)"는 과학적인 예측에 근거하여 2040년 이후에는 기후변화로 인한 물리적 파급력이 더욱 심해질 것으로 예측된다고 보고하였다. 한국의 경우도 중국과 미세먼지 문제로 갈등을 겪을 가능성이 매우 높으며 미세먼지로 인해서 국내 인구의 사망률이 더 높아질 가능성이 있다. 따라서 감염병을 '보이지 않는 적'으로 간주하여 국가가 적극적으로 대응에 나선 것처럼 기후변화와 에너지, 식량, 그리고 여러 다른 관련 문제들 역시 국가가 주요한 미래 안보위해요인으로 인식하고 적극적으로 대응할 필요가 있다.[245]

이민·난민 등의 인구이동이나 출산율 저하로 인한 인구감소 등의 인구문제 역시 치명적인 안보위해 요인이 될 수 있다. 오늘날 인구문제는 단순한 사회문제가 아니라 국가안보차원 문제로까지 그 의미와 파급력이 확대되었다. 이 때문에 국가가 적극적으로 대응해야할 필요가 제기되고 있다. 국가의 인구감소는 중, 장기적으로 병력자원부족, 경제규모의 축소, 노동력 수급의 불안정 등과 같은 심각한 안보적, 경제적, 구조적 위기로 이어진다. 이 때문에 현재 국내에서 진행되는 출산율 저하와 인구감소를 안보적 관점에서 심각하게 들여다 봐야할 필요가 있다.

현실적으로 감소하는 인구를 증가시키기 위해서는 이민정책이 적절한 대안이 된다. 국내에서도 이미 약 20여 년 전부터 이민을 통한 인구확보에 대한 논의가 있어왔다. 다만 인구정책을 단순히 인구의 수를 확대시키고 다문화사회로 진입 시 갈등이나 차별을 완화시키려는 관점에서만 이해하여 국가안보적 관점과 경제적 인적자원확보, 사회문화통합, 노동력 수급 등의 다양한 측면을 함께 고려하는 통합적인 이민정책을 수립하는 데는 미치지 못했다. 그 결과 국내 이주자들이 지나치게 중국인 또는 조선족들과 같은 특정 국가(심지어 그것도 적성국가)에 과도하게 편중되는 안보적 취약성을 노정하였다. 또한 국내 이주자들이 지나치게 교육수준이 낮은 단순 노동력에 과도하게 집중되어 있어 경제적인 효용성에 대해서도 제한적이다. 또한 지나치게 다문화를 인정하고 다양성을 강조하는 접근방식 때문에 이들 이주자들이 한국인으로 문화적 가치적으로 통합하는 문제도 제기된다. 기존의 다문화 정책은 한국인과 이주

---

245 Ibid.

자들을 오히려 파편화시키고 국내에 파편화된 이주자 집단지역을 마치 고립된 섬처럼 만들어 내는 문제점을 노정하고 있다. 이와 같은 기존의 문제점들과 이민·난민 문제의 여러 복합적인 측면을 고려하여 국가안보와 국민경제, 그리고 국가통합의 관점에서 이민 정책을 중, 장기적이고 전략적으로 가이드하고 관리해나갈 필요가 제기되고 있다. 국가는 이와 같은 문제에 대한 적절한 길잡이로서의 역할을 할 수 있다. 향후 이민 정책은 중국에 대한 과도한 편중을 억제하고 동유럽과 중앙아시아, 아메리카 등 이민자들의 출신지역을 다변화하고, 교육수준이 높은 고급 노동력을 확보하고 이들의 국내 창업투자와 스타트 업을 장려할 뿐만 아니라 한국의 국가정체성과 자유민주주의 가치와 준법성 등을 강조하는 방식으로 사회통합을 촉진시켜야 할 것이다. 이민, 난민의 문제의 본질이 국가의 지속적 발전을 위한 핵심적 인적 자원 (human resource)확보라는 점을 인식하고 인적 자원의 수급을 어떻게 안정적으로 관리할 것인가에 초점을 맞추고 전략적으로 접근할 필요가 있다.

마지막으로 공급망 문제 역시 국가가 대응해야할 주요한 안보위해요인이다. 앞서 언급한 팬데믹이나 기후변화로 인한 원자재, 식량, 에너지, 필수생필품, 그리고 인적 자원 등의 공급망 확보는 앞으로 핵심적인 안보문제가 된다. 또한 정보통신혁명과 관련하여 반도체, 소프트웨어, 그리고 통신망 장비 및 부품 등을 전략 무기화하려는 시도가 지속되고 있기 때문에 이와 관련된 공급망 안정 역시 핵심적인 국가안보 사안이다. 한국의 반도체 빅4 동맹 참여는 이러한 관점에서 매우 적절한 대응이다. 신냉전의 심화로 러시아, 중국 등의 권위주의 국가들과 미국과 유럽 등의 자유민주주의 국가들 간의 공급망 안정을 둘러싼 경쟁과 갈등은 더욱 치열해질 것으로 전망된다. 예를 들면, 2022년 러시아-우크라이나 전쟁 동안 러시아는 우크라이나를 지원하는 유럽 국가들을 상대로 천연가스를 전략무기화 하였다. 이에 대해 미국과 유럽 국가들은 수출입규제를 통한 공급사슬을 파괴하여 러시아에 타격을 입히고 있다. 한편 중국은 저가 판매를 무기로 전 세계의 주요 통신망산업(Information and Communication Technology: ICT)의 시장을 장악하면서 관련 필수 통신망의 부품부터 통신망서비스까지 공급망을 장악하려는 시도를 하고 있다. 이로 인해 통신망 부품과 서비스와 관련된 공급망 안정이 새로운 위기가 되고 있다.246

이처럼 감염병, 환경·기후변화, 에너지 및 식량, 이주·인구감소, 그리고 공급망

---

246 Id. Homeland Security. 2020. p.15.

문제 등의 위기는 과거와는 다른 새로운 신흥위협들이다. 아직 이러한 위협들이 본격화되고 있지 않아 그 위협성의 정도가 간과되고 있는 측면이 있다. 하지만 우리는 이미 이와 같은 신흥위협들이 인류의 삶과 국가안보를 위협하고 있는 전조를 경험하고 있다. 이러한 경향은 앞으로 더욱 본격화될 것이다. 따라서 국가가 담당해야할 안보의 범주는 더욱 확장되고 있다.

(6) 자유민주주의 사회에 대한 인지전 위협

오늘날의 인지전은 대중(population)의 생각(minds)에서 전투가 일어난다. 이는 최근 들어 정보통신의 혁명으로 물리적 폭력을 사용하지 않고 사람들의 인지 영역에 직접 개입함으로써 나의 의지를 관철시킬 수 있게 되었기 때문이다. 하버드대 교수 조세프 나이(Joseph Nye)는 저서 "소프트파워"를 통해 "현대의 전쟁과 정치는 하드웨어보다는 메시지, 이미지 등 소프트파워가 지배하며. 누구의 군대가 아니라 누구의 이야기(Narrative 또는 Storytelling)가 이기는가에 승패가 달려있다"고 강조했다. 이와 같은 전쟁은 누구의 내러티브가 더 매력적인가로 결정된다. 전쟁의 승패는 내러티브를 통해 대중의 마음과 생각을 누가 얼마나 효과적으로 장악했는가(win one's hearts and minds)에 따라 결정된다. 이 때문에 전쟁과 국내 정치는 수렴하는 경향이 있다. 특히 국내 정치와 선거, 그리고 여론에 영향을 미치려는 해외 적대세력으로부터의 영향력 공작의 위협이 증대되었고 이는 중요한 전쟁의 한 수단이 되고 있다. 이런 맥락에서 인지전의 위협은 특히 자유민주주의 사회에 대한 중대한 안보위협이 되고 있다.

사이버 공간의 등장과 확장, 그리고 정보통신기술의 급격한 혁신과 정보량의 폭발적인 증대로 이와 같은 인지전의 효과와 구체적인 작동과정, 인지전에 특히 취약한 개인들과 그 특성들이 거의 실시간으로 매우 정확하게 측정 가능하게 되었다. 이와 같은 환경의 변화는 인지전의 파괴적 효과를 극대화시켰고, 인지전이 전쟁의 승패를 결정하는 주요한 한 전쟁양식으로 자리매김하는 계기가 되었다. 오늘날 사이버 공간에서는 막대한 양의 정보가 다수의 다양한 개인과 집단들 사이에서 거의 실시간으로 소통되고 있으며, 이 정보가 특정 개인에게 미치는 심리적 영향력 정도 역시 "좋아요" 추천과 "팔로워"나 "구독자"의 수, 미디어 보도에 대한 댓글이나 온라인 커뮤니티에서의 논쟁, 그리고 즉석 온라인 여론조사 등으로 거의 실시간으로 파악이 가능해졌다. 더욱이 AI(Artificial Intelligence) 알고리듬을 통해 유튜브나 뉴스, 쇼핑 등 디지털 정보를 이용하는 이용자들의 성향과 선호도 등을 거의 실시간으로 파악할 수 있어 인지전 효과의 실시간 피드백은 더욱 쉬워지고, 정교해지고, 빨라졌다.

인지전은 기존의 심리전과 프로파간다, 정보전을 포함하지만 그것들을 모두 포함하면서도 더 심화되고 진일보한 개념이다. 이는 기존의 심리전과 프로파간다, 정보전의 수준을 뛰어넘어 오늘날 전쟁의 궁극적 전략목표인 "마음과 생각의 장악(win one's hearts and minds)"을 위해 인지조작과 프로파간다, 재귀통제(RC: Reflexive Control), 뇌과학과 뉴로사이언스, 정보기술, 인지-설득심리, 문화공작, 그리고 이민·난민, 대중선동·동원 등과 같은 사회공학(social engineering)적 방법 등의 다양한 부문을 모두 포함하는 복합 활용술(art)이다.247 오늘날 이와 같은 인지전이 실제 가능하게 된 것은 사이버 공간과 과학기술, 뇌과학, 심리학, 정치학, 행동과학 등의 비약적 발전으로 인간의 정보습득-의사결정-행동에 이르는 과정이 수학적으로 계산 가능해졌기 때문이며, 이와 함께 AI 딥러닝과 퀀텀컴퓨팅(quantum computing)과 같은 복잡하고 여기저기 산재된 대규모 데이터를 빠르게 처리하고 분석할 수 있는 수단이 현실화되었기 때문이다.248

오늘날의 국가안보는 따라서 국내외 적대세력이 국가의 국내정치와 선거, 국민투표 등에 개입하고 허위조작정보와 영향력 공작을 이용하여 대중여론 조작 및 사회갈등 조장, 혼란야기 등을 시도하는 인지전 위협을 고려해야 한다. 최근 들어 러시아, 중국 등 의도를 가진 국가행위자와 국제테러조직과 같은 비국가행위자들이 이와 같은 인지전을 수행하고 있다. 러시아는 이를 정보-심리전(информационно-психологическая война)으로 개념화한다. 러시아는 2014년 러시아연방 군사독트린과 게라시모프 독트린에 따라249 정보-심리전쟁을 발전시키면서 소비에트 시기부터 있어왔던 과거의 특수 프로파간다(спецпропаганда)250, 재귀통제(RC: Reflexive Control)251, 그리고 적극조치(Active

---

247 S. D. Pradhan, "Role of cognitive warfare in Russia-Ukraine conflict: Potential for achieving strategic victory bypassing traditional battlefield," The Times of India, May 8, 2022. https://timesofindia.indiatimes.com/blogs/ChanakyaCode/role-of-cognitive-warfare-in-russia-ukraine-conflict-potential-for-achieving-strategic-victory-bypassing-traditional-battlefield/

248 Savin, "NATO developed new methods of cognitive warfare."

249 James Andrew Lewis, "Cognitive effect and state conflict in cyberspace," CSIS Report, September 26, 2018.

250 "ОРГАНИЗАЦИЯ КОНТРПРОПАГАНДЫ В ОБЛАСТИ БОРЬБЫ С ТЕРРОРИЗМОМ И ЭКСТРЕМИЗМОМ," Антитеррористический центр государств-участников СНГ, Москва, 2020, pp. 19-20.

251 Timothy L. Thomas, "Russia's Reflexive Control Theory and the Military," Journal of Slavic

Measure) 등의 전통적 심리전·정훈·선전·선동·프로파간다 기제들을 토대로 인지심리-설득심리의 최신 지식들을 결합시키면서 이를 오늘날의 정보통신 환경에 접목시켰다. 중국은 이를 초한전(unrestricted warfare)으로 개념화하고 삼전(three warfare)을 초한전의 하위 영역으로 포함시켰다. 중국은 한계를 초월하는 무제한 전쟁을 의미하는 초한전(unrestricted warfare) 개념에 따라 인간의 인지 또는 인식 영역에서의 우세권(인지우세권)을 장악하기 위해 전통적인 키네틱 전쟁과 함께 여론 공작, 프로파간다, 문화공정, 선전선동 등 다양한 비키네틱 영역에서의 전쟁을 수행하고 있다.[252] 미국과 나토는 2019년부터 인지전 개념을 들고 나오면서 이후 매년 한 차례씩 인지전 훈련을 수행해 오고 있다.

인지전의 대표적인 사례들은 러시아가 2014년 크림반도 합병 시 수행했던 정보심리전 및 여론공작, 2016년 러시아의 미국 대선개입사례, 2022년 러시아의 우크라이나 침공 등이 대표적인 사례이다.[253] 중국 역시 2020년 미국대선에서 트럼프의 패배를 위해 트럼프를 미치광이로까지 묘사하는 선동을 조장하는 데 관여되었다. 그리고 코비드-19로 인해 중국이 비난을 받자 오히려 미국의 생물학 무기 실험실에서 코비드-19가 유출되었다는 허위정보를 퍼뜨리고 소셜미디어의 트롤을 이용하여 허위여론을 형성하여 미국 국민들에게 혼란을 초래하려는 시도가 있었다.[254] 또한 명확히 밝혀진 바는 없으나 소수의 언론 보도 등에 따르면, 지난 박근혜 대통령 탄핵시도에서도 중국이 한국 내의 여론조작에 관여했다는 주장이 재기된다.[255] 이밖에도 앞서 언급한 것처럼 중국의 대한국 영향력 공작, 허위조작정보 등을 이용한 프로파간다의 위협은 상존하고 있다.[256]

Military Studies 17, pp. 237-256.

252 윤민우·김은영, "해외 극우극단주의 현황 및 사이버 공간이용 극단화 프로파간다 연구," 한국경찰연구, 21(3) (2022), p. 151.

253 윤민우·김은영, 2022, "테러리즘 위협 수준에 영향을 미치는 국내·국제정치적 요인들에 관한 연구: 사이버 공간에서의 폭력적 극단주의 급진화를 중심으로," 「한국치안행정논집」, 제19권 제1호(2022): 71-91.

254 Id. Homeland Security. 2020. p. 19.

255 <동아일보> 간부 "중국정부, 박근혜 탄핵하려 중국 유학생 6만명 동원" 중국 반발 등 후폭풍 우려, 민주당 "가짜뉴스로 朴대통령 비호," 「Views & News」, 2017. 1. 31. https://www.viewsnnews.com/article?q=141360: 이러한 주장에 대해서는 국가정보원차원의 조사가 더욱 필요하다고 판단된다.

256 중국과 관련한 판단에 대해서는 앞선 중국의 스파이 활동과 중국의 위협을 참고하시오.

북한 역시 한국을 상대로 이와 같은 인지전을 수행하는 것으로 보인다. 북한은 관영매체를 통해 선전·선동을 수행한다. 대남 선전·선동 방송도구로는 '우리민족끼리', '조선의 오늘', '통일의 메아리', 그리고 '북한 유튜브' 등의 뉴미디어를 활용하고 있다. 북한의 유튜브로는 '진실의 메아리(Echo of Truth)'와 'New DPRK' 등이 있다. 이러한 북한의 선전·선동이 국내 여론에 어떤 영향을 미치는 지는 아직 이에 대한 본격적인 사회과학적 연구가 없어 알기 어렵다. 다만, 이와 같은 북한의 선전·선동 메시지들이 친북성향 단체, 정치인, 그리고 추종자들에게 일정한 영향을 미치는 효과는 있을 것으로 추정된다.257

비국가행위자인 다양한 폭력적 극단주의자들 역시 사이버 공간에서의 허위조작정보와 프로파간다 활동을 적극적으로 수행하고 있다. 비국가행위자들도 인공지능 알고리듬의 스토리텔링 기능과 스마트폰을 사용하여 사이버 네트워크상에서의 접속이 24/7기반으로 이루어지면서 정상적인 자유민주주의 사회의 안정성을 해치고 있다.258 예를 들면, 최근 들어 폭력적 극우극단주의자들이 반유대주의, 반이민주의, 그리고 반이슬람과 관련된 주제들과 관련된 음모이론들을 지지하기 위해 코로나 팬데믹의 상황을 이용하는 내러티브들을 전달하고 있다. 벨기에의 경우에 이민자들이 코로나 바이러스를 퍼트리고 있으며, 난민캠프와 센터들이 코로나 바이러스의 확산의 온상이라는 내용들이 포함되어있다. 이러한 내러티브들은 자국이나 지역사회의 이민자들과 소수인종들에 대한 잘못된 정보(misinformation)와 허위조작정보들(disinformation)을 생산해 내면서 지역사회 내에서의 갈등과 폭력의 위험성을 증대시킨다. 극단주의자들은 이러한 온라인 프로파간다를 퍼트리기 위해 다양한 온라인 플랫폼을 활용하고 있다. 이 밖에도 극우극단주의자들은 비디오게임, 플랫폼사용, 포럼 등의 다양한 통로를 통해 극단주의 내러티브를 전파하고 있다.259

---

257 [단독] 박근혜 전 대통령 탄핵은 북한의 지령?, 「미래한국」, 2017. 4. 11. http://www.future-korea.co.kr/news/articleView.html?idxno=39457

258 윤민우, 『폭력의 시대: 국가안보의 실존적 변화와 테러리즘』, (서울: 박영사, 2017).

259 윤민우·김은영, "해외 극우극단주의 현황 및 사이버 공간이용 극단화 프로파간다 연구," pp. 160-161.

IX

사이버 안보와 미래전 추이, 그리고 국가안보전략

◆ ◆ ◆

앞서 논의된 전쟁의 틀과 다양한 안보위해 요인들을 바탕으로 이 장에서는 안보전략 또는 전쟁전략을 도출한다. 이를 위해 이 장에서는 다음의 세 가지 주요 내용들을 다룬다. 첫째, 오늘날 다영역 전쟁에서 공간들을 연결하는 핵심 연결통로로서의 사이버 공간과 안보의 의미에 대해 살펴본다. 둘째, 사이버 공간을 중심으로 전개될 다영역 전쟁의 성격을 가진 미래전의 추이를 짚어본다. 셋째, 이와 같은 사이버 안보의 의미와 미래전 추이에 대한 고찰을 토대로 안보전략 또는 전쟁전략을 도출한다. 이 장에서 제시되는 안보전략과 관련된 내용은 이 책의 다음 장들에 논의될 사이버 인지전과 관련된 내용들의 일반론의 성격을 가진다.

최근 사이버 안보와 관련된 여러 현상들과 개념들이 빠르게 진화하고 있다. 예를 들면, 사이버 안보의 위협은 기존의 디도스 공격이나, 악성프로그램유포, 해킹이나 랜섬웨어 공격과 같은 기술적 침해위협이외에도 가짜뉴스, 역정보, 프로파간다, 극단주의 유포, 여론조작 등의 사이버 상에서의 정보콘텐츠를 이용한 안보 위협이 주목받고 있다. 한편, 사이버 안보위해의 주체와 관련해서도 기존의 해커나 테러리스트, 범죄자 등과 같은 비국가행위자 이외에도 러시아의 보안기관인 FSB(ФСБ: федеральная служба безопасности)나 군 정보기관인 GRU(ГРУ: Главное разведывательное управление), 중국의 정보기관인 MSS(Ministry of State Security) 등 국가행위자도 관심을 받고 있다. 이들 국가행위자들은 직접 사이버 안보위해의 주체가 되거나 또는 해커나 댓글부대 등 비국가 행위자를 프록시 병력으로 이용하여 간접적으로 사이버 안보위해를 가한다. 이 때문에 기존의 비국가 행위자들에 의해 자행되던 사이버 안보위해를 사이버 범죄 또는 사이버 테러의 형태로 다루던 것에서 벗어나 국가 및 비국가행위자들에 의해 자행되는 사이버 안보침해를 사이버 전쟁의 개념으로까지 확장해서 다루고 있다.

이처럼 최근 사이버 안보의 진화는 단순한 범죄나 테러를 넘어 미래전의 추이와도 긴밀히 관련되어 있다. 미래전은 공간적으로도 기존의 지상, 바다, 하늘이외에 우주와 사이버, 그리고 인간의 의식(perception) 영역까지 포함한 다영역(multi-domain)에서의 전쟁으로 진화하고 있다. 또한 수단의 측면에서도, 기존의 키네틱(kinetic) 폭력을 이용한 전쟁의 범위를 넘어 정보심리전, 여론조작, 선거개입, 경제적·외교적 압박 등의 비키네틱(non-kinetic) 힘의 투사를 이용한 전쟁으로까지 확장되고 있다. 더불어 미래전에는 사이버 공간을 통해 연결되는 유·무인 전투체계가 기존의 지상, 바다, 하늘공간이외에 우주공간까지도 포함하는 물리적 공간에서 동원된다. 이와 같은 유·무인 전투체계는 기존의 탱크와 자주포, 보병, 전투함정과 잠수함, 공군기, 미사일 이외에도 새로 등장하고 있는 무기체계인 드론과 무인로봇, 무인전투차량, 무인잠수정, 위성 등을 포함한다. 이밖에도 미래전은 전쟁의 승리를 위한 군사전략과 군수 등 전투지원체계, 지휘체계, 그리고 적과 아군의 전투원과 대중들에 대한 프로파간다와 사보타지, 정신전력 등의 제반문제들에 대한 혁신을 포함한다. 이와 같은 미래전과 관련된 여러 이슈들에서 사이버 안보는 핵심적 위치를 점한다. 이는 사이버 공간이 다른 전쟁 공간들(domains)을 이어주는 연결통로로서의 성격을 가지기 때문이다.[1]

최근의 러시아-우크라이나 전쟁은 이와 같은 미래전의 초기 양상을 보여주는 사례이다. 먼저, 우크라이나 전쟁의 승패는 러시아-우크라이나 전쟁 당사자의 키네틱 결전의 결과가 아니라 이들 전쟁 당사자들의 전쟁과 관련된 각각의 내러티브 가운데 누구의 내러티브가 더 전쟁을 지켜보는 관객들에게 어필하는가에 의해 영향을 받는 것처럼 보인다. 이는 나이(Nye)가 "오늘날의 분쟁에서는 누구의 군대가 이기는가보다 누구의 이야기가 이기는가 중요하다"고 지적한 부분과 일치하는 지점이다.[2] 이 이야기 전쟁에의 주요 무대와 수단은 사이버 공간의 SNS와 유튜브, 온라인 커뮤니티 등이었다. 앞으로의 전쟁은 과거와는 달리 전쟁당사자가 아닌 이러한 전쟁이라는 서사를 지켜보는 국제여론, 시청자, 대중 등과 같은 관객의 반응을 염두에 두고 치러질 것이다. 따라서 그 전쟁의 결과 역시 전쟁 주체가 관객에 대한 전략적 커뮤니케이션(strategic communication)을 어떻게 효과적으로 전개하여 이들의 마음과 생각을 획득(win hearts and minds)할 것인가에 의해 그 결과가 결정될 것이다.

다음으로, 전쟁의 주요 수단에서도 드론과 같은 새롭게 떠오르고 있는 미래형 무

---

1 윤민우, 『폭력의 시대 국가안보의 실존적 변화와 테러리즘』, (서울: 박영사, 2017), p. 273.
2 송태은, "사이버 심리전의 프로퍼갠더 전술과 권위주의 레짐의 샤프파워: 러시아의 심리전과 서구 민주주의의 대응," 「국제정치논총」, 59(2) (2019), p. 174.

기체계가 전쟁의 승패에 더 중요한 영향을 미쳤다. 이러한 경향은 이미 2020년 아제르바이잔-아르메니아 전쟁에서도 나타났고, 2022년 우크라이나 전쟁에서 다시 한 번 확인되었다. 아제르바이잔-아르메니아 전쟁에서 아제르바이잔의 대아르메니아 전쟁의 신속한 승리의 결정적 요인 가운데 하나는 드론과 안티드론 시스템의 압도적 비교우위에 있었다. 전쟁개시 16일 만에 아제르바이잔 드론들이 S-300 지대공 미사일 발사대를 포함한 아르메니아 방공시스템에 4억 8천 5백만 달러의 피해를 입혔으며, 전쟁 개시 후 24일 만에 아제르바이잔 바이락타르 드론(TB2) 한 대가 아르메니아 측 탱크 114대, 레이더 시스템 42기, 군용차량 249대, 지휘센터 44개소를 파괴했다.[3] 2022 러시아-우크라이나 전쟁에서도 우크라이나의 드론들은 러시아의 작전기동전(OMG)의 핵심 전력인 탱크와 기계화 보병을 무력화시키고 러시아에 군사적 타격을 입히는데 결정적 영향을 미쳤다. 이로 인해 러시아의 애초의 종심돌파에 의한 신속한 기동전 계획은 무산되고 전쟁은 소모전(war of attrition)으로 변질되어 러시아에 상당한 경제적, 정치적, 도덕적 타격을 입히고 있다. 이와 같은 전장에서의 드론의 중요성은 탱크와 같은 기존 무기체계를 기반으로 한 기존 군사전략과 작전술에 상당한 혁신의 필요성을 제기하며 드론, 무인로봇 등과 같은 미래첨단무기체계를 기반으로 한 미래형 군사전략과 작전술의 설계와 도입을 함의하고 있다. 이와 같은 첨단무기체계를 기반으로 한 미래전에서 사이버전은 매우 중요한 지위를 차지하는데 이는 이들 첨단무기체계가 AI(Artificial Intelligence) 기반의 알고리듬과 실전환경에서의 딥러닝을 통해 자동구현 되고 이와 같은 각각의 첨단무기들과 기존의 유인 전투원과 무기체계들이 모두 사이버 공간을 통해 AI와 묶일 것이기 때문이다. 예를 들면, AI 기반의 대규모 군집전투 드론 운용과 이와 같은 무인전투체계들이 전쟁지휘사령부와 다른 기존의 유인 전투원과 항공기, 함정, 탱크 등과 같은 유인전투체계, 그리고 위성 등이 사이버 공간을 통해 네트워크로 통합되는 모자이크 전쟁이 미래전의 모습으로 그려질 수 있다.[4]

이 장에서는 사이버 안보와 관련된 여러 현상들과 개념들의 빠른 진화와 이와 관련된 미래전 발전 추이를 살펴보고 이와 같은 상황변화에 대응한 적절한 국가안보전

---

3 Arzu Abbasova, "Game of Drones in the South Caucasus," Topchubashov Center, December 2020 Special Report, Baku, Azerbaijan, p. 5.

4 남두현·임태호·이대중·조상근, "4차산업혁명 시대의 모자이크 전쟁: 미군의 군사혁신 방향과 한국군에 주는 함의," 「국방연구」, 63(3) (2020), pp. 157-160.

략 또는 보다 직설적으로 말하면 전쟁전략을 모색한다. 최근 들어 사이버 안보와 관련된 사이버전, 정보전, 전자전, 심리전, 인지전 등의 여러 안보현안들이 비중 있게 다루어지고 있고 드론과 로봇 등의 무인전투체계들의 전장에서의 비중이 높아지고 있으며, 또한 이와 관련된 AI와 사이버 공간을 통한 정보-지휘·통제-행동 네트워크 구축의 필요성이 커지고 있다. 따라서 이와 같은 사이버 이슈를 둘러싼 안보환경의 혁명적 변화에 발맞춰 미래전 준비의 차원에서 국가안보전략의 새로운 모색이 점점 더 필요해지고 있다. 이 장은 이와 같은 필요에 부응하고자 하는 시도의 일환이다. 이 장은 사이버 안보와 관련된 제반 문제들과 관련 개념들, 그리고 현안들을 정리하고, 그 관계들을 설명한다. 또한 사이버 안보의 현안들이 미래전 발전 추이에서 어떤 위치와 역할을 수행하게 될 것인지를 예측하고 추정한다. 그리고 마지막으로 이와 같은 사이버 안보와 미래전 추이를 반영하여 국가의 안보전략 또는 전쟁전략을 어떻게 새롭게 혁신하고 구축해야 할 것인지에 대해 살펴본다.

1. 사이버 안보 개념의 확장과 다변화

빠르게 변화하는 안보환경에서 사이버 안보의 개념과 정의 역시 변화하고 있으며 다변화하고 있다. 사이버 안보는 통상적인 의미에서 해킹과 분산디도스(distrubuted DDoS) 공격, 랜섬웨어 공격 등의 사이버-기술 공격위협을 지칭했다. 하지만 점차 온라인상에서의 가짜뉴스나 오정보(misinformation), 여론조작 등의 정보콘텐츠와 관련된 문제들도 주요한 위협으로 부각되고 있다. 또한 드론과 무인자동차, 로봇, 그리고 IoT 등 AI 기반의 여러 무인디바이스들이 인터넷을 통해 서로 연결되어 사이버 안보는 이와 같은 새로 등장하는 각종 무인디바이스들과 관련된 위협의 문제로까지 확장되고 있다.

이와 같은 사이버 안보 개념의 확장과 다변화는 여러 관련 개념들과의 중첩과 애매모호함을 만들어내고 있다. 정보콘텐츠와 관련된 프로파간다와 여론조작, 가스라이팅 등은 심리전(psychological warfare)과 정보전(Information warfare), 선전전(propaganda warfare), 그리고 인지전(cognitive warfare) 등의 개념들과 깊은 관련성을 가진다.[5] 한편 인터넷상

---

5 Bernal et al., "Cognitive Warfare: An Attack on Truth and Thought," pp. 6-10.

에서 무선(wireless)으로 서로 연결된 디바이스들에 대한 침해와 탈취, 무단통제는 전자전(electronic warfare)과 상당부문 겹친다. 이는 오늘날 위성과 컴퓨터, 전투기, 전투함정, 전투차량과 보병, 그리고 드론 및 무인전투체계, 지휘통제소, 데이터저장소 등이 무선통신(wireless communication)의 방식으로 서로 사이버 공간을 통해 연결되어 있는데 이 무선통신 과정에 개입함으로서 해킹 및 디바이스 오작동, 탈취 및 파괴 등 다양한 침해 위협을 현실화시킬 수 있기 때문이다. 따라서 사이버전 이전부터 있어왔던 전자전과 개념상으로 겹친다.[6] 예를 들면, 드론을 이용하여 와이파이(WiFi)로 연결된 스마트폰과 태블릿 등을 해킹할 수 있으며, 역시 WiFi로 연결된 프린트의 출력물을 드론을 통해 해킹하여 외부로 전송할 수도 있다.[7] 사이버전과 전자전의 중첩성이 강화되면서 사이버전-핵전(nuclear warfare)의 넥서스 가능성도 현실화되었다. 핵EMP(Nuclear P(electro Magnetic Pulse)탄은 컴퓨터와 정보통신망 전체를 일시에 파괴시킬 수 있는데 이는 전략적으로 오프라인에서의 폭탄투하를 통한 사이버 공간 자체에 대한 파괴의 의미를 가진다.[8]

이 때문에 사이버 안보가 미래전과 관련된 여러 형태의 전쟁유형에서 어떤 위치에 있는지를 분명히 하기 위해서 사이버전의 의미와 범위를 정리하고, 사이버전과 여타 다른 전쟁유형의 차이와 관련성을 살펴볼 필요가 있다. 이와 같은 작업은 사이버 안보와 관련 다른 안보이슈들을 접근하는데 유용한 내비게이션이 된다. 또한 미래전과 국가안보일반에서 사이버 부문이 차지하는 비중과 중요성을 식별할 수 있게 한다.

사이버 안보는 사이버를 구성하는 여러 개별 부문들에 대한 안보를 모두 합친 개념이다. 사이버는 ① 인터넷 기반시설과 관련 장비·부품들, ② 인터넷에 연결된 유·무인 디바이스들, ③ 디바이스들을 운영하는 운영체계(OS: Operation System)와 온라인 플랫폼(platform), 그리고 AI 등의 프로그램, ④ 가상의 네트워크 체계와 규칙들, ⑤ 인터넷 공간에서 유통되는 정보콘텐츠들, ⑥ 인터넷 공간의 정보와 인터페이스 하는 인간의 의식(perception), ⑦ 정보콘텐츠 또는 디바이스들을 연결하는 무선통신 등으로

---

6 김소연·김성표·박범준·정운섭·추헌우·윤정·김진용, "Cyber electronic Warfare Technologies and Development Directions," The Journal of Korean Institute of Electromagnetic Engineering and Science, 32(2) (2021), pp. 119-126.

7 윤민우, "드론 테러의 전략적 의미에 대한 고찰과 정책적·법률적 대응 방안에 대한 제안," 「가천법학」, 12(4) (2019), pp. 245-246.

8 Ibid, p. 250.

구성되어 있다. 여기서 ①과 ②는 하드웨어로 ③과 ④, 그리고 ⑤는 소프트웨어로 정의할 수 있다. ⑥은 인간의 뇌 인지, 심리, 정서의 영역이다. ⑦은 대기(air)를 통해 연결되는 무형의 전파 또는 정보패킷(Packet), 그리고 혼합현실(Mixed Reality)의 구현 등이다. 각각의 개별부문을 보다 자세히 살펴보면 다음과 같다.

먼저, ①에는 인터넷데이터센터(IDC), 통신기지국, 서버, 라우터 등의 통신장비, 정보통신망, 해저광케이블을 포함한 케이블, 위성, 반도체 등 물리적인 시설, 설비, 장비, 부품 등이 해당된다. 이들 사이버와 관련된 물리적 실체는 국가핵심기반시설에 해당한다. 이들 물리적 실체와 관련된 사이버 전쟁은 해킹과 악성 바이러스 유포, 랜섬웨어 공격 등의 기술적 사이버 공격-방어, 시설·설비·정보통신망에 대한 지상-지하-해저-우주 등 물리적 공간에서의 시설·설비·장비 등에 대한 키네틱 공격-방어, 그리고 중국산 화웨이 장비 논란과 반도체 공급망 논쟁 등에서 나타나는 것과 같은 장비·부품 등에 대한 경제·산업안보 등으로 이루어져 있다. 즉 이 부문에서 사이버전은 사이버-기술 전쟁을 의미하며 이는 지상-바다-하늘-우주 공간에서 벌어지는 키네틱 전쟁과 경제전쟁 등과 긴밀히 중첩되어 있다.

둘째, ②에는 인터넷 기반시설과 결합되어 실제로 다양한 목적으로 사용되는 여러 디바이스들이 해당된다. PC(Personal Computer)와 랩탑(laptop) 등이 대표적이며, 스마트폰과 모바일워치 등도 해당된다. 여기에 구글 글라스, IoT, 무인자동차, 드론, 무인전투차량, 지능형 CCTV, 무인전투함, 무인잠수정, 인공위성 등 디바이스의 수와 종류는 폭발적으로 증대하고 있다. 이와 같은 디바이스들은 모두 사이버 공간에 결합되어 있다. 이들 디바이스들은 대체로 인간 행위자의 작동과 개입 여부에 따라 유인 디바이스와 무인 디바이스로 구분될 수 있다. 이는 자율주행차의 사례에서 볼 수 있는 것처럼 이분법적 구분개념이라기보다는 완전유인-완전무인으로 이어지는 연속된 스펙트럼으로 이해해야 한다. 완전유인과 완전무인의 중간 단계에 다양한 정도의 인간 행위자의 작동·개입 형태가 존재한다. 완전무인 단계에서는 AI가 딥러닝과 모방학습으로 무인디바이스를 통제하며, 따라서 완전자율디바이스가 구현될 수 있다.

이 부문에서 사이버전은 사이버-기술 전쟁과 사이버-심리 전쟁이 함께 나타난다. 사이버-기술전은 해킹, 디도스, 악성바이러스, 랜섬웨어 공격을 통한 디바이스 오작동, 탈취, 파괴 등으로 구현된다. 이 사이버-기술전은 다시 전자전과 연계된다. 전자파 송출 또는 차단·방해를 통한 디바이스의 탈취, 파괴, 오작동을 야기할 수 있다. 레이더, 레이저, 무선전파탈취 등을 통한 드론 오작동, 강제착륙, 파괴 등을 유도하는 안티드론기술과 극초단파 송출로 차량의 엔진 작동을 외부에서 강제로 멈추게 하는 전자적 충격총(electromagnetic taser)[9] 등은 전자전의 영역에 속하는 사례들이다.

한편 사이버-심리전은 각종 디바이스들이 좀비PC의 형태로 가짜뉴스, 가스라이팅, 여론조작, 선전·선동·프로파간다, 극단주의 추종자 리크루팅 등에 동원됨으로써 이루어진다. 악성코드를 내려 받음으로서 디바이스들이 봇마스터(bot-master)의 좀비PC로 봇넷(botnet)을 구성하고 심리전 또는 정보전에 동원된다. 이처럼 기계적인 방식으로 여론조작에 이용되는 좀비PC들을 트롤봇(trollbot)으로 부르기도 하며, 국내에서는 드루킹 사건의 킹크랩으로 잘 알려져 있다. 소형 드론 등 이동식 스테이션이 이와 같은 여론공작에 동원될 가능성도 커지고 있다. 이 경우 공격지점을 추적할 수 있는 IP 또는 DNS의 물리적 위치를 특정하기 매우 어려워지기 때문에 여론공작, 댓글공작 등의 사이버 심리전을 식별하고 대응하기가 매우 어려워지게 된다.

셋째, ③은 무형의 소프트웨어 또는 프로그램을 모두 포함한다. 여기에는 컴퓨터와 데이터베이스시스템, 스마트폰 등을 운영하는 소프트웨어가 포함된다. MS 프로그램과 MacOS, 오라클(Oracle), 안드로이드, iOS 등이 해당된다. 러시아는 사이버 안보상의 이유로 이와 같은 운영체제를 자국산 소프트웨어로 교체를 발표하고, 오라클 데이터베이스시스템을 오픈소스 소프트웨어인 PostgreSQL로 교체한 바 있다.[10] 온라인 플랫폼은 온라인상의 정보의 흐름을 유통, 통제, 필터링, 분류하는 포털 사이트들이 해당된다. 구글, 유튜브, 페이스북, 트위트, 애플 앱스토어, 아마존, 네이버, 카카오 등이 해당된다. 다양한 SNS 서비스들이 여기에 해당한다. AI 역시 여기에 해당된다고 볼 수 있다. 이는 AI가 본질적으로 사람의 지능을 흉내 내는 소프트웨어이자 프로그램이며 각종 디바이스들을 구동하고 빅데이터를 처리하는 비물질적 운영체계에 해당하기 때문이다.

이와 같은 무형의 소프트웨어, 프로그램은 사이버-기술전쟁의 핵심 전장이자 공격-방어의 대상이다. 프로그램에 대한 침해와 탈취, 교란 등을 통해 프로그램이 구동하는 설비, 디바이스들의 오작동, 사용중단 등을 통해 경제적, 심리적, 사회적 피해를 유발하고 경우에 따라서는 이란 나탄즈 핵시설에 대한 미국-이스라엘의 스턱스넷 사이버 공격처럼 물리적 피해까지도 유도할 수 있다. 최근 들어서는 이 무형의 소프트

---

9 윤민우·김은영, "차량돌진테러의 효과적인 예방·대응방안 연구," 2017년 대테러센터 연구용역보고서, p. 138.

10 신범식 외, 러시아의 사이버 안보, p. 50.

웨어와 프로그램 등이 사이버-심리전쟁의 수단이자 통로로도 활용되고 있다. 온라인 플랫폼 등은 가짜뉴스 유포와 댓글조작, 여론선동과 프로파간다의 주요 수단이자 무대이다. 가짜뉴스의 편집과 댓글달기, 댓글추천수 팔로워수 등의 인위적 여론 조작에 이용되는 트롤봇 등과 같은 기계적 방식의 프로그램들이 동원된다. 또한 사이버-기술 공격과 사이버-심리 공격이 통합적으로 나타나기도 한다. 해킹을 통해 여론에 자극적인 민감한 정보를 탈취하고 이를 RT, New York Times와 같은 주요 미디어나 WiKi Leaks나 DC Leaks와 같은 폭로전문 채널을 통해 유포함으로서 대중 여론을 선동하고 이를 다시 트롤봇과 인간 댓글부대를 이용하여 부스팅시키는 방법이다. 향후 AI의 본격적인 등장으로 이와 같은 사이버 기술-사이버 심리 융합전은 더욱 정교해지고, 빨라지고, 파괴적이 될 것이라고 전망된다.

넷째, ④는 인터넷을 구성하는 여러 기반설비와 디바이스들, 그리고 무형의 프로그램들을 연결해서 인터넷이라는 가상현실을 구축하는 가상의 네트워크 체계와 규칙들을 모두 포함한다. DNS(Domain Name System)와 IP 등과 관련된 각종 규칙과 체계들, VPN(Virtual Private Network)과 클라우드 서비스와 관련된 가상의 인프라들 등이 이에 해당한다고 볼 수 있다. 이와 같은 가상의 네트워크 체계와 규칙들은 사이버-기술전의 무대이자 공격-방어의 대상이 된다. 또한 인터넷 환경과 규칙을 구축하는 것은 사이버 국제규범질서 구축과 관련된 외교전(diplomatic warfare)의 대상이자 공격-방어의 대상이다. 미국-서방의 "자유롭게 개방된 하나의 글로벌 네트워크 공동체 주장들"과 러시아-중국의 "각국이 배타적으로 가상 네트워크 체계와 규칙들, 프로토콜들을 통제하자는 국가주권별로 분할된 디지털 베스트팔렌 체제의 주장들"이 국제기구나 국제회의에서 충돌하고 있는 것은 이와 같은 맥락에서 이해될 수 있다.[11] 러시아는 이와 관련하여 자국 도메인네임등록대행자(Domain Name Register) 네트워크에 관한 기본사항을 정의하는 법률을 발표했다. 이에 따르면, 국가가 기업 및 개인에 관한 자동시스템과 네트워크뿐만 아니라 도메인, 라우팅 포인트를 포함하는 러시아 네트워크 전체 핵심 기반 체계와 규칙들을 통제하는 권한을 가진다.[12] 한편 이와 같은 가상의 네트워크 체계와 규칙들은 경제·산업안보와도 밀접한 관련성이 있다.

다섯째, ⑤는 인터넷 공간에서 생산, 소비, 유통되는 정보콘텐츠들을 모두 포함한

---

11 윤민우, "미러 사이버 안보 경쟁과 중러 협력," 사이버 안보의 국가전략 2.0, 김상배 엮음, (서울: 사회평론아카데미, 2019), pp. 316-317.
12 신범식 외, 러시아의 사이버 안보, pp. 50-51.

다. 여기에는 영상과 텍스트, 그래픽 정보가 모두 포함된다. 또한 미디어 보도나 논문, 보고서, 웹사이트의 정보들뿐만 아니라, 댓글, 해시태그, SNS상에서의 텍스트와 그래픽 등 다양한 유형이 모두 포함된다. 온라인비디오게임 역시 정보콘텐츠의 일종이다. 정보콘텐츠는 일반인이 특별한 등록이나 가입, 접근승인 절차 없이 정보에 접근하고 이를 이용할 수 있는 지 여부에 따라 표층웹(surface web), 딥웹(deep web), 다크웹(dark web) 등으로 구분된다.[13] 표층웹은 일반인이 온라인에서 식별하기 쉽고 이용에 어떤 접근허가나 등록 등 별도의 절차를 필요로 하지 않는다. 구글, 위키피디아 등이 이에 해당하며 온라인 상에서 표층웹이 차지하는 부분은 매우 작다. 딥웹은 일반인이 식별하기 다소 어려우며 정보의 접근 및 이용을 위해서는 특별한 가입과 승인절차를 필요로 한다. 논문 자료 데이터베이스인 ProQuest, 정부자료, 대학 도서관 자료 등이 이에 해당한다. 마지막으로, 다크웹은 일반인이 가장 식별하기 어려우며 정보의 접근 및 이용이 암호화된 방식으로 되어 있는 등 매우 선별적이고 제한적이다. 주로 테러단체 사이트나 마약거래 사이트 등이 이에 해당한다. 온라인상에서 딥웹과 다크웹 등과 같은 인비지블웹(Invisible Web)이 차지하는 부분이 매우 크다. 데이터마이닝(Data Mining)과 인비지블웹패스파인더(Invisible Web Pathfinder)는 딥웹과 다크웹의 정보콘텐츠들을 찾는 기법들이다. AI 알고리듬은 머신러닝(Machine Learning)과 딥러닝(Deep Learning)을 통해 정보콘텐츠들을 탐색함으로서 데이터들의 경향성과 연관성을 찾을 수 있다.

정보콘텐츠와 관련된 위협은 사이버-심리전에 해당한다. 하지만 최근 들어 데이터마이닝과 AI 알고리듬, 머신러닝-딥러닝 등이 중요해지면서 사이버-기술전이 정보콘텐츠의 부문에서도 중요해졌다. 이 부문에서의 사이버전은 정보전쟁(information warfare)과 중첩된다. 정보전 또는 정보전쟁은 정보의 흐름을 장악하고 통제하는 것과 관련된 전쟁이다.[14] 하지만 사이버전 특히 사이버-심리전은 정보의 흐름이 인간 사용자에게 미치는 영향까지 포함하는 개념이다. 이 지점에서 사이버-심리전은 인지전의 영역과 중첩된다. 정보전쟁과 사이버-심리전이 중첩되지만 차별되는 부문은 사이버-심리전의 경우 온라인상에서의 정보콘텐츠에 한정되어 있지만 정보전쟁의 정보콘텐츠는 온라인상의 콘텐츠뿐만 아니라 방송·통신·신문 등의 전통적 미디어의 정보들,

---

13 Vicki Carroll, "What is the Invisible Web and How to Use It?," Turbo Future. August 25, 2020. https://turbofuture.com/internet/What-is-the-Invisible-Web

14 Bernal et al., "Cognitive Warfare: An Attack on Truth and Thought," p. 9.

도서, 논문, 강의, 설교 등 다양한 오프라인에서 유통되는 콘텐츠들을 모두 포함한다.

사이버전과 정보전쟁의 개념 중첩과 관련해서 러시아의 개념정의는 이를 더욱 혼란스럽게 한다. 러시아는 사이버(러시아식 발음으로 키베르)라는 단어를 사이버범죄나 사이버테러와 같은 특정한 사건, 위협에 사용하며, 일반적으로 안보, 전쟁 등을 다룰 때는 "사이버"라는 용어를 쓰지 않고 정보전쟁(information war)이라는 표현을 쓴다. 러시아는 정보전쟁을 다시 정보-기술전쟁과 정보-심리전쟁으로 나누고 있는데, 전자는 해킹, 랜섬웨어 공격 등과 같은 사이버-기술전을 지칭하고 후자는 선전, 선동, 프로파간다, 가짜뉴스, 여론조작 등의 사이버-심리전 또는 인지전을 의미한다. 러시아는 이 정보전쟁의 범위를 반드시 사이버 공간 또는 인터넷에 국한하지는 않는다. 러시아의 정보전쟁의 범주는 온라인을 포함하며 방송·통신·신문을 포함한 다양한 오프라인의 정보통신과 과학지식문화 부문을 포괄적으로 포함한다.[15]

여섯째, ⑥은 인터넷 공간에 위치한 정보콘텐츠가 인터페이스 하는 인간의 의식(perception)의 영역으로 들어가 인간의 뇌에 의해 해석되어지는 결과물과 이후의 인간행동까지를 포함한다. 사이버-심리전과 인지전이 중첩되는 지점이면서 사실상 많은 부분이 인지전의 영역에 해당한다. 여기서는 정보콘텐츠뿐만 아니라 해당 콘텐츠를 소비하는 인간의 심리적, 성격적 특성들, 그리고 정보콘텐츠를 관찰하고 판단-결심-행동으로 이어지게 하는 뇌의 정보처리작용, 인간 행위자의 인지대본(script) 또는 습관까지가 모두 전쟁의 무대 또는 공격-방어의 대상이 된다. 또한 인간행위자 역시 특정 개별 의사결정자에 대한 재귀통제(RC: Reflexive Control)나[16] 프로파간다, 리크루팅뿐만 아니라 다수의 대중에 대한 선전, 선동, 프로파간다, 가스라이팅, 극단화, 동원화 등이 함께 포함된다. 최근 들어 뇌과학과 심리-설득지식의 급격한 발전으로 뇌파조작, 기억조작, 인지조작 등에 대한 기술적 개입의 개연성이 커지고 있다. 특히 AI는 이 부분에서도 매우 중요한 게임체인저가 될 수 있다.

---

15 М. М. Кучерявый "Роль информационной составляющей в системе политики обеспечения национальной безопасности Российской Федерации." Известия Российского государственного педагогического университета им. А.И. Герцена. 2014. № 164, pp. 155-163; С. Н. Черных, "Информационная война: традиционные методы, новые тенденции." Context and Reflection: *Philosophy of the World and Human Being*, 6(6A) (2017), pp. 191-199.

16 Timothy L. Thomas, "Russia's Reflexive Control Theory and the Military," Journal of Slavic Military Studies 17, pp. 237-256.

마지막으로 ⑦은 기반시설, 디바이스들, 정보콘텐츠들을 연결하는 무형의 무선통신과 전파등과 관련이 있다. 이는 대기 중에 투영되는 비물질적 실체들과 관련이 있다. 이 부문은 특히 사이버-기술전과 전자전이 중첩되는 영역이다. 전자전은 전자기 스펙트럼(electromagnetic spectrum)의 사용을 통해 적을 공격하거나 적의 공격을 방어하거나, 정찰 또는 첩보행위를 하는 것을 의미한다. 무선통신과 라디오 통신, 적외선 유도(infrared homing)등이 전자전의 영역에 포함된다. 전자전은 사이버-기술전 부문의 WiFi 데이터 송수신과 각종 기반시설, 디바이스, VPN 등에 대한 개입을 통해 사이버-기술전과 중첩된다. 사이버전자전(Cyber Electric Warfare)은 사이버전과 전자전이 결합된 융합전쟁의 개념이다.[17] 예를 들면, 전자전과 사이버전의 대상 위협이 중첩되는 주파수 스펙트럼은 통신대역으로 식별되고 있으며, 해당 대역에서 '원거리 고출력 전자파 탐지·송출'로 대표되는 전자전 능력과 '정보(메시지) 조작·교란'으로 대표되는 사이버전 능력이 융합되고 있다. 따라서 두 기술이 시너지 효과를 발휘할 수 있는 사이버전자전 기술로 발전시켜야 할 필요가 발생한다.[18] 사이버-기술전은 다시 핵 EMP탄과 연계되어 핵전(Nuclear Warfare)과도 관련성을 가지는데 이는 EMP탄은 인터넷으로 결합된 모든 기반시설과 디바이스, 가상연결망을 파괴시키기 때문이다. 핵전 부문까지 함께 고려하면 핵사이버전자전(Nuclear Cyber electric Warfare) 개념이 도출될 수 있다.

한편, 뇌파 개입에 의한 인간의 인지영역 교란과 조작과 같은 인지전 역시 전자전·사이버전과 중첩되어 갈 것이다. 뇌의 인지-인식은 신경세포(뉴런) 사이의 복잡한 상호작용을 통해 이루어진다. 뇌파(EEG: Electroencephalogram)는 많은 뉴런이 동시다발적으로 신호를 주고받으며 생겨나며 인간의 생각과 행동에 영향을 미친다. 뇌파는 중첩구조라는 뇌신경구조에 의해 생성 변조된다.[19] 문제는 이 뇌와 컴퓨터 간의 뇌-컴퓨터 인터페이스(BMI: Brain Machine Interface) 기술이 발전하면서 인간 행동과 뇌, 그리고 컴퓨터 소프트웨어 프로그램과 기계적 디바이스들이 하나의 통합된 네트워크로 결박될 수 있게 된 것이다.[20] 이렇게 되면, 개념적으로 인간과 컴퓨터의 구분이 사실상 모호

---

17 김소연 외, "Cyber electronic Warfare Technologies and Development Directions," pp. 119-126.

18 Ibid, p. 123.

19 전승민, "뇌파 생성 신경회로 찾았다," 「동아사이언스」, 2018년 11월 15일. https://www.donga-science.com/news.php?idx=25055.

해지며, 외부의 전자적 개입에 의해 인간 뇌의 OODA(Observe-Orient-Decide-Act) 작용을 조작할 수 있게 된다. 뇌파로 드론, 로봇 등을 조작하거나 전자기기·전파로 사람의 감정 분석 및 제어 등이 가능해지며 적의 최고지휘관의 뇌작용에 개입하는 RC(Reflexive Control)와 다수를 선전, 선동할 수 있는 여론 조작 등이 가능해질 수 있다.[21]

혼합현실(Mixed Reality) 역시 넓게는 대기 중에 투영되는 비물리적 실체와 관련이 있다. 혼합현실은 현실을 기반으로 가상 정보를 부가하는 증강 현실(AR: Augmented Reality)과 가상 환경에 현실 정보를 부가하는 증강 가상(AV: Augmented Virtuality)의 의미를 포함한다. 예를 들여, 전투 현실에 가상 탱크나 가상 드론을 구현하여 적을 기만하거나 전투 실행과 작전 운용을 가상으로 미리 구현해 본다거나 하는 방식으로 혼합현실이 전쟁에 구현될 수 있다. 메타버스는 이와 관련이 있으며, 가상현실 보다 한 단계 더 진화한 개념이다. 이 경우에 사이버전은 전자전과 결합된다.[22] 또한 키네틱 전쟁 역시 비키네틱 전쟁에 실시간으로 통합된다. 한편, 전장 환경에서의 혼합현실 또는 메타버스의 구현은 막대한 전기를 필요로 하는데 이를 지원하기 위해서는 SMR(소형 모듈식 원자로)이 필수적이다. 따라서 이는 다시 핵과 경제안보의 문제와 중첩된다.[23]

요약하면, 사이버전의 개념은 전자전과 정보전, 심리전, 인지전 등의 여러 유사하게 중첩되는 하지만 구별되는 다른 전쟁 유형들과의 관계 속에서 이해되어야 한다. 이와 같은 여러 유형의 비키네틱 전쟁들은 물리적 섬멸-파괴가 이루어지는 키네틱 전쟁과도 긴밀히 연관되어 있다. 또한 외교전쟁, 국제규범전쟁, 경제전쟁, 문화전쟁과 같은 여러 다른 비군사적 안보이슈들과도 관련되어 있다. 사이버 안보 개념에 대한 이해는 이와 같은 개념의 확장과 다변화속에서 이해해야 한다.

---

20 전황수, "뇌-컴퓨터 인터페이스(SCI) 기술 및 개발 동향," 「전자통신동향분석」, 26(5) (2011), pp. 124-126.

21 박건형, "중, 뇌파 조종해 적군 무력화 노린다," 「조선일보」, 2021년 12월 18일. https://www.chosun.com/international/2021/12/18/I74SBQDTSNFLRB6ULXK3GDOXWU/

22 Andrew Eversden, "Into the Military Metaverse: An empty buzzword or a virtual resource for the Pentagon?," Breaking Defense April 12, 2022. https://breakingdefense.com/2022/04/into-the-military-metaverse-an-empty-buzzword-or-a-virtual-resource-for-the-pentagon/

23 합참 작전 담당 장교들과의 인터뷰.

2. 미래전 발전 추이와 사이버 안보의 비중과 관련성

미래전은 아래의 그림과 같은 모습으로 발전할 것으로 추정된다. 키네틱전과 사이버전, 전자전, 정보전, 그리고 인지전이 같이 중첩되고 융합된 방식으로 전쟁이 진행될 것이다. 대체로 다른 전쟁형태와 중첩되지 않는 순수한 단일 형태의 전쟁은 드물게 발생할 것이고, 많은 경우에 복수의 전쟁형태가 결합된 방식의 전쟁이 보다 빈번하게 나타날 것이다. 경우에 따라서는 모든 전쟁형태가 모두 결합된 완전 융합전의 형태로도 전쟁이 전개될 것이다.

아래의 그림에 나타난 전쟁형태에 대해 설명하면 다음과 같다. 먼저, 키네틱전은 지상전, 해전, 공중전과 우주 공간에서의 키네틱 폭력 충돌, 그리고 전략핵미사일을 사용한 핵전쟁을 포함한다. 여기에 테러전이나 분란전, 또는 소규모 저강도 전쟁 역시 포함된다. 키네틱전은 키네틱 폭력이 사용되어 물리적 공간에서 살상과 파괴가 발생하는 모든 형태의 폭력적 충돌을 의미한다.

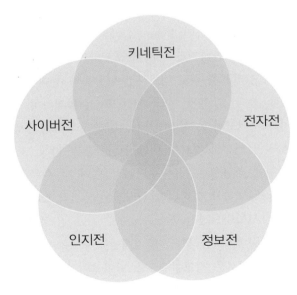

| 그림 11 | 전쟁형태들의 관계[24]

한편, 키네틱전을 제외한 나머지 네 가지 형태의 전쟁은 모두 비키네틱 전쟁에 해당한다. 이들 전쟁 유형의 특징은 직접적인 물리적 살상-파괴가 발생하지 않는다는 점이다. 하지만 이는 상대적인 개념이며 물리적 공간에서의 살상수단 또는 유, 무인 전투체계를 통해 간접적인 방식으로 키네틱 살상-파괴를 물리적 공간에서 구현할 수 있다. 예를 들면, 특정 개인에 대한 극단화의 인지조작을 통해 자발적 폭력공격을 유도하거나 드론 운영체계를 해킹하거나 전자적인 탈취로 해당 드론을 적을 향해 역으로 공격하도록 유도할 수 있다. 사이버전은 사이버-기술전과 사이버-심리전을 합친 개념이다. 사이버-기술전은 컴퓨터 네트워크의 하드웨어와 소프트웨어에 대한 기술적 방식의 공격-방어를 의미한다. 이를 위해 악성 소프트웨어(malicious software)가 무기로 이용된다. 사이버-심리전은 사이버 상의 인간 사용자들의 생각과 정서, 심리에 영향을 미치려는 것과 관련된 일련의 공격-방어이다. 이를 위해 악성 정보(malicious information)가 무기로 이용된다. 전자전은 무형의 대기 중을 오가는 전파의 차단, 방해, 개입 등을 통해 물리적 피해를 야기하려는 것과 관련된 공격-방어이다. 이는 WiFi 등과 같이 사이버전과 관련이 있을 수도 있지만 라디오, 방송 등 전통적인 무선통신(wireless)과 관련이 있을 수도 있다. 정보전은 정보콘텐츠의 흐름을 통제하기 위한 일련의 공격-방어이다. 이는 사이버 공간의 콘텐츠를 포함하지만 오프라인의 다양한 정보콘텐츠들도 함께 포함한다. 인지전에는 심리전과 선전전(propaganda)이 포함된다. 심리전은 사이버-심리전을 포함하지만 동시에 오프라인에서의 여러 수단을 통한 심리전을 또한 포함한다. 심리전은 주로 정보콘텐츠를 통해 상대방(특정 개인과 다수의 대중)의 정보에 대한 인식·생각·감정에 개입, 이를 조작·통제하여 궁극적으로 결심과 행동에 영향을 미치려는 시도이다. 선전전 역시 심리전과 마찬가지로 사이버 공간에 국한되지 않는다. 하지만 인간의 정보에 대한 인식·생각·감정 그 자체가 아니라 그러한 인식·생각·감정에 영향을 미치는 수단과 기법에 더 주목한다는 점에서 다소 차이가 있다. 그럼에도 불구하고 선전전과 심리전은 본질적으로 상당히 유사한 개념으로 이해할 수 있다. 사이버선전전(cyber propaganda warfare)은 선전전의 한 유형이다. 마지막으로 인지전은 선전전과 심리전을 합치개념에 이 보다 한 걸음 더 진화한 개념으로 이해할 수 있다. 인간은 정보콘텐츠를 받아들이고 해석한다. 받아들이는 과정을 인지(cognition)과정으로 인지의 결과물을 인식(perception)으로 정의할 수 있다. 인지

---

24 저자작성.

전은 인간의 인지-인식이 이루어지는 뇌 영역이 전쟁무대이며 인간의 인식을 조작함으로서 인간의 결심과 행동을 바꾸려는 것이 핵심적인 전략목표이다. 따라서 여기에는 심리전-선전전의 요소뿐만 아니라, 인간의 뇌 작용에 대한 신경생리학적 개입, 이민·난민 등의 인구구성 변화를 통한 영향력 확산, 광범위한 역사문화전쟁까지 넓게 인지전의 영역에 포함된다. 따라서 인지전은 사이버 공간상에서의 심리전과 프로파간다를 포함할 뿐만 아니라 오프라인에서의 강의, 교육, 방송, 영화, 게임, 도서, 발표, 집회·시위, 테러·폭격 등 폭력적 공격, 군사적 기동, 핵미사일 실험, 뇌파조작, 인구이동의 무기화(weaponization of migration) 등을 포함한 일체의 내러티브 전달을 담고 있는 영향력 투사를 모두 포함한다.[25]

미래전은 키네틱과 비키네틱 수단이 동시에 융합적으로 동원되는 하이브리드 전쟁으로 발전하고 있다.[26] 이는 클라우제비츠의 전쟁에 대한 고전적 정의를 다시 상기시킨다. 클라우제비츠에 따르면, 전쟁은 나의 의지를 상대방에게 관철시키는 것(enforce one's will against the other)이다. 이는 키네틱 폭력을 통해 달성될 수도 있지만 상대방의 의지(will)를 직접 개입·왜곡·조작함으로서도 가능하다. 미래의 전쟁은 군사적 키네틱 결전뿐만 아니라 선거개입, 여론조작, 프로파간다, 극단주의 또는 테러리즘 유포·확산을 통한 정치사회혼란과 정부전복, 사보타지, 사이버-기술 공격을 통한 사회혼란과 공포, 경제적 압박, 전자전을 통한 정보통신네트워크의 블랙아웃, 정보전을 통한 시스템마비 등 다양한 형태로 전개될 수 있다.

미래전의 또 다른 트렌트는 인간-기계 결합살상체계(kill-chain)의 등장이다. 이는 단순히 전투현장의 전투자산에만 해당되지 않는다. 인간 지휘관들은 점점 더 AI와 같은 지능형 기계들에게 전투지휘와 통제를 위임할 것이다. 인간 지휘-명령과 기계 통제의 결합구조가 나타날 것이다.[27] 또한 전투 현장에서 유인전투체계와 무인전투체계가 결합된 방식으로 운용될 것이다. 물론 이들 유/무인 전투체계의 전투지속성을 함께 보장하기 위한 식량과 무기, 장비, 에너지(또는 연료)의 보급과 수송, 그리고 의료와 정비체계도 중요해질 것이다. 전투현장에서 발생하는 무인전투체계의 파손을 즉시 수리하기 위한 부품 공급에 3D 프린팅 기술이 중요해질 지도 모른다.

---

25 Bernal et al., "Cognitive Warfare: An Attack on Truth and Thought," pp. 6-10.

26 송태은, "하이브리드 위협에 대한 최근 유럽의 대응," p. 7.

27 Christian Brose, The Kill chain: Defending America in the future of High-Tech warfare, (New York: Hachette Books, 2020), pp. 128-129.

미래전은 공격 능력의 분산, 취약성의 분산, 그리고 방어의 분산을 특성으로 한다. 국가의 정규군과 정보기관, 다른 정부부문들, 그리고 비국가행위자들을 포함한 다양한 인간-기계 공격자들의 이질적이고 비대칭(asymmetric)적인 공격역량이 분산되어 전쟁이 수행될 것이다. 취약성은 국가의 전쟁지휘부와 민간인, 정보통신기반시설과 사이버 공간에서의 여론 등 매우 다양하게 분산되어 산재할 것이다. 이처럼 공격자와 공격능력이 다양하고 취약성이 다양하고 분산되어 있기 때문에 방어역시 분산되어 운용되어야 할 필요가 있다. 따라서 공격-방어의 분산이 미래전의 특징으로 두드러질 것이다. 최근 러시아-우크라이나 전쟁에서는 이와 같은 공격-방어 분산이 나타나고 있다.[28]

이와 같은 미래전의 특성들과 발전 추이 때문에 미래전은 지휘통제와 전투행동의 집중-분산을 동시에 달성해야하는 도전에 직면해 있다. 전쟁은 물리적 공간과 비물리적 공간을 포함한 다영역에서 동시에 전개될 것이다. 이 다영역에는 군사적 영역뿐만 아니라 비군사적 영역도 포함된다. 전쟁 참여자 역시 인간과 기계, 정규군과 비정규군과 다양한 민간인들로 다변화된다. 전쟁수단과 전쟁 타깃 역시 비대칭적이고 이질적이며 다양하다. 이와 같은 환경에서 일원화된 인간 지휘·통제·명령 행위자가 전체 전쟁을 조율하기는 사실상 불가능하다. 역사적으로 전쟁의 규모가 커지면서 지휘관이 전투 현장에서 직접 육안으로 관찰하면서 전쟁을 지휘하는 것이 불가능해졌기 때문에 합동참모시스템(Joint Staff System)이 등장했다. 유, 무선 정보통신시스템은 이를 뒷받침했다. 하지만 미래전은 그와 같은 일원화된 중앙집중식 합동참모시스템의 지휘·통제·명령 체계로 감당하기에는 너무 이질적이고 비대칭적이며 복잡하고 전쟁의 국면변화와 전개속도가 빠르다. 다영역 전쟁인 미래전에서는 각각의 전투 국면과 현장에서 즉각적인 감시(sense)-결심(decide)-대응(act)의 전투수행체계가 갖추어져야 한다. 따라서 각 전쟁영역에서 벌어지는 개별 전투현장의 개별 전투 집단의 자기주도(self-initiative) 전투수행 권한과 능력이 강화될 필요가 있다. 이는 지휘통제-전투행동의 분산을 의미한다. 하지만 동시에 이와 같은 다영역에 분산된 자기주도 전투 집단은 전체 전쟁을 관통하는 핵심 내러티브와 전략목표의 방향성에 맞추어 조율될 필요가 있다. 그렇지 않으면 마구잡이로 분산된 전투역량은 서로 상쇄(cancel-out)될 것

---

28 Benjamin Wittes and Gabriella Blum, The Future of Violence: Robots and Germs, Hackers and Drones, (New York: Basic Books, 2015), pp. 17-90.

이며, 이 때문에 미래전의 핵심인 내러티브 전쟁에서 자기파괴적인 결과를 가져올 것이다. 따라서 전체 전투집단과 전쟁방향을 핵심내러티브와 전략목표에 맞게 조율할 필요가 발생하는데 이는 전체 전쟁을 총괄하는 인간 지휘 컨트롤타워에 의해 수행되어야 한다. 이와 같은 집중-분산이 실시간(real-time)으로 이루어질 필요가 있는데 AI와 사이버 공간을 통한 전투현장과 전쟁지휘컨트롤타워의 초연결성 구축과 정보처리능력과 속도의 강화, 그리고 AI의 알고리듬과 딥러닝을 통한 인간지휘컨트롤타워와 전투현장의 유·무인 전투 지휘체계에 대한 雙방향 동시지원 등은 이에 대한 대안으로 제기되고 있다. 미군이 발전시키고 있는 모자이크 전쟁개념은 이러한 필요의 산물이다.

모자이크 전쟁의 특징은 전투현장의 전투 단위를 보다 소규모화 경량화 시킨다. 작전권한이 더 많이 위임되고 더욱 강화된 살상력으로 무장된 다수의 소규모 전투 단위들을 보다 넓게 분산시켜 작전을 수행한다. 미 해병대의 원정기지작전(EABO, Expeditionary Advanced Base Operations) 구상은 이러한 변화의 결과물이다.[29] 한편 인간최고 지휘부는 전장의 전체 상황을 인식하고 예측하며, 판단과 결심하는 역할을 수행한다. 인공지능이 해결할 수 없는 미래의 예측과 추론, 작전결과의 대중 여론에 대한 파장 등도 이 인간지휘부의 역할이다. 실제 작전 수행과 관련된 전장상황인식과 작전대안 제시, 최적 전투단위 조합 등은 인공지능이 담당하여 인간지휘부와 전투현장의 단위 전투 지휘관을 지원하며, 둘 사이를 연결한다.[30] 모자이크 전쟁 개념은 군사부문에 국한되어 발전되고 있지만 이는 인지전 또는 다른 형태의 비키네틱 전쟁을 수행하는 정보기관과 사법기관들, 민간 기관들, 단체들, 활동가들, 온라인 유저들, 해커들과 같은 다양한 비군사부문의 전투 단위들에도 확장될 수 있다. 예를 들면 내러티브 전쟁을 수행하는 각각의 정부 또는 민간 전투 단위들은 권한과 임무수행의 자율성을 가지면서 전체 전쟁을 조율하는 컨트롤타워와 인공지능을 통해 결박될 수 있다.

이와 같은 미래전 발전추이와 사이버 안보는 밀접히 관련되어 있으며, 그 비중과 관련성 역시 매우 크다. 이는 다음과 같은 이유들 때문이다. 첫째, 사이버 전쟁은 다른 유형의 키네틱 전쟁과 비키네틱 전쟁과 밀접히 관련되어 있다. 예를 들면, 키네틱 전쟁에서 물리적 전투력의 투사는 사이버(또는 사이버전자) 공격에 의해 영향을 받을 수

---

29 남두현 외, "4차산업혁명 시대의 모자이크 전쟁: 미군의 군사혁신 방향과 한국군에 주는 함의," p. 163.

30 Ibid, pp. 161-163.

있다. 또한 사이버전 능력은 힘의 증대효과(force-multiplier)를 가져와 기존 키네틱 전투력을 극대화할 수 있다. 사이버 공간의 정보콘텐츠와 플랫폼들, 그리고 AI와 메타버스, 뇌파조작과 관련된 기술들은 인지전의 주요한 수단이자 무대로 활용된다. 대부분의 오프라인 정보콘텐츠들이 온라인으로 이동하고 있는 추이를 감안할 때, 점차 인지전의 주 무대는 사이버 공간이 되고 있다. 이러한 현상은 정보전에서도 동일하게 관찰된다. 전자전 역시 사이버전이 결합되면서 전자전의 파괴력과 효용성이 증대했다. 기존 전자전이 무선통신 방해를 유도하여 공격대상에 대한 전자기적 거짓유도나 개입에 그쳤다면, 최근에는 사이버전과 결합하면서 메시지 조작을 통해 악성코드를 유포하고 이를 통해 공격대상을 탈취하고 역용(reverse use)하는 데까지 그 파괴력이 증대하였다.[31]

둘째, 인간-기계 결합살상체계를 구동하기 위해서는 하드웨어와 소프트웨어를 포함하는 사이버 인프라의 안정성 확보가 핵심적이다. 유·무인 전투차량, 유·무인 전투함정 및 잠수함, 유·무인 항공기 등과 개인용 모바일 디바이스, 컴퓨터, 구글글라스 등으로 연결된 유인전투원, 로봇 등이 인터넷을 통해 서로 결박된다. 따라서 사이버 위협으로부터 이들 유·무인 전투체계를 구동하는 운영프로그램의 안정성이 확보되어야 한다. 또한 이와 같은 인간-기계 결합살상체계의 안정적 결박과 통합운용을 지원하기 위한 위성과 케이블, 고출력 WiFi 송·수신기기, 대용량 정보의 소통·처리·저장 시스템 등을 포함한 정보통신 네트워크의 안정적 운용환경구축, 그리고 이를 지원하기위한 전력(에너지)의 원활한 확보와 공급 등이 고려되어야 한다.

셋째, "인간지휘부-AI-전투단위"를 결박하고 운용하는데 사이버 공간은 핵심 연결통로이다. 작전계획을 발전시키고 임무 명령을 하달하는 인간지휘부와 지상군 부대, 탱크, 전투함정, 항공 스트라이커 그룹, 드론, 미사일, 위성 등 전투임무를 수행하는 개별 유·무인 전투 단위들, 그리고 임무 수행을 위한 단위요청과 가용한 능력기반 킬체인(kill chain)을 구성하는 AI 기반 기계 보조 통제의 3축 간의 연결은 사이버 또는 사이버-전자 수단을 통해 이루어진다. 이처럼 사이버 공간 또는 사이버 수단은 다양한 측면에서 미래전 수행의 중심적 위치에 있다.[32]

---

31 김소연 외, "Cyber electronic Warfare Technologies and Development Directions," p. 123.
32 남두현 외, "4차산업혁명 시대의 모자이크 전쟁: 미군의 군사혁신 방향과 한국군에 주는 함의," pp. 161-163.

3. 국가 안보전략 또는 전쟁전략의 새로운 모색

미래전은 다영역 작전이 벌어지는 다양한 인간-기계 전투체계간의 충돌이다. 이 충돌은 키네틱전의 범위를 넘어서며 다양한 비키네틱전들이 동시에 통합되어 진행된다. 그리고 전쟁의 승패는 누구의 내러티브가 더 우세한지에 의해 결정되어진다. 이와 같은 미래전에서 공간이자 동시에 수단과 도구로서의 사이버 영역은 매우 중요한 위치를 차지한다. 이와 같은 미래전의 추이는 전쟁 세대(generation of war)의 패러다임 전환을 의미할 정도로 근본적이다. 이러한 미래전 추이에 부응해 미국에서는 다영역 작전(Multi Domain Operation), 분산해양작전(DMO: Distributed maritime Operations), 모자이크 전쟁의 개념들이 나왔다.[33] 러시아의 게라시모프 독트린도 이와 같은 미래전 발전 추이를 반영한 러시아의 전쟁인식이다.[34] 최근 한국 국방과학연구소 역시 이러한 미래전 추이를 반영하여 "다영역·다차원 작전에서 개별 플랫폼들을 분산-적응형 킬 웹 기반으로 신속하고 유연하게 결합해 아군의 중심 분산을 통해 생존성을 극대화하고 적에게 치명적인 타격을 주는 모자이크 전장 개념은 미래 국방안보의 핵심이 될 것이며, 미래 전방위 위협에 적극적으로 대비하기 위해 무인화, 자율화, 지능화, 군집화 등 첨단국방과학기술에 기반한 한국형 모자이크전장을 구축할 것"이라고 밝혔다.[35] 이와 같은 국방과학연구소의 입장은 미래전 추이에 맞춰 국가안보전략을 새롭게 모색해야하는 필요성에 대해 한국군도 인식하고 있다는 것을 반영한다.

하지만 현재 한국의 미래전 준비와 국가안보전략의 새로운 모색에 있어 나타나는 몇 가지 제한점들이 있다. 먼저, 한국의 특수성과 국가안보전략과 전쟁전략적 환경과 목표를 고려하지 않고 미군 또는 다른 해외 사례들을 그대로 받아들여 국가안보전략을 설계하고 추진하는 것이다. 전쟁은 기본적으로 "누가 누구와 함께 어떤 적과 어디에서 무엇을 가지고 어떻게 싸울 것인가"의 문제이다. 미군의 그것과 한국군의

---

33 남두현 외, "4차산업혁명 시대의 모자이크 전쟁: 미군의 군사혁신 방향과 한국군에 주는 함의," pp. 162-163.

34 Sergei A Medvedev, "Offense-defense theory analysis of Russian cyber capability," Thesis, Naval Postgraduate School, Monterey, California, USA, 62, 2015.

35 남두현 외, "4차산업혁명 시대의 모자이크 전쟁: 미군의 군사혁신 방향과 한국군에 주는 함의," pp. 163-164.

그것은 따라서 당연히 달라질 수밖에 없다. 따라서 한국의 주적이 누구인가, 누구와 함께 어디에서 싸울 것인가, 무엇을 가지고 싸울 것인가, 어떻게 싸울 것인가가 한국의 주체적인 입장과 시각에서 도출되고 이를 바탕으로 미래전 준비가 진행되어야 한다. 그간 한국은 이 문제에 대해 심각히 고민한 흔적이 보이지 않고, 미군의 모방에 그치지 않았는가 하는 의문이 있다.

둘째, 국가안보전략 발전과 미래전 준비는 국가 최고지도부에서 중, 장기적 전쟁 독트린과 국가안보전략을 먼저 세우고 이를 기반으로 키네틱전과 비키네틱전의 준비 그리고 그 이하 단위에서의 지상군, 해군·해병대, 공군, 사이버, 우주, 인지전 등의 전투단위와 전투무기와 수단, 체계 등이 발전되어야 한다. 미국과 러시아의 경우 국가의 장기적 국가안보전략을 기반으로 군사전략, 각 군의 전략과 작전-전술, 관련 전투단위와 체계혁신, 그리고 무기·장비의 개발 등이 긴밀히 연계되어 대체로 지속적으로 추진되어 왔다. 하지만 한국의 경우 각각의 하위 단위의 부문들이 독자적으로 미래전과 국가안보전략의 발전을 모색해오는 측면이 있다. 예를 들면, 해군의 경항모 추진은 국가 전체적으로 누구를 상대로 어디에서 어떻게 싸울 것인지를 염두에 두고 이와 연계하여 추진된 것인지 의문이다. 문제는 각 군의 미래전 준비가 아니라 각 군의 미래전 준비와 비군사부문에서의 인지전과 사이버전, 정보전 등의 준비와 전략발전이 모두 연계되어야 하고 이는 전체 국가안보전략의 틀 속에서 가이드 되고 조율되어야 한다는 점이다. 2022 러시아-우크라이나 전쟁에서 확인할 수 있듯이 탱크를 파괴하는데 드론과 휴대용미사일과 폭격기 등의 다양한 옵션들이 있을 수 있다. 여기서 어떤 무기를 어떤 전투단위가 사용할 지와 관련된 비용-효과 대비 최적대안이 도출되어야 한다. 이를 한국에 적용하면 중국 항모의 한반도에 대한 접근거부를 위해 F-35, 대함미사일, 잠수함, 항모, 드론, 수중 무인잠수정, 연안지역의 포대 등 다양한 옵션들이 제시될 수 있다. 여기서 비용-효과 최적대안이 도출되어야 한다. 이는 각 군의 범주를 넘어서는 국가전체적인 차원에서 고민되고 발전되어야 할 문제이다. 특히 다영역에서 다양한 전쟁 참여자들이 다양한 모습으로 내러티브 전쟁을 벌이는 미래전에서는 더욱 그러하다.

셋째, 미래전 준비와 국가안보전략 발전에 있어 "과학기술의 함정"에 빠지지 말아야 할 것이다. 군사력을 첨단 무기의 수와 국방예산으로 측정하는 것은 무의미하다. 이는 러시아-우크라이나 전쟁에서 다시 한 번 입증되고 있다. 미래전은 특히 AI와 드론, 위성과 첨단 항공기, 메타버스 등 섹시한 첨단의 아이템과 개념들로 가득 차 있다. 이 때문에 첨단무기와 장비, 시스템의 개발과 도입에 막대한 예산과 노력을 쏟아붙고 이를 미래전 준비와 국가안보전략 발전으로 착각할 수 있다. 전쟁은 누구를 상대로 어디에서 무엇을 가지고 어떻게 싸울 것인지가 먼저 정립되어야 하며, 이를 바탕으로 필요한 무기, 수단이 도출되어야 한다. 섹시한 첨단 무기가 전쟁의 승리를 보장해 주지 않는다. 이 때문에 국가 안보전략과 전쟁전략 없이 첨단무기 개발과 확보에 매달려서는 안 된다. 첨단 무기는 종종 실전에서 신뢰성 있게 작동하지 않는다. 실전에서 검증해보지 않는 무기는 믿을 수 없다.

이와 같은 제한점들을 염두에 두고 미래의 전쟁을 준비하는 국가안보전략이 모색되어야 한다. 여기서 중요하게 지적되어야 할 부분은 군사기술뿐만 아니라 문화와 정치-사회적 영역이다. 미래전은 인간 최고 지휘부와 다영역에서 전투를 수행하는 전투단위, 그리고 이 둘을 연결하고 지원하는 AI의 3축의 전투지속성이 확보되어야 한다. 이를 위해서는 결심-행동의 권한과 책임이 현장 전투단위로 분산되어야 하는 동시에 모든 전투단위를 결박한 전투네트워크가 인간 최고 지휘부에 의해 집중·조율되고 지휘-통제되어야 한다. 여기서 중요한 것은 상급지휘관과 하급지휘관, 국가부문과 민간부문, 그리고 각 전투단위 간의 신뢰와 권한 위임, 그리고 협력의 문제이다. 이는 군의 초급 또는 중급 지휘관, 그리고 민간부문이 전투와 관련된 중요한 의사결정을 내리고 행동을 할 수 있는가의 문제와 관련된다. 이는 수평적 인간관계와 관련된 문화의 문제이다. 권한과 책임이 군 최고지휘부의 장성급 고급장교와 국가최고안보컨트롤타워 또는 국가부문 (비국가 행위자와 비교할 때) 등에 집중되어 있는 위계적 문화를 기반으로 한 국가는 미래전을 수행할 수 없다. 인지전은 많은 부분 정치-사회적 영역이다. 군의 전쟁 수행이 민간 부문의 인지전과 긴밀히 결박되어 있다. 민간부문의 관련 협조 요청을 군이 받아들일 수 있는가, 인지전 수행을 민간 부문이 얼마나 주도할 수 있는가의 문제 등을 동반한다. 미래전의 준비와 국가안보전략의 모색은 이처럼 단편적인 기술의 영역을 초월하여 인간이 관계를 맺는 방식의 혁신과 관련된 다양한 영역에서의 새로운 시도와 관련이 있다. 그리고 이와 같은 포괄적인 변화는 국가 최고 지도부에 의해 중, 장기적인 국가안보전략의 틀에서 안정적으로 꾸준히 진행되어야 한다.

이 장에서 논의된 미래전의 특징과 추이를 반영하여 다음과 같은 국가의 안보전략 또는 전쟁전략이 도출될 수 있다. 아래의 사항들은 브레인-스톰(brain-storm)을 통해 도출된 몇 가지 아이디어들이다. 따라서 본격적인 전략이 되기 위해서는 보다 정밀한 분석평가와 사려 깊은 고찰을 필요로 한다. 그와 같은 제한점에도 불구하고 간략히 여기에서 제시한 것은 미래전을 대비하는 차원에서 안보전략 또는 전쟁전략과 관련하여 생각해보아야 할 주요한 사안들이라는 글쓴이의 판단 때문이다.

□ 국가안보전략비전: 물리적, 정신적 주권확보 + 국제적 영향력과 존중
- 국가안보전략의 궁극적 비전으로 주권확보를 추구한다. 주권에는 영토, 국민 등의 전통적인 물리적 주권이외에 역사, 세계관, 문화, 여론, 가치체계, 자유민주주의 질서 등 정신적 주권을 포함한다.
- 한반도와 동북아시아를 넘어 한국의 준강대국(near superpower)으로서의 국제적 영향력 투사와 한국과 한국민, 한국문화에 대한 국제적 존중을 확보하는 것을 안보전략 비전에 포함시킨다.

□ 대전략(grand strategy)
- 대전략은 국가안보전략비전을 실현하기 위한 실행전략 가운데 대원칙을 의미한다. 대전략은 따라서 아래에 제시될 국가안보전략의 기본 지침이 된다.
- 대전략의 핵심기조는 현상유지(status-quo)이다. 이는 국제정치적인 측면과 국내정치적인 측면 두 부문으로 나뉘어 다음과 같이 제시될 수 있다.
- 국제적으로는 현재의 글로벌 수준의 정치·경제·가치 질서의 현상을 유지한다. 이와 관련하여 일대일로를 통해 중화제국질서를 추구하는 중국을 주요한 현상변경세력으로 규정하고 대중견제를 추구한다.
- 국내적으로는 현재의 자유민주주의 기본가치와 질서, 삶의 양식과 보편타당한 상식을 변경하려는 어떠한 현상변경시도에 대해서도 단호히 반대한다. 특히 이와 관련하여 주체사상, 사회주의, 공산주의, 또는 해외세력의 영향력 침투 등 어떠한 형태의 국내 정치, 경제, 사회, 가치 질서에 대한 전복기도에 단호히 대응한다.

□ 일반전략: general strategy
- 일반전략은 한반도와 주변지역을 넘어선 보다 넓은 지역범위의 (예를 들면 인도-태평양과 같은) 실행전략에 해당한다.
- 일반전략의 핵심기조는 대중견제이다.
- 이를 위해 한-미 또는 한-미-일-오스트레일리아의 동맹을 강화할 필요가 있다. 같은 맥락에서 쿼드 참여를 고려할 필요가 있다.

- 한미동맹은 기존 차원을 넘어 더욱 확대·강화되어야 한다. 이와 관련하여 미래 한미동맹은 확실하고, 신뢰할만하며, 과거 한국이 일방적으로 수혜 받는 동맹에서 한국과 미국이 서로 주고받는 대등한 동맹으로 발전해야 한다. 또한 한미동맹의 범위 역시 기존의 한반도와 주변지역을 넘어 글로벌 차원으로 공간적으로 확장되어야 하며, 이와 같은 공간적 확장에는 기존의 물리공간을 넘어 우주, 사이버, 그리고 문화 등의 인간의 인지공간도 포함되어야 한다.
- 남방정책은 인도네시아 또는 인도와 같은 동남아시아, 남아시아 국가들과의 전략적 협력을 강화할 필요가 있다.
- 북방정책은 특히 중국에 대한 미래의 견제카드로 러시아와의 협력을 강화할 필요가 있으며, 이는 한미동맹의 기존 골조를 해치지 않는 선에서 지속적으로 추구되어야 한다. 러시아는 동북아시아에서 세력균형을 위한 주요한 한국의 파트너이자 한국의 중앙아시아와 동유럽 진출의 핵심연결통로라는 점을 인식할 필요가 있다. 러시아 이외에도 북방정책을 위해 한국은 중앙아시아 및 동유럽 국가들과의 협력과 연대를 강화할 필요가 있다. 특히 한국의 러시아 및 다른 구소련권 국가들과의 협력과 연대는 북한이라는 변수를 배제할 필요가 있다. 예를 들면, 한국-러시아의 협력은 양자 간의 관계에 집중해야 하며, 북한 변수를 여기에 포함시키는 것을 배제해야 한다는 의미이다. 이는 기존의 북방정책이 남북관계를 위한 하나의 수단 또는 종속변수로 운용되어 왔던 한계점을 탈피해야 한다는 의미이며, 한국과 러시아 및 다른 구소련권 국가들과의 양자 간 또는 다자 간 전략적 협력관계를 강화하는 것을 지향해야 한다는 의미이다.
- 해양정책은 인도-태평양 해역에서의 "항행과 비행의 자유" 원칙을 유지해야 하며, 한국의 해상교통로 확보에 주력해야 한다.
- 사이버 정책은 미국-서방의 입장을 지지하여 사이버 공간의 어떠한 형태의 국가통제와 사이버 공간의 주권분할 원칙에도 반대해야 한다. 반면 사이버 공간의 투명성과 정보흐름의 자유를 지지해야 한다.
- 인도-태평양 역내 국가들에서의 보편적 인권과 자유민주주의를 지지하고 지원해야 한다.
- 인도-태평양 지역에서의 어떠한 형태의 현상변경시도에도 반대하여야 한다. 이는 대만문제, 동남아시아 해역의 중국 영해화, 대량살상무기확산, 전쟁 등 무력수단 또는 타국에 대한 영향력 공작을 통한 현상변경 등에 대한 일체의 반대를 포함한다.

□ 지역전략: regional strategy

– 한반도 및 동북아시아 전략의 기본원칙은 K-쉴리펜 플랜(과거 독일의 쉴리펜 플랜을 벤치마킹)이 되어야 한다. 이에 대한 자세한 내용은 다음과 같다.

◆ 한국의 북-서쪽 북한-중국과 남-동쪽 미국-일본과의 양면전쟁 또는 양면갈등 회피가 핵심 지역전략기조가 되어야 한다. 한국이 충돌하는 양 세력 사이에서 중립지대 또는 균형자 역할을 지향하게 되면 양면 전쟁 또는 양면 갈등의 상황에 직면할 수 있다. 한국의 국가역량을 고려할 때 양면 전선의 형성은 안보상 최악의 시나리오가 되며, 이는 절대적으로 회피해야 한다.

◆ 따라서, 미-일의 남동쪽을 배후 방벽 또는 지지대로 삼아 후방을 방어하고 전면에 중국-북한과 대치할 필요가 있다.

– 한국의 전면에서 대치하는 중국-북한 세력에 대한 대응전략으로 다음과 같은 사항들이 고려될 필요가 있다.

◆ 한반도 전쟁 시 러시아가 중국-북한에 가담하지 않도록 러시아를 견제할 필요가 있다. 이를 위해 미국-일본을 이용하여 러시아 극동과 북방도서, 캄차트카 공격을 위협하거나 한국과 러시아와의 전략적 협력 강화 등을 모색할 수 있다.

◆ 중국-북한의 균열을 시도할 수 있다. 이를 위해 기존 북한도발억제를 위해 중국과의 협력을 모색하던 방식에서 중국견제를 위해 북한의 협력을 유도하는 방식으로 프레임을 전환할 수 있다. 단, 이를 위해서는 김정은 체제의 안전보장이 선결되어야 한다. 이는 사실상 한국-북한 통일을 포기하는 것이 되며 하나의 독립된 국가행위자로 북한을 받아들이는 것을 의미한다. 이 경우에 북한은 중국과 한-미 세력충돌의 전략적 중립 또는 완충지대(buffer zone)가 된다.

◆ 중국 해양전력의 동해접근을 거부한다. 이를 위해 중국이 미국에 대해 "반접근 거부전략"을 취한 것처럼 한국은 지역 차원에서 중국을 상대로 한반도 주변해역에서 "반접근 거부전략"을 추진할 필요가 있다.

◆ 중국, 북한에 대한 대량응징보복역량을 구축할 필요가 있다. 이를 위해 핵무기, 화학무기, 또는 생물학무기와 같은 WMD(Weapon of Mass Destruction)를 자체적으로 확보할 필요가 있으며, 이것이 여의치 않을 경우 같은 효과를 낼 수 있는 보복공격 수단과 역량을 확보할 필요가 있다. 대량응징보복역량구축의 목표는 북한 또는 중국으로부터 핵선제공격을 받거나 공격징후를 포착한 직후 선제 또는 보복공격을 통해 평양을 포함한 북한 전역과 중국의 수도권과 동부연안 핵심 군사산업지역을 대량살상파괴할 수 있는 실효적 능력을 확보하는 것이 되어야 한다.

◆ 한반도 현상유지를 지지할 필요가 있다. 따라서 한국-북한 이외의 어떤 역외 세력에 의한 한반도 문제 개입이나 현상변경 시도에도 반대하여야 한다.

◆ 한반도 비핵화와 군사력 감축 등의 주장에 대한 대응논리로 중국과 일본을 포함하는 동북아시아 모든 지역 국가들이 포함되는 동북아시아 비핵화 및 대량살상무기금지, 군사력감축 등의 기조를 주장할 필요가 있다.

◆ 한미동맹과 한국 내 미군주둔은 한국의 주권적 결단사항임을 원칙적으로 천명하고 이에 대한 한-미 이외 제3자의 주장은 원칙적으로 한국의 주권침해에 해당하는 사안임을 명확히 할 필요가 있다.

◆ 북한(김정은 정권)과의 관계는 상호호혜성의 원칙에 따라 속도조절할 필요가 있다. 따라서 북한의 도발에는 도발로 대화에는 대화로 동일 방식과 동일 수준으로 대응하는 "tit-for-tat" 원칙을 고수할 필요가 있다.

◆ 한국의 정치, 경제, 사회, 역사, 문화, 가치, 인구구조 등 전방위적 측면에서 "탈중국화(de-chinanization)"를 추진하여야 한다.

□ 작전술: operational art
– 방어적 공격전략(defensive offense)

◆ 대북 전쟁전략으로 북한에 대한 MAD(상호확증파괴능력)를 확보하여야 한다.

◆ 대중 전쟁전략의 경우 북한의 경우와 같이 완전한 MAD에는 미치지 못하더라고 중국의 정치, 경제, 군사의 핵심 지역인 수도권과 발해만에서 (중국) 동해안일대 주요 거점 지역에 대한 MAD를 확보하여야 한다. 이 경우에 중국 전체 국가역량의 약 40% 정도에 해당하는 대량살상과 파괴를 가져올 수 있다. 이는 한반도 전쟁에 중국이 개입할 시 전쟁을 중국본토로 가져가는 것을 의미하며, 이를 사전에 중국에 인식시킴으로서 중국과 북한의 전쟁의도를 억제할 수 있다.

– 다양한 시나리오별 전쟁전략을 수립하여야 한다. 이는 미래의 전쟁은 과거 한국전쟁과 같은 전형적인 시나리오로 전개되지는 않을 것이기 때문이다. 과거의 전쟁 경험을 기초로 미래의 전쟁에 대비하는 것은 매우 심각한 대가를 치를 수 있다. 이를 유념할 필요가 있다.

◆ 한반도와 주변해역을 포함한 인도-태평양 전체를 포괄하는 전구급(theater) 전쟁전략을 수립하여야 한다. 이는 한반도와 타이완, 또는 북방열도와 동남아시아 등에서의 동시전쟁을 포함하는 다양한 시나리오를 도출하는 것을 의미한다.

◆ 한반도 전쟁전략 도출에 기존의 전쟁전략 이외의 다양한 가능성들을 고려할 필요

가 있다. 예를 들면,

▶ 전선개념 파괴와 한반도 전역 동시전장화(all court pressing) 상황을 고려할 필요가 있다.

▶ 북한의 전쟁개시와 동시에 김정은과 평양을 목표로 한 속도감 있는 전격전을 기획하고 실행력을 확보하여야 한다. 이는 한국군 침공전력에 대한 북한 핵 공격의 위협을 줄일 수 있으며, 미국 본토에 대한 전략 핵 타격 위협을 통한 미군 증원 저지 계획을 무산시킬 수 있고, 중국의 한반도 군사개입의 타이밍을 뺏을 수 있다.

▶ 북한의 선제 핵 공격으로 인한 대량살상파괴 피해 이후의 한국의 전쟁지속 역량 구축과 수행전략을 고려할 필요가 있다. 이와 같은 대량살상파괴는 서울에 대한 핵 공격으로 한국의 전쟁지휘통제체계 마비, 대량인명피해로 인한 국민의 전쟁수행의지 상실, 미군 증원 병력과 물자가 들어올 수 있는 부산 등 주요 전략항구의 무력화, 국가핵심기반시설 무력화로 인한 전력, 에너지, 정보통신네트워크 등 주요 전쟁수행지원역량 상실 등을 포함한다.

▶ 한반도 전쟁 시 중국의 군사력이 한국의 서해안과 남해안 또는 동해안으로 전개, 투사되는 상황에 대한 대비가 필요하다. 이는 중국의 한국 후방지역에 대한 해상봉쇄와 상륙작전을 포함한다.

▶ 과거 빨치산 사례에서처럼 한국의 후방지역 또는 메가시티, 북한 수복지역, 북중국경지역 등에서의 북한 특수전 부대와 비정규 게릴라, 테러리스트들, 민병대들에 의한 분란전(insurgency warfare) 수행에 대한 대분란전 전략이 포함되어야 한다.

▶ 미래전에 대비한 지상, 바다, 하늘, 사이버, 우주, 인지 영역에서의 입체적 통합전쟁수행전략 및 역량을 구축하여야 한다. 여기에는 대중, 대북 영향력 공작 및 인지전 공격-방어, 메가시티전투, 모자이크전투, 하이브리드전투 등이 포함된다.

▶ 유, 무인 복합전투체계를 통합한 전쟁수행전략을 개발하고 역량을 구축하여야 한다. 이를 위해 유인 전투원과 드론, 로봇전투기기, 기계화 전투체계 등 제반 투요소들을 정보네트워크로 묶고 통합전투를 수행할 수 있는 역량을 구축하여야 한다. 최근 러시아-우크라이나 전쟁에서 나타난 GIS-아르타 시스템 활용은 대표적인 사례이다. 이와 함께, 정보-작전-수송-보급-심리 등 전투수행체계 전반에 걸쳐 전투수행의 통합성과 지속성, 적응성, 유기적 연관성 등을 확보

하여야 한다. 이는 유인전투원에 대해서 뿐만 아니라 드론, 로봇 등 무인전투기기에 대해서도 동일한 원칙이 적용되어야 한다. 즉, 전선이 이동함에 발맞춰 유인전투원에 대한 식량보급, 의료 등의 지원체계가 안정적으로 유지, 관리되어야 하는 것처럼, 무인전투기기에 대해서도 장비, 부품, 수리, 배터리, 전력, 에너지 등의 지원체계가 안정적으로 유지, 관리되어야 한다.

– 중국, 북한의 한국 내 영향력 침투를 거부, 억제하여야 한다. 이를 위해,

◆ 중국인(조선족 포함)의 국내 유입을 차단할 필요가 있다.

◆ 중국인 커뮤니티, 문화 등의 국내유입을 차단할 필요가 있다. 이는 특히 평시 스파이 활동 및 영향력공작의 거점이자 전시 분란전 수행의 전진기지가 될 수 있기 때문에 전쟁전략의 관점에서 들여다볼 필요가 크다.

◆ 중국의 정보통신체계(인터넷 망, 화웨이 장비 등 포함)의 국내 유입을 차단할 필요가 있다.

◆ 중국의 합법, 불법 자본의 국내유입을 차단할 필요가 있다.

◆ 중국 정보기관과 범죄세력의 국내 세력 침투와 확장을 차단할 필요가 있다.

◆ 한국의 대중국 경제 의존도를 중, 장기적으로 낮추어 나가야 한다.

◆ 중국의 역사문화공정에 대한 대항 내러티브를 설계하고 이를 실행하여야 한다.

◆ 한국의 중국문명권내로의 편입을 거부하여야 한다. 이를 위해 중화문명에 대한 독자적인 대항 문명으로서의 한국문명권 개념을 설정하고 이를 기정사실화해야 한다. 이와 함께, 중, 장기적으로 한국 내에 침투해 있는 중국문명 또는 문화요소들을 제거해나갈 필요가 있다.

◆ 친중국/친북한 세력의 국내 정치, 경제, 사회, 문화, 방송, 학계 등에 대한 영향력 공작과 세력 확장을 차단해야 한다.

□ 전술: tactics

– 미사일 전력을 통한 군사적 보복능력을 강화할 필요가 있다. 이를 위해,

◆ 비핵탄도미사일의 파괴력을 지속적으로 증대시키고, 수량을 늘릴 뿐만 아니라, 이를 SLBM이나 해저기지 등에 배치하여 생존성을 강화시킴으로서 2차응징보복타격 전력으로 구축할 필요가 있다. 특히 해저면 지하 50-100m에 건설되는 해저기지 또는 해저터널의 경우 현존하는 무기체계로는 실효적인 타격이 어려워 2차응징보복타격전력의 생존성을 높일 수 있다.

◆ 한미군사동맹의 결박수준을 더욱 강화하여, 미국의 핵확장억제를 공고히 할 필요

가 있다. 이러한 결박은 정치, 안보, 군사, 정부부문 뿐만 아니라 사회, 경제, 문화, 정서, 민간부문을 통합하는 입체적인 방식이 되어야 한다.

◆ 한국의 자체 핵탄도미사일 및 SLBM 등의 핵전력 보유를 추진할 필요가 있다. 이는 특히 북한뿐만 아니라, 중국에 대해서도 주요한 억지력이 될 수 있다. 특히 이와 관련하여 핵 어뢰는 중국과 북한의 주요 도시와 군사, 산업 역량이 해안지역에 집중된 점을 고려할 때 효과적인 억제력이 될 수 있다.

◆ 화학무기와 생물학 무기 등 핵 이외의 대량살상무기역량을 구축하는 것을 고려할 필요가 있다.

– 항모 또는 잠수함 등과 같은 해군전력증대를 통해 미국의 인도-태평양 해군전략을 지원할 필요가 있다. 이를 위해 한국 해군이 한반도와 주변 해역을 넘어 서태평양과 동지나해, 남지나해, 인도양 등으로 미 해군과 함께 해군전력을 투사함으로서 한국의 해양교통로를 선제적으로 보호할 필요가 있다.

– 미래전과 관련된 무기를 개발하고 확보할 뿐만 아니라 미래전 운용을 위한 조직체계, 전략, 전술운용 등을 발전시킬 필요가 있다. 미래전에는 주요하게 전쟁양식으로 사이버전, 우주전, 인지전이 포함되며, 또한 전투기기로는 드론과 로봇, 인공지능 등 첨단무기의 운용을 포함한다. 예를 들면,

◆ AI로 지휘통제 운용되는 대규모 군집드론전투단을 개발, 운용하여 이를 대량살상무기로 활용할 수 있다.

◆ 공격용 사이버 무기와 정보심리전 또는 인지전을 위한 인지조작 무기와 전략, 전술, 운용체계 등을 발전시킬 수 있다.

◆ 우주전 대응역량 개발에는 킬러위성개발과 위성에서 직접 지상, 해상, 공중의 목표물을 타격할 수 있는 미사일, 레이저 등의 무기체계개발과 운용, 그리고 대위성 공격무기 개발 등이 포함될 수 있다. 또한 위성을 플랫폼으로 운용되는 드론전투단을 구축하고 운용할 수 있다.

– 남, 서해안의 유, 무인 도서들과 해군 함정, 항공기, 그리고 해저기지 등을 연결하는 네트워크 방어체계를 구축하여 이를 중국해군전력에 대한 한국형 반접근거부전략(A2/AD)에 활용할 수 있다. 섬과 함정, 항공기, 해저기지 등을 플랫폼으로 포대와 미사일, 드론, 어뢰, 무인수상함과 무인잠수정 등으로 연결시킴으로서 한반도 주변해역 전체 공간을 지배하고 중국의 해군전력이 투사되는 것을 거부할 수 있다.

– 군사적, 산업적, 과학기술적 관점에서 해저터널과 해저기지를 건설하고 운용할

필요가 있다. 해저기지운용은 미래 우주기지운용을 위한 역량축적에 도움이 될 뿐만 아니라 군사적 목적으로도 유용하며, 수소에너지 저장 및 물류, 토목건설 등 산업적 목적으로도 유용할 수 있다.

– 국방개혁을 통해 군의 실제 전투역량을 향상시켜야 한다. 이를 위해 실제 전투지 휘권한과 역량을 대위에서 대령 급의 중, 하급지휘관에게 대폭 이양시켜야 하며, 군의 전투단위를 모자이크 전쟁을 수행할 수 있도록 소규모 정예화 해야 한다.

– 군 구조개편이 요구된다. 지상, 바다, 하늘, 우주, 사이버, 인지 등에서 복합 다영 역전쟁이 벌어지는 미래전 특성에 맞춰 기존, 육, 해, 공군 체제를 개편하고 군 이외의 정부의 다른 부문, 민간군사기업과 민간 자원참전자, 신흥공간에서의 전 투수행조직과 체계 등이 복합적으로 고려된 전쟁수행체계의 개편이 필요하다.

– 병력조달에 있어서의 개혁이 필요하다. 이를 위해 지금의 획일적인 동원방식에서 벗어나 군 입대와 전역 후 재입대, 파트타임 복무 등의 군복무 시기와 기간, 방식 등을 유연하게 운용할 필요가 있다. 또한 외국국적자의 군복무와 영주권 또는 시 민권을 연계하여 외국인 전투부대 운용을 고려할 필요가 있다. 이 밖에 여성과 장애인, 장년 또는 노년층 등 기존에 군복무 자원으로 고려하지 않았던 대상에 대해 군복무 기회를 제공하는 것을 고려할 필요가 있다. 사이버전이나 인지전, 드론 및 로봇 운용 등 미래전 환경에서는 전통적으로 군복무 대상으로 고려되지 않았던 다양한 인원들이 군복무를 효과적으로 수행할 수 있을 것으로 판단된다.

– 중국, 북한에 대한 사이버전, 심리전, 정보전, 인지전 등의 역량을 강화할 필요가 있다. 이와 같은 비전통적 전쟁양식에서는 공세적 방어(offensive-defense)의 원 칙이 작동된다. 따라서 단순히 적대세력의 공격이나 영향력 침투를 방어, 억제하 는 것에서 탈피하여 공격을 통한 적극적 방어로 전환할 필요가 있다. 이를 위해 사이버 공격 역량을 강화할 필요가 있으며, 스파이 활동, 심리전, 역사문화전쟁, 인지전 등의 역량을 강화할 필요가 있다. 이와 관련하여, 정부-군-민간을 묶는 복 합전투집단을 구축하고 운용하여야 하며, 이를 지휘·통제·결박할 수 있는 컨트 롤타워를 구축하고 운용하여야 한다.

X

인지전의 전략과 전술

◆ ◆ ◆

이 장에서는 인지전의 수행과 관련된 전략, 전술적 기법들에 대해 논의한다. 글쓴이는 2021년 중반에서 2022년 초반 사이에 역사적으로 주요한 의미를 지닌 한 인지전에 개입되었다. 그 전쟁에서 전략과 전술들을 기획했고 이것들을 실제 전쟁수행에 적용하는 기회를 가졌다. 그 전쟁은 성공적으로 수행되었고 힘겨운 승리로 끝났다. 여기에서 제시되는 인지전의 전략과 전술들은 그 전쟁을 치르기 위해 준비된 것들이었고 실제 전투를 통해 경험적으로 테스팅되었던 내용들이다. 하지만 그 전쟁의 내용들을 여기에서 구체적인 사례로 제시하는 것은 적절치 않는 것으로 판단된다. 따라서 최근 러시아-우크라이나 전쟁과 다른 잘 알려진 사례들을 이 장에서 다루는 인지전의 전략과 전술을 논의하기 위해 활용하였다. 흥미로운 점은 글쓴이가 치룬 그 인지전과 최근 러시아-우크라이나 전쟁과 다른 몇몇 사례에서의 인지전의 전략과 전술들이 놀랄만한 유사성을 띤다는 점이다.

클라우제비츠는 전쟁의 본질을 "나의 의지를 상대방에게 관철시키는 것(enforce one's will against the other)"이라고 규정했다. 전통적으로 이 의지의 관철은 키네틱 폭력(또는 폭력 사용의 위협)을 통해 적의 의지와 행동을 나의 이해에 부합하도록 강요함으로서 달성되었다. 하지만 이 적의 의지를 키네틱 폭력의 사용 없이 직접 나의 이해에 부합하도록 강요할 수 있다면 이는 더 값싸고 효과적일지 모른다. 전통적으로 이와 같은 적의 군과 대중들의 의지와 행동을 나의 이해·욕구를 위해 변화시키려는 시도는 대체로 다양한 심리전의 형태로 구현되었다. 라디오나 방송을 통한 선전전의 전개, 팸플릿의 대규모 살포, 군사적 기만우회기동을 통한 공포의 조장, 공작원과 협조자를 이용한 적 내부에서의 사보타지와 선전, 선동 등은 그와 같은 고전적 심리전의 모습들이다. 하지만 이와 같은 고전적 심리전의 효과는 불확실했으며, 신뢰하기 어려웠다. 이는 심리전의 효과가 실제로 어느 정도인지 실시간으로 확인할 길이 없었기 때문이며, 보다 중요하게는 어떤 특정한 대상에게 어느 정도로 심리전의 효과가 작동하는지를 구체적, 경험적으로 파악할 방법이 없었기 때문이다.

하지만 사이버 공간의 등장과 확장, 그리고 정보통신기술의 급격한 혁신과 정보량의 폭발적인 증대로 이와 같은 심리전의 효과와 구체적인 작동과정, 심리전에 특히 취약한 개인들과 그 특성들이 거의 실시간으로 매우 정확하게 측정 가능하게 되었다. 이와 같은 환경의 변화는 심리전의 파괴적 효과를 극대화시켰고, 심리전이 전쟁의 승패를 결정하는 주요한 한 전쟁양식으로 자리매김하는 계기가 되었다. 오늘날 사이버 공간에서는 막대한 양의 정보가 다수의 다양한 개인과 집단들 사이에서 거의 실시간으로 소통되고 있으며, 이 정보가 특정 개인에게 미치는 심리적 영향력 정도 역시 "좋아요" 추천과 "팔로워"나 "구독자"의 수, 미디어 보도에 대한 댓글이나 온라인 커뮤니티에서의 논쟁, 그리고 즉석 온라인 여론조사 등으로 거의 실시간으로 파악이 가능해졌다. 더욱이 AI(Artificial Intelligence) 알고리듬을 통해 유튜브나 뉴스, 쇼핑 등 디지털 정보를 이용하는 이용자들의 성향과 선호도 등을 거의 실시간으로 파악할 수 있어 심리전 효과의 실시간 피드백은 더욱 쉬워지고, 정교해지고, 빨라졌다.

최근 인지전(cognitive warfare)에 대한 관심은 이와 같은 사이버 공간의 전략적 중요성의 증대와 심리전의 비약적 발전과 밀접한 관련이 있다. 최근 미국·영국·나토 등은 인간의 생각(human mind)이 새로운 전쟁의 영역이라고 규정하면서, 기존의 지상, 바다, 하늘, 우주, 사이버에 이어 6번째 전쟁 영역으로 인간의 인지영역(cognitive domain)을 추가시켰다.[1] 인지전은 기존의 심리전과 프로파간다, 정보전을 포함하지만 그것들을 모두 포함하면서도 더 심화되고 진일보한 개념이다. 이는 기존의 심리전과 프로파간다, 정보전의 수준을 뛰어넘어 오늘날 전쟁의 궁극적 전략목표인 "마음과 생각의 장악(win one's hearts and minds)"을 위해 인지조작과 프로파간다, 재귀통제(RC: Reflexive Control), 뇌과학과 뉴로사이언스, 정보기술, 인지-설득심리, 문화공작, 그리고 이민·난민, 대중선동·동원 등과 같은 사회공학(social engineering) 등의 다양한 부문을 모두 포함하는 복합 활용술(art)이다.[2] 오늘날 이와 같은 인지전이 실제 가능하게 된 것은 사

---

1 Leonid Savin, "NATO developed new methods of cognitive warfare," 「nournews」, November 14, 2021. https://katehon.com/en/article/nato-developed-new-methods-cognitive-warfare; Paul Ottewell, "Defining the cognitive domain," *OTH(Over the Horizon) Journal*, December 7, 2020. https://othjournal.com/2020/12/07/defining-the-cognitive-domain/

2 S. D. Pradhan, "Role of cognitive warfare in Russia-Ukraine conflict: Potential for achieving

이버 공간과 과학기술, 뇌과학, 심리학, 정치학, 행동과학 등의 비약적 발전으로 인간의 정보습득-의사결정-행동에 이르는 과정이 수학적으로 계산 가능해졌기 때문이며, 이와 함께 AI 딥러닝과 빅데이터분석, 퀀텀컴퓨팅(quantum computing)과 같은 복잡하고 여기저기 산재된 대규모 데이터를 빠르게 처리하고 분석할 수 있는 수단이 현실화되었기 때문이다.[3]

인지전은 미래전쟁의 승패를 결정하는 핵심 전쟁 영역(war domain)이 되고 있다. 이를 조세프 나이(Joseph Nye)는 "오늘날의 전쟁에서는 누구의 군대가 이기는가보다 누구의 이야기가 이기는가가 중요하다(it is not whose army wins, but whose story wins)"라고 지적했다.[4] 오늘날의 전쟁은 과거와 달리 더 이상 보병이 적의 영토를 군사적으로 점령함으로서 종결되지 않는다. 오히려 진짜 전쟁은 그 시점부터 시작될지 모른다. 오늘날의 전쟁은 적의 지휘부와 군, 그리고 일반대중들의 인지영역에 나의 내러티브(narratives)를 새로 주입하고 그들의 마음과 생각을 인지적으로 완전히 장악함으로서 비로소 종결된다. 이는 궁극적으로 적의 의지(will)를 완전히 부러뜨리는 것을 의미한다. 이와 같은 내러티브 전쟁에서 군사적 키네틱 결전과 점령은 필요조건이지 충분조건은 아니다. 이는 미군이 아프가니스탄과 시리아-이라크에서 승리를 거두지 못한 것으로 증명되었다. 이번 러시아-우크라이나 전쟁 역시 마찬가지이다. 푸틴의 러시아가 군사적으로 모든 우크라이나 영토를 점령하였다고 가정하더라도 (그럴 가능성이 점점 더 희박해지고 있지만) 러시아의 승리로 전쟁이 종결될 것처럼 보이지는 않는다. 이는 오늘날의 전쟁 또는 앞으로의 미래전의 결과는 키네틱 영역에서의 군사적 결전뿐만 아니라 비키네틱 영역에서의 매력과 마음-생각 장악에도 달려있기 때문이다. 미래전에서는 오히려 후자가 더 중요하다. 리드(Reed)는 이를 5세대 전쟁의 특징이라고 규정했다.[5] 같은 맥락에서 러시아의 발레리 게라시모프는 자신의 게라시모프 독트린에 이를 반영하였다.[6] 본질적으로 물리적 폭력은 다른 형태의 전략적 커뮤니케이션(strategic

strategic victory bypassing traditional battlefield," 「The Times of India」, May 8, 2022. https://timesofindia.indiatimes.com/blogs/ChanakyaCode/role-of-cognitive-warfare-in-russia-ukraine-conflict-potential-for-achieving-strategic-victory-bypassing-traditional-battlefield/

3 Savin, "NATO developed new methods of cognitive warfare."

4 송태은, "사이버 심리전의 프로퍼갠더 전술과 권위주의 레짐의 샤프파워: 러시아의 심리전과 서구 민주주의의 대응," 「국제정치논총」, 59(2) (2019), p. 174.

5 Donald J Reed, "Beyond the War on Terror: Into the Fifth Generation of War and Conflict," *Studies in Conflict and Terrorism*, 31(8), pp. 686-690.

communication)이다. 테러리즘은 "행동에 의한 프로파간다(propaganda of the deeds)"로 이해된다. 이는 군사적 결전에도 동일하게 적용된다.

최근 러시아-우크라이나 전쟁은 이와 같은 미래전의 초기 양상을 보여주는 사례이다. 먼저, 러시아-우크라이나 전쟁의 승패는 러시아-우크라이나 전쟁 당사자의 키네틱 결전의 결과가 아니라 이들 전쟁 당사자들의 전쟁과 관련된 각각의 내러티브 가운데 누구의 내러티브가 더 전쟁을 지켜보는 관객들에게 어필하는가에 의해 영향을 받을 것처럼 보인다. 이 때문에 이 전쟁은 본질적으로 인지전을 포함한다. 역사적으로 이 전쟁은 관객이 있는 무대 위에 오른 첫 번째 전쟁으로 기록될지 모른다. 인질사건(hostage incident)은 흔히 인질범(hostage taker)과 인질범에 대응하는 군 또는 경찰 등과 같은 대응팀(response team), 그리고 방송이나 다른 미디어로 이를 지켜보는 시청자라는 관객들의 세 주체가 관련된 에피소드로 이해된다. 최근 러시아-우크라이나 전쟁은 온라인 기재를 포함한 정보통신망을 통해 실시간으로 전 세계 관객들에게 중계되고 있다. 따라서 전통적으로 전쟁 주체가 전쟁 양 당사자의 정부와 군과 국민들이었다면 러시아-우크라이나 전쟁은 여기에 관객이라는 제3의 전쟁 주체가 추가되었다. 즉, 내러티브 전쟁에서 관객들에게 이 전쟁의 내러티브가 어떻게 인지-인식되는가가 전쟁의 승패에 결정적인 영향을 미치게 된다. 앞으로의 전쟁은 더욱 과거의 것과는 달리 전쟁당사자가 아닌 이러한 전쟁이라는 서사를 지켜보는 국제여론, 시청자, 대중 등과 같은 관객의 반응을 염두에 두고 치러질 것이다. 따라서 그 전쟁의 결과 역시 전쟁의 충돌하는 두 주체가 관객에 대한 전략적 커뮤니케이션(strategic communication)을 어떻게 효과적으로 전개하여 이들의 마음과 생각을 획득(win hearts and minds)할 것인가에 의해 결정될 것이다.

이 장은 이와 같은 인지전의 등장과 최근 러시아-우크라이나 전쟁 상황을 반영하여 인지전 특히 사이버 공간에서의 인지전에 대해 소개하고 살펴볼 것이다. 인지전은 최근 등장한 개념으로 아직 국내에서는 물론 해외에서도 그렇게 본격적으로 논의되지 않고 있다. 또한 사이버심리전, 하이브리드 전쟁, 샤프파워, 심리전, 정보전, 프로파간다, 적극조치(active measure), 재귀통제(reflexive control) 등의 여러 관련 개념들과 중첩되고 혼재되어 사용되어지고 있다. 여기에 더불어 미국-서방의 개념과 러시아의

---

6 Sergei A Medvedev, "Offense-defense theory analysis of Russian cyber capability," Thesis, Naval Postgraduate School, Monterey, California, USA, 62, 2015.

개념이 서로 달라 더 혼란을 가중시키고 있다. 또한 인지전이 구체적으로 어떻게 수행되며, 전략적-작전적-전술적으로 어떻게 작동하는지에 대한 구체적인 연구나 논의들도 아직 이루어지고 있지 않다. 이러한 현 상황에 부응하여 이 장에서는 인지전의 개념과 특성, 관련 개념들과의 관계, 그리고 구체적인 인지전의 수단과 방법들에 대해 살펴보고 설명할 것이다. 이와 같은 노력은 새로 등장하고 있는 인지전에 대한 탐험적(explorative) 시도로서 의미를 가질 것으로 판단된다. 인지전은 알카에다와 ISIS, 그리고 미국-유럽의 극우극단주의 테러세력들의 극단화와 관련된 리크루팅, 선전·선동·프로파간다에서 발전하여 이에 대한 대응으로서의 미국-서방의 탈극단화 조치들, 그리고 러시아-중국 등의 정보심리전, 문화전쟁을 통한 선거개입과 여론조작, 영향력 공작으로 발전되어 왔으며, 최근에는 미국-나토 등에서 러시아-중국의 정보심리전 또는 초한전에 대한 대응의 일환으로 인지전 개념이 등장하고 있다. 따라서 이 장에서는 그와 같은 극단화와 프로파간다, 정보심리전, 영향력공작, 문화전쟁을 포함하여 인지전을 다룰 것이며 최근 러시아-우크라이나 전쟁을 중심으로 살펴보면서, 과거 2014-2015년의 우크라이나 사례와 다른 테러리즘 또는 폭력적 극단주의 사례들을 함께 다룰 것이다.

1. 다영역 전장 환경의 등장과 사이버 인지전의 전략적 중요성

오늘날 전쟁은 다영역 전쟁(multi-domain warfare)의 양상을 보이고 있다. 최근 러시아-우크라이나 전쟁은 이러한 다영역 전쟁의 첫 번째 사례로 기록될지 모른다. 지상전에서의 군사적 기동과 키네틱 결전, 메가시티 전투, 그리고 드론과 미사일, 항공기 등이 동원된 공중전과 흑해에서 전투함정과 미사일 등이 동원된 해전 등 전통적인 육-해-공의 합동전이 전개되었다. 이에 더불어 우주공간의 스타링크 위성 서비스가 우크라이나군의 전투 수행에 적극 활용되고 이에 대한 보복으로 러시아가 스타링크 위성 서비스에 대한 보복 공격을 공언하면서 우주 영역이 전쟁의 공간으로 들어오게 되었다.[7] 사이버전도 2008년 러시아의 조지아 침공, 2014년 크림반도 합병에 이어

---

7 신동윤, "러, 머스크 향해 우주 전쟁 선포... 스타링크 위성 파괴 명령," 「헤럴드 경제」, 2022년 4월 17일. http://biz.heraldcorp.com/view.php?ud=20220417000057

이번에도 빠지지 않았다. 러시아는 우크라이나 영토를 넘기 전부터 우크라이나 정부와 금융기관들을 대상으로 대규모 사이버 공격을 감행했다. 우크라이나 역시 맞대응으로 IT 부대를 창설하고, 여기에 어나니머스 등의 전 세계 해커들이 러시아를 상대로 한 사이버전에 참전했다.[8] 6번째 전쟁 영역으로 등장한 인간의 인지 영역에서의 전쟁 역시 치열하게 전개되었다. 이를 심리전 또는 미디어전(또는 정보전)으로 미디어에서는 보도되고 있지만 사실상 기존의 심리전 또는 정보전의 수준에서 더 진화한 인지전이 펼쳐지고 있다. 러시아 대 우크라이나, 미국-서방 대 러시아, 그리고 우크라이나 정부 대 돈바스 친러시아 지역 세력의 대결구도에서 "누가 더 사악한가?", "누가 더 정당한가?", "누가 전쟁을 이기고 있는가?", "누가 더 매력적인가?", "누구의 내러티브가 더 진실인가?" 등을 둘러싸고 전쟁 당사자의 전투원과 일반대중 뿐만 아니라 이를 지켜보는 전 세계 관객들의 마음과 생각(hearts and minds)을 획득하기 위한 치열한 전투를 벌이고 있다. 이런 측면에서 이번 러시아-우크라이나 전쟁은 그야말로 전쟁의 6개 영역이 모두 망라된 다영역 하이브리드 전이다.[9] 이런 측면에서 러시아-우크라이나 전쟁은 미래전의 서막으로 기억될지 모른다.

다영역 전쟁의 특징은 개별 전쟁 영역에서의 공간 장악력이 다른 영역에서의 전쟁 결과에 영향을 미칠 뿐만 아니라 전체 전쟁의 승패는 모든 전쟁 영역의 통합적 결과(integrated outcomes)에 의해 좌우된다는 점이다. 공간 장악력이 전쟁의 결과에 영향을 미치는 것은 잘 알려진 사실이다. 전통적으로 제해권과 제공권 등은 지상전에서의 군사 결전의 결과에 중요한 영향을 미쳤다. 같은 원칙이 6개 영역이 통합된 다영역 전쟁에서도 동일하게 적용된다. 지상전에서의 군사결전의 결과는 사이버 공간과 우주 공간 등의 다른 전쟁 영역에서의 공간 장악력에 의해 영향을 받는다. 예를 들면, 우크라이나군은 GIS 아르타(GIS Arta)프로그램을 활용해 도하작전을 하는 러시아 군을 집중 공격하여 70대 이상의 탱크 및 장갑차와 1,000-1,500명 규모의 대대급 병력을 전멸시켰다. 이는 미국-나토의 지원에 의한 사이버-우주 공간에서의 정보전 우위가 지상전의 결과로 이어진 사례로 볼 수 있다.[10] 러시아의 흑해 함대 기함인 모스크바

---

8 "사이버전·심리전까지...지금은 하이브리드전쟁 중," 「YTN」, 2022년 2월 28일. https://www.ytn.co.kr/_ln/0104_202202282047488631

9 "사이버전·심리전까지...지금은 하이브리드전쟁 중," 「YTN」.

10 송지유, "러군 1500명 전멸한 죽음의 다리...우버 기술 결정적 역할했다," 「머니투데이」, 2022년 5월 16일. https://news.v.daum.net/v/20220516125112310

함이 우크라이나 군의 공격에 침몰하게 된 배경에는 민간 기업의 스타링크 인터넷 위성 서비스의 지원이 있었다. 이는 우주-사이버 공간에서의 우위가 해전의 결과로 이어진 사례로 이해할 수 있다.[11] 러시아 군이 미사일 공격으로 우크라이나 동부 로조비아 문화센터를 파괴한 것은 지상-하늘의 물리적 전쟁영역의 키네틱 타격이 인지전의 주요 대상인 문화전쟁으로 이어지는 사례이다. 이는 이번 러시아-우크라이나 전쟁에서 물리공간에서의 키네틱 결전과 함께 문화와 역사적 서사를 포함한 인간의 인지 영역에서도 동시에 비키네틱 결전이 벌어지고 있다는 사실을 보여준다. 이에 맞서 우크라이나는 젤린스키 대통령의 개인 SNS 텔레그램을 통해 해당 영상을 공개하면서 러시아를 문화, 교육, 인간성을 말살하는 절대 악으로 규정하는 대응 인지전(counter cognitive warfare)을 감행했다.[12] 아직까지는 새롭게 등장한 우주 영역, 사이버 영역, 그리고 인지 영역에서의 공간장악력이 기존의 제해권과 제공권이 지상결전의 우위로 이어지는 것만큼 구체적으로 현실화되고 있지는 않지만 아마도 그리 멀지 않는 미래에는 그와 같은 공간에서의 군사적 장악력이 지상전의 결과에 미치는 영향이 더욱 구체적이고 뚜렷해질 것이다. 따라서 이번 러시아-우크라이나 전쟁을 계기로 신흥(newly emerging) 전략공간에서의 공간장악력 확보를 위한 전력확보경쟁이 보다 치열해질 것으로 전망된다.

다영역 전쟁에서 사이버 영역은 한 전쟁 영역과 다른 전쟁 영역을 이어주는 연결통로로서 매우 중요한 전략적 의미를 가진다. 2차원의 평면적 전쟁에서 해양은 지상의 주요 군사적 전략거점들을 이어주는 전략적 연결통로로서 기능했다.[13] 6개의 영역이 결합된 3차원의 입체 전쟁에서 사이버는 해양을 대신하여 그러한 역할을 하며 따라서 사이버 공간을 장악한 세력은 전쟁승리를 위한 결정적 전략적 우위를 점할 수 있다. 예를 들면, 사이버 공간을 통한 정보네트워크는 전쟁지휘부와 지상-바다-하늘-우주의 전투현장에 배치된 각각의 전투단위와 무기-수단을 실시간으로 이어준다. 멀웨어와 분산디도스, 랜섬웨어 공격 등 사이버-기술 공격은 지상-하늘 등에서의 키네틱 타격을 위한 예비공격으로 활용된다. 전자전과 결합된 사이버-전자전은 AI와 결합되어 드론과 무인로봇, 무인전투차량과 지상의 보병-포병, 하늘의 유인 항공기와

---

11 신동윤, "러, 머스크 향해 우주 전쟁 선포... 스타링크 위성 파괴 명령."

12 신동윤, "절대악 러, 문화·교육·인간성 대상 공격...우크라 문화센터 폭격," 「헤럴드경제」, 2022년 5월 21일 http://news.heraldcorp.com/view.php?ud=20220521000020

13 알프레드 세이어 마한, 해양력이 역사에 미치는 영향 1, (서울: 책세상, 1999), pp. 43-67.

바다의 유인 수상함과 잠수함을 통합-운용해주거나 적의 유-무인 전투체계를 무력화시킬 수 있다. 이번 러시아-우크라이나 전쟁은 우크라이나 군이 인력만 제공할 뿐이지 사실상 미국-나토가 정보전(information warfare)을 매개로 러시아와 벌이는 미-러 간 전쟁으로 볼 여지도 있다. 미국-나토가 벌이는 이 정보전의 핵심 수단이자 통로는 "사이버"이다.[14]

인지전에서도 사이버 공간은 중요한 지위를 차지한다. 인지전이 전통적인 방송통신과 신문, 도서, 영화 등을 통해 수행되기도 하지만 오늘날 이와 같은 전통적인 정보콘텐츠들이 거의 대부분 사이버 공간으로 편입되면서 사이버 공간에서의 정보콘텐츠들이 인지전의 주요한 수단이자 무기로 활용되고 있다. 이는 러시아-우크라이나 전쟁에서도 매우 두드러지게 관찰된다. 사실상 이 전쟁은 거의 실시간으로 전쟁 상황이 SNS나 유튜브 등 사이버 영역을 통해 전 세계 대중들에게 중계되고 있다. 이 때문에 전장에서 진행되는 러시아-우크라이나 사이의 실제 전황이 아니라 이와 같은 전황이 이를 지켜보는 관객인 전 세계 대중들에게 어떻게 전달되고 이 관객들에게 어떻게 인식되는가가 더 중요할 수 있다. 사이버 공간을 통해 전달되는 정보콘텐츠들은 이러한 대중들의 인식 형성에 결정적인 영향을 미친다.

다영역 전쟁에서 전쟁의 궁극적 승패를 결정하는 전쟁 영역은 차별적이다. 다영역 전쟁의 통합된 결과에 어떤 특정 전쟁 영역은 다른 전쟁 영역에 비해 더 결정적인 영향을 미칠 수 있다. 전통적으로 육-해-공의 세 영역의 결전에서 가장 핵심적인 승패는 지상전에서 결정되었다. 하지만 최근 전쟁들은 지상군의 영토적 점령 그 자체만으로 전쟁이 종결되지 않고, 그 이후에도 내러티브를 새로 쓰고 마음과 생각을 장악하는 지난한 과정이 기다리고 있음을 보여준다. 이것이 얼마나 어려운 지는 미군이 시리아-이라크와 아프가니스탄에서 치렀던 오랜 대테러전쟁에서 확인되었다. 따라서 오늘날 다영역 전쟁에서 인지전(특히 사이버 인지전)은 전쟁의 승패에 중대한 영향을 미친다. 물론 인지전과 기존의 지상전 가운데 어떤 전쟁 영역이 오늘날 전쟁 결과에 더 결정적인 영향을 미치는지는 여전히 논쟁적이다. 그럼에도 불구하고 적어도 인지전이 전쟁의 승패에 중요한 영향을 미치는 또 하나의 전쟁 영역으로 등장하고

---

14 Ken Dilanian, Courtney Kube, Carol E. Lee, and Dan De Luce, "In a break with the past, U.S. is using intel to fight an info war with Russia, even when the intel isn't rock solid," 「NBC News」, April 6, 2022, https://www.nbcnews.com/politics/national-security/us-using-declassified-intel-fight-info-war-russia-even-intel-isnt-rock-rcna23014

있다는 점은 최근 전쟁을 통해 관찰되고 있는 것처럼 보인다. 특정 조건에서 지상의 키네틱 결전에서 패하고도 인지전에서의 우세로 전쟁을 승리로 이끄는 사례들이 관찰되고 있다. 미군의 아프가니스탄 철군과 탈레반의 복귀는 그에 해당하는 대표적인 사례이다. 이번 우크라이나 전쟁에서도 러시아의 물리적 결전에서의 우세가 인지전에서의 열세로 상쇄되어 전쟁에서 러시아가 패배할는지도 모른다.

2. 인지전과 관련 전쟁 개념들

인지전은 사람들의 인식(perception)을 바꾸거나 영향을 미치려는 시도이다. 인식(perception)은 인지(cognition)의 결과물이다. 인지는 정보의 소비(consumption), 해석(interpretation), 그리고 인식(perception)을 포함하는 지식을 습득하고 이해하는 정신적 과정(mental process)이다. 결과적으로 인지 영역은 개인들과 집단들, 그리고 대중들의 상호-연결된(interconnected) 믿음, 가치, 그리고 문화에 영향을 미치는 정보환경을 이용함으로써 군사적 기동(maneuver)이 완수되는 인식과 이성을 구성한다. 인지전은 최근 사이버 공간에서 주로 전개되지만 반드시 사이버 공간에 한정되지는 않으며, 오프라인 공간을 포함한다.[15] 이와 같은 오프라인 공간에는 전통적 지상파 방송과 케이블(종편) 방송, 신문, 저널, 책 등 출판물, 대학교, 초/중/고, 유치원/어린이집 등 교육기관에서의 강의, 영화/다큐멘터리, 음악/미술/스포츠 전시회 또는 경기대회, 문화센터, 시민강좌 등 일반인 대상 강연, 토크쇼, 기타 친목회 등 사람들 사이의 다양한 오프라인 모임에서의 담론 등이 포함된다.[16]

인지전의 사례들은 전통적인 군사적 결전 형태의 전쟁뿐만 아니라 테러전, 분란전 등의 저강도 폭력충돌, 그리고 선거전과 여론공작, 공공 외교, 문화공정, 극단주의 유포·확산, 정부전복, 사보타지 등 다양한 유형의 비군사적 (폭력적 또는 비폭력적) 영향력 공작(influence operations)이 포함된다. 인지전은 국내와 해외의 구분이 없으며, 중첩되어 있고, 전쟁과 평화의 시기적 구분도 혼재되어 있으며, 군사적-비군사적 부문과 정부-민간의 부문이 융합되어 있다. 최근 인지전의 주요 사례들은 따라서 러시아의

---

15 Savin, "NATO Developed New Methods of Cognitive Warfare."
16 Ottewell, "Defining the cognitive domain."

2016년 미국 대선개입,[17] 알카에다/ISIS의 극단화 전파와 테러전투원과 추종자 리크루팅,[18] 중국·러시아·북한·이란의 타국에 대한 대중여론선동과 분열조장, 선거개입, 정부정책에 대한 영향, 문화공정 등의 사례,[19] 러시아의 2014-15년 우크라이나 크림반도 합병과 최근 러시아-우크라이나 전쟁사례 등이 있다.[20]

인지전(cognitive warfare)은 사이버전(cyber warfare), 심리전(psychological warfare), 정보전(Information warfare), 선전전(propaganda warfare), 전자전(electronic warfare), 하이브리드전(hybrid warfare) 등의 여러 관련 개념들과 중첩·혼재되어 사용되어지고 있다. 이와 같은 관련 용어들의 혼란은 인지전을 이해하는데 걸림돌이 된다. 이와 같은 관련개념들은 인지전과 깊은 관련성을 가지만 차이가 있다.[21] 따라서, 인지전에 대한 본격적인 논의에 앞서 관련 개념들과 같거나 차별되는 인지전의 개념에 대해 정리하는 것은 필요해 보인다.

인지전은 사이버전의 일부를 포함하지만 오프라인에서의 수단들 역시 포함한다. 사이버전은 사이버-기술전과 사이버-심리전을 합친 개념이다. 사이버-기술전은 컴퓨터 네트워크의 하드웨어와 소프트웨어에 대한 기술적 공격-방어를 의미한다. 이를 위해 악성 소프트웨어(malicious software)가 무기로 이용된다. 사이버-심리전은 사이버 상의 인간 사용자들의 생각과 정서, 심리에 영향을 미치려는 것과 관련된 일련의 공격-방어이다. 이를 위해 악성 정보(malicious information)가 무기로 이용된다. 인지전은 사이버-심리전을 포함하지만 사이버-기술전은 포함하지 않는다. 한편 인지전은 전통적인 방송통신이나 신문·잡지 등의 인쇄 미디어, 도서나 강의, 그림·벽화, 영화, 시위, 퍼포먼스 등의 오프라인 수단들을 통해서도 수행될 수 있다.

인지전은 전자전과는 구별된다. 전자전은 전파의 물리적 개입·침해·탈취와 관련이 있고 인지전은 전자전의 결과로 발생하는 인간의 인식-판단-행동의 변화와 관련

---

17 Yotam Rosner and David Siman-Tov, "Russian Intervention in the US Presidential Elections: The New Threat of Cognitive Subversion," *INSS Insight*, No. 1031, March 8, 2018.

18 Alonso Bernal, Cameron Carter, Ishpreet Singh, Kathy Cao, Olivia Madreperla, "Cognitive Warfare: An attack on truth and thought," NATO Cognitive Warfare Project, Fall 2020

19 Ibid.

20 Nicole Bogart, "Cognitive warfare: Why disinformation is Russia's weapon of choice in the war on Ukraine," 「CTV News」, February 25, 2022. https://www.ctvnews.ca/world/cognitive-warfare-why-disinformation-is-russia-s-weapon-of-choice-in-the-war-on-ukraine-1.5797222

21 Bernal et al., "Cognitive Warfare: An Attack on Truth and Thought," pp. 6-10.

이 있다. 이런 맥락에서 전자전은 인지전을 위한 수단의 성격을 가진다. 전자전은 무형의 대기 중을 오가는 전파의 차단, 방해, 개입 등을 통해 물리적 피해를 야기하려는 것과 관련된 공격-방어이다. 이는 WiFi 등과 같이 사이버전과 관련이 있을 수도 있지만 라디오, 방송 등 전통적인 정보통신매체와 관련될 수도 있다. 오늘날 인터넷 상에서 무선(wireless)으로 각종 유·무인 전투체계와 인간지휘부, AI 등의 기계보조통제수단, 위성, 데이터저장소 등이 서로 통신네트워크(communication networks)로 결박되면서 사이버전과 전자전의 중첩성이 강화되었다.[22] 이 때문에 전자전을 통해 사이버상에서 인지전에 영향을 미치는 것이 가능해졌다. 예를 들면, 전자적 침해·탈취 등을 통해 와이파이(WiFi)로 연결된 스마트폰과 태블릿, PC 등에 악성프로그램을 설치할수 있으며, 이를 스프링보드로 삼아 가짜뉴스, 역정보, 가스라이팅 등의 인지전을 전개할 수 있게 되었다. 한편 뇌파 개입에 의한 직접적인 인간의 인지영역 교란과 조작이 점차 가능해지면서 전자적 수단을 통한 직접적인 인지전의 수행의 가능성이 열리고 있다. 뇌의 인지-인식은 신경세포(뉴런) 사이의 복잡한 상호작용을 통해 이루어진다. 뇌파(brain wave)는 많은 뉴런이 동시다발적으로 신호를 주고받으며 생겨나며 인간의 생각과 행동에 영향을 미친다. 뇌파는 중첩구조라는 뇌신경구조에 의해 생성 변조된다.[23] 문제는 이 뇌와 컴퓨터 간의 뇌-컴퓨터 인터페이스(BMI: Brain Machine Interface) 기술이 발전하면서 인간 행동과 뇌, 그리고 컴퓨터 소프트웨어 프로그램과 기계적 디바이스들이 하나의 통합된 네트워크로 결박될 수 있게 되었다.[24] 이렇게 되면, 외부의 전자적 개입에 의해 인간 뇌의 OODA(Observe-Orient-Decide-Act) 작용을 조작할 수 있게 된다. 전자기기·전파로 뇌 작용에 개입하면서 사람의 감정 분석 및 제어 등이 가능해지며 특정 개인의 뇌작용에 개입하는 RC(Reflexive Control)와 다수를 선전, 선동할 수 있는 여론 조작 등이 가능해질 수 있다.[25]

---

22 김소연·김성표·박범준·정운섭·추헌우·윤정·김진용, "Cyber electronic Warfare Technologies and Development Directions," *The Journal of Korean Institute of Electromagnetic Engineering and Science*, 32(2) (2021), pp. 119-126.

23 전승민, "뇌파 생성 신경회로 찾았다," 「동아사이언스」, 2018년 11월 15일. https://www.donga-science.com/news.php?idx=25055.

24 전황수, "뇌-컴퓨터 인터페이스(SCI) 기술 및 개발 동향," 「전자통신동향분석」, 26(5) (2011), pp. 124-126.

25 박건형, "중, 뇌파 조종해 적군 무력화 노린다," 「조선일보」, 2021년 12월 18일. https://www.chosun.com/international/2021/12/18/I74SBQDTSNFLRB6ULXK3GDOXWU/

인지전은 통제와 공격-방어 대상의 측면에서 정보전(information warfare)과 구별된다. 정보전은 정보콘텐츠의 흐름을 통제하기 위한 일련의 공격-방어이다.[26] 이는 사이버 공간의 콘텐츠를 포함하지만 방송, 통신, 신문, 도서, 영화, 공연 등 오프라인의 다양한 정보콘텐츠들도 함께 포함한다. 한편 인지전은 온·오프라인의 정보콘텐츠를 인간의 뇌가 받아들이고 해석하는 것과 관련된다. 인지전은 인간의 인지-인식이 이루어지는 뇌 영역이 전쟁무대이며 인간의 인지-인식에 대한 개입·탈취·조작을 통해 인간의 결심과 행동을 바꾸려는 것이 핵심적인 전략목표이다. 따라서 정보전과 인지전은 정보콘텐츠가 인간의 뇌로 이어지는 흐름의 선후관계에 따라 구분되는 상대적 개념으로 이해할 수 있다. 즉 인간의 뇌에 의해 인지되기 전 단계에서 인간의 뇌에 영향을 미칠 목적으로 데이터와 정보 자체를 통제하는 공격-방어는 정보전으로, 인간의 뇌에 의해 데이터와 정보가 인지된 순간부터 해석과 평가과정을 거쳐 인식되고 이를 바탕으로 결심과 행동으로 이어지는 뇌의 정보처리 과정을 통제하는 공격-방어는 인지전으로 정의할 수 있다.

인지전과 정보전의 개념 구분은 러시아의 정보전쟁(информационная война) 개념 때문에 더욱 혼란스러워 진다. 러시아는 사이버(러시아식 발음으로 키베르)라는 단어를 사이버 범죄나 사이버테러와 관련된 특정한 사건, 위협에 사용하며, 일반적으로 안보, 전쟁 등을 다룰 때는 "사이버"라는 용어를 쓰지 않고 정보전쟁이라는 표현을 쓴다. 러시아는 정보전쟁을 다시 정보-기술전쟁(информационно-технологическая война)과 정보-심리전쟁(информационно-психологическая война)으로 세분화해서 구분하고 있는데, 전자는 해킹, 랜섬웨어 공격 등과 같은 사이버-기술전을 지칭하고 후자는 선전, 선동, 프로파간다, 가짜뉴스, 여론조작 등의 사이버-심리전 또는 인지전을 의미한다. 러시아는 이 정보전쟁의 범위를 반드시 사이버 공간 또는 인터넷에 국한시키지는 않는다. 러시아의 정보전쟁의 범주는 온라인과 함께 방송·통신·신문·영화 등을 포함한 다양한 오프라인의 정보통신과 과학·지식·문화·교육 부문을 포괄적으로 포함한다.[27] 미국-나

26 Bernal et al., "Cognitive Warfare: An Attack on Truth and Thought," p. 9.
27 М. М. Кучерявый, "Роль информационной составляющей в системе политики обеспечения национальной безопасности Российской Федерации." Известия Российского государственного педагогического университета им. А.И. Герцена. 2014. № 164, pp. 155-163: Сергей Николаевич Черных and Наталья Александровна Зуева, "Информационная война: традиционные методы, новые тенденции." *Context and Reflection: Philosophy of the World and Human Being*, 6(6A) (2017), pp. 191-199.

토의 인지전 개념은 따라서 러시아의 정보-심리전쟁 개념과 유사하다. 러시아는 2014년 러시아연방 군사독트린과 게라시모프 독트린에 따라[28] 정보-심리전쟁을 발전시키면서 소비에트 시기부터 있어왔던 과거의 특수 프로파간다(спецпропаганда)[29], 재귀통제(RC: Reflexive Control)[30], 그리고 적극조치(Active Measure) 등의 전통적 심리전·정훈·선전·선동·프로파간다 기제들을 토대로 인지심리-설득심리의 최신 지식들을 결합시키면서 이를 오늘날의 정보통신 환경에 접목시켰다. 특수 프로파간다는 과거 소련시절 공산당과 정보기관의 이데올로기 공작을 의미한다.[31] 주로 공산주의 이데올로기의 전파·확산을 위한 정치교육, 선전·선동·프로파간다와 관련된다. 재귀통제는 오정보(misinformation)와 역정보(disinformation), 그리고 위장(camouflage) 등을 사용해 특정 개인의 의사결정과정에 개입하여 영향을 미치려는 시도로 미국-서방의 인식관리(perception management)에 더해 타깃 대상을 관리하는 것을 넘어 통제(control)하려는 것까지를 포함한다.[32] 적극조치는 적의 정부와 대중들, 그리고 다양한 대중들 사이를 분열시켜(drive wedges) 혼란과 공포를 조장하고 적의 가치와 제도, 질서에 대한 대중들의 신뢰를 떨어뜨려 적의 정책수행을 마비시키는 것을 목표로 하는 소비에트 시기의 정보작전(information operation)을 지칭하던 개념이다.[33]

인지전과 심리전·선전전의 관계는 인지전이 심리전과 선전전을 포함하고 확장한 개념으로 이해할 수 있다. 온·오프라인의 물리적 행동과 정보콘텐츠가 인터페이스하는 인간의 의식(perception)의 영역으로 들어가 인간의 뇌에 의해 해석되어지는 결과

28 James Andrew Lewis, "Cognitive effect and state conflict in cyberspace," *CSIS Report*, September 26, 2018.

29 "ОРГАНИЗАЦИЯ КОНТРПРОПАГАНДЫ В ОБЛАСТИ БОРЬБЫ С ТЕРРОРИЗМОМ И ЭКСТ РЕМИЗМОМ." Антитеррористический центр государств-участников СНГ, Москва, 2020, pp. 19-20.

30 Timothy L. Thomas, "Russia's Reflexive Control Theory and the Military," *Journal of Slavic Military Studies*, 17, pp. 237-256.

31 "ОРГАНИЗАЦИЯ КОНТРПРОПАГАНДЫ В ОБЛАСТИ БОРЬБЫ С ТЕРРОРИЗМОМ И ЭКС ТРЕМИЗМОМ." pp. 19-20.

32 Thomas, "Russia's Reflexive Control Theory and the Military," p. 237.

33 Todd C. Helmus, Elizabeth Bodine-Baron, Andrew Radin, Madeline Magnuson, Joshua Mendelsohn, William Marcellino, Andriy Bega, and Zev Winkelman, "Russian Social Media Influence: Understanding Russian Propaganda in Eastern Europe," RAND, Santa Monica, California, 2018, pp. 7-8.

물과 이후의 인간 행동까지가 인지전의 대상이 된다. 심리전은 상대방(특정 개인과 다수의 대중)이 특정 사건과 정보를 관찰·인지하고 이를 통해 인식·생각·감정을 형성하는 과정에 개입·조작·통제하여 궁극적으로 상대방의 생각과 감정, 그리고 행동에 영향을 미치려는 시도이다. 선전전(propaganda)은 조작, 선동함으로서 상대방의 생각과 감정, 그리고 행동에 영향을 미치려고 기도한다는 점에서 심리전과 유사하다. 하지만 심리전이 관찰을 통해 정보를 받아들이는 인간의 행위자의 인식·생각·감정에 보다 초점을 맞추고 있다면 선전전은 그러한 인식·생각·감정에 영향을 미치는 수단과 과정에 더 주목한다는 점에서 다소 차이가 있다. 그럼에도 불구하고 선전전과 심리전은 본질적으로 상당히 유사한 개념으로 이해할 수 있다. 마지막으로 인지전은 선전전과 심리전에서 한 걸음 더 진화한 개념이다. 인지전은 인간의 뇌 영역이 전쟁 무대이며 인간의 인식을 조작함으로서 인간의 결심과 행동을 바꾸려는 것과 관련된 일체의 노력들을 모두 포함한다. 따라서 여기에는 심리전-선전전뿐만 아니라, 인간의 뇌 작용에 대한 신경생리학적 개입(즉 뇌 과학의 무기화), 이민·난민 등의 인구구성 변화를 통한 영향력 공작(influence operation), 광범위한 문화전쟁을 포함한 사회공학적(social engineering) 공작까지 넓게 인지전의 영역에 포함된다.[34] 따라서 인지전의 모습은 다양하게 나타날 수 있는데 사이버 공간상에서의 심리전과 극단화 및 프로파간다, 여론공작, 그리고 오프라인에서의 강의, 교육, 방송, 영화, 게임, 도서, 발표, 집회·시위, 테러·폭격 등 폭력적 공격, 군사적 기동, 핵사용 위협 등을 포함한 일체의 내러티브 전달을 통한 인간의 인지영역에 대한 개입과 조작, 탈취, 점유의 노력들을 모두 포함한다.[35]

하이브리드전은 인지전을 포함하는 더 넓은 개념이다. 하이브리드 전은 키네틱전과 비키네틱전이 융합된 개념이다.[36] 키네틱전은 육-해-공-우주 등의 물리적 공간에서 실제 물리적 폭력이 행사되는 전쟁 개념이다. 반면 비키네틱전은 인지전을 포함한 정보전, 전자전, 사이버전 등의 실제 물리적 폭력이 동반되지 않는 전쟁 개념이다.[37] 이

---

34 Pradhan, "Role of cognitive warfare in Russia-Ukraine conflict: Potential for achieving strategic victory bypassing traditional battlefield."

35 Bernal et al., "Cognitive Warfare: An Attack on Truth and Thought," pp. 6-10.

36 송태은, "하이브리드 위협에 대한 최근 유럽의 대응," IFANS 주요국제문제분석, 2020-31, 국립외교원 외교안보연구소, p. 7.

37 Georgii Pocheptsov, "Cognitive attacks in Russian hybrid warfare," *Information & Security: An International Journal*, vol. 41, 2018, pp. 37-43.

는 클라우제비츠의 전쟁에 대한 고전적 정의를 다시 상기시킨다. 나의 의지를 상대방에게 관철시키는(enforce one's will against the other) 전쟁 목적은 키네틱 타격 또는 위협을 통해 적의 의지를 부러뜨림으로서(break one's will) 달성될 수도 있지만 비키네틱 수단을 통해 적의 의지(one's will)에 개입하여 이를 변경·왜곡·조작함으로서도 달성될 수 있다. 이러한 비키네틱 수단에는 선거개입, 여론조작, 프로파간다, 극단주의/테러리즘 유포·확산을 통한 정치사회혼란과 정부전복, 사보타지, 사이버-기술 공격을 통한 사회혼란과 공포, 경제적 압박, 전자전을 통한 정보통신네트워크의 블랙아웃, 정보전을 통한 시스템마비, 경제나 외교적 수단을 통한 압박, 역사문화적 정체성의 조작 등 다양한 형태가 있다.

마지막으로 인지전은 중국의 초한전(unrestricted warfare) 및 삼전(三戰: Three Warfare) 개념과 유사한 측면이 있다. 중국의 초한전에서 선거개입과 친중 영향력 공작은 주요한 전쟁수단이다. 이 과정에서 중국은 문화와 역사, 경제를 무기화(weaponization)한다. 초한전의 하위개념인 삼전은 심리전(psychological warfare), 여론전(war of public opinion), 그리고 법전(legal warfare)을 포함한다. 삼전의 목표는 아측의 인원(population)들에 대한 전쟁 지지를 유지하고, 적의 인원들의 가치나 사기를 떨어뜨리고, 제3자에게 영향을 미치는 것이다. 이를 위해 미디어와 사회 관계망을 통해 정보를 유포, 확산시키고 심리적 영향력에서 우위를 확보하고 필요하다면 법적 규범들을 위반하면서도 아측(the friendly side)의 법적인 정당성을 확보하고 반대로 적(the enemy side)의 위법성을 비난한다. 삼전의 세 가지 구성요소들은 상호강화작용을 통해 전체적인 삼전의 효과를 극대화한다.[38] 이와 같은 중국의 초한전과 삼전 개념은 러시아의 정보-심리전과 미국-서방의 인지전의 개념과 매우 유사하다. 하지만 인지전은 이에 더불어 뇌 작용에 대한 물리적 개입까지 포함하고 있어 중국의 초한전 및 삼전 개념보다 더 확장된 개념으로 이해할 수 있다.

---

38 Kimberly Orinx and Tanguy Struye de Swielande, "China and Cognitive Warfare: Why Is the West Losing?." Bernard Claverie, Baptiste Prébot, Norbou Beuchler, and François du Cluzel, Cognitive Warfare: The Future of Cognitive Dominance, NATO Collaboration Support Office (2022) 978-92-837-2392-9, pp. 8/1-6.

3. 인지전 개념의 등장과 관련 논의 동향

심리전이나 정보전은 오랫동안 논의되고 연구되어 왔지만, 인지전의 개념은 비교적 최근에야 군사실무부문과 학계에 등장했다. 2017년에 미국 국방부(Department of Defense)는 정보환경(IE: Information Environment)의 세 가지 차원(dimension) 가운데 하나인 지식, 이해, 믿음, 그리고 세계관과 같은 인간의 인지적 태도들을 합동작전(Joint Operations)에서 처음으로 인지하였다. 같은 시기에 오트웰(Ottewell)은 다음과 같은 포괄적인 정의를 제시했다. 그에 따르면, 인지 영역(cognitive domain)은 "군사적 기동이 개인과 그룹들, 그리고 인구의 상호 연결된 믿음, 가치, 그리고 문화에 영향을 미치기 위하여 정보환경을 이용함으로서 완성되는 인식(perception)과 이성적 추론(reasoning)으로 구성되는 영역"으로 정의된다.[39]

루이스(Lewis)는 사이버 공간이 인지전의 선호되는 전장(battle ground)이 되었고, 공격자들은 적대적 의도의 내러티브들을 직조함으로서(weaving) 악성코드가 아닌 악성정보 내용을 악용한다고 말하면서 인지전의 몇 가지 속성들을 설명하였다. 그에 따르면, 인지전은 평화도 아니며 전쟁도 아닌 '회색지'에 존재한다. 이는 정보와 그 정보의 인지적 효과가 핵심이 되는 새로운 종류의 갈등이다.[40]

두 클루젤(Du Cluzel)은 인지전에 대한 보다 포괄적인 주장들을 제시했다. 그의 관점에 따르면, 인지전은 정보전에서 진화했으며, 따라서 인간 뇌는 해킹의 대상이자, 전쟁의 무게중심(center of gravity), 그리고 군사화(militarization)의 대상이 된다.[41] 그는 정보전이 전자전, 컴퓨터 네트워크 작전, 심리작전(PsyOps), 군사적 기만, 그리고 작전보안 등으로 구성된 정보의 흐름을 통제하는 것을 목표로 한다고 주장했다. 반면에, 인지전은 지식과 지식활동의 과정(심리학, 언어학, 신경생물학, 논리학, 그리고 다른 여러 부문들)에 관련된 모든 과학을 포함하는 지식을 통제함으로써 국가의 인적 자본(human capital) 전체를

---

39 Paul Ottewell, "Defining the Cognitive Domain," *OTH (Over the Horizon) Journal*, December 7, 2020, https://othjournal.com/2020/12/07/defining-the-cognitive-domain/ (accessed on March 7, 2022).

40 James Andrew Lewis, "Cognitive Effect and State Conflict in Cyberspace," *CSIS*, September 26, 2018.

41 Francois du Cluzel, "Cognitive Warfare," Innovation Hub, NATO Allies Command Transformation (ACT) Sponsored Study, November 2020, 5-35, innovationhub-act.org.

공격-방어의 대상으로 한다.[42]

　최근 한국군은 새롭게 떠오르는 인지전의 중요성을 처음으로 인지하였다. 이는 아마도 인지전에 관련된 미국과 NATO의 최근 경향에 영향을 받은 것으로 보인다. 육군교육사령부에서 2022년 4월에 발간된 "미래 작전환경분석서"는 인간 인지의 무기화 추이를 강조하고 있다. 해당 보고서에 따르면, 인지 영역은 미래전의 핵심 영역(domain)을 구성하게 될 것이며, 인지적 우세가 미래 전쟁에서 승리하기 위한 필수 조건이 될 것이다.[43] 이와 같은 육군의 선도적인 미래전 인식을 제외하면, 국내에서는 학계나 안보전문가들 사이에서 이와 관련된 본격적인 논의나 연구는 아직 드물다.

　인지전에 관한 제한된 수의 연구나 논의에도 불구하고, 폭력적 극단주의나 급진화, 러시아의 정보심리전, 그리고 중국의 무제한 전쟁에 대한 여러 연구나 보고서들은 존재한다. 폭력적 극단주의와 테러리스트의 급진화는 본질적으로 인지전의 한 부문으로서의 영향력 공작(IO: Influence Operation)과 같다. 게라시모프의 제안과 관련된 러시아의 정보심리전과 중국의 무제한 전쟁 역시 미국-NATO의 인지전 관점들과 확실히 상당히 유사하다. 따라서 넓은 의미에서 이러한 영역들은 인지전의 범위에 포함될 수 있으며 따라서 그러한 주제에 대한 연구나 보고서들은 인지전을 다루고 있는 것으로 간주해야 한다.

　지난 20년 동안 "글로벌 테러와의 전쟁" 과정에서 이슬람 극단주의자나 극우극단주의자의 급진화 절차, 방법 및 효과를 분석한 많은 연구들이 생산되었다. 그 연구결과들에 따르면, 이와 같은 극단주의자들의 심리적 조작 및 프로파간다에 관한 전문성은 매우 발전되어 있다. 전 세계적으로 흩어져 있는 외로운 늑대형 테러 공격, 전투원 및 지지자의 리크루팅, 자금조달, 공포를 조장하기 위한 미디어 캠페인은 테러리스트 지휘부의 지도에 따른 정교한 심리적 IO(Influence Operation)의 실제 결과들이었다.[44] 러시아와 미국은 수년간 테러리스트들과의 전투에서 축적한 자신들의 경험을

---

42 Ibid, p. 6.

43 ROKA Training & Doctrine Command, "Future Operational Environment Analysis," 2022, 41.

44 Clark McCauley and Sophia Moskalenko, "Mechanisms of Political Radicalization: Pathways toward Terrorism," Terrorism & Political Violence 20 (2008): 415-33; David Malet, "Countering Violent Extremism: Assessment in Theory and Practice," Journal of Policing, Intelligence and Counter Terrorism 16, no. 1 (2021): 58-74; Diana Riegr, Lena Frischlich, and Gary Bente, "Propaganda 2.0: Psychological Effects of Right-Wing and Islamic Extremist Internet Videos," Terrorism/Extremism Research Unit (FTE) of the German Federal Criminal

통해 배웠고, 그와 같은 인지전의 교훈들을 정보심리전 또는 인지전을 발전시키는데
적용했다.[45]

　러시아의 정보심리전은 러시아판 인지전이라고도 할 수 있다. 이는 사이버 프로파
간다, 가짜 뉴스, 여론 조작, 그리고 트롤링 및 플레밍과 같은 군사적이고 비군사적
인 영역을 결합한다. 이를 통해 적의 전쟁수행능력을 마비시키려 기도한다. 러시아
는 소련시절 적군(Red Army)에서 존재했던 자신들의 전통적인 심리전 및 프로파간다
작전을 기초로 자신들이 지난 20년간 이슬람 극단주의와의 싸움에서 학습한 대응프
로파간다(контрпропаганда)의 교훈들과 인지와 설득에 관한 현대 심리학 이론과 연구
결과들을 적용하여 2013-2014년경에 정보심리전 독트린을 완성시킨 것으로 보인다.
이는 2014년 이후로 실전에 적용되었다. 러시아의 정보심리전이 실행된 대표적인 사
례들로는 2014-2015년경 우크라이나 위기, 2016년 미국 대통령 선거개입, 2017년
독일 연방 총선개입, 2017년 프랑스 대통령 선거개입, 2017년 영국 브렉시트 국민투
표개입 등이 있다. 이와 관련하여 러시아의 작전기법과 방법, 전략적·전술적 목표,
작전 절차, 추진체계, 그리고 및 지휘통제체제 등에 관한 여러 연구들이 있어 왔다.[46]

　Police Office (Bundeskriminalamt) (Köln: Luchterhans Verlag, 2013); Mark Hamm and
Ramon Spaaj, "Lone Wolf Terrorism in America: Using Knowledge of Radicalization
Pathways to Forge Prevention Strategies," U.S. Department of Justice, 2012; Minwoo Yun and
Eunyoung Kim, "An Ethnographic Study on the Indonesian Immigrant Community and Its
Islamic Radicalization in South Korea," Studies in Conflict & Terrorism 42, no. 30 (2017):
292-313; Peter R. Neumann, "Options and Strategies for Countering Online Radicalization in
the United States," Studies in Conflict & Terrorism 36, no. 6 (2013): 431-459; START
(National Consortium for the Study of Terrorism and Responses to Terrorism), Overview:
Profiles of Individual Radicalization in the United States, START Center (College Park, MD:
University of Maryland, 2015).

45 Alonso Bernal, Cameron Carter, Ishpreet Singh, Kathy Cao, and Olivia Madreperla,
　"Cognitive Warfare: An attack on Truth and Thought," NATO Cognitive Warfare Project, Fall
　2020; Reed, "Beyond the War on Terror: Into the Fifth Generational of War and Conflict,"
　686-90; "Organization of Counter-Propaganda in the Field of Combat Terrorism and
　Extremism," Antiterrorist Center of the CIS Member States, Moscow, 2020, 19-20. [in Russian]

46 Taeeun Song, "Psychological Warfare and Authoritarian Sharp Power Attack in the Digital
　Age: Russia's Cyber Propaganda and the West's Response," Korean Journal of International
　Relations 59, no. 2 (2019): 174. [in Korean]; Alden Wahlstrom, Alice Revelli, Sam Riddell,
　David Mainor, and Ryan Serabian, "The IO Offensive: Information Operations Surrounding
　the Russian Invasion of Ukraine," MANDIANT, May 19, 2022, https://www.mandiant.com/

중국의 무제한 전쟁 개념은 그들의 인지전 버전으로 볼 수 있다. 무제한 전쟁의 의미는 전쟁의 모습과 수단에 한계가 없다는 것을 의미한다. 중국은 미국-서방과의 재래식 전쟁에서는 자신들이 이길 수 없다는 전략적 인식에 따라 미국-서방과의 전쟁에서 승리하기 위한 비대칭 전략으로 이러한 전략을 채택했다. 무제한전의 전략적 목표는 전쟁의 승리를 위해 인간 영역에서의 우세권을 장악하는 것이다. 이는 인지전의 전략목표와 동일하다. 이 개념에 따르면 전통적인 키네틱전 수단이외에도 모든 비키네틱적 수단들은 (예를 들면, 정치적 및 사회적 혼란, 테러, 사보타주, 조직범죄, 해킹, 선전, 선동, 무장 시위, 경제보복, 심리적 압박, 여론 조작, 역사문화 전쟁 등과 같은) 효과적인 전투를 위해 이용될 수 있다. 따라서 영향력 공작은 하나의 핵심적인 전쟁수단이 된다.[47]

그러나 이와 같은 관련 연구나 보고서, 또는 논의들에도 불구하고, 실제 인지전 수행에 적용될 수 있는 전략적, 전술적 원칙들에 대한 실질적 논의나 제안들은 아직까지는 없다. 적어도 공개적으로 이용 가능한 공개출처 기반의 선행 연구 논문이나 보고서들은 인지전의 전략 및 전술과 관련된 단편적인 에피소드나 심리적 효과의 유형들, 작전과정이나 추진체계에 관한 내용들을 산발적으로 소개하는데 그치고 있다. 인지전의 효과적인 수행을 위해서는 이러한 포괄적이고 체계적인 전략-전술의 원칙들이 사전에 개발되어야 한다. 따라서 다음 파트에서는 인지전의 실제 수행을 위한

resources/information-operations-surrounding-ukraine (accessed on March 7, 2022); Elina Lange-Ionatamisvili, "Analysis of Russia's Information Campaign Against Ukraine," A Report of the NATO StratCom Centre of Excellence (COE), 2016, 16-19; Georgii Pocheptsov, "Cognitive Attacks in Russian Hybrid Warfare," Information & Security: An International Journal 41 (2018): 37-43; Medvedev, "Offense-Defense Theory Analysis of Russian Cyber Capability"; Timothy L. Thomas, "Russia's Reflexive Control Theory and the Military," Journal of Slavic Military Studies 17, no. 2 (2004): 237-56; Todd C. Helmus, Elizabeth Bodine-Baron, Andrew Radin, Madeline Magnuson, Joshua Mendelsohn, William Marcellino, Andriy Bega, and Zev Winkelman, "Russian Social Media Influence: Understanding Russian Propaganda in Eastern Europe," RAND, 2018, 7-8; "Organization of Counter-Propaganda in the Field of Combat Terrorism and Extremism," 19-20.

47 Kimberly Orinx and Tanguy Struye de Swielande, "China and Cognitive Warfare: Why Is the West Losing?" in Cognitive Warfare: The Future of Cognitive Dominance, eds. Bernard Claverie, Baptiste Prébot, Norbou Beuchler, and François du Cluzel (NATO Collaboration Support Office, 2022), 8/1-6; Peter A. Chew, "How China Applies Its Principles of Unrestricted Warfare in the 21st century," Technical Report GCG2018-001, May 2018, Galisteo Consulting Group, INC.

전략-전술의 원칙들과 기법들을 소개하고 이를 어떻게 실제 전투에 활용할지에 관해 논의한다. 다음에 소개될 전략-전술의 원칙들은 극단주의자나 테러리스트의 프로파간다와 급진화의 기법과 노하우, 러시아의 정보 심리전 운용 원칙과 사례들, 미국의 인지전 이론과 심리작전(PsyOps), 최근 인지전 사례들, 정치학/군사학과 심리학/범죄심리학의 전략과 프로파간다 이론, 인지 및 설득이론, 그리고 범죄성 및 공격성과 관련된 여러 이론들을 통합적으로 고찰하여 도출되었다.

4. 인지전의 전략목표와 전략방안

1) 전략목표

인지전의 전략목표는 적의 내러티브에 대한 나의 내러티브의 우세에 의해 달성된다. 조세프 나이(Joseph Nye)의 지적은 이러한 관점에서 이해될 필요가 있다.[48] 인지 영역에서 나와 적의 내러티브가 충돌한다. 전쟁 승패는 누구의 내러티브가 지적, 정서적, 윤리적 매력과 설득력의 우위를 통해 사람들의 마음과 생각을 장악하는 가에 따라 결정된다.

내러티브는 생각들과 이야기들이 충돌하는 인지전에서 필수도구(essential instrument)에 해당한다.[49] 내러티브는 흔히 이야기들(stories)과 상호 호환되어 사용되기도 하고, 담론(discourse)으로도 이해되지만 그 보다는 더 폭 넓은 개념이다. 내러티브는 문장과 문서를 포함하며 그 외 모든 다른 형태의 커뮤니케이션 콘텐츠를 모두 포함한다. 내러티브는 글과 문장의 기록, 사진, 영화나 동영상, 제스처, 그리고 그러한 글과 그림, 영상의 복합물 등의 다양한 형태를 포함한다. 내러티브는 신화나 전설, 우화, 이야기, 서사, 단편 스토리, 역사, 비극, 드라마, 코메디, 판토마임, 그림, 스테인드글라스 창, 벽화, 영화, 지역 뉴스, 대화, 강의, 온라인 콘텐츠, 온라인 게임 스토리 등 다양한 형태로 나타날 수 있다. 즉, 무한한 수와 형태의 내러티브가 존재한다.[50]

내러티브가 인지전의 영역으로 들어오게 되면 전략적 목표를 달성하기 위한 중요

---

48 송태은, "사이버 심리전의 프로퍼갠더 전술과 권위주의 레짐의 샤프파워: 러시아의 심리전과 서구 민주주의의 대응," p. 174.

49 Lawrence Freedman, Strategy: A history (New York: Oxford University Press, 2013), p. 427.

50 Freedman, Strategy: A history, pp. 428-429.

한 전투의 수단이자 공격-방어의 대상이 된다. 내러티브는 인지전에서 다수의 기능을 가진다. 이는 아측을 동원시키고(mobilization), 아측에게 방향성(direction)을 제시하고, 아측의 일체감(solidarity)을 지속시키고, 이탈자(dissidents)를 통제하고(in line), 전략을 구성하고(formulation), 확산시키는(disseminate) 것을 포함한다. 피해자의식(victimhood), 굴욕(humiliation), 그리고 저항(resistance)에 관한 내러티브의 서사를 사용하여 사람들을 과거와 유사한 상황으로 데자뷰된 현재를 재구성하고 자신들의 개인적 좌절(private frustration)과 공공의 소명(public cause)을 연계시킴으로서 더 넓은 인지적 결전(cognitive battle)의 한 부분으로 개인에게 권능감(self-esteem 또는 self-efficacy)을 부여한다. 이런 과정을 통해 내러티브는 분산된 좌절과 무력감을 느끼는 개인들을 각성시켜 이질적인 이해관계와 관심을 가진 개인들의 그룹들을 함께 연대·결박시키는 접착제로 작용한다. 내러티브가 제시하는 공공의 소명과 연대의식은 정체성(identity)의 의식, 귀속감(belonging), 소명(cause), 목적(purpose), 그리고 임무(mission) 등을 커뮤니케이션을 통해 각성(arousal)시킴으로서 활성화(activated)된다. 이러한 각성과 활성화는 분산된(dispersed) 집단들을 응집시키고 전략적 가이드에 따라 집중·통합·조율시킬 수 있다.51

내러티브에 관한 전략과 이론들이 제시된 것은 1970-80년대였지만 이것이 본격적으로 정치와 테러, 극단주의, 인지전의 영역으로 활용된 것은 2000년대 이후이다. 이는 정보통신기술의 혁명과 사이버 공간의 등장으로 초개인화된 개인들이 시공간적 한계를 넘어 초연결되었기 때문이다. 알카에다나 ISIS와 같은 이슬람 극단주의 테러단체들과 미국-유럽의 극우극단주의 테러단체들, 그리고 어나니머스(anonymous)와 같은 국제해커그룹들과 같은 비국가 행위자들이 내러티브를 기반으로 네트워크 형태로 작동하고 있다. 뿐만 아니라, 미국-서방이 프록시 군대로 내세운 NGO들이 주도한 구소련권 국가들과 북아프리카와 중동 지역에서의 색깔혁명, 러시아가 2014-2015년 우크라이나 침공 시에 벌였던 정보전, 중국의 서양제국주의에 대한 저항과 중화민족의 부흥에 관한 담론 등 역시 이와 같은 내러티브 전쟁의 한 단면들이다. 최근 러시아-우크라이나 전쟁에서도 러시아-돈바스 친러시아 세력의 내러티브와 미국-나토-우크라이나의 내러티브가 충돌하고 있다. 러시아-친러시아 세력은 미국-나토와 우크라이나의 나치 잔당과 반데라 추종자들이 러시아와 우크라이나와 벨로루스 등이 하나의 역사와 문명으로 묶인 러시아 세계(Russian world)의 주권과 정체성을 위협한다고 주

---

51 Freedman, Strategy: A history, pp. 430-431.

장한다. 따라서 자신들은 그러한 사악한 위협의 피해자이며 그와 같은 위협에 맞서 싸우는 정당한 저항자라고 주장한다.[52] 반면, 우크라이나 젤렌스키 정부와 미국-나토는 푸틴의 러시아와 돈바스 친러시아 세력이 자신들의 자유와 민주주의, 그리고 우크라이나의 정당한 국민국가 주권을 위협하는 사악한 제국주의 침략자이자 무도하고 잔혹한 범죄세력이라고 묘사하며, 자신들을 그와 같은 사악한 위협의 피해자이자 그에 맞서 싸우는 정당하고 영웅적인 저항자라고 주장한다.[53]

내러티브가 우리에게 익숙한 기존의 이데올로기(ideology) 또는 사상과 다른 점은 역사적 서사의 길이와 연속성에 있다. 예를 들면, 이데올로기가 사진(still-picture)에 해당한다면 내러티브는 동영상(motion-picture)에 해당한다. 이런 맥락에서 내러티브가 이데올로기보다 더 시간적으로 길고 더 폭넓은 개념이다. 이데올로기와 비교할 때, 내러티브는 그 자체의 이론적·논리적 완결성이 떨어진다. 내러티브는 그 각각의 구성 스토리들이 서로 논리적으로나 이론적으로 긴밀하게 연계되어 있지도 않으며 종종 파편적이고 관련이 없거나 상호 모순적이기도 하다. 그럼에도 불구하고 내러티브는 해당 내러티브가 받아들여지는 특정한 정치사회적, 역사적, 문화적, 종교적 공동체의 역사적 기억과 연대감, 공동체적 정체성과 결박되어 있기 때문에 해당 구성원들에 대한 호소력이 강하며 시간적 지속성 역시 견고하다.[54]

냉전 시기 이데올로기와 오늘날 내러티브 사이의 또 다른 차이점은 완결성 있는 거대 담론의 존재 여부에 있다. 과거 냉전 시대의 공산주의와 자본주의 또는 자유민주주의는 냉전 구도에서 서로 충돌하는 진영전체 또는 국가전체나 국민대중일반에 보편적인 호소력이 있는 완결성 있는 거대 담론의 성격을 가졌다. 하지만 오늘날의 내러티브는 그와 같은 거대담론과는 다르다. 과거 이데올로기의 영향력은 마르크스, 레닌, 트로츠키, 그람시, 그리고 황장엽 등의 엘리트 이론가들과 교육받은 오피니언 리더들의 담론의 질(quality)에 의해 좌우되었다. 반면 오늘날 내러티브의 영향력은 내러티브 형성에 참여하는 일반인들(lay persons)이나 유사전문가들(pseudo-experts)의 담론

---

52 Elina Lange-Ionatamisvili, "Analysis of Russia's Information Campaign Against Ukraine," A report of the NATO StratCom Centre of Excellence(COE), 2016, pp. 16-19; Bogart, "Cognitive warfare: Why disinformation is Russia's weapon of choice in the war on Ukraine."

53 신범식, "우크라이나 전쟁과 국제정세 변동," 서울대학교 국제관계연구회 2022년 2차 학술세미나 발표자료, 서울대학교 아시아 연구소, 2022년 5월 28일.

54 Freedman, Strategy: A history, pp. 427-432.

X. 인지전의 전략과 전술

의 양(quantity)에 의해 좌우된다. 내러티브는 그 자체로 완결성이 있는 이데올로기가 아니며 각각 일정한 추종자와 지지자들에게만 제한적으로 호소력이 있는 파편적인 담론들의 조합이다. 따라서 미국-서방과 러시아-중국이 맞부딪히는 글로벌 패권충돌의 양 진영에서도 모든 구성원들을 하나로 견고히 묶는 거대담론이 존재하지 않으며, 같은 맥락에서 하나의 국가 내에서도 정부와 일반대중 그리고 국민일반을 하나로 묶어내는 거대담론이 존재하지 않는다. 단지 다양한 내러티브들이 파편적으로 존재하며 이와 같은 각각의 개별 내러티브들은 마치 네트워크의 노드 형태로 다른 내러티브(노드에 해당하는)들과 서로 유사성과 이해관계, 국면전개에 따라 연결되거나 단절된다.

내러티브는 '전략적 커뮤니케이션(strategic communication)'의 성격을 가진다. 어떤 질서와 사건들은 반드시 내러티브로 전환되거나 해석이 되어야 한다. 전략적 내러티브는 서로 관련이 없어 보이는 사건들과 행동들을 서로 관련이 있는 것으로 묶어내도록 하는 구조적 이야기(structural story)를 제공하여 그와 같은 사건들과 행동들을 이해할 수 있도록 만든다.[55] 따라서 전략적 내러티브는 우연히 생기는 것이 아니라 의식적으로 그리고 의도적으로 고안되고 배양된(designed and nurtured) 이야기이다. 프리드만(Freedman)에 따르면,[56] 전략적 내러티브는 다양한 국가와 비국가 행위자들을 모두 활용하여 타깃 청중들이 특정 사건들과 이슈들에 대해 어떻게 느끼고 이해해야하는지를 구체화시키고 이를 통해 이들의 행동을 의도된 방식으로 이끌어 내기위해 구성되고 활용된다. 가장 초기 단계에서 전략적 내러티브는 이슈에 대해 프레임을 만들고 이에 대한 적절한 대응을 제안한다.[57] 그리고 전략적 내러티브는 정체성과 소속감, 대의, 목적, 그리고 미션에 대한 감각들 역시 표현한다. 이러한 전략적 내러티브는 유용성을 가지기 위해 반드시 합리적이거나 이성적 또는 분석적일 필요가 없다. 증거나 경험에 기반 할 수 있지만 주로 감정에 호소하거나, 또는 혐의를 두는 은유적 표현, 그리고 미심쩍은 역사적 유추들에 의존한다.[58] 이러한 전략적 내러티브가 성공

---

55 J. J van Eertern, B. Doosie, E. Konijn, B de Graaf, and M. de Goede, Developing a social media response to radicalization: The role of counter-narratives in prevention of radicalization and de-radicalization, University of Amsterdam, Department of Psychology, September, 2017. p. 16. https://hdl.handle.net/11245.1/4fe0b95f-b5ec-45a1-b50a-2ff8287b4b1c

56 Lawrence Freedman, The transformation of strategic affairs. (London: Routledge, 2006), p. 16.

57 Ibid.

적이기 위해 내러티브는 타깃청중의 문화, 경험, 신념, 그리고 이해관계들과 반드시 관련되어야 하며 이들의 역사적 문화적 이해와 동조되어야만 한다. 명확한 미션이나 목적 그리고 성공에 대한 약속 역시 반드시 제공되어야 한다. 더 나아가 내러티브가 반드시 지속적이고 통일성 있는 방식으로 전달되어야 하며 이러한 내러티브에 도전하는 대응내러티브들의 공격에서 반드시 살아남아야만 한다.[59] 이 같은 전략적 내러티브는 단지 하나의 대변인이나 하나의 채널을 통해서만 전달되어야 하는 것은 아니다. 오히려 다수의 목소리들 또는 채널을 통해 해석될 사건들에 대한 이해가 다소 미묘한 차이가 나는 듯 전달된다면 메시지의 전달을 촉진할 수 있다.[60] 내러티브는 다른 행위자들에 의해 지속적으로 중재되거나 거절되거나 방해를 받을 수 있다. 전달된 내러티브는 다시 다수의 행위자들에 의해서 지속적으로 언급되고 해석되고 적용되고 다시 회자되어 다수의 청중들에게 전달이 된다. 이런 과정을 통해서 내러티브는 일단 대중의 영역에 진입하게 되면 자신의 생명을 지속해 가는 과정을 밟게 된다.[61]

2) 전략 실행방안

전략 실행방안은 전략적 내러티브를 기획, 구성하는 방법들에 관한 것이다. 이를 위해 "이데사와의 구"와 "최적 분할"이라는 두 가지 원칙을 고려할 필요가 있다.

(1) 이데사와의 구(Idesawa's Sphere)

뇌과학과 인지심리학의 최근 주장들에 따르면 인간의 정신이 심오한 깊이를 가질 것이라는 것은 허구이며, 우리의 생각과 마음은 지극히 평면적이며 직관적인 뇌의 정보처리 과정의 결과물이다. 인간의 뇌는 과거의 경험을 바탕으로 주변의 인지되는 정보들을 선별적으로 필터링하여 받아들이고 즉흥적이면서도 순간적인 판단과 의사결정을 하고 이는 즉각적 행동으로 이어지게 된다. 인간의 인식은 지능형 컴퓨터가 데이터를 판독하는 것과 유사하다. 뇌는 현재의 감각적 입력(즉 정보입력 또는 인지)에서 특정한 해석만 인식한다. 이와 같은 해석은 뇌의 신경세포들의 협력적 계산의 산출물이다. 이는 계속되는 정보 인지-필터링-협력계산-패턴파악/해석-인식의 평면적 사

---

58 Ibid.
59 Ibid.
60 Ibid.
61 Ibid.

이클의 결과이지, 인간 깊숙이 숨겨진 내면의 성찰 또는 무의식의 작용이 아니다. 이데사와의 구는 이러한 인간 결심·행동에 영향을 미치는 인식이 어떻게 도출되는지를 그림으로 설명한다. 아래 그림에서 확인할 수 있는 것처럼 똑같은 개수와 형태의 검은 원뿔 모양의 가시가 어떻게 배열되는 지에 따라 인간의 뇌는 하얀색 구를 인지할 수도 또 그렇지 않을 수도 있다. 여기서 하얀색 구는 뇌의 상상의 산물이며 실제로 존재하는 것이 아니다. 이 하얀색 구에 대한 판독 여부는 인간의 과거의 경험에 의해 결정된다. 이 과거의 경험은 즉시 직관적으로 하얀색 구를 판독해내고 그리고 나서 인지되는 검은 가시(즉 경험적 정보)의 배치 여부에 주목한다. 이는 우리 뇌가 하얀색 구와 같은 과거의 경험에 기반을 둔 생각의 산출물이 정보 입력물의 필터링 여부를 결정하고 다시 이러한 입력된 정보를 재확인하면서 직관적 인식(하얀색 구)을 최종적으로 객관적 현실로 확신하게 된다는 의미이다. 이와 같은 설명은 왜 인간이 정보를 선별적으로 편견을 가지고 받아들이고 또한 확증편향 현상을 지속하는지를 알려준다.[62]

이데사와의 구는 핵심 내러티브의 전략적 구성(strategic construction)을 어떻게 해야 하는가에 대한 아이디어를 제공한다. 가공의 하얀색 구에 해당하는 내러티브가 실제라고 설득하기 위해서는 검은 가시로 표현되는 각각의 개별적 사건들과 증거들, 주장들, 스토리들이 하얀색 구를 인간의 뇌가 인지할 수 있도록 정교하게 배열되어야 한

| 그림 12 | 이데사와의 가시 돋친 구(왼편)와 검은색 가시가 흩어진 모습(오른편)[63]

62 닉 채터, 『생각한다는 착각』, 김문주 옮김 (서울: 웨일북, 2021), pp. 247-252.
63 Ibid, p. 249.

다. 이는 핵심 내러티브를 구성하는 다양하고 파편적인 개별 이벤트와 사건, 주장들, 의혹들을 어떠한 순서와 관계로 배열하고 바느질하느냐(sowing)에 달려있다. 여기서 중요한 점은 공격대상의 뇌가 하얀색 구(즉 내러티브)를 인지하는 데는 그 대상의 과거의 경험이 결정적이라는 점이다. 즉, 대상의 과거의 기억과 경험이 그럴듯하게 배열된 검은 가시를 통해 자극되고 각성되어야 한다. 이와 같은 과거의 경험에는 개인적 또는 집단적 역사적 피해와 굴욕의 경험, 증오나 혐오, 자존감의 상처 등이 포함된다. 현재의 에피소드에 관한 정보들(검은 가시들)을 과거의 경험과 기억에 데쟈뷰시켜 이를 통해 현제의 에피소드를 해석하도록 자극한다면 타깃 개인 또는 집단의 뇌는 이 하얀색 구를 즉각적, 직관적으로 연상할 수 있다. 이의 대표적인 사례는 한국인에 대한 "반일프로파간다" 프레임이다. 다수의 한국인들의 과거 일본에 대한 집단적 역사기억과 경험은 적절히 자극되고 각성화되기만 하면 언제나 그들을 과거 일본 제국주의 침략시절로 소환시키고 그와 같은 프레임으로 그들이 오늘날의 사건을 해석하도록 만든다. 일단 공격 대상자들이 하얀색 구를 인식하게 되면 그 효과는 오래 지속되며 강렬하게 작동된다. 따라서 검은 가시의 배열이 흐트러지거나 일부가 사라지더라도 이미 각성된 대상자들의 뇌는 여전히 이 하얀색 구를 인식할 수 있다. 이는 일부 정보나 에피소드들이 하얀색 구를 인지하기에 부적절하거나 모순, 상충된다고 하더라도 일단 한번 대상자들의 뇌에 각인된 해석프레임은 변형되거나 사라지지 않고 지속된다는 의미이다. 어떤 사이비 종교단체의 교주의 신성성을 부정하는 증거들이 드러난다고 하더라도 그 추종자들의 해당 교주의 신성성에 대한 맹목적 믿음이 쉽사리 약화되지 않는 것도 이러한 측면에서 이해할 수 있다. 따라서 내러티브 공격 대상자들의 과거의 경험과 기억을 기초로 핵심 내러티브를 구성해야하며, 이 대상자들이 핵심 내러티브를 각성할 수 있도록 전략적 가이드라인에 따라 각각의 사건과 주장, 의혹제기들, 에피소드들, 이야기들이 서로 연결되고 조율되게 배열되고 구성되어야 한다. 이번 러시아-우크라이나 전쟁에서 미국-나토-우크라이나의 반러시아-반푸틴 내러티브의 전략 수행은 대체로 이러한 방식으로 이루어졌다. 러시아 군의 무능과 부도덕, 야만성과 침략성을 부각시켜 이들을 야만적이고 무능한 범죄자로 채색하는 핵심 내러티브를 드러내기 위해 여러 에피소드들에 관한 보도와 증언, 폭로 등이 정교하게 배열되고 바느질되었다.

(2) 최적 분할(optimal division)

내러티브의 전략적 기획과 운용에는 "이데사와의 구 원칙"과 함께 "최적 분할"이 고려되어야 한다. 칼 슈미트에 따르면, 정치는 적과 동지의 개념구분이다. 이는 정치와 전쟁의 영역에서 우리와 적들을 어떻게 구분할 것인가가 승리의 주요한 선결조건이라는 의미로 이해될 수 있다. 최적 분할의 원칙은 우리측의 세력은 극대화하고 적측의 세력은 최소화하는 방식으로 내러티브를 설계하고 운용해야 한다는 의미이다. 이를 통해 다양한 이질적인 세력들을 우리측에 결집시켜 핵심적인 적측의 세력을 고립-포위시키고 핵심 적을 먼저 섬멸하는데 역량을 집중할 필요가 있다. 내러티브는 이 다양한 이질적인 세력들을 핵심 적에 대항하도록 공고히 결박시키는 접착제의 역할을 할 수 있도록 구성되고 운용될 필요가 있다.

미셸 푸코는 이 최적 분할을 "분산 프로파간다(distributed propaganda)"라는 개념으로 설명하고 있다. 푸코의 분산 프로파간다 개념은 이 장에서 논의되는 일반적인 "프로파간다" 개념과는 다르다. 푸코는 "분산 프로파간다"를 자본주의 적들을 고립, 포위, 섬멸하기 위해서 어떻게 다양한 이질적인 세력들을 하나의 통일된 힘으로 결집시킬 것인가와 관련된 전략적 개념으로 사용하였다. 북한과 중국에서 사용되는 "통일전선(united front)"도 이 푸코의 "분산 프로파간다"와 같은 개념으로 이해할 수 있다. 여기서는 다음에 논의할 "프로파간다" 개념과의 혼동을 피해가 위해 "최적 분할"의 개념을 사용한다.

전쟁의 승리를 위해서는 전략적 수준에서 "최적 분할"이 이루어지고 유지되도록 내러티브를 기획하고 구성해야 한다.[64] 인지전에서는 내러티브의 공격-방어가 승리를 위한 가장 핵심적인 결전 대상이다. 이를 위해서는 전략수준에서 내러티브들 간의 구도(structure)를 전략적으로 유리하게 설계하고 이를 전쟁과정 전반에 걸쳐 효과적으로 유지, 관리, 조율하여 적의 내러티브를 압도해 나가야 한다. 이는 오늘날의 인지전이 잘 짜이고 견고한 두 이데올로기 사이의 충돌이 아니라 다양한 이질적이고 모순적인 내러티브들이 서로 연계되어 구성된 내러티브-네트워크들 사이에서 벌어지는 충돌이기 때문이다. 따라서 적의 내러티브에 적대적이면서 이미 존재하고 있는 다양하고 이질적이고 파편화된 내러티브들을 어떻게 하나로 연계하고 조직화하여 적의 내러티브를 고립-포위하고 파괴할 것인가가 주요한 전략적 기획(strategic planning)의

---

64 Freedman, Strategy: A history, pp. 425-427.

목표가 되어야 한다.[65] 여기서 강조되어야 할 점은 내러티브의 기획이 어떤 내러티브를 새로 만들어 내는 것이 아니라는 점이다. 오늘날의 내러티브 기획은 이미 존재하는 다양한 내러티브들을 활용하고, 묶어내고, 가공함으로서 완성된다. 이런 측면에서 내러티브의 전략적 기획은 기존의 다양하고 이질적인 내러티브들을 네트워크로 연계하여 하나의 실체로 엮어내는 메타-내러티브(meta-narratives)를 구성하는 것이다.

예를 들면 이번 우크라이나 전쟁에서 러시아는 친러시아 내러티브(Pro-Russian Narratives)를 중심축으로 우크라이나의 젤린스키 정부와 친서방 정치세력들을 고립시키고자 시도했다. 이를 위해 러시아는 우크라이나인들을 우크라이나 정부와 친서방 정치세력, 그리고 서우크라이나(West Ukraine)의 반러시아 세력들을 사악하고 허약하고 비겁한 나치, 극우주의자들로 채색하면서 우크라이나의 일반대중들을 이들로부터 분리시키려고 시도했다. 또한 러시아는 우크라이나와 서방의 분열을 시도했다. 이를 위해 폴란드의 범죄단체가 우크라이나 난민들을 불법이주범죄의 대상으로 삼고 우크라이나 난민들을 학대하며, 폴란드 군이 서부 우크라이나 영토를 점령하고 있다고 선전했다. 마지막으로 러시아는 러시아 세계와 러시아의 정당한 권리에 대한 대중의 인식을 고취시킴으로서 친러시아 내러티브 지지자와 추종자들의 결집을 시도했다. 이는 모두 반러시아 내러티브들을 분열시키고 친러시아 내러티브들을 결집시키기 위한 최적 분할 전략으로 이해할 수 있다.[66]

최적 분할 전략은 내러티브들의 네트워크상의 허브에 해당하는 아측의 전략지휘-컨트롤타워를 축으로 적 또는 적의 내러티브와 적대적인 여러 세력들과 그들의 내러티브들을 결박해야 한다. 여기에는 아측의 군, 정부, 민간단체와 개인들, 적의 전쟁지휘부의 전쟁 수행에 적대적인 적의 반정부 또는 혐정부 세력과 단체, 개인들, 기타 국제사회 일반이나 국제기구, 시민사회단체들, 해외의 여러 우호적 국가들이 포함된다. 온·오프라인상에서 작동하는 여러 세력들과 그들의 내러티브들을 조율하고 연계하여 결집된 힘으로 동일한 내러티브 공격목표인 적과 적의 내러티브를 포위하고 타격한다. 통상적으로 이와 같은 내러티브 네트워크는 척도없는(scale-free) 네트워크

---

65 Ibid, pp. 418-427.

66 Alden Wahlstrom, Alice Revelli, Sam Riddell, David Mainor, and Ryan Serabian, "The IO Offensive: Information Operations Surrounding the Russian Invasion of Ukraine," MANDIANT, May 19, 2022, https://www.mandiant.com/resources/information-operations-surrounding-ukraine

형태로 구성된다.

　최적 분할의 설계는 현재의 국면에서 아측의 인지전 승리를 효과적으로 담보하기 위해 정밀하게 전략적 의도를 가지고 아측과 적 사이에 전선을 그어야 한다. 이를 속칭 "갈라치기"라고 표현할 수 있다. 이 과정에서 어떤 내러티브의 대상들을 아측에 포함시킬 것인지, 그리고 적의 내러티브에 어떤 것들을 포함시킬 것인지를 전략적으로 염두에 두고 적과 동지의 전선을 그어야 한다. 이 작업은 전쟁 이전 또는 초기 단계에 이루어져야 하며, 전쟁 국면 전개에 따라 지속적으로 적과 동지를 가르는 전선을 수정-변경해나가야 한다. 이 내러티브의 전선을 어떻게 긋는가에 따라 전체 전쟁의 핵심 내러티브와 전쟁 수행방향과 승패의 여건 등이 결정되게 된다. 최근 러시아-우크라이나 전쟁의 경우 미국-나토-우크라이나는 "자유세계(free world)와 러시아로 대변되는 권위주의-독재체제 사이의 투쟁"이라는 핵심내러티브를 잡았는데, 이는 북미-유럽-우크라이나와 아시아-태평양 지역의 일부 부유한 자유민주주의 국가들을 결박시키는데는 효과적이었으나, 중동과 남미, 아프리카 등의 대부분의 저개발 국가들과 인도 등을 반러시아 네트워크내로 결박시키는 데는 효과가 없었다. 이는 이들 국가들에서는 권위주의에 대한 적대감과 혐오는 크지 않으며, 오히려 유럽 제국주의에 대한 식민과 지배, 피해의 기억이 더 강렬하게 작동하기 때문이다. 미국-나토는 이 점을 간과한 측면이 있다. 오히려 이들 국가들에게는 러시아의 제국주의적 침략성과 우크라이나의 식민지배와 피해의 경험을 강조하는 내러티브가 더 강하게 어필될 여지가 있었다. 결과적으로 미국이 제국주의-식민피해의 내러티브를 간과하고 자유주의 대 권위주의 대치구도를 강조함으로서 오히려 이들 식민의 기억을 가진 국가들 대다수가 러시아에 동조하거나 중립으로 남는 결과로 이어진 측면이 있다.67

　다양하고 이질적인 세력들과 그들의 내러티브들을 하나로 결박하는데 적과 적의 내러티브에 대한 다양한 세력들의 차별, 소외와 배제, 죽음, 그리고 피해의 기억들이 활용된다. 이와 같은 부정적 경험과 기억들은 공감과 연대를 통해 다양한 세력들과 그들의 내러티브들을 강고히 결박시킨다.68 이 과정에서 온·오프라인 "광장"에서 함께 하는 경험을 거치면서 이들은 하나의 연대된 실체가 된다. 반대로 적과 적의 내러티브는 단일하고 음모론적이고 사악한 세력으로 채색되어야 한다. 이를 통해, 내

67 Richard Stengel, "Putin May Be Winning the Information War Outside of the U.S. and Europe," 「TIME」, May 16, 2022.

68 Freedman, Strategy: A history, p. 430.

러티브 네트워크에 결박된 세력들의 인식 속에 단일하고 균일한 하나의 거대한 악의 세력이 마치 실제로 존재하는 것처럼 각인되어야 한다. 이러한 공통의 적에 대한 인식을 통해 각각의 다양하고 이질적인 종종 서로 충돌하는 이해관계를 가진 다양한 세력들의 결박이 공고화된다. 최적 분할 과정에서 돌출될 수 있는 여러 다른(경우에 따라서는 종종 그들끼리 서로 충돌하는) 이해관계들과 감정의 갈등과 균열은 은폐시키거나 인지전의 최종적 승리 이후로 연기시킬 필요가 있으며 오롯이 적과 적의 내러티브에 대한 공격-방어에 몰입하도록 만들어야 한다. 즉, 다양한 결박 대상들을 (적과의 전투라는) 눈앞의 하나의 목표를 향해 질주하도록 터널비전에 몰아넣는 것이다. 이는 마치 경주마의 시야를 가려 좌우를 둘러보지 못하게 하고 정면의 결승점만을 향해 질주하도록 몰아넣는 것과 유사하다.

"최적 분할"을 작동시키기 위해서는 네트워크 구성단위들의 커뮤니케이션과 지휘·통제·조율이 필수적이다. 네트워크의 허브가 전략적 핵심 내러티브에 맞추어 분산된 각각의 세력들과 그들의 내러티브들을 조율되고 통합된 형태로 적의 세력과 내러티브를 타격하도록 컨트롤해야 한다. 이를 위해 두 가지의 지휘통제 기제가 사용된다. 하나는 전통적인 군대식 지휘명령체계(chain of command)이다. 상층 전략지휘부의 결심이 전투현장의 현장 지휘관에게 전달되고 이것이 실제 내러티브 공격으로 구현된다. 이는 대체로 군과 정부, 그리고 정부의 통제나 지원을 받거나 정부와 협조관계에 있는 방송사나 온라인 미디어, 시민사회단체 등을 작동시키는 방식이다. 다른 하나는 "양떼몰이(shepherding)"이다. 이는 양치기가 양떼몰이를 하는 것과 유사하다. 우선, 주요 인사, 오피니언 리더, 샐럽 선동가(propagandist), 또는 선동매체가 선동 메시지를 사용하여 다수의 불특정 개인들을 각성시키고, 이들의 혐오, 분노, 증오 등이 향할 공격의 좌표를 찍어준다. 이렇게 되면, 선동된 다수의 불특정 개인들은 마치 양떼 또는 좀비처럼 각성된 상태로 공격좌표를 향해 돌격하게 된다. 이와 같은 지휘통제 방식은 오늘날 초개인화되고 온라인을 통해 초연결된 사회에서 다수의 이질적인 불특정 개인들을 동원하기에 적합하다. 이 같은 양떼몰이 방식이 매우 효과적이라는 것은 지난 20년 동안 글로벌 이슬람 극단주의 테러단체들이 온라인 프로파간다를 통해 소위 "자생테러" 또는 "외로운 늑대" 형태의 테러공격을 매우 성공적으로 수행해 왔다는 사실로 증명되었다.[69]

---

69 윤민우, "이슬람 국가에 대한 이해와 최근 이슬람 극단주의 테러리즘 동향," 「국가정보연구」, 7(2)

전통적인 군대식 지휘명령체계와 "양떼 몰이"는 내러티브 공격-방어를 위해 통합적으로 운용될 필요가 있다. 전통적인 군대식 지휘통제에 따라 코어(core) 조직들이나 행위자들이 선제공격 또는 선제방어를 하고 이를 기폭제로 양떼 몰이로 동원된 자발적 개인이나 그룹들이 이에 올라탐으로서 공격-방어가 확대·재생산된다. 이와 같은 사이클은 하나의 거대한 공격-방어의 파도(wave)를 형성한다. 공격-방어자는 적을 상대로 이 공격의 파도를 1차, 2차, 3차로 순차적-지속적으로 밀어붙일 수 있다. 이는 소련-러시아의 종심전투교리에 따른 제파전술과 유사하다. 이 과정은 마치 폭탄(bomb)이 작동하는 원리와 같다. 폭탄은 점화 또는 스파크(spark)의 1단계와 기폭제(detonator) 폭발의 2단계, 그리고 폭발물질(explosive) 폭발의 3단계로 구성된다. 여기서 스파크는 이슈나 의혹, 폭로 등의 최초 제기에 해당한다. 기폭제 폭발(detonation)은 주요 방송사나 미디어, 유명 저널리스트, 외교관, 고위 정치인, 저명 학자나 전문가, 싱크탱크 등의 전통적 권위를 가진 이슈메이커들이 제기된 이슈나 의혹 등에 권위나 정당성, 논리와 합리성을 부여함으로서 스파크를 증폭시키는 과정이다. 마지막 단계인 폭발(explosion)은 선동가에 의해 동원화된 불특정 다수가 공격-방어에 대규모로 동참하는 단계이다. 이 마지막 단계에서 스웜(swarm) 전술이 나타나게 되는데 다수의 각성된 개인들이 마치 벌떼처럼 윙윙거리며 공격좌표로 찍힌 대상이나 대상 내러티브를 타격하게 된다. 이와 같은 단계적 통합 타격은 알카에다나 ISIS 등의 이슬람 극단주의 테러리즘 사례에서 빈번히 관찰되었다. 예를 들면, 2001년 9.11 테러나 2015년 11월 파리테러처럼 테러조직 본진에 소속된 프로페셔널 테러리스트의 계획된 선도적 공격을 기폭제로 세계 도처에서 이슬람 극단주의 내러티브를 지지하는 선동된 지지자나 추종자들이 일으키는 자생적 모방테러가 뒤따르는 경향성이 관찰되었다. 이와 같은 테러공격의 파도들(waves)은 알카에다나 ISIS 지도부의 지휘와 조율, 유도에 의해 이루어졌다.

5. 인지전의 작전술 방안과 기제들

작전술(operational art) 수준의 방안과 기제들은 인지전의 성공적 수행을 위해 상위수

(2014), pp. 18-20.

준의 전략과 하위수준의 전술을 이어준다. 전략 목표와 방법들은 작전술에서 보다 구체화된다. 이와 같은 인지전의 전략과 작전술, 그리고 전술의 수직적 통합구조는 전통적인 키네틱전과 같다. 작전술 수준의 방안과 기제들은 전략 목표를 달성하기 위한 구체적인 작전 실행의 방향성과 지침을 제공하고 전술수준의 방안과 기제들을 실행하기 위한 일반적·포괄적 틀(general and comprehensive framework)을 제시한다. 대표적인 작전술 방안과 기제들로는 "프로파간다"와 "영향력공작"이 있다.

1) 프로파간다(propaganda): 목적, 실행방안, 그리고 기제들

프로파간다는 선동가들이 "대중들의 인식이나 생각, 의견, 감정, 태도, 행동에 직접적 또는 간접적으로 영향을 미치려는 의도를 가지고 주로 객관적이지 않고 자신의 아젠더를 주입하거나 지속, 발전시키려는 목적으로 사용하는 모든 형태의 커뮤니케이션을 의미한다.[70] 선동가들은 사람들의 특정한 인식을 유도·조장하기 위해 선택적으로 사실들을 제공하거나 제공된 정보들에 대해 사람들로부터 이성적인 대응보다 감정적인 대응을 이끌어내기 위해 언어들을 사용한다. 프로파간다에 사용되는 정보들은 문자화된 정보(text information)에 한정되지 않고 제스처, 배너, 기념물, 음악, 의복, 특별한 상징(또는 표상), 헤어스타일, 동전과 우편물 마크의 디자인 등 다양한 형태로 표현된다. 프로파간다를 위해 사용되는 정보는 전략적 커뮤니케이션(strategic communication)의 성격을 가진다. 러시아의 우크라이나 침공에 대한 비밀첩보(intelligence)를 미국이 의도적으로 공개한 것은 프로파간다를 위한 미국의 의도적인 전략적 커뮤니케이션 행위로 보아야 한다. 프로파간다의 조각들이 모여 상위수준의 내러티브를 형성하게 된다. 따라서 이 프로파간다는 핵심 내러티브의 전략적 지침에 따라 오와열을 맞추어 수행될 필요가 있다. 이번 러시아-우크라이나 전쟁에서 미국-나토-우크라이나가 수행하는 푸틴과 러시아군에 대한 부정적 프로파간다의 개별 사례들은 내러티브의 전략적 틀 내에서 수행되는 각각의 부분들로 이해할 필요가 있다.[71]

대응프로파간다(counter-propaganda)는 프로파간다 공격에 대한 방어이다. 프로파간다들의 공격-방어에서는 언제나 공격이 방어에 비해 압도적 우위를 가진다. 때문에 선제공격이 특히 중요하다. 하지만 부득이하게 적의 프로파간다 선제공격에 대한 방어

---

70 Ariel Victoria Lieberman, "Terrorism, the internet, and propaganda: A deadly combination," *Journal of National Security Law & Policy*, 9(95) (2017). p. 95.

71 Chiluwa, "Deception in online terrorist propaganda," p. 521.

전을 수행해야할 필요가 발생한다. 이때 공세적-방어(offensive-defense)의 원칙이 적용되어야 한다. 프로파간다의 공격에 이에 대한 대응 논리와 내용에 대한 진실규명, 반대되는 증거의 제시, 이성적 설득 등은 매우 제한적인 효과만을 발휘한다. 오히려 프로파간다 공격에 수행된 담론 주제(thema)에 대한 반론과 반박 등은 대중들에게 인지적으로 그와 같은 주제에 대한 각성과 각인을 강화시켜 의도와는 달리 적의 프로파간다 공격효과를 확대·증폭시키게 된다. 따라서 적의 취약점을 파악하여 그에 대한 맞대응 프로파간다 공격을 하는 것이 보다 효과적이다. 예를 들면, 개가 나의 다리를 물었을 때, 개의 입을 잡고 벌리려는 것은 효과가 없다. 오히려 공세적으로 개의 눈을 찔렀을 때 개는 나의 다리를 물었던 입을 풀게 된다. 대응 프로파간다의 공세적-방어는 이와 같은 공격-방어의 역동성에 기반을 둔다.

프로파간다의 목적은 ① 적의 구성원들 사이를 갈라놓기 위한 중상모략, 분열과 갈등조장, ② 정부나 전쟁 지휘부, 동맹국에 대한 불신조장, ③ 적 전투원과 일반대중에 대한 공포의 조장과 확산, ④ 아측 전투원과 일반대중에게 증오심, 복수심, 애국심, 대의 등을 조장하여 아측 전쟁 지휘부와 정부에 대한 지지-추종 강화, ⑤ 전쟁을 지켜보는 관객에 해당하는 국제여론으로부터의 정서적, 윤리적 지지확보 등을 포함한다. 이와 같은 목적들은 적과 동맹국 또는 중립국 간의 우호적인 관계를 방해하고 불신과 갈등을 조장하며, 외국국가, 국가의 기관들, 리더십, 오피니언 리더, 또는 다른 행위자들을 저속하게 하고, 욕하고, 모욕함으로서 일반대중과 엘리트 사이의 균열과 불신을 유도함으로서 적을 외국의 지지 세력으로부터 고립시키고 적국 정부에 대한 국내정치적 전복을 이끌어내는 것과 관련이 있다. 또한 아측을 지지하는 일반 대중들에게 아측의 폭력을 정상적인 것으로 받아들이도록 하거나 이에 참여하려고 하는 욕구나 성향을 심어주어 전투 참여나 폭력행동참여를 선동하는 것과도 관련이 있다.72

프로파간다에는 "사실, 주장, 루머, 절반의 진실 또는 거짓말 등으로 이루어진 정보들"이 포함된다.73 이와 같은 프로파간다는 백색 프로파간다(white propaganda), 회색 프로파간다(gray propaganda), 그리고 흑색 프로파간다(black propaganda)의 세 가지 형태로 유형화하여 구분될 수 있다. 이들 세 가지 형태는 프로파간다를 수행하기 위한 구체

---

72 Liberman, "Terrorism, the internet, and propaganda: A deadly combination," p. 97.
73 Chiluwa, "Deception in online terrorist propaganda," p. 521.

적인 프로파간다 기제들이다. ① 백색 프로파간다는 공개적이고 알려진 출처로부터 나온 메시지들이다. 백색 프로파간다는 정보의 출처를 특정할 수 있고 공식적 기관에 의해 수행된다. 전달하려는 정보가 책임성, 신뢰성, 권위를 갖지만 유포하려는 선전의 내용에는 제약이 있다. ② 회색 프로파간다는 완전한 진실도 아니고 완전한 거짓도 아닌 메시지로서 출처를 확실히 특정할 수 없는 메시지들이다. 정보의 출처가 분명하지 않기 때문에 대응프로파간다 공격에 취약하다. ③ 흑색 프로파간다는 알려지지 않은 출처로부터 나온 메시지들로서 주로 거짓말이나 날조된 정보들에 기반을 둔 메시지들이다. 근거나 증거가 없는 사실을 조작하여 적을 모략하고 혼란을 야기하려는 행위이다. 정보의 출처를 위장할 수 있고 즉각적 효과를 얻기 위해 집중적인 프로파간다 공격을 펼칠 때 사용된다.[74]

백색, 회색, 그리고 흑색의 세 가지 프로파간다 기제들의 상대적 효용성은 메시지(message)와 메신저(messenger), 그리고 단기, 중기, 장기의 시간적 길이에 따라 차별적이다. 메시지는 포탄이라면 메신저는 포탄을 발사하는 포와 같다. 훼손된 포는 정확하고 파괴력 있게 포탄을 쏠 수 없는 것처럼, 훼손된 메신저에서 나오는 메시지는 파괴력이 없다. 가짜뉴스 오정보와 역정보 등을 이용한 흑색 또는 회색 프로파간다를 전달하는 메신저는 시간이 흐름에 따라 중, 장기로 갈수록 그 신뢰성과 권위에 타격을 받게 된다. 이렇게 되면 훼손된 메신저가 전달하는 프로파간다는 백색 프로파간다까지도 그 신뢰성에 의심을 받고 영향력이 현저히 줄어들게 된다. 러시아의 프로파간다를 전달하는 메신저인 RT(Russia Today), IRA(internet Research Agency), Sputnik 등을 포함한 러시아 메신저 전체가 훼손되면서 메시지의 파괴력과 영향력이 현저히 줄어들었다. 이점이 2014~2015년 크림반도 합병에 러시아의 프로파간다가 상당한 파괴력을 가졌던데 반해, 최근 러시아-우크라이나 전쟁에서 러시아의 프로파간다가 제대로 작동하지 않고 있는 이유이다. 러시아 프로파간다의 특징은 객관적 현실과 메시지의 일관성 등에 구애받지 않고 거짓 정보와 기만 정보를 대량으로 신속히, 지속, 반복적으로 사용한다는 점인데, 이 때문에 시간이 중, 장기로 흐를수록 러시아의 메

---

74 송태은, "디지털 허위조작정보의 확산 동향과 미국과 유럽의 대응," p. 7; Peter J Smyczek, Regulating the Battlefield of the Future: The Legal Limitations on the Conduct of Psychological Operations (PSYOP) Under Public International Law, 57 A.F.L.REV. 209, 215 (2005) https://heinonline.org/HOL/LandingPage?handle=hein.journals/airfor57&div=7&id= &page=

신저들의 권위와 신뢰가 훼손되었다.[75] 물론 이에는 미국-나토 등이 러시아의 메신저를 훼손시키기 위한 목적으로 연구보고서, 학술논문, 서방 미디어의 폭로보도, 국제적 논의 등의 다양한 채널을 통해 대응프로파간다를 전개한 결과이기도 하다. 이처럼 적의 프로파간다 대응에는 개개의 프로파간다 메시지에 대한 대응보다는 메시지를 전달하는 메신저 자체를 훼손시키는 것이 더 효과적이다. 결국 백색, 회색, 그리고 흑색 프로파간다 가운데 어떠한 도구를 사용할 것인지를 선택해야하는 경우에는 시간의 타임 프레임과 메신저의 권위와 신뢰성 보호를 염두에 둘 필요가 있다. 특히 메신저가 몇 차례 쓰고 버릴 수 있는 것인지(wastable), 아니면 CNN이나 BBC 등 주요한 핵심 전략 자산인지를 고려할 필요가 있다. 이 점에서 러시아의 중대한 전략적 실수가 있었고 이로 인해 최근 러시아-우크라이나 전쟁에서 러시아의 프로파간다 작전이 제대로 효과를 발휘하고 있지 못하는 것으로 보인다.

프로파간다 실행은 5개의 단계 또는 과정으로 이루어진다. 그것들은 ① 편견의 닻 내리기(anchoring bias), ② 선택적 인식(selective perception) ③ 이용가능한 휴리스틱(availability heuristic) ④ 밴드웨건 효과(bandwagon effect), ⑤ 블라인드 스팟 편견(blind spot bias)이다. "편견의 닻 내리기"는 공격자가 공격대상 대중의 인식에 자신의 정보해석을 심어 넣는 단계이다. 이는 정보에 대한 가장 최초의 해석은 쉽게 바꾸어지거나 수정되지 않는 것과 관련이 있다. 유명인사, TV나 통신사, 온라인 SNS 등에서 어떤 상황이나 사건에 대해 최초로 해석하는 것은 프로파간다의 닻을 대중의 인지 영역 속에 확고히 정박시키게 된다. 이는 현재 사건이나 에피소드를 인지적으로 정의하는 초기 진술에 의해 달성된다. 예를 들어, 2008년 러시아-조지아 전쟁에서 러시아 측의 저명한 인물인 FEP(Foundation for Effective Politics)의 막심 자로프(Maksim Zharov)는 "조지아 샤크쉬빌리 정권에 대한 정보전쟁"을 선언하고 위선적인 이중 잣대에 근거한 "미국-조지아의 프로파간다"에 반대했다.[76] 이는 에피소드의 최초 선언적 해석에 해당한다.

"선택적 인식"은 우리가 보고 싶어 하는 것만을 보려는 경향이 있는 것과 관련이 있다. 저널리스트나 학자, 정치인, 정부의 리더들은 현 상황(예를 들면 러시아-우크라이나 전쟁상황)에 대한 특정 의견이나 시각만을 대변하는 정보들을 선별적으로 대중들에게 제공함으로서 대중의 선택적 인식 형성에 영향을 미칠 수 있다. 사이버공간에서 AI 알

---

75 송태은, "사이버 심리전의 프로퍼갠더 전술과 권위주의 레짐의 샤프파워: 러시아의 심리전과 서구 민주주의의 대응," pp. 184-186.

76 Jeffrey Carr, Inside Cyber Warfare, 2nd ed. (Sebastopol, CA: O'Reilly, 2012), 18.

고리즘은 유사한 관점을 갖는 후속 정보들(예를 들면, 유튜브, 언론보도, 웹사이트, SNS 채팅방 등)을 계속해서 추천함으로서 선택적 인식을 형성하는데 효과적으로 사용될 수 있다. 우크라이나에 대한 러시아의 정보 캠페인에서 선택적 인식은 러시아 정부가 통제하는 매스미디어는 실제로 중요한 도구로 사용되었다. 러시아연방의 "형제 국가", "공동의 역사", "정통 종교", "공통 문화"와 같은 선택적 인식의 메시지들은 우크라이나 동부와 남부 주민들로 하여금 러시아와 함께하는 공동의 미래에 대해 생각하도록 영향을 미쳤다.[77]

"이용가능한 휴리스틱"은 이용 가능한 정보의 중요성에 대한 과대평가와 관련이 있다. 이 단계에서는 정통성과 권위를 갖춘 기관들 또는 개인들을 통해 정보의 "출처세탁(source laundering)"을 수행한다. 저명하고 외견상 객관적으로 보이는 미디어 채널들과 온라인 커뮤니티와 SNS, 신문, 학술논문, 싱크탱크, 전문가 의견들은 전략적 지도부나 커맨드내러티브(command narratives)의 지휘통제에 따라 조율된 형태로 특정 프로파간다 내용의 가치를 과대평가하고 의미를 부여한다. 이를 통해 대중들은 그와 같은 저명한 메신저들이 의도하는 바대로 앞선 단계에서 형성된 왜곡된 인식을 강화시키면서 자신들이 완전한 진실 또는 팩트를 안다고 생각하게 된다. 우크라이나에 대한 러시아의 정보 캠페인에서 정부가 통제하는 러시아의 주요 미디어 채널들은 "이용가능한 휴리스틱" 단계에서 적극적인 역할을 수행하였다. RT, Channel 1, Russia 1, NTV, TNT 등과 같은 러시아 미디어들은 러시아 대중 사이에서는 합법적이고 권위있는 정보 출처로 인식된다. 더욱이 이들 채널들을 통한 뉴스 보도는 "정치 기술자들(political technologists)"에 의해 준비된다. 정치 기술자들은 소비에트 시대부터 유래된 전문직업이다. 정치 기술자들은 권력을 유지하고 엘리트 정책에 유리한 의견을 조성하기 위해 국가의 지배 엘리트에 의해 권한을 부여받은 "이용가능한 휴리스틱"의 역할을 수행하는 사람들이다.[78]

"밴드웨건 효과"는 집단사고와 관련이 있다. 집단사고는 사건과 상황에 대한 핵심 프로파간다의 시각을 반박하거나 부정하는 개인적 견해를 위한 여지(room)를 허락하지 않는다. 대중들을 동원화하여 과대평가된 프로파간다에 올라타게 함으로서 견고한 집단사고를 만들어 낸다. 밴드웨건의 물결은 "에코 효과"와도 관련이 있다. 밴드

Lange-Ionatamisvili, "Analysis of Russia's Information Campaign Against Ukraine," 11.
Ibid, pp. 12-13.

웨곤의 물결에 올라탄 메시지는 오프라인과 사이버 공간 모두에서 메아리처럼 되풀이되고 집단적 반향을 일으키고 거대한 쓰나미가 되어 모든 다른 메시지들을 집어 삼키게 된다. 이는 궁극적으로 거대한 담론의 대세가 된다.[79] 가장 대표적인 사례들이 "광우병 파동", "세월호 사건", "박근혜 전대통령 탄핵" 등 과거 국내정치 과정에서 나타났다. 밴드웨건 효과 창출을 위해, 오프라인에서의 대규모 시위나 집회, 추모제, 온라인 공간에서의 커뮤니티, 채팅방, SNS, 댓글 등은 매우 효과적인 수단이 된다. 밴드웨건 효과는 종종 핵티비즘과 사이버전의 사례에서도 찾아 볼 수 있다. 예를 들면, 2008년 12월 27일 이스라엘이 가자 지구에서 하마스 기반 시설에 대한 군사 공격을 시작했을 때, 전 세계 아랍과 무슬림 공동체가 이와 같은 이스라엘의 행위에 분노하여 사이버 공격과 온라인 시위를 위해 대량 동원되었다. 공격을 받은 친이스라엘 또는 친유대 웹사이트는 2009년 1월 첫 주까지 대략 수천 개에서 10,000개에 달했다.[80]

"블라인드 스팟 편견"은 우리가 단지 다른 사람들의 말과 논박을 통해서만 실수나 오류를 보게 되는 것과 관련이 있다. 이는 프로파간다의 이전 단계들에서 형성된 편향된 인식의 지속과 잔존효과(residual effect)이다. 사람들은 자신들과 다른 견해를 가진 사람들을 자신보다 열등한 수준(less than human)으로 인식하는 경향이 있다. 예를 들면, 러시아의 대중들은 우크라이나 사람들이 우크라이나 TV나 매체들에 의해 좀비로 변했다고 생각한다. 이 때문에 그들은 우크라이나 사람들이 말하는 것은 자신의 생각이 아니라 의도에 따라 조작된 것이기 때문에 귀 기울여 들을 필요가 없다고 생각하게 된다. 이와 같이 적을 좀비화시키고 비인간화시킴으로서 아측의 인원들로 하여금 아측이 의도하는 프로파간다에 반하는 상충되거나 비판적인 정보에 눈을 감게 만듦으로서, 아측의 프로파간다가 최종적으로 공고히 완성되게 된다.[81] 최근 공개된 한 여론조사 결과에 따르면, 러시아인의 81%가 푸틴의 우크라이나와의 전쟁을 지지했다. 그와 같은 결과는 부분적으로 러시아 정부의 성공적인 프로파간다로 인한 "블라인드 스팟 편견" 효과로 보인다.[82] 러시아 정부는 러시아 대중을 해외 정보채널로부

79 Song, "Trends in the Spread of Digital Manipulation Information and Responses in the United States and Europe," 21.

80 Carr, Inside Cyber Warfare, 19.

81 Pocheptsov, "Cognitive attacks in Russian hybrid warfare," p. 41.

82 Sunmin Park, "81% of Russians Trust Putin, Support War in Ukraine," 「Chosun Ilbo」, August

터 단절시켰고, 서구 미디어를 러시아 내에서 혁명을 일으키기 위해 암약하는 외국 스파이 기관들과 배신자이자 나치인 우크라이나 부역자들을 위해 일하는 것으로 묘사했다. 이와 같은 메시지는 러시아 국가가 통제하는 배타적인 러시아 채널을 통해 전달되었다.[83] 흥미롭게도 최근 보고서에 따르면 다양한 미디어 출처로부터 정보를 취득하는 러시아인들은 러시아 국가가 통제하는 뉴스 프로그램을 배타적으로 보는 러시아인들보다 러시아-우크라이나 전쟁에 반대할 가능성이 높은 것으로 나타났다.[84]

2) 영향력 공작(Influence Operation): 목적, 실행방안, 그리고 기제들

영향력 공작은 인간의 인지-영토(cognitive-territory)에 대한 점령을 위한 공격-방어이다. 테러리즘이나 폭력적 극단주의에서 사용되는 급진화(radicalization)-탈급진화(deradicalization)는 사실상 영향력 공작의 한 유형에 해당한다. 나를 기준으로 나의 내러티브 영향력을 확장시켜나가는 것을 급진화라고 볼 수 있으며, 적의 내러티브 영향력을 제거해나가는 과정을 탈급진화라고 표현할 수 있다. 통상적으로 테러리즘이나 폭력적 극단주의에 대해서는 급진화-탈급진화 개념이 주로 사용되며, 중국 등과 같은 국가행위자에 대해서는 영향력 공작이라는 개념이 사용된다. 하지만 이러한 차이는 상대적이며 본질적으로는 같은 개념이다. 즉 이슬람 극단주의 테러세력의 급진화 프로파간다는 영향력 공작의 사례로 볼 수 있으며, 반대로 중국의 극단적-애국주의(ultra-nationalism)와 중화패권질서의 부흥이라는 믿음은 다른 형태의 급진화 프로파간다이다.

영향력 공작의 공격-방어가 벌어지는 인지 영토는 (나를 기준으로) 지지층, 적대층, 그리고 동요층의 세 구역으로 구분된다. 영향력 공작의 목표는 아측 내러티브의 매력과 급진화 확장을 통해 대중의 "마음과 생각"을 획득하여 지지층을 확장해나가는 것과 반대로 적측의 내러티브에 장악된 적대층을 탈급진화시켜 적의 인지 영토를 줄여나가는 것을 함께 포함한다. 인지 영토 확장을 의미하는 급진화는 아측의 지지층을 확산시켜 나가는 수단이자 과정이다. 급진화는 특정 그룹 내(in-group)에서 폭력적 또

14, 2022, https://www.chosun.com/international/international_general/2022/08/14/YKS C5AGDBVFNFHH4EIU55VO4TY/ (accessed on March 7, 2022). [in Korean]

83 Lange-Ionatamisvili, "Analysis of Russia's Information Campaign against Ukraine," 15.

84 Ekaterina Romanova, "Russians with Diverse Media Diet More Likely to Oppose Ukraine War," 「The Conversation」, June 14, 2022, https://theconversation.com/russians-with-diverse-media-diet-more-likely-to-oppose-ukraine-war-184221 (accessed on March 8, 2022)

는 비폭력적 믿음·이념·가치체계를 공유하는 배타적 사회화 또는 집단화 과정을 의미한다. 한편 탈급진화는 적에 점령된 인지 영토의 수복을 의미한다. 이는 적대층을 아측 지지층으로 포획하는 것뿐만 아니라 적대층에서 이탈시켜 단지 동요층으로 남게 하는 것을 의미하기도 한다.

급진화(또한 탈급진화)를 실행하기 전에, 타깃 개인들 또는 대중들의 특성을 먼저 식별할 필요가 있다. 사람들마다 성격적 특성, 개인적인 욕구나 필요, 삶의 스트레스나 긴장요인들, 사회적 그룹화 및 상호 작용이 각기 다르다. 따라서 특정한 개인이나 그룹들의 특성에 따라, 맞춤형 메시지, 텍스트, 표현, 이미지, 및 커뮤니케이션 채널이 사용되어야 한다. 메시지가 부적절한 텍스트, 표현, 및 형식으로 전달될 경우에는 IO(영향력 공작)는 의도한 효과를 만들어낼 수 없고, 더 나쁜 경우에는 오히려 역효과를 낼 수 있다.[85]

특정 대상이 급진화되는 과정은 다음의 4단계로 이루어져 있다. 이는 글쓴이가 과거 수행한 한국의 폭력적 극단주의자들에 대한 경험연구를 통해 증명된 바 있다.[86] 대체로 시간 순서에 따라 각 단계는 인과 관계를 형성하는 다음 단계와 연계되어 있다. 4개의 단계는 영향력 공작의 완성을 통해 행동변화라는 종착점을 향해 가는 삶의 경로(life-pathways)의 각각의 정류장(station)에 해당한다. 급진화는 시간적으로 가장 선행하는 성격특성에서 출발하여 다음의 요인들과 순차적으로 결합된다. 각각의 단계에 나타나는 주요 취약요인들을 식별할 수 있으며, 이와 같은 취약성을 공략함으로서 영향력 공작을 성공적으로 수행할 수 있다.[87] 이는 바꾸어 말하면 급진화에 어

---

85 The author conducted participant observation in a confidential domestic operation.

86 Qualitative interviews and document analysis were conducted on a total of 14 known violent extremists in South Korea. They are nine South Korean nationals and four foreign workers residing in South Korea. They are all identified as followers or participants of Islamic terrorist groups such as ISIS, Al Qaeda, or Al Nusra by the South Korean Intelligence Authority. The remaining one individual was contacted and in-depth interviewed for four hours in a South Korean prison. He was nationally known to attack the then U.S. ambassador in South Korea with a knife. His motivation behind it was politically leftist, ultra-nationalist, and anti-Americanism

87 Minwoo Yun, Eunyoung Kim, and Soojung Lee, "A Study on the Development of Violent Extremists & Terrorist Profiles and Risk Indicators," National Intelligence Service 2016-2017 Research Project Report, 2017. The report was confidential and unpublished. [in Korean]

떤 개인들은 더 쉽게 포획되고 어떤 개인들은 쉽게 포획되지 않는다. 이와 같은 포획 취약성은 각 급진화 단계별로 다르게 나타나는데 급진화는 각 단계별로 공략된 취약성이 순차적으로 퇴적된 융합적 결과물이다. 이는 효과적인 급진화를 위해 어떤 대상에게 급진화를 차별적-선택적으로 집중할 것인가에 대한 지침을 준다.[88]

각 단계별 취약성은 다음과 같다. 1단계는 성격/심리적 요인이다. 급진화에 취약한 성격, 심리적 특성들은 병적인 나르시시즘, 자신이 특별하다는 과대망상증, 반사회적 성격장애, 병적인 우울증과 자살성향, 폭력에 대한 애착과 과도한 영웅주의 등이다. 이러한 성격적 기질을 가진 대상은 급진화에 취약할 수 있다. 2단계는 긴장 또는 스트레스 요인들이다. 긴장요인 관련 취약성은 출세나 성공에 대한 욕망의 좌절, 성적(sexual) 또는 금전적 욕구좌절, 자기 효능감(self-efficacy) 또는 자기권능감의 저하, 소외와 차별, 억울함, 피해의 기억, 자존감(self-esteem)의 과도한 상처 등과 관련이 있다. 이와 같은 경험과 정서를 가진 대상들은 급진화에 취약해진다. 3단계는 사회유대약화 요인들이다. 이는 기존의 가족, 학교, 군대, 직장, 교회 등 친사회적 공동체와의 결박이 약화되거나 끊어지는 경험이다. 이민, 이주 등의 거주이동성은 의도치 않게 이 사회유대약화를 가져다준다. 이 과정은 특정 개인에게 공동체에 대한 욕구결핍을 가져다주고 개인의 일탈행동을 억제하는 사회적 효능감(social-efficacy)과 비공식적 사회적 통제(social control)기제가 약화되는 결과를 만들어낸다. 이와 같은 사회유대약화를 경험하는 개인들은 급진화에 취약해 진다. 4단계는 사회학습강화이다. 급진화로의 사회학습단계는 개인에게 대안적인 공동체의 욕구충족과 대안적인 사회적 효능감과 사회 통제를 제공하는 과정이다. 집단은 언제나 개인보다 더 극단적이 된다. 이는 개인이 공동체에 소속되려는 정서적 욕구를 극단적 집단이 제공함으로서 유사 가족 공동체(pseudo family community)의 만족감을 가져다주고 더불어 극단적 공동체내에서 인정(recognition)과 지위(status)에 대한 욕구실현을 위해 공동체에 소속된 구성원들이 더 극단적으로 생각하고 말하고 행동하게 되기 때문이다.[89]

---

88 Ibid, pp. 124-127.

89 김은영·윤민우, "이집트 청소년들의 이슬람 극단주의 테러리즘으로의 급진화과정에 영향을 미치는 사회·심리 요인 분석 및 프로파일링,"「국가정보연구」, 8(2) (2015) pp. 151-188; 윤민우·김은영, "유럽지역의 최근 극우극단주의 동향과 사회정치적 요인들,"「한국치안행정논집」, 17(2), pp. 173-191; Minwoo Yun and Eunyoung Kim, "An ethnographic study on the Indonesian immigrant community and its Islamic radicalization in South Korea," *Studies in Conflict & Terrorism*, 42(3) (2019), pp. 292-313.

IO는 각 단계에서 잠재적 대상의 취약점을 효과적으로 활용할 수 있다. 온라인과 오프라인에서 많은 개인정보들을 효과적으로 활용함으로서 적합한 취약 대상을 정확히 찾아낼 수 있다. AI 알고리즘과 딥 러닝, 빅데이터 분석, 및 사회 공학 등은 그러한 취약 대상 식별과 취약성 활용을 위한 효과적인 도구이다. 이와 같은 "취약점 악용"의 사례들은 이슬람 극단주의나 극우극단주의에 의한 급진화 과정뿐만 아니라 중국의 해외 영향력 공작에 포획된 대상들의 친중화 과정에서도 공통적으로 관찰된다. 마치 해커가 사이버 공격을 실행하기 전에 컴퓨터 장치, 네트워크, 및 소프트웨어의 취약성을 탐색하는 것처럼, IO 아티스트들은(artists) 영향력 공작이전에 사람들의 성격, 인간관계, 그리고 생각과 마음의 취약성들을 수색-정찰한다.[90]

인지영역에서 급진화 또는 영향력 공작(influence operation)이 수행되는 구체적인 단계별 절차는 다음과 같다. 첫째는 "박탈(deprivation)"이다. 이 단계의 목표는 통상적인 커뮤니케이션 통로를 차단, 박탈시킴으로서 타깃의 정보에 대한 접근을 제한한다, 2014년에 우크라이나를 상대로 수행되었던 러시아의 성공적인 정보캠페인은 대표적인 사례이다. 당시 러시아는 공격대상인구의 우크라이나 TV 채널과 서방 미디어에 대한 접근을 차단하고 이를 러시아 채널로 대체했다. 오늘날의 열린사회에서는 다른 정보채널들을 위의 러시아 사례처럼 물리적으로 차단하는 것이 불가능한 경우가 많다. 그러나 물리적 차단 없이도 실제 물리적 "박탈"과 같은 효과를 낼 수 있는 방법들이 있다. 유튜브, SNS, 채팅방, 온라인 커뮤니티는 유사한 생각을 공유하는 대상들에게 편향된 메시지의 폭격을 가할 수 있다. 이는 물리적이지는 않지만 인지적인 박탈효과를 만들어 낼 수 있다. 최근 온라인 게임은 특히 "박탈"에 효과적이다. 뛰어난 엔터테인먼트 가치와 몰입감으로 인해 온라인 게임은 타깃 개인들로부터 다른 정보에 대한 접근을 차단, 박탈하고 게임 내러티브에 숨겨진 메시지로 그들을 집중적으로 세뇌할 수 있는 이상적인 도구이다.[91] 앞으로 메타버스(METAVERSE)는 이러한 목적으로도 효과적으로 활용될 것이다. 박탈효과는 "필터 버블 효과", "진실 착시 효과" 또는 "봇효과"와도 관련이 있다. 이러한 효과들은 AI 알고리즘을 통한 딥 러닝으로 공격대상을 진실 착시의 거품 속에 가두는 효과"이다. 사람들은 같은 생각을 가진

---

90 클라이브 해밀턴, 『중국의 조용한 침공』, 김희주 옮김 (서울: 세종, 2021), pp. 31-54; 271-292; 381-410.

91 Ahmed Al-Rawi, "Video Games, Terrorism, and ISIS's Jihad 3.0," Terrorism and Political Violence 30, no. 4 (2018): 740-60.

편향된 메시지와 그러한 메시지를 전달하는 매체들이나 사람들에게 더 자주 그리고 반복적으로 노출될 때 그러한 메시지를 더 신뢰하는 경향이 있다.[92]

둘째는 "부정압력(negative pressure)"의 단계이다. 이 단계에서는 러시아-우크라이나 전쟁공포 또는 경제공황 등에 대한 부정적 위협을 통해 극단화 대상에 대한 인지적 불균형(imbalances)과 불안감(nervousness)을 일으킨다. 중국의 한국의 대중국 경제의존도를 악용한 한국의 경제침체 가능성에 대한 위협이나 북한의 핵미사일 도발을 통한 안보불안의 조성 등은 부정압력의 대표적인 사례이다. 이 밖에도 부정압력의 사례들은 군사적 기동, 테러공격, 전장에서의 참혹하고 야만적인 살육과 파괴, 고문, 경제적 봉쇄와 제재, 사이버 공격, 외교적 압박, 블랙메일, 암살위협 등이 있다. 이와 같은 부정압력은 대상자들에게 공격불안(aggression anxiety)과 인지부조화(cognitive dissonance)를 야기하고 대상자들은 이 정서적 · 심리적 이상(disorder)을 해소하기 위해 급히 대안적인 다른 정보 또는 해결책을 찾거나 획득하려는 경향성을 보인다.

셋째는 "가짜감정(false feelings)이 제공되는 단계이다. 이는 마치 배고픈데 양질의 음식이 박탈되어 정크푸드를 소비하는 것과 유사하다. 대상자의 정서 · 심리 이상을 즉각적으로 해소시켜주는 급진화를 고조시키는 직관적으로 쉽게 이해되는 저질 정보 또는 해결책이 제공된다. 공격대상의 입장에서는 막다른 골목에 몰려 다른 해결책이 없다는 착각을 경험하기 때문에 만족스럽지는 않지만 제시되는 대안을 선택하지 않을 수 없다. 예를 들면, 대중견제와 한미동맹 강화에 따른 경제실패 개연성이라는 부정압력에서 벗어나기 위해 중국과의 경제적 협력을 지속해야 한다는 해결책을 받아들이거나 북한의 핵미사일 도발 위협을 벗어나기 위해 북한의 핵을 인정하고 북한과 경제협력과 평화정착에 나서야 한다는 해결책을 선택하는 것들이 이에 해당할 수 있다. 이는 공격대상자가 공격불안과 인지부조화의 욕구불만을 충족했다는 주관적인 가짜감정을 경험하도록 돕는다.[93]

마지막 넷째 단계는 "행동변화(change of behavior)"이다. 대상자는 행동유도를 목표로 한 급진화의 영향력 공작에 포획되고 자발적으로(그렇게 착각하는) 스스로 동기화되어 행동을 실행하게 된다.[94] 이는 마치 해킹되어 봇매스터(bot master)에 의해 움직이는 좀

---

92 Song, "Trends in the Spread of Digital Manipulation Information and Responses in the United States and Europe," 21, 87.

93 Institute for Social and Economic Research (ISER), "Cognitive Wars," March 11, 2021, https://iser.org.ua/en/analitika/gromadianske-suspilstvo/kognitivna-viina (accessed on March 7).

비PC와 유사한데 러시아는 이를 "쓸모있는 멍청이(useful idiots)"라고 부른다.[95] 그들은 트롤들 또는 (인간) 봇들로 불리기도 한다. 이들은 자신들의 기존 믿음들을 강화하고 러시아 정부의 메시지를 메아리처럼 반복, 확산시킨다. 제로 헤지(Zero Hedge)는 이에 해당하는 대표적인 사례이다.[96] 자생적 자살폭탄 테러리스트들, 어나니머스 핵티비즘의 참여자들, 그리고 극렬 정치 지지층들의 테러공격, 사이버 공격, 댓글행위, 또는 투표행위도 이와 같은 쓸모있는 멍청이의 사례들에 해당한다.[97]

극단화 영향력 공작은 대상에 따라 차별적으로 수행되어야 한다. 대상에 대한 차별적 접근 없이 불특정 다수를 대상으로 무차별적으로 전개하는 영향력 공작은 종종 무의미하거나 역효과(back-fire)를 가져온다. 때문에 대상의 차이에 따른 맞춤형 정밀타격(pin-point strike)이 이루어져야 한다. 영향력 공작의 대상은 아측을 기준으로 ① 지지층, ② 동요층, ③ 적대층에 따라 다르게 수행되어야 효과적이다.

지지층에 대해서는 "급진화에 사용되는 주요 기제들"을 활용하여 적을 악마화 또는 범죄자화할 필요가 있다. 이와 함께 지지층 사이에 적과 적으로부터 오는 위협에 대한 위기와 불안감 조성, 공포감을 자극함으로서 지지층(아측의 전투원과 일반대중)을 결집시킬 수 있다. 특히 마지막 전투, 최후의 성전 등의 메시지와 이에 대한 영웅적 전투의 주역이라는 자기-효능감 또는 자기-존중감의 자극을 결합하면 효과적이다. 지지층 결집에 활용되는 급진화의 주요한 기제들은 포위된 요새(Sieged citadel)의 신화, 선/악의 이분법적 세계관, 선/악의 절대전쟁이라는 세기말적 전쟁인식, 죽음과 희생을 통한 영웅주의에 대한 믿음 등이다. 이는 각각의 사안별 프로파간다를 통해 하나의 거대한 서사적 내러티브로 결합되어야 한다. 예를 들면 다음과 같은 스토리텔링(story-telling)을 포함한다. 사악한 적은 침략적이고, 야만적이며, 겁이 많고, 절제와 규율이 없고, 탐욕적이며, 피에 굶주려 있다. 반면에 아측은 선하고, 평화를 사랑하며, 전쟁을 원치 않으나 자유와 정의, 상식, 생명, 가족, 재산 등을 지키기 위해서는 어쩔

94 레온 페스팅거, 『인지부조화 이론』, 김창대 옮김 (파주, 경기: 나남, 2016), pp. 41-47; ISER (Institute for Social and Economic Research), "Cognitive Wars," 11 March 2021. https://iser.org.ua/en/analitika/gromadianske-suspilstvo/kognitivna-viina

95 ISER(Institute for Social and Economic Research), "Cognitive Wars."

96 Helmus et al., "Russian Social Media Influence: Understanding Russian Propaganda in Eastern Europe," 13.

97 Institute for Social and Economic Research (ISER), "Cognitive Wars," March 11, 2021, https://iser.org.ua/en/analitika/gromadianske-suspilstvo/kognitivna-viina (accessed on March 7).

수 없이 적과 싸워야 한다. 사악하고 비겁한 적은 압도적이며 아측은 적에 의해 포위되어 있고, 아측의 포위된 요새는 마지막 선한 빛을 비추는 등대이자 저항의 상징이다. 따라서 궁극적으로 이 전쟁은 선과 악의 절대전쟁이며 아포칼립틱적인 세기말의 마지막 전쟁이다. 패배는 따라서 영원한 고통과 압제로 승리는 영원한 안식과 자유로 이어진다. 아측은 선을 위해 싸우는 영웅적 전사들이며 아측의 희생은 삶과 죽음을 초월한 성스럽고 고귀한 헌신이다. 아측은 이 영웅적 전투에서 최종적으로 (운명적으로 또는 신의 뜻에 따라) 승리할 것이고 승리하고 있으며, 적은 강대해보이지만 패퇴하고 있고 결국 이 전쟁에서 패배할 것이다. 이와 같은 급진화의 기제들은 통합적으로 아측의 인원들과 지지자들, 추종자들을 강력하게 결박시키는 효과가 있다.

동요층에 대해서는 트롤링(trolling)과 플레밍(flaming) 기법이 특히 효과적이다. 트롤링(trolling)은 놀림과 짜증유발을 하는 기법이며, 플래밍(flaming)은 분노 유발기법이다. 트롤링(trolling)과 플래밍(flaming) 기법은 동요계층으로 하여금 적측의 엘리트 핵심 인물/계층, 리더십, 그리고 전투원과 지지층에 대해 짜증과 분노를 유발시켜 마치 성난 벌떼처럼 적대세력 주요 인사들과 전투원, 지지층을 공격할 수 있도록 유도한다.[98] 우크라이나에 파병된 러시아 병사에게 "우크라이나 여성은 성폭행해도 괜찮다"고 말하는 여자 친구와의 통화내용이 공개됐다는 보도는 이 트롤링/플레밍 영향력 공작의 대표적인 사례로 볼 수 있다.[99] 동요층 공략에는 단계별 목표에 따른 접근전략이 채택될 수 있다. 1단계에서는 근심, 불안, 우울, 낮은 자존감, 권위주의적 태도 등을 가진 선동 취약 대상을 식별, 분류하여야 한다. 이때 민족, 인종, 종교, 국적, 성별, 세대, 지역, 교육수준, 직업, 개인정보 등이 고려될 수 있다. 2단계에서는 의혹, 폭로, 문제제기를 통해 동요층의 짜증과 분노를 유발한다. 속칭 이를 "가스라이팅"이라고도 한다. 3단계에서는 짜증과 분노의 대상에 대한 구체적 좌표가 지정(예를 들면 특정 인물, 특정 사건)되어야 한다. 4단계에서는 지정된 좌표에 대한 짜증과 분노를 증오로 전환하고 유도시켜야 한다. 마지막으로 5단계에서는 증오의 집중과 심화를 통해 2차 감염(second infection)및 확산과정을 거쳐 동요층의 결집된 집단행동을 유도한다.

이미 적측의 급진화 영향력 공작에 포획된 적대층에 대해서는 적의 급진화로부터

---

98 Ida Vikoren Anderson, "Hostility online: Flaming, trolling, and the public debate," First Monday 26(3) (2021), doi: http://dx.doi.org/10.5210/fm.v26i3.11547

99 장구슬, ""우크라여 성폭행해도 돼, 콘돔만 잘 써" 러군과 여친 충격 통화," 「중앙일보」, 2022년 4월 15일, https://www.joongang.co.kr/article/25063245#home

대상들을 이탈시키는 탈급진화(de-radicalization) 영향력 공작이 수행되어야 한다. 탈급진화의 목표는 적의 영향력 공작의 영향을 중화시키는(neutralization) 것이다. 그와 같은 목표 달성의 결과는 탈급진화 대상의 의식과 행동의 변화로 나타난다.[100] 적대층은 이미 적의 급진화에 포획된 대상이므로 통상적인 영향력 공작으로는 인식의 전환이 일어나지 않는다. 때문에 탈급진화 영향력 공작은 급진화된 개인에 초점을 맞추기 보다는 개인과 긴밀한 정서적 결박을 맺고 있는 가족, 친척, 친구, 지인 등 해당 개인을 둘러싼 주요 관련자들(significant others)을 함께 포함하는 집단적인 영향력 공작 접근이 수행되어야 한다. 이는 이슬람 극단주의에 포획된 테러전투원들과 극단주의 추종자들의 탈급진화 과정에서 효과가 있는 것으로 확인되었다.[101] 또한 적대층이 지지, 지향하는 가치, 이념, 또는 내러티브를 직접 공격하기 보다는 그와 같은 급진화된 가치나 내러티브의 정당성은 그대로 두고 그와 같은 가치나 내러티브를 대표하는 핵심 리더, 이론가, 주요 인물 등의 도덕성, 부패, 범죄성, 위선, 정신건강이상 등을 공격하는 것이 효과적이다. 이를 통해 그와 같은 주요 인물들이 적대층이 믿는 가치나 내러티브가 가리키는 올바른 목적지, 방향이 아니라 잘못된 목적지 또는 방향으로 이끈다는 점을 부각시켜야 한다. 특히 이 과정에서 적대층이 지지하는 이념, 가치, 종교, 내러티브, 핵심 리더, 이론가, 주요 인물 등에 대한 악마화, 범죄화, 희화화를 통해 적대층 세력전체를 비이성적·반인륜적·몽상적·야만적·폭력적·범죄적·광신적 집단으로 몰아 국제 또는 국내의 일반대중으로부터 잉여화시킴으로서 적대층에 대한 영향력 공작의 효과를 극대화시킬 수 있다. 이때 유념해야 할 사항은 적대층이 지지하는 극단적 내러티브에 대한 논리적, 이성적, 합리적 반박과 비판은 오히려 적대층의 기존 극단화 경향을 더욱 강화시키는 역효과를 가져온다는 점이다. 이는 기존 극단화 내러티브에 대한 공격이 적대층의 위기와 불안감, 위협인식을 더욱 자극하여 인지적으로 더 강경해지고 결집되는 결과로 이어지기 때문이다. 즉 앞서 지지층 급진화 방안에서 설명한 "포위된 요새"의 신화와 같은 지지층 급진화를 위한 주요기제들을 본의 아니게 적대층을 대상으로 자극함으로서 이들의 믿음과 결속을 더 강화시킨다. 이밖에도 적대층의 구성원들의 민족, 인종, 종교, 국적, 성별, 세대,

---

100 "ОРГАНИЗАЦИЯ КОНТРПРОПАГАНДЫ В ОБЛАСТИ БОРЬБЫ С ТЕРРОРИЗМОМ И ЭКСТРЕМИЗМОМ." p. 17.

101 윤민우, "폭력적 극단주의자의 공격행동에 영향을 미치는 요인들과 경로에 관한 연구," pp. 127-128.

지역, 사회적 계층, 교육수준, 이해관계, 가치인식 등에 따른 이질성을 식별하여 이러한 틈새를 공략함으로서 적의 분열을 조장하는 살라미 접근(속칭, 갈라치기)을 시도할 수도 있다.

6. 전술적 원칙, 방안, 그리고 기제들

전술적 목표, 방안, 그리고 기재들은 실재 전투현장에서 인지 전투(cognitive combat)를 수행하는데 고려할 만한 구체적인 사안들이다. 인지 전투에서 사용되는 무기는 정보(information 또는 intelligence), 지식(knowledge), 통계(statistics), 법률, 윤리적 규범 등 다양하다. 이와 같은 무기들은 말과 문장, 그림, 동영상, 그래픽, 수치, 옷차림, 헤어스타일, 행사, 행동 등 다양한 형태들을 포함한다. 여기서는 고려할만한 몇 가지 전술 수준의 방안과 기제들을 소개한다. 이는 완전한(exhaustive) 리스트는 아니다.

1) 전술적 원칙들

전술을 성공적으로 수행하기 위해서는 다음과 같은 세 가지 핵심 원칙들을 유념할 필요가 있다. 이는 ① 선제 공격, ② 공세적 방어, 그리고 ③ 메신저 타격이다. 첫째, 선제공격은 인지 전투에서 승리하는 열쇠이다. 사이버전과 마찬가지로 내러티브 인지전에서는 공격이 언제나 방어보다 압도적인 우위를 점한다. 앞서 "이데사와의 구"에서 설명한 것처럼 한번 이데사와의 구가 사람의 뇌에 각인되면 이 효과는 매우 강하게 지속되며 제거하기는 매우 어렵다. 이 현상을 앵커링(anchoring) 편향으로 부를 수도 있다. 따라서 언제나 선제적 공격을 통해 내러티브 전쟁의 주도권을 장악하고 나의 페이스대로 전체 전쟁을 이끌고 갈 필요가 있다. 이를 위해 적의 취약점을 찾기 위한 수색-정찰-감시(search-reconnaissance-surveillance)를 지속적으로 수행해야 한다.[102] 또한 선제공격과 관련하여 유념해야 할 것은 사이버전과 마찬가지로 한번 사용한 인지전의 공격무기와 방법은 다시 사용할 수 없다는 것이다. 인지전투의 공격무기와 방

---

102 Joe Reisher, Charity Jacobs, and John Beasley, "Data as a Weapon: Operations in the Age of Irregular Information Threats," Modern War Institute at West Point, May 2, 2022, www.usma.edu; the author conducted participant observation in a confidential domestic operation.

법은 한번 사용되게 되면 그 이후에 같은 무기와 방법을 사용한 공격의 효과성은 급격히 감소한다. 이는 일단 적과 중립적 일반대중들이 인지전투에 사용되는 공격무기와 기법들을 인지하게 되면 적과 일반대중의 뇌에 방어기제가 형성되어 그 무기와 기법들의 인지적 효과성은 급격히 감소되기 때문이다. 예를 들면 세월호 사건이후에 효과적으로 작동하던 인지전투의 공격무기와 기법들이 이번 이태원 사고이후에는 동일하게 효과적으로 작동하지 않는 것에서 확인할 수 있다.

둘째, 공세적 방어는 적의 선제적 공격을 방어하는 데 핵심원칙이 되어야 한다. 때로는 적의 선제적 공격에 대응하는 것이 불가피하다. 적의 인지공격에 대한 이성적인 반론이나 합리적인 설명, 또는 객관적 팩트체크 등은 적의 인지공격의 효과를 억제하거나 제거하는 데 종종 무력하다. 이는 인간의 뇌가 합리와 이성, 객관적 사실과 과학적 인과성에 반응하지 않기 때문이다. 오히려 적의 인지공격에 대한 반박과 비판, 해명은 적이 선제적으로 점유한 주제나 담론을 반복적으로 되풀이하기 때문에 이에 대한 적의 내러티브가 강화되고 대중의 적에 대한 우호적인 편견이 고착화되는 역효과를 가져온다. 따라서 적의 다른 취약점을 식별-공격함으로서 주제나 담론을 다른 국면으로 전환시켜 대중의 시선을 이 다른 국면으로 돌림으로서 적이 선제적으로 제기하고 점유한 주제나 담론을 대중의 뇌에서 사라지도록 하는 것이 더 효과적이다.[103]

셋째, 적의 메신저를 때리는 것이 적의 메시지에 대응하는 것보다 효과적이다. 따라서 적의 내러티브 공격에 대한 대응은 메신저 타격에 초점이 맞추어져야 한다. 손상된 메신저로부터 나오는 메시지의 파괴력은 작다. 메신저 타격은 메신저에 해당하는 주요 인사들이나 기관들, 매체들을 기술적으로 봉쇄, 무력화하거나 이들의 평판을 타락시키거나 하는 방법들이 활용될 수 있다. 기술적 봉쇄는 인터넷망을 봉쇄 차단하거나 전파차단 등을 통해 해당 메신저로부터 송출되는 메시지의 전파를 봉쇄하는 것을 의미한다. 한편 평판에 대한 공격은 대중들에게 특정 메신저의 부패, 탐욕, 편파, 의도, 권위, 역량 등의 문제를 제기하여 해당 메신저로부터 나오는 메시지의 질적 영향력을 무력화시키는 방법을 의미한다.[104]

---

103 The author conducted participant observation in a confidential domestic operation.

104 Maria Snegovaya, "Putin's Information Warfare in Ukraine," Russia Report I (Washington, D.C.: Institute for the Study of War, 2015), 18-19; The author conducted participant observation in a confidential domestic operation.

2) 전술적 방안과 기제들

(1) 공격전술

가. 스윔 전술(swarm tactics)

스윔 전술은 정보의 양(quantity)에 의한 효과를 통해 인지 영역을 압도해나가는 것이다.[105] 스윔 전술의 역사적 기원은 몽골군이 유라시아 대륙의 정복전에서 사용한 심리전에서 찾을 수 있다. 당시 몽골군은 경기병을 이용하여 적의 주요 군사적 거점을 우회 기동하여 적 영토의 도처로 신속히 기동전을 전개했다. 이를 통해 마치 적의 전 영토가 압도적인 몽골군의 점령 하에 있는 듯한 심리적 착시효과를 불러일으킴으로서 적의 항복을 받아 내거나 군사적 결전의 주요한 심리적 지렛대로 이용했다.[106] 오늘날은 과거와 달리 정보의 질(quality)이 아니라 정보의 양이 인지전에서 더 중요하다. 이것이 의미하는 바는 두 가지이다. 하나는 정보 출처의 권위와 신뢰성, 역량의 중요성이 약화되었다는 점이다. 사람들은 소수의 저명한 오피니언 리더, 학자, 이론가, 평론가, 전문가 또는 권위 있는 매체나 언론사, 대학, 싱크탱크의 판단과 분석, 의견에 더 큰 가치를 주지 않는다. 상대적으로 사람들은 다수의 일반인(lay person), 비전문가, 덜 권위 있는 유사 싱크탱크와 미디어 매체들, 1인 유튜브나 SNS 등의 분석이나 의견도 비중 있게 받아들인다. 또 다른 의미는 정보 출처(source)의 질이 아니라 양이 더 중요해졌다는 점이다. 사람들은 서로 다른 정보 출처가 제공하는 정보가 일치하거나 서로 다른 논쟁이 동일한 결론에 이를 경우 더 신뢰성 있게 받아들인다. 이는 정보의 양이 폭발적으로 증대한 환경에서 사람들이 다수가 인정하는 정보를 전문가의 의견보다 더 신뢰한다는 의미이다. 스윔 전술은 궁극적으로 반향실 효과(echo chamber effect)를 가져온다. 반향실 효과는 유사한 관점·생각을 가진 사람끼리 반복 소통하여 편향된 사고가 고착화되고 동의하는 의견만을 수용하게 되는 현상이다.[107] 스윔 전술은 반향실 효과의 창출을 통해 전술수준에서 지지층을 확장해나

---

105 Zachary Kallenborn, "InfoSwarms: Drone Swarms and Information Warfare," The US Army War College Quarterly: Parameters 52(2) (2022), p. 95.

106 Sean J. A. Edwards, "Swarming and the Future of Warfare," Doctoral Dissertation, The Pardee RAND Graduate School (2004), pp. 209-217.

107 송태은, "디지털 시대 하이브리드 위협 수단으로서 사이버 심리전의 목표와 전술: 미국과 유럽의 대응을 중심으로," 「세계지역연구논총」, 39(1) (2021), p. 87

가고 이는 인지전의 승리로 이어진다.108

   스웜 전술의 수행 방법은 다음과 같다. 우선 정보 네트워크상의 다양한 아측 세력들을 하나로 조율하여 좌표로 설정된 적대적 타깃에 대해 서로 다른 다양한 정보 출처들이 동시에 집중·지속·반복 타격을 하여야 한다. 또한 메시지의 파괴력(intensity)을 위해 자극적인 언어(형용사와 명사)나 그래픽, 동영상을 사용하여야 하고 음모론적 주장을 제기하여야 한다. 따라서 단정적 텍스트의 사용부터 희화화, 간결한 웹툰, 웹 메시지, 밈(memes) 등을 활용할 필요가 있다. 메시지의 프로파간다 영향력을 높이기 위해서는 강도(intensity), 집중(concentration), 지속(duration), 그리고 반복(repetition)이 중요하다. 스웜 전술은 뉴미디어-올드미디어-뉴미디어의 순서로 수행하는 것이 효과적이다. 뉴미디어는 사이버 공간의 유튜브나 온라인 커뮤니티, 뉴스에 대한 댓글, SNS, 웹사이트, 블로그 등이다. 올드미디어는 전통적인 방송, 신문, 라디오, 통신사 등을 의미한다. 뉴미디어에서 의혹제기나 폭로, 네거티브 등을 최초 제기하고 이를 다양한 뉴미디어 채널을 통해 숙성시키고 이후 권위 있고 신뢰를 받는 올드미디어를 통해 정보의 권위와 신뢰성, 보편성을 확증(confirm)시킨다. 이렇게 세탁된 정보는 다시 뉴미디어 상에서 권위와 신뢰를 갖춘 출처로부터 나온 정보라는 점을 강조하면서 반복·지속·확산함으로서 최종적으로 반향실 효과를 창출할 수 있다. 이때 주의해야 할 점은 이 과정에서 CNN, BBC, RT(Russia Today) 등과 같은 권위와 신뢰성을 인정받는 올드미디어는 메신저로서의 가치가 훼손되지 않도록 보호되어야 한다는 것이다. 단기적 전술 목표달성을 위해 권위 있는 올드미디어를 무분별하게 사용하다보면 해당 미디어의 메신저로서의 가치를 훼손시키게 되고 이는 중, 장기적인 작전적-전략적 손실로 이어진다. 이는 2014-2015년 우크라이나 침공과 2022년 러시아-우크라이나 전쟁 두 사례에서의 러시아 매체의 영향력 비교를 통해 확인할 수 있다.

  나. 가짜감옥 전술

   가짜감옥 전술은 인지적 착시효과를 이용한 것이다. 예를 들어 앞을 보지 못하는 사람과 눈이 정상인 사람이 감옥에 똑같이 갇혀 있을 경우에 앞을 보지 못하는 사람은 감옥의 벽을 인지하지 못하기 때문에 자신이 갇혀 있다는 사실을 인지하지 못한다. 따라서 그는 감옥의 밖에 있는 것과 마찬가지로 자유로움을 느낀다. 반면 감옥의 벽을 인지하는 정상인은 자신이 갇혀있다고 인지하게 되고 그 인지함 때문에 감옥에

---

108 Ibid.

갇히게 된다. 이는 우리가 어떤 정보나 지식에 대해 인지하게 되면서 그 정보나 지식이 제공하는 인지적 감옥에 갇히게 되는 것을 설명한다. 특정 정보나 지식을 인지하지 못하는 사람이 그와 같은 정보나 지식이 수반하는 특정 신념, 견해, 가치관, 사고방식으로부터 자유로운데 비해 이를 인지한 사람은 그와 같은 특정신념, 견해, 가치관, 사고방식의 감옥에 인지적으로 감금되는 상태에 처하게 된다. 즉, 특정 정보나 지식을 인지한 사람은 자신이 주관적으로는 어떤 진실을 알았거나 무지로부터 깨어났다고 착각하지만 사실상 오히려 그 진실의 감옥에 인지적으로 감금되는 역설이 만들어진다. 과거 국내 종북주사파 운동권의 프로파간다는 이와 같은 과정을 거쳐 선동대상들을 인지감옥(cognitive prison)에 감금했다. 그럼에도 불구하고 감금된 인원은 본인이 진실을 깨달았다고 믿게 된다. 이들은 이를 "알에서 깨어났다는"말로 표현했다. 따라서 인지전에서는 전술적으로 특정한 정보나 지식, 뉴스를 타깃 대상에 제공함으로서 그 대상을 인지전 수행자가 의도하는 데로 인지적 감옥에 감금하도록 시도할 수 있다.[109]

가짜감옥 전술은 전술적으로 "필터버블 효과(filter bubble effect)", "진실착각효과(illusory truth effect)", 그리고 "봇 효과(bot effect)"를 유도하기 위한 목적으로 수행된다. 필터버블 효과는 인터넷 사용자에게 AI 알고리듬의 딥러닝에 의해 사용자가 마치 거품에 가둬진 것 같은 현상을 만들어 내는 것이다. 사용자에게 유사한 동영상이나 뉴스, 도서, 논문, 사이트 등을 추천함으로서 사용자들을 특정한 정보나 지식이 만들어 내는 감옥에 인지적으로 감금한다. 진실착각효과는 동일한 극단적인 메시지에 반복 노출될 경우, 사람들은 그러한 메시지를 신뢰하고, 처음 접한 정보를 이후에 접한 정보보다 더 신뢰하는 경향이 있다는 것과 관련이 있다. 즉, 사람들은 처음 접한 출처가 불분명한 정보라도 시간이 경과하면서 정보 자체만을 기억하여 사실로 착각하는 경향을 보인다. 이 진실착효과는 필터버블효과가 지속되고 축적되면서 만들어지게 된다. 봇 효과는 정치적으로 편향된 정보와 메시지를 대규모로 확산시켜 여론이 특정한 방향으로 유도되게 하는 현상이다. 이 봇 효과는 개인의 인지 영역에 개입하는 필터버블효과와 진실착각효과를 다수의 대중을 상대로 확산적용시킴으로서 만들어지게 된다.[110]

---

109 최호준, "사이버전 효율화를 위한 가짜 감옥 전술 및 사이버 방어 시민예비군 제도에 대한 양자역학적 접근," 2021년 정보세계정치연구회 · 정보보안학회 사이버 안보 논문 공모전 투고 논문, pp. 3-4.

다. 네거티브 공격 기법들

네거티브 공격 기법들은 적을 악마화, 희화화, 비인격화하는 것과 관련된 여러 기제들이다. 이와 같은 기법들은 적의 리더십과 대중들 또는 지지층들 사이의 불신, 분열, 갈등을 조장하고 적과 적의 우호세력을 이간질시킨다. 한편 전쟁을 지켜보는 국제사회일반으로부터 적에 대한 부정적 여론을 조성한다. 이 밖에도 아측의 리더십과 대중들 사이의 심리적, 정서적 결박을 단단히 하고, 아측의 전투원과 민간인의 결전의지를 공고히 하기 위한 목적 등을 달성하기 위해 실행된다.

구체적인 실행 기법들은 다음과 같다. 첫째, 주로 적의 리더와 주요 지휘관, 정치적 리더 등 특정 인물에 대한 비인격화 또는 타락화를 시도한다. 공격 목표로 삼고자 하는 대상에 대한 희화화(mockery) 또는 비인격화(dehumanization)를 시도하여 공격 대상자의 인격적 가치를 저하시킨다. 주로 동물에 비유하거나, 접대부나 무능력자로 묘사하거나, 비인격적 닉네임을 부여한다. 둘째, 특정 인물 자체를 악당 또는 범죄자로 채색한다. 역사적으로 악마화되어 있거나 악명 높은 인물, 집단에 비유하거나 직접적으로 악마로 규정하기도 한다. 셋째, 오정보, 거짓정보, 정황정보를 사실이라고 단정하는 말투로 전달한다. 이는 비전통적 설득전략에 해당한다. 전통적인 설득전략은 메시지의 신뢰성을 높이기 위해 진실과 일관성을 강조하지만 이는 그와는 반대 전략이다. 거짓으로 밝혀진 정보를 재사용하거나 또는 다른 거짓 정보를 수정된 정보로 제공하기도 하며, 정보의 출처나 일관성 여부를 개의치 않고 단호하게 사용한다.111 이때 회상적 인과성(retrospective causality)을 이용하는 게 효과적이다. 즉, 어떤 원인들이 시간적으로 먼저 발생하여 특정한 결과(사건이나 행동)에 영향을 미쳤는지 시간적으로 원인-결과의 순서로 설명하는 것이 아니라 역순으로 결과를 중심으로 이 결과를 그럴듯하게 설명하는 과거의 유사 원인(pseudo causes)들을 선택적으로 수집-조합하여 애초에 기획했던 특정한 이야기(story)에 대한 설명 또는 지지증거로 활용하는 것이다. 또한 비전통적 설득전략을 실행할 시에 "그럴 수밖에 없다", "...한건 명확한 사실이다", "이게 팩트입니다", "본질은.." 등으로 단정적으로 전달하는 것이 효과적

---

110 송태은, "디지털 허위조작정보의 확산 동향과 미국과 유럽의 대응," p. 21; 송태은, "디지털 시대 하이브리드 위협 수단으로서 사이버 심리전의 목표와 전술: 미국과 유럽의 대응을 중심으로," p. 87

111 송태은, "디지털 시대 하이브리드 위협 수단으로서 사이버 심리전의 목표와 전술: 미국과 유럽의 대응을 중심으로," p. 87

이다. 넷째, 특정 인물의 감정을 건드려 공격할 수 있다. 적의 리더 등에 대해 "처참히 최후를 맞는다", "정의의 심판을 받을 것" 등의 공격 대상 인물의 감정을 건드리는 표현이 들어가는 언어를 사용함으로서 적의 인지적 평정심을 교란하는 효과를 기대할 수 있다. 다섯째, 오정보와 희화화 사이에 있는 메시지를 사용함으로서 적의 평판과 권위, 역량에 관한 이미지를 훼손시킬 수 있다. 이때 공격대상이 가지고 있는 강점을 깎아내려 그 강점을 중화시키고 오히려 부정적인 측면이 덧 씌워지도록 하여야 한다. 예를 들면 푸틴의 강점인 '강인함', '카리스마' 등은 '마피아', '폭군', '공포스러움', '피에 굶주림' 등으로 덧씌울 수 있다. 여섯째, 도덕성을 공격함으로서 인지전에서의 우위를 점할 수 있다. 적의 도덕성을 무너뜨리는 메시지를 개발해 계속 공격해야 한다. 이때 형용사의 적절한 사용이 중요하다. 일반적으로 명사는 사실을 전달하는 반면 형용사는 감정·정서 정보를 전달한다. 도덕성과 관련된 네거티브 공격에서 감정·정서를 활용하는 것은 매우 효과적이다. 적을 단순히 "침략자"로 규정하는 것보다는 "탐욕스럽고 피에 굶주린 침략자"로 규정하는 것이 훨씬 더 강렬하다. 형용사는 인지전의 대상이 되는 청중들의 감성을 자극하기 때문이다. 한편 도덕성의 공격이 파괴적이기 위해서는 인권, 평화, 정의와 같은 보편적 가치나 국제규범, 협약, 법률, 그리고 종교적 가치 등을 사용하는 것이 효과적이다. 이와 같은 더 높은 선함(higher good) 또는 가치에 대한 어필은 도덕적 공격의 타격력을 증대시키는 힘의 증강효과(force multiplier)가 있다.

(2) 방어전술

가. 스포일러 기법

스포일러 기법은 적의 공격이 구체적으로 어떤 전략-전술적 목표를 달성하기 위해 어떤 전략-전술적 기법을 사용하고 있는지를 일반대중과 국제여론에 미리 선제적으로 알림으로서 적의 전략-전술적 공격 효과를 떨어뜨리는 것이다. 2022년 2월 러시아의 우크라이나 침공에 대한 기밀 첩보(intelligence)를 미국이 침공 이전에 미리 언론을 통해 국제사회에 널리 유포시킴으로서 러시아의 전격적 침공에 따른 인지전의 효과를 상쇄시킨 것은 대표적인 사례로 지목될 수 있다. 적의 인지전 공격이 전략-전술 기획에 따른 의도된 말과 행동인 것을 부각시켜 상대 공격의 효력을 약화시킨다. 이는 마치 영화의 스토리를 미리 지인으로부터 듣게 되면 해당 영화를 보는 흥미와 감동이 급격히 떨어지는 것과 같은 심리적 효과이다. 예를 들면, 적이 네거티브 메시지를 전달·확산할 때 "함께 엮으려고 애쓴다", "기획된 공작이다", 또는 "이전에 사용했던 기법과 같다"라고 정리하면서 적의 음흉함, 교활함 등을 강조함으로서 적의 네거티브 공세의 영향력을 차단할 수 있다.

나. 플레어 전술

플레어 전술(flare tactics)은 방어를 위한 가짜 타깃 유포전술이다. 전투기나 폭격기가 유도 대공미사일 공격에 대한 방어전술로 가짜 타깃인 플레어를 상공에서 유포하여 유도 미사일을 가짜 타깃으로 유도함으로서 스스로를 방어하는 것과 유사하다. 적의 네거티브 공세에 대응해 아측의 핵심 인물이나 이슈가 아니라 그 보다 전략-전술적 손실이 덜한 대체 인물이나 이슈를 집중적으로 부각시켜 적의 공격을 대안 타깃으로 유도하여 적의 공세를 회피할 수 있다. 예를 들면, 아측의 전투원이 심각한 인권침해나 잔혹행위를 적의 민간인을 대상으로 자행하여 네거티브 공세에 노출될 경우, 이를 병사 개인이나 현장 지휘관 개인의 도덕성 문제로 국면을 전환하여 아측 최고지휘관과 군 전체의 평판과 도덕성을 보존할 수 있다. 이때 현장에서 문제를 저지른 병사 개인이나 지휘관 등에 대한 엄격한 형사사법적 처벌절차를 진행시키고 이슈의 초점을 해당 사건에 대한 처벌절차에 집중시키면 애초의 문제였던 인권침해나 도덕성 이슈를 덮을 수 있다. 한편 미사일 공격이나 군사작전을 통해 청중들의 인지적 관심을 다른 이벤트나 국면으로 전환시킴으로서 해당 사안에 대한 적의 네거티브 공세를 무력화시킬 수도 있다.

다. 중화의 기술(techniques of neutralization)

중화의 기술(techniques of neutralization)은 범죄자가 범죄행위를 실행할 때 발생하는 인지부조화를 해소하기 위해서 사용하는 자기 합리화의 기법들로 범죄학에서 제시된 이론이다.[112] 이는 범죄자뿐만 아니라 사기꾼, 간첩과 테러리스트들, 부패한 정치인들이 보편적으로 사용하는 자기-방어기제이기도 하다. 이 기제는 또한 적의 네거티브 공격에 대한 방어기제로 활용될 수 있다. 이를 통해 적의 내러티브 공격을 효과적으로 방어할 수 있다. 중화의 기술들은 ① 책임의 부인(denial of responsibility), ② 피해의

---

112 Herb Cohen, You can negotiate anything (New York: Bantam Books, 1980), pp. 239-253; Freedman, Strategy: A History, pp. 331-332; Robert B. Cialdini, The psychology influence of persuasion 2nd ed. (New York: Quill, 1993), p. 189; Ronald L. Akers, Criminological theories (Los Angeles: Roxbury Publishing Company, 2000), pp. 104-105.

부인(denial of injury), ③ 피해자의 부인(denial of victim), ④ 비난자에 대한 비난(condemnation of the condemners), ⑤ 더 높은 가치, 권위에 대한 충성의 주장(appeal of higher loyalties), ⑥ 사실(facts)을 전달(delivery)하는 출처(source)를 공격하기, ⑦ 적과 동지로 나누어 진영을 구축하기, ⑧ 감정 또는 연민에 호소하여 내편 만들기 등을 포함한다.[113]

각각의 중화의 기술들을 설명하면 다음과 같다. 먼저, 책임의 부인은 자신이 특정 행동을 실행하거나 특정 사건에 영향을 미치지 않았으며, 따라서 책임이 없다고 주장하는 것이다. 몰랐거나 지시하지 않았다고 하는 것이 가장 일반적인 행태이다. 민간인 주거지역에 대한 폭격, 민간인 학살, 민간인 여객기의 격추 등 논란의 여지가 큰 사건이나 행동에 대한 개입사실이나 지시 등을 부인하는 것이 대표적이다.

두 번째 피해의 부인은 논란의 여지가 큰 행동을 주도했거나 사건에 개입한 사실은 있으나 피해가 그다지 발생하지 않았다는 주장이다. 이는 행위에 대한 자신의 연루 자체를 부인하기 어려울 때 사용된다. 민간인 시설을 실수로 폭격한 사실은 있지만 그 피해는 크지 않고 미미한 정도라고 주장하는 것이 대표적이다.

세 번째 피해자의 부인은 자기가 한 사실도 있고 피해도 있었지만 진정한 의미에서 피해자는 없었다는 주장이다. 이는 자신의 행위책임과 그로 인한 피해발생사실을 부인하기 어려울 때 사용된다. 자살폭탄테러로 발생한 민간인 사상자에 관한 비난에 대해 살상된 민간인들은 이교도이며 넓은 의미에서 전쟁주체인 적 전투원이기 때문에 진정한 의미에서 피해자가 없었다고 주장하는 것이 대표적이다.

네 번째 비난자에 대한 비난은 자신도 나쁘지만 비난하는 상대방은 자신과 똑같이 나쁘거나 오히려 더 나쁘다고 역공세를 펼치는 것이다. 이는 자신의 악함과 자신을 비난하는 비난자의 악함을 서로 상쇄시켜 스스로를 방어하는 기법이다. 이는 자신의 책임과 피해발생, 그리고 피해자에 대한 비난이 여의치 않을 경우 사용된다. 러시아가 우크라이나에 대한 군사적 침공을 비난하는 우크라이나 정부에 대해 나치-파시스트 세력이면서 우크라이나 내 친러시아 주민들에 대한 인권탄압을 자행하는 극단적 세력이라고 비난하는 것이 대표적이다.

다섯 번째 더 높은 가치나 권위에 대한 충성의 주장은 앞에 제시한 모든 것들이 제대로 작동하지 않을 때 사용된다. 나는 나쁘고 잘못된 행위를 했고 피해도 분명하

---

113 Cohen, You can negotiate anything, pp. 239-253; Freedman, Strategy: A History, pp. 331-332; Cialdini, The psychology influence of persuasion, p. 189; Akers, Criminological theories, pp. 104-105.

지만 그러한 행동은 종교적 의무, 침략세력으로부터의 국가나 문명에 대한 방어, 이념이나 가치의 방어 등 더 높은 가치나 목표를 달성하기 위한 과정에서의 실수나 오류, 어쩔 수 없는 필요악이나 전술적 선택지라는 논리이다. 이 과정을 통해 행위책임이 있는 불법적인 범죄자에서 정당한 전사 또는 투사로 행위자의 신분이 전환된다.

여섯 번째 사실(facts)을 전달(delivery)하는 출처(source)를 공격하기는 메시지를 전달하는 메신저를 타격함으로서 아측을 방어하는 것이다. 특정 정치인, 유력인사, 학자, 저널리스트, 언론매체, 싱크탱크 등 다양한 메신저 자체를 희화화·악당화시킴으로서 그로부터 나오는 모든 메시지의 파괴력을 중화시키는 기법이다. 이는 앞선 단계들의 모든 방어기법들이 제대로 작동하지 않을 때 주로 사용된다.

일곱 번째, 적과 동지로 나누어 진영을 구축하기는 앞의 여러 대응방안들이 효과적으로 작동하지 않고 절대적 열세상황에 직면할 때 나타난다. 이는 그람시가 말하는 진지전과 유사하다. 나의 지지층을 결집시켜 저항전선을 구축한다. 인지전에서 수세에 몰릴 때 저항전선을 구축하고 진지전(position warfare) 또는 소모전(war of attrition)에 돌입한다. 인지전에서 수세에 몰릴 때 이슈를 제기해 아측 진영이 전방위적으로 공격받고 진영자체가 몰락할 위험이 있다는 불안과 공포를 확산시켜 나의 지지층을 결집시킬 수 있다. 이는 사람들이 외부의 거대한 위협에 직면할수록 더욱 극단화되고 서로 간에 인그룹(in-group) 결속이 강고해지는 사회심리적 특성을 고려한 것이다.

마지막으로, 감정 또는 연민에 호소하여 내편 만들기 역시 수세적 상황에서 저항전선 형성을 위한 정서공작이다. 스스로를 억울하고 착한 피해자 또는 연민의 대상으로 전환시켜 지지 세력과의 교감구축(rapport building)을 시도한다. 이와 같은 "도와주세요(Help me)" 기법은 설득 심리에 근거한 매우 유용한 위기협상기법의 하나이다. 경우에 따라서는 침묵과 비폭력-무저항을 통해 계속적으로 강하고 사악하고 위협적인 적에게 린치당하는 상황을 연출함으로서 지지 세력과의 정서적 교감을 유도할 수도 있다.[114]

중화의 기술이 ①에서 ⑨로 전환될수록 중화의 기술을 사용하는 측이 더 수세적이고 취약한 위치로 몰렸다는 것을 의미한다. 일반적으로 적의 네거티브 공세에 직면하는 위기국면이 심각하지 않는 초기상황에서는 9가지 기술들 가운데 비교적 앞에

---

114 Cohen, You can negotiate anything, pp. 239-253; Freedman, Strategy: A History, pp. 331-332; Cialdini, The psychology influence of persuasion, p. 189; Akers, Criminological theories, pp. 104-105.

제시된 기술들이 동원되는 경향이 있다. 하지만 적의 네거티브 공세가 강력해지고 그에 따라 아측이 더 수세에 몰리고 위기국면이 심각해질수록 상대적으로 뒤 순서의 기술들이 활용되게 된다. 그렇지만 이는 대체로 그렇다는 것이며 상황과 국면전개에 따라 다양하게 복수의 기술들이 함께 적절히 활용될 수 있다.

7. 인지전의 미래

미래전에서는 인간-기계의 결합전투체계가 전쟁의 주역으로 등장할 것으로 보인다. 이러한 인간-기계 결합전투체계는 다른 키네틱 전쟁영역에서와 마찬가지로 인지전의 영역에서도 유사하게 나타날 것이다. 이는 이미 러시아가 인간 트롤(troll)/댓글부대와 기계 트롤봇(trol bot)들을 함께 사용하여 다른 국가들에 대한 선거개입과 여론공작 등을 실행한 사례를 통해서 관찰되었다.[115] AI 알고리즘의 딥러닝 기능이 더욱 혁신적으로 발전하게 되면 그와 같은 경향성은 더욱 일반화되고 세련되어지고 파괴적이 될 것으로 전망된다. 인터넷 공간은 표층웹(surface web), 딥웹(deep web), 그리고 다크웹(dark web) 등으로 구성되어 있다.[116] 이 가운데서 방대한 양의 정보콘텐츠가 이 딥웹과 다크웹에 매장되어 있다. 데이터마이닝(Data Mining)과 인비지블웹패스파인더(Invisible Web Pathfinder)는 딥웹과 다크웹의 정보콘텐츠들을 찾는 기법들이다. AI 알고리듬은 머신러닝(Machine Learning)과 딥러닝(Deep Learning)을 통해 정보콘텐츠들을 탐색함으로서 데이터들의 경향성과 연관성을 찾을 수 있다. 또한 AI는 온라인에 참여하는 인간 행위자들의 특성을 빅데이터 분석을 통해 빠르게 파악해 낼 수 있다. 이를 통해 어떤 행위자가 어떤 정보콘텐츠에 더 민감하게 영향을 받는지, 어떤 행위자가 프로파간다 메시지를 더 적극적으로 유포·확산시키는지 정밀하게 식별할 수 있다. 이는 인지전의 공격-방어를 더욱 정교하게 만들 수 있다. 이와 같은 인간-기계 결합 인지전 수행체계는 기존의 인간 행위자 중심의 인지전 수행체계를 혁명적으로 도약시킬

115 Helmus, Bodine-Baron, Radin, Magnuson, Mendelsohn, Marcellino, Bega, and Winkelman, "Russian Social Media Influence: Understanding Russian Propaganda in Eastern Europe," RAND National Security Research Division, Santa Monica, California (2018), pp. 22-25.
116 Vicki Carroll, "What is the Invisible Web and How to Use It?," 「Turbo Future」, August 25, 2020. https://turbofuture.com/internet/What-is-the-Invisible-Web

것이다.

　사이버전과 인지전의 통합 역시 더욱 촉진될 것이다. 이미 사이버전은 악성코드를 이용한 사이버-기술전과 악성정보를 이용한 사이버-심리전이 통합되는 경향이 나타나고 있다. 이에 더해 향후에는 사이버전과 인지전의 통합도 본격적으로 나타나게 될 것으로 전망된다. 컴퓨터와 뇌의 인터페이스가 본격화되면 인간의 뇌를 해킹하거나 뇌파(brain wave) 개입을 통한 인지조작 등이 현실화될 수 있다. 인지전의 영역에는 정보콘텐츠를 소비하는 인간의 심리적, 성격적 특성들, 그리고 정보콘텐츠를 관찰-판단-결심-행동으로 이어지게 하는 뇌의 정보처리작용, 인간 행위자의 인지대본(script) 또는 습관까지가 모두 전쟁의 무대 또는 공격-방어의 대상이 된다. 최근 들어 뇌과학과 심리-설득지식의 급격한 발전으로 뇌파 조작, 기억 조작, 인지조작 등에 대한 기술적 개입의 개연성이 커지고 있다. 이렇게 되면 사이버전과 인지전, 그리고 전자전이 함께 통합되는 모습으로 진화할 수 있다.[117] 어떤 면에서는 인간을 컴퓨터와 다르지 않는 바이오 컴퓨터 디바이스로 볼 여지도 있다. 인간이 로봇, IoT, 드론, 무인자동차, 모바일 디바이스, 컴퓨터 등 각종 기계적 디바이스들과 온라인 네트워크로 결박될 수 있다.

　군사 결전, 테러리즘, 분란전, 군사기동, 핵위협 등을 포함하는 물리적 폭력과 전략적 비물리적 영향력 투사인 인지전의 융·복합 현상이 두드러질 것이다. 물리적 섬멸과 파괴에 해당하는 키네틱 폭력은 다른 수단에 의한 내러티브 또는 행동을 통한 프로파간다이며, 비키네틱 이야기(story)의 성격을 갖는 내러티브는 다른 수단의 의한 폭력 또는 프로파간다를 통한 행동에 해당한다. 결국 양자는 모두 나의 의지를 적에게 관철시키는 각기 다른 수단일 뿐이다. 미래전은 키네틱과 비키네틱 수단이 동시에 융합적으로 동원되는 하이브리드 전쟁의 형태를 띨 것이다.[118] 결국 전쟁은 다른 수단에 의한 정치이며, 선거와 같은 국내정치와 외교협상과 같은 국제정치는 다른 수단에 의한 전쟁이다. 전쟁과 정치 두 기제의 궁극적 전략목표는 "나의 의지의 투사(enforce one's will)"이다.

　미래의 인지전은 분산공격(distributed offense)-분산방어(distributed defense) 원칙에 의해 수행될 것이다. 인지전은 특히 미래전의 특성인 "공격의 분산"과 "방어의 분산"이 두

---

117 김소연 외., "Cyber electronic Warfare Technologies and Development Directions," pp. 119-126.

118 송태은, "하이브리드 위협에 대한 최근 유럽의 대응," p. 7.

드러지는 전쟁 영역이다. 다양한 군과 정부기관, 민간기관, 자발적 개인들이 인지전의 공격-방어에 동원된다. 이 때문에 기존의 중앙집중식 지휘통제체계로 다양하고 이질적이며 지휘통제축선상에도 포함되어 있지 않은 여러 현장 전투단위들을 핵심 전략내러티브에 따라 지휘·통제·조율하는 것은 극도로 비효율적이며 사실상 불가능하다. 인지전은 특히 지휘통제와 전투행동의 집중-분산을 동시에 달성해야하는 도전을 제기한다. 인지전은 전쟁 참여자가 이질적이고 비대칭적이며 복잡할 뿐만 아니라 전쟁의 국면전환과 전개속도가 매우 빠르다. 또한 미리 예측하기 어려운 휘발성 높은 이슈들이 돌출하기도 한다. 이 때문에 군과 정부, 민간을 포함하는 각각의 현장 전투 단위에서 즉각적인 감시(sense)-결심(decide)-대응(act)의 전투수행체계가 갖추어져야 한다. 이는 개별 전투 집단의 자기주도(self-initiative) 전투수행 권한과 능력이 강화될 필요가 있다는 점을 의미한다. 따라서 지휘통제-전투행동의 분산이 이루어져야 한다. 하지만 동시에 각각의 분산된 자기주도 전투 집단은 전체 전쟁을 관통하는 핵심 내러티브와 전략목표의 방향성에 맞추어 지휘·통제·조율될 필요가 있다. 그렇지 않으면 마구잡이로 분산된 전투역량은 서로 상쇄(cancel-out)될 것이며, 이 때문에 내러티브 전쟁에서 자기-파괴적인 결과를 가져올 것이다. 따라서 전체 전투 집단의 전투수행과 전쟁방향을 핵심내러티브와 전략목표에 맞게 조율할 필요가 발생하는데 이는 전체 전쟁을 총괄하는 인간 지휘 컨트롤타워에 의해 수행되어야 한다. 인간 지휘 컨트롤타워는 개개의 공격-방어에 세세하기 개입하기 보다는 전체적인 전쟁방향을 디자인하고 개개의 전투 단위들을 디자인된 방향성에 맞게 가이드 할 필요가 있다. 또한 예외적인 위기·돌발 상황에 즉시 개입하여 전체 전쟁 국면을 관리하는 기능 역시 이 인간 지휘 컨트롤타워에 의해 수행되어야 한다.

이와 같은 분산공격-분산방어의 개념은 최근 제기되는 모자이크 전쟁 개념에서 잘 구현되고 있는 것처럼 보인다. 모자이크 전쟁 개념은 집중-분산이 실시간(real-time)으로 이루어질 필요가 있는 미래전의 특성을 반영하여 AI와 같은 기계보조통제시스템을 통해 전투현장과 전쟁지휘컨트롤타워의 인간지휘부와 현장 전투단위의 초연결성을 구현한다. 전투현장의 전투 단위에 작전권한이 더 많이 위임되고 다수의 소규모 전투 단위들을 보다 넓게 분산시켜 작전을 수행한다. 인간 최고지휘부는 전장의 전체 상황을 인식하고 예측하며, 판단과 결심하는 역할을 수행한다. 인공지능이 해결할 수 없는 미래의 예측과 추론, 작전결과의 대중 여론에 대한 파장 등도 이 인간지휘부의 역할이다. 실제 작전 수행과 관련된 전장상황인식과 작전대안제시, 최적 전투단위 조합 등은 인공지능이 담당하여 인간지휘부와 전투현장의 단위 전투 지휘관을 지원하고 둘 사이를 연결한다.[119] 이 개념은 인지전을 수행하는 군, 정보기관, 사법기관들, 방송·통신·언론 기관들, 싱크탱크, 학계, 기타민간단체들, 오피니언 리더들, 샐럽들, 저널리스트들, 학자들, 활동가들, 온라인 유저들, 해커들과 같은 다양한 군사-비군사 부문의 현장 전투 단위들을 실시간으로 통합 운용하면서도 개별 전투단위의 유연성과 역동성, 전투역량을 극대화시킬 수 있다.

미래전에서는 인지전의 비중이 더 증대할 것으로 보이며, 이번 2022년 러시아-우크라이나 전쟁은 그러한 모습들을 보여주고 있는 적절한 사례이다. 이번 전쟁을 계기로 국내에서도 인지전에 대한 관심과 발전이 있기를 기대한다.

---

119 남두현·임태호·이대중·조상근, "4차산업혁명 시대의 모자이크 전쟁: 미군의 군사혁신 방향과 한국군에 주는 함의,"「국방연구」, 63(3) (2020), pp. 157-161.

XI

인지전의 실제: 내러티브 전쟁으로서의 핵티비즘

◆ ◆ ◆

이 장에서는 인지전이 실제로 어떻게 수행되고 있는지를 최근 몇몇 사례들을 통해 살펴본다. 이를 위해 핵티비즘의 사례들을 들여다본다. 핵티비즘은 본질적으로 내러티브 전쟁으로서의 성격을 가진다. 이 장의 논의를 통해 실제로 내러티브 전쟁이 어떻게 기획되고 운용되고 전개되고 있는지를 확인할 수 있을 것으로 생각된다.

1. 핵티비즘(hacktivism)과 핵티비스트(hacktivist)

핵티비즘은 '해킹(hacking)'과 '행동주의(activism)'가 합쳐진 개념이다. 핵티비즘이 즐거움이나 자신의 기술의 과시, 또는 범죄적 수익이나 다른 악의적 의도를 목적으로 한 다른 해킹 행위들과 다른 점은 종교적, 정치적, 사회적, 또는 도덕적 동기에 의해 추동된 디지털 행동 또는 공격이라는 점이다. 즉, 이와 같은 종교적, 정치적, 사회적, 또는 도덕적 동기의 유무가 핵티비즘의 개념적 정의의 핵심적 구성요소가 된다. 핵티비즘의 이와 같은 동기들은 반드시 사회적으로 주류사회나 일반적 다수에 의해 보편적으로 윤리적이거나 정당하다고 받아들여질 필요는 없다. 이와 같은 측면에서 핵티비즘은 오프라인의 환경운동이나, 반독점운동, 월가의 금융자본에 대한 저항, 반낙태운동 등과 같은 행동주의와 유사한 측면이 있다. 하지만 핵티비즘이 오프라인의 행동주의와 다른 점은 종교적, 정치적, 사회적, 도덕적 목적을 달성하거나 관련된 자신들의 대의(cause)를 주장·관철하기 위해 온라인 공간에서 디지털 도구와 사이버 범죄 기법들을 사용한다는 것이다.

통상적으로 핵티비즘은 오프라인의 행동주의와 유사하게 정부나, 거대 기업, 거대 금융 자본 등의 지배나 횡포, 억압에 저항하고 이들로부터의 자유를 추구한다는 내러티브를 주된 특징으로 한다. 이 때문에 미국 정부에 대한 저항, 월가에 대한 저항, 우크라이나를 침공한 러시아에 대한 전쟁 선언 등이 이와 같은 내러티브 맥락 속에 있다. 인터넷에서의 해킹과 절취한 정보의 폭로와 유포 등도 이 같은 맥락에서 정부의 인터넷 규제와 통제, 정보의 독점에 저항하고 인터넷에서의 정보의 완전한 자유로운 이동과 유포, 확산, 활용이라는 자신들의 대의를 실현하기 위한 수단으로 이해된다. 한편 핵티비즘은 정부와 기업, 거대자본 이외에도 저명한 기관, 종교 집단, 마약거래자들, 테러세력들도 공격 대상에 포함시킨다. 이와 같은 공격 대상들 역시 일반 대중들을 억압하고 착취, 지배하는 거대하고 강력한 사악한 집단으로 핵티비즘이 인식하고 있기 때문이다. 어나니머스의 ISIS와 사이언톨로지 교회(Church of Scientology)에 대한 사이버 공격이 이와 같은 대표적인 사례에 해당한다.[1]

일반적인 통념이나 미디어 보도들과는 달리 개념적으로는 핵티비즘(또는 핵티비스트)과 사이버테러리즘(또는 사이버 테러리스트)은 본질적으로 다르다. 핵티비스트는 공격대상 집단의 온라인 활동을 방해하는 것을 주된 목적으로 하며, 사회혼란이나 파괴, 또는 공포의 조장(terrorizing)을 목적으로 활동하지 않는다. 이들은 단지 자신들이 악으로 규정한 정부나 특정 기관, 집단들의 활동 방해나 창피주기, 보복, 저항 등 특정한 공격 대상에 집중하는 경향을 보인다. 반면 사이버 테러를 실행하는 사이버 테러리스트들은 전반적인 사회혼란이나 물리적 파괴, 심리적 공포의 조장 등을 목표로 한다. 이 때문에 엄밀한 의미에서 핵티비스트와 사이버 테러리스트는 개념적으로 구분된다. 하지만 이들 모두 실제 공격의 구현 방식이 DDoS 등으로 중첩되는 경향이 있어 공격 방식이나 수단의 측면에서는 상당 부분 그 차이를 구분하기가 어렵다.[2] 더욱이 테러단체에서 전문 해커들을 테러 조직원으로 포섭하거나 한시적으로 고용하기도 할 뿐만 아니라 테러단체와 연계된 해커집단들이 정치적, 사회적, 종교적, 도덕적 목적의 핵티비즘 활동을 전개하기도 하여, 현실적인 측면에서 핵티비즘과 사이버 테러리즘을 뚜렷이 구분하기는 쉽지 않다. 예를 들면, 아랍 해커들 사이트인 Soqor.net에서는 시오니스트 정부(이스라엘 정부)를 혼란시키고 파괴할 것을 선동한 바 있으며, 다른 해커들은 사이버 공격을 이슬람의 적에 대한 지하드(성전)라고 주장하면서, 지하드의

---

1 Chiradeep BasuMallick, "What is hacktivism? meaning, working, types, and examples," Cyber Risk Management, SPICEWORKS June 17, 2022. https://www.spiceworks.com/it-security/cyber-risk-management/articles/what-is-hacktivism/

2 Kirwan and Power, 『사이버 범죄 심리학』, pp. 332-333.

종교적 의무를 이행하라고 선전·선동했다. 이들 해커들의 일부는 헤즈볼라(Hezbollar)나 ISIS와 같은 다른 이슬람 테러그룹들과 연계된 것으로 알려져 있다.[3]

핵티비즘과 사이버테러리즘의 개념 구분이 쉽지 않은 것처럼, 핵티비즘과 애국적 인지전(cognitive warfare) 또는 정보심리전(information psychological warfare)의 구분 역시 쉽지 않다. 이는 핵티비즘의 명확한 개념 정의를 더욱 어렵게 만든다. 핵티비즘의 행위자를 핵티비스트로 부르는 것과는 달리 애국적 인지전을 수행하는 행위자들은 사이버전사들(cyber-warriors)로 불린다. 핵티비스트와 사이버전사들의 핵심적 구분 기준은 국가의 후원, 후견, 지원, 연계 여부이다. 핵티비스트와는 달리 사이버전사들은 국가에 의해 후원되고(sponsored) 해당 정부에 의해 감시, 통제된다.[4]

핵티비즘과 인지전의 유사성은 둘 다 내러티브 전쟁의 속성을 갖기 때문이다. 인지전의 전략적 목표는 적의 내러티브에 대한 아측의 내러티브의 우세에 의해 달성된다. 내러티브는 생각들과 이야기들이 충돌하는 인지전에서 필수 도구(essential instrument)에 해당한다.[5] 내러티브는 흔히 이야기들(stories)과 상호 호환되어 사용되기도 하고, 담론(discourse)으로도 이해되지만 그 보다는 더 폭 넓은 개념이다. 내러티브는 문장과 문서를 포함하며 그 외 모든 다른 형태의 커뮤니케이션 콘텐츠를 모두 포함한다.[6] 이 같은 맥락에서 사이버 공격을 통한 행동주의는 전략적 커뮤니케이션의 성격을 갖기 때문에 핵티비즘은 내러티브의 한 유형으로 간주될 수 있다.

이른바 애국적 해커들로 불리는 국가에 의해 후견되는 사이버 전사들은 특히 러시아와 중국의 사례에서 뚜렷이 관찰된다. 나쉬(Nashi)라고 불리는 친크레믈린 청소년 운동(pro-Kremlin youth movement) 조직이 러시아 정부의 후견아래 2008년 조지아 침공과 이후 우크라이나 크림 반도 합병 등에 러시아 정부를 위해 인터넷에서의 담론형성과 여론공작, 가짜뉴스, 댓글공작 등과 같은 정보-심리작전에 조직적으로 동원되었다. 여기서 "러시아를 위해 적과 싸우기를 희망하는" 블로그들을 위한 지침매뉴얼(instruction manual)을 작성하고 정보전쟁 참여를 독려했던 FEP(Foundation for Effective Politics)의 막심

---

3 Carr, Inside Cyber War, pp. 21-26; Kirwan and Power, 『사이버 범죄 심리학』, p. 330.

4 Stefano Baldi, Eduardo Gelbstein, and Jovan Kurbalija, "Hacktivism, cyber-terrorism, and cyberwar: The activities of the uncivil society in cyberspace," The Information Society Library," (Malta: DiploFoundation, 2003), p. 18.

5 Lawrence Freedman, Strategy: A history (New York: Oxford University Press, 2013), p. 427.

6 Freedman, Strategy: A history, pp. 428-429.

자로프(Maksim Zharov)는 크레믈린과 나쉬를 연결하는 주요한 매개자였다.[7] 러시아 정부나 정보기관 등에 의해 은밀히 후견되는 이와 같은 사이버 전사들은 인터넷 트롤(trolls)이나 봇(bots) 또는 쓸모 있는 멍청이(useful idiots) 들로 불리며, 2016년 미국 대선에 개입하여 민주당의 힐러리 클린턴 후보를 낙선시키는 정보전을 수행하는데도 중요한 역할을 담당했다.[8] 트롤팜(troll farm)이라고 불리는 IRA(Internet Research Agency) 역시 대량의 허위정보를 소셜미디어와 인터넷 채팅방, 토론방, 뉴스 댓글 등을 통해 유포하고 가짜 계정의 소셜봇과 봇부대를 이용하여 사이버 활동을 급증시켰다고 알려졌다. IRA는 러시아 정부로부터 금전적 지원을 받는 민간회사로 알려져 있다.[9]

중국 역시 애국적 해커그룹들은 현재 중국 군부와 정보기관의 명령을 받는다. 해커들이 모두 인민해방군에 징집된 병사 혹은 정보기관의 정식 스파이는 아니지만, 베이징 정부는 은밀히 그들의 활동을 지원하면서 공식적으로는 그 존재를 부인한다.[10] 하지만, 중국 정부가 민간 해커그룹들을 해킹과 스파이 활동 등에 조직적으로 동원해왔다는 것은 잘 알려진 사실이다.[11] "우마오당"으로 불리는 여론공작과 심리전, 영향력 공작을 위한 중국의 댓글부대는 또 다른 대표적인 사례이다. 중국 댓글부대는 코로나 19 사태 이후에 더 조직화, 체계화 되었으며, 중국 정부와 관영매체 등과 긴밀하게 협력하면서 메시지를 퍼 나르고 허위 뉴스를 전파하며, 이를 리트윗하거나 좋아요를 누르는데 동원된다. 서방 연구기관들은 중국 댓글부대가 2016년 미 대선에 개입했던 러시아의 인터넷리서치에이전시(IRA) 같은 사이버전군단으로 발돋움한 것으로 평가한다. 단순히 애국주의로 무장한 중국 청년층이 뛰어드는 것이 아니라 정부 차원의 국제 여론 조작 시스템을 구축했다는 것이다. 여기에는 중국 민간의 인터넷 기술 기업들도 관여하고 있다고 한다.[12]

---

7 Carr, Inside Cyber War, pp. 17-18.

8 Alonso Bernal, Cameron Carter, Ishpreet Singh, Kathy Cao, Olivia Madreperla, "Cognitive Warfare: An attack on truth and thought," NATO Cognitive Warfare Project, Fall 2020, pp. 23-26; ISER(Institute for Social and Economic Research), "Cognitive Wars," 11 March 2021. https://iser.org.ua/en/analitika/gromadianske-suspilstvo/kognitivna-viina

9 송태은, "디지털 허위조작정보의 확산 동향과 미국과 유럽의 대응," 주요국제문제분석 2020-13, 국립외교원 외교안보연구소, pp. 22-23.

10 해리스, 『보이지 않는 전쟁 @ WAR』, p. 120.

11 한나스·멀베논·푸글리시, 『중국 산업스파이: 기술 획득과 국방 현대화』, pp. 381-404.

12 최유식, "국제무대 마이크 장악 200만 중국 댓글부대 미 대선 노린다,"「조선일보」, 2020년 6월 23일, https://www.chosun.com/site/data/html_dir/2020/06/23/2020062303057.html

내러티브 전쟁유형으로서의 핵티비즘(또는 핵티비스트)과 사이버테러리즘(또는 사이버테러리스트), 그리고 국가 후견 애국적 핵티비즘(사이버 전사)의 유사성과 공통점은 다음과 같이 지적될 수 있다. 우선 공통점은 선전·선동·프로파간다, 리크루팅(recruitment), 자금조달(fund-raising), 그리고 사이버 공격의 도구와 기법(tools and techniques) 등이다. 이들은 모두 자신들의 정치적, 사회적, 종교적, 도덕적, 애국적 대의와 아젠더를 인터넷 공간에서 유포, 확산시키고, 공감대를 확장시키고자 하며, 담론을 주도하고자 의도한다. 또한 이 과정에서 자신들의 지지자와 멤버를 리크루팅하고, 이를 통해 세력을 확장하며, 클라우드 펀딩이나 모금, 후원 등의 형태로 자금을 조달하려고 시도한다. 또한 이들의 공격수단과 기법들은 상당한 유사성과 상호학습과 모방의 양상을 보인다.

반면 이들은 각각 다음과 같은 뚜렷한 차이점을 보인다. 핵티비즘의 경우 대중이나 사회일반에 대한 대중성(publicity), 가시성(visibility), 그리고 다수 대중들로부터의 지지(advocacy)가 중요하다. 또한 이들은 공격 대상을 파괴하는 것 보다는 주로 공격 대상을 당혹하게 하거나(embarrass), 창피주기(humiliate)를 목표로 하며, 이 때문에 더 많은 대중과 일반사회에 자신들이 존재와 행동이 알려지거나 자신들의 주장이 들려지고, 자신들의 내러티브가 받아들여지기를 기도한다. 반면 사이버테러리즘은 공공의 신뢰와 자신감을 약화시키고 제도적 안보체계(institutional security system)를 무너뜨리며, 핵심 기반시설을 와해시키고, 에너지 서비스를 공격하는 등 국가나 사회일반, 다수 대중들에게 공포를 조장하고, 물리적 파괴와 심리적 혼란을 극대화시키는 것을 의도한다. 이들은 이를 통해 자신들의 주장을 관철시키거나 테러전략적 목표인 정부의 전복, 사회질서의 와해, 새로운 체제나 질서의 수립 등을 달성하려고 추구한다. 마지막으로, 사이버 전사들은 이들을 후원하는 국가 또는 정부의 전략적 목표와 판단에 따라 운용되며, 자금조달이나 조직의 운용, 작전 수행 등 전반적인 분야에서 정부의 지휘, 통제를 받는다는 측면에서 핵티비즘과 사이버테러리즘과는 중요한 차이가 있다.[13]

요약하면, 핵티비즘의 개념은 좁은 범위와 넓은 범위로 나누어 정의될 수 있다. 좁은 의미에서, 핵티비즘은 사이버테러리즘과 애국적 해킹 또는 사이버 전사들의 활동을 제외한 순수한 비국가 행위자의 온라인상의 정치, 사회, 종교, 도덕 운동으로 정의될 수 있다. 핵티비즘을 이와 같이 엄격하게 정의하면 어나니머스와 같은 사례가

---

13 Baldi et al., "Hacktivism, cyber-terrorism, and cyberwar: The activities of the uncivil society in cyberspace," pp. 18-19.

전형적인 핵티비즘의 범주에 들어갈 수 있다. 한편 넓은 의미에서는 이와 같은 좁은 의미의 핵티비즘에 더해, 사이버테러리즘과 애국적 해킹활동 또는 사이버 전사들의 활동과 같은 국가 연계의 사이버 기술 해킹과 스파이 활동, 인지전, 정보심리전, 영향력 공작, 극단주의 선전·선동·프로파간다 등이 포함될 수 있다. 이 장에서는 후자의 넓은 의미의 핵티비즘 개념 정의를 따른다. 이는 다양한 핵티비즘과 사이버테러리즘, 애국적 핵티비즘 등이 모두 본질적으로 내러티브 전쟁의 사례들에 해당하기 때문이다.

2. 핵티비즘(hacktivism) 내러티브에 대한 이론적 논의

1) 새로운 전장 공간으로서의 인간 도메인(Human Domain)과 내러티브

내러티브는 인간의 역사를 따라 함께 했고 어디에나 있다. 바르쓰(Barthes)는 인간이 가지는 내러티브의 중요성에 대해 다음과 같이 설명하였다. "모든 시대, 모든 장소, 모든 사회에 존재하고, 인류의 역사의 처음부터 시작되었고, 내러티브 없이는 누구도 없다."[14] 내러티브는 인간의 감정상태[15], 신앙시스템[16], 행동패턴[17], 그리고 우리를 둘러싼 주변에 대한 대응방식[18]에 영향을 미친다.[19] 문학의 영역에서 내러티브의 중요성을 한 문장으로 표현한 베라 나자리안(Vera Nazarian)은 "세상은 두 가지로 형성된다 - 들려진 이야기와 이야기가 남긴 기억들이다."[20] 라고 말한다. 이는 인간에게

---

14 Barthe, R. 1975. An introduction to the structural analysis of narrative. New Literacy history, 6(2), 237-272.

15 Hogan. P. 2003. The mind and its stories: Narrative universals and human emotion. New York, NY: Cambridge University Press.

16 Prentice. D. A., Gerrig. R. J., & BailisD. S. (1997). What readers bring to the processing of fictional texts. *Psychonomic Bulletin Review*, 4, 416-420. doi:10.3758/BF03210803.

17 Hinyard.L. J., & Kreuter.M. W. (2007). Using narrative communication as a tool for health behavior change: A conceptual theoretical, and empirical overview. *Health Education & Behavior*, 34, 777-792. doi:10.1177/1090198106291963.

18 Bruner. J. (1986). Actual minds, possible worlds. Cambridge, MA: Harvard University Press.

19 Braddock. K. 2015. The utility of narratives for promoting radicalization: The case of the Animal Liberation Front. Dynamics of Asymmetric Conflict. Volume 8(1): 38-59. p. 38.

20 Romero. V. 2014. Deterrence via narrative: The role of narrative transportation in creating

내러티브가 가지는 중요성을 함축적으로 나타낸다. 즉, 인간은 내러티브적 존재이고 내러티브는 호모사피엔스의 필수적인 요소이다. 이런 내러티브는 다양한 사회적 주체들이, 극단주의자들과 테러집단을 포함하여, 정보를 전달하고 목표대상의 청중들을 설득하고자 하는 목적으로 가장 핵심적인 도구로서 사용한다.[21] 이와 같은 내러티브의 도구적 속성을 오늘날 전쟁에서는 '무기화된 내러티브(weaponized narrative)'라는 개념으로 이해하기 시작했다.[22]

내러티브는 인간의 역사와 함께 시작되었지만 실제 내러티브가 본격적으로 정치, 테러, 극단주의, 사이버 심리전, 핵티비즘, 정보전쟁의 영역에서 전략적 무기로 본격적으로 활용되기 시작한 것은 2000년대 이후부터이다.[23] 먼저, 정보통신기술의 혁명과 사이버 공간의 등장으로 초개인화된 사람들이 시공간적 한계를 넘어 초연결되면서 나타난 여러 사회현상들(예를 들면, 극단주의, 테러리즘, 핵티비즘, 영향력 공작)에 의해 내러티브의 개념과 전략들이 정치와 전쟁의 영역으로 끌려나왔다. 최근 들어서는 러시아와 중국 등과 같은 국가행위자들이 내러티브의 개념과 전략들을 정보전쟁 또는 초한전의 형태로 적극적으로 도입하고 활용하고 있다.

가장 최근에는 내러티브가 새로 인식된 전장인 "인간 도메인(Human Domain)"에서 전략적으로 활용된다.[24] 인간 도메인으로의 전쟁공간의 확장은 미국 국방부 특별작전지휘본부(United States Special Operation Command: USSOCOM)의 지원으로 발간된 2015년 인간 도메인에 대한 작전(Operating in the human domain) 보고서에서 지적되고 있다. 여기서 미국 국방부는 전쟁과 갈등이 지속되는 과정에서 그리고 군사작전의 범위 내에서 인간 도메인을 매우 중요한 개념으로 인식하고 있음을 명시하고 있다.[25] 여기서 인간 도

---

persuasive messages. White paper on leveraging neuroscientific and neurotechnological development with focus on influence developments with focus on influenced and deterrence in a networked world. p.49.

21 Id. Hinyard.L. J., & Kreuter.M. W. (2007).

22 Allenby, B. & Garreau, J. 21 March 2017. Weaponized narrative: The new battlespace, Center on the Future of War.

23 Soldatov, A. & Borogan, I. 2018. Russia's approach to cyber: The best defense is a good offense. In. Hacks, leaks and disruptions. Russian cyber strategies. Ed. Popescu, N., & Secrieru, S. Issue. Chaillot Paper. 148: 15-23.

24 United States Special Operation Command: USSOCOM. August, 2015. Operating in the human domain. p.6.

25 Ibid. : "Human Domain considerations are important across the conflict continuum and the

메인은 인간(개인, 집단, 인구단위)이 처해진 환경 내에서 그들의 관점, 의사결정, 그리고 행동으로 구성된다. 인간 도메인 작전(Human Domain Operation: HDO)개념은 군사 전략적 목적을 달성하는데 필요하고 현재와 미래의 작전환경에서 지속적인 효과를 만들어 낼 수 있는 인간의 사고 또는 심리상태에 대한 접근법들을 기술하는 것이다. 그리고 군사작전범위는 군사적 작전개입(military engagement)부터 보안협력(security cooperation), 그리고 예방·억제(deterrence)에 이르기까지 모두를 아우른다.[26]

인간 도메인에 대한 작전의 성공은 인간의 행동에 영향을 미치는 사회적, 문화적, 물리적, 정보적, 그리고 심리적 요인들을 이해하고, 이를 둘러싼 전투에서 이길 수 있는 상당한 역량을 가졌는지 여부에 의해 결정된다. 군사적으로 작전에서 성공한다면 적에 대해서 군사적, 정치적, 그리고 심리적 우세점들을 획득하게 된다. 이에 따라 학자들은 미군 리더십에게 기존의 전통지정학적 영역에서 요구되는 군사적 목표보다 더 높은 차원의 사회적 문제와 그 영향과 관련된 군사적 목표들에 대해 고민하는 방향으로 생각의 혁신을 이끌어 낼 것을 요구한다. 또한 미래의 갈등, 충돌, 그리고 전쟁에서 승리하기 위해서는 '내러티브라는 새로운 전쟁의 수단을 활용하여' 인간 도메인에서 적들보다 효과적인 군사행동의 능력을 획득해야한다고 강조한다.[27]

이와 같은 미군의 전장 공간으로서의 인간 도메인에 대한 인식은 2014년과 2015년에 시작되었다. 이는 미군이 당시 비국가 지하디스트 테러단체들인 ISIS 등과의 싸움에서 사이버 공간 내 인간 도메인을 획득하기 위한 내러티브 전투에서 확인한 자신들의 취약점을 인식한 결과로 판단된다. 물론 그 이전부터 미국이 중동국가의 근본적인 문제와 갈등들을 이해하지 못했고 이는 미국의 지역 내에서의 군사작전 또는 정치적 접근의 실패로 이어졌다는 지적들이 이미 있어왔다. 하지만 이와 같은 취약점들과 실패사례들을 미국이 인간 도메인과 내러티브 개념으로 본격적으로 들여다보기 시작한 것은 비교적 최근의 일이다. 현재 미국은 이와 같은 문제들을 단순히 성공적인 군사작전을 위해 문화, 역사, 지역에 대한 이해가 필요하다는 인식의 수준을 넘어서고 있다. 미군은 정보전·심리전의 새로운 전쟁공간으로서 인간 도메인을 인식하고, 내러티브라는 무기를 사용하여 인간의 동조와 지원을 이끌어내고 적의 내러티브를 무력화 할 수 있어야만 궁극적으로 인간 도메인을 점령하고 전쟁을 승리로

ROMO(Range of Military Operation" p.6.

26 Ibid.

27 Munch. R. 2016. Maneuver and Engagement in the Narrative Space. p.3.

가져갈 수 있다는 명확한 패러다임 전환적 인식을 하고 있는 것으로 판단된다.

인간 도메인으로의 전쟁공간의 확장과 관련된 필요성, 정당성, 그리고 이 공간에서의 주요한 전쟁수단으로서의 내러티브의 중요성을 증명하는 연구결과들이 최근에 발표되고 있다. 이런 연구들은 폭력적 극단주의 및 테러집단의 내러티브 활용에 대한 연구들에 집중되었다.[28] 선행연구들은 청중들이 내러티브를 매우 쉽게 이해하고 이에 쉽게 동화되기 때문에 극단주의 집단의 이념과 일치하는 세계관을 촉진시키는 매우 유용한 도구로서 사용된다는 것을 보고하였다.[29] 연구결과에 따르면 극단주의자들 또는 테러리스트들이 자신들의 내러티브를 목표청중들의 불만을 부추기고, 자신들의 존재필요성, 활동, 작전 등을 정당화하는데 활용했다. 또한 극단주의자들은 내러티브를 활용하여 사회에 이미 존재하고 있는 기존 정체성들 가운데 청중들이 극단주의 집단의 활동과 연계시킬 수 있는 것들을 선택하여 이를 강화하고 더 나아가 이를 바탕으로 청중들을 자신들에게 동의하도록 만드는 새로운 정체성을 부여했다.[30]

---

28 Braddock, Kurt, and John Horgan. 2015. Towards a Guide for Constructing and Disseminating Counter-Narratives to Reduce Support for Terrorism. Studies in Conflict and Terrorism 39:381-404. https://doi.org/10.1080/1057610X.2015.1116277; Corman, Steven R. 2011. Understanding the Role of Narrative in Extremist Strategic Communication. In Topical Strategic Multi-Layer Assessment and Air Force Research Laboratory MultiDisciplinary White Paper in Support of Counter-Terrorism and Counter-WMD, ed. Laurie Fentermacher and Todd Leventhal, 40-47. Online, https://www.psychologytoday.com/files/-attachments/95226/ucounterviolentextremismfinalapprovedforpublicrelease28oct11.pdf; Cottee, Simon, and Jack Cunliffe. 2018. Watching ISIS: How Young Adults Engage with Official English-Language ISIS Videos. Studies in Conflict and Terrorism, online. https://doi.org/10.1080/1057610X.2018.1444955; Leuprecht, Christian, Todd Hataley, Sophia Moskalenko, and Clark McCauley. 2009. Winning the Battle but Losing the War? Narrative and Counter-Narratives Strategy. Perspectives on Terrorism 3 (2): 25-35. https://doi.org/ISSN 2334-3745 ; Moyer-Guse, Emily, and Robin L Nabi. 2010. Explaining the Effects of Narrative in an Entertainment Television Program: Overcoming Resistance to Persuasion. Human Communication Research 36 (1): 26-52. https://doi.org/10.1111/j.1468-2958.2009.01367.x; Musial, Julia. 2016. "My Muslim Sister, Indeed You Are a Mujahidah" - Narratives in the Propaganda of the Islamic State to Address and Radicalize Western Women: An Exemplary Analysis of the Online Magazine Dabiq. Journal for Deradicalization 9: 39-100.

29 Ibid.

30 Casebeer. W. D., & RussellJ. A. 2005. Storytelling and terrorism: Towards a comprehensive 'counter-narrative strategy.' Strategic Insights, 4. http://mercury.ethz.ch/serviceengine/Files/ISN/34007/ichaptersection_singledocument/c553b173-9dc6-44a1-89cc-9d5c040b1de0/en/case

이들에게 내러티브는 청중들에게 무엇을 생각해야 할지를 가르치는 도구이며,[31] 특히 철학적인 부분과 관련된 이슈들을 설득할 때 특별한 영향력을 발휘한다.[32] 청중들에게 내러티브는 쉽게 이해되고 동화됨으로서 영향력을 갖게 되는데 이를 통해 청중들에게 극단주의 집단의 이념과 일치하는 세계관을 촉진시키는 매우 유용한 도구로서 사용된다.[33]

이러한 일련의 연구결과들은 핵티비즘 내러티브 역시 본질적으로 인간 도메인에서의 내러티브 전쟁 개념에 포함된다는 사실을 보여준다. 핵티비스트들도 자신들의 전략적 목표를 달성하고 인간 도메인을 장악하기 위해 내러티브를 핵심적 도구로 활용한다. 핵티비스트 세력들 역시 테러집단 또는 폭력적 극단주의 세력들과 마찬가지로 자신들의 가치와 세계관, 필요성, 정당성 등을 대상 청중들에게 전파, 확산시키고 이들을 동원화함으로써 궁극적으로 자신들의 세계관을 인지영역에서 확장시키려고 기도한다. 극단주의 세력들과 마찬가지로 핵티비스트 세력들에게도 (자발적 비국가 행위자이건 아니면 국가 지원 행위자들이건 상관없이) 따라서 내러티브는 주요한 전쟁 수단으로 활용된다.

내러티브와 관련된 다양한 학문분야의 최근 연구들 중 특히 주목할 만한 부분은 신경과학 분야이다. 이 분야에서 최근 수행한 내러티브에 반응하는 뇌 활동에 대한 연구는 내러티브의 인지전 수행 수단으로서의 활용가치를 높이고 있다. 신경과학기법을 이용한 최근 연구들은 기존의 다양한 학문영역(심리학, 커뮤니케이션, 언어학 등)에서 발전시킨 내러티브의 인간 도메인에 대한 작용메커니즘을 설명하는 이론들을 과학적으로 검증한다. 극단주의자들 및 테러리스트들의 내러티브가 청중들의 인지와 의사결정에 미치는 영향 등을 검증하기 위해 뇌영상 이미지인 fMRI 등을 활용하거나,[34]

---

beermar05.pdf.

31 SchankR. C., & Berman. T. 2002. The persuasive role of stories in knowledge and action. In M. C. Green, J. J. Strange, & T. C. Brock (Eds.), Narrative impact: Social and cognitive foundations (pp. 287-314). Mahway, NJ: Lawrence Erlbaum.

32 Polkinghorne. D. E. (1988). Narrative knowing and the human services. Albany, NY: State University of New York Press.

33 Id. Braddock. K. 2015. p.38.

34 Vaccaro, A.G., Scott, B., Gimbel, S.I. & Kaplan., J.T. 2021. Functional Brain Connectivity During Narrative Processing Relates to Transportation and Story Influence. *Frontiers in Numan Neuroscience*, 15: 1-14. doi: 10.3389/fnhum.2021.665319 ; Hamid, N., Pretus, C., Atran, S., Crockett, J.M., Ginges, J., Sheikh, H., Tobena, A., Carmona, S., Gomez, A., Davis,

EEG를 활용한 뇌파분석연구,[35] 그리고 뇌에서 신경전달물질처럼 작용하는 옥시토신 호르몬이 내러티브에 반응하는 것에 대한 분석 등이 연구방법으로 활용되었다.

이와 같은 지금까지의 선행연구들의 결과에 따르면, 내러티브 작동 메커니즘의 핵심과정으로 "내러티브 트랜스포테이션(narrative transportation)"개념이 제시된다. 내러티브 트랜스포테이션 개념은 내러티브를 들은 청중이 이야기 속으로 몰입되어 인지적 "이동"을 하는 것을 표현한 것이다. 청중은 내러티브 속 이야기(story-telling)에 몰입, 공감, 동화되면서 이야기 속으로 진입하고 그 이야기 속에 지속적으로 머물게 된다. 해당 이론에 따르면 청중에게 내러티브 트랜스포테이션이 발생하게 되면 인지적으로 내러티브 속에 등장하는 내용들의 인물들에 자신을 '몰입(immersion)'시키게 된다. 이를 통해 몰입된 청중은 내러티브의 내용을 지지하고, 동조하고, 내러티브 속의 사건들에 대해 감정적, 주관적 판단을 하게 되어 합리적이지 않은 의사결정을 내리게 된다. 또한 내러티브 트랜스포테이션이 발생하면 청중이 내러티브 속 이야기의 주인공 인물과 자신을 '동일시(identification)'하는 착시현상을 경험하게 된다. 이로 인해 청중의 인식과 행동이 이야기 속 주인공과 같아지는 변화가 일어난다. 더불어 내러티브 트랜스포테이션이 일어나기 쉬운 이야기 형태의 내러티브는 '합리적인 설득(reasonable persuasion)'과 이성적이고 논리적인 '논쟁적 주장(argument)'보다 훨씬 더 설득력이 있다. 이와 같은 내러티브 트랜스포테이션의 개념과 진술들은 모두 경험적으로 증명되었다.[36]

이 같은 최근 연구들은 기존의 여러 다양한 학문분야에서 발전되어 온 내러티브 이론들의 가설과 진술들을 검증하면서 내러티브와 관련된 인간의 인식, 감정, 의식, 판단, 주관성, 유대감, 인지작용, 그리고 의사결정에 영향을 미치는 메커니즘에 대한 보다 명확한 이해를 제시한다. 따라서 선행연구들을 통해 밝혀진 내러티브의 영향력과 작용에 대한 이해는 핵티비즘을 포함한 극단주의, 영향력 공작 등에 동원되는 내러티브의 위협을 이해하고 이에 대한 대응방안을 마련하는 데 매우 중요하다. 특히 그동안 테러리즘이나 극단주의자들에 대해 수행되어 온 과학적이고 경험적인 연구결과들은 핵티비즘 내러티브의 작용과 활용을 이해하는 데 매우 중요한 이론적 프레임

R., & Vilarroya, O. 2019. Neuroimagin 'will to fight' for sacred values: an empirical case study with supporters of an A Qaeda associate. *Royal Society Open Science*, 6: 1-13.

35 Yoder, K.K. Ruby, K., Pape., R. & Decety. J 2020. EEG distinguishes heroic narratives in ISIS online video propaganda. *Scientific Reports* 10(1), 1-8. DOI:10.1038/s41598-020-76711-0.

36 Id. Veccaro, et al., 2021.

워크와 경험적 증거로 활용될 수 있다.

2) 내러티브에 대한 이해

내러티브는 인간의 삶에서 핵심적이다. 내러티브 연구학자로 유명한 하벤(Haven)은 인간은 "…핵심적인 사건, 역사, 개념, 신앙, 그리고 태도 등에 대해 소통하고 축적하기 위해 이야기에 의존한다"고 말한다.[37] 여기서 이야기(story)는 내러티브의 하부 구성개념 또는 유형으로 이해될 수 있다. 이러한 내러티브 또는 이야기는 시간과 문화를 건너서 공유된다. 그러나 모든 내러티브 또는 이야기가 광범위하게 확산되고 기억되는 것은 아니다. 청중은 무의식적·자동적으로 내러티브나 이야기를 필터링한다. 대부분의 이야기들은 짧은 시간동안만 개인의 관심을 이끌어내고 이후 대부분 빨리 잊힌다. 이러한 사실은 인간에게 효과적인 내러티브가 따로 존재한다는 사실을 의미한다. 오랫동안 다양한 학문영역에서 내러티브 또는 이야기를 효과적으로 만드는 '무엇' 또는 요인들을 밝히기 위한 연구와 관련 지식들이 쌓여왔다. 각 학문영역에서는 내러티브 또는 이야기의 핵심적 구성요인들에 대해 서로 다른 명칭을 사용하고 있기도 하지만 공통적으로 나타나는 주요 핵심사항들을 정리하면 다음과 같다.[38]

(1) 내러티브(narrative)의 구성

내러티브(narrative)는 흔히 이야기(story)와 상호 호환되어 이용되기도 하고, 담론(discourse), 메시지(message), 주제(theme)로도 혼용되어 사용된다. 그러나 내러티브는 이러한 모든 개념들보다 더 폭 넓은 개념이다. 이야기(story)는 "이야기 속 주인공과 (주로 갈등에서부터 발생한) 욕망 또는 바램(desire)에 근거하는 행동, 그리고 그 욕망 또는 바램(desire)의 실제적이거나 예상되는 해결"[39]을 포함하는 연속적 사건들로 설명된다.[40]

---

37 Haven, Kendall, 2014. *Story Smart: Using the Science of Story to Persuade,* Influence, Inspire, and Teach, Santa Barbara, Calif.: Libraries Unlimited, p.3

38 MARCELLINO, W. PAUL, C., SAYERS, E.L.P., SCHWILLE, M., BAUER, R., VICK, J.R., LANDGRAF III. W.R. 2021. Developing, Disseminating, and Assessing Command Narrative Anchoring Command Efforts on a Coherent Story. the RAND Corporation, Santa Monica, Calif. 인용

39 Corman, Steven R., "Understanding Extremists' Use of Narrative to Influence Contest Populations," position paper submitted to Workshop on Mapping Ideas: Discovering and Information Landscapes,San Diego State University, June 29-30, 2011. p.1.; 재인용 MARCELLINO, et al. 2021. p.9.

이야기들은 독창적일 수도 있지만 주로 특정한 이야기 형식(story forms)을 따른다. 이야기 형식은 원형(archetypes), 표준화된 인물캐릭터들, 전형적인 동기들, 그리고 예상되는 행동들이다.[41] 일부 학자들은 이야기의 형식에서 핵심적인 요소들을 보다 세분하여 제시한다. 하벤(Haven)은 이야기가 8가지 핵심적 요소들로 구성된다고 제안한다. 그것들은 인물(characters), 기질(trait), 목표(goals), 동기(motives), 갈등과 문제(conflicts and problems), 위협과 위험(risk and danger), 고군분투(struggle), 그리고 구체적 사실들(details)이다.[42] 이야기 창조자들은 자신들의 목적을 위해 이와 같은 개념화된 요소들을 활용하여 이야기를 만들어낸다.[43]

이에 반해 내러티브(narrative)는 '주제들과 구성, 그리고 원형들을 엮어낸 더 확장된 이야기의 시스템'이다.[44] 하나의 거대 내러티브는 그 안에 여러 가지의 이야기들을 하부 구성요소들로 가지고 있다. 이때 거대 내러티브 안의 다양한 이야기들은 동일한 내용, 주제 그리고 구조를 가질 필요는 없다. 단지 이야기들에 포함된 정보들이 하나의 일관된 이야기의 시스템으로 작동하여 청중의 세계관 형성에 영향을 미치는 것으로 이해될 수 있다.[45] 내러티브는 반복적으로 전달된다. 시간이 지나면서 우리가 누구이고, 무엇을 하고, 언제, 어디서, 왜 뭔가를 하고 있는지에 대한 내용들이 서로 공유되도록 연결한다.[46] 모든 내러티브들이 설득과 의도적인 목적을 가질 수는 없다. 그리고 때로는 목적이나 의도가 없이도 내러티브가 사람들에게 영향을 미치기도 한다. 이것이 바로 내러티브가 가지는 강력한 영향력이다.[47]

---

40 Id. MARCELLINO, et al. 2021. "A story is a sequence of events "involving actors and actions, grounded in desire (often stemming from conflict) and leading to an actual or projected resolution of that desire." p. 8.

41 Corman, 2011. p. 1.

42 Id. Haven, 2014. p. 67.

43 Id. MARCELLINO, et al. 2021. p. 9. 인용

44 Ibid.

45 Corman, 2011. p. 1. ; Id. MARCELLINO, et al. 2021. p. 9. 재인용

46 Nissen, T. E, 2013. "Narrative Led Operations," *Militært Tidsskrift*, No. 141, pp. 67-77. p. 71; Id. MARCELLINO, et al. 2021. p. 9. 재인용

47 Id. MARCELLINO, et al. 2021.

(2) 내러티브의 개념과 유형

가. 보편적 내러티브 개념

일반적이고 보편적인 내러티브는 커뮤니케이션 관련 학문영역에서 사용하는 '주제들과 구성, 그리고 원형들을 엮어낸 이야기의 보다 확장된 시스템'으로 정의된다. 사회과학적 관점에서 내러티브는 '사회현상의 표현으로서 이야기를 기술하는 것'을 의미한다.[48] 이야기들로 구성된 내러티브는 다이나믹하고, 이야기가 전달된 결과는 영구적인 변화를 가져올 수 있다.[49] 또한 내러티브는 도덕적 메시지와 교조주의적 이념을 전달하는 데도 사용된다. 내러티브를 통해 문화적 집단들이 어떻게 그들의 감정, 의견, 태도, 그리고 가치가 반영되는 세계관을 가지게 되었는지 통찰이 가능하다.[50] 내러티브는 특정 문화에 깊이 뿌리내린 편견을 대안적 형태의 현실로서 제공할 수 있고 지역에서 발생하는 사건들에 대한 해석과 이해를 제공하는 데도 이용될수 있다. 더 나아가 특정 개인들의 행동을 전략적으로 조장하거나 조작하는데도 이용될 수 있다.[51]

나. 내러티브의 수직적 통합(vertical integration of narrative theory)과 마스터 내러티브(master narrative)

내러티브의 수직적 통합은 내러티브 시스템 내의 다양한 내러티브들이 수직적 구조를 가지고 있으며 이러한 수직적 구조의 내러티브들이 일련의 과정을 거쳐 하나의 내러티브로 통합되는 것을 설명한다.[52] 이 개념을 이해하기 위해서는 내러티브 시스템에 포함되는 각 층위의 내러티브들을 이해해야한다. 내러티브 시스템은 특정 집단

---

48 Gubrium, Jaber F.; and James A. Holstein (2009). *Analyzing narrative reality. New York, NY: Sage Publications, Inc.*

49 Ibid.

50 Corman, Steven R. (2011). Understanding the role of narrative in extremist strategic communication. In L. Fenstermacher; T. Leventhal; and S. Canna (eds.): *Countering violent extremism: Scientific Methods & Strategies. Dayton: Air Force Research Laboratory*, pp. 36-43.

51 Langer, A., Kaufhold, M.A., Runft, E.M., Reuter, C., Grinko, M., & Pipek, V. Counter narratives in social media-An empirical study on combat and prevention of terrorism. *Proceedings of the 16th ISCRAM Conference - València, Spain, May 2019. Zeno Franco, José J. González and José H. Canós, eds.*

52 Betz, D. 2008. The virtual dimension of contemporary insurgency and counterinsurgency. Small Wars and Insurgencies. 19(4): 510-540.

에 속하는 사람들 내에서 기존에 존재하던 이야기들이 시스템적으로 작동하면서 집단 내 개인들의 인식과 태도를 형성하고, 작동시키는 통일된 내러티브 환경을 의미한다. 이 내러티브 시스템 개념에서 내러티브들은 시스템적 구조를 이루고 있다. 내러티브 시스템은 서로 연관되어 있고 연속적으로 조직된 이야기들로 구성된 통일성 있는 이야기 시스템이다. 이야기들은 갈등을 해결하기를 원하는 공통된 수사적 욕망(rhetorical desire)을 공유한다.[53] 여기서 갈등의 해결이란 특정집단에게 이미 알려진 문학과 수사적 형태의 경험의 여정에 따라 그 집단의 청중들의 기대를 형성하는 것이다. 이러한 집단의 내러티브 시스템은 그 안에 담긴 하부적인 이야기들을 통해 집단에 속한 사람들의 이미 경험한 사건을 회상하는 능력에 영향을 미치고, 그들이 행동하도록 동기화하고, 특정 사건에 대한 그들의 감정적 대응을 조정하고, 그들로부터 특정한 학습과 편견을 이끌어내고, 그들의 문제해결능력을 구성하도록 한다.[54]

내러티브의 수직적 구조에서 가장 최상위에 해당하는 것이 마스터내러티브(master narrative)이다. 이 마스터내러티브로부터 중층의 지역 내러티브(local narrative), 그리고 가장 하층의 개인내러티브(personal narrative)로 수직적으로 구성된다. 이와 같은 수직적 구조에서 가장 중요한 것은 '마스터내러티브(master narrative)'이다. 마스터내러티브는 "역사적으로 뿌리를 내린 이야기들로서 한 지역사회의 정체성과 경험을 반영하거나 또는 그 지역사회의 희망, 야망, 그리고 걱정들을 설명"하는 내러티브이다.[55] 마스터내러티브는 집단이 공유하는 역사, 관습, 그리고 가치에 근거해 개인과 집단들에게 자신이 누구이고 어디서 왔으며 자신들을 둘러싸고 전개되는 일들에 대해 어떻게 이해해야하는 지에 대한 이해의 틀을 제공한다. 그리고 이러한 내용은 마스터내러티브 안에 모두 내재된다.[56] 특히 마스터내러티브는 특정한 집단에게 가장 핵심이 되는 중요한 내러티브로서 그 집단 내에서 공동의 문화를 나누는 사람들의 마음에 깊숙이 스며들어 있다. 따라서 그 특정집단의 구성원들에게 하나의 이야기 전체를 다 들려

---

53 Cormanm S, R. 2016. The narrative rationality of violent extremism. *Social Science Quarterly*, 97(1): 9-18. p. 10.

54 Orlina, E.C. & Desjardins. A. 2012. Cyber on the brain: The effects of cyberneurobiology & cyber psychology on political extremism. NSI.

55 Id. Cormanm S, R. 2016. p. 12.

56 Id. Orlina, E.C. & Desjardins. A. 2012; "Master narratives provide individuals and groups with understanding of who they are, where they come from, and how to make sense of unfolding development around them" p. 41.

주지 않아도, 그리고 단순한 단어나 문장들만으로도 구체적인 참고사항(reference)들이 해당 구성원들의 의식에 떠오르게 된다.[57]

지역 내러티브(local narratives)는 마스터내러티브를 근간으로 형성된다. 특정한 지역을 기반으로 작동하는 지역 내러티브는 "하나의 문화에 내제된 내러티브의 컬렉션(collection)"으로 "내러티브 액션에 사용될 수 있는 한 민족의 가치, 도덕, 이야기 형식, 원형적 주인공을 포함하는 수사적 비전을 창조"하게 하는 것이다.[58] 지역 내러티브는 지역사람들 스스로가 "그 지역 내러티브에 등장하는 인물들로 자신들을 투영하는 방식"이다. 이를 통해 내러티브 내 특정 시간, 장소, 그리고 사건들과 등장인물들은 오늘날의 지역사람들의 해석을 통해 그 형식과 의미가 부활하게 된다.[59]

내러티브의 전략가는 가장 최상위의 마스터내러티브, 중층 수준의 지역 내러티브, 그리고 하층위의 개인들의 내러티브들을 각각 만들어 내고 이를 수직적으로 통합(vertical integration) 시킴으로서 내러티브의 파괴력을 극대화할 수 있다.[60] 마스터내러티브를 이용하여 청중들을 설득, 동화시키기 위한 전체적인 내러티브 시스템의 전략 프레임을 구성하고 그 프레임에 특정 지역의 개인들을 하나의 등장인물로 출현하게 하여 그 이야기 속으로 끌어들인다. 이 과정은 두 단계로 이루어진다. 먼저 개인들은 자신의 개인적 내러티브를 지역 내러티브의 구조와 내용에 어울리도록 맞추고 그 지역 내러티브에 등장인물로서 참여하게 된다. 그리고 각각의 지역 내러티브들은 다시 마스터내러티브의 프레임 내에서 서로 결합된다.

이처럼 3단계로 구성된 내러티브들은 수직적 통합을 통해 매우 강력하고 설득력 있는 내러티브 패키지(narrative package)로 작동한다.[61] 이는 수직적 통합이 내러티브의 논리적 일관성 또는 내러티브의 현실성을 증대시키기 때문이다. 또한 수직적 통합은 내러티브의 원형충실성을 강화시킨다. 내러티브 원형충실성은 청중들에게 전달되는 내러티브들과 그 안의 이야기들이 청중들이 이미 알고 진실이라고 이해하고 있는 다른 이야기들과 조화를 이루거나 또는 함께 공명(resonate)하는 것을 의미한다. 이와 같

57 Id. Cormanm S, R. 2016. p. 13.

58 Id. Orlina, E.C. & Desjardins. A. 2012. "The collection of narratives that exist within a culture creates a rhetorical vision, which contains a stock of values, morals, story forms, archetypical actors that can be used in narrative action" p. 41.

59 Ibid. p. 41.

60 Id. Cormanm S, R. 2016. p. 13.

61 Orlina, E.C. & Desjardins. A. 2012. p.1 3.

이 통일성, 사실성, 원형충실성을 갖춘 내러티브는 매우 강력하다. 이는 그와 같은 내러티브 패키지는 각각의 개인들이 가지는 서로 다른 개인 내러티브들을 하나의 힘으로 쉽고 강고하게 결박할 수 있기 때문이다.[62]

마스터내러티브를 중심으로 한 내러티브 패키지가 작동한 대표적인 사례로는 ISIS의 칼리페이트(Caliphate) 담론이 있다. ISIS와 같은 이슬람 극단주의자들에게 칼리페이트는 단순한 종교적인 개념에 그치지 않는다. ISIS는 1924년 당시 아타투르크(Mustafa Kemal Ataturk) 대통령이 주도한 터키 세속화과정을 오토만 제국의 타락으로 규정하고 이를 마스터내러티브로 활용한다.[63] 이슬람 극단주의자들은 이 사건을 이슬람에 대한 거대한 계략이자 사악한 음모로 규정한다. 오토만 제국의 아타투르크 대통령이 당시 장군일 때 유대인들과 시오니스트들의 무리들과 함께 칼리페이트를 끝장냈다는 것이다. 그리고 시오니스트들의 계략과 1차 세계대전 이후 아랍의 영토를 분할한 '사익스-피콕 협정(Sykes–Picot agreement)'을 연결시켜 '서구국가-유대인-기독교'의 이야기구조를 완성하고 이를 무슬림과 알라의 신성한 명령을 파괴한 존재들로 그려냈다. 이에 대치시켜 이슬람 극단주의자들은 칼리페이트를 로맨틱한 개념으로 재구성하여 이상적인 정부의 형태로 부활시켜야 한다는 마스터내러티브로 활용한다.[64]

특정집단을 타깃으로 한 마스터내러티브를 이용하면 "우리 대 그들(us versus them)"이라는 이분법적 인식을 촉진시킬 수 있다. 이는 우리를 결속시키는 동시에 그들 즉 '타집단들(out-groups)'에 대한 적대적 감정을 증폭시킬 수 있다. 할버슨, 구달, 그리고 코르만(Halverson, Goodall, and Corman)의 연구는 특정 마스터내러티브, 예를 들면 이슬람 문화권에서 흔히 관찰되는 십자군 내러티브(Crusader narrative)는 이슬람 극단주의 세력들이 아프가니스탄과 이라크 등지에서 미국-서방 국가들을 상대로 수행한 전쟁에서 매우 효과적인 내러티브로 작동하였다. 이 내러티브는 지역 사람들에게 과거에도 이러한 공격을 받았다는 사건들을 다시 이끌어내어 오늘날 이슬람이 공격을 받고 있다는 식으로 현재사건들을 이해하게 한다.[65]

이러한 마스터내러티브의 중요성과 관련해서 문화와 수용에 관한 저명한 학자인

---

62 Id. Cormanm S, R. 2016. p. 11.

63 Halverson, Goodall & Gorman, 2011.

64 Id. Cormanm S, R. 2016.

65 Halverson, J., Goodall, H., & Corman, S. (2011). Master narrative of Islamic extremism. New York City, NY: Palgrave Macmilan.

스미스와 본드(Smith and Bond)는 서구사회의 중동에 대한 여러 가지 접근법에서의 실패를 중동문화가 가지고 있는 갈등에 대한 근본적인 이해에 대한 실패가 원인이라고 설명하기도 하였다.[66] 그들은 특정 지역의 집단에 대한 이해는 그 지역의 마스터내러티브에 대한 이해를 선행해야 함을 명확히 하고 있다. 하지만 대부분의 경우 서구는, 특히 미국 정부와 미군의 경우는, 서구적 관점에서 중동인들의 생활습관, 사건들을 해석하고 이해하려고 했다. 이는 결국 이슬람 극단주의에 대한 전쟁의 실패로 이어졌다.

이슬람 극단주의 테러단체들의 내러티브가 강력하게 작동했던 이유는 이들의 마스터내러티브가 이라크, 시리아, 아프가니스탄, 그리고 아프리카의 다른 지역들에서 각각 지역의 특성을 반영한 지역내러티브를 통해 마스터내러티브가 지역의 특수성에 녹아들어갔기 때문이다. 이와 같은 지역 내러티브들은 특정집단의 사람들이 사회적 결속력(social solidarity)을 갖는데 핵심적 역할을 수행한다. 이와 같은 개인 내러티브와 마스터내러티브를 연결하는 중간매개체가 중요한 이유는 극단주의에 가담하는 개인들이 마스터내러티브에 담긴 보편적 정치적, 사상적, 종교적 이유보다는 지역 내러티브에 담긴 집단적 결속력에 더 격렬하게 반응하기 때문이다. 즉, 실제 개인의 행동 변화에 영향을 미치는 것은 정치적, 사상적, 종교적 이유에 대한 논리적 설득이 아니라 특정 집단에 소속되어 있다는 개인의 정체성 자각을 일깨우고 이를 통해 마스터내러티브의 이야기 속으로 자신을 투영할 수 있도록 하는 메커니즘이다.

이와 같은 내러티브의 수직적 통합 시스템은 '대안적 내러티브(alternative narrative)'의 가능성을 제시한다. 대안적 내러티브는 한 개인이나 집단이 가지고 있는 마스터내러티브를 재해석하려는 시도이다. 대안적 내러티브는 타깃 청중들의 기존 세계관이나 인식론, 그리고 특정사건들에 대한 해석을 바꾸기 위한 새로운 내러티브이다. 이와 같은 대안적 내러티브가 효과적으로 작동하기 위해서는 마스터내러티브와 마찬가지로 지역 내러티브를 통해 개인 내러티브와 긴밀히 수직적으로 통합되어야 한다. 그렇지 않으면 대안적 내러티브로 기존의 수직적으로 결합된 마스터내러티브를 대체하기는 어렵다. 오히려 대안 내러티브가 사람들의 기존 세계관, 가치체계와 충돌을 일으켜 인지부조화를 심화시키고, 궁극적으로 기존 마스터내러티브를 강화시키는 역작

---

66 Smith, P., & Bond, M 1993. Social psychology across culture: Analysis and Perspectives: New York: Harvester Wheatsheaf.

용으로 이어진다.

다. 전략적 내러티브

스데윅(Sdewick)은 모든 질서와 사건들은 반드시 내러티브로 전환되거나 해석된다고 주장한다. 내러티브는 겉으로 보기에는 관련이 없는 현상들을 어떠한 인과관계로 묶어내는데 사용될 수 있다. 이처럼 전략적 의도를 가지고 관련 없는 현상들을 인과관계로 묶는 것을 전략적 내러티브로 정의할 수 있다. 전략적 내러티브는 명백히 서로 관련이 없는 사건과 행동들 상위수준에서 전체를 지배할 수 있는 거대한 구조의 이야기를 제공하며, 이를 통해 사람들로 하여금 사건들과 행동들의 진실(사실상 진실이라고 믿는)을 이해하게 한다. 결국 전략적 내러티브는 우연히 생기는 것이 아니라 의식적으로 '의도를 가지고 고안하고 키워나간 이야기'이다.[67]

프리드만(Freedman)에 따르면, 전략적 내러티브는 흥미를 돋우는 강력한 이야기라인으로 사건들을 설득력 있게 설명하고 추론의 도출을 가능하게 한다.[68] 이와 같은 전략적 내러티브는 국가와 비국가행위자들(예를 들면, 언론사, NGO들, 종교단체, 정당, 핵티비스트, 테러단체 등) 모두에 의해 활용된다. 이러한 행위자들은 대상청중들이 특정 사건들과 이슈들에 대해 어떻게 느끼고 이해해야 하는지를 구체화시키려고 한다. 그리고 자신들의 전략적 목적에 부합하는 방식으로 대상청중들의 행동을 이끌어 내기위해 자신들의 내러티브를 구성한다. 전략적 내러티브는 특정 사건의 가장 초기 단계부터 사건의 성격과 관련 주제들에 대한 프레임(frame)을 만들고 관련된 적절한 대응방안을 제안한다.[69] 이와 함께 전략적 내러티브는 대상청중들에게 정체성과 소속감, 대의, 목적, 그리고 미션에 대한 감정들과 감각들을 어떻게 표현해야 할지를 전달한다.

전략적 내러티브가 효과적이기 위해서는 반드시 합리적이거나 이성적 또는 분석적일 필요는 없다. 증거나 경험에 기반할 수도 있지만 주로 감정에 호소하거나, 또는 의심과 혐의를 불러일으키는 은유적 표현, 그리고 미심쩍은 역사적 유추들에 의존하여 내러티브를 구성할 수 있다.[70] 이러한 전략적 내러티브가 성공하기 위해서는 내

---

67 Eertern, JJ., Doosie, B., Konijn, E., Graaf, B.D., & Geode, M.D. Developing a social media response to radicalization: The role of counter-narratives in prevention of radicalization and de-radicalization. September, 2017. p. 16.

68 Freedman, L. (2006). *The transformation of strategic affairs.* London: Routledge; Eerten, et al., 2017. p. 16.

69 Ibid.

러티브가 대상청중의 문화, 경험, 신념, 그리고 이해관계들과 반드시 관련되어야 하며 이들의 역사적, 문화적 이해와 동조되어야만 한다. 명확한 미션이나 목적 그리고 성공에 대한 약속 또한 반드시 제시되어야 한다. 그러면서도 동시에 내러티브의 전달방식은 반드시 지속적이고 통일성 있는 방식으로 이루어져야 한다. 그리고 내러티브에 도전하는 대응내러티브들의 공격에서 반드시 살아남아야만 한다.[71] 이 같은 전략적 내러티브는 단지 하나의 대변인이나 하나의 채널을 통해서만 전달되어야 하는 것은 아니다. 오히려 다수의 목소리들 또는 채널을 통해서 전달되는 것이 더 효과적이다. 이 과정에서 다수의 채널들이 각각 해석대상이 되는 동일한 사건들에 대해 다소 미묘한 차이가 나는 듯한 이해나 인식들을 다양하게 전달하는 것이 오히려 메시지의 전달을 촉진할 수 있다.[72] 내러티브는 다른 행위자들에 의해 지속적으로 중재되거나 거절되거나 방해받을 수 있다. 전달된 내러티브는 다수의 행위자들에 의해 지속적으로 언급되고, 해석되고, 적용되고, 또 다시 회자되어, 다시 다수의 청중들에게 재확산된다. 이런 과정을 통해 일단 대중의 인식영역에 진입한 내러티브는 스스로의 생명을 연장해가는 과정을 밟게 된다.[73]

라. 커맨드내러티브(command narrative)

커맨드내러티브(command narrative)는 이야기(story)로 정의된다. 커맨드내러티브는 군 지휘부의 모든 활동(메시지부터 작전까지)의 가장 핵심적인 근거가 되는 주요내용이다. 커맨드내러티브는 전쟁 수행을 위해 요구되는 군 지휘통제체계의 모든 하부 단위의 이야기 프레임들을 통합하고 조율하는 이야기 프레임들의 이야기 프레임이다. 즉, 커맨드내러티브는 군사 내러티브의 핵심 앵커(anchor)로 작동한다.[74] 이는 앞서 설명한 마스터내러티브와 유사하다. 다만 커맨드내러티브는 전쟁수행을 위한 지휘통제 장치로서의 성격을 더 강조했다는 측면에서 마스터내러티브와 차별된다. 커맨드내러티브

---

70 Ibid.

71 Ibid.

72 Ibid. "[i]n complex governmental systems, often a multiplicity of interests jockey with each other for access to the airwaves, offering subtly different narratives in defense of their own specific organizational interests." Maley(2015). p. 17.

73 Ibid.

74 Marcellino, W. et al., 2021b. Command narrative smart guide. RAND. https://www.rand.org/pubs/tools/TLA353-1.html

는 군 지휘부의 말과 행동으로 이루어진 모든 명령이 통일되게 전달되게 하는 것과 이와 같은 명령에 따라 수행되는 작전, 활동, 그리고 지역사회에 대한 공헌활동 등을 포함한 군의 모든 활동에 반영된다. 커맨드내러티브는 집단 내 구성원들의 집단정체성을 형성, 강화시킨다. 집단 구성원들은 이를 통해 자신들의 임무, 목적, 그리고 언제, 어떻게, 어디서 임무를 수행할 지에 대해 함께 공감할 수 있도록 만드는 연결점을 형성하고 촉진한다.

커맨드내러티브는 다양한 목적을 가지고 있다. 미국 합참 J-7에 따르면 첫째 목적은 미군 임무의 합법성을 촉진하고 말과 행동의 간극을 예방(prevent say-do gap)함으로써 미군의 행동과 언어가 배치된 지역의 청중들의 눈에 갈등이나 부조화로 비쳐지지 않도록 하는 것이다.[75] 이를 위해 커맨드내러티브는 군 내부적으로는 미군의 모든 지휘통제단위에서 구성원들의 소통을 위한 방향과 가이드를 제공할 수 있다. 이를 통해 모든 지휘통제단위의 미군 인원들의 행동과 언어가 조화를 이루게 되고 군 지휘부는 결과적으로 통일된 메시지를 내보낼 수 있게 된다.[76]

둘째, 커맨드 내러티브는 군 내부 구성원들뿐만 아니라 외부의 청중 모두에게 미국정부가 다른 나라나 지역에 군대를 보내 작전을 펼치는 이유를 설명하는 것을 지원하는 목적을 가진다. 미국정부는 각기 다른 특성과 이해를 가진 다양한 청중들을 대상으로 미군의 활동과 관련한 소통을 한다. 미군의 활동을 이해시키기 위해 군대 밖의 특정 지역들의 청중들에게 긍정적이거나 대안적인 내러티브를 전달한다. 예를 들어 미국 정부는 자국 국민들이나 미군이 주둔한 해외 다른 지역의 국민들에게 미군의 작전을 이해하고 해석할 수 있는 내러티브를 제공한다. 특히 전쟁 시에 자국국민들이나 외국의 국민들을 대상으로 한 전쟁 내러티브에 전쟁관련 정책의 이해득실 분석을 거쳐 전쟁정책이 바람직한 방향으로 수행되도록 내러티브를 만들어 갈 수 있다. 시의적절한 시기에 잘 구성된 내러티브는 군사작전으로 인한 긍정적 이득에 대한 이해를 촉진시키고 청중들의 지지를 이끌어낼 수 있다. 만약 이와 같은 대안적인 내러티브가 제공되지 않는다면 청중들은 자신들의 역사와 경험에만 의존하게 되고 오히려 미국의 군사작전에 반대되는 확인되지 않은 내러티브들이 활용될 수 있다.[77]

---

75 Joint Staff J-7, Deployable Training Division, *Communication Strategy and Synchronization, Insights and Best Practices Focus Paper*, May 2016. p. 1.

76 Id. Marcellino, W. et al., 2021a. p. 12-13.

77 Ibid. pp. 12-13.

커맨드내러티브의 세 번째 목표는 국외에서 작전을 수행하는 미군의 활동을 깎아 내리거나 목적달성에 방해가 되는 경쟁적 또는 적대적 내러티브와 경쟁하는 것이다. 즉, 다른 표현으로 대응-내러티브(counter-narrative) 또는 대안내러티브(alternative narrative)를 제공하는 것이다. 지난 20여 년 동안 테러와의 전쟁으로 오랫동안 아프가니스탄과 이라크 등에서 작전을 수행한 미군에게 대응-내러티브는 가장 핵심적인 소프트한 방식의 대테러전쟁 접근법으로 활용되었다. 대안내러티브는 "적대적 군사들의 내러티브에 대응할 수 있는 내러티브 환경을 만들 목적으로 적대적 군사들의 이념을 해체하고 이에 대해 효과적으로 문제를 제기하는 것"이다.[78] 그러나 실제에 있어서 대안내러티브가 효과적인 결과를 가져오기는 매우 어렵다. 미군이 싸우는 적대적 세력들은 그들이 위치한 국가의 국민들과 오랫동안 이어져온 역사적, 문화적 내러티브를 공유하기 때문이다. 역사적, 문화적 맥락을 공유하는 내러티브는 매우 강력하며 따라서 이에 대항한 대응-내러티브가 작동하기는 매우 어렵다.

(3) 내러티브의 영향력

내러티브는 강력하다. 그 이유는 인간의 역사를 구성하는 소통과 사건의 기록축적이 내러티브 또는 이야기에 의존하기 때문이다. 피셔(Fisher)는 인간을 "호모 내랜스(Homo Narrans)"라고 표현한다. 이는 인간은 타고 태어난 스토리 텔러(natural born story teller)라는 의미를 담고 있다. 내러티브는 삶과 자신을 둘러싼 세상에 대한 의미를 인간에게 가져다주고 그들이 인격적, 집단적, 문화적 정체성을 형성하는데 영향을 미친다.[79] 마르셀리노(Marcellino)와 연구자들은 내러티브의 중요성을 설명하면서 내러티브나 이야기가 인간의 시스템에 "하드와이어(hardwired)"되었다고 표현했다.[80] 이는 인간의 뇌가 이야기 속의 특정단어와 이야기의 전체 구조(plots)를 통해 인지하고, 생각하고, 이해하며, 기억하도록 발달되었다는 것을 지적한 것이다.

인간은 자동적으로 세상을 인지모델을 통해 인식한다. 인지모델은 우리가 무엇을

---

78 Iqbal, Khuram, Saad Kalim Zafar, and Zahid Mehmood, "Critical Evaluation of Pakistan's Counter-Narrative Efforts," *Journal of Policing, Intelligence and Counter Terrorism*, Vol. 14, No. 2,2019, pp. 147-163. p. 147.

79 Frischlich, L., Rieger, D., morten, A., Bente, G. 2018. The power of a good story: narrative persuasion in extremist propaganda and video against violent extremism. International Journal of conflict and Violence, 12:1-16. p. 2.

80 MARCELLINO, et al. 2021. p. 10.

인지하고, 새롭게 인지된 정보를 어떻게 해석하는지에 영향을 미친다. 새롭게 인지되는 정보들은 이야기 또는 내러티브의 형태로 처리되고 인식으로 각성된다. 이 과정에서 이야기 또는 내러티브는 인간의 삶의 경험에 근거해서 재구성되고 해석된다.[81] 이때 시각, 청각, 미각, 그리고 행동정보를 처리하는 인간의 뇌 영역들은 이전 경험과 연동되는 호소력 있는 내러티브를 인지할 때 더 격렬하게 반응한다.[82] 경험적 연구결과들에 의하면 내러티브는 다른 유형의 소통방식 보다 더 쉽게 청중들을 메시지와 연결되고, 감정적 반응을 불러일으킨다. 그리고 청중의 태도와 행동에 영향을 미치고, 저항이나 반론의 동기를 낮춘다.[83] 청중이 이야기의 주인공이나 그들이 고군분투(struggles)하며 애쓰는 상황과 자신을 결합시킬 때, 그 이야기는 해당 청중에게 더 큰 영향력을 발휘한다.[84] 이처럼 관련 연구들은 내러티브가 매우 유용한 설득의 도구라는 것을 증명하고 있다.[85] 내러티브의 이러한 영향력은 권위에 대한 저항과 불복종, 환경운동 등과 같은 시민운동부터[86] 군대 모병[87], 극단주의자들에 의한

---

81 Ibid.

82 Haven, 2014. pp. 21-22.

83 Murrar, Sohad, and Markus Brauer, 2009. "Overcoming Resistance to Change: Using Narratives to Create More Positive Intergroup Attitudes," *Current Directions in Psychological Science*, Vol. 28, No. 2, pp. 164-169.; van Laer, Tom, Stephanie Feiereisen, and Luca M. Visconti, March 2019," Storytelling in the Digital Era: A Meta-Analysis of Relevant Moderators of the Narrative Transportation Effect," *Journal of Business Research*, Vol. 96, pp. 135-146. p. 135.

84 Paul, Christopher, Kristen S. Colley, and Laura Steckman, "Fighting Against, With, and Through Narrative: Developing the Reasons Why We Are There," *Marine Corps Gazette*, March 2019.

85 Braddock, Kurt, and James Price Dillard. 2016. Meta-Analytic Evidence for the Persuasive Effect of Narratives on Beliefs, Attitudes, Intentions, and Behaviors. *Communication Monographs* 6 (4): 446-67. https://doi.org/10.1080/03637751.2015.1128555; Laer, Tom van, Ko de Ruyter, Luca M. Visconti, and Martin Wetzels. 2013. The Extended Transportation- Imagery Model: A Meta-Analysis of the Antecedents and Consequences of Consumers' Narrative Transportation. *Journal of Consumer Research* 40 (5):797-817. https://doi.org/10.2139/ssrn. 2033192

86 Morris, Brandi S., Polymeros Chrysochou, Jacob D. Christensen, Jacob L. Orquin, Jorge Barraza, Paul J. Zak, and Panagiotis Mitkidis, "Stories vs. Facts: Triggering Emotion and Action-Taking on Climate Change," *Climatic Change*, Vol. 154, Nos. 1-2, 2019, pp. 19-36.

87 Id. Paul, C. et al. 2019.

리크루팅,[88] 그리고 보건관련 행동개선 및 변화유도 등에[89] 이르기까지에 다양한 분야에서의 경험적 증거들로 지지되었다.

내러티브 형식의 정보전달은 인간 뇌의 필터링 직용을 뚫고 들어가는 힘이 있다. 모든 주장이나 진술, 정보가 인간에게 영향을 미치지는 못한다. 이는 그와 같은 들어오는(incoming) 데이터와 정보, 주장들을 걸러내는 인간 뇌의 필터작용(filtering process)때문이다. 인간이 세상을 이해하기 위한 내러티브 틀을 구성하기 위해 필요한 이야기들을 수집할 때, 개인들은 자신이 모르는 것, 이해하지 못하는 것, 또는 자신들이 경험한 바와 상반되는 이야기들은 걸러내는 경향성을 가진다.[90] 하지만 아이러니하게도 인간은 내러티브 형식으로 정보를 전달받으면 가치모순적인 정보(value-discrepant information)를 보다 쉽게 받아들이는 측면이 있다. 예를 들면 한 개인은 자신이 현재 갖고 있는 일반적 믿음, 가치, 또는 경험과 상충되는 정보를 제시받을 때 그것이 내러티브 형식으로 되어 있다면 더 잘 받아들인다. 그 이유는 내러티브의 형식이 그 특성 때문에 논리적 반박이나 사실의 지적, 그리고 통계수치 등에 비해 청중의 반발심(less objectionable)을 덜 불러일으키기 때문이다.[91]

이와 관련해서 특히 주목할 점은 효과적인 내러티브는 반드시 사실에 입각해서 만들어질 필요는 없다는 점이다. 결국 내러티브에 있어서 중요한 것은 청중들의 "경험에 근거해 심금을 울리는 것"이지 사실여부가 아니다.[92] 이러한 내러티브의 특성으로 인해 오늘날 허위조작정보, 가짜정보에 근거해 인간에게 해로운 내용의 내러티브가 만들어지고 작동할 수 있다.[93] 전쟁이론의 대가로 알려진 폰 클라우제비츠(Von Clausewitz)는 내러티브의 힘과 관련해서 청중의 감정의 반응이 어떤 힘을 가져오

88 Mahood, Samantha, and Halim Rane, 2017. "Islamist Narratives in ISIS Recruitment Propaganda," *Journal of International Communication*, Vol. 23, No. 1; Id. Paul, C. et al. 2019.

89 Shaffer, Victoria A., Elizabeth S. Focella, Andrew Hathaway, Laura D. Scherer, and Brian J. Zikmund-Fisher, 2018, "On the Usefulness of Narratives: An Interdisciplinary Review and Theoretical Model," *Annals of Behavioral Medicine*, Vol. 52, No. 5, pp. 429-442.

90 Ibid.

91 Stephenson, Michael, and Philip Palmgreen, "Sensation Seeking, Perceived Message Sensation Value, Personal Involvement, and Processing of Anti-Marijuana PSAs," *Communication Monographs*, Vol. 68, No. 1, 2001, pp. 49-71.

92 Maan, A, 2015. "Narratives Are About 'Meaning,' Not 'Truth,'" *Foreign Policy*, December 3, p.3

93 MARCELLINO, et al. 2021.

는지에 대해 설명한다. 클라우제비츠는 "진실 그 자체는 사람들을 행동에 이르게 하는 데 매우 불충분하다... 사람의 행동을 이끌어 내는 가장 강력한 원동력은 감정에 있다"라고 지적했다. 내러티브는 이야기 구성을 통해 인간의 다양한 감정을 자극할 수 있는 소통수단이며 이점이 내러티브를 강력한 무기로 만든다.

(4) 정치 – 전쟁 영역에서의 내러티브 작용과 핵티비즘

본질적으로 내러티브가 극단주의, 사회적 갈등, 권력투쟁, 전쟁, 또는 정치의 영역으로 들어오게 되면 정치권력을 장악하기 위한 중요한 전쟁의 영역이자 수단이 된다. 내러티브는 정치적-전쟁적 의미에서 다양한 기능을 가진다. 지지층을 동원시키고, 지지층에게 방향성을 제시하고, 지지층의 일체감을 지속시키고, 이탈자를 통제하고, 전략을 구성하고, 확산시킨다. 예를 들어 피해자의식, 굴욕, 그리고 저항에 관한 내러티브의 서사 또는 스토리를 이용하면 사람들로 하여금 과거와 유사한 상황으로 데자뷰된 현재를 재구성하게 만들고 자신들의 개인적 좌절(private frustration)과 공공의 소명(public cause)을 연계시킴으로서 더 넓은 정치사회운동의 한 부분으로 개인에게 권능감을 부여하면서 이들을 동원화할 수 있다. 이런 과정을 통해 내러티브는 분산된 좌절과 무력감을 느끼는 개인들을 각성시켜 이질적인 이해관계와 관심을 가진 개별적 개인들을 그룹들로 함께 연대·결박시키는 접착제로 작용한다. 내러티브가 제시하는 공공의 소명과 연대의식은 소통을 통해 정체성(identity), 귀속감(belonging), 소명(cause), 목적(purpose), 그리고 임무(mission) 등을 각성시킴으로서 활성화된다. 이러한 각성과 활성화는 분산된 집단들을 응집시키고 전략적 안내에 따라 개인들의 인식과 감정 그리고 행동을 집중·통합·조율시킬 수 있다.[94]

내러티브가 정치적-전략적 목적을 가진 핵티비즘에 의해 사용될 경우에도 마찬가지의 작용이 나타난다. 핵티비즘은 사실상 타깃 청중들의 역사, 문화, 가치 등과 관련되어 구성된 일종의 내러티브이다. 어나니머스 등과 같은 비국가 핵티비스트들이나 테러단체, 그리고 국가와 연계된 애국적 핵티비스트들은 공통적으로 정치적, 도덕적, 종교적, 역사적 사실과 허위사실, 그리고 판타지적인 요소들을 담은 내러티브에 의해 결박되고 통합된다. 이때 내러티브에 결박된 핵티비스트들은 스스로를 사이버전사로 인식하고 권능감을 느끼며 사이버 공격-방어에 참여하게 된다. 그리고 역시 내러티브에 의해 그와 같은 개별 핵티비스트들은 조직화되고 통합되며 일정한 전

---

94 Freedman, Strategy: A History, New York, 2013, pp. 430-431.

략적 가이드라인에 따라 공통의 적을 향해 정치적-군사적 목표를 달성하기 위해 전투를 수행한다.

이와 같은 핵티비즘의 내러티브적 속성 때문에 앞서 언급한 내러티브와 관련된 구성과 형식, 개념과 유형들, 그리고 영향력과 관련된 사항들이 모두 핵티비즘에도 동일하게 적용된다. 또한 이후에 논의할 내러티브와 관련된 이론적 프레임워크 역시 핵티비즘에도 마찬가지로 적용가능하다. 오늘날 정보통신기술과 환경의 급격한 발전으로 내러티브가 무기로 사용되는 새로운 인지전 전장이 등장하고 있다. 이 전장은 정치-전쟁의 전통적 구분이 희석되고 국내정치와 국가 간 전쟁이 중첩되고 통합되는 회색지대이다. 핵티비즘은 이와 같은 인지전 특히 사이버 인지전의 관점에서 이해할 필요가 있다. 핵티비즘은 결국 인간의 뇌 영역에서의 인지우세권을 장악하기 위한 공격-방어의 문제이다. 내러티브는 그와 같은 전쟁의 핵심적 공격-방어의 수단이자 무기이다.

3) 내러티브의 이론적 프레임워크

(1) 트랜스포테이션 – 상상 모델(Transportation – Imaginary Model)과 내러티브 트랜스포테이션(narrative transportation)

내러티브가 인간 뇌의 인지작용에 미치는 인과적 메커니즘에 대해서는 아직까지도 명확히 알려진 바는 없다. 다만, 내러티브가 인간의 뇌에 영향을 미치는 작용을 '설득'이라고 보고 내러티브와 설득에 관한 여러 이론들이 제시되었다. 대표적으로 커뮤니케이션 과학의 영역에서 제안된 모델들은 슬라터와 라운더(Slater and Rounder)의 Extended Elaboration-Likelihood Model(E-ELM)[95], 모이어-구즈(Moyer-Guse)의 Overcoming Resistance Model[96], 그리고 그린과 브록(Green and Brock)의 트랜스포테이션-상상 모델(Transportation-Imaginary Model)[97] 등이 있다. 이 외에도 신경과학(neuroscience)과

95 Slater, M. D, & Rouner. D. 2002. Entertainment-Education and Elaboration Likelihood: Understanding the Processing of Narrative Persuasion. *Communication Theory*, 12 (2): 173-91. https://doi.org/10.1111/j.1468-2885.2002.tb00265.x

96 Moyer-Guse, Emily. 2008. Toward a Theory of Entertainment Persuasion: Explaining the Persuasive Effects of Entertainment-Education Messages. *Communication Theory*, 18 (3): 407-25. https://doi.org/10.1111/j.1468-2885.2008.00328.x

97 Green, Melanie C, and Timothy C Brock. 2002. In the Mind's Eye: Transportation-Imagery Model of Narrative Persuasion. In Narrative Impact: Social and Cognitive Foundations, ed.

심리학(psychology), 그리고 경제학(economics)의 관점들을 융합한 신경억제이론(neuro-deterrence theory) 등이 있다.[98]

이 같은 다양한 신경과학, 심리학, 경제학, 커뮤니케이션 과학의 여러 이론 모델들 중 학자들과 연구자들의 관심을 가장 많이 받고 있는 것은 트랜스포테이션-상상 모델(Transportation–Imaginary Model)이다. 이 모델의 가장 핵심개념은 "내러티브 트랜스포테이션(narrative transportation)"이다. 이 개념은 내러티브의 설득이 일어나는 과정을 설명한다.[99] 트랜스포테이션-상상 모델(Transportation–Imaginary Model)의 내러티브 트렌스포테이션 개념을 중심으로 최근 활발한 연구가 진행되고 있는 신경과학을 포함한 여러 관련 학문의 경험적 연구를 통해 발견된 설득력 있는 내러티브의 특징과 내러티브 트랜스포테이션의 과정 및 관련 요인들의 영향력 등에 대해 간략히 제시한다.

트랜스포테이션-상상 이론이 설명하는 내러티브의 영향력이 작동하는 방식을 설명하는 메커니즘은 다음과 같다. 전달된 내러티브가 인간의 뇌에서 처리되는 과정에서 이야기 형태의 내러티브를 들은 청중은 자신이 들은 이야기 세계의 맥락 속으로 자신이 빠져 들어가는 잠김현상 또는 몰입(immersion)을 경험한다. 이때 청중이 그 이야기에 충분히 몰입(immersion)되면 해당 청중은 '이야기의 세계 속으로 들어가', '자신을 잃어버리는 상태'를 경험한다.[100] 이러한 '몰입'이 일어난 청중에게 이야기 속의 사건들은 실제 삶의 경험과 마찬가지의 방식으로 작동한다. 따라서 그 청중은 이야기 속 사건에 대해 개인적으로, 감정적으로 반응하게 된다. 이 과정을 해당 이론에서는 '내러티브 트랜스포테이션(narrative transportation)'이라고 부른다. 이 과정은 내러티브가 인간에게 영향력을 미치는 가장 핵심적인 단계의 인지적, 감정적 전이과정이다. 이 과정의 결과로 해당 청중은 내러티브에 포함된 정보, 내용에 설득된다. 그리고 내러티브 트랜스포테이션이 발생한 결과 해당 청중의 행동변화와 태도 및 인지 변화가 발

Melanie C Green, Jeffrey J Strange, and Timothy C Brock, 315-41. Mahwah, NJ: Lawrence Erlbaum.

98 Cooper, N. 2014. A primer in Neuroeconomics. In White paper on leveraging neuroscientific and neurotechonological developments with focus on influence and deterrence in a networked world. Department of Defense. United States of America.

99 Id. Green, Melanie C, and Timothy C Brock. 2002.

100 Hester, C. & Schleifer, R. 2016. Enhancing physician Empathy: optimizing learner potential for narrative transportation. *Enthynena International Journal of Lieraracy Criticism Lieteracy Theory and Philosophy of Literature*, No. 16: 105-109. p. 10.; Id. Green & Brock, 2004.

생하게 된다.

경험적 선행연구들은 이러한 내러티브 트랜스포테이션이 청중들의 태도, 신념, 그리고 행동적 의도들에 장기적 영향을 미친다는 다수의 증거들을 제시한다.[101] 내러티브 트랜스포테이션은 변화에 특히 저항적인 영역인 개인의 신념의 설득을 촉진하는 힘을 가지고 있다. 예를 들면 건강과 관련된 행동의 변화,[102] 집단 간의 편견,[103] 그리고 친사회적 의사결정행위[104] 등이다. 건강관련 행동변화는 개인이 가지고 있는 질병을 개선하기 위해 행동변화가 수반되어야 하는 경우에 적용되었다. 이런 경우 개인이 가지고 있던 기존의 신념, 습관, 생각을 바꾸는 데 내러티브를 사용한 이야기들이 환자들의 건강한 습관으로의 행동변화를 이끌어 내는 데 매우 효과적이었다는 연구결과는 이미 잘 알려져 있다.

이러한 내러티브 트랜스포테이션은 감정적 부분과 인지적 부분으로 구성된다. 특히 이야기를 듣는 청중이 그 이야기에 감정적으로 몰입할 때 내러티브 트랜스포테

101 Van Laer, T., Ruyter, K. D., Visconti, L. M., & Wetzels, M. (2014). The extended transportation-imagery model: A meta-analysis of the antecedents and consequences of consumers' narrative transportation. *Journal of Consumer Research*, 40 (5), 797-817.

102 Banerjee, S. C., and Greene, K. (2012). Role of transportation in the persuasion process: cognitive and affective responses to Antidrug narratives. *J. Health Communication*, 17, 564-581. doi: 10.1080/10810730.2011.635779; Green, M. C., and Clark, J. L. (2013). Transportation into narrative worlds: implications for entertainment media influences on tobacco use. Addiction 108, 477-484. doi: 10.1111/j.1360-0443.2012.04088.x; Dillard, A. J., Ferrer, R. A., and Welch, J. D. (2018). Associations between narrative transportation, risk perception and behaviour intentions following narrative messages about skin cancer. Psychol. Health 33, 573-593. doi: 10. 1080/08870446.2017.138081

103 Mazzocco, P. J., Green, M. C., Sasota, J. A., and Jones, N. W. (2010). This story is not for everyone: transportability and narrative persuasion. Soc. Psychol. Pers. Sci. 1, 361-368. doi: 10.1177/1948550610376600; Caputo, N. M., and Rouner, D. (2011). Narrative processing of entertainment media and mental illness stigma. *Health Communication*, 26, 595-604. doi: 10.1080/10410236.2011.560787; Dillard, A. J., Ferrer, R. A., and Welch, J. D. (2018). Associations between narrative transportation, risk perception and behaviour intentions following narrative messages about skin cancer. Psychol. Health 33, 573-593. doi: 10. 1080/08870446.2017.1380811

104 Steinemann, S. T., Iten, G. H., Opwis, K., Forde, S. F., Frasseck, L., and Mekler, E. D. (2017). Interactive narratives affecting social change. J. Media Psychol. 29, 54-66. doi: 10. 1027/1864-1105/a000211

이션은 더 잘 발생한다. 학자들은 다양한 감정적 반응들 중 내러티브 트랜스포테이션를 발생시키는 데 특히 효과적인 감정유형으로 '감정이입(empathy)'에 초점을 맞춘다. 감정이입은 청중이 이야기 주인공의 생각의 관점으로 내러티브를 이해하고 경험하는 능력이다. 이 능력은 단순히 주인공에게 어떤 감정을 가지는 것과 같은 '동정(sympathy)'과는 구별된다. 감정이입이 된 청중은 이야기 속에 등장하는 주인공과 '같은 감정을 함께' 느끼게 된다.[105] 청중에게 내러티브 트랜스포테이션이 상당한 수준으로 일어나면 마치 자신이 이야기 속의 주인공이 있는 그 장소에 있는 것처럼, 이야기의 주인공이 묘사하는 공포, 분노, 슬픔, 그리고 득의만만한 감정들을 느끼게 된다. 인지적인 측면에서 내러티브 트랜스포테이션은 청중이 이야기의 구성에서 나타나고 등장하는 요인들과 사건들을 서로 긴밀하게 연결하고 이야기에 초점을 맞추고 주목하는 것과 관련이 있다. 즉 이야기를 보다 깊이 있게 이해하고 이야기 속 사건과 주인공의 성격 등을 연결 짓고 이야기 속의 내용에 자신의 관심을 집중시키려는 인지적 과정들이라는 것이다. 그러나 이 과정은 청중이 이야기의 내용에 대해 분석적으로 접근하는 것과는 관련성이 적다. 즉, 내러티브 트랜스포테이션이 발생한 경우에도 청중은 이야기의 내용이나 사건, 주인공의 대처 등에 대해 크게 분석적이거나 비판적인 관점을 가지지는 않는다는 것이다.[106] 이러한 감정적, 인지적 부분들은 모두 트랜스포테이션의 설득력에 필수적인 요인들이다.

내러티브의 설득과정은 논리적 논쟁과는 다른 인지적 처리과정을 가진다. 청중은 연속적 사실과 논쟁에 집중해야하는 일반적인 논쟁보다 주인공, 목적, 동기, 연속된 사건들이 나열된 이야기 형식의 내러티브를 들을 때 특정 인지적, 감정적 반응을 더 잘 일으킬 수 있다. 그리고 이야기 형식의 내러티브는 청중이 가질 수 있는 심리적 저항이나 논쟁 시 나타나는 설득에 대한 거부감을 피하는 데 유리하다.[107] 내러티브로 전달되는 정보들이 청중들에게 저항심을 덜 일으키기 때문이다. 이 때문에 논리적 사실을 기반으로 한 논쟁보다 이야기 형태의 내러티브가 트랜스포테이션에 더 효

---

105 Id. Romero, V. p. 49.

106 Green, M. C. (2008). Transportation Theory. In W. Donsbach (Ed.), *International Encyclopedia of Communication* (pp. 5170-5175). Oxford: Wiley-Blackwell.

107 Id. Romero, V. Deterrence via narrative-The role of narrative transportaion in creating persuasive messages. In White paper on leveraging neuroscientific and neurotechnological developments with focus on influence and deterrence in a networked world. Department of Defense. United States of America. p. 49.

과적이다.

높은 수준의 내러티브 트랜스포테이션이 일어나면 청중은 현실세계에서 기존에 자신이 가지고 있던 신념으로부터 이탈하게 된다. 그리고 해당 청중은 이야기 속에서 지속적으로 제시되는 신념이 확실한 근거를 가진다고 인식하게 된다. 이 같은 허구적 이야기 속에 나타나는 신념에 대한 믿음과 인지강화는 심지어 해당 청중이 그 이야기가 허구라는 것을 알고 있을 때도 발생한다.[108] 내러티브 트랜스포테이션이 발생하면, 청중은 내러티브 내에서 제시된 정보와 상황들이 자신이 가지고 있는 기존 신념이나 믿음과 불일치하는 것들을 발견하더라도 이에 대한 비판적인 생각을 덜 하는 경향이 발생한다.[109] 내러티브 트랜스포테이션이 이루어진 청중은 이야기를 통해서 학습한 "사실들"을 현실세계에서 배운 사실들과 동일한 방식으로 자신의 인식과 기억에 암호화(encode)시켜 저장한다.[110] 더 나아가 내러티브 트랜스포테이션은 청중이 일부러 노력을 해야만 하는 의도적 행동(intented behavior)도 발생시키는 영향력을 가진다. 이처럼 내러티브 트랜스포테이션이 청중에게 미치는 영향은 매우 결정적이다.

해당 이론은 설득력이 있으며, 선행연구들로부터 경험적 지지를 받고 있다. 관련 연구들은 내러티브 트랜스포테이션 작용에 대해 더욱 집중적으로 들여다보고 있다. 다만, 아직까지 내러티브 트랜스포테이션이 뇌에서 어떻게 인간을 설득하는지에 대한 명확한 과학적 근거가 제시되고 있지는 않다. 이러한 측면에서 앞으로 신경과학 (neuroscience)과 관련된 연구는 내러티브 트랜스포테이션의 과정에 대해 보다 폭넓은 이해와 과학적 근거를 제시할 수 있을 것이다. 하지만 지금까지 진행되고 있는 관련 연구들은 단지 내러티브의 힘과 내러티브 트랜스포테이션의 중요성을 과학적으로 지지하는 증거들을 제시하는데 그치고 있다.

인간의 뇌에 대한 내러티브 작용과 관련된 몇 가지 주요 신경과학 연구들의 동향을 소개하면 다음과 같다. 먼저, 뇌에서의 내러티브의 작용과 처리에 대한 기능적 자기공명영상(Functional magnetic resonance imaging: fMRI)을 활용한 연구들이 있다.[111] 지금까지

---

108 Marsh, E. J., & Fazio, L. K. (2006). Learning errors from fiction: Difficulties in reducing reliance on fictional stories. *Memory and Cognition*, 34 (5), 1140-1149.

109 Id. Slater, M. D, & Rouner. D. 2002.

110 Ibid.

111 Vaccaro, A.G., Scott, B., Gimbel, S.I., & Kaplan, J.T. 2021. Functional Brain connectivity during narrative processing relates to transportatin and story influence. Frontiers in human Neurosicence. 15. 1-14.; Bezdek, M. A., Gerrig, R. J., Wenzel, W. G., Shin, J., Revil, K. P.,

이러한 연구들은 '디폴트모드 네트워크(Default Mode Network: DMN)', 후방내정엽(Posterior Meidal Cortex: PMC), 후방내정엽영역(PMC regions), 레큐네우스(recuneus), 후두대상피질(posterior cingulate cortex), 그리고 뒤판상근영역(retrosplenial areas) 등의 뇌 영역이 내러티브 트랜스포테이션에서 중요한 역할을 하는 것으로 파악하였다.[112] 뇌의 '디폴트모드 네트워크(Default Mode Network: DMN)' 기능과 관련해 밝혀진 신경학적 연구결과들은 내러티브 트랜스포테이션이 '디폴트모드 네트워크(Default Mode Network: DMN)' 활동 감소와 관련이 있다는 것이다.[113]

DMN은 뇌의 기전선인 '기본상태'를 유지하는 기능을 가지고 있다. 따라서 인간이 뇌의 인지영역을 활용하지 않아도 DMN은 활동한다. 이때 이 DMN은 다양한 뇌의 영역과 연결되어 있어 학습 등의 활동이 없는 휴지기에는 뇌의 다른 영역들을 서로 연결해 주는 등의 활동을 한다. 그런데 이 DMN은 인간의 자기-반추(self-reflection), 자기-참조처리(self-referential thought)의 기능과 관련되어 있다. 선행연구들은 DMN의 기능이 자기를 이해하고, 자기 자신을 향하는 과제들(예를 들면 자서전적 기억, 도덕적 갈등에 대한 판단 등)을 수행할 때 활성화 된다고 설명한다. 또한 타인의 행동의도 추론과 같은 타인을 이해하는 것과 관련된 중요한 기능이 있는 것으로 알려졌다. 따라서 내러티브 트랜스포테이션과 관련해서 DMN 활동의 감소가 나타나면 그 대상청중이 실제의 자신으로부터 분리되고 이야기 속의 인물로 트랜스포테이션이 일어났다는 것을 지지하는 증거로 이해되고 있다.[114]

후방내정엽(Posterior Meidal Cortex: PMC)은 감각을 통합하는 뇌영역이다. PMC는 DMN의 메인 허브이다. PMC는 기능적으로 주의집중(attention), 기억(memory), 공간적 항해

Kumar, A., & Schumacher, E. H. (2014, April). *The effect of narrative content of suspenseful films on neural correlates of attentional tuning.* Poster presented at the meeting of the Cognitive Neuroscience Society, Boston, MA.; Bzdok, D., Heeger, A., Langner, R., Laird, A.R., etal. 2014. Subspecialization in the human posterior medial cortex. NeuroImage., 106(1): 55-71.; Hamid, N. Pretus, C., Atran, S., Crockett, M.J. et al. 2019. Neuroimaging 'will to fight' for scared values: an empirical case study with supporters of an Al Qaeda associate. Royal Society Open Science. 6: 1-13.

112 Yeshurun, Y., Swanson, S., Simony, E., Chen, J., Lazaridi, C., Honey, C. J., et al. (2017). Same story, different story: the neural representation of interpretive frameworks. Psychol. Sci. 28, 307-319. doi: 10.1177/0956797616682029

113 Id. Bezdek, et al. 2014.

114 Ibid.

(spatial navigation), 감정(emotion), 자기-관련 탐지(self-relevance detection), 그리고 보상평가 (reward evaluation)등의 다양한 업무와 관련이 있다.[115] 이러한 PMC의 자서전적 자기반 영과정(autobiographic self-reflection process)의 기능을 이해하면 뇌의 이 영역들이 내러티브 트랜스포테이션과 관련이 있다는 것이 놀라운 일은 아니다. DMN과 PMC는 장기간 의 연속적 사건에서부터 의미를 찾는 과정과 연관되어있다. 상호작용연관성(Inter- subject correlation analyses: ISC) 분석결과 특별한 의미의 내러티브들은 DMN과 PMC 영역 에서 뇌신경활동신호(blood oxygen level dependent :BOLD)내에서 동시적 상관 패턴을 보이면 서 청중에게 해석되었다.[116] 더 나아가 관련 선행연구에서 서치라이트 다중복셀패턴 분석(Searchlight multi-voxel pattern analysis; MVPA)기법들을 사용한 분석연구는 내러티브들 중 공유된 의미의 이야기들이 다른 청중들에게 자신들의 모국어로 제시되는 것과, 이야기들의 높은 수준의 도덕적 가치들이 제시되는 것들을 뇌가 모두 구별하고 있다 는 것을 보고하였다.

그 외에도 뇌의 전뇌섬엽(anterior insula: AI)에 대한 연구가 활발하다.[117] 뇌섬엽은 외 부세계에 대한 경험과 인식과 관련한 인지작용에 있어서 근간이 되는 핵심적 역할을 한다. 전뇌섬엽(AI)은 몸의 항상성을 유지하는 신체적 정보와 감정의 주관적 인식을 통합하는 근본적인 기능을 가진다. 뇌섬엽은 자신에게 발생하는 외부적, 내부적 상 황을 이해하고 자신에 대해 이해하며, 사회적 상호작용이 가능하게 한다. 그리고 어 떤 사건이나 말에 대한 사실 여부를 파악하거나 슬픔, 불쾌감 등의 감정을 느끼는 것, 어떤 일을 경험하기 전에 예상하게 하는 것, 기분 좋은 것과 나쁜 것을 인식하는 것, 신뢰, 공감, 죄책감 등의 인식 등에 관여한다. 이런 뇌섬엽의 기능과 관련해 선행 연구는 내러티브를 듣는 중에 전뇌섬엽의 신체의 항상적 정보들과 통합하는 과정이 작동하는 것을 발견하였다. 또 한 연구에서는 이야기의 감정적 부분이 명확하게 드 러난 부분에서 청중의 전뇌섬엽이 내러티브의 음성정보를 후뇌섬엽(Posterior insula)으로 부터 받은 심장박동과 통합하는 기능이 더 증가하는 것도 발견하였다.[118] 이러한 연

115 Id., Bzdok. 2014.

116 Nguyen, M., Vanderwal, T., and Hasson, U. (2019). Shared understanding of narratives is correlated with shared neural responses. Neuroimage 184, 161-170. doi: 10.1016/j.neuro-image.2018.09.010; Id. Vaccaro, et al., 2021.

117 Id. Vaccaro, A.G. et al., 2021.

118 Ibid.; Craig, A. D. (2009). How do you feel-now? The anterior insula and human awareness. Nat. Rev. Neurosci. 10, 59-70. doi: 10.1038/nrn2555; Gu, X., Hof, P. R., Friston,

구결과들은 내러티브를 듣는 것만으로도 감정적 반응이 발생하는 것과 이런 감정적 반응이 신체적 기능과 결합되는 것을 보여주었다. 즉 개인이 실제 경험할 때 나타나는 반응과 동일한 반응이 단순히 내러티브를 듣고 내러티브 트랜스포테이션을 경험하는 것만으로도 나타난다는 것이 증명되었다. 이러한 연구결과들은 모두 내러티브 트랜스포테이션의 이론을 지지한다.

가장 최근의 연구 중 하나는 상당히 주목할 만하다. 연구자들은 실제 알카에다의 테러목적을 지지하고 테러활동에 가담할 의도를 가진 극단화된 개인들을 대상으로 연구를 수행하였다. 연구자들은 이들에게 다양한 내러티브가 담긴 영상을 제공하고 이들의 뇌 활동을 fMRI검사를 통해 분석했다. 이를 통해 연구자들은 '신성한 가치(scared values)'라는 추상적 이념이 담긴 내러티브가 이들의 "싸우려는 의지(will to fight)"에 어떠한 영향을 미치는지, 그리고 뇌의 어떤 부분이 어떻게 작용하는 지에 대한 내러티브 트랜스포테이션의 과정에 대해 연구하였다.[119] 해당 연구는 이미 극단화된 참가자들 중 주관적이고 감정적인 개념인 '신성한 가치'라는 이념에 대해 반응을 하는 청중들에게서 자신의 주관적인 가치를 고수하기 위해 이들의 전두엽의 한 부분인 '배외측 전전두엽(dorsolateral prefrontal cortex:dlPFC)'의 기능이 감소된 것을 발견하였다. 기능이 감소한 전두엽 부분인 '배외측 전전두엽(dorsolateral prefrontal cortex:dlPFC)'은 인간이 특정 사건에 대해 득실분석(cost and consequence analysis)을 수행하여 개인의 합리적 의사결정과 선택을 주관하는 부분이다. 반면 인간의 주관적인 가치판단을 내리는 데 관련이 있는 '심방전두엽(ventromedial prefornatal cortex:vmPFC)'의 기능은 활발해져 있었다. 이를 해석하면, 극단주의적 사고를 가진 개인은 지하디스트 테러집단의 극단주의적 내러티브를 인지적으로 이해하고 해석할 때, 자신들이 이미 가지고 있는 합리적 계산 및 추론능력과 내러티브의 핵심 메시지가 상충한다면 합리적 계산을 주관하는 뇌의 전두엽부분인 배외측 전전두엽(dlPFC)의 기능을 스스로 억제 및 통제하였다는 것이다. 반면 자신의 주관적인 가치판단을 활성화 하는 심방전두엽(vmPFC)만을 활성화하였다. 이러한 연구결과는 내러티브를 받아들이는 청중들의 의사결정에서의 뇌의 인지와 합리성의 과정이 어떻게 조정되는지를 제시한다.[120]

K. J., and Fan, J. (2013). Anterior insular cortex and emotional awareness. J. Comp. Neurol. 521, 3371-3388. doi: 10.1002/cne.23368

119 Id. Hamid, et al. 2019.

120 Ibid.

또 다른 신경과학의 분야인 사회신경과학(social neuroscience) 분야는 군사적 내러티브가 청중의 태도와 행위에 미치는 영향에 대한 연구를 수행하였다.121 이 연구들은 내러티브 트랜스포테이션의 감정적 부분이 가장 고조된 상태에서 다른 상태와 구별될 만한 뇌전도(electroencephalography: EEG) 사인을 발견하였다는 것을 보고하였다.122 최근에는 극단주의와 관련된 내러티브들이 내러티브 트랜스포테이션에 어떤 영향을 미치는가에 대해 분석하기 위한 뇌전도(EEG)연구들도 수행되었다. 이 연구들 중 ISIS 온라인 비디오 프로파간다의 영향을 분석한 연구는 ISIS 극단주의 내러티브가 내러티브 트랜스포테이션을 이끌어 낸다고 보고하였다. 그리고 이 내러티브 트랜스포테이션이 ISIS의 프로파간다 비디오를 통한 리쿠르팅에 핵심적인 역할을 한다는 강한 증거를 제시하였다.123

구체적으로 설명하면, 연구자들은 프로파간다의 영웅적 내러티브가 담긴 비디오 영상을 시청한 청중들의 뇌의 전두엽부분(frontal)의 베타파워(beta power)가 증가하고 뇌 전체적(globally)으로 알파파(alpha)가 증가하였다는 것을 발견하였다. 전두엽 베타파의 증가는 긍정적인 기대감을 예측하는 것으로 알려져 있다. 즉, 영웅적 내러티브는 청중의 감정에 호소하여 보다 강력한 내러티브 트랜스포테이션을 일으키는 것으로 해석된다. 반면 사회적 순교자의 내러티브가 담긴 비디오 영상은 전두엽의 쎄타파(theta)를 상당한 수준으로 증가시켰지만 전반적인 알파파는 낮았다. 쎄타파는 부정적인 피드백과 감정의 통제에 대한 지표로 알려져 있다. 사회적 순교자 내러티브는 청중에 대한 감정적 호소가 낮아서 영웅적 내러티브에 비해 청중으로부터 더 많은 집중력을 요구하게 되는데 이 과정에서 쎄타파가 증가한 반면 내러티브 트랜스포테이션의 영향력은 낮았다고 해석되었다. 또한 내러티브 트랜스포테이션을 일으키는 내러티브는 주관적인 내러티브일수록 더 강력하다는 것이 보고되었다. 이러한 연구결과는 감정과 연결된 내러티브의 유형에 따라 내러티브 트랜스포테이션에 미치는 영향이 달라진다는 것을 제시하였다. 이러한 신경과학에 근거한 경험적 연구들은 새로

---

121 Escalas, J. E. (2004). Imagine yourself in the product: Mental simulation, narrative trans-portation, and persuasion. *Journal of Advertising*, 33(2), 37-48. ; Green, M. C., & Brock, T. C. (2000). The role of transportation in the persuasiveness of public narratives. *Journal of Personality and Social Psychology*, 79 (5), 701-721.

122 Ibid.

123 Yoder, K.J., Ruby, K., Pape, R. & Decety, J. 2020. EEG distingushes heroic narratives in ISIS online video propaganda. Scientific Reports 10: 1-8.

운 사실들이나 이론을 제시하고 있지는 않다. 그러나 기존에 존재하던 이론들과 내러티브 트랜트포테이션, 그리고 기타 내러티브의 영향력에 대한 여러 주장들에 대해 보다 과학적이고 객관적인 증거들을 제시한다. 이러한 증거들은 내러티브의 작용과 내러티브가 왜 강력한 영향력을 가지는지, 그래서 왜 내러티브가 보다 강력하고 위험한 인지전의 무기인지를 명확히 알려준다.

(2) 내러티브 트랜스포테이션이 발생하는 강력한 내러티브의 특징

내러티브 트랜스포테이션을 연구하는 경험적 연구들은 내러티브 트랜스포테이션을 더 잘 발생시키는 관련 요인들에 대해서도 설명한다. 연구결과에 따르면 매우 폭넓고 다양한 요인들이 포함된다. 이 가운데 핵심적인 주요 사항들만을 정리하여 제시하면 다음과 같다. 먼저, 효과적인 내러티브 트랜스포테이션을 발생시키기 위해서는 전달되는 이야기의 주인공 캐릭터가 청중이 '공감'할 수 있는 인물이어야 한다.[124] 청중들이 이야기 속의 주인공에 대해 감정을 느끼기 위해서는 반드시 주요 캐릭터에 대해 먼저 공감, 즉 자신과 동일한 인물로 인식할 수 있어야 한다. 그래서 이야기 속의 주인공이 문화적으로 친숙한 인구통계학적 특성을 가진다면 트랜스포테이션을 가장 극대화할 수 있다.

한편 이야기의 전개도 중요하다. 이야기의 전개가 청중에게서 심리적, 감정적 반응을 이끌어 낼 수 있다면 트랜스포테이션에 효과적이다.[125] 감정적 반응을 일으키는 이야기나 내러티브는 청중들에게 더욱 장기간 영향을 끼치는 것으로 알려졌다. 특히 이야기나 내러티브의 마지막이 부정적인 결말일 경우에 긍정적인 결말의 그것보다 더 큰 감정적 공감과 동조를 이끌어 내고 즉각적인 행동의 동기화까지 불러일으키는 것으로 알려졌다.[126]

내러티브의 내용과 형식도 중요하다. 상상이 가능한 이야기 줄거리를 제공할 때 내러티브 트랜스포테이션이 더 잘 발생한다. 내러티브의 줄거리는 반드시 사실일 필요는 없다. 판타지적인 이야기는 오히려 트랜스포테이션의 발생 가능성을 높인다. 그러나 이러한 판타지의 이야기 역시 청중들이 이해할 수 있을 친숙한 내용에 근거

---

124 Id. Paul, Colley, & Steckman, 2019. p. 81.; Id. Escaas & Stern, 2003; Id. Romero., 2-14. p. 51.

125 Id. Haven, 2014. p. 104

126 Ibid. p. 130.

해야만 한다. 예를 들면 청중들의 역사적 경험과 청중들의 문화적 사고방식은 그들의 세계관을 구성하는 요소들이다. 이러한 요소들은 이야기들이 자신들의 용어로 이해될 수 있도록 도와준다.[127]

이에 더해서 내러티브에 음모나 루머가 포함되면 더 큰 영향력을 발휘한다. 내러티브들이 청중들이 가지고 있는 해결되지 않은 의심이나 불신 등을 지지하는 경우에 내러티브 트랜스포테이션의 발생가능성을 더욱 높인다.[128] 음모이론에 대해 더욱 높은 지지를 보내는 경향성을 가진 사람들일수록 자신들이 가지고 있는 의구심과 유사한 내러티브에 대해 더 높은 지지를 표현한다는 연구결과들도 있다.[129] 다만, 이러한 음모론적 내용을 포함한 내러티브는 반드시 내적 통일성(internal consistency)을 유지해야 한다. 내러티브에서 설명이 불가능한 비통일성이 발견되거나 내러티브 속 이야기가 전혀 친숙하지 않은 이야기 구조를 가지고 있다면 청중들이 내러티브 트랜스포테이션의 상태에서 빠져나와 그 이야기에 대해 분석적으로 접근하게 만드는 요인으로 작용한다.[130] 이는 음모론적 내러티브의 내용이 사실여부인 것과 관련 없이 이야기의 통일성, 일치성 등이 핵심이라는 것이다. 이 경우에도 음모론적 내러티브가 청중들의 역사, 문화와 일치되는 맥락에서 전개가 된다면 내적 일치성은 상당히 증가할 수 있다. 이 외에도 특정 내러티브에 반응하는 청중들의 성격과 기질적인 측면의 연계성 등 내러티브의 영향력과 작용과 관련된 다수의 상관(correlation) 및 중재(mediation) 요인들이 경험적 연구들을 통해서 발견되고 있다.[131]

3. 핵티비즘(hacktivism)의 사례들

핵티비즘 내러티브 사례들 가운데 최근 20여 년 동안 가장 주요한 것들은 어나니

---

127 Id. Marcellino, et al., 2021. p.23. ; Id. Paul, et al., 2019, p.81.

128 Id. Romero, 2014. p. 51; Bal, P. M., Butterman, O. S., & Bakker, A. B. (2011). The influence of fictional narrative experience on work outcomes: A conceptual analysis and research model. *Review of General Psychology*, 15, (4), 361 - 370.

129 Wood, m.J. Duuglas, K.M., & Sutton, R.M.2012. Dead and alive: Beliefs in contradictory conspiracy theories. Social Psychological and Personality Science, 3(6):767-773.

130 Id. Bal, et al., 2011.

131 Id. Hamid. et al., Id. Romero, 2014. Id. Marcellino, et al., 2021.

머스, ISIS 지지 핵티비즘, 그리고 러시아와 중국의 애국적 해커들과 핵티비스트 집단들이다. 이들은 핵티비즘과 관련해 가장 많은 미디어의 주목을 받았고, 그 영향력이나 파급력도 상당한 것으로 평가된다. 여기에서는 앞서 살펴본 내러티브와 관련한 개념적, 이론적 사항들을 바탕으로 각각의 핵티비스트 세력들의 내러티브와 관련 활동들을 살펴본다. 이를 통해 인지전이 어떻게 현실에서 구현되고 있는 지를 들여다본다.

핵티비즘 사례들은 크게 비국가행위자와 국가행위자로 나눌 수 있다. 비국가행위자는 다시 어나니머스와 같은 핵티비스트 그룹과 이슬람 지하드 세력과 같은 사이버테러리스트로 구분할 수 있다. 한편 국가행위자는 러시아나 중국 등과 같은 국가의 정보기관이나 군, 또는 다른 정부기관이 사이버 스파이활동, 영향력 공작, 또는 사이버 전쟁 등의 목적으로 핵티비즘 공격을 수행한다. 이때 민간인 해커들이나 핵티비스트들이 국가의 지휘통제 또는 지원에 따라 해킹 및 핵티비즘 등의 사이버 공격을 수행할 수 있는데 이 경우는 비국가행위자이지만 국가행위자의 프록시 병력으로 이용되는 경우이기 때문에 국가행위자로 간주할 수 있다.

1) 어나니머스 콜랙티브(The Anonymous Collective)

(1) 특성과 조직구조

어나니머스는 핵티비즘의 대표적인 사례이다. 어나니머스의 조직구조에서 가장 큰 특징은 무정형성(amorphous)이다. 어나니머스는 집단도 조직도 아니며, 노동운동, 환경운동, 또는 여성운동 등과 같은 특정 진보적 이념이나 가치를 지향하는 실체가 있는 운동도 아니다. 또한 오프라인의 기존 정치진영이나 정당과 어떤 특정한 정치적 연계성을 갖지 않는다. 하지만 어나니머스는 어떤 실존하는 실체(entity)이다. 어나니머스는 유사한 사회적 정치적 이상을 공유하는 온라인 행동가들과 해커들의 느슨하게 결합된 탈중앙화된 국제적 네트워크이다.[132] 이 같은 사회적, 정치적 이상은 일관된 철학이나 정치적 프로그램은 아니며, 느슨하게 연관된 다양한 가치들과 주장들이다.[133] 어나니머스는 이와 같은 자신들의 무정형성을 다음과 같이 묘사한다. "어나니머스

---

132 Tal Pavel, "Anonymous and Wikileaks: Social Responsibilities or Cynarchism?" A paper presented at the 16th IRDO International Science and Business Conference, Socially Responsible Society 2021, 10-11 June 2021, Maribor, EU.

133 Medvedeva, "The Anonymous hacktivism: from aesthetics to ethics and tactics," p. 9.

는 조직이 아니다. 클럽도 아니고, 정당이나 심지어 운동도 아니다. 어떤 헌장도, 강령도, 회비도 없다. 어나니머스는 리더가 없으며, 정신적 지도자나 이데올로기 신봉자도 없다. 사실 어나니머스는 하나의 고정된 이데올로기조차 없다. 누구도 어나니머스를 대변할 수 없다. 누구도 당신이 어나니머스인지 아닌지 멋대로 단정할 수 없다....우리는 결국 짧은 거리를 함께 여행하는 사람들이다. 마치 통근 버스나 전철에서 만나는 사람들처럼 특정 시간 동안 우리는 같은 경로를 지나고 공통의 목적이나 의도, 또는 혐오를 공유한다. 그리고 이 함께하는 여행에서 우리는 아마 세상을 바꿀 것이다."[134]

어나니머스 네트워크에는 구체적으로 식별가능한 소유자, 지휘통제허브, 또는 리더십이 존재하지 않는다. 이런 점에서 어나니머스는 분산네트워크(distributed network) 구조를 가진다. 이는 알카에다나 ISIS와 같은 이슬람 테러네트워크가 전체 네트워크의 지휘통제허브를 가진 척도없는 네트워크(scale-free network)로 짜진 것과는 대비된다. 분산네트워크 구조를 가진 어나니머스는 각 개별 사이버 공격의 에피소드마다 네트워크 참여자(노드)가 바뀌고 재구성되며, 마찬가지로 공격을 주도하는 리더십(또는 작전주도 노드)이 바뀐다. 즉 네트워크의 크기와 모양, 그리고 참여자(참여노드)와 리더십이 시간의 흐름과 함께 끊임없이 변화(즉 재구성)된다.[135]

어나니머스의 무정형성은 '지리적 위치(geographic location)의 없음'에서도 나타난다. 어나니머스의 위치는 전세계이다. 어나니머스는 어디에나 있다. 그들은 미국, 프랑스, 콜롬비아, 캐나다, 브라질, 이란, 한국 등 도처에 존재한다. 어나니머스는 모두를 대상으로 한 '열린 집합'의 성격을 갖는다. 지리적 위치의 확장성과 불특정성은 이와 같은 열린 집합으로서의 어나니머스의 특성과 관련이 있다.[136] 이와 같은 지리적 위치의 무정형성은 온라인상에서도 마찬가지로 나타난다. 사이버스페이스 도처에 탈중앙화된 방식으로 산재한다. 이들은 표층웹과 딥웹, 그리고 다크웹 어디든 존재한다.[137]

---

134 이길호, "익명의 조건: 익명 운동의 출현, 전개, 그리고 어나니머스," p. 16, 117.

135 Murilo Bansi Machado, "Between control and hacker activism: the political actions of Anonymous Brasil," Historia, Ciencias, Saude - Manguinhos, Rio de Janeiro, v.22, supl., dez. 2015, pp. 14-15.

136 Ibid, p. 178, 210.

137 이길호, "익명의 조건: 익명 운동의 출현, 전개, 그리고 어나니머스," pp. 44-49; Medvedeva, "The Anonymous hacktivism: from aesthetics to ethics and tactics," p. 3.

어나니머스의 구성원은 익명의 무리이다. 구성원은 특정되지 않으며, 모두에게 열려있다. 이들은 해커들도 포함되지만 해커들에 국한되지는 않으며 일상의 부정의 (injustice)에 지친 평범한 인터넷 시민들 누구라도 포함될 수 있다.[138] 불특정 개인은 누구라도 어나니머스가 될 수 있다. 어나니머스는 구성원이 되기 위한 등록절차도 없으며, 특정한 멤버십 인증도 없다. 어나니머스가 되기를 원하는 누구라도 어나니머스이며, 원하지 않으면 언제든지 어나니머스가 아닐 수 있다.[139] 어나니머스는 하나의 브랜드이며, 인터넷상의 브랜드를 공유하는 사람들의 무리이다. 따라서 어나니머스의 구성원의 규모와 성격은 계속되는 변화과정에 있다. 이런 점에서 어나니머스의 구성원은 무정형성과 불확정성의 특성을 가진다. 한편 이와 같은 어나니머스의 구성원은 어떤 개인으로 식별되지 않는다. 이름과 성별, 국적, 직업, 나이, 지위 등 통상적으로 특정 개인을 식별하는 장치들은 모두 제거되고 익명으로 처리된다. 어나니머스의 모든 구성원은 특정되지 않으며 모두 같은 익명으로 처리된다. 자신이 누구인가를 드러내는 것은 곧 어나니머스에 반하는 것으로 간주된다.[140]

이와 같은 어나니머스 분산네트워크를 구동하는 지휘통제장치는 특정 지위나 그 지위에 있는 사람이 아니라 핵심 내러티브 그 자체이다. 핵심 내러티브를 축으로 내러티브에 동의하고 공감하는 개인들이 구체적인 사이버 오퍼레이션에 참여함으로써 어나니머스의 실체가 구현된다. 이런 측면에서 구체적인 사이버 공격행위와 어나니머스의 실체, 익명으로서의 참여자, 그리고 내러티브와 주장들은 모두 분리불가능한 하나의 실체로 형상화된다. 이 때문에 어나니머스는 어나니머스를 지도하는 교리나 이론을 담은 책도 없으며, 실체가 있는 지휘 센터도 없다, 지도 집단이나 인물들도 없으며, 어나니머스를 대변하는 대표적인 선동가나 이론가 또는 대변인도 없다. 어나니머스에 참여하는 누구라도 어나니머스를 대변할 수 있으며, 작전과 대의를 제안하며, 리더가 될 수 있다. 하지만 그 누구도 어나니머스에 참여한 모두를 대변하거나 식별되는 리더가 될 수는 없다. 따라서 각 개별 오퍼레이션마다 리더와 제안자와 대변인, 그리고 참여자들이 바뀔 수 있으며, 이들은 식별되지 않는다. 이 과정에서 어나니머스의 각 개별 오퍼레이션들을 관통하고 하나로 연결 짓는 축은 구체적인 행위자나 집단으로서의 지휘부가 아니라 스토리텔링(story-telling) 또는 내러티브

---

138 Medvedeva, "The Anonymous hacktivism: from aesthetics to ethics and tactics," p. 7.
139 Medvedeva, "The Anonymous hacktivism: from aesthetics to ethics and tactics," p. 3.
140 Ibid, pp. 3-4.

그 자체이다.[141]

이와 같은 핵심 내러티브를 커맨드내러티브(command narratives)로 정의할 수 있다. 커맨드내러티브는 특정 메시지로부터 실제 작전수행에 이르기까지 모든 것을 포함하는 모든 지휘명령 커뮤니케이션 활동을 단단히 묶는(anchoring) 프레임워크이다. 커맨드내러티브는 특정 작전에서의 특정 지휘관 개인의 의도보다 더 넓은 개념이다. 커맨드내러티브는 모든 작전들과 활동들, 그리고 노력들을 포함하며, 모든 대중 커뮤니케이션도 이에 포함된다. 이는 참여자들에게 공유된 집합정체성(shared collective identity)을 부여하고 모든 다양한 활동들과 참여자들을 하나로 통합하고 이들을 지원하는 핵심적 기제이다.[142] 이 때문에 참여자들은 구체적인 지휘부의 지침이나 통제, 조율 없이도 마치 지휘통제된 것처럼 동일한 공격좌표에 조율된 공격을 가할 수 있게 된다. 어나니머스가 국가행위자나 다른 조직이나 단체 등과 뚜렷이 구별되는 점은 이 커맨드내러티브가 어떤 식별되는 특정한 지휘부나 전략가 또는 이론가와 같은 엘리트에 의해 구성되는 것이 아니라는 것이다. 익명의 누구든지 이 커맨드내러티브의 구성에 참여할 수 있으며, 이 커맨드내러티브는 고정되어 있지 않고 가변적이며 유동적이다.[143] 따라서 어나니머스와 그 활동이 이데올로기의 수퍼마켓으로 정의될 정도로 다양한 이념과 가치들을 포함하며, 이와 같은 내러티브는 각 개별 오퍼레이션마다 공격좌표를 설정하고 참여자를 모으고 동원하는 핵심적인 커맨드내러티브로 작동한다.[144]

이처럼 어나니머스의 핵심내러티브들이 다양한 가치와 대의들을 포괄하며 시간의 경과에 따라 가변적인 성격을 갖고 있음에도 이와 같은 유동적인 여러 가치와 대의들을 관통하는 공통분모 즉 핵심적 기저 내러티브 또는 내러티브들의 내러티브(the narrative of narratives)가 존재한다. 이는 언더도기즘(underdogism)과 약자의 권리와 자유이다. 언더도기즘은 "약자 또는 불리한 자(disadvantaged party)를 위한 끈질긴 지원 또는 지지"의 의미를 갖고 있다. 이는 약자 또는 무력한 자, 불리한 자 등의 권리와 자유

---

141 Machado, "Between control and hacker activism: the political actions of Anonymous Brasil," p. 9.

142 William Marcellino, Christopher Paul, Elizabeth L. Petrun Sayers, Michael Schwille, Ryan Bauer, Jason R. Vick, and Walter F. Landgraf III, "Command Narrative Smart Guide," November 15, 2021, RAND, p. ix. https://www.rand.org/pubs/research_reports/RRA353-1.html

143 이길호, "익명의 조건: 익명 운동의 출현, 전개, 그리고 어나니머스," p. 16.

144 Pavel, "Anonymous and Wikileaks: Social Responsibilities or Cynarchism?"

를 지키고 보전하는 것을 대의 또는 가치로 여기는 것과 관련된 마음, 태도이다. 같은 맥락에서 강자 또는 유리한 자의 지배와 통제, 억압, 폭력 등을 부정의(injustice)로 규정하고 이에 맞서 싸우는 (사이버의 방식으로) 것을 정의로운 행위라고 인식하고 믿는다. 이런 맥락에서 이들은 미국과 서방국가의 정부, 기업, 보안회사, 종교단체, 영화 또는 음반협회 등 어떠한 강자가 약자인 일반 대중에 대해 인터넷과 정보를 규제하고 제한하려는 움직임에 반대하며, 이에 저항한다. 같은 맥락으로 이들은 무고한 시민들을 테러공격으로 학살하는 ISIS 테러단체, 아동을 착취하는 인터넷 소아성애자(pedophiles), 억압받는 팔레스타인인들을 군사적으로 공격한 이스라엘, 자유로운 시민들을 억압하는 중동과 북아프리카의 독재정권들, 소수자인 흑인을 차별하고 학대하는 미국의 경찰과 형사사법시스템, 무고한 우크라이나를 상대로 전쟁을 개시한 러시아 등을 부정의(injustice)한 강자로 규정하고 이들에 대해 불복종과 항전을 수행했다.[145]

어나니머스는 공격의 작전기획과 실행결정에서 국가행위자나 테러조직 등과는 다른 특성을 보인다. 이들은 공격 타깃 선정에서 정부의 핵심 군사시설이나 보안시설 등과 같은 사이버 보안정도가 견고하여 침투-공격이 어려운 대상보다는 취약성 때문에 비교적 공격이 용이한 대상을 선택하는 기회주의적(opportunistic) 특성을 보인다. 이들은 적절한 수준의 공격기법을 이용하여 짧은 시간(수일에서 1주일 정도)에 타깃의 노출된 취약성을 활용하여 최대의 피해를 입히고 철수하며, 공격대상을 완전히 장악하는 형태의 공격을 하지는 않는다. 이런 측면에서 이들은 수개월에서 수년 동안 높은 수준의 해킹기술을 요하는 멀웨어를 이용한 지능형지속공격(APT)을 감행하고 공격대상을 완전히 장악하거나 오랫동안 머물면서 지속적으로 공격 대상을 컨트롤하거나 약탈·파괴하는 국가행위자들과는 다르다. 또한 핵티비스트들은 핵심기반시설의 SCADA 등을 공격하여 대규모 인명피해나 사회적 재난을 유도하며 공포를 조장하려는 국가행위자나 테러조직들과는 달리 그와 같은 대규모 파괴적인 공격을 감행하지도 않는다. 이는 핵티비스트들이 미디어의 주의를 환기시켜 자신들의 대의(cause)를 대중들에게 알리고 이들의 공감과 지지를 끌어내며, 자신들이 악(evil) 또는 부정의

---

145 이길호, "익명의 조건: 익명 운동의 출현, 전개, 그리고 어나니머스," p. 122; Chopitea, "threat modelling of hacktivist groups," pp. 17-29; Machado, "Between control and hacker activism: the political actions of Anonymous Brasil," pp. 7-12; Wulf Loh, "Anonymity, fidelity to law, and digital Civil disobedience," Philosophy and Social Criticism, 2022, p. 5, DOI: 10.1177/01914537211072886.

(injustice)로 규정한 대상에 대해 저항과 응징을 통해 교훈을 주려는 의도를 갖기 때문이다. 이런 점에서 어나니머스의 공격은 장기간에 걸친 고정된 타깃이 아니라 계속 이동하는 가변적 대상을 향해 가해진다. 이들은 비교적 적절하거나 낮은 기술수준을 요하는 공격기법을 사용하여 공격할 수 있는 비교적 보안정도가 낮은 대상을 물색하면서 적절한 기술적 기회조건과 자신들의 힘과 대의를 과시할 수 있는 촉발상황이 주어질 때 공격을 실행한다.146

이런 맥락에서 어나니머스는 고도의 기술수준과 자원과 시간, 역량의 지원을 필요로 하는 멀웨어를 이용한 APT 공격이 아니라 비교적 간단하고 용이한 공격기법들을 주로 이용한다. 핵티비스트들이 대표적으로 이용하는 공격기법들은 독싱(doxing), 분산디도스(DDoS), 소셜미디어하이재킹(social media hijacking), 웹디페이스먼트(web defacement) 등이 있다. 독싱은 개인의 신원과 신상정보를 온라인에 공개하는 것이다. 이를 통해 공격대상 개인이나 그가 대표하는 단체에게 창피를 주려는(embarrassing) 목적이다. SQL Injection이나 XSS(Cross-site Scripting) 등이 툴(tools)로 이용된다. 분산디도스는 다수의 컴퓨터를 이용해 공격대상을 향한 네트워크 트래픽의 양을 과도하게 하여 공격대상인 웹사이트나 디바이스(device)를 일정기간 사용할 수 없게 만드는 것이다. 일반적으로 공격대상은 특정 조직이나 단체의 외부로 향하는(external-facing) 네트워크이다. 툴로는 HOIC(High Orbit Ion Cannon), Slowloris, Ufonet, MDK3, Torshammer, THcssl, Pyloris, Hping3 등이 있다. 웹디페이스먼트는 타깃 웹사이트를 정당한 인가 또는 권한 없이 변경하는 것이다. 이를 통해 공격 대상의 평판(reputation)에 영향을 미친다. XSS, Metasploit, Havji, Acunteix, Nitko 등이 툴로 이용된다. 마지막으로 소셜미디어하이재킹은 소셜미디어 계정에 정당한 허가나 인가 없이 접근하여 데이터를 포스팅하는 것이다. 이를 통해 소셜미디어 계정을 훼손하고 프로파간다를 수행하여 평판에 데미지를 입힌다. 툴로는 spammer technology, password dictionary, malicious code(Malware) 등이 이용된다.147

어나니머스가 분산디도스 공격 등과 같은 비교적 낮은 기술수준의 공격기법을 자주 활용하는데는 또 다른 중요한 이유가 있다. 어나니머스 등 핵티비스트들은 공격대상에 피해를 주는 것도 중요하지만 이 과정에서 많은 참여자들을 모집하여 함께하

---

146 Chopitea, "threat modelling of hacktivist groups," Master of Science Thesis, Chalmers University of Technology, University of Gothenburg, p. 32, 37.

147 Threat Intelligence and Analysis, "Hacktivism A defender's playbook," pp. 5-9.

는 것 역시 매우 중요하다. 이는 그들의 대의에 함께 하는 사람들의 참여규모의 크기와 확장성이 중요한 내러티브의 의미를 가지기 때문이다. 따라서 기술수준이 낮은 해커들이나 일반인들 역시 어나니머스와 같은 핵티비스트 무리에 함께 할 수 있게 하기 위해서는 공격툴을 온라인에서 쉽게 내려 받고 간단한 클릭으로 분산디도스와 같은 공격을 실행함으로서 함께 참여할 수 있어야 한다. 이런 측면에서 분산디도스나 웹디페이스먼트와 같은 핵티비스트 공격은 사이버 기술공격의 측면도 있지만 동시에 대의를 공유하는 다수의 사람들이 함께함으로서 자신들의 대의의 정당성과 지지의 정도를 과시하는 사이버 심리 공격 또는 내러티브 확장의 측면도 동시에 가진다.[148] 이와 같은 내러티브의 확장은 '복음화(evangelization)'로 표현될 수도 있다.[149]

어나니머스는 어떤 특정한 사이버 공격작전 수행을 통해 실체로 존재하게 된다. 이 과정은 IRC 채널 또는 트위트 등의 SNS를 통해 이루어진다. 구체적인 오퍼레이션은 다음과 같이 이루어진다. 먼저, 어나니머스 IRC 채널 또는 트위트 계정이 나타난다. 예를 들면 어나니머스 브라질 섹션(section)은 AnonOps(irc.anonops.com)와 AnonNet (irc.anonnet.org)으로 등장했다.[150] 이와 유사하게 @AnonymousIRC, @Anonymous__fr, @YourAnonNews, @anonops, @AnonymousMexi, @AnonyOps, @Anon_Central 등이 있다.[151] 이렇게 채널이 형성되면, 해당 채널로 다수의 사람들이 모여들게 된다.[152] 일반적으로 이와 같은 채널을 통해 특정 이슈나 공격 대상에 대한 제안들과 논의들이 이루어진다. 여기서는 종종 서로 충돌하는 다양한 의견들이 제기되고 커뮤니티의 선택을 받기위해 시장-경쟁(market-competition)한다. 예를 들면 어나니머스 브라질 섹션에 의해 주도된 '#OpWeeksPayment' 작전은 5개의 브라질에서 가장 큰 은행들의 사이트를 대상으로 월요일에서 금요일까지 주중에 공격을 감행해 브라질 사

---

148 Noah, C. N. Hampson, "Hacktivism, Anonymous & A New Breed of Protest in a Networked World," *Boston College International and Comparative Law Review*, 35(6) (2011), pp. 7-9, 21-22.

149 Murilo Bansi Machado, "Between control and hacker activism: the political actions of Anonymous Brasil," Historia, Ciencias, Saude - Manguinhos, Rio de Janeiro, v.22, supl., dez. 2015, p. 13.

150 Machado, "Between control and hacker activism: the political actions of Anonymous Brasil," p. 7.

151 Chopitea, "threat modelling of hacktivist groups," p. 13.

152 Ibid, p. 17.

람들로 하여금 자신들의 임금을 못 받게 하려는 것이었다. 이 공격계획에 대해 일부는 공격의 결과가 평범한 브라질 사람들이 자신의 임금을 못 받게 되는 결과만을 초래할 것이라고 반대했다. 하지만 다른 무리들은 이 공격의 목표가 브라질에서 무슨 일이 일어나고 있고, 상황을 변화시키기 위해 무엇을 해야 하는 지를 대중에게 일깨워주려는 것이기 때문에 공격을 강행해야 한다고 주장했다. 결국 이 공격은 수행되었다.[153] 공격의 실행이 결정되면, 어나니머스의 이름으로 성명서가 공개적으로 나가게 된다. 이는 보통 유튜브 등을 통해 동영상으로 나간다. 이는 미국 정부의 음반 및 영상 등 저작권관련 규제에 반대하여 감행된 '오퍼레이션 블랙아웃'[154]과 ISIS의 파리테러에 대한 보복인 '오퍼레이션 파리'의 사례들을 통해 확인된다.[155] 이후 본격적인 공격 실행단계에 들어가게 되는데 사회공학적(social engineering) 방법이나 온라인 스캐닝을 통한 취약성 탐색을 위한 정찰(reconnaisance) 단계를 거쳐, SQL injection, Doxing, DDoS, Web Defacement 등과 같은 본 공격(main attack)이 실행된다. 공격 이후 다시 유튜브를 통한 후속 성명서가 나가게 된다.[156]

하지만 이와 같은 어나니머스의 무정형성과 불확정성, 그리고 익명성에도 불구하고 일단의 익명의 소수의 엘리트 해커들에 의한 지휘통제체제가 작동하고 있다는 추정이 가능하다. 왜냐하면 이와 같은 커뮤니케이션 채널의 오픈과 공격대상의 지목과 구체적인 작전을 위한 핵심내러티브, 성명서 제작과 공개, 공격기법의 선택·확산, 그리고 공격 유도 등의 전 과정이 온전히 무작위로 불특정의 서로 관련되지 않은 채 어디로부턴가 튀어나온 누군가에 의해 수행되어졌다고 보기는 어렵기 때문이다. 사실상 어나니머스는 기술적 인프라스터럭쳐(technical infrastructure)를 만들고 운용하며, 매우 활동적이고 창의적인 소수가 권위를 갖고 주도한다. 하지만 이들의 자아와 정체성, 인지도, 유명세, 권위 등은 식별되지 않으며, 익명으로 알려지지 않은 채 남아있다. 이는 어나니머스의 '익명성(anonymity)'의 타부(taboo) 때문이다.[157]

이와 같은 소수의 지도부는 지속적이고 안정적으로 작동하지는 않는다. 2008년 사

---

153 Machado, "Between control and hacker activism: the political actions of Anonymous Brasil," pp. 8-9.

154 이길호, "익명의 조건: 익명 운동의 출현, 전개, 그리고 어나니머스," 178.

155 Ibid, pp. 273-274.

156 Threat Intelligence and Analysis, "Hacktivism A defender's playbook," 4.

157 Medvedeva, "The Anonymous hacktivism: from aesthetics to ethics and tactics," pp. 8-9.

이언톨로지 교회(Scientology Church) 공격 이후 최근 2022년 대러시아 사이버 공격의 사례에 이르기까지 지난 14년 동안 여러 차례의 어나니머스 공격이 있었는데 그 과정에서 각 개별공격의 에피소드마다 지도부 엘리트들은 변화의 과정을 겪는 것처럼 보인다. 특히 적어도 어나니머스의 초창기 엘리트 주도 그룹 가운데 하나로 추정되는 룰즈섹이 은퇴를 발표하고[158] 닉네임 사부(Sabu)로 불린 룰즈섹의 리더 헥터 몽세구르 (Hector Xavier Monsegur)가 FBI의 정보원(informant)으로 협력하면서 제레미 해몬드(Jeremy Hammond)를 비롯한 조직원의 대부분이 FBI에 의해 소탕된다. 이후 어나니머스의 지도부는 상당한 변화를 겪게 된다.[159] 앞서 언급한 어나니머스의 활동이 2010년대 중반에서 후반까지 쇠퇴하다가 최근 다시 활성화된 것은 사법 당국의 제제와 강력한 수사로 인한 어나니머스의 리더십 그룹의 교체와 관련이 있는 것으로 추정된다. 그간 한편에서는 어나니머스의 많은 활동가들이 NSA의 PRISM 프로그램과 같은 공세적인 정부당국의 정보-수사활동의 결과로 체포되었으며, 동시에 다른 한편에서는 어나니머스의 참여자의 수가 더 빠르게 증가한 것으로 파악된다. 이와 같은 구성원의 변동은 어나니머스의 정치적 형태와 기능, 그리고 주도적인 리더십의 그룹을 재형성하는 데 영향을 미친 것으로 보인다.[160] 예를 들면, 초창기의 고도의 기술수준을 지닌 진정한 해커들(true hackers)은 정보의 자유(information freedom)에 더 헌신적이었던 반면에 나중에 진입한 주도 세력들은 인권운동(human right activism)에 더 헌신적인 것처럼 보인다.[161] 하지만 그럼에도 불구하고 이와 같은 익명의 리더십 그룹들은 네트워크의 단일한 중심(unicentric)이 아니라 다중심(polycentric)으로 여기저기 흩어져 있다. 이와 같은 어나니머스 네트워크의 다중심 주도 그룹들은 서로 수평적으로 연계되어 있으며, 목표와 이슈, 적대적 대상에 따라 서로 다르게 연계되며, 조합되거나 무관하다.[162]

이와 같은 어나니머스의 조직구조와 지휘통제체제의 불안정성은 국가 당국에 엣지워크(edgework)의 기회를 제공한다. 어나니머스는 서로 익명으로 존재하면서 가상의 채널을 통해 서로에 관한 매우 내밀하면서 상세한 일신상의 정보들을 교환한다. 이

158 이길호, "익명의 조건: 익명 운동의 출현, 전개, 그리고 어나니머스," p. 205.

159 Adam Fish and Luca Follis, "Edgework, state power, and hacktivists," *Journal of Ethnographic Theory*, 5(2), p. 385; Chopitea, "threat modelling of hacktivist groups," pp. 49-50.

160 Fish and Follis, "Edgework, state power, and hacktivists," p. 387; Medvedeva, "The Anonymous hacktivism: from aesthetics to ethics and tactics," p. 2, 5.

161 Medvedeva, "The Anonymous hacktivism: from aesthetics to ethics and tactics," p. 5.

162 Ibid, pp. 7-8.

들은 서로를 알지 못하면서 서로에 대한 신뢰와 믿음을 기초로 연결되어 있다. 이 과정에서 정부의 비밀요원들이나 정부에 포섭된 공작원들이 익명으로 침투할 개연성이 크다. 어나니머스의 커뮤니케이션은 국가의 정보기관들과 수사기관들이 지켜볼 수 있다. 오늘날 온라인 상의 SNS와 IRC 채널, 웹포럼과 블로그 등은 핵티비스트들의 자기범죄인정증거들(self-incrimination evidence)로 가득 차 있다. 룰즈섹의 멤버였던 Jeremy Hammond와 어나니머스 해커로 기소된 Higinio O. Ochoa III와 Ross Ulbricht 등은 자신들이 스스로 온라인에 남긴 그와 같은 자기범죄인증증거들로 체포되어 처벌되었다.163

더욱이 어나니머스의 익명성과 무정형성과 불확정성은 국가 행위자에게 또 다른 기회를 제공한다. 이는 가짜깃발작전(false-flag operation)의 기회이다. 정보기관이나 군의 비밀 사이버 작전부대가 어나니머스의 브랜드이름을 뒤집어쓰고 국가의 숨겨진 전략-전술적 목표실현을 위한 은밀한 사이버 비밀공작을 수행할 수 있다. 은밀한 국가행위자는 자신들의 비밀공작의 디코이(decoy)로 어나니머스의 브랜드 평판과 힘을 이용할 수 있다. 어나니머스는 누구나 될 수 있다면 국가의 은밀한 요원들과 사이버 전사들도 어나니머스가 될 수 있다. 이와 같은 가짜깃발작전의 가능성은 또한 어나니머스의 보다 더 큰 활용가능성을 제시한다. 국가의 에이전트가 어나니머스의 핵심 기반 "언더도기즘(underdogism)" 내러티브를 적절히 활용한다면 어나니머스의 참여자들을 그들이 의식하지 못하는 사이에 자발적이라고 믿으면서 국가가 의도한 공격좌표를 향해 스웜(swarm) 공격을 실행하도록 부추기고, 유도할 수 있다. 이렇게 되면 어나니머스 분산 네트워크 자체가 국가행위자들의 프록시 병력으로 활용될 수 있다. 이런 상황이 되면 어나니머스 네트워크는 국가행위자들이 서로 점유하기 위한 전쟁터로 변할 수 있다. 이와 같은 어나니머스의 특징은 국가행위자에게는 또 하나의 기회이자 도전이다.164 최근 어나니머스의 대러시아 사이버 전쟁 수행의 은밀한 배후에 미국 국가기관을 위해 일하는 엘리트 사이버 전사들이 있을지도 모르는 일이다.

---

163 Chopitea, "threat modelling of hacktivist groups," pp. 35-39; Fish and Follis, "Edgework, state power, and hacktivists," p. 387; Pavel, "Anonymous and Wikileaks: Social Responsibilities or Cynarchism?"

164 Chopitea, "threat modelling of hacktivist groups," p. 36.

(2) 어나니머스의 해커에토스와 마스터내러티브

어나니머스의 마스터내러티브는 초기 해커들의 윤리적 선언문들에서 나타나는 해커의 에토스(hackers' ethos) 또는 해커윤리(hacker ethic), 그리고 해커문화에 기반을 둔다.[165] 해커윤리가 어나니머스에게 미치는 영향을 이해하기 위해서는 먼저 '에토스(ethos)'의 개념을 정의할 필요가 있다. 에토스는 집단윤리로 특정 지역사회나 국가의 타고난 특징의 일부로서 '앞으로 가야할 길을 안내하는 신념'이다. 한 집단의 배경이 되는 문화를 이해하면 그 집단의 구성원들이 특정 상황에서 어떻게 반응하고 대응할지를 판단할 수 있게 되는데, 그와 같은 '길을 안내하는 신념'으로 이해되는 것이 바로 에토스이다. 어나니머스는 자신들의 에토스로 초기해커의 윤리와 가치들을 내세운다. 이 에토스는 어나니머스의 마스터내러티브와 조직구조, 작전전개를 위한 동원방식에서 드러난다.

먼저, 어나니머스 조직특성이 해커윤리를 반영한다. 어나니머스는 초기 해커들의 해커윤리인 탈중앙집권화(decentralization), 전체 공동체의 참여를 열망하는 '네트워크 윤리(nethics)' 특성이 반영된 집합체의 구조를 가진다.[166] 따라서 어나니머스는 수직적 구조에서 나타나는 지배적 리더 또는 리더십이 없고, 분산적이고 탈 중앙집권적인 네트워크 구조를 가지며, 하이브마인드(hive-mind)를 가진 해커들과 참여자들의 집합체의 모습을 띤다. 어나니머스의 관점에서 보면 이들의 공격이나 작전(operation)은 수천 명의 해커들과 수만 명의 개인 참여자들이 특정 지휘부의 명령을 따르는 것이 아닌, 하나의 익명의 집합체로서 제시된 아이디어에 대한 동의여부에 따라 저항에 참여하고 행동한다.[167]

해커윤리가 반영된 어나니머스의 마스터내러티브는 다음의 세 가지 핵심적 내용을 포함한다. 첫째는 어나니머스의 목적과 동기인 '자유로운 지식과 정보의 공유'와 '접근', '저작권 반대', '검열반대', '권위적 억제에 대한 저항' 등이다. 핵티비즘이라는 개념은 바로 적극적인 정치적 표현으로 발현된 해커윤리(hacker ethic)라고 볼 수 있다. 어나니머스의 내러티브에서 나타나는 인터넷상의 정보와 지식의 자유로운 공유, 개방성, 탈중앙집권화(decentralization), 억압반대, 더 나은 사회의 가치를 위한 진보 등의

---

165 Id. Bensel. 2017. p. 6.
166 Ibid.
167 Id. Bensel. 2017. p. 6.

개념은 초기 핵티비즘 운동의 에토스(ethos)에 근거한다.

근원적 해커에토스에 대해 분석한 스티븐 레비(Steven Levy)에 따르면 해커들은 다음의 신조(tenets)들을 따른다.[168] 먼저, 컴퓨터에 대한 접근은 반드시 제한이 없어야 하고 완전해야한다. 다음으로, 모든 정보는 반드시 개방되어야 한다. 또한, 권력은 탈중앙집권적이어야 하고, 권위에 대한 불신을 촉진해야한다. 해커는 지위, 나이, 인종 같은 가짜 기준이 아닌 반드시 자신의 해킹실력으로만 평가받아야 한다. 해커는 컴퓨터에서 예술과 아름다움을 창조할 수 있다. 그리고 마지막으로, 컴퓨터를 통해서 한 인간의 삶(그리고 세상)을 더 좋게 바꿀 수 있다.[169] 이러한 해커윤리의 핵심은 정보의 개방성과 자유로움을 촉진하는 것이다.

핀란드 철학자 페카 히만넨(Pekka Himanen)은 해커윤리의 공동체적 가치 측면을 강조한다. 그는 해커윤리의 4가지 요소를 다음과 같이 정의했다. 우선, 해커윤리(hacker ethic)는 열정을 자유와 합치는 것으로 정의된다. 직무윤리는 돈을 추구하는 것에서 공동체를 위해 함께 창조하는 동기로 대체된다. 해커의 네트워크 윤리(network ethic), 이른바 '네틱스(nethic)'는 공동체 모두가 참가하는 열망으로 정의된다. 마지막으로 해커의 일은 창의성이 강조되어야 한다.[170] 히만넨(Himanen)은 해커 윤리가 서구사회의 주류인 개신교의 직업윤리에 대한 도전의 성격을 띠는 차별적인 대항윤리라고 해석한다. 그에 따르면, 특히 직무윤리와 관련해서 해커들은 일(work), 직업(job), 또는 돈(money)이 아니라 즐거움(enjoyment)을 삶의 핵심적인 가치로 두고 있다. 해커에게 돈은

---

168 Dyer. T.O.C. 2018. Hacktivist or cyberterrorist? Understanding the difference between hacktivism and cyber terrorism. Thesis for the degree of Master of Science in Cybersecurity. Utica College. p.15. ; Levy, S. 2010. Hackers, Heroes of the Computer Revolution. Sebastopol; P'Reily Media, Inc. https://aplikasi.radenintan.ac.id/files/file_peppa/2016/f3a136 e06aae17f9c1e80fb3637c47b9.pdf

169 (1) "Access to computers—and anything which might teach you something about the way the world works—should be unlimited and total. Always yield to the Hands-On Imperative!"; (2) "All information should be free."; (3) "Mistrust authority—promote decentralization."; (4) "Hackers should be judged by their hacking, not bogus criteria such as degrees, age, race, sex, or position."; (5) "You can create art and beauty on a computer"; (6) "Computers can change your life for the better". 재인용. Dyer. T.O.C. 2018. p.15.

170 Himanen, P. 2001. The hacker ethic and the spirit of the information age. New York: Random House Inc. pp. 140-142.

생존을 위한 수단이지 그 자체가 삶의 목적은 아니다. 해커 윤리측면에서는 열정이나 즐거움을 줄 수 있는 종류의 일이 더 가치가 있다. 또한 공개적 공유를 통한 소프트웨어와 정보에 대한 제한 없는 평등한 접근이 생산적인 커뮤니티를 만든다는 가치를 가지고 있다. 이런 해커들에게 '사회적 가치를 가진 프로젝트들'은 돈보다 더 큰 동기가 된다.171

어나니머스 마스터내러티브의 두 번째 핵심적인 내용은 '익명성'과 '다수'의 개념이다. 익명성은 이들의 조직구조이자 동시에 존재 그 자체로 표현되고 있다. 어나니머스의 존재, 구조, 이름은 마스터내러티브이자 동시에 내러티브의 표현(manifestation)이다. 어나니머스의 핵심적 마스터내러티브인 익명성은 집단의 태동기에 인식된 집합체의 정체성에 대한 각성에서부터 출발한다. 2003년 어나니머스가 만들어진 4chan 사이트의 게시물 작성자가 모두 익명(anonymous)로 표시된 것에서 이 이름이 유래되었다.172 이어서 어나니머스가 핵티비즘 집단으로 본격적으로 출범한 계기가 되는 2008년 '채놀로지 프로젝트'를 통해 자신들의 영향력과 파괴력을 인식하기 시작하면서 익명성과 다수의 강력함에 대해 각성한 것으로 분석된다. 프로젝트 시작 전 당시 4chan 게시판에는 '익명'이라는 이름의 '다수'가 사이언톨로지 교회의 조치를 인터넷 검열이라고 규정했다. 이후 2008년 1월 21일 유튜브(YouTube)를 통해 사이언톨로지(Scientology) 교회에 대한 전쟁 메시지를 선포했다. 사이버 상에서 공격이 먼저 나타났고, 이후 2월부터는 오프라인에서의 시위도 시작되었다. 이러한 행동은 2009년까지 지속됐다. 거리에 나선 이들은 익명성을 유지하기 위한 방법으로 가이 포크스(Guy Fawkes)의 가면을 쓰고 나타났다. 이러한 일련의 행위들은 온라인과 오프라인에서 익명성을 유지하고자 하는 마스터내러티브의 표현이었다. 이후, 가이 포크스는 어나니머스의 상징이 됐다. 이 가면은 온라인에서 핵티비스트들의 익명성을 유지하는 장치이자, 사이버 공간의 정체성이 현실세계에서도 그대로 나타나게 하는 기제이면서, 동시에 누구든지 가이 포크스 가면을 쓰면 온라인, 오프라인 어디에서든지 어나니머스임을 주장할 수 있는 상징으로 사용되었다.

누구나 어나니머스가 될 수 있다는 익명성은 그들이 '다수'라는 점을 강조한다. 이 점에서 익명성은 다수와 연결된다. '익명성'과 '다수'가 결합하면서 어나니머스는

---

171 Dyer. T.O.C. 2018. p. 15-16.
172 Ibid. p. 14.

국가의 형사사법시스템의 공격으로부터 스스로를 보호할 수 있고 동시에 자신들의 정치적 힘을 강력하게 할 수 있다. 특히, 이러한 어나니머스의 익명화작업은 2011년 9월 어나니머스의 스핀오프(spin-off) 조직인 룰즈섹 멤버들이 체포되고 난 뒤에 더욱 강화되었다. 이와 같은 익명화강화 경향은 지금까지 지속되고 있다. 이들은 거리시위를 제외하고는 절대 오프라인에서 만나지 않으며 익명성을 어기는 접촉을 거부한다. 어나니머스 서로간의 익명성 보장과 익명으로서의 다수 집합성은 이들의 실체와 활동을 지속하게 만드는 가장 핵심적인 안전장치라고 할 수 있다.

어나니머스의 내러티브에서 나타나는 "너, 나, 우리, 누구든지 어나니머스"라는 표현들로 구체화되는 익명성과 다수의 개념은 청중들이 내러티브에 몰입하도록 돕는다. 즉 원하면 누구나, 나를 포함하여, 어나니머스가 될 수 있다는 당위성은 청중들의 주의를 환기시킨다. 이러한 내러티브는 청중들이 어나니머스가 제시하는 사건과 문제해결의 이야기 속 주인공 캐릭터가 될 수 있는 가능성을 열어준다. 청중은 자신이 원하기만 하면 바로 어나니머스 내러티브 속 주인공이 될 수 있다. 이는 청중들을 대상으로 어나니머스의 이야기에 공감하고 그 이야기 속으로 빠져드는 내러티브 트랜스포테이션의 발생과 촉진을 보다 용이하게 일으키도록 하는 효과를 만든다.

어나니머스 마스터내러티브의 세 번째 핵심적인 내용은 전쟁, 군사작전 등과 관련된 요소들이다. 전쟁·군사행동과 관련된 단어, 적과 우리를 구분하는 이분법적 사고 방식, 적을 악마화·희화화하는 표현, 욕설, 조롱, 그리고 청중을 자극할 수 있는 감정적인 표현 등이 이에 포함된다. 구체적으로 어나니머스는 자신들의 내러티브에서 해킹과 공격의 대상을 '적(enemy)'으로 규정하고 개별 해킹을 군사작전의 성격을 갖는 '작전(operation)'으로 명명한다. 또한 자신들을 군사 행동의 주체인 '군단(Legion)', '전투함', 또는 '사이버 부대'로 표현하며, 자신들의 행동을 '사이버 전쟁' 또는 '파괴(terminate)'로 묘사한다. 이러한 단어들은 어나니머스가 스스로를 전쟁주체로 그리고 자신들의 핵티비즘을 전쟁행위로 인식하고 있는 것을 반영한다.

이와 같은 전쟁, 군사작전과 관련된 자기인식은 어나니머스 참여자들의 전사(warrior)로서의 자기규정 또는 전사가 되고자하는 로망과 관련이 있다. 2008년 채놀로지 프로젝트에서부터 나타난 이들의 '전사적 영웅주의(warrior heroism)'에 대한 자각은 이전시기에 발생했던 1999년 코소보, 2007년 에스토니아 등의 사이버 전쟁 사례로부터의 학습결과일 수도 있다. 하지만 무엇보다도 이들의 마스터내러티브에 전쟁과 전사적 영웅주의가 포함된 것은 이들이 대부분 젊고 컴퓨터에 능숙한 자들이라는 점을 감안하면 자신들의 강함과 힘에 대한 욕망과 전쟁 영웅에 대한 로망, 그리고 전사로서의 정체성 열망(identity aspiration) 등이 현실적으로 구현될 수 있는 자신들이 상대적 우월성을 가지는 사이버 공간에서 투영된 결과라고 이해할 수 있다.

어나니머스의 마스터내러티브에 포함된 전쟁 또는 군사적 단어와 표현들은 마스트내러티브를 커맨드내러티브로 작동하게 한다. 이는 마스트내러티브의 군사화의 현실적 효용성에 해당한다. 즉, 리더나 지휘부는 없지만, 작전이 계획되고, 공격목표가 선정되고, 공격수단과 공격메시지가 구성된다. 커맨드내러티브는 이때 각 개별 작전들마다 작전지휘와 관련된 핵심적 활동을 하는 참여자들, 즉 아논들(Anons)이라고 불리는 핵심 참여자들을 초대하고, 이들이 개별 작전들에 대해 제안하고 챗룸이나 메신저 등의 토론에 참가한 참가자들의 동의를 이끌어가면서 결과적으로 최종명령을 내리도록 하는 주요한 촉매제로 기능한다. 또한 어나니머스의 커맨드내러티브는 이와 같이 결정된 작전수행에 참가할 개인들(즉 전투원들)을 가능한 많이 동원하고 공격의 파괴력과 영향력을 극대화하는데도 활용된다. 공격수행에 참여하는 "어나니머스가 되고 싶어 하는 자들"에게 커맨드내러티브는 작전방향과 수행방법에 관한 지시를 제공한다. 이와 같은 커맨드내러티브의 작동방식은 어나니머스의 구조적 특징으로 인해 만들어진 것으로 이해된다. 직접적으로 만나거나 확실한 위계적 구조가 없는 실체가 공격을 기획하고 참여자를 동원하는 등의 대규모 작전을 수행하기 위해서는 전쟁 또는 군사작전의 담론과 인식프레임, 수행방식이 효과적일 수 있다. 이 때문에 정의의 전쟁이라는 인식프레임과 이를 구체화하기 위한 전쟁 또는 군사적 단어와 표현들이 사용되었을 것으로 판단된다. 결과적으로 어나니머스가 채택한 커맨드내러티브는 상당히 성공적이었던 것으로 분석된다.

전쟁 또는 군사적 용어가 포함된 마스터내러티브가 가지는 장점은 내러티브를 활용하는 자들을 보다 정의롭고 로맨틱한 실체로 영웅화한다는 것이다. 어나니머스는 너와 우리를 구분하는 이분법적 사고를 조장하고, 자신들을 적에 비해 상대적으로 열세에 처해있는 언더독(underdong)으로 묘사하며, 적들을 강하지만 부패하고, 악랄한 전체주의자이자 자유를 억압하는 자들이라고 정의한다. 이와 같은 이분법적 프레임과 적을 악마화하는 프레임은 적들로부터 임박한 공격이 있고, 갈등이 격렬하며, 이 때문에 정의가 심대한 위협에 처한 상황이라는 이미지를 청중에게 부각시킨다. 이로 인해 청중들은 적의 위협으로 나타나는 위기가 매우 긴박하며 심각하다고 인식하게 되고, 위험에 처한 정의를 지키기 위해 자신이 무언가를 해야만 한다는 도덕적 강박

증을 느끼게 된다. 이와 같은 심리적 효과 때문에 군사적 내러티브는 자신의 지지자들을 동원하는 데 매우 유리하다. 언더독 표현은 자신들이 상대적으로 열세에 있다는 점을 강조함으로서 어나니머스에 참여하려는 자원자들의 영웅적 환타지를 각성시킨다. 이는 심리적으로 불리한 상황에서 전투에 참전했을 때 참여자들이 더욱 강한 전사적 영웅주의를 경험하기 때문이다. 이때 상대적으로 우세한 적에 대한 악마화와 선과 악의 이분법적 프레임은 아측(the friendly side) 참여자들의 전투의지를 결속·강화시키고 영웅주의 담론을 증폭시키는 효과가 있다.

(3) 어나니머스 내러티브의 실제사례들

가. 2008년부터 2022년 러시아-우크라이나전쟁 참전 이전까지

어나니머스는 다수의 핵티비즘 내러티브 사례를 갖고 있다. 그 가운데 비교적 잘 알려진 사례들만도 '오퍼레이션(#Op) 블랙아웃', '#Op페이백', '#Op이스라엘', '#Op안티섹', '#Op안티-ACTA', '#Op튀니지아', '#Op시리아', '#Op라스트리조트', '#OpIceISIS', '#OpNo2ISIS', '#Op파리', '#Op북한', '#OpBlackLivesMatters' 등 최근 러시아-우크라이나 전쟁 참전 이전까지 다수가 있다. 여기서는 이 사례들 가운데 어나니머스의 특징을 잘 드러내는 대표적인 내러티브들의 분석결과들을 제시한다.[173] 분석결과에 따르면, 어나니머스의 마스터내러티브가 하위 단계에 해당하는 전략적 내러티브 또는 이야기로 구체화되어 각 개별 작전들에서 지속적이고 일관되게 나타났던 사실이 관찰되었다.

먼저, 어나니머스 마스터내러티브의 '익명성'과 '다수'의 개념은 각 개별 작전들에서 다음과 같이 표현되고 있다. 이와 같은 '익명의 다수' 표현은 어나니머스의 불법 행위로 파생되는 법적 책임에 대한 보호 장치로도 기능한다는 점도 동시에 청중들에게 전달되고 있다. "우리는 더 이상 두렵지 않다. 당신들의 체포 위협이 우리에게는 무의미하다. 아이디어를 체포할 수는 없기 때문이다... 시민들을 더욱 화나게 할 뿐이며,...하나의 거대한 합창으로 응답할 것이다."[174] "우리는 당신 생각보다 많다. 우리는 누구의 생각보다 많다. 우리는 많다."[175] "... 스와츠와는 달리, [FBI는] 체포할

---

173 핵티비즘의 내러티브 자료들이 모두 접근가능한 것은 아니다. 많은 내러티브들이 사라졌다. 다만 어나니머스의 경우 이들의 비디오 내러티브자료나 문서 내러티브자료를 수집하고 보관하는 archive 들이 인터넷에 존재하고 다수의 언론매체와 학술연구자료에서 내러티브를 인용한 사례들이 있어서 어나니머스의 내러티브자료는 이 연구 분석에 필요한 만큼 확보할 수 있었다.

174 Anonymous & Lulz Security Statement, 2011. 원본 메시지. Ibid. p. 189.

수도 처벌할 수도 없는 상대를 만났기 때문이다. 생각으로서, 운동으로서의 다수-익명들이다…" 이와 같은 내러티브들은 FBI의 룰즈섹 멤버들에 대한 체포와 불법자료 다운로드로 인해 기소되었던 아론 스와츠(Arone Swatze)의 자살과 관련해서 일어났던 '오퍼레이션 안티섹'과 '오퍼레이션 라스트리조트'에서 나타난 진술들이다.

다음으로, 어나니머스는 개별 작전들에서 가치 모순적 내용을 전달하기 위한 내러티브를 사용했다. 어나니머스는 자신들의 마스터내러티브에 자신들의 정체성을 '아이디어'로 규정하였다. 여기서 아이디어는 다시 체포될 수 없다는 점이 강조되었다. 이는 법적책임 문제가 위협이 되어 다수의 참가자들이 작전에 참가하지 못할 수 있다는 점을 먼저 인식하고 다수의 청중들의 인식과 생각을 바꾸려는 전략적 내러티브이다. 어나니머스는 자신들의 행위가 법적으로는 불법이라는 것을 인지하고 있다. 그러나 이런 불법행위에 가담하도록 설득하기 위해서 모순되는 언어들로 자신들의 행위를 포장하고 있다. 이미 앞서 내러티브 이론에서 설명한 바와 같이 이야기 형식의 내러티브는 특히 가치모순적인 정보전달에 있어 유리하다. 이는 청중들의 인지적 저항을 덜 일으키기 때문이다. 어나니머스의 행동이 아이디어이기 때문에 체포될 수 없다는 말은 가치모순적이고 사실과 대치되는 발언이지만 이런 주장을 내러티브로 접하는 청중들은 이에 대해 거부반응이나 비판을 덜하게 된다. 이러한 이야기 형식의 내러티브는 결국 청중들로 하여금 내러티브 트렌스포테이션을 일으키도록 촉진한다.

셋째, 어나니머스 내러티브에는 이야기에 몰입하고 동일화하기 쉬운 스토리 줄거리들(story plots)과 주인공(characters) 프로파일이 제공되었다. 어나니머스는 자신들의 내러티브에 등장하는 주인공 캐릭터를 너, 나, 우리, 그리고 주변인들이라고 묘사한다. 이러한 캐릭터설정은 청중들이 잘 알고 있는 보편적인 이야기들의 주인공들로, 나와 우리를 묘사한다. 앞서 언급한 대로 내러티브의 이야기 줄거리와 이야기에 등장하는 등장인물 등이 청중들이 잘 이해할 수 있는 구성, 사건, 캐릭터들일 경우 청중의 이야기 몰입과 내러티브 트랜스포테이션이 촉진된다. 예를 들면, 다음과 같은 어나니머스의 진술들이다. "우리는 사회의 모든 장소로부터 온다. 우리는 학생이고, 노동자며, 점원이고, 실업자다. 우리는 청년이거나 노인이다. 우리는 좋은 옷을 입었거나 누더기를 입었고, 쾌락주의자거나, 금욕주의자며, 폭주족이거나 활동가다. 우리는 세상의 모든 인종, 국가, 종족 등으로부터 온다. 우리는 많다. 우리는 당신 이웃이고,

---

175 #Operation Greenhorn-How many Anonymous are there? 원문 메시지. Ibid. p. 65.

직장 동료거나, 미용사, 버스 기사, 네트워크 관리자다. 우리는 길거리에서 서류가방을 들고 있는 남자고 술집에서 당신이 작업을 걸려 하는 여자다. 우리는 익명이다... 우리는 사회의 모든 장소들로부터 온다... 우리는 결국 짧은 거리를 함께 여행하는 사람들이다. 마치 통근 버스나 전철에서 만나는 사람들처럼 특정 시간 동안 우리는 같은 경로를 지나고 공통의 목적이나 의도, 또는 혐오를 공유한다. 그리고 이 함께하는 여행에서 우리는 아마 세상을 바꿀 것이다."176 "우리는 너다(We are you)."177

넷째, 감정적인 용어들이 사용되었다. 감정을 자극하는 단어들은 청중의 동정심(sympathy)보다는 감정이입(empathy)인 분노 등의 감정을 이끌어내고 몰입을 이끌어 낸다. 즉, 주인공과 함께 감정을 느껴야 하는데, 청중들에게 너와 나 모두가 어나니머스라고 이야기하면서 어나니머스로서 자신들이 느끼는 절망, 분노, 경멸을 너도 느낄 것이라고 이야기한다. 어나니머스가 사용하는 내러티브에서 발견되는 감정을 일으키는 표현들로 피해자화(victimhood), 굴욕감(humilation), 직접적 분노, 그리고 복수의 의지 등의 표현들이 있다. 동시에 자신들의 분노를 표현하기 위해 욕이나 거친 말투의 표현도 사용되었다. 이러한 표현은 자신들이 분노하였다는 것을 표현하는 방식이다. 이는 다음과 같은 진술들을 통해 확인할 수 있다. "우리는... 더 책임 있는 개새끼 집단을 타깃으로 삼는다... 이제... 똑같이 되돌려 줄 때다."178 "우리 익명들은 "복수는 나쁜 년이다"라는 작전을 조직하고 있다...어나니머스는 이를 더 참지 않겠다."179 "... 이제 그들이 우리에게 하고 있는 짓을 똑같이 되돌려 줄 때다."180 "...[저작권]법(SOPA) 아래에서는 단지 유튜브에 비디오를 업로드하고 링크를 연결하는 아주 사소한 일(so little)로 평범한 사람(an average person)이 체포, 벌금, 소송, 연방교도소 수감을 경험할 수 있다..."181 "2012년 11월 가자지구 사람들에 대한 이스라엘의 침략은 100명 넘는 사망자를 낳았다. 서른 명의 아이들이 죽었고, 천 명 이상이 부상당했다..."182

---

176 #Operation Greenhorn-How do I recognize other Anonymous? 원문 메시지. Id. 이길호. 2018. p. 18.

177 Operation Blackout. 원본 메시지. Anonymous Video Website. https://anonymous-france. info/anonymous-update-and-message-on-opblackout.html

178 Operation Payback 어나니머스 채널들에 공유된 지침서 원본 메시지. Id. 이길호. 2018. p. 75.

179 Operation Payback is a bitch. 원본메시지. Id. 이길호. 2018. p. 76.

180 Operation Payback is a bitch. 원본메시지, Ibid. p. 75.

181 Operation Blackout. 원본 메시지. Anonymous Video Website. https://anonymous-france. info/anonymous-update-and-message-on-opblackout.html

"...전 세계의 엘리트 사이버 대대의 분노를 만나게 될 것이다..."[183]

다섯째, 우리와 적의 이분법적 표현, 적의 악마화, 불법화, 타락과 부패의 존재라는 가치평가절하, 조롱, 비인격화(dehumanizing) 등의 표현들이 사용되었다. 이러한 표현들이 포함된 내러티브는 '우리'라는 내적집단(ingroup)의 집단 정체감과 결속을 강화하고 적(outgroup)들 대한 공격을 정당화한다. 그리고 앞서 설명한 비대칭전력에서 상대적으로 약한 능력을 가진 행위자가 주로 사용하는 언더독(underdog) 메시지도 사용되었다. 자신들이 약하지만 강력한 적들과 싸움으로서 열세에 있지만 희생을 각오하고 지속적인 전투를 벌인다는 것이다. 상대방의 가치를 떨어뜨림과 동시에 열세에 있는 자신들을 영웅화하여 지지자들의 감정을 자극하여 청중의 몰입과 동일시를 높이는 전략적 내러티브이다. 다음과 같은 진술들을 통해 확인할 수 있다. "...우리는 끝까지 너희들을 추적할 것이며, 반드시 찾아낼 것이고, 놔주지 않을 것이다..."[184] "어나니머스는 인터넷을 통제하고 사람들의 정보유포 권리를 무력화시키는 기업계의 영리행위에 지쳤다.. 공유권리를 무시하고 있다는 것이다.. 이들의 눈에 비치는 것은 ... 오직 돈 뿐이다..."[185] "작년에 FBI는...돼지같이 흥분해서 꿀꿀댔다. ..이제 선을 넘었고..."[186] "...저작권법(SOPA)은 시민권리법, 공정한 사용, 언론과 발언의 자유를 짓밟는다.... 이 [저작권법 SOPA]은 기업의 지배와 전체주의(totalitarianism)의 현실을 증명한다..."[187] "검열에 맞서고 평균적인 시민에 비해 더 큰 권리를 지닌 사기업에 맞서고, 저작권 업체의 과도한 힘에 맞서자."[188]

여섯째, 어나니머스의 활동목적, 정당성, 문제의식 등을 담은 내러티브들은 가장 중요한 내러티브로 항상 사용되었다. 어나니머스는 자유, 인터넷에서의 지식의 자유로운 공유, 검열반대, 저작권반대, 억압에 대한 저항 등을 모토로 내세운다. 이를 위

---

182 Operation Israel. 2013. 4. 6. 원본메시지. Antonymous video. https://anonymous-france.info/anonymous-operation-israel-press-release.html

183 Operation Israel. 원본 메시지. Antonymous video. https://anonymous-france.info/anony-mous-operation-israel-press-release.html

184 Operation Paris. Youtube 프랑스어 원본 메시지. Id. 이길호. 2018. p. 237.

185 Operation Payback is a bitch. 원본메시지. Id. 이길호. 2018. p. 76.

186 Operation Lastresort.원본 메시지. Id. 이길호. 2018. p. 235.

187 Operation Blackout. 원본 메시지. Anonymous Video Website. https://anonymous-france.info/anonymous-update-and-message-on-opblackout.html

188 Operation Payback (RIAA)선언문 원본 메시지. Id. 이길호. 2018. p. 78.

한 행동은 이들의 해커 에토스에 따라 정당화된다. 그러나 동시에 자신들의 행위가 불법에 근거한 것을 인식하고 있기 때문에 자신들의 행위를 불법으로 규정한 대상인 국가, 정부, 권력, 형사사법기관, 거대기업, 거대금융 등의 존재와 규제자체를 불법적 존재, 반인권, 반헌법적인 자유억압, 그리고 인류애에 대한 범죄로 규정한다. 이런 내러티브는 청중들에게 자신들의 활동목적을 설득시키고 더 나아가 몰입, 동일화, 내러티브 트랜스포테이션까지 일으켜 자신들이 조직하는 거대 작전들에 참여할 수 있도록 정당성을 마련하는 기제로 사용된다. 이들이 내세우는 자신들의 문화, 이념, 가치들은 인터넷을 사용하는 사람들이 공통적으로 공감할 수 있는 가치, 공유문화를 포함한다. 그리고 더 큰 공유를 이끌어 낼 수 있는 인간성과 인간애로 확장한다. 이들이 수행한 독재정권이나 테러집단, 이스라엘에 대한 공격작전들에서 나타난 다음과 같은 내러티브들에서 확인할 수 있다. "...만약 그들이 우리 작업을 검열하려 든다면, 사람들의 힘으로 검열을 없애버릴 것이다..."[189] "...미국은 인터넷을 검열하고 있다... 우리는 자유롭다고, 원하는 바를 할 수 있다고 생각하지만, 실제로는 할 수 있는 것도, 생각하는 방식도, 심지어 어떤 교육을 받을지에 대해서도 매우 제한되는 한계들에 놓여왔다.... 어나니머스만이 아니라, 언론과 표현의 자유를 믿었던 이 나라 건국자들의 가치와 이상에도 정면으로 반하는 짓이다.... 누구에게라도 말하라. 익명으로 인터넷을 돌아다닐 자유, 처벌의 두려움 없이 말할 자유, 체포의 공포 없이 저항할 자유.... 우리는 인간으로서 자유로울 권리가 부정된 사태를 잊지 않는다."[190]

특히 오퍼레이션 이스라엘은 앞서 설명한 마스터내러티브의 주요 구성요소들과 전략적 내러티브들의 다수의 핵심 내용들이 함께 포함되어 나타난 대표적인 사례에 해당한다. 해당 작전에서 나타난 진술들은 다음과 같다. "2012년 11월 가자지구 사람들에 대한 이스라엘의 침략은 100명 넘는 사망자를 낳았다. 서른 명의 아이들이 죽었고, 천 명 이상이 부상당했다..."[191] "너무도 오랫동안 휴전기간 동안 인권에 대한 범죄와 너의 죄가(sins) 처벌받지 않았던 것을 참아왔다.... 너의 유일한 목적은 선택된 소수만의 좋은 삶을 위해 다수의 자유를 짓밟는 것이다.... 너는 팔레스타인인들을 죽이고 불구로 만드는데 사용한 총탄의 포화에서 숨을 수 없다.... 군대조직을

---

189 Operation Anti-ACTA 2012. 원본 메시지. Ibid. p. 174.

190 Id. Operation Blackout. 원본메시지

191 Operation Israel. 2013. 4. 6. 원본메시지. Antonymous video. https://anonymous-france.info/anonymous-operation-israel-press-release.html

사용한 너의 야만...팔레스타인에 대한 너의 악랄한 군사작전...프로파간다...거짓말의 캠페인, 너의 사기게임은 전 세계의 엘리트 사이버 대대의 분노를 만나게 될 것이다.... 우리는 모든 죽음을 개인적인 어나니머스에 대한 공격으로 간주하고....우리는 형제와 자매들에게 요청한다...어떤 수단을 사용하든지...이스라엘이 사이버 공간에서 최후를 맞이하게 하라"[192] 이와 같은 진술들에서 확인할 수 있는 바는 오퍼레이션 이스라엘에서 어나니머스는 청중의 분노를 이끌어 낼 수 있는 감정적 내러티브와 청중의 사기를 고취할 수 있는 군사적 표현을 사용했다는 점이다. 그리고 어나니머스의 활동을 정당화하고, 적과 우리의 이분법적 구분과 적을 악마화하는 내러티브도 포함되었다. 또한 청중들의 분노, 원망, 피해자화 등의 감정적 공감을 이끌어 낼 수 있는 다양한 요소들이 포함되었다. 그리고 팔레스타인에서 발생하는 이야기들을 우리의 개인적인 이야기로 전환하는 문장들이 사용됨으로서 내러티브 속의 이야기들의 캐릭터와 청중을 동일화 하려는 의도도 표출하였다. 특히 여기서 주목할 점은 어나니머스의 기획·지휘 행위자가 각 개별 작전들마다 바뀌며, 특정 지역의 지역 내러티브가 반영되고 있다는 것이다. 마지막에 제시된 형제와 자매에게 요청한다는 표현은 일반적으로 어나니머스가 쓰지 않는 표현인데, 표현상 이 내러티브는 무슬림 배경의 어나니머스가 작성한 것이거나, 무슬림관련 역사, 문화, 용어 등의 내러티브를 이해하고 의도적으로 작성된 문장으로 보인다. 이러한 표현은 무슬림의 움마 공동체의 적과 우리를 구분하는 문장에서 사용되기도 한다. 이론부분에서 설명한대로 청중의 역사, 문화가 공유되는 익숙한 내용의 내러티브들에 대한 공감, 몰입은 강력하게 나타나고 내러티브 트랜스포테이션이 쉽고 강렬하게 발생한다. 이러한 내러티브는 결국 특정 청중들, 즉 무슬림에 대한 파급력을 높인다.

마지막으로, 어나니머스 내러티브는 내적 일관성(internal consistency)을 갖는다. 어나니머스는 통일성 있는 형식의 내러티브를 구성하여 사용한다. 기본적으로 어나니머스의 마스터내러티브는 해커의 초기문화와 윤리를 나타내는 해커윤리에 기초한다. 해커윤리는 종교나 이념적 교조주의는 아니지만 철학적이면서, 동시에 특정 집단의 문화와 가치를 나타내는 에토스(ethos)로서 매우 단단한 기초와 공감대를 형성한다. 해커들의 역사, 문화, 윤리가치를 바탕으로 한 단단한 마스터내러티브가 어나니머스

---

192 Operation Israel. 원본 메시지. Antonymous video. https://anonymous-france.info/anony-mous-operation-israel-press-release.html

내러티브의 핵심이고 이는 하위의 전략적 내러티브에 항상 포함된다. 특히 어나니머스의 해킹 정당성을 제시하는 문제인식이나 문제제기에서 마스터내러티브의 핵심내용(저작권, 자유, 억압의 반대 등)은 일관성 있게 전개된다. 내러티브의 시작과 마지막에 나타나는 문장의 수사(rhetoric)적 표현, "우리는 어나니머스다... 어나니머스를 기대하라" 역시 해커윤리와 관련이 있다. 이와 같은 표현들은 청중에게 뭔가 창의적이고, 감정적이고, 스릴과 즐거움이 넘치는 느낌을 전달한다. 이런 스릴이나 즐거움은 초기 해커들의 문화와 윤리와 관련되어 있다. 이처럼 어나니머스는 마스터내러티브에 충실하고 전략적 내러티브와 수사적 표현을 일관성 있게 사용한다. 이로 인해 각각의 작전에서 어나니머스가 되길 희망하는 사람들에게 이미 친숙한 포맷의 글이 전달된다. 결과적으로 청중의 내러티브 몰입, 동일시를 용이하게 한다.

이는 개별 작전에 대한 동의만 이루어지면 청중들의 즉각적인 작전참여가 가능하도록 하는 어나니머스 커맨드내러티브의 구조와 작동에 도움을 준다. 어나니머스의 커맨드내러티브는 군의 지휘체계가 일정한 포맷을 유지하며 명령전달을 통해 작전을 수행하는 것과 유사하게 작동한다. 이러한 어나니머스의 커맨드내러티브는 온라인과 오프라인 모두에서 동일하게 작동하였고 대체로 지금까지는 이와 같은 방식의 작전수행이 성공적이었던 것으로 볼 수 있다.

나. 2022년 러시아-우크라이나 전쟁 참전 이후 내러티브 사례 분석

어나니머스는 러시아-우크라이나 전쟁이 발생하고 난 후 얼마 되지 않아 러시아에 대한 전쟁을 선포했다. 2022년 2월 24일 어나니머스와 관련되어 있는 트위터 계정 @YourAnonOne에서 다음과 같은 대러시아 사이버 전쟁 참전선언이 있었다. "어나니머스 콜랙티브는 러시아 정부에 대한 사이버 전쟁에 공식적으로 참전한다." 어나니머스는 곧바로 러시아 국방부 데이터베이스를 해킹하였다고 주장했고, 이어서 러시아 국영 TV채널인 RT(Russia Today)에 대한 디도스 공격을 감행했다. 이어서 다음의 진술을 어나니머스 TV와 트위터 등에 포스팅하였다. "러시아 국영 TV 채널은 어나니머스에 의해 해킹되었다. 이는 우크라이나에 무슨 일이 일어나는지 진실을 방송하기 위해서이다."[193] 어나니머스의 공격으로 RT 채널에는 우크라이나 음악이 연주되었고, 우크라이나 국가의 상징물이 개제되었다.[194] 이러한 어나니머스의 초기 공격의

---

193 Milmo. D, Anonymous: the hacker collective that has declared cyberwar on Russia. 「The Guardian」, 27 Feb. 2022.

목표는 이들이 러시아에 대한 상징적 공격을 개시했다는 점을 과시하는 것이었다.

이후로도 어나니머스는 다양한 방식으로 러시아에 대한 사이버 공격을 감행했다. 러시아 정부 웹사이트를 해킹하고 다운시키거나 러시아 정부로부터 유출한 데이터를 공개하는 등의 활동이다.[195] 이들의 공격 대상에는 러시아 정부, 관련 시설, 철도, 학교, 대학, 연구소, 민간 사업체, 미디어 웹사이트, 소셜네트워크 등이 모두 포함되었다. 특히 러시아 미디어 웹사이트에 대한 공격이 다수 이루어졌다. 이와 함께 벨라루스를 포함한 주변의 친러시아 국가들에 대한 공격도 이어졌다. 어나니머스 해커들은 자신들이 접근 가능한 방송매체들을 통해 푸틴이 일으킨 전쟁의 진실에 대해 시민들에게 알리고 특히 러시아 시민들에게 이 전쟁에 반대할 것을 요청하였다.[196] 이러한 반전 메시지가 노출된 미디어들에는 TASS, rbc.ru, kommersant, ru, fontanka, ru, 그리고 iz.ru 등이 포함되었다. 어나니머스 해커들은 러시아 스트리밍 서비스인 Wink와 Ivi, 그리고 생방송 채널인 TV stations Russia 24, Channel One, 그리고 Moscow 24 등을 해킹하고 우크라이나의 전쟁장면을 송출했다. 이때 어나니머스 해커는 스크린 위에 러시아어로 푸틴의 전쟁에 맞설 것을 요청하는 문자메시지를 포함하여 방송하였다. "우리는 러시아의 평범한 시민들이다. 우리는 우크라이나 영토에서 발생한 전쟁에 반대한다. 러시아와 러시아 국민들은 전쟁에 반대한다! 이 전쟁은 평범한 러시아 시민들의 이름을 이용한 푸틴의 범죄적 절대권력 정권에 의해서 자행되었다. 러시아인들이여, 우크라이나의 제노사이드에 반대하자."[197] 그 외에도 어나니머스 프로그래머 Squad 303이 개발한 프로그램을 이용해서 어나니머스는 지난 3월에 5백만 이상의 러시아인들의 개인 핸드폰에 문자메시지를 보내서 우크라이나에서 어떤 참상이 벌어지고 있는지를 알리려고 하였다. "우리는 자유세계의 시민들에게 전할 메시지가 있다. 이 군단(legion)은 당신을 부른다. 우크라이나는 당신이 필요하다. 당신은 세계 역사에서 가장 거대한 군대이다." "당신은 어떤 무기나 탄환도 필요 없다. 당신의 무기는 스마트폰이고 당신의 탄환은 러시아 시민들에게 보낼 메시지다."[198]

---

194 Ibid.

195 원본메시지 출처. Johnson, B. March, 9, 2022. More than 5 million anti-propaganda text messages sent to Russians in Anonymous information warfare.

196 Ibid.

197 Ibid.

또 다른 어나니머스 집단은 러시아 정부시설, 학교, 사무실, 그리고 민간사업체 등을 포함하여 400개 이상의 러시아 카메라 출력정보 해킹을 통해서 통제권을 획득하였다. 이들은 한 웹페이지에서 해킹한 카메라 출력정보 위에 다음의 메시지를 송출하였다. "푸틴은 어린이들을 살해하고 있다. 우크라이나 민간인이 사망했다. 러시아인들은 200RF.Com에 거짓말을 하였다. SLAVA UKRAINI! 어나니머스에 의해서 해킹됨."199 이 메시지에 대해 트위터의 Anon 계정은 다음과 같은 메시지를 전달하였다. "이 메시지는 러시아 시민들의 눈을 열어주기 위한 반-프로파간다 메시지이다."200 또 다른 사이트에서 카메라 정보를 공개하면서 어나니머스의 다른 해커는 "만약 당신이 러시아인이면, 우리는 단지 당신이 국가의 프로파간다에 의해서 세뇌되었다는 것을 알게 하고 싶다. 그리고 크레믈린과 푸틴이 당신에게 거짓말을 하고 있다는 것을 알기 원한다. 우크라이나는 나치에 의해 지배당하고 있지 않다. 당신에 의해 '자유로워질' 필요가 없다. 당신은 당신의 독재자와 싸우고 그로부터 스스로 해방될 필요가 있다. 우리는 이것이 두려운 일인 줄 알고 있다. 그리고 그렇게 행하는 것보다 말이 더 쉽다는 것도 안다. 그러나 당신은 전 세계를 당신 뒤에 두게 될 것이다. 당신을 지지하고 당신을 지켜보고 있다."201

대러시아 전쟁 참전을 공표한 이후, 어나니머스는 다수의 해커조직들의 참전을 요청한다. 이들 중 상당수가 러시아와의 사이버전에 참전하기로 사인한 것으로 알려졌다. 이들 중 일부는 상당한 해킹실력을 가지고 있었고 매우 강력한 해킹을 수행하기도 하였다.202 이처럼 어나니머스의 참전 결정은 다른 해커들에게 상당한 파급력을 미쳤다.

대러시아 전쟁에 참전 이후 나타난 어나니머스 내러티브를 분석하면 다음과 같다. 당연하게도 어나니머스의 내러티브는 주로 반러시아 프로파간다에 초점이 맞추어져 있다. 러시아 시민들에게 전쟁의 부당성을 알리고 푸틴의 전쟁이라는 내러티브를 전달하여 러시아 정부의 메시지에 대응하려고 한다. 그리고 무기, 탄환, 전쟁, 세뇌, 제노사이드, 푸틴의 범죄자정권, 독재자라는 단어를 사용해서 현재 이들은 사이버 전

---

198 원본메시지 출처. Id. Jobson, B. March 9, 2022.
199 원본메시지 출처. Ibid.
200 원본메시지 출처. Ibid.
201 Ibid.
202 Id. Jobson, B. March 9, 2022.

쟁(특히 사이버 심리전)에 참전하고 있다는 것을 명확히 인식시킨다. 또한 상대방을 악마화하고, 감정을 자극하는 단어들을 포함한 내러티브들을 사용한다. 일견 이들의 내러티브는 기존의 내러티브의 용어들을 쓰고 있는 듯 보이기도 한다.

그러나 이번 전쟁 참여 이전의 어나니머스의 기존 내러티브들과는 상당한 변화를 보여준다. 이들이 기존에 활용하였던 "우리는 어나니머스다..."로 시작하는 후렴구도 발견할 수 없고, 자신들의 익명성, 다수를 강조하는 내러티브도 없다. 그리고 전쟁 참여의 대의를 거창하게 설명하고 어나니머스의 목적을 설명하는 내러티브도 없다. 내러티브는 전략적인 내용들을 위주로 표출된다. 반푸틴, 반프로파간다 메시지 등이 그것이다. 이와 같은 변화는 여러 가지로 해석될 수 있지만 어나니머스가 정부의 사법처리를 걱정하면서 공격을 하고 있지는 않는 것으로 파악되며, 이것이 내러티브의 변화에 주요한 영향을 미쳤을 것으로 판단된다. 또한 기술수준이 낮은 행위자들을 포함한 다수의 참여자들을 모집하던 이전의 공격방식에서 해킹실력이 검증된 고급기술수준의 해커집단을 대상으로 공격참여를 독려하는 등 이전의 공격과는 전략이 달라졌다는 것에서도 내러티브 변화를 감지할 수 있다. 이와 같은 변화는 아마도 이번 작전의 어나니머스의 지휘부 또는 기획자들의 성격이 달라졌거나, 전쟁의 성격이 두드러진데 따른 결과로 해석된다. 좀 더 상상력을 발휘하자면 어나니머스가 국가행위자의 대러시아 사이버전쟁 수행을 위한 '가짜깃발(false flag)' 작전에 활용되었을 것으로 추정해 볼 수도 있다. 이 때문에 국가 행위자의 형사사법처리를 우려할 필요가 애초에 없었을 수도 있다. 하지만 이에 대한 명확한 증거는 없다. 단지 여기서 제시할 수 있는 것은 이번 어나니머스의 대러시아 작전에서는 이전 사례들과는 다른 흥미로운 내러티브의 변화가 감지된다는 점이다.

2) ISIS 지지 핵티비즘(pro-ISIS hacktivism)

(1) 특성과 조직구조

ISIS와 같은 이슬람 극단주의 테러세력의 사이버 테러리즘을 핵티비즘의 한 유형으로 볼 수도 있다. 이는 기본적으로 테러세력의 목표가 어나니머스와 같은 비국가 핵티비스트들이나 국가 행위자들과 유사하게 정치적, 사회적, 이념적 속성을 갖고 있기 때문이다. 테러세력은 정치권력의 획득이나 이에 대한 영향력 투사를 의도하며, 사회적 변혁을 기도하고, 그리고 자신들의 정치사상적 또는 종교적 신념이나 가치, 규범들을 확산시키고 관철시키려는 의지를 갖는다. 이런 측면에서 ISIS와 같은 테러세력들이 그 의지관철의 수단 또는 방법론으로 선택하는 사이버 테러리즘은 비국가 핵티비스트들 또는 국가행위자들이 방법론으로 선택하는 핵티비즘과 본질적으로 유사하며 내러티브 전쟁의 속성을 갖는다.

하지만 ISIS와 같은 이슬람 극단주의 테러세력은 핵티비스트들과는 달리 방법론상의 주요한 차이를 보여준다. 이는 이들 서로 다른 행위자들이 궁극적으로 의도하는 전략적 목표가 다르기 때문이다. 테러세력의 핵심 전략 목표는 대규모 살상과 파괴 또는 그러한 위협으로 유도되는 공포의 조장(terrorizing)을 통해 자신들의 세력을 과시하고 이를 지렛대로 정치적, 사회적, 종교적 메시지를 전달하고자 하는 것이다. 이런 측면에서 사이버 테러리스트들은 국가행위자들과는 달리 자신들의 존재를 감추고 은밀히 작전을 수행할 이유가 없으며, 어나니머스나 룰즈섹 등 핵티비스트들과 유사하게 자신이 존재를 드러내고 과시할 개연성이 크다. 이 때문에 사이버 테러리스트들은 국가행위자들의 경우처럼 어나니머스 등 핵티비스트들을 가장한 가짜깃발(false flag) 작전을 수행할 이유가 없다. 오히려 반대로 다른 행위자에 의한 사이버 공격이나 의도치 않은 사이버 재난이나 사고(예를 들면, 이번에 발생한 카카오 서비스의 데이터센터 화재와 같은) 등을 마치 자신이 수행한 것처럼 가장 또는 과장하여 선전할 개연성이 크다.[203]

이와 같은 ISIS 등의 사이버 테러세력들의 전략적 이해는 이들의 사이버 공간이용의 내러티브적인 특성에 그대로 투영된다. 다른 유형의 핵티비즘과는 달리 ISIS 폭력적 극단주의 내러티브 양태는 사이버 공간을 활용하여 폭력적 극단주의 테러를 조장, 확산시키고 이를 오프라인에서의 폭력적 테러공격과 연계시키고자 하는 전략 의도를 반영하고 있다. ISIS와 같은 테러세력은 어나니머스 등의 핵티비스트와는 달리 오프라인에서의 폭력적 테러공격 또는 군사작전이 주된 활동이다. 이들에게 사이버 공간은 아직까지는 주된 전장(war theater)이 아니며 오프라인의 활동을 지원하기 위한 지원통로 또는 보조적 수단의 성격을 가진다. 사이버 공간에서 폭력적 극단주의 프로파간다를 확산시키고, 조직원과 추종자들을 모집하며, 테러공격과 공격자, 공격타깃, 피해 등과 관련된 에피소드들에 대한 담론을 생성·유포·확산·확대재생산함으로서 '공포의 조장' 효과를 극대화한다. 흥미로운 점은 이 과정에서 오프라인에서의 폭력적 브랜드 평판을 활용하여 온라인 공간에서 이에 대한 인지적 선전 및 영향력 효과를 극대화한다는 점이다.

---

203 Chopitea, "threat modelling of hacktivist groups," p. 37.

사이버 테러리스트들은 특정 국가나 사회에 고도의 혼란을 주고 공공에 높은 주목을 끌 수 있는 공격대상을 선호한다. 이들은 대규모 피해나 혼란, 파괴를 야기하는 것을 목표로 한다. 이 때문에 특히 사회기반시설의 SCADA 시스템이 주요 공격대상이 될 개연성이 높다. 이와 같은 사회 핵심기반시설 운영시스템에 대한 공격과 마비는 대중들에게 광범위하게 불안과 근심, 공포, 혼란을 야기할 수 있기 때문이다. SCADA 실패(failure)의 경우에, 그 결과는 매우 광범위하고 심각하다. 2003년 미국과 캐나다 일부 지역에서 전력 공급과 관련된 SCADA 실패의 결과로 캐나다 일부 지역과 미국 오하이오, 뉴욕, 뉴잉글랜드, 윈저, 뉴저지, 필라델피아에 이르는 광범위한 지역에 블랙아웃이 발생했다. 그 결과 256개의 전력발전소가 온라인 접속이 차단됐고, 5천5백만 명의 소비자가 전기 공급이 끊겼다.[204] 최근 2021년에는 미국 남부 텍사스에서 동부 뉴욕에 이르는 미 대륙을 가로지르는 5,500마일 콜로니얼 파이프라인(Colonial Pipeline)에 대한 랜섬웨어 공격이 발생하여 셧 다운된 바 있다. 이 공격으로 아메리칸 에어라인을 포함한 미국의 항공업계가 항공유 부족으로 타격을 입었으며, 애틀란타와 내쉬빌 등 공항운영이 혼란을 겪었다. 또한 연료 부족에 대한 공포는 패닉 구매를 야기했고, 플로리다, 조지아, 앨라바마, 버지니아, 캐롤라이나 등을 포함한 여러 주에서 연료를 사 놓으려는 긴 줄이 나타났다. 이로 인해 갑작스런 연료가격 상승이 발생했다.[205] 아직 이와 같은 공격들이 사이버 테러리스트에 의해 발생한 적은 없지만 테러리스트의 동기와 특성들을 고려할 때 개연성은 충분하다. 사이버 테러리스트들은 논리폭탄과 같은 악성코드들을 이용할 정도로 기술수준이 높아지면, 특정 컴퓨터 장비 혹은 통신망을 겨냥한 물리적 공격, 컴퓨터 회로 과부화를 목적으로 전기와 에너지를 사용하는 전자적 공격, 악성코드로 표적 컴퓨터 시스템을 감염시키거나 소프트웨어 취약점들을 공격하는 컴퓨터 네트워크 공격 등을 실행할 수 있다.[206]

하지만 아직까지는 사이버 테러세력들이 이와 같은 기술 수준에 도달하지는 못한 것으로 보인다. 이는 극단주의 테러세력들 가운데 전세계적으로 가장 세력이 강한

---

204 Andress and Winterfeld, Cyber Warfare: Techniques, Tactics and Tools for Security Practitioner, pp. 126-127.

205 Sean Michael Kerner, "Colonial Pipeline hack explained: Everything you need to know," Whatis.com, 26 April 2022. https://www.techtarget.com/whatis/feature/Colonial-Pipeline-hack-explained-Everything-you-need-to-know

206 Andress and Winterfeld, Cyber Warfare: Techniques, Tactics and Tools for Security Practitioners, pp. 198-199; Kirwan and Power, 『사이버 범죄 심리학』, pp. 324-331.

것으로 평가되는 ISIS의 경우에도 마찬가지이다. 이와 같은 기술수준의 문제는 아직까지 테러세력들에 의한 사이버 테러공격이 본격적으로 나타나지 않고 있는 주요한 원인 가운데 하나이다. ISIS연계 해커조직들의 해킹실력은 대중에게 '도심의 전설(urban legend)'처럼 알려진 것과는 달리 다른 유형의 해커들에 비해 상대적으로 그 실력이 상당히 떨어지고 아마추어적인 것으로 파악되었다.[207] 알려진 중요한 몇몇 해킹 사건들은 ISIS가 직접 수행한 것이 아니라 외부 해커들에 의해 수행되었다고 의심되어지고 있다.[208] ISIS 산하 사이버 칼리패이트(Cyber Caliphate)는 고도의 해킹 능력이 필요한 공격을 자신이 한 것처럼 주장하지만 실제로는 '아웃소싱(outsourcing)' 또는 다른 행위자의 공격을 자신의 것으로 '허위광고' 한 것으로 의심을 받고 있다.[209] 보도에 따르면 ISIS 지지 해커들의 공격으로 보이는 프랑스 텔레비전 채널 TV5Monde에 대한 해킹과 사이버 칼리패이트(Cyber Caliphate)가 한 것으로 주장되어진 미국 CENTCOM에 대한 해킹은 실제 수사결과 러시아 정보기관과 연계된 해커집단인 APT 28에 의한 공격으로 파악되었다. 이러한 ISIS의 사이버 테러역량에 대한 평가는 다양한 증거들을 통해 제시되었다. ISIS 연계 해킹조직들이 수행했다고 주장된 사건들을 수사한 결과에 따르면 그러한 해킹이 아예 발생하지 않았거나, 일반적으로 온라인에서 공개적으로 구할 수 있는 오래된 개인정보자료를 편집하여 '살인명단(kill List)'을 작성하여 온라인 등에 공개하거나, 국방부나 군 시설을 해킹하지 않고 사기업의 해킹을 통해 얻은 미군관련 정보를 스스로 해킹해서 획득했다고 거짓 주장하거나 하는 것으로 나타났다.[210] 더욱이 이와 같은 리스트에 이름이 올라간 사람들의 개인정보는 특별히 군인이나 유력 인물들이 아니라 평범한 일반인들의 주소나 정보가 대다수였다. 그중에는 오래되고 잘못된 정보들도 많았다. 결론적으로 ISIS 해커들은 아직까지는 일반적으로 실력은 없으면서 자신들이 무엇인가하고 있고 해낼 능력이 있다고 부풀려서 떠들거나 거짓 주장을 하고 있다.

한편 조직구조상 ISIS 연계 해킹조직은 어나니머스 등의 핵티비스트들이나 중국,

207 Hawkins. Z. 2. Aug. 2015. Islamic State: hacking, rhetoric and responses. The Strategist. Australian Strategic Policy Institute.

208 Id. Giantas, D. & Stergious D. 2018.

209 Corera, G. 10 Octoer, 2016. How France's TV5 was almost destroyed by 'Russian hackers' BBC. https://www.bbc.com/news/technology-37590375

210 Ibid.

러시아 등의 국가 연계 애국적 해커들과는 다른 차별성을 가진다. ISIS 연계 해킹조직들은 분산 네트워크 구조를 가진 핵티비스트들과는 달리 상대적으로 더 조직화된 네트워크 구조를 띤다. 하지만 국가행위자들의 엄격한 위계적 지휘통제구조보다는 더 느슨한 특성을 가진다. 비교적 단일한 커맨드네러티브를 생성하고 그 정당성을 전파, 확대재생산하는 엘리트 지도부가 식별가능한 채로 존재한다. 또한 엘리트 해커들이나 현장 지휘관, 이론가 또는 선동가 등과 같은 식별 가능한 엘리트 행위자의 정체성도 나타나며 이들이 영웅적 롤모델로 우상화된다. ISIS는 2017년 기준으로 ISIS 중앙미디어 명령권자에 의해 통제되는 4개의 미디어 기관과 여러 국가에서 운영되는 미디어 사무실을 약 37개소 정도 운영하였다. 이들은 소셜미디어, 표층웹이나 다크웹을 가리지 않는 전방위 사이버 공간에서 게임, 할리우드 스타일의 동영상, 음악, 메신저, 댓글, 트윗 등 사용할 수 있는 모든 자원들을 동원하여 ISIS의 선전·선동·프로파간다를 확산시켰다. 이 외에도 사이버 공간에서 테러리스트들을 모집하고, 모금, 지지세력 규합, 테러작전 모의, 테러공포의 확산 등을 지속하였다. ISIS는 기존의 경험 많은 해커들을 모집하여 ISIS 산하 미디어 기관과 연계된 해커조직을 운영하였다.[211]

식별 가능한 지휘통제허브는 노드로 결박된 다수의 ISIS 연계 해커집단들을 지휘통제, 지원, 조율, 가이드 한다. 이와 같은 연계해커집단들 가운데 잘 알려진 조직들로는 Cyber Caliphate Army(CCA), Sons Caliphate Army(SCA), Kalahnikov E-Security Team, United Cyber Caliphate(UCC), Islamic State Hacking Division(ISHD), 그리고 Rabital al Ansar 등이 있다. 이 외에도 느슨하게 연계된 ISIS 지지자들로 이루어진 해커집단들로는 Islamic Cyber Army(ICA), Cuyber Team Rox(CTR), Team System DZ 등이 있다.[212]

이와 같은 ISIS 사이버 테러세력의 조직구조는 어나니머스와 국가행위자의 중간 정도에 해당하는 것으로 보여 진다. 우선 어나니머스의 다중심 분산 네트워크와는 달리 소수의 지휘-통제 허브에 다수의 노드들이 결합된 척도없는 네트워크(scale-free network) 구조를 띠고 있다.[213] 여기에 네트워크 허브와 직접 관련되지는 않지만 허브

---

211 Lillington, L. (2016, April 14). How real is the threat of cyberterrorism?. 「The Irish Times」, https://www.irishtimes.com/business/technology/how-real-is-the-threatof-cyberterrorism-1. 2608935
212 Id. Giantas, D. & Stergiou, D. 2018.

가 생산한 커맨드내러티브에 의해 결박되어 스스로 동원화된 단절된 노드 또는 클릭(clique) 행위자들이 존재한다. 이는 국가행위자의 은밀한 지휘통제와 지원, 조율 하에 작동하면서 좀 더 단단하게 결박되어 있고 국가의 핵심 정보기관이나 군 지휘부로부터 내려가는 탑-다운(top-down)의 지휘통제시스템에 의해 움직이는 국가행위자의 비밀스런 조직구조와도 다르다. 국가행위자들과는 달리 다수의 ISIS 해커조직들의 경우에는 ISIS 지휘통제허브와 직접적으로 명령체계가 연결되어 있지 않다. 오히려 ISIS 해커조직들은 ISIS 지도부의 구체적인 명령을 받아 해킹을 수행하는 것이 아니라 ISIS 지지자들의 결성체로 독립적으로 목표와 활동을 정하여 움직이는 것으로 분석되고 있다. 특히 ISIS와 직접 연계된 것으로 보이는 UCC 등을 제외하고는 Cyber Team Rox(CTR), Team System DZ 등은 '팔레스타인의 자유(Free Palestine)' 등을 외치면서 친-ISIS(Pro-ISIS) 해커집단으로 활동하고 있다. 이와 같은 ISIS 연계 해커들의 익명성과 다분산적 특성은 어나니머스와 같은 핵티비스트들과도 상당히 닮아있다. 그렇지만 이와 같은 익명성과 다분산적 특성을 가진 ISIS 해커들은 스스로 자발적으로 네트워크 전체에 대한 전략지휘통제역할을 수행하거나 커맨드내러티브를 생산하고 확산시키지는 못한다. 이는 어나니머스와 구분되는 차별성이다.[214]

ISIS 연계 해킹조직들의 구체적 특성과 활동을 살펴보면 다음과 같다. 우선 CCA는 ISIS의 활동을 지원하는 ISIS 연계 사이버 테러집단으로 가장 처음 조직되었고 2015년에 의미 있는 해킹공격을 처음 시작하였다. CCA의 핵심리더는 아부 후세인 알 브리타니(Abu Hussain al Britani)로 잘 알려진 주나이드 후세인(Junaid Hussain) 또는 해킹 가명으로는 TriCK인 영국 출신 해커로 ISIS에 가담한 자이다.[215] 해당 인물은 2012년 당시 15세에 팀 포이즌(Team Poison)이라는 모임을 결성하고 영국 극우주의단체인 EDL(English Defense League)의 웹사이트를 해킹하고 마크 저크버그(Mark Zuckerberg)와 프랑스 수상 니콜라스 사르코지(Nicolas Sarkozy)의 페이스북(Facebook) 페이지 해킹을 시도하고, 영국 수상인 토니 블레어(Tony Blair) 개인 이메일 주소록과 전화번호들을 온라인에

213 Marc Sageman, Understanding Terror Networks (Philadelphia, PA: University of Pennsylvania Press), pp. 137-173.

214 이길호, "익명의 조건: 익명 운동의 출현, 전개, 그리고 어나니머스," pp. 290-300.

215 Hamid. N. April. 2018. The British Hacker Who Became the Islamic State's Chief Terror Cybercoach: A Profile of Junaid Hussain, Volum 11. Issue. 4. Combating Terrorism Center. https://ctc.usma.edu/british-hacker-became-islamic-states-chief-terror-cybercoach-profile-junaid-hussain/

공개하고 크로아티아의 NATO의 웹사이트를 디페이싱하는 등의 해킹 공격으로 영국 경찰에 의해 기소되어 6개월의 실형을 복역한 바 있다. 그는 이후 교도소에서의 급진화되고 2013년 출소 후에 시리아로 이동하여 ISIS에 직접 가담하게 되었다. 그는 ISIS 가담 후 얼마 지나지 않아 ISIS의 프로파간다 리더로 활동하게 되었다.216 후세인은 ISIS의 위상과 영향력을 이용하여 2015년 경 해킹그룹인 CCA를 결성하였다. 한편 ISIS의 가장 핵심적이고 중요한 해킹조직은 United Cyber Caliphate(UCC)인데, UCC는 기존의 Cyber Caliphate Army(CCA), Sons Caliphate Army(SCA), 그리고 Kalahnikov E-Security Team 등이 하나의 조직으로 통합되면서 나타났다.217 이 UCC는 Islamic State Hacking Division(ISHD)과 동일한 집단일 수도 있다고 평가되기도 한다. ISHD는 2015년 미국 군인들의 주소와 이름, 신상 등이 담긴 살인명단(kill list)을 공개하면서 유명해 진 해킹조직이다. Rabital al Ansar는 원래 ISIS의 프로파간다 선전물, 동영상, 영상자료 등을 생산하고 배포하는 역할을 담당하던 조직이었는데 2016년부터는 해킹에도 가담하고 앞으로도 해킹을 할 것이라는 위협을 소셜미디어와 텔레그램(Telegram) 등을 통해 공표하여 왔다. 이와 같은 ISIS 연계조직들은 어나니머스 등과는 앞선 달리 어느 정도 ISIS의 핵심 리더십들과 연계가 있을 것으로 추측된다. 그 이유는 주나이든 후세인(Junaidin Hussain)이 한 때 미 펜타곤의 '3번째 암살명단(kill list)'에 올라있었으며218 실제로 해커들 중에서는 미국의 표적드론공격으로 사망한 첫 번째 사례로 알려졌다.219

이밖에도, ISIS를 지지하기 위해 자발적으로 활동하는 해커들과 해커조직들이 존재한다. 이들은 ISIS 지도부와 직접적 연계가 없는 지지자들의 집합체로서 독립적으로 목표와 활동을 정하여 활동한다. 이들 중 Cyber Team Rox(CTR), Team System DZ 등은 자유 팔레스타인(Free Palestine) 등 광범위한 지하디즘을 지지하며 ISIS의 활동을 지원하는 자발적 핵티비스트 집단이다.

---

216 Ibid.

217 Id. Giantas, D. & Stergious D. 2018.

218 Frank Gardner, "UK jihadist Junaid Hussain killed in drone strike, says US," 「BBC」, August 27, 2015.

219 Hussain 이후 사이버 전사들의 리더십을 이어받았던 Sifu Sujan은 2015년 10월 미국의 드론 공격으로 사망한다. 그는 엔지니어였다.

(2) 마스터내러티브

ISIS 핵티비스트들의 마스터내러티브와 하위주제들은 크게 두 유형으로 구분·제시된다.[220] 첫째는 살라피 지하디즘의 이념에 기반 한 이념과 교조주의적 내러티브이다. 둘째는 청중들의 감정적 반응을 이끌어 낼 수 있는 감정적 내러티브이다.

가. 살라피 지하디즘 이념적 마스터내러티브

살라피 지하디즘은 핵티비즘의 마스터내러티브를 형성한다. ISIS와 같은 지하디스트 집단들은 이슬람 근본주의 교리라는 대의(cause)를 따르면서 정통성(orthodoxy)을 매우 중요시한다. 이와 함께 ISIS의 살라피 지하디즘은 그와 같은 이슬람 종교성과 대의를 실현하기 위한 수단 또는 방법으로 군사주의(militarism) 또는 폭력적 극단주의를 과도하게 강조한다. 따라서 목표 또는 방향성으로서의 이슬람 종교성과 대의, 그리고 그 목표에 도달하는 방법론으로서의 폭력사용과 군사주의는 ISIS 마스터내러티브의 두 개의 핵심 기둥을 형성한다. 이와 같은 마스터내러티브의 두 축은 다음과 같은 주요 내러티브들에서 반복적으로 나타난다. 그것들은 교조적 가치인 타이드(tawhid),[221] 교조적 가치이면서 집단 정체성에 해당하는 움마(Ummah), 다른 무슬림들의 세속주의에 대한 처벌(Takfir/Sectarianism), 칼리프 국가(Caliphate), 선지자적 통치방법, 알라의 동맹, 언더독, 살라피 지하디즘에 따른 집단 행위의 명예(honour), 순교자(martyrdom), 종말론(apocalypse), 그리고 지하드의 고귀함(nobility of Jihad) 등이다.[222]

이와 같은 내용들 가운데 이슬람의 종교적 가치의 핵심 중 하나인 유일신 개념인 타이드[223]는 ISIS의 종교적 이념과 가치와 관련된 내러티브에서 가장 많이 등장하는 주제이다. 이 타이드의 개념은 하나의 신, 하나의 국가, 하나의 움마[224] 라는 것을 의

---

220 윤민우·김은영, 2021, 테러단체의 사이버상 국내외 선전선동 실태 및 대응방안. 출간되지 않은 보고서.

221 교조적 가치(Creedal Values)란 이슬람의 근본적인 아이덴티티에서 부터 도출된 신학적 원칙 및 교리들이다. 이 교조적 가치들 즉 이슬람 신학의 원칙 및 주요 교리들이 지하드의 목적에 따라 적용되고 있다.

222 Id. Tony Blair for Global Change(2018)

223 Tawhid / The fundamental Islamic tenet of the unity of God. The opposite of *shirk*, it refers to an unequivocal belief in a single God, omnipotent and without partners. The jihadi concept is an extreme interpretation of a belief generally held by the Abrahamic faiths.

224 움마라는 개념은 이슬람의 종교적 개념으로서 이슬람을 믿는 사람들은 국가나 인종에 귀속되지 않고, 무슬림이라는 공통점 안에서 국가와 인종을 초월한 형성된 하나의 공동체를 형성한다는

미한다. ISIS 내러티브들에서 타이드는 ISIS와 적을 이분법적으로 구분하고 ISIS의 지하드를 정당화하는데 활용된다.[225] 타이드는 ISIS가 칼리프 국가를 "신정연합체(tawhid al-hakimiyyah)"라고 설명하는 데도 사용된다. 이런 종교적 근거에 따라 하나의 신, 하나의 이슬람 정부, 그리고 하나의 무슬림 국가를 의미하는 칼리프 국가를 설정하고 칼리프 국가를 이루자는 내러티브가 전달된다. 칼리프 국가의 개념에는 ISIS가 선지자 무함마드 사망 이후 4명의 칼리프에 의해 통치되던 '영광스러운 과거로의 회귀'가 담겨있다. 이런 내러티브들을 통해 ISIS는 자신들이 영광스러운 과거로의 복귀를 주장하는 살라프(salaf)의 추종자들이며 자신들의 집단이 따라서 보편적인 살라피 집단과 동일한 집단 정체성을 가진다고 선전한다.

ISIS는 이슬람의 정통성을 주장하고, 순수한 이슬람의 계승자라는 주장을 하고 있기 때문에 이 집단의 생존과 지속, 적법성, 그리고 행위의 정당성을 위해서는 이와 같은 교조주의적 이념을 담은 마스터내러티브는 매우 중요하다. 특히 칼리프 국가와 관련해서 매우 중요한 교조적 가치는 신에게 승리의 영광을 돌리는 것이다. 신에게 영광을 돌리는 것은 이슬람 교리에 따르면 신이 역사와 모든 사건을 주제하고 통치하기 때문이다. 따라서 칼리프 건설을 위한 지하드는 실패할 수 없는 전투이며 반드시 승리할 수밖에 없다고 해석되어진다. 이는 매우 설득력 있는 내러티브를 형성하게 되는데 누구도 지는 싸움이나 전쟁을 원하지 않기 때문에 신이 주관하는 승리할 수밖에 없는 전쟁의 참전은 강력한 동기부여가 된다. 이와 같은 신에게 영광을 돌리는 내러티브는 이슬람 전사들에게 동기를 부여하려는 의도로 다수 활용되었다.

다음으로 집단 아이덴티티와 관련된 개념들과 표현들이 마스터내러티브에 자주 등장한다. 이와 같은 용어들로는 움마, 탁피르/세속주의, 알라의 공동체, 언더독 등이 있다. 집단 아이덴티티에서 이들 용어들은 '우리(us)와 그들(them)'의 이분법적 개념을 전략적으로 설정하는데 활용된다. 전 지구적 무슬림 커뮤니티를 의미하는 움마는 교조주의적 교리이면서 동시에 ISIS의 집단 정체성을 규정하는 가장 주요한 개념으로 활용된다. 이 움마의 개념을 바탕으로 지하디스트들은 스스로를 움마를 지키기 위한 군사이며, 무슬림들의 생명을 지키고 명예를 지키기 위한 종교적 의무를 다하고, 세상의 박해받는 무슬림들을 위해 싸우는 자들로 정의한다. 움마를 이용한 정체

개념이다.

225 Id. Tony Blair for Global Change(2018).

성 내러티브들은 매우 강력한 종교적 교리의 토대위에 세워진다. ISIS 전사들은 자신들이 이슬람을 수호하고 신앙자체를 위해 싸우는 전사이기 때문에 국적이나 인종, 민족이 달라도 하나의 움마에 속한다는 강한 결속력을 가진다. 이 같은 인지적 조작을 통해 ISIS는 초국가적인 외국인 전투원들을 수 천명이상 자신들의 전투원으로 모집하는 데 크게 성공했다. 서구국가의 무슬림들을 지하드와 지하드의 대의를 위해 외국인 전투원으로 모집하는 데 활용한 움마 개념이 강조된 프로파간다 내러티브들로는 "믿음 안에 있는 형제들" 또는 "무자히딘"의 표현 등이 있다.226

우리에 반대되는 그들에 해당하는 개념으로는 탁피르나 세속주의자들, 배교자들(apostates)이 있다. 배교자들은 다가오는 알라의 심판의 날에 심판을 받을 자들로서 ISIS에 속하지 않은 불충분한 무슬림들을 지칭한다. 이들은 시아파 무슬림들(Shia)과 무슬림 국가의 리더들 가운데 서구국가들과 연합하는 등 무슬림으로서의 의무를 저버리고 심각한 죄를 지은 것으로 규정된 무슬림들이다. 이들에 대해 ISIS가 공격하고 살인하는 것을 정당화하는 내러티브들에 활용된다. 탁피르의 개념을 활용하는 내러티브에는 적들의 개념인 "시아-시오니스트-십자군(Shia-Zionist-Crusader)"의 연합체라는 표현이 있다. 이들은 수니 무슬림세계를 조롱하고 무슬림들의 품격을 격하시키는 세력들이다. ISIS의 이분법적 프로파간다 내러티브에 등장하는 이 같은 탁피르, 적들, 시아-시오니스트-십자군의 연합체에 대항하여 자신들의 집단을 부르는 명칭은 "알라의 공동체"이다. 알라의 공동체라는 개념은 지하디스트 스스로에 대한 자기인식과 신에 의해 자신들의 승리가 정해져 있는 승리의 집단이라는 내러티브도 반영되어 있다.227

언더독은 ISIS가 움마 공동체를 위해 싸우는 자신들에 대해 스스로 인식하는 자기인식 개념이다. 얼핏 보면 언더독이란 개념이 자신들을 스스로 불쌍하게 인식하는 내러티브인 것 같지만 실제는 그렇지 않다. 여기에 포함된 내러티브는 스스로를 낮추는 겸손함이라는 지하디스트의 주요 덕목을 보여준다. 동시에 자신들을 골리앗에 맞서 싸우는 다윗처럼 거대한 적들의 연합체에 대항해 싸우는 신의 연합체로서 인식하는 것이다. 그리고 스스로를 어려운 상황에서도 싸워 이겨 궁극적으로 승리를 쟁취하는 영웅적인 주체로 평가한다. 이러한 언더독 내러티브에는 열악한 전력자원을

---

226 Id. Tony Blair for Global Change(2018).
227 Id. Tony Blair for Global Change(2018).

가지고 거대한 적들과 싸워서 이겨야하는 자신들을 매우 로맨틱한 영웅적 주인공의 이미지로 덧씌우려는 의도가 깔려있다.[228]

살라피 지하디즘을 따르는 집단들과 개인들의 행동에 대해서는 명예와 순교자의 용어들을 사용하여 내러티브를 전달한다.[229] 명예와 순교자는 개인과 집단의 행동을 이끌어내는 동기와 관련이 있다. ISIS는 지하드를 신앙을 가진 무슬림들이 취할 수 있는 가장 고귀한 행위라고 주장한다. 이러한 지하드에는 기본적으로 이상적 기사의 가치(a chivalric ideal), 즉 명예, 억압받는 자들을 대변하는 것, 대의를 위해 죽을 기회를 가지는 것 등이 함께 내포되어 있다. 지하드 프로파간다의 가장 핵심사항으로 강조되는 것 가운데 하나는 개인과 움마 공동체가 이러한 이상적 기사의 가치를 스스로 행동으로 옮겨야 한다는 것이다. 이러한 지하드는 집단 내에서 선지자의 길을 따라가는 것으로 설명되고 강조된다. 특히 ISIS는 이 명예에 대한 개념을 내러티브에서 강력히 활용한다. 칼리프 국가를 이루기 위해서는 무슬림들이 자신의 명예를 지켜야 하며 이를 따르는 행위를 하지 않는 자들은 불명예스러운 자들이라는 내러티브를 지속적으로 내보낸다. 순교자 개념은 프로파간다의 주제로 매우 강력하게 활용되었다. 순교자 개념은 본질적으로 명예와 매우 깊은 관련이 있다. 따라서 지하디스트들은 공식적으로나 비공식적으로 순교자를 "신의 길 위에 있는"이라고 표현하여 명예와 관련된 가장 최고의 표현을 사용한다. 순교자 내러티브는 외국인 전투원들의 모집에 상당한 효과를 발휘한 것으로 분석되었다. 순교자에 대한 프로파간다 내러티브는 매우 다양한 형태로 표현되고 있다. 직접적인 죽음을 언급하지 않는 로맨틱한 화술표현에서부터(예를 들면, "우리는 당신이 삶을 사랑하듯이 죽음을 사랑한다"),[230] 대의를 위해 희생을 감수하였다는 고귀한 의미를 담은 '용감한 리더', '전사', 그리고 '형제의 사망'등의 표현이 사용되었다.[231]

또한 순교자에 대한 갈망은 종말론(apocalypse)과도 관련되어 있다. 순교자가 되기를 촉구하는 내러티브가 작동하기 위해서는 신에 의한 마지막 심판의 종말이 곧 닥쳐왔

---

228 Ibid.

229 Honour / Both honour for the individual, and corporate honour for the ummah, this theme is tied very closely to the way members of the group should conduct themselves. For Salafi-jihadis, honour is given by God as a reward for jihad.

230 http://content.time.com/time/nation/article/0,8599,189648,00.html

231 Id. Tony Blair for Global Change(2018).

다는 종말론이 전제되어야 할 필요가 있다. 이 임박한 종말론 내러티브는 지하디즘에 전체적으로 깔려있다. 이분법적 구분을 사용하는 지하디스트 테러집단들은 자신은 선하고 다른 이들은 악하다는 믿음을 종교적 교리와 이념을 바탕으로 구축한다. 자신들이 믿는 신에 의해서 자신들이 반드시 승리할 것이라고 믿으며, 이와 같은 승리를 통해 시급히 칼리프 국가가 지구상에서 수립되어져야 한다고 강조한다. 종말론은 칼리프 국가의 최종적 건설로 가는 선과 악의 세기말적 최후의 전투와 밀접히 연계된다. 종말론적 세계관은 ISIS의 내러티브에서 매우 중요하고 큰 비중을 차지한다.

방어적 지하드 개념 역시 자주 등장하는 내러티브이다. 지하드의 고귀함에 대해 이야기하며 지하드의 기사도나 명예, 순교자, 억압받는 무슬림들을 위한 보호 등의 개념과도 함께 연결될 수 있다. 이러한 것들은 ISIS의 전사들이 고귀한 지하드를 수행하도록 격려하고 동기화하는 내러티브들이다. 이 가운데 방어적 지하드는 수세적인 의미로 움마 공동체를 지킨다는 개념이다. 이는 주로 무슬림 세계가 모든 방향에서 공격과 침략을 당하고 있다는 믿음과 함께 자신들의 폭력적 테러행위를 정당화하기 위한 전략적 내러티브로 활용되고 있다. 공세적 지하드에 대한 내러티브들도 마찬가지로 발견된다. 방어적 지하드에 비해서는 매우 적지만 ISIS의 온라인 잡지인 다빅(Dabiq)에서 공세적 지하드에 관련된 내러티브들이 발견된다.[232]

나. 감정적 반응을 이끌어 내는 마스터내러티브

ISIS는 청중들의 감정적 반응을 이끌어 낼 수 있는 감정적 주제들이 반영된 마스터내러티브들도 전략적으로 사용한다. 감정적 내러티브들에는 '무슬림 세계의 피해자화' 또는 '원망', '분노'와 'ISIS의 강인함', '희화화된 적', '종교적 올바름', 그리고 'ISIS와 이슬람의 승리' 등이 있다. 이러한 감정적 주제를 담은 내러티브들은 전략적으로 부정적 또는 긍정적 의미의 단어 또는 형용사적 표현을 적절히 결합하여 사용한다. 또한 영상, 오디오, 음악, 게임 등의 다양한 매체를 활용하여 감정적인 반응을 더욱 극대화하는 전략도 사용되었다.[233] 피해자화와 원망 유형의 내러티브들은 앞서

---

232 Dabiq, 'And Allah is the Best of Plotters', Issue 9, pp. 50-59. "Islam is the religion of war. Your Prophet (sallallahu 'alayhi wa sallam) was dispatched with the sword as a mercy to the creation. He was ordered with war until Allah is worshipped alone."

233 Dabiq Issue 3. p. 3 Chiluwa, I. Deception in online terrorist propaganda: A study of ISIS and Boko Haram. IGI Global. 2019.; "*The U.S has killed women, children, and the elderly, during its direct occupation of Iraq prior to its withdrawal. There are countless accounts*

제시된 이념적 교리를 기반으로 지하드를 수행하는 전사들을 영웅시하고 그들에게 높은 명예를 부여하는 내러티브들과 함께 활용된다. 반면, 지하드에 참여하지 않는 무슬림들은 의무를 저버린 자들로 비난한다. 이와 같은 과정을 통해 청중들, 특히 청소년들을 효과적으로 급진화하기 위해 감정적 내러티브가 적절히 활용된다.

분노와 강인함 등도 ISIS가 주로 활용하는 감정을 자극하는 내러티브들이다. ISIS는 의도적으로 ISIS 전사들이나 그들의 행위를 언급하거나 묘사할 때 강렬하거나 위협적, 또는 잔인함을 나타내는 언어적 표현들을 사용한다. 이는 청중들로부터 분노를 이끌어내는 동시에 이들에게 ISIS의 강인함을 전달하기 위해서이다.[234]

그 외에도 적을 희화화 하는 표현들이 있다. ISIS 미디어들이 사용하는 부정적인 표현들 가운데 두드러지는 것이 자신들의 적들을 모욕하고, 희화화하고, 조롱하는 표현들이 다수 사용된다는 점이다. 가장 많이 사용되는 용어들은 '카피르(Kafir)'인데 여기에는 이슬람을 믿지 않는 비신자라는 의미에 더해 겁쟁이, 쓸모없는 자들, 그리고 ISIS의 적들이면서 위선자들이라는 의미가 담겨있다. 적들은 살인자, 사기꾼, 조작자들이다. 이들의 군대는 범죄자 집단 또는 쓸모없고 무능하다는 표현을 사용하여 묘사한다. 또한 자신들에게 긍정적 감정을 이끌어 내기위해 ISIS의 종교적 올바름을 표현하는 내러티브도 사용한다. 신성함과 종교적 의로움과 관련된 단어들인, '신(god)', '찬양', '축복', '주님(lord)', '예배' 등이 이와 같은 내러티브에 자주 등장하는 메시지들이다.[235]

(3) ISIS 핵티비스트 내러티브의 사례들

ISIS 핵티비스트들이 실제 사용한 내러티브 사례들을 살펴보면 다음과 같다. 먼저 ISIS 핵티비즘 공격들 중 가장 큰 관심을 끌었던 것은 독싱(doxing)이다. 이는 일명 신상털기로 번역된다. 이들의 독싱으로 가장 유명했던 것은 킬리스트(Kill List) 유포인데 이 사건에서 내러티브가 사용되었다. 킬리스트 독싱은 2015년 3월부터 2016년 6월까지 약 19건이 발생했고,[236] 주로 ISHD, UCC, 그리고 CCA가 관여되었다.[237] 아래

---

of American soilders executing families and raping women under the sanctity of the US military and Blackwater..." Dabiq Issue, 3. p. 3

234 Id. Logan Macnair & Richard Frank (2018) p. 450. Twitter message.

235 *Dabiq Issue*, 10. p. 12.

236 SITE Intelligence, 2016. "Special Report: Kill Lists from Pro-IS Hacking Groups."

237 다수의 분석은 이 두 집단이 동일집단으로 보고 있으며 리더는 Junaid Hussain인 것으로 보고

에 제시된 원본 내러티브는 해킹공격 당시 웹페이지 메시지 포스팅과 그 후 텔레그램이나 트위터 등 소셜미디어에서 자신들의 행위를 알리면서 사용된 몇 가지 주요 내러티브 사례들이다.

2015년 3월 ISDH는 자신들이 해킹을 통해 획득한 정보들이라고 주장하며 미군들의 주소, 사진, 개인정보 등을 독싱하고 '킬리스트(Kill List)'로 온라인에 배포하면서 "미국에 거주하는 형제들"에게 이들을 살해할 것을 요청하는 메시지를 온라인에 공개했다. "오 미국의 쿠파르(Kuffar), 오 너 십자가를 숭배하는 자, 오 너 ISIS와 싸우는 십자군들, 우리는 너희에게 "격노 안에서 죽어라"라고 말한다. 알라의 은혜로 ISHD는 여러 미군 서버, 데이터베이스와 이메일들을 해킹했다. 이를 통해 개인관련 정보들을 성공적으로 획득했다. 너희는 격노 속에 죽는다."[238]

이어서 2015년 8월에는 코소보 국적의 페리지(Ferizi)라는 정치적으로 동기화된 핵티비스트가 일리노이의 한 민간 상업회사의 데이터베이스를 해킹하고 그중 미군 이메일 주소를 가진 정보들만 취합하여 ISHD의 후세인에게 전달했다. ISHD는 이렇게 획득한 정보들을 자신들이 해킹해서 획득한 새로운 100명의 킬리스트라고 다시 주장하고 이를 온라인에 공개했다. "...미국 군대와 정부가 ISHD에 의해 해킹당했다!" "우리는 너희들의 이메일과 컴퓨터 시스템들 속에 있으면서 너희들의 모든 움직임을 감시하고 기록하고 있다... 비밀자료를 빼내 너희들의 개인정보를 칼리프의 전사들에게 넘기고 있다. 칼리프의 전사들이 알라의 승인아래 너의 나라에서 너의 목을 치러 갈 것이다!"[239]

있다.

238 ISHD 해킹 메시지 원보. 재인용 The Straits Times. March. 22. 2015. Islamic State calls on backers to kill 100 US military personnel, posts names online https://www.straitstimes.com/world/united-states/islamic-state-calls-on-backers-to-kill-100-us-military-personnel-posts-names; Kevin Borgolte. A Brief Analysis of the ISIS/ISIL Defacement Campaign. https://kevin.borgolte.me/notes/team-system-dz-isis-isil-defacement-campaign/: "O Kuffar in America, O You who worship the cross, O You crusaders that fight the Islamic State, we say to you: "DIE IN YOUR RAGE!," die in your rage because with the grace of Allah, The Islamic State Hacking Division(ISHD) has hacked several military servers, databases and emails and with all this access we have successfully obtained personal information related"

239 ISHD해킹메시지 원본. Id. Hamid. N. April. 2018. 재인용. "New: U.S. Military and Government HACKED by the Islamic State Hacking Division! We are in your emails and computer systems, watching and recording your every move. we have your names and

이후 2016년에 ISHD의 리더인 주네이드 후세인이 미군의 드론 공격으로 사망한다. 그러자 ISHD 해커들은 후세인의 죽음과 관련 있는 인물들이라고 주장하면서 70명의 미군관련 정보를 공개하면서 ISIS 지지자들에게 킬리스트에 있는 사람들에 대한 살해명령을 공표하였다. "이들이 어디에 있던지 죽여라, 그들의 문을 두드리고, 목을 잘라라, 얼굴에 총을 쏘거나 폭발물로 폭파시켜라."[240]

이 외에 UCC는 2015년 미군중부사령부(United States Central Command's: CENTCOM)의 소셜미디어 계정을 해킹했다고 주장하면서 많은 언론의 이목을 끌었던 사건이 있다.[241] 이때 UCC는 "알라의 이름으로, 가장 은혜롭고, 가장 자비로운, 사이버 칼리페이트는 사이버 지하드를 지속한다"라는 내러티브를 활용하였다.[242] 그리고 UCC는 2016년 4월 5일 인도네시아 대사관 공식 웹사이트를 디페이싱 한 후 다음의 내러티브를 포스팅하였다. "이제 우리의 싸움은 이미 시작되었다! 우리는 포탄이외의 수단으로는 협상하지 않는다. 우리는 총 이외로는 대화하지 않는다. 우리는 힘 이외의 것으로는 이야기 하지 않을 것이다. 그리고 우리는 이 싸움을 멈추지 않을 것이다..."[243] ISIS 연계 해킹조직들은 킬리스트를 공개하면서, "무슬림을 위한 복수를", "모두 죽여라", "우리는 너의 집에 있다. 오바마" 등 복수, 살해, 공포를 조장하는 메시지를 반복 사용하였다.[244]

---

addresses, we are in your emails and social media accounts we are extracting confidential data and passing on your personal information to the soldiers of the khilafah, who soon with the permission of Allah will strike at your necks in your won lands!"

240 ISHD 원본메시지. Pawlyk, O. (2016, May 2). ISIS-linked hackers claim to release personal information of U.S. drone pilots. Air Force Times. 인용: http://www.airforcetimes.com/news/your-air-force/2016/05/03/isislinked-hackers-claim-to-release-personal-information-of-u-s-drone-pilots/ :"Kill them where they are, knock on their doors and behead them, stab them, shoot them in the face or bomb them"

241 Dan Lamothe, "U.S. military social media accounts apparently hacked by Islamic State sympathizers," Washington Post, January 12, 2015; Helene Cooper, "ISIS is cited in hacking of Central Command's Twitter and YouTube Accounts," 「New York Times」, January 12, 2015.

242 UCC원본 메시지. BBC. 12 January 2015. US Centcom Twitter account hacked by pro-IS group. https://www.bbc.com/news/world-us-canada-30785232 In the name of Allah, The Most Gracious, the Most Merciful, the CyberCaliphate continues its CyberJihad."

243 ISHD 포스팅 메시지 원본. Gaintas, D., & Stergiou, D. From terrorism to cyber-terrorism" The case of ISIS. p. 14 재인용.

244 Id. Gaintas, D, & Stergious, D.

이상과 같은 ISIS 연계 해커집단의 내러티브를 분석하면 ISIS 지지 핵티비즘에서 마스터내러티브와 지역 내러티브의 활용 사이에 수직적 통합이 나타난다는 것을 알 수 있다. 또한 이들이 전략적 내러티브와 군사적 커맨드내러티브를 활용하고 있는 것도 관찰된다. ISIS 테러집단의 본부에서 만들어 낸 마스터내러티브가 ISIS 연계 해커조직들과 ISIS 지지 핵티비스트들의 메시지들을 통해 그대로 반영되고 있었다.

핵티비스트들이 활용한 내러티브의 내용들을 순서대로 분석하여 설명하면 다음과 같다. 먼저, ISIS의 마스터내러티브의 핵심 주제들 중 하나인 집단정체성을 나타내는 용어인 쿠파르(Kuffar)가 발견된다. 쿠파르(또는 카피르, 발음의 차이)는 카피르(kafir) 또는 캎피르(kaffir)의 다른 철자로도 혼용되어 사용되는데 아랍어로 비무슬림, 즉, 기독교인, 유대인, 그리고 시아와 같은 다른 이슬람 종파들이나 무신론자들을 의미한다. ISIS 테러집단은 자신들인 ISIS 집단(우리)과 대치되는 그 외의 적들(그들)인 배교자 또는 이교도들을 일컬을 때 카피르 개념을 사용한다. 이 이분법적 내러티브는 시아-시오니스트-십자군의 연합체라는 내러티브 용어들로도 구체화된다. 해킹 메시지에 등장하는 쿠파르, 십자가를 섬기는 자들, 십자군은 적들을 구체화하는 전형적인 ISIS의 마스터내러티브의 주제들과 동일하다. 카피르는 알라의 심판 날에 심판을 받을 자들이고 범죄자, 사기꾼 같이 조롱과 희화화의 대상이기 때문에 이들에 대한 살인, 공격은 정당화된다. 또한 이분법적 내러티브의 사용은 ISIS 테러집단이 자신들의 공동체를 지키기 위한 군대이며, 무슬림들의 생명을 지키고 명예를 지키기 위한 종교적 의무를 다하고 있는 정의로운 자들이라는 의미를 내포한다. 이는 강력한 종교적 교리의 토대위에 세워진 내러티브로서 ISIS는 자신들을 이슬람을 수호하고 신앙 자체를 위해 싸우는 전사들로 그리고 있다.

다음으로 등장하는 마스트내러티브의 주요 주제는 칼리프(또는 칼리페이트)와 칼리프의 전사들이다. 칼리페이트는 아랍어로 칼리프(caliph)와 같은 의미의 단어이다. 칼리페이트는 무함마드 이후 4명의 칼리프가 통치하던 가장 완벽한 정치체계를 의미한다. 이 단어의 일반적 의미는 "선지자 무함마드의 후계자"란 뜻이다. 이들은 선지자들로서 가장 선하고 훌륭한 무슬림들로 인식되고 있다. 칼리프라는 개념은 ISIS 테러집단이 칼리프의 추종자이며 자신들이 순수하고 정통성 있는 후계자로서 칼리프와 동일한 집단 정체성을 가진다는 점을 선전하기 위해 사용되는 ISIS의 핵심적인 마스터내러티브로 작동한다. 칼리프 개념은 따라서 ISIS의 존재와 행위에 정당성과 적법성을 부여한다.

또한 핵티비스트들의 포스팅된 메시지에 자주 등장하는 "격노 안에서 죽어라!", "알라의 승인아래 너의 나라에서 너의 목을 치러갈 것이다!", "죽여라... 목을 잘라라, 얼굴에 총을 쏘거나 폭발물로 폭파시켜라." "싸움은 시작되었다!...포탄......총기... 힘 이외의 것으로는 이야기 하지 않을 것이다. 그리고 우리는 이 싸움을 멈추지 않을 것이다..."는 표현들은 ISIS 테러집단이 사용하는 내러티브들 중 청중의 감정적 반응을 이끌어내기 위한 표현들이다. 이러한 분노 또는 격노, ISIS의 강인함, 종교적 올바름, ISIS와 이슬람의 승리 등과 같은 감정적 표현들은 ISIS의 마스터내러티브들에 담긴 주요 주제들을 그대로 반영하고 있다. 먼저, 분노와 강인함은 청중들로부터 분노를 이끌어내고 동시에 이들에게 ISIS 조직의 강인함을 전달하기 위해서 사용된다. ISIS의 활동과 조직을 강렬하고 위협적이고 잔인하게 묘사함으로서, ISIS가 적들에게 치명적인 피해를 가할 수 있는 능력을 가진 강력한 조직이라는 것을 강조하기 위해 의도된 내러티브들이다. 이러한 감정적 표현들은 매우 중요한데, 청중들 중 다수가 이러한 전투와 강인함, 잔인함, 스릴 등에 이끌리는 성향을 가지기 때문에 이러한 표현들이 오히려 ISIS를 멋진 조직, 강인한 전투조직으로 인식하게 하고 그와 같은 멋진 전투에 참여하고 싶다는 마음을 이끌어 내는 효과를 가져 온다.

자신들에 대한 긍정적 감정을 이끌어내기 위한 목적으로 기획된 ISIS의 종교적 올바름을 표현하는 내러티브도 마스터내러티브의 주요 주제이다. ISIS는 자신들이 이슬람의 진정한 후계자라는 브랜드 전략과 함께 종교적 고백과 자신들의 경건함 등을 표현하는 내러티브들을 동시에 사용함으로서 이러한 이미지를 구축한다. 해커들의 내러티브에 나타난 "알라의 이름으로, 가장 은혜롭고, 가장 자비로운, 사이버 칼리페이트는 사이버 지하드를 지속한다"는 표현은 해커집단들과 핵티비스트들이 ISIS의 내러티브를 충실히 따른다는 것을 보여준다. 이는 ISIS의 종교적 올바름의 내러티브와 연계된 것이다.

ISIS와 직접 연계되지 않은 ISIS를 지지하는 핵티비스트 집단 중 하나인 Team System Dz의 메시지도 ISIS의 마스터내러티브를 담고 있다. Team System Dz는 ISIS 테러활동과 팔레스타인의 자유를 지지하면서 미국 등지에서 수천 건 이상의 디페이싱 해킹을 감행했다. 이들의 메시지는 주로 ISIS의 마스터내러티브의 주제들인 피해자화(victimization)와 원망(grievances)을 반영한 텍스트와 이미지 내러티브를 사용한다. 무슬림 세계의 피해자화 또는 원망은 ISIS의 프로파간다에서 자주 활용되는 주제이다. 해당 주제에 따르면, 미국과 서구국가들은 무슬림들을 죽이고 무슬림 세계를 침략하고 있다. 피해자화와 원망의 내러티브들은 이념적 교리를 기반으로 지하드를 수행하는 전사들을 영웅시하고 지하드에 참여하지 않는 무슬림들은 의무를 저버린 자들이라고 비난한다. 이러한 피해자화와 원망의 내러티브는 역사와 문화, 그리고 종교적 맥락에서 무슬림들이 공통으로 공유하는 강력한 이야기 구성요소이다. 여기에 더해서 청중들, 특히 청소년들을 효과적으로 급진화시키기 위해 감정적 내러티브가 적절히 활용되었다. Team System Dz는 2017년 오하이오 주 정부 웹페이지를 디페이싱한 후 다음의 메시지를 포스팅하였다. "트럼프가 책임을 져야할 것이다. 너와 너의 국민은 무슬림 국가에서 흘려진 모든 피 한 방울에 대한 책임을 져야한다."[245] 또한 전쟁, 폭격, 살인, 시신, 울부짖는 어린이 등 잔인하고 안타까운 장면의 그림과 함께 다음의 내러티브가 개제되었다.[246] "정부, 미국 국민, 그리고 나머지 세계에 대한 메시지이다. 이게 바로 네가 주장하는 인류애인가? 아니면 무슬림에게는 생명이 관련이 없는 것인가? 이러한 무슬림에게 행해진 행위들이 너에게서는 통과될 것이라고, 그리고 우리가 아랍과 전 세계의 무슬림들에게 너희가 했던 일을 잊을 것이라고 상상하지 말라. 나는 ISIS를 사랑한다."[247]

한편 일부 ISIS 지지 핵티비즘 조직에서는 어나니머스의 내러티브와 비슷한 표현을 활용한 메시지도 나타난다. "오사마를 죽였어도 우리의 지하드는 끝나지 않는다. 우리는 모두 오사마이다(WE ARE ALL OSAMA)…"[248] 이런 특징은 ISIS와 연계되지 않은 ISIS 지지 핵티비스트 집단 중 하나인 Cyber Team Rox(CTR)의 텔레그램 메시지에서도 나타난다. 이들은 텔레그램을 통해 어나니머스처럼 해킹에 필요한 자료를 공유한다는 메시지를 전달하였다.[249] 또한 페이스북이 CTR의 계정을 폐쇄한 것에 대한 보

---

245 Id. BBC. 26 June. 2017. Team System DZ. 원본메시지. "You will be held accountable Trump, you and all your people for every drop of blood flowing in Muslim countries."

246 이 메시지는 작성자인 해커의 영어가 부자연스러워서 영어권 사람이 아닌 해커들이 포스팅을 한 것으로 추정된다. 따라서 문자 그대로 해석을 해서 해석된 내용 자체가 부자연스럽다.

247 South African Government. 28 Jun 2017. Basic Education on hacking of Department website. Team System DZ. 원본메시지. https://www.gov.za/speeches/basic-education-hacking-department-website-28-jun-2017-0000.

248 Alkhouri, L. , Kassirer, A. & Nixon, A. (2016). *Hacking for ISIS: The Emergent Cyber Threat Landscape*. Flashpoint, p. 3, 4, 7, 8, 10, 11, 12, 13, 14, 15, 16, 17, 18. Retrieved https://fortunascorner.com/wpcontent/uploads/2016/05/Flashpoint_HackingForISIS_April2016-1.pdf "…"And if you've Killed Osama R.A its never the end of our Jihad WE ARE ALL OSAMA…"

249 Memri Lab i. (2016, July 20). Pro-ISIS Hacking Group Releases Kill List Of 289 U.S. Army

복 공격을 수행한 뒤 텔레그램에 "페이스북과 트위터에 대한 온라인 다와작전 캠페인(Da'wah Operations Campaign)은 최종 종결되었다…"라고 메시지를 남기기도 하였다.250

이 부분에 대해서는 해석이 갈릴 수 있다. 어나니머스가 2015년 오퍼레이션 ISIS 등을 진행하면서 ISIS와의 전쟁을 선포하자 이에 대응하는 ISIS의 해커들과 지지자들이 어나니머스를 조롱하기 위해 어나니머스식으로 비디오, 음성 등을 녹화하는 방식으로 ISIS 지지자들에게 어나니머스의 해킹을 지시하기도 하였다.251 즉, 이는 어나니머스를 벤치마킹한 것 보다 조롱하는 차원에서 수행한 작전활동이라고 볼 수도 있다. 다만, 앞서 제시된 내러티브 사례는 어나니머스와의 전쟁에서 나타나는 내러티브들이 아니라는 점에서 해석을 달리 할 수 있다. 일부 ISIS 지지 해커들이 대부분 청년이라는 측면에서 자신들의 행위가 핵티비즘이라는 것을 강조하고 싶은 무의식이 발현되었을 수도 있다. 그 발현으로 자신들의 핵티비즘의 모델로 어나니머스를 준거집단(reference)으로 인식하고 어나니머스식 메시지들이 등장했을 가능성도 배제할 수는 없다. 이러한 결과는 ISIS 지지 핵티비스트들이 ISIS의 마스터내러티브를 따르지 않는다는 것을 의미하는 것은 아니다. 다만 ISIS와 직접적으로 연계되었다고 추정되는 해커집단들이 아닌 자발적으로 ISIS를 지지하기 위해 활동하는 핵티비스트들은 보다 자유로운 형태의 내러티브를 활용하고 있다는 것을 알 수 있다. 즉, ISIS와의 연계정도에 따라 ISIS 테러집단의 마스터내러티브를 활용하는 엄격성 정도에 차이가 발생한다고 할 수 있다.

ISIS 연계 해커조직들의 활동에서 거짓말과 부풀림의 시도가 발견된다는 점은 주목할 부분이다. UCC나 ISHD 등의 해킹조직이 자신들이 감행하였다고 주장하는 TV5 Monde 공격이나 CENTCOM의 해킹과 킬리스트 유포 등의 사건에서 이들의 거짓말과 부풀림 의혹이 제기되었다. TV5 Monde에 대한 공격은 러시아 연계 해커집단의 가짜깃발 작전으로 드러났다. 그리고 CENTCOM에 대한 해킹을 통해 획득했다는 데이터 유출은 공개출처데이터나 위키리크스(WikiLeaks) 등이 2012년에 공개한 자료들 중 일부를 편집한 것이라는 주장들이 제기되었다. 이에 대해 ISIS 해커들은

Corps Of Engineers Personnel. http://cjlab.memri.org/lab-projects/monitoring-jihadi-and-hacktivistactivity/pro-isis-hacking-group-releases-kill-list-of-289-u-s-army-corps-ofengineers-personnel/:

250 Ibid.

251 Id. 이길호. 2018. pp. 288-292.

자신들이 직접 해킹한 것이라고 다시 여러 번 주장하여 수사기관이나 서국국가들의 매스컴 보도를 부인하였다. 그러나 이런 공격들이 ISIS 연계조직에 의해 직접 수행이 되었다고 하더라도 일부 전문가들은 여전히 이런 해킹공격 자체가 그리 위협적이지 않았다고 평가한다. 라비타트 알-안사르(Rabitat Al-Ansar)라는 ISIS의 미디어 그룹의 사례도 이와 유사하다. 이 집단은 2015년부터 해킹을 통한 사이버공격에 가담할 것을 공표하였다. 그 후 여러 건의 해킹사건에 대해 자신들이 했다고 주장하였고, 미래의 사이버 공격에 대한 공헌 메시지를 담은 비디오를 발표하기도 하였다. 그러나 이 집단이 책임이 있다고 주장했던 공격은 이들이 관여되지 않았었고, 자신들이 수행하겠다고 공헌한 사이버공격은 발생하지 않았다.[252] 이러한 ISIS 연계조직의 의도적 거짓말과 부풀림, 그리고 허풍은 어느 정도 전략적인 것으로 분석된다. 자신들의 행동을 선전하고 높은 평판을 얻어 프로파간다와 리쿠르팅을 보다 더 효율적으로 수행하려는 의도가 있었을 수 있다. 이때 이들의 핵티비즘 실력을 상대적으로 비교할 수 있는 준거집단은 어나니머스였을 수 있다. 특히 주네이드 후세인의 사망 이후 ISIS 연계 해커집단들의 영향력이 약화될 수 있는 상황에서 거짓말과 부풀림을 통해 영향력의 약화를 상쇄하려는 전략적 의도도 의심된다. 만약 분석이 정확하다면 이러한 거짓말과 부풀림 그리고 허풍은 단순히 거짓말로 치부할 수만은 없다. 이와 같은 메시지들 역시 ISIS 집단의 전략적 내러티브로 이해될 수 있기 때문이다.

이들의 거짓말과 부풀림은 미국 당국에 의해서 곧바로 지적되었다. 그러나 이러한 지적들이 ISIS 추종자들이나 ISIS 지지 해커들에게 부정적 영향을 미쳤다는 보고는 없다. 오히려 ISIS 추종자들은 ISIS 집단의 거짓말을 신경 쓰지 않는 것으로 해석된다. 이러한 청중들의 태도는 어나니머스와 같은 핵티비즘의 추종자들이나 청중들의 반응과는 구별된다. 핵티비즘은 집단의 윤리와 가치가 중요해서 이들의 문화와 동기가 청중들과 다른 해커들에게 정당성을 인정받는 것이 중요하다. 이런 점은 어나니머스 유형의 핵티비스트들 간에 통용되는 매우 보편적인 가치이다. 하지만 ISIS 지지 해커들은 어나니머스 유형의 핵티비스트들과는 다른 특징을 가지는 것으로 보인다. 이들 간의 차이의 원인이 무엇인지는 아직 명확히 밝힐 수는 없다. 다만 이러한 윤

---

252 Schwartz, S. (2015, May 11). Islamic State Hackers Threaten Something 'Surprising' to 'Frighten America' Monday at 2 P.M. ET. The Blaze. Retrieved from: http://www.theblaze.com/news/2015/05/11/islamic-state-hackersthreaten-something-surprising-to-frighten-america-monday-at-2-p-m-et

리적 가치의 차이는 ISIS 연계 해커들이 가지는 이슬람 종교성과 무슬림 전사로서의 정체성과 관련이 있는 것으로 판단된다. 이들은 ISIS의 종교적 목표를 달성하기 위해 이교도들과 전쟁을 치르고 있는 사이버 지하드 전사로 스스로를 인식한다. 이 때문에 종교적 도덕적으로 열등한 이교도 적들에 대한 거짓말은 전술적 필요에 따른 것이며 무슬림으로서의 신앙적 또는 규범적 차원의 죄악으로 인식하지 않았을 것이다. ISIS 추종자들의 ISIS 거짓말에 대한 태도는 이와 같은 인식체계가 작동했기 때문인 것으로 추정해 볼 수 있다. 한편 또 다른 해석도 가능하다. ISIS 지지 핵티비즘 참가자들에게 내러티브 트랜스포테이션이 일어난 것으로 볼 수도 있다. ISIS가 제시하는 내러티브 속 이야기들 내의 인물들로 몰입과 동화가 일어나서 기존의 해커로서의 가치관과 ISIS 테러활동의 모순, 비합리성이 상충되는 상황을 인식하지 못하고, 비판적이고 합리적인 사고를 할 수 없는 상태가 된 것으로 이해할 수도 있다.

이와 같은 ISIS 핵티비즘의 사례들을 종합하여 ISIS 핵티비즘 내러티브의 특성을 분석하면 다음과 같은 결과들이 도출될 수 있다. 첫째, ISIS 핵티비즘 내러티브는 강력한 군사적 커맨드내러티브(command narrative)의 구조를 가지고 있다. ISIS 연계 해커집단의 내러티브 핵심내용들을 분석하면 ISIS 지지 핵티비즘에는 군사적 커맨드 내러티브의 수직적 통합이 발견된다. ISIS 테러조직의 마스터내러티브의 핵심내용들이 작전을 수행하는 ISIS연계 해커집단들, ISHD, UCC 등의 내러티브에서 커맨드내러티브로 등장한다. 그리고 이와 같은 핵심내용들이 이들을 추종하는 ISIS 지지 핵티비스트들(즉 Team System Dz)의 메시지에도 그대로 반영되고 있었다. 즉, ISIS 마스터내러티브가 상부부터 하부까지 모든 계층에서 통합적으로 사용되고 있었다. 기본적으로 ISIS는 군사적 조직구조를 이루고 있는 군사적 성격의 테러조직이기 때문에 자연스럽게 ISIS 지도부의 마스터내러티브가 사이버 전쟁이 벌어지는 사이버 공간 내 ISIS 지지자들에게 반영이 되었다고 볼 수 있다. 이런 경우 자발적으로 ISIS 지지 활동을 수행하는 핵티비스트들 사이에서는 이미 내러티브 트랜스포테이션이 발생하였고 이는 이들의 행동변화를 거쳐 사이버 지하드의 참전까지 이어지고 있다고 볼 수 있다.

둘째, ISIS 핵티비즘 내러티브는 작전에의 초대(invitation)라는 특징을 통해 내러티브의 영향력을 증대시킨다. ISIS 핵티비즘은 사이버 공간의 행위자들을 자신들의 공격 또는 작전에 초대(invitation)한다. 따라서 대규모의 인원을 모아 거대한 반대세력을 규합하여 자신들의 내러티브를 확산하고, 정치적 목적을 달성하고자 한다. 이렇게 핵티비즘을 확산하려는 시도는 내러티브 트랜스포테이션의 확장을 의미한다. ISIS 연계 해커들의 선동과 초대를 받고 자발적으로 핵티비즘에 참여하는 개인이나 조직들은 다시 사이버 공격을 수행할 청중들을 대상으로 한 선동에 참여한다. 이 과정에서 ISIS의 마스터내러티브가 사용되어 통일성 있는 메시지와 이야기가 전달된다. 이는 다시 더 확장된 청중들에게 효과적인 내러티브 트랜스포테이션이 일어나게 만들고 더 많은 청중들로 하여금 ISIS의 목적에 동의하고 동조하도록 만든다.

셋째, ISIS 핵티비즘 내러티브는 오프라인에서 이뤄지는 ISIS 테러조직의 내러티브와 실제 테러공격행위와 연계되면서 사이버 공간에서의 내러티브의 영향력이 강화된다. ISIS 핵티비즘은 사이버 공격 그 자체 보다는 사이버공간에서의 활동을 통해 ISIS 테러조직의 오프라인 테러 및 군사 활동을 선전·독려하고, 지원하며, 테러 전투원과 지지자들을 모집하는 등의 보조적인 지원 활동의 성격이 크다. ISIS 핵티비즘의 가장 주된 활동 중 하나는 19개 이상의 여러 버전의 킬리스트(Kill List)를 공개하고 해당 리스트에 수록된 인물에 대한 외로운 늑대 공격 또는 살인의 선전 또는 독려이다. 이처럼 ISIS의 사이버 활동은 공포의 조장이나 ISIS 지지자들의 자부심고취 등에 주력했고, 눈에 띌만한 사이버 공격은 거의 발생하지 않았다. ISIS의 핵티비즘 내러티브는 오프라인의 ISIS 내러티브와 실제 테러공격행위와의 연계를 통해 내러티브의 일관성을 높이고 영향력을 강화한 측면이 있다. 내러티브가 강력해지기 위해서는 이야기의 전개가 일관되어야 하고 반복적으로 노출되어야 한다. ISIS 핵티비즘이 주목을 받은 이유는 이들의 해킹공격 때문이라기보다는 오프라인에서의 ISIS 테러공격의 잔인성, 충격 등이 ISIS 해킹과 연계되면서 이들의 내러티브가 현실에서 구현되는 온-오프라인이 통합된 하이브리드 방식의 활동 때문이다. 즉, 오프라인에서의 지속적인 테러공격으로 인한 ISIS의 유명세가 온라인에서의 ISIS 핵티비즘 영향력 증대로 이어졌으며, 다시 온라인의 핵티비즘 영향력은 오프라인 테러에 대한 공포의 조장과 위협인식의 증대로 이어지는 상호 상승작용을 일으켰다.

넷째, ISIS 연계 해커인 주네이드 후세인(Junaid Hussain)의 사이버 공간에서의 영웅적 이미지가 ISIS 핵티비즘 내러티브 속 이야기의 실제 주인공으로서 상당한 영향력을 청중들에게 미쳤을 것으로 판단된다. ISIS 핵티비즘의 본질은 프로파간다 활동이다. 해킹조직을 만든 후세인은 프로파간다와 리쿠르팅이 핵심활동이었고, 이 때문에 ISIS 핵티비즘은 자연스럽게 오프라인 테러리즘을 지원하기 위한 프로파간다, 심리전, 그리고 리쿠르팅에 초점이 맞추어졌다. ISIS 핵티비즘 이야기에서 후세인은 이미 영웅적 이미지를 가진 유명인으로 본인 스스로가 ISIS 내러티브의 중요한 구성요소였다.

주네이드 후세인은 ISIS에 가담하면서부터 본인 스스로가 '해킹, 급진화, ISIS 테러리즘'이라는 자극적인 이슈를 내포한 이야기의 주인공이 되었다. 따라서 이미 그에 대해 무조건적 관심을 보이는 서구국가 언론매체들의 관심을 끌어들일 수 있었다. 이 인물의 독특한 배경, 이야기, 그리고 캐릭터는 다수의 청중에게 상당한 매력과 파급력을 미쳤고 이는 다시 영웅으로서의 후세인의 영향력을 강화하였다. 이는 후세인이 ISIS 가담 이후 자신의 해킹실력을 증명하지 못하였음에도 불구하고, 그가 고도의 능력을 가진 ISIS 사이버 전사라는 과장된 이미지를 구축하는데 활용되었다. 이와 같은 후세인의 이야기는 청중들에게 내러티브 트랜스포테이션이 일어날 수 있는 힘을 갖는다. 이는 후세인의 영웅적 내러티브는 오늘날 영국 또는 다른 서구국가들에서 살고 있는 무슬림 이민자 청년들이 경험하는 익숙한 이야기 맥락과 사건, 사고 등을 담고 있기 때문이다. 이 때문에 청중들은 후세인의 이야기에 쉽게 몰입, 동화할 수 있고, 궁극적으로 청중들의 인지, 생각, 태도의 변화를 이끌어 낼 수 있다.

다섯째, ISIS 내러티브는 효과적인 내러티브가 가져야 할 구성과 구조를 거의 모두 갖추고 있다는 점에서 매우 위협적이다. 내러티브가 실제 강력한 영향력을 가지기 위해서는 내러티브의 내용과 구성이 청중들의 역사, 문화, 종교, 개인적 경험, 피해자 경험, 원망 등의 핵심적인 가치들을 담고 있어야 한다. 또한 내러티브에 감정적 반응을 일으킬 수 있는 언어나 표현이 필요하다. ISIS 핵심 내러티브는 이러한 요소들을 거의 모두 갖추었다. 예를 들면, 이들의 교조적인 이념이나 역사는 이슬람이라는 강력한 종교적 교리에 기반을 두고 있다. 그리고 너와 나를 이분법적으로 강력히 구분 짓는 역사적 개념들이 존재한다. 이는 '무자히딘', '지하드', '십자군', '무슬림', '인피델' 등과 같은 개념들이다. 이와 같은 강력한 내러티브는 깨뜨리기 어렵다. 더욱이 무슬림 문화권에는 다양한 서구에 대한 음모론과 루머들이 이미 기존에 존재해왔다. 이로 인해 기존의 음모론과 루머들에 노출된 청중들은 ISIS 내러티브에 더욱 몰입하게 되는 취약성을 가진다. 따라서 이들은 종교적 평화, 사랑과 반대되는 지하드의 살인, 공격, 전쟁이라는 상호 모순적 개념도 충돌 없이 받아들인다. 지하디스트들은 이러한 음모론과 관련된 내러티브를 만들어 내는 데 상당히 능숙하다.[253] 이런 종류의 내러티브를 받아들일 준비가 되어있는 무슬림 문화권의 청중들에게 문화, 종

---

253 Corman, S.T. 2016. The narrative rationality of violent extremism. *Social Science Quarterly*, 97(1): 9-18. p. 13.

교, 역사를 공유하는 ISIS 내러티브의 주제들은 매우 이상적인 내러티브 트랜스포테이션의 도구가 된다.

마지막으로, ISIS 핵티비즘은 거짓말, 허풍 등을 활용한다는 점에서 어나니머스와 같은 다른 핵티비즘 세력들과는 구별된다. 이는 한편으로는 ISIS 전략적 목표와 의도 때문이다. ISIS는 해킹 또는 핵티비즘이 주요한 공격활동인 어나니머스 등과는 달리 오프라인 테러활동을 지원하기 위한 보조적 수단으로 해킹과 핵티비즘을 활용한다. 따라서 해킹의 능력과 실제 공격성공 여부 등은 그렇게 중요하지 않다. 다른 한편으로 어나니머스와 ISIS의 마스트내러티브의 차이도 이와 같은 차이를 만들어내는데 영향을 미쳤다. 어나니머스는 해커윤리에 기반을 둔다. 따라서 그들은 다수의(또는 식별되지 않는) 불특정 청중들로부터 정당성을 인정받는 것이 중요하며 거짓말과 허풍 등은 이와 같은 어나니머스 마스터내러티브 자체를 위협한다. 이 때문에 어나니머스는 집단의 윤리와 가치를 중요하게 고려해야 한다. 반면 ISIS는 강한 종교성을 바탕으로 한 무슬림과 무슬림의 적 또는 우리와 그들이라는 이분법적 대치구도에 기반을 둔다. 이 때문에 적 또는 그들에 대한 거짓말과 허풍, 기만의 윤리적 정당성이 중요하지 않다. 단지 이와 같은 행위들은 ISIS의 마스터내러티브를 실현하기 위한 전술적 수단의 성격을 갖는다. 즉 ISIS의 거짓말과 허풍은 마스트내러티브를 위협하는 것이 아니라 오히려 지원한다.

3) 러시아 애국적 핵티비즘

(1) 특성과 조직구조

러시아의 애국적 핵티비즘은 푸틴 러시아의 과거 러시아 제국과 소련에 버금가는 '강한 러시아 국가'를 다시 만들겠다는 국가전략 비전과 목표를 달성하기 위한 수단의 일환으로 추진된다.[254] 이와 같은 러시아의 국가전략은 2000년 푸틴의 집권 이후 현재까지 약 20년 넘게 지속적으로 추진되어 왔다. 이와 같은 노력은 국가안보의 상층수준과 중층수준, 그리고 실제 작전과 정책 집행을 수행하는 하층수준까지 체계적으로 긴밀하게 연계되어 있다. 이 가운데 러시아의 애국적 핵티비즘은 하층의 실행 전략에 해당한다.

---

254 D. Carman, "Translation and analysis of the doctrine of information security of the Russian Federation: Mass media and the politics of identity," *Pacific Rim Law & Policy Journal*, 11(2) (2015), pp. 340-343.

러시아의 국가안보전략은 러시아의 지정학적 인식과 관련이 있다. 2000년 푸틴 정권의 출범을 기점으로 러시아는 지속적으로 강한국가(Superpower)를 재건하고 미국 주도의 단극질서를 다극질서로 바꾸려고 시도해왔다. 그리고 그러한 다극질서에서 러시아가 주도하는 세력 공간(sphere of influence)을 확보하고자 노력해왔다. 이러한 러시아 주도의 세력 공간은 러시아 연방을 포함하여 근외지역(Near Abroad)으로 정의하는 이전 소비에트 연방에 속했던 주변 국가들을 포함하는 지리적 범위에 해당한다. 러시아는 미국과 서방의 세력침투로부터 이 러시아의 세력공간을 방어하고 재건하는 것이 지난 20년 넘게 푸틴 정권의 지정학적 전략의 핵심이었다. 최근 2022년 러시아-우크라이나 전쟁 역시 이러한 맥락의 연장선상에 있다. 이와 같은 러시아의 국가안보전략에 깔린 가장 근본적인 인식론은 러시아와 러시아 인근 지역을 독자적인 러시아/유라시아 문명(Russian/Eurasian civilization) 공간으로 보는 것이다. 이러한 인식론에 기초하여 물리적 및 사이버 공간에서의 핵티비즘을 포함하는 정보-군사충돌은 미국이 이끄는 대서양 문명(Atlantic civilization)으로부터 초래되는 적대행위(aggression)에 대한 러시아의 당연한 대응행동으로 정의된다.[255]

러시아의 애국적 핵티비즘을 구동시키는 상위차원의 군사전략은 2013년 2월에 발표된 '게라시모프 독트린'이다. 이는 푸틴 러시아의 국가안보전략을 실현하기 위한 정보(intelligence)-군사 활동의 최고수준의 전략 또는 개념적 시각에 해당한다. 이는 다시 '러시아 연방 군사독트린'과 '정보공간에서의 러시아 연방군의 활동에 관한 개념적 시각'으로 이어지며, 실제 핵티비즘을 포함한 사이버 작전수행의 전략적 가이드라인으로 자리매김한다. 게라시모프 독트린으로 알려진 러시아의 정보-군사 전략인식은 러시아의 국가안보전략을 구현하기 위한 보다 구체적인 정보-군사부문의 실천전략이다. 이 독트린이 사이버 안보 부문만을 다루고 있지는 않지만 러시의 사이버 역량강화와 작전운용에 있어서 중요한 전략 가이드라인을 제시하고 있다. 이 독트린은 특히 전쟁에서 최우선되는 정치의 속성을 잘 반영하여 사이버 공간 내에서 기술, 군사작전, 전략, 그리고 정치적 결과물 사이의 연계를 복합적으로 고려하였다. 이에 따르면, 국가 간 갈등에서 기존의 키네틱(kinetic) 군사적 방법과 사이버 공간에서의 정보전쟁 또는 정보공작을 통한 비키네틱(non-kinetic) 해결방식이 모두 전쟁의 개념에 포함

---

255 J. Darczewska, "The anatomy of Russian information warfare: The Crimean operation, a case study." *Point of View*, No. 42, OSW(Osrodek Studiow Wschodnich) Center for Eastern Studies, Warsaw, (May 2014). pp. 5-6.

되어야 하며, 따라서 이러한 정보전쟁은 군사적, 정치적일 뿐만 아니라 사회적이고, 문화적이며, 정신적이다.256 전쟁의 규칙들이 바뀌었으며, 따라서 사이버 공간에서의 해킹과 언론조작, 사이버 공격, 프로파간다, 선전여론전 등 비군사적 수단들이 전통적인 물리적 군사적 수단들보다 더 중요할 수 있다.

러시아가 게라시모프 독트린에 따라 21세기 전쟁에서 새로운 접근을 시도하고 있는 정황이 나타난다. 러시아는 공세적이고 공격적인 사이버 태세로 전환했다. 분명한 정치적, 군사적 위기가 나타나기 전에 상대국에 대한 선제적인 정보활동을 시작하며 러시아 군이나 러시아 연방정부의 책임여부를 묻기 어렵도록 다양한 민간 행위자들을 프록시 병력으로 활용한다.257 특히 자발적 애국심으로 동기화된 해커들이나 금전적 동기를 가진 사이버 범죄자들과 같은 전통적인 의미에서 군이나 국가의 에이전트로 볼 수 없는 다양한 프록시 행위자들을 적극적으로 주요한 사이버 공격의 첨병으로 활용한다. 이런 점에서 전통적인 군과 민간의 경계가 점점 더 사라지고 있다.258

이와 같은 러시아의 정보전쟁 전략이론은 다음과 같은 특성을 갖는다. 먼저 방어적 속성이 강조되어 있다. 이는 미국-서방의 패권적인 문명적, 정보적 영향으로부터 러시아의 독자적인 문명권을 보존하고 방어해야 한다는 시각이 깔려있음을 의미한다. 다음으로 러시아인들은 정보전쟁을 정보무기로서의 정보 자원을 통제하기 위해 특별한 수단을 사용함으로서 정보공간 내에서 서로 다른 국가들에 의해 채택되는 다른 문명적 시스템들 사이의 경쟁의 한 부분으로 대중의 의식에 영향을 미치는 것으로 이해한다는 점이다. 그들은 따라서 군사와 비군사적 서열(order)259과 기술적(사이버 공간)이고 사회적인(정보공간) 서열(order)을 혼합하여 사용한다.260 즉, 바꾸어 말하면 APT와 멀웨어 공격 같은 기술적 해킹공격과 영향력 공작(influence operation)과 같은 정

256 J. J. Wirtz, "Cyber wan and strategic culture: The Russian integration of cyber power into grand strategy," Chapter 3 In Kenneth Geers ed., Cyber War In Perspective: Russian Aggression Against Ukraine, NATO CCD(Cooperative Cyber Defence) COE(Centre of Excellence) Publications, Tallinn, (2015), pp. 31-32.

257 Ibid, p. 63.

258 M. Connell and S. Vogler, "Russia's Approach to Cyber Warfare," CNA's Occasional Paper, (2017), pp. 10-12; S. A. Medvedev, "Offense-Defense theory analysis of Russian cyber capability," Thesis, Naval Postgraduate School, Monterey, California, (2015), pp. 62-63.

259 서열은 전투서열을 의미한다.

260 Darczewska, "The anatomy of Russian information warfare: The Crimean operation, a case study," p. 12.

보심리 공격을 함께 통합적으로 운용한다. 이와 같은 전형적인 사례는 2016년 러시아의 미국대선개입사례이다.

이와 같은 러시아의 전략개념에 따라 러시아의 사이버 공격-방어 조직체계는 위로는 러시아 연방 대통령과 러시아 연방 안보회의로부터 핵심 정보기관인 FSB와 GRU를 거쳐 가장 아래의 현장 전투단위로는 프록시 민간 해커들과 애국적 핵티비스트 그룹들에 이르기까지 촘촘하게 짜져있다. 러시아 사이버안보 추진체계의 최상위 기관은 러시아 연방 대통령(The President of the Russian Federation)과 러시아 연방 안보회의(Security Council of the Russian Federation, SCRF)이다. 이 두 기관은 실제 정책집행이 아니라 러시아 국가 사이버 안보 전반에서의 목적, 목표, 집행방법, 수단, 전략적 방향 등을 결정하고 정책집행과 관련된 기관들을 지휘 통제한다.[261] FSB는 최상위 기관의 지휘 통제를 받아 러시아의 사이버 안보 임무를 수행하는 가장 중요한 실행 컨트롤 타워이다. 한편 이와는 별도로 공세적 정보전쟁(또는 충돌) 수행에 있어서의 가장 핵심적인 기관은 런던과 브뤼셀의 사이버 안보전문가들에 따르면[262] 러시아 군과 군정보기관인 GRU(Main Intelligence Directorate: Glavnoje Razvedyvatelnoje Upravlenije: Главное Разведывательное Управление)이다.[263] 여러 자료들과 전문가들의 지적들을 종합해보면 실행컨트롤 타워로서의 FSB와 러시아 국방부 및 GRU는 서로 영역이 중첩되며 경쟁관계인 것으로 추정된다.[264]

애국적 핵티비즘 작전운용과 관련하여 실행컨트롤 타워로서 중요한 기관들은 FSB, 러시아 군, 그리고 GRU 등인 것으로 판단된다. 각 기관의 임무와 역할들을 구체적으로 살펴보면 다음과 같다. 먼저, FSB의 정보안보센터는 범죄자들과 해커들, 핵티비스트들을 이용한 비밀공작을 수행한다.[265] 다음으로, 사이버 부대는 해커들과 저널

---

261 UNDIR(United Nations Institute for Disarmament Research) Cyber Policy Portal, "Russian Federation: Cybersecurity Policy," (2019), https://cyberpolicyportal.org/en/states/russian-federation

262 인터뷰 자료.

263 GRU의 공식명칭은 2010년에 GU(Main Directorate of the Russian General Chief of Staff of the Armed Forces of the Russian Federation: Главное управление Генерáльного штáба Вооружённых Сил Россúйской Федерáции)로 변경되었다. 하지만 미디어에서는 여전히 보편적으로 GRU라는 명칭이 계속 사용된다.

264 Connell and Vogler, "Russia's Approach to Cyber Warfare," p. 8.

265 Maurer and Hinck, "Russia: Information Security Meets Cyber Security," p. 49.

리스트들, 전략 통신과 심리작전 전문가들, 언어학자들로 구성되어 있고 이들은 특수훈련을 받았으며 특수장비를 갖추고 있다. 따라서, 해킹, 사이버 심리작전, 역공작(disinformation) 등의 특수작전을 수행할 능력을 갖추고 그와 같은 임무를 수행하고 있다. 군 정보기관인 GRU(Гла́вное управле́ние Генера́льного шта́ба Вооружённых сил Росси́йской Федера́ции: Main Directorate of the General Staff of the Armed Forces of the Russian Federation)266 역시 사이버 공간을 활용한 군사정보활동 및 비밀공작활동을 적극적으로 수행하는 것으로 알려져 있다. GRU는 러시아에서 가장 큰 규모의 해외정보기관으로 알려져 있으며 가장 위험하고 복잡하며 중요한 국익이 걸려있는 작전들을 수행한다. 특히 GRU는 선거개입과 해킹, 정보-심리작전 등과 같은 해외에서의 공세적 러시아 정보전쟁의 가장 위협적이고 핵심적인 기관이다.267 GRU는 암호기술 및 솔류션에 관한 최고의 기술 실행력을 보유한 것으로 알려져 있으며 FSB등과 공조하여 활동한다.268 GRU는 FSB와 마찬가지로 해커들과 사이버범죄자들을 프록시로 활용하는 비밀작전(Covert Operation)을 수행한다. GRU 산하에 사이버 작전 수행과 관련된 핵심부서는 12국(Twelfth Directorate: Information Operations)이다.269 또한 GRU 산하 소속 부대 가운데 사이버 공격-방어와 관련된 임무를 수행하는 부대로는 Unit 54777, Unit 26165, Unit 74455 등이 있다. 54777부대는 72특수임무센터(72nd Special Service Center)로도 불리며, GRU의 가장 주된 심리전 수행부대이다. 이 부대의 위장조직으로는 InfoRos와 Institute of the Russian Diaspora 등이 있다. 26165부대는 Fancy Bear, STRONTIUM, 또는 APT28로도 알려져 있는 사이버 작전/해킹그룹이다. 74455부대는 Sandworm Team 또는 Main Center for Technologies로도 알려져 있다. 이 부대는 DC Leaks와 Guccifer 2.0 등과 같은 여러 다른 가짜 아이덴티티(fictitious identities)를 사용하며 맥시멈 정치적 충격/효과를 위해 위키리크스(Wikileaks)와 협조하면서 정치적으로 민감한 사이버 해킹을 통해 훔친 자료들을 공개한다. 이 부대는 2017년 NotPetya 공격과 함께 2018년 평창 동계올림픽 사이버 공격에도 관여하였다.270

---

266 이전에는 GRU(Главное разведывательное управление)라고 불렸으나 GU(Гла́вное управле́ние)로 명칭이 변경되었다. 하지만 여전히 GRU로 통칭되고 있다.

267 인터뷰 자료.

268 양정윤 외, "정보공간을 통한 러시아의 국가 영향력 확대 가능성 연구: 국가 사이버안보 역량 평가의 주요 지표를 중심으로," pp. 140-141.

269 Andrew S. Bowen, "Russian Military Intelligence: Background and Issues for Congress," Congressional Research Service R46616, (24 November 2020), p. 4.

이 밖에 국가정보기관인 SVR 역시 사이버 정보활동 및 공작 임무를 수행한다. SVR은 과거 KGB의 1국(First Chief Directorate)이 담당하던 해외정보(Foreign intelligence)의 책임과 권한을 승계한 기관이다.271 SVR은 해외정보안보활동, 인간정보(HUMINT), 사이버 및 신호정보(SIGINT) 분야의 대외협력 업무를 담당하고 있으며 전략정보를 수집하며 해외 정보보호 및 통신시스템 구축에 관한 역할을 수행한다.272 네덜란드 정보부(Dutch General Intelligence and Security Service: AIVD)에 따르면 러시아 해킹 조직인 Cozy Bear가 이전에 FSB와 연계된 것이 아니고 SVR에 의해 지휘통제를 받았다고 추론했다. 미국의 민간 사이버보안회사인 CrowdStrike 역시 이와 같은 네덜란드 정보부의 추론에 동의한다. 이와 같은 사례를 통해볼 때 러시아의 SVR 역시 FSB와 GRU와 마찬가지로 해킹과 핵티비즘과 관련된 정보활동과 공작임무를 활발히 수행하고 있는 것으로 판단된다.273

FSB, 사이버부대, GRU, SVR 등 러시아의 주요 정보기관들은 해커들과 범죄자들, 그리고 애국적 핵티비스트들과 같은 민간 프록시(proxies) 병력들과 연계되어 있다. 이와 같은 민간 프록시들은 사이버 작전들(cyber operations)에 동원된다. FSB 등은 조직화된 해커 그룹들(organized groups of hackers)과 연계되어 있다.274 RBN(Russian Business Network) 등은 이러한 프록시의 사례에 해당한다. 프록시를 이용하는 이유는 비용-효과의 측면과 익명성과 러시아 정부의 부인가능성(deniability)을 높이기 때문이다.275 앞서 언급한 2016년 미국 대선개입 때 APT 28과 APT 29로 알려진 해커그룹들이 각각 FSB와 GRU의 은밀한 지원에 따라 동원되었다.276 이 밖에 CyberBerkut라는 해커그룹은 2014년 우크라이나 선거 기반시설에 대한 공격으로 알려졌다.277 나쉬(Nashi)라고 불리는 친크레믈린 청소년 운동(pro-Kremlin youth movement) 조직은 러시아 정부의 후견아

---

270 GRU, https://en.wikipedia.org/wiki/GRU#cite_note-50

271 McCauley, Bandits, Gangsters and the Mafia, p. 406.

272 Ibid.

273 SOCRadar, "APT Profile: Coza Bear/APT29," November 16, 2021, https://socradar.io/apt-profile-cozy-bear-apt29/

274 Maurer and Hinck, "Russia: Information Security Meets Cyber Security," p. 47.

275 Connell and Vogler, "Russia's Approach to Cyber Warfare," p. 11.

276 윤민우, "사이버 공간에서의 심리적 침해행위와 러시아 사이버 전략의 동향,"「한국범죄심리연구」, 14(2) (2018), p. 100.

277 Connell and Vogler, "Russia's Approach to Cyber Warfare," pp. 23-24.

래 2008년 조지아 침공과 이후 우크라이나 크림 반도 합병 등에 러시아 정부를 위한 인터넷에서의 담론형성과 여론공작, 가짜뉴스, 댓글공작 등과 같은 정보-심리작전에 조직적으로 동원되었다. 여기서 "러시아를 위해 적과 싸우기를 희망하는" 블로그들을 위한 지침매뉴얼(instruction manual)을 작성하고 정보전쟁 참여를 독려했던 FEP(Foundation for Effective Politics)의 막심 자로프(Maksim Zharov)는 크레믈린과 나쉬를 연결하는 주요한 매개자였다.[278] 트롤팜(troll farm)이라고 불리는 IRA(Internet Research Agency) 역시 프록시 행위자에 해당한다. IRA는 러시아 정부로부터 금전적 지원을 받는 민간회사로 알려져 있다.[279]

특히 IRA는 80개의 트롤들을 포함한 약 400명의 스탭들이 12시간 업무를 수행하였다. 그들은 VKontakte를 포함한 거의 모든 소셜미디어 네트워크에서 콘텐츠를 만들었다. 메니저들은 CCTV로 임무수행 인력들을 감시했다. 이들은 매년 수백만 달러의 예산을 사용하면서 디스인포메이션(disinformation) 작전을 수행했다. 관리(management) 그룹이 감독하면서 그래픽, 검색엔진최적화, IT, 회계예산부서 등을 포함한 여러 부서들을 두고 임무를 수행했다. IRA 멤버 중의 하나였던 류드밀라 사브축(Lyudmila Savchuk)은 5개의 정치적 포스팅, 10개의 비정치적 포스팅, 그리고 150에서 200개의 다른 트롤들의 포스팅에 대한 코멘트의 할당량을 매 업무쉬프트(work shift)마다 채워야 했으며, 매달 현금으로 41,000루블(778달러)을 받았다고 말했다. IRA는 독단적으로 행동한 것이 아니라 러시아 정부의 조직적인 지휘통제에 의해 부여된 임무를 수행한 것으로 파악되었다. 예를 들면, 미국의 민주주의 과정을 혼란시키고, 불신을 확산하고, 대중동요를 선동하고, 미 국민들의 사회적 균열과 갈등을 양극화시키기 위한 프로젝트 락타(Project Lakhta)에 IRA(Internet Research Agency), MediaSintez, NovInfo, Nevskiy News, Economy Today, National News, Federal News Agency, 그리고 International News Agency 등의 다수의 민간 참여자가 조직적으로 동원되었으며, 이들의 배후에는 러시아 정보기관이 있었던 것으로 파악되었다.[280]

이번 러시아-우크라이나 전쟁에서도 이와 같은 러시아 정보기관들과 해커들, 핵티비스트들의 연계는 눈에 띈다. 2022년 전쟁 발발 초기에 엘리트 러시아 해킹팀인

---

278 Carr, Inside Cyber War, pp. 17-18.
279 송태은, "디지털 허위조작정보의 확산 동향과 미국과 유럽의 대응," 주요국제문제분석 2020-13, 국립외교원 외교안보연구소, pp. 22-23.
280 Ibid.

Sandworm을 포함한 러시아 해커들은 멀웨어와 피싱(phishing), DDoS 등으로 우크라이나 주요 타깃들에 대한 전방위적 사이버 공격을 감행하였다.[281] 이 Sandworm은 GRU의 74455부대인 것으로 알려졌다.[282] 한편 러시아 정보기관들은 민간 해커들을 동원하여 미국과 다른 우크라이나 지원국들의 기관들을 해킹했다. 러시아 해커들은 미국과 다른 42개국의 100개 이상의 기관들의 네트워크에 침투하였고, 대용량 데이터를 절취했다.[283] 이와 함께, 정보심리전을 수행하는 익명의 친러시아 애국적 핵티비스트들은 소셜미디어에서의 여론과 내러티브 담론을 주도하기 위해 입증하거나 진위여부를 가리기 어려운 스크린샷(screenshots)과 문건들(caches of documents), 뉴스들을 포스팅했다.[284] 상트 페쩨르부르크에 위치한 러시아 인터넷 트롤들은 러시아의 우크라이나 침공을 지지하는 여론을 온라인에서 적극적으로 유포, 확산시켰으며, IRA의 창립자인 예브게니 프리고진과 관련된 트롤팩토리(troll factory)는 친크레믈린 내러티브를 유포, 확장시키는 활동을 특히 인스타그램과 유튜브, 그리고 틱톡 등에서 활발히 전개하였다. 이 가운데 핵심적인 역할이 "Cyber Front Z"라고 불리는 텔레그램 채널에 의해 수행되었다. 이와 같은 러시아 트롤팜들은 "애국적 활동(patriotic activity)"으로 우크라이나에서의 "특별 군사 작전(Special Military Operation)"을 지원하는 업무를 위해 임금을 받고 고용된 인력들로 알려졌다.[285]

러시아의 애국적 해커들이 전세계적으로 알려지고 매스컴의 주목을 받게 된 계기는 러시아의 국가 아젠다를 지지하는 자발적 해커들이 미국과 나토(NATO) 등에 대해

281 James A. Lewis, "Cyber War and Ukraine," CSIS(Center for Strategic & International Studies) Report, June 2022. https://www.csis.org/analysis/cyber-war-and-ukraine; James Pearson and Christopher Bing, "The cyber war between Ukraine and Russia: An overview," Reuters, May 10, 2022. https://www.reuters.com/world/europe/factbox-the-cyber-war-between-ukraine-russia-2022-05-10/

282 Andy Greenberg, "Russia's Sandworm Hackers Attempted a Third Blackout in Ukraine," WIRED, April 12, 2022, https://www.wired.com/story/sandworm-russia-ukraine-blackout-gru/

283 Maggie Miller, "Russian hackers targeting U.S., other Ukraine allies," POLITICO, June 22, 2022. https://www.politico.com/news/2022/06/22/russian-hackers-target-u-s-00041342

284 Pearson and Bing, "The cyber war between Ukraine and Russia: An overview."

285 Staff and agencies, "Troll factory' spreading Russian pro-war lies online, says UK," The Guardian, May 1, 2022. https://www.theguardian.com/world/2022/may/01/troll-factory-spreading-russian-pro-war-lies-online-says-uk

공격을 가했던 1999년 코소보전쟁이다. 알바니아계 지원을 위한 미국과 나토의 공습이 시작되자 같은 슬라브계의 유고를 돕기 위한 러시아 해커들의 지원이 시작되었다. 당시 러시아의 애국적 해커들의 행동은 국가에 의한 주도라기보다 정치적 목적을 가진 해커들의 자발적 참여의 성격을 띠었기 때문에 핵티비즘의 일종으로 이해되었다.

그러나 2007년 조지아에 대한 러시아의 침공, 그리고 2008년 에스토니아에 대한 사이버 공격을 기점으로 애국적 해커들과 러시아 정부의 연계가 강력히 의심받기 시작했다. 이 사건 이후 2014년과 2022년에 발생했던 우크라이나에 대한 러시아의 침공에서 애국적 해커들의 사이버 공격과 러시아 정부의 물리적 전쟁수행의 연계와 통합이 더 명확해졌다. 2007년 조지아에 대한 러시아의 침공 시 일부 전문가들은 당시 활발한 활동을 펼친 애국적 해커집단 stopgeorgia.ru 포럼과 러시아 정보기관과의 명확한 연계를 발견했다고 다음과 같이 주장하였다.[286] "... 분석 가능한 증거들이 러시아의 GRU/FSB의 계획과 고위급 책임자의 지시가 있었을 가능성을 강력히 지지하고 있다. 한편으로는 나쉬 중계인들과 다수의 참여현상에 의존하여 정보기관의 개입에 대한 판단을 어렵게 하면서 자신들의 전략을 이행시켰다고 판단된다."[287]

러시아의 애국적 해커들은 자발적 참여자들부터 정보기관과 연계된 사이버 전사들까지 다양한 스펙트럼을 나타낸다. 최근 2022년 러시아-우크라이나 전쟁에서는 돈을 목적으로 한 범죄집단까지 애국적 해커로 참전하였다. 원래 해커들은 이질적인 자들의 집합체이다. 그러나 해커들의 이질성은 보통 해커들의 해킹실력의 차이를 기준으로 언급된다. 이런 측면에서 러시아의 애국적 해커들의 이질성은 독특하다. 이들은 해킹실력의 차이뿐만 아니라 해커들의 목적, 국가와의 연계성 여부, 또는 자발성의 차이 등에서 다면성을 보여준다.

그럼에도 불구하고 이질적인 러시아의 애국해커들은 마스터내러티브의 내용에 있어서는 높은 일치성을 나타낸다. 이는 다양한 러시아 애국해커들이 러시아 국가와 민족의 위대성, 역사적 경험, 국가적 위협인식 등에서 매우 유사한 관점을 공유하기 때문이다. 또한 이는 푸틴의 러시아 정부가 마스터내러티브를 치밀하게 구성하고 다양한 러시아 애국해커들을 높은 수준으로 조직화한 결과이기도 하다. 따라서 이러한

286 Forrest B. H. 2019. Privateering in Cyberspace: Should Patriotic Hacking Be Promoted as National Policy?, Asian Security, 15:2, 93-102, DOI:10.1080/14799855.2017.1414803.
287 Ibid. 재인용. p.95.

러시아 애국해커들의 높은 내러티브 일치성을 이해하기 위해서는 러시아 애국적 핵티비즘의 마스터내러티브를 파악할 필요가 있다.

애국적 해커집단들은 자발적 애국적 해커집단, 정부와 연계가 의심이 되지만 직접 확인이 되지 않은 애국해커 집단들, 그리고 폭넓게 러시아 정책을 지지하는 해커집단(pro-Russia hactivists)들을 포함한다. 이와 같은 러시아의 애국적 해커집단들의 리스트는 다음과 같다. 그것들은 Stormous Randsomware, Zatoich, Killnet, XakNet, Stormous Randsomware, Conti, CyberBerkut, Ghostwriter, The Red Bandits, Freecivillian, Coming project, Quedagh, Digital Cobra Gang(DCG) 등이다.[288] 한 연구에 따르면 2022년 기준으로 러시아를 지지하는 핵티비스트 집단은 약 70여개 단체가 넘는 것으로 파악되고 있다.[289] 여기에서는 그 가운데 일부 핵티비스트 그룹들의 내러티브들이 분석에 사용되었다.

(2) 러시아 애국적 핵티비즘의 마스터내러티브

가. 러시아 애국주의, 러시아적 정체성, 그리고 신러시아 제국주의

러시아 애국적 해커들의 마스터내러티브는 러시아의 정치문화와 깊은 관련이 있다. 러시아 애국적 해커들은 러시아식 국가주의 정신과 국가에 봉사하라는 대중인식, 그리고 애국심을 고취하기 위해 고안된 러시아의 장기간의 정치문화 또는 선동정책의 산물이다. 소련시대부터 존재하던 프로파간다는 1991년 소련해체로 서구 자유주의의 물결에 주춤하게 된다. 그러나 푸틴 시기에 관영매체들 통해 다시 확산되고 청년들을 대상으로 프로파간다 교육이 시작되며 2005년 나쉬(Nashi)운동으로 새롭게 시작된다.

나쉬는 '우리들'이라는 의미로 정식명칭은 '청년 민주주의 반파시스트 운동, 우리들!(Молодёжное демократическое антифашистское движение «Наши»)'이다.[290] 이 운동은 17세에서 25세의 젊은 러시아 청년들을 위한 청년정치운동이다. 이 운동에 대해 비

---

288 The Record. February, 25, 2022. Russia or Ukraine: Hacking groups take sides. https://therecord.media/russia-or-ukraine-hacking-groups-take-sides/; Center for Security Studies (CSS). October 2018. Hotspot Analysis: Cyber and information warfare in the Ukrainian conflict. Zurich.

289 Vedere Labs. Killnet. Analysis of Attacks from a prominent pro-russian hacktivist group.

290 임필수, 푸틴 2기(2004~2008) 푸틴과 러시아의 현대사: 대통령 대행에서 크림합병까지, 「Redian」, 2022. 6. 2. http://www.redian.org/archive/162834

판적인 입장을 가진 의견들은 나쉬 설립의 목적을 비판한다. 러시아 정부가 러시아 내 '색깔혁명'이 발생하는 것을 막고, 정부에 반대하는 의견들을 나쉬 같은 젊은 러시아 청년들과 함께 대응하기 위해 만든 단체라는 것이다. 나쉬는 과거 소련시대 청년운동의 전신이었던 콤소몰을 연상시킨다는 의미로 뉴-콤소몰(neo-Komsomol)[291] 또는 히틀러 시대의 히틀러 청소년을 연상시킨다고 하여 푸틴유겐드(Putinjugend)[292]라고 불리기도 하였다. 실제 나쉬 리더는 전직 대통령궁 직원이었다. 그는 "푸틴 대통령만이 러시아의 민주주의와 주권을 조화시킬 수 있는 유일한 사람이다"라며 푸틴을 강력히 추종하였다.[293] 나쉬는 러시아식 정체성을 가지고 러시아를 이끌어 갈 젊은이들 10만 명을 양성하겠다는 계획을 가지고 러시아 전역의 교육장에서 청년들에게 지정학, 역사학, 경제학 등을 교육하였다.[294] 나쉬 구성원들은 공개적으로 푸틴을 지지하고 푸틴에 반대하는 활동가들을 괴롭히고, 공격하고, 스파이활동을 벌였다. 그리고 2007년 핀란드와 에스토니아 등지에서 러시아를 지지하는 대규모 거리시위도 주관하였다. 또한 2007년에는 에스토니아의 기관들에 대한 사이버 공격에도 가담한 것으로 알려졌다.[295] 2012년 나쉬는 해체되었다. 그러나 일부 구성원들은 푸틴과 러시아의 적으로 인식한 대상들에게 개인적 또는 집단적으로 사이버 공격을 감행하는 애국적 해커들로 남아 활동하고 있다.[296]

   나쉬운동과 같은 러시아식 정체성 강화와 애국주의 운동이 일어나게 된 배경은 다음과 같다. 1999년부터 2000년에 걸쳐 발생한 2차 체첸전쟁의 참혹한 승리의 여파

291 Hutchings, Stephen C; Rulyova, Natalya (2009) [first published 2008 online]. "Commemorating the past/performing the present: television coverage of WWII victory celebrations and the (de)construction of Russian nationhood". In Beumers, Birgit; Hutchings, Stephen C; Rulyova, Natalya (eds.). The post-Soviet Russian media: power, change and conflicting messages. BASEES/Routledge series on Russian and East European Studies. London; New York: Routledge. p. 153. ISBN 9780415419017.

292 Whipple, Tom (December 9, 2006). "Disturbing echo of youth group that lauds Putin". The Times. London; Johnson, Reuben F. (July 31, 2007) [2007-07-30]. "The Putin Jugend: the Kremlin's teenage shock troops". The Weekly Standard. Archived from the original on February 9, 2013.

293 러시아 애국청년단체 '나쉬' 뜬다, 「경향신문」, 2005. 5. 5. https://m.khan.co.kr/world/europe-russia/article/200505051753031#c2b

294 Id. 「경향신문」, 2005. 5. 5.

295 Id. CCS. 2018. p.13.

296 Id. CCS. 2018. p.13.

때문이었다. 푸틴은 전쟁에 승리를 거두었지만 비판적인 언론에 직면했다. 이에 대한 대응으로 푸틴은 언론에 대한 통제를 강화했다. 다수의 TV와 언론매체가 국영으로 편입되고 반정부적인 매체는 폐쇄되었다. 이러한 상황은 2000년 들어 러시아가 경제적으로 번영하고 안정되면서 러시아 내에서 민주주의 요구가 높아지고 시민사회 조직이 더 활성화된 것과도 연관되어있다. 그리고 결정적으로 러시아 주변 지역들에서 2003년 조지아 장미혁명, 2004년 우크라이나 오렌지혁명, 2005년 키르기즈스탄의 레몬혁명(또는 튤립혁명) 등이 발생하고 이로 인해 해당 국가들에서 권위주의적 정부들이 무너지고 정권교체가 발생한데 영향을 받았다. 푸틴정권은 이러한 정세변화에 대응하고 러시아 청년들이 개혁의 흐름에 휩쓸리지 않도록 예방하기 위해 나쉬운동을 지원했다는 분석이 있다.[297] 푸틴은 2006년부터 정부의 아젠다를 지지하는 유사 시민사회운동을 만들고 크레믈린에 우호적인 단체들을 지원하였다. 그중 하나가 나쉬였다. 이러한 애국주의 운동에 동원된 조직들은 나쉬 이외에도 지역 단위 조직인 '메스늬예(Mestnye)', 어린이들 조직인 '미쉬키(Mishiki)' 등 다양한 수준에서 창설·운영된 조직들이 있었다.

나쉬운동의 내용적 측면을 보면, 나쉬는 민주주의적 조직임을 강조하였지만, 이들이 강조한 민주주의는 서구의 자유민주주의가 아닌 러시아식 민주주의이다. 이와 같은 러시아식 민주주의는 푸틴의 권위주의 정권을 지지하는 것을 의미한다.[298] 또한 이들이 주장하는 반파시스트의 의미는 2차 세계대전 당시 서유럽의 파시즘과 그 이전 시기의 서유럽 제국주의에 대한 반대를 의미한다. 반면 러시아 사회 내의 파시즘에 대해서는 대체로 무시하였다. 이러한 서구국가의 파시즘에 대한 비난은 과거 역사적 맥락에서 러시아에 적대적이었던 유럽의 경향을 오늘날의 미국과 서유럽에 투영하여 보편화시킴으로서 미국-서방의 러시아에 적대적인 경향을 과장하고 확장하기 위해서이다. 이를 통해 러시아 대중들의 반서구 적대의식을 고취함과 동시에 푸틴의 권위주의 정권의 문제점은 은폐하고, 궁극적으로 푸틴을 지지하는 프로파간다로 연결시켰다.[299]

나쉬의 활동목적은 나쉬의 매니페스토에 명확히 나타난다. 해당 매니페스토에 따

297 Id. 「경향신문」, 2005. 5. 5.
298 정재원, 2013, "러시아 시민사회의 변화: 신자유주의 세계 경제와 권위주의 국가와의 관계," 「러시아연구」, 23(2): 305-343. p. 328.
299 Ibid. p. 329.

르면 나쉬의 활동목적은 러시아가 21세기 글로벌 리더로 발전하도록 지지하는 것이다. 이 매니페스토의 핵심적 주제는 주권(sovereignty)에 관한 것이다. 여기서 주권은 글로벌 게임의 법칙을 세울 수 있는 러시아의 자유와 독립성을 의미하며 동시에 미국으로 대표되는 서구의 글로벌 헤게모니를 배격하는 것이다. 또한 매니페스토는 "과두적 자본주의(oligarchic capitalism)"를 비난하고 이를 근절할 것을 요구한다. 과두적 자본주의는 소수의 거대 자본에 의해 장악된 자본주의를 의미한다. 이와 같은 과두적 자본주의는 미국과 서방 선진국을 의미한다. 나쉬의 매니페스토는 푸틴은 이러한 글로벌 과두적 자본주의 권력에 대해 도전하고 있으며, 러시아 국가를 강력히 하고, 러시아를 다시 글로벌 강대국으로 되돌려 놓을 것이라고 칭송한다. 나쉬는 푸틴의 정책을 지지할 것을 서약하고, 다양한 방법으로 이러한 목적달성을 위해 일할 것을 맹세한다.[300] 이 매니페스토는 오늘날의 자유시민사회를 서구 민주주의의 최악의 선전물이라고 비난한다. 또한 러시아의 경제·사회발전과, 파시즘과의 전투, 소수인종에 대한 불관용, 그리고 군대 내에서의 폭력을 지지하고 러시아의 미래에 대한 국민들의 믿음을 촉진하기 위한 다양한 시민토론을 촉진하는데 전념하였다.

나쉬의 매니페스토는 러시아 정부의 이념가인 블라디슬라브 수르코프(Vladislav Surkov)와 그의 아이디어인 주권민주주의(sovereign democracy)에 영향을 받았다. 그는 단지 한 가지 유형의 민주주의만 존재한다는 아이디어를 거부하고 각 국가는 자신들만의 고유한 형태의 자유와 주권을 발전시켜야만 한다고 주장한다. 실제 나쉬의 웹사이트는 오직 수르코프의 주장만을 자료로 인용하고 있다. 주권민주주의의 개념은 소련연방의 붕괴 이후에 도입된 서구민주주의의 영향을 강하게 비난한다.

나쉬의 매니페스토는 당시 푸틴의 러시아 국가정체성에 대한 공개적인 연설내용들과 맥락을 같이 한다. 2005년 4월 푸틴은 연방위원회 합동연설을 통해 "국내외적으로 러시아에 도전하는 세력"에 대항하는 새로운 국가정체성이 필요하다는 점을 주장한다. 푸틴은 "자유와 민주주의, 정의, 법치와 같은 가치들에 대해 더 깊이 고민할 필요가 있다.... 소련연방의 붕괴는 러시아가 지정학적으로 겪은 가장 큰 재앙이다. 수천만 명의 러시아 국민과 동포가 러시아 영토 밖에 방치되고 내몰렸다.... 해체의 바람이 전염병처럼 러시아 영토 안으로까지 번져가고 있다."[301] 2013년 연설에서 푸

---

300 Ishkanian. 30 August 2007. A. Nashi: Russia's youth counter-movement. https://www. opendemocracy.net/en/russia_nashi/

301 Id. 임필수, 2022. 재인용.

틴은 "국가의 지속적 단결을 위해 국민은 자신의 민족적, 종교적 뿌리를 기억하면서, 동시에 공통된 가치, 애국심, 시민적 의무감과 일체감, 준법정신, 그리고 조국의 운명에 대한 책임의식을 바탕으로 국민적 정체성을 함양시켜야 한다"고 연설하였다.302 또한 서구의 자유주의와 세속적 종교관에 맞서 '종교적 뿌리'를 지키는 최후의 보루로서 러시아를 규정한다. "우리는 수많은 유럽, 대서양 국가들이 서구문명의 기반인 기독교적 가치를 비롯한 역사적 뿌리를 거부하는 것을 목도한다. 그들은 모든 도덕적 원칙과 전통적 정체성, 즉 민족, 문화, 종교, 그리고 심지어 성적 정체성까지도 부인한다. 그들은 정책적으로 전통적 가족과 동성애 부부를 동일시하고 신에 대한 믿음과 사탄에 대한 믿음을 동일시하고 있다."303 이와 같은 푸틴의 연설은 러시아가 서구식의 자유, 민주주의, 정의, 법치, 그리고 기독교 가치와 도덕성을 추구하는 것에 대한 문제를 제기하는 것이다. 그리고 구소련 영토에 속했던 독립 국가들에서의 러시아적 정체성 강화, 러시아 정교의 가치와 도덕성 수호, 그리고 러시아의 영향력 확장과 국토확장의 의지 표명 등이 강조되었다. 또한 국내 정치적 통제강화 및 권위주의로의 복귀를 의미하는 것으로도 해석되었다.304

학자들은 이 같은 푸틴의 러시아의 전통적 가치에 대한 개념이 러시아 역사와 숭배(cult)에 기반을 둔 국가사회주의 또는 파시즘 신봉자들의 철학에 근거하는 것으로 분석한다.305 특히 러시아의 철학자이자 종교지도자인 이반 일린(Ivan Ilyin)은 러시아 파시즘에 관하여 푸틴의 철학자로 평가되기도 한다.306 이반 일린은 푸틴의 정치적

---

302 Forney. B.J uly. 11. 2019. 블라디미르 푸틴의 Alt-West. 아산출간물. 이슈 브리프. 재인용. https://www.asaninst.org/contents/%EB%B8%94%EB%9D%BC%EB%94%94%EB%AF%B8%EB%A5%B4-%ED%91%B8%ED%8B%B4%EC%9D%98-alt-west/; Putin, Vladimir. "Meeting of the Valdai International Discussion Club." September 19, 2013. Retrieved from http://en.kremlin.ru/events/president/transcripts/19243

303 Ibid. 재인용.

304 Ibid. 재인용.

305 Mikhael Zygar. All the Kremlin's Men; Barbashin, A. 20 April. 2018. Ivan Ilyin: A Fashionable Fascist: By approving of Ivan Ilyin's philosophy, the Russian state is effectively sugar coating a holder of bitterly fascist views. Riddle. https://ridl.io/ivan-ilyin-a-fashionable-fascist/ ; Timothy S. March 16, 2018. Ivan Ilyin, Putin's Philosopher of Russian fascism. The New York Review. https://www.nybooks.com/online/2018/03/16/ivan-ilyin-putins-philosopher-of-russian-fascism

306 Id. Timothy S. March 16, 2018.

권위주의를 정당화하는 추상학적-도덕적 정당성을 제공한다.307

이반 일린의 철학적 사고의 주요 내용은 다음과 같다. 그의 철학적 연구는 러시아 국가관과 정체성에 대한 것과 파시즘 옹호의 두 가지 유형으로 나뉜다. 그러나 당연하게도 이 두 가지 유형의 연구는 서로 분리되지 않는다. 일린의 러시아 정체성과 러시아 국가에 대한 사상은 히틀러, 무솔리니, 프랑코 등의 과거 파시스트 정권에 대한 그의 긍정적인 관점과 깊이 연관되어 있다.308 일린은 "러시아 국가사상이 반드시 국가-역사적(state-historical), 국가주의적(state-national), 국가-애국주의적(state-patriotic), 국가-종교적(state-religious)이어야만 한다.... 러시아의 미래의 세대들에게 그들의 삶의 의미와 생명력을 주어야만 한다. 이 사상은 러시아 국민들의 국가정신의 질을 고양하는 것이다.... 국가사상 없이 러시아도 없다"고 주장하였다.309 일린이 주장한 정신의 질은 러시아 국민들의 독특한 사랑과 믿음을 의미한다. 여기서 일린은 사람들이 가진 합리성을 억제하고 "새롭게 선택된 사람들"을 통해 새로운 종류의 인간을 만들어 낼 것을 공개적으로 제안한다. 여기에 선택되지 못한 사람들은 "사회의 가장 낮은 지위"로 강등된다. 일린은 새롭게 선택된 사람들에게 "신, 모국, 그리고 국가의 최고권위의 리더를"310 "무조건적으로 사랑하고 무조건적으로 믿을 것"을 요구한다.311

일린은 러시아인들은 자신들만의 특별한 신앙이 있다고 주장한다. 이 신앙은 애초부터 결함이 있는 종교인 가톨릭이나 프로테스탄티즘(개신교)보다 우월한 것이다. 이러한 종교적 비교는 러시아 정교의 중요성을 강조한다. 러시아는 수세기동안 광활한 영토에 이질적인 민족들이 함께 살아온 역사를 가지고 있다. 일린은 이들을 하나의 러시아로 묶는 것은 민족, 인종의 동일성이 아닌, 문화적, 종교적 관습이며, 그 핵심을 러시아 정교로 보았다. 따라서 일린의 주장은 러시아 정교와 도덕체계를 결합하

---

307 Id. 임필수, 2022. 재인용.

308 Id. Barbashin, A. 20 April. 2018.

309 Ibid. 재인용. "This idea should be state-historical, state-national, state-patriotic, state-religious. This idea should stem from the very fabric of Russian soul and Russian history, from its spiritual hunger. This idea should speak of the essence of Russians-both of the past and of the future-it should light the way for the generations of Russians to come, giving meaning to their lives and giving them vigor. What could that be? It is the idea of upbringing of the national spiritual quality in Russian people. This is above all. Thiis is artistic. This is for the ages. There will be no Russia without it."

310 Ibid. 러시아어로 'vozhd'는 최고권위를 가진 리더를 의미한다.

311 Ibid. 재인용.

여 러시아의 정체성이 형성되었다는 보편적 정신성(universal spirituality)의 개념에 기초한다.[312] 일린은 서구인들의 슬라브-러시아 민족의 세계관, 자연관, 인간관에 대한 몰이해를 지적한다. 그는 "서구인들은 인간의 의지와 이성을 가장 중요하게 생각하지만, 러시아인은 감정과 상상을 가장 중요하게 생각하고 의지와 이성은 그 다음에 온다"고 주장한다. 그는 "러시아 정교는 국민들의 마음에 차르(Tsar)와 신을 섬기는 자로서의 책임의식을 심어 주었고... 러시아 역사상 모든 인도적인 개혁은 러시아 정교를 통해 영감을 받거나 제안되었다."[313] 그는 이처럼 러시아 정교의 가치관에 강력한 중앙정부가 결합된 것을 러시아의 정체성으로 이해했다.

더 나아가 일린은 모국(motherland)은 역사의 대부분의 시기동안 고통을 감내해온 러시아인에게 물려진 도전이자 무거운 짐이라고 설명한다. 이는 그가 러시아의 역사를 고통스러운 기후와 수세기 역사동안 러시아를 침략하는 주변국들로부터 모국을 방어하기 위한 투쟁으로 보았기 때문이다. 러시아는 몽골군에 의한 침략, 나폴레옹의 침공 등에 대한 굴욕과 치욕의 기억들을 가지고 있다. 따라서 러시아인들은 이웃의 침략국들로부터 모국을 방어하는 중요한 미션을 수행하고 있다고 보았다. 이 같은 그의 역사관은 정치적 프로그램에 투영된다. 그는 종교적인 헌신을 가진, 애국적이고 군사 조직화된 존재가 새로운 통치 권력의 근본이 되어야 한다고 믿었다. 그는 다음과 같이 주장한다. "러시아를 구원하는 것은 러시아인들의 기사도를 강화하고 양육하는 것에서 기인한다. 이는 사상, 아젠다, 그리고 투쟁을 모두 포함한다.... 군대는 국민의 연합이다.... 국민은 자신들과 군대를 대치되는 개념으로 인식해서는 절대 안된다..."[314]

일린은 국민들은 국가를 오직 사랑하고 신뢰를 할 수 있지만 어떤 방식으로든지 국가를 통치할 수는 없다고 믿었다. "대중은 투쟁을 통해서 대부분을 성취할 수 있다. 그러나 이들의 합리성은 매우 불충분하다." 이 논점은 일린의 자유민주주의와 대중의 통치에 대한 혐오를 나타내고 "국가적 리더"에 대한 그의 확신을 반영한다. 일린의 국가적 리더는 원칙적으로 서구 스타일의 권력이 제한되어있는 존재가 아니고 그를 사랑하는 러시아 국민들의 비난의 대상도 될 수 없는 강력한 정부의 독재자의

---

312 Id. Forney. B.J uly. 11. 2019. 재인용.

313 Ilyin, Ivan. "Ivan Ilyin on Orthodoxy." Translated by Mark Hackard. Retrieved from https://souloftheeast.org/2015/08/07/ivan-ilyin-on-orthodoxy/

314 Ibid.

형태를 의미한다. 이는 그가 강력한 정부만이 러시아를 지키고 정신적인 통일도 이룰 수 있다고 믿었기 때문이다. 그러나 그는 공산주의인 볼셰비키 당은 무신론자이기 때문에 러시아의 정신과 정체성인 신앙이 배제되어 있어 본질적으로 반러시아적이라고 판단한다. 이반 일린은 러시아에 교회와 군대에 의지하는 국가독제체제를 만들고 다수의 적들로부터 광대한 유라시아의 영토를 방어하고 이 영토에서 살아가는 열악한 국민들을 생육시키는 성스러운 임무를 위해 국민들을 "재교육"시킬 것을 제안한다. 그의 철학은 러시아인들의 "무거운 짐과 고된 체험"이라는 컬트(cult), 러시아인들이 처한 예외적 상황, 특별한 우월감, 국가적 정신의 재생, 그리고 정신적 가치의 평가기준에 근거한 사회의 동질성에 기초한다.

한편 일린은 파시즘에 근거한 국가사회주의를 주장한다. 이 사상의 정수는 애국심이다. 그는 독일과 이탈리아의 국가사회주의를 칭송하면서 러시아 화이트 운동(Russian White movement)의 정신과 같은 것이라고 주장한다. 이 같은 일린의 파시즘에 대한 동조는 그의 반공산주의 견해와도 일치한다. 그는 어떤 대가를 치르더라도 공산주의를 멈추어야 한다고 주장하고 히틀러의 나치가 공산주의와 자유민주주의의 물결을 차단하였다는 점을 긍정적으로 평가한다. 일린은 파시즘이 새로운 이념은 아니지만 러시아가 처한 상황에서 러시아의 견해에 부합하는 기독교인, 러시아인, 그리고 국가이념을 실현할 새로운 기회를 제공한다고 하였다. 일린은 또한 프랑코와 히틀러의 파시즘의 실패와 관련해서 러시아 애국자들이 이러한 파시즘과 국가사회주의의 실수를 고찰하고 같은 실수를 되풀이하지 말자고 주장하였다.

러시아는 나치이념의 부활에 대한 시도를 연방법으로 처벌하고 있고, 러시아의 국민들은 파시즘을 물리쳤다는 자부심을 가지고 있다.[315] 이 때문에 어떻게 보면 오늘날 러시아 애국주의자들의 이반 일린에 대한 신봉은 사실 모순적이다. 그럼에도 불구하고 이반 일린은 지난 15년 동안 러시아 내에서 러시아의 통치자들, 국회, 교회, 그리고 TV 미디어에 의해 러시아의 진정한 철학자, 모범적인 국가주의자, 애국자로서 칭송되었다. 그리고 일린의 철학과 극우주의적 파시스트 국가를 위한 실용적 가이드라인들은 푸틴에 의해 합법적 권위를 부여받고 다시 되살아났다.[316]

푸틴의 철학적 기반은 이반 일린에게서만 오는 것은 아니다. 니콜라이 베르댜예프

---

315 Article 354.1 Criminal code of the Russian Federation. Rehabilitation of Nazism
316 Ibid.

(Nicolai Berdyaev), 블라디미르 세르게예비치 솔로비요프(Vladimir Sergeevich Solovyov)와 같이 푸틴이 인용한 다양한 다른 유사한 정치철학의 영향을 받았다.[317] 역사적으로 '러시아 정체성', '단 하나의 슬로바키아 국가건설', '러시아 정교' 등 서구의 합리주의나 지성주의와 구별되는 러시아적 사상과 역사관, 국가관은 러시아의 역사를 따라 존재해 왔다. 이러한 영향을 받은 푸틴의 철학, 이념, 러시아에 대한 인식을 의미하는 핵심 키워드들은 다음과 같다. 그것들은 국가사회주의(national socialism), 나쉬즘(Nashism), 러시아 민족영토회복주의(Russia irredentism) (과거 러시아 제국과 소비에트 연방영토의 회복을 의미하는), 역사수정주의(historical revisionism), 굴욕적 역사, 반서구주의, 그리고 반미주의(Anti-Americanism) 등이다. 푸틴에 대한 포린어페어스(Foreign Affair)의 평가는 다음과 같다. "...푸틴은 메시아적 러시아 국가주의자이며 유라시아니스트이다. 그의 끊임없는 역사적 영감은 키예프 루스 때로 되돌아간다..." 이런 맥락에서 보면 오늘날 러시아-우크라이나 전쟁은 푸틴에게는 '러시아 주의'나 '슬로바키아 국가관'에 기반을 둔 천년 이상 지속되는 전쟁의 한 챕터에 해당한다.

푸틴은 이러한 사상과 철학에 기반을 두고 러시아인들에게 깊이 뿌리내린 러시아 정교식 도덕관과 러시아의 정체성을 복원하고 찬양함으로서 권위주의적 중앙정부에 의한 지배를 정당화하려고 기도한다.[318] 이와 관련하여 푸틴은 러시아 정체성과 반서구주의 이념을 바탕으로 미국의 일국체제주의가 러시아를 약하고 분열된 상태로 만들었고 특히 구소련 해체를 통해 굴욕을 안겨주었다고 주장한다. 또한 푸틴은 구소련연방 국가들과 그 외 러시아의 전략적 이익이 걸린 모든 지역에서 러시아의 국익을 수호하는 것이 러시아의 사명이라고 주장한다.[319] 결국 이렇게 볼 때 푸틴이 그리는 러시아 미래비전은 서구국가들과는 문화, 종교, 정신적으로 차별화된 러시아적 정체성 위에 글로벌 강대국의 한 축으로 과거 러시아제국과 구소련의 영토를 회복한 신러시아제국을 건설하는 것이다.

푸틴의 철학과 비전은 앞서 설명한 나쉬운동과 같은 청년대상의 교육과 국내·외에서의 선전과 프로파간다를 통해 전파, 확산, 강화되었다. 특히 논란이 많았던 2012년 대통령 선거 이후 푸틴은 러시아정교, 국가주의, 러시아주의, 민족적 국가주의 등을 내세운 철학자들을 자주 인용하면서 그들의 사상에 기대었고 이를 더욱 강력히

---

317 Id. Forney. B.July. 11. 2019.

318 Ibid.

319 Ibid.

확산시켰다.[320] 나쉬는 이들의 극우적, 폭력적 활동에 대한 강한 비판으로 2012년에 활동이 중단되었다. 하지만 푸틴의 러시아 정체성에 대한 청소년 정신교육은 지속되었다. 푸틴은 2015년에 '콤소몰'과 '피오네르' 등 과거 소련의 공산주의 청년조직과 유사한 관영사회조직인 러시아 청소년운동을 교육과학부와 관련부처에 창설하도록 지시하였다. 이를 통해 청소년의 국가관 교육을 강화하고 러시아식 가치체계에 입각한 인격을 형성할 수 있도록 하는 선전 및 프로파간다를 지속하고 있다.[321]

러시아 애국주의 핵티비즘의 마스터내러티브는 이와 같은 푸틴이 주도한 러시아 정체성과 국가관, 애국심, 신러시아 제국건설 등의 철학과 사상, 역사관 등을 기초로 하고 있다. 이와 같은 러시아 애국주의 마스터내러티브는 최근 러시아-우크라이나 전쟁국면에서도 뚜렷하게 작동하고 있다. 2022년 2월 러시아의 우크라이나 침공 이후 러시아정부는 푸틴의 철학과 이념, 역사관 등을 기초로 러시아 자국민들에게 우크라이나 침공을 정당화하기 위한 프로파간다 내러티브를 제공하고 있다. 핵심적인 내용은 우크라이나는 나치, 러시아 군은 해방자, 미국은 음모가, 그리고 우크라이나 군은 사탄이즘의 실행자라는 것들이다. 러시아는 우크라이나 전쟁을 서구에 대한 확장된 투쟁의 한 챕터로 묘사한다.[322] 이러한 내러티브는 2021년 시리아 내전에 관여한 러시아를 변호할 때도 사용되었다. 러시아는 우크라이나 리더십을 깎아내리기 위해 2차 세계대전과 나치즘을 상기시킨다. 유대인인 젤렌스키를 공격하기 위해 아돌프 히틀러가 유대인 조상을 가지고 있었다는 확인되지 않은 주장이 확산되도록 하였다. 또한 우크라이나 정부를 파시스트 및 나치와 연결시키는 내러티브들을 수년 동안 지속하였고 전쟁이 수행되는 지금도 러시아의 중요한 마스터내러티브로 러시아의 여러 애국적 해커조직들과 정보기관, 그리고 미디어들에 의해 사용되고 있다.

나. 러시아 정부와 애국적 해커의 사이버 생태계

앞서 설명한 푸틴의 러시아식 정체성 인식과 역사관, 국가관 등이 핵티비스트들의

---

320 Id. Barbashin, A. 20 April. 2018.

321 유철종, 푸틴, 옛 소련 '콤소몰'과 유사한 청소년 조직 신설 지시, 「연합뉴스」, 2015. 10. 30. https://www.yna.co.kr/view/AKR20151030166200080

322 Michael, C. Russia's firehose of falsehood' in Ukraine marks lastest use of propaganda to try to justify war. 「USA Today」, 08, May 2022. https://www.usatoday.com/story/news/politics/2022/05/08/russia-unleashes-firehose-falsehood-justify-war-ukraine/7317819001/?gnt-cfr=1

마스터내러티브로 작동하는 방식을 이해하기 위해서는 러시아 사이버 행위자들의 구성과 조직을 포함하는 생태계를 이해하는 것이 필요하다. 러시아의 사이버 공간은 다양한 참여자들로 이루어지며 복잡하게 구성된다. 이 공간의 참여자들은 정부와 연계 없이 오직 금전을 목적으로 하는 사이버 범죄자들, 국가에 의해 고용되거나 리쿠르팅된 애국적 해커들과 범죄 집단들, 국가의 재정지원이나 직접적 명령 없이 정부의 암묵적인 묵인을 얻어 독립적으로 활동하는 애국적 해커들, 그리고 오직 정부의 작전을 수행하기 위한 목적으로만 조직된 정부 연계 프록시 해커 조직들과 민간보안 회사들이다. 이들은 러시아 정부의 연루를 가리는 베일을 제공한다. 작전기획, 수행, 역량, 그리고 사이버 행위자들의 리쿠르팅 등을 포함하는 러시아 정부의 사이버 작동방식은 잘 알 수 없는 불투명한 구조를 가지고 있다.[323] 이러한 다양하고 복잡한 특성을 가지는 러시아의 사이버 생태계(cyber ecosystem)는 러시아 해커들과 핵티비스트들이 자유롭게 국가와 비국가의 영역을 넘나들며 활동하도록 허락한다.

이런 양상은 러시아 정부가 기존의 러시아 사이버 생태계의 특징을 활용한 것일 수도 있고 아니면 의도적으로 이러한 환경을 조성해 오고 있는 것일 수도 있다.[324] 러시아의 사이버 생태계는 푸틴 재임 이전부터 형성되었던 구소련 체제붕괴의 유산인 측면이 있다. 1991년 구소련 체제붕괴의 여파로 러시아는 1990년대 전반에 걸쳐 사회경제적 혼란, 사이버범죄에 대한 법률 미비, 그리고 고도의 교육을 받은 정보통신기술 전문가들의 실업과 경제적 빈곤 등이 결합되면서 폭발적인 사이버 범죄의 증가를 경험하였다. 푸틴은 취임이후 이러한 체제혼란기의 사이버 생태계의 유산을 단속하거나 처벌하는 대신 사이버 행위자 네트워크의 성장을 적극적으로 장려하고 국가적 목적을 달성하기 위해 정치적으로 활용하였다. 푸틴은 사이버 범죄자들과 애국적 해커들이 해외의 목표들만을 공격하고, 푸틴정권의 안위를 해치지 않고, 국가의 부름과 요청에 응하는 한, 러시아 내에서 자유롭게 활동하도록 묵인하였다.[325] 특히 애국적 해커들은 러시아 정부의 이러한 목적에 가장 부합되는 존재들로 간주되었다. 애국적 해커 집단은 느슨하게 조직된 해커들부터 공식적으로 조직된 단체들까지 다

---

323 Sherman. J. September 19, 2022. Untangling the Russian web: Spies, proxies, and spectrums of Russian cyber behavior. Issue Brief. DFRLab. https://www.atlanticcouncil.org/in-depth-research-reports/issue-brief/untangling-the-russian-web/

324 Ibid.

325 Ibid.

양하며, 정부의 아젠다(또는 정부의 관심사라고 본인들이 스스로 인식하는 내용들)와 보조를 맞추어 작전을 수행하는 기술적으로 숙련된 해커들로 성장해 갔다.

러시아의 애국적 해커들은 초기에는 정부정책이나 정부에 비판적인 온라인상의 국내 타깃들을 대상으로 공격하였고 이후 점차 해외의 타깃들로 공격대상을 확장해 나갔다.[326] 대표적인 사례는 나쉬의 2007년 에스토니아와[327] 2008년 조지아에[328] 대한 사이버 공격이었다. 이들 애국적 해커들은 자신들의 공격이 러시아 국가에 대한 애국심의 표현이라고 믿는다. 푸틴의 우크라이나 크림반도병합 이후, 2014년부터 2017년 간 트위터에 포스팅된 친러시아 애국적 해커들의 내러티브를 분석한 한 연구는 러시아의 애국적 해커들이 러시아 정부와 의회의 국가주의적 내러티브를 그대로 반영한 포퓰리즘적 정체성들을 만들어 냈다는 것을 보고하였다.[329] 예를 들면 러시아의 애국적 해커들로 추정되는 행위자들이 악의적인 웹 쿼리들을 에스토니아의 웹사이트에 전파시켜 에스토니아의 수상 안드루스 안십(Andrus Ansip)이 파시스트라는 "ANSIP + PIDOR = FASCIST"와 같은 거짓 주장들과 문구들 만들어냈다.[330]

또한 러시아 정보기관은 애국적 해커들을 적극적으로 모집하기도 하였다. 2008년 러시아-조지아의 전쟁에서 StopGeorgia.ru 포럼에서 활동했던 해커들은 원래 사이버 범죄자들이었는데 러시아 정부에 의해 모집되어 조지아 전쟁에서는 포럼을 형성하고 강력한 핵티비즘 활동을 수행하였다.[331] 이들은 대부분 러시아 청년운동에 소속된

---

326 Ibid; Francoise Dauce, Benjamin Loveluck, Bella Ostromooukhova, and Anna Zaytseva, "From Citizen Investigators to Cyber Patrols: Volunteer Internet Regulation in Russia," *Russian Review of Social Research* 11, no. 3 (2019): 46-70; "Nashi Denies Cyberattack on Kommersant, Threatens Lawsuit," *Moscow Times*, February 9, 2012, ; also, on the Internet Research Agency: Adrian Chen, "The Agency," *New York Times Magazine*, June 2, 2015,

327 Chloe Arnold, "Russian Group's Claims Reopen Debate On Estonian Cyberattacks," *Radio-FreeEurope/RadioLiberty*, March 30, 2009.

328 Stephen W. Korns and Joshua E. Kastenberg, "Georgia's Cyber Left Hook," *Parameters* 38, no. 4 (Winter 2008 - 2009); the Russian Business Network criminal group some suspected was involved: Peter Warren, "Hunt for Russia's Web Criminals," *The Guardian*, November 15, 2007, https://www.theguardian.com/technology/2007/nov/15/news.crime.

329 Id. Sherman, 2022; Rain Ottis, "Analysis of the 2007 Cyber Attacks Against Estonia from the Information Warfare Perspective," NATO Cooperative Cyber Defense Center of Excellence, 2008, 2.

330 Id. Sherman, 2022.

331 Shakarian. P. Nov-Dec. 2011. The 2018 Russian cyber campaign against Georgia. Military

자들로 나쉬 멤버들로 알려졌다.[332] 2014년에도 러시아 정부가 애국적 해커들의 우크라이나 공격을 조장하였다는 분석들이 제시되었다.[333]

그러나 이러한 애국적 해커의 공격이 항상 정부에 의해서만 지시되는 것은 아니다. 단지 러시아 정부 고위관료들이 TV에 나서서 외국정부를 비판하는 것만으로도 애국적 해커들을 행동하게 하는 데 충분하다. 실제 러시아에서 애국적 해커가 되는 것은 그리 어려운 일이 아니다. 애국적 동기로 조국과 푸틴을 위해 해킹에 참여하고 싶은 사람들이 온라인 포럼을 검색하고 외국의 목표를 공격하기 위해 공유된 소프트웨어를 다운받는 것은 매우 쉽다. 자신의 컴퓨터를 조작하거나 웹서버를 구매하거나 할 필요도 없다. 오랫동안 러시아 정부의 프로파간다에 의해 양육되고 자라온 평범한 러시아인들은 러시아 정부가 관영매체 등을 통해 쏟아내는 해외의 공격목표들(에스토니아, 조지아, 또는 우크라이나 등)에 공격이 필요하다는 주장에 쉽게 확신을 갖게 된다. 따라서 러시아 정부의 직접적 명령 없이도 단숨에 사이버 전사가 될 수 있다. 동시에 다른 관점에서 말하면, 러시아 정부의 직접적 명령은 없지만 이들의 조작과 보이지 않는 손은 어디에나 있다. 그리고 이러한 자발적인 애국적 해커들은 러시아 정부가 정보전쟁에 직접 관련되었을 경우에 받게 될 비난과 부담을 회피할 효과적인 차단막이 된다.

다양한 효용성에 따라 러시아 정부는 애국적 해커의 자유로운 활동을 권장한다. 다만 목표대상이나 사안에 따라 러시아 정부의 의지와 명령으로 애국적 해커들의 활동을 직·간접적으로 조율, 조종하고 있는 것으로 이해된다. 이러한 러시아의 사이버 생태계는 오프라인을 통한 러시아인에 대한 프로파간다에 의해서도 양육된다. 오랜 기간 러시아 정부의 내국인 대상 정보전쟁과 프로파간다로 뿌리내린 푸틴의 이념, 사상, 철학, 국가관이 러시아 사이버 행위자들의 인식의 근저를 형성하고 있다. 따라서 국가에 의해 모집되고 연계된 해커들은 물론이고, 자발적이고 독립적인 애국적 해커들도 자신들의 러시아 국가관과 일치하는 푸틴의 아젠다에 자연스럽게 응답하게 된다. 이 때문에 결과적으로 푸틴의 이념, 철학, 국가관 등은 러시아의 독특한 사이버 생태계를 통해 애국적 해커들의 마스터내러티브로서 작동하게 된다.

Review. 63-69.

332 Carr,J. Inside Cyber Warfare (Sebastopol, CA, O'Reilly Media, Inc., 2010), 121-30.

333 Tidy, J, "Russian Vigilante Hacker: 'I Want to Help Beat Ukraine from My Computer'," 「BBC」, February 25, 2022 https://www.bbc.com/news/technology-60528594.; Id. Sherman, 2022.

(3) 러시아 애국주의 핵티비즘 내러티브의 사례들

가. StopGeorgia.ru 사례분석

2008년 러시아-조지아 전쟁에서 두드러진 활동을 한 해커들의 포럼인 Stop-Georgia.ru의 내러티브를 분석한 결과는 다음과 같다. StopGeorgia.ru는 러시아어를 사용하는 약 30명의 해커들로 구성된 인터넷 포럼이다. 구성원들 대부분은 원래 신용카드정보절도 등의 사이버범죄로 살아오던 해커들로서 당시 나쉬 멤버들로 추정된다. 이들은 2009년 8월 9일 러시아가 조지아에 군대를 보낸 이후 핵티비즘을 시작하였다. StopGeorgia.ru가 포스팅한 러시아어 매니페스토의 내러티브는 다음과 같다.

"우리는 러시아인 지하세계 해커들의 대표자들이고, 조지아에 의한 어떠한 형태의 도발도 참지 않을 것이다. 우리는 사이버 공간에서 어떤 압제와 거짓말로부터 속박되지 않고 자유롭길 원한다. 우리는 어떤 권위나 다른 사람들의 방침을 따를 필요가 없다. 애국심, 정의로운 힘에 대한 믿음과 양심에 기초한 확신에 따라 행동한다.... 우리는 싸울 것이고 러시아 연방 인터넷에 대한 공격은 용납되지 않는다.... 미디어와 언론인들이 이 사건들을 객관적으로 다룰 것을 요청한다. 상황이 변화될 때까지 서방 정부와 조지아 정부, 그리고 미디어로부터 누설되는 거짓 정보와 싸우는 것을 멈추지 않을 것이다. 우리는, 조지아 정치인의 거짓말에 무관심하지 않은 모든 사람들에게, 누구든 검은 정보의 선전선동을 방해할 수 있는 사람들 모두에게 호소한다."[334]

StopGeorgia.ru 포럼은 이 매니페스토가 포스팅된 웹페이지에 공격목표로 선정된 조지아 웹사이트의 리스트와 사이버 공격을 수행할 소프트웨어를 다운받을 수 있는 하이퍼링크를 공유하였다. 이들의 활동은 해커(Hacker)라는 온라인 잡지와 러시아 컴퓨터 프로그래머들을 위한 다른 포럼들인 Exploit.in, Zloy.org, 그리고 Web-Hack.ru.등에 포스팅된 논평 메시지들을 통해 더욱 확산되었다. 이들은 조지아 대통령, 의회, 내무부, 그리고 국방부의 웹페이지를 다운시켰고 다수의 공격을 수행하였다.

StopGeorgia.ru의 활동은 2008년 조지아 전쟁이 끝난 이후로도 지속되었다. 2009년 조지아가 쿠타시(Kutaisi)의 구소련 군대의 기념탑을 파괴하였을 때, 트빌리시(Tbilisi)

---

334 stopgeorgia.ru 메니페스토 원문메시지. 출처: Rios. M.J., de Magalhães, S.T., Santos, L. August 2009. The Georgia's Cyberwar. Conference Paper. DOI: 10.1007/978-3-642-04062-7_5. pp. 2-3.

의 정부 웹사이트를 공격하였다. StopGeorgia.ru는 포럼의 웹사이트에 "우리의 역사적 문화유산의 파괴와 구소련의 인민들을 서로 싸우게 하려는 시도를 참지 않을 것이다.… 우리 국민들의 평화와 우애를 지지하고 형제애의 유대로 영원히 엮여있는 역사를 가진 사람들 간의 인종 간 증오를 선동하는 행위를 허락하지 않을 것이다"라는 문구로 자신들의 공격의도를 알렸다.[335]

이 외에도 조지아에 대한 다양한 애국적 해커들의 사이버 공격에서 마스터 내러티브의 전략적 사용을 발견할 수 있다. 조지아에 대한 사이버 공격은 러시아의 공식적인 침공이 있기 약 20여일 전인 7월 20일 경부터 시작되었다. 그중에는 조지아 정부의 웹사이트를 디페이싱한 "승리＋사랑＋러시아＋안에(win+love+in+Rusia)"의 메시지가 발견되기도 하였다. R0id라는 이름의 애국적 해커는 단독으로 해킹을 수행했는데, 그의 활동은 히틀러 등 파시스트들의 이미지들과 당시 조지아 대통령인 사카시빌리(Saakashvili)의 이미지를 함께 포스팅한 디페이싱으로 잘 알려졌다. 이 디페이싱에 그는 "남오세티아(South Ossetia) 해커 크루에 의해 해킹 되었다…[조지아 대통령이 히틀러와]… 같은 방식으로 마지막을 맞을 것이다"라는 메시지를 남겼다.[336]

StopGeorgia.ru 사례에서 관찰되는 러시아 애국해커들의 핵티비즘 내러티브의 주요 특징들을 살펴보면 다음과 같다. 첫째, 러시아의 애국적 핵티비즘 내러티브는 러시아 정부의 내러티브를 마스터내러티브로 활용하여 전략단계부터 구체화하는 커맨드내러티브의 형태를 띤다. '우리의 역사적 문화유산', '구소련의 인민들', '형제애의 유대로 영원한 연대의 역사를 가진 사람들'이란 표현들은 러시아의 역사적 정체성, 푸틴의 유라시아 제국의 회복 이념 등을 반영한다. 그리고 '애국심', '정의로운 힘에 대한 믿음과 양심에 기초한 확신'등의 표현들 역시 러시아 국가에 대한 애국심, 정체성, 그리고 러시아 정교에 기초한 종교관 및 문화관을 반영한다. 특히 러시아 정교의 종교적 가치에 기초한 내러티브들 안에는 서구문명이 도덕성과 기독교의 타락으로 인해 몰락했다는 의미가 내포되어 있다. 이와 관련하여 러시아가 종교적으로 반서구주의를 주장할 때 강조하는 측면은 서구국가의 기독교 윤리기반인 가톨릭과 개신교

---

335 Meduza. August 8, 2018. 'It's our time to serve the Motherland' How Russia's war in Georgia sparked Moscow's modern-day recruitment of criminal hackers. 재인용. https://meduza.io/en/feature/2018/08/07/it-s-our-time-to-serve-the-motherland

336 John Markoff. Aug. 12, 2008. Before the Gunfire, Cyberattacks. 「The New York Times」, https://www.nytimes.com/2008/08/13/technology/13cyber.html 인용.

는 본래부터 결함이 있다는 주장이다. 그리고 미국 등 서구국가가 양성애자, 동성애자들의 결혼, 그리고 성 역할에 대한 규정의 철폐 등을 내세우며 가족의 가치, 전통, 기독교 정신과 도덕성을 저버리고 타락했다고 주장한다. 반면에 이러한 가치를 지키는 러시아의 높은 도덕성과 종교성은 이에 대비된다. 이러한 측면에서 러시아는 서구가 어머니와 아버지의 개념을 철폐하고 부모1, 부모2라고 부른다는 가짜 주장을 펼치기도 했다. 더 나아가 외무부장관 라브로프(Lavrov)는 서구의 학생들이 예수가 양성애자였다고 학습한다는 허위정보도 생산하여 러시아 국민들에게 러시아적 정체성의 가치를 높이고 서구주의를 배격하려는 시도를 하였다. 이와 같은 러시아의 마스터내러티브가 조지아에 대한 핵티비즘 공격에 담겨있었다. 러시아의 일부 애국적 핵티비스트들은 이와 같은 커맨드내러티브에 의해 동원화되어 자발적으로 대조지아 공격에 참전하였다.

둘째, StopGeorgia.ru는 러시아 정부의 음모론을 지지하고 적을 악마화하고 러시아를 피해자화하는 이분법적 내러티브를 전략적으로 이용했다. 앞서 설명한 러시아 정부의 마스터내러티브들은 StopGeorgia.ru 내러티브 중 '정의로운 힘에 대한 믿음과 양심에 기초한 확신'이란 표현 내에 포괄적으로 포함되어 있다.[337] 반서구주의와 반미국의 마스터내러티브도 미국-서방과 조지아 정부를 '나치와 히틀러', '구소련 인민들을 서로 싸우게 하고', '인종 간 증오를 선동'하는 악의와 음모를 가진 자들로 악마화하는 내러티브에 함의되어 있다. 특히 조지아의 지도자를 히틀러로 묘사하고 나치로 표현하여 그가 러시아의 관점에서 나치의 핵심인 미국과 나토(NATO) 등 서구유럽 국가들의 프록시라는 뉘앙스를 제공한다. 이런 관점에서 미국과 서구사회, 그리고 조지아는 러시아를 혐오하고 적대시하는 국가들이라고 규정된다. 이러한 내러티브에는 '러시아는 죄 없는 피해자'라는 의미가 반영되어있다. 러시아의 역사관은 '러시아를 고난과 역경을 겪고 주어진 시련을 이겨내는 존재'로 인식한다. 러시아 애국해커들의 내러티브에는 러시아의 굴욕, 피해자화 등이 묘사되어있다. 일반적으로 러시아 정부는 서구국가들과 서구 언론들이 러시아에 대한 허위정보를 확산하고 거짓 프로파간다를 수행한다는 음모론을 여러 차례 제기해 왔다. 러시아 애국해커들은 러시아 정부의 이러한 음모론을 확산, 유포함으로서 서구 국가들의 발표나 서구 언론

---

337 OFFICE OF THE SPOKESPERSON. January, 20, 2022. Russia's top five persistent disinformation narratives. Fact Sheet. U.S. Department of State. https://www.state.gov/russias-top-five-persistent-disinformation-narratives/

의 보도에 대한 불신을 조장하여 러시아 정부의 내러티브가 더 효과적으로 작동할 수 있도록 하는 기반을 조성했다. 이와 함께 러시아야 말로 사실을 전달하는 진실한 존재라는 내러티브를 확산시킴으로서 러시아 정부의 마스터내러티브를 지원하였다.

나. CyberBerkut 내러티브 사례 분석

두 번째 내러티브 분석대상은 러시아의 애국적 해커집단으로 알려진 CyberBerkut 다. 이 단체는 동부 우크라이나의 분리 독립을 지지하는 핵티비스트 단체로 2014년에 형성되었고 구성원들은 익명으로 활동하고 있다.[338] CyberBerkut는 2013년 11월 21일 우크라이나에서 발생한 유로마이단(EuroMaidan) 시위(또는 혁명)에서 시위대를 폭력적으로 강경 진압하여 악명이 높았던 특수경찰인 Berkut의 이름을 딴 것이다. 현재 Berkut는 해체되었다.[339] CyberBerkut는 우크라이나 정부와 나토(NATO)의 웹사이트, 나토관련 핵심기관들, 그리고 서구국가들을 대상으로 다수의 공격을 감행하였다. 특히 해킹과 프로파간다 활동을 주로 하고 있는데, 지난 2014년 우크라이나 선거관련 중요정보를 해킹하고 빼내온 정보를 공개하는 프로파간다 활동을 수행했다. 이후 이들의 활동이 2016년 미국 선거개입과 관련한 작전과 유사점이 발견되자 Cyber-Berkut의 이 해킹사건이 미국 선거개입의 테스트였는지가 의심받았고 이 때문에 이 집단이 재조명되기도 하였다.[340] 이 집단이 러시아를 지지하는 우크라이나인들로 구성되어 있는지 아니면 러시아인들로 구성되어 있는지는 명확하지 않다. 다만 2018년 영국 정보기관인 NCSC(National Cyber Security Center)는 CyberBerkut가 러시아 군정보기관인 GRU 소속 해커집단인 APT28(또는 Fancy Bear)과 연계되어 있다고 주장하였다.[341] 이러한 관련 주장들은 CyberBerkut가 러시아 정부로부터 기술적, 재정적 지원과 혜택을 받고 있거나 또는 러시아 정보기관의 가짜깃발작전에 활용되는 핵티비스트 단체라는 의심을 받게 하였다.[342] 이들의 내러티브는 친러시아 성향의 우크라이나인들

---

338 Id. CSS. 2018. p. 12.

339 Voice of Russia, Head of Ukrainian Interior Ministry signs order to dissolve "Berkut", 25 February 2014.

340 Morgus, R, Whodunnit? Russia and coercion through cyberspace. Texas National Security Review. Commentary. Oct. 19, 2016.

341 Wagstyl, S, Ukraine separatists claim cyber attack on German government sites. 「Financial Times」, 7 Jan. 2015. https://www.ft.com/content/08270324-9678-11e4-a40b-00144feabdc

342 Kaddbnov. Y, A brief history of Russian hackers' evolving false flags. 「WIRED」, Oct. 21. 2019. https://www.wired.com/story/russian-hackers-false-flags-iran-fancy-bear/

과 러시아 내의 친러시아정부 성향의 국민들을 대상청중으로 하는 것으로 분석된다.

CyberBerkut의 주요 내러티브는 다음과 같다. "우리 CyberBerkut는 키이브 가짜 범죄정권의 정통성에 항의하는 뜻으로 우크라이나 중앙선거위원회의 네트워크와 전력 인프라스트럭쳐를 완전히 파괴하였다.... 미국의 완전한 통제아래 만들어진... 선거가 더 이상 존재하지 않아야 한다."[343] 또한 NATO의 웹페이지를 디페이싱하고 다음의 내러티브를 포스팅하였다. "우리 조국의 영토에 나토의 점유와 전개를 허락하지 않는다!... 미디어와 소셜네트워킹을 통해 우크라이나 국민들을 프로파간다하기 위해 키이브의 가짜정권에 의해 고용된... 나토협력사이버방어센터(NATO Cooperative Cyber Defence Centre of Excellence)에 반격하는 활동을 벌이고 있다." 이들은 서구의 사이버 네트워크가 유로마이단 사건의 진실을 가리고 "객관적인 출처의 정보를 막고 스스로를 적법한 권위라고 부르는 자들의 범죄행위를 감추고 있다"고 주장한다. 그리고 CyberBerkut는 "키이브와 나토, 미국의 프로파간다에 그리고 악랄하고 부패한 미디어의 새로운 파시스트 프로파간다에 대항하여 싸울 것을 맹세한다"고 선포하기도 하였다.[344]

다른 내러티브에서 CyberBerkut는 2014년 러시아의 크림합병 이후, 미국 비밀정보기관이 '자유 돈바스(Free Donbass) 프로파간다 프로젝트'를 만들어 가짜뉴스를 퍼트리는 방식으로 '러시아공포증(Russophobic)'을 양산하고 있다고 다음과 같이 주장하였다.[345] "미국의 이 프로젝트의 개발자들[비밀정보기관]이 ... [러시아] 사람들의 생각을 360도 반대의 방향으로 바꾸려고 하기 때문이지... 그들의 핵심아이디어는 러시아의 대통령과 그의 가까운 관료들을 직접적으로 신뢰할 수 없게 하는 것이야. 뿐만 아니라 사회에 인위적인 공포를 조장하고 대중정책에 대한 불신을 조장하려는 것이지. 외국의 공조를 받고, 분리주의자의 정서를 생산하고 지원하는 정보들을 확산하는 사

---

343 Smolaks, M, Pro-Russian Hackers Attack Central Election Commission Of Ukraine. Silicon, May 23, 2014. https://www.silicon.co.uk/workspace/cyberberkut-hackers-attack-central-election-commission-of-ukraine-146180

344 CyberBerkut 원본메시지. 출처. RT. 16 Mar, 2014. Ukrainian CyberBerkut takes down NATO websites. https://www.rt.com/news/nato-websites-ddos-ukraine-146/

345 CyberBerkut 원본메시지. 출처. Topwar. June. 4, 2015. CyberBerkut talks about the creation of the propaganda Russophobic project "Free Donbass" by the American secret services. https://en.topwar.ru/76348-kiberkut-rasskazyvaet-o-sozdanii-amerikanskimi-specsluzhbami-propagandiststkogo-rusofobskogo-proekta-svobodnyy-donbass.html

람들[키이브의 사람들과 워싱턴의 지지자들이라고 표현함]과 적극적으로 협력하지... 크리미아(Crimea)가 '러시아의 새로운 체첸'이라고 크게 환영을 했지. 그들[미국]은 크리미아로부터 테러리즘이 시작될 것이라는 가능성을 강조하면서 사람들을 위협하려고 할 것이야. 그리고 러시아 국경주민들에게 패닉과 분리주의 감정을 일으킬 목적으로..."346

이상과 같이 살펴본 CyberBerkut의 핵심내러티브에는 다음과 같은 특징들이 관찰된다. 첫째, "가짜정권과의 싸움"과 반서구주의, 서구 파시즘에 대한 비난이다. 여기에는 러시아 푸틴정부의 마스터내러티브가 투영되어 있다. 이들의 개별공격이나 전략적 메시지 방출에서 구체화된 내러티브들은 다음과 같다. 그것들은 미국정부 및 우크라이나 정부의 러시아에 대한 악의적 허위정보확산 및 음모론제기, 서구 사이버 네트워크 정보에 대한 불신, 그리고 러시아와 우크라이나에 대한 서구국가들의 정보전쟁 등을 포함한다. 예를 들면 '유로마이단에 대한 객관적 사실을 숨긴다'는 내러티브에는 2013년 마이단 시위에서 친러시아 정권 경찰력인 Berkut에 의해 100명 이상의 시위자가 사망했던 사실을 미국정보기관이 러시아에 대한 음모론으로 조작한 허위사실이라고 주장하려는 의도가 반영되어 있다. 이러한 음모적 내러티브는 앞서 제시한 우크라이나 선거위원회 웹서버 공격 후에도 나타난다. CyberBerkut는 선거일에 극우주의자였던 우크라이나의 드미트로 야로쉬(Dmytro Yarosh)가 승리한 것으로 보이는 가짜선거결과를 보여주는 이미지를 유포하였다.347 이는 우크라이나 정치권이 부패했다는 음모론을 지원하기 위한 전략적 내러티브들이다. CyberBerkut가 조작한 가짜뉴스들은 곧바로 러시아의 미디어를 통해 전파되었다. 이는 러시아 관영매체들과 러시아정부, 그리고 핵티비스트집단 사이의 밀접한 관계를 암시하는 것으로도 해석된다.

둘째, CyberBerkut는 서구의 핵심가치들을 폄하하고 러시아적 가치관들을 강조하는 내러티브들을 사용한다. 이와 관련된 것들로는 서구사회의 핵심가치인 자유민주주의 '선거'에서의 부정, 러시아 영토에 침범한 서구 파시스트 세력으로 나토를 묘사, 우크라이나 정권을 서구 파시스트 정권과 연합한 가짜정권이자 러시아의 배신자로 묘사, 우크라이나 미디어가 미국, 나토 등과 함께 러시아에 대한 공포를 조장하기 위

---

346 Ibid. CyberBerkut 원본메시지.
347 Id. Kaddbnov. Y. Oct. 21. 2019.

해 객관적 정보를 막고 가짜뉴스와 허위정보로 프로파간다를 하고 있다는 등의 주장 등이 있다. 이러한 내러티브들은 우크라이나와 서구네트워크에 대한 불신을 조장함으로서 서구의 가치를 훼손할 목적으로 사용되었다. 반면, CyberBerkut는 자신들이 우크라이나인을 대표한다고 주장한다. 나토와 유럽연합 가입을 통한 서구주의를 추구하는 우크라이나 사람들을 반역자들 또는 파시스트들이라고 부르며 이들에 대해 공격을 가할 것이라고 위협한다. CyberBerkut가 우크라이나 정권을 이처럼 가짜정권이라고 부르는 이유는 유럽연합과 나토에 포함되길 희망하는 우크라이나 정권을 비난하고 러시아와 역사적으로 연계되는 우크라이나 지역들, 돈바스 등의 우선적 분리 독립과 러시아로의 재통합의 필요성을 강조하기 위한 것이다. 또한 이와 같은 러시아와의 재결합을 통해 우크라이나에 정당한 러시아의 가치가 통용되어야 한다는 내러티브가 깔려있기 때문이다.

셋째, CyberBerkut의 이미지 내러티브에는 러시아의 역사적 전통성에 기초한 서구주의 배격이 담겨있다. CyberBerkut는 지역뉴스 웹사이트들을 디페이싱하고 '스바스티카(Swastika)'로 우크라이나 지도의 일부분을 덮은 이미지를 포스팅하였다.[348] 이들이 사용한 스바스티카는 꺾어진 십자가 모양으로 신석기시대부터 기원한 고대 유라시아의 문화적, 종교적 상징이다. 스바스티카의 사용은 러시아 푸틴에 대한 공개적 지지를 의미한다. 실제 러시아에서는 우크라이나와의 전쟁개시 2주 후부터 라틴 알파벳 'Z'가 러시아 정부와 돈바스에 대한 특수군사작전을 지지하고 서구의 침공에 대한 러시아의 문명적 저항을 의미하는 상징으로 사용되고 있었다. 러시아에서는 옷, 정부건물, 거리 광고물, 박물관 앞 장식물, 여성의 메이크업, 심지어 매니큐어에도 사용되었다. 러시아에서 Z는 러시아어의 'Za Pobedu'를 의미한다. 번역하면 '승리를 위하여'라는 뜻이다. 이 단어의 진정한 의미는 위대한 푸틴의 러시아로 해석된다. 또한 러시아의 대우크라이나 전쟁 지지자들은 이 상징을 신나치와 강력한 힘을 가진 서구의 비밀요원들로부터 우크라이나를 해방시키는 작전에 투입된 군대를 지지하는 상징으로 인식한다.[349] 이 외에도 CyberBerkut는 허위정보프로파간다를 수행한다. 친우크라이나 군대나 조직들을 잔인하고 비윤리적인 사람들로 비치게 할 가짜 비디오의 제작과 관련되어 있고 이를 유포한다. 이를 통해 우크라이나와 서구국가들의

---

348 Id. Smolak. M. 2014.

349 Rozanskij. V. March. 10, 2022. 'Z': Russian forces swastika in Ukraine. https://www. asianews.it/news-en/%27Z%27:-Russian-forces-swastika-in-Ukraine-55322.html

도덕성을 비판하고 부패한 세력으로 몰아가는 프로파간다를 수행한다. 예를 들면 언론에 알려진 허위정보사례로 2016년 당시 ISIS의 전사로 불리는 용병들이 우크라이나 국방경비사단에서 전투를 수행한다는 동영상이 있다. CyberBerkut는 이 같은 사실을 BBC가 파악하였는데 보도하지 않았다는 내용을 해당 동영상에 담고 있다.[350] 이 가짜 동영상 내에 러시아 정부의 크리미아 합병을 지지하는 친러시아 세력인 "도네츠크 인민 공화국(Donetsk People's Republic)"에 의해 제작되었다는 내용이 표시되어 있다. 이 가짜 동영상은 CyberBerkut과 관련이 있는 것으로 파악되었으며, Cyber-Berkut에 의해 확산되었다.

넷째, CyberBerkut의 내러티브는 커맨드내러티브로서의 러시아 정부의 마스터내러티브를 하위단위에서 전략적으로 실행하는 내용들을 담고 있다. CyberBerkut는 친러시아 성향의 핵티비즘 단체이지만 이들의 구체적인 활동목적은 우크라니아 내 친러시아 지역의 분리독립을 지지하는 것이다. 따라서 이들 내러티브에는 마스터내러티브에 해당하는 러시아에 대한 칭송, 러시아적 역사관, 정체성, 그리고 유라시아적 제국주의를 문자 그대로 적나라하게 드러내서 강조하지는 않는다. 그러나 스바스티카의 상징적 이미지를 전략적으로 사용하는 등의 방법으로 러시아와의 정신적, 종교적, 문화적, 역사적 연대를 강조하고 친푸틴 정책을 강력히 지지하는 내러티브를 전달하고 있다. 이는 커맨드내러티브로서의 마스터내러티브를 하위의 실행단계에서 상황에 맞게 활용한 보다 실행전략으로서의 내러티브의 활용사례를 보여준다. 바꾸어 말하면, 러시아의 반서구주의, 반미주의, 러시아의 정체성 등의 마스터내러티브는 우크라이나의 지역적 세팅에서 키이브 정권, 미국, 그리고 서유럽 국가들을 도덕적으로 타락한 파시스트 범죄집단으로 묘사하고 이와 같은 범죄세력에 대한 저항과 항전을 독려하는 방식으로 구현되고 있다. 이런 측면에서 러시아의 마스터내러티브는 우크라이나의 지역 내러티브를 작동시키는 커맨드 내러티브로 기능한다.

다. Killnet과 XakNet 등의 내러티브 사례 분석

러시아 애국주의를 표방하는 자발적 또는 독립적 핵티비즘 집단으로 Killnet과 XakNet 등이 있다. 이들은 최근 2022년 러시아-우크라이나 전쟁이 시작된 이후 매우 활발한 활동을 보인다. 이들은 러시아에 근거를 둔 러시아 핵티비스트 집단이며 반러시아 국가들의 기간산업시설에 대한 디도스 공격과 디페이싱 공격을 수행한다.

---

350 Soshnikov. A, Inside a pro-russia propaganda machine in Ukraine, 「BBC」, Nov. 13. 2017.

XakNet은 러시아를 지지하는 해커들의 집단으로 스스로를 "러시아 애국자들 (Russian patriots)"이라고 부른다.[351] XakNet은 최근 어나니머스의 러시아에 대한 작전 을 비난하면서 "우리는 마스크 뒤에 숨지 않는다"라고 주장하며 "우리나라[러시아] 에 대한 모든 해킹, 디도스 공격과 유사한 공격이 우크라이나에서 발생할 것이다"라 고 위협한다. XakNet은 러시아 정부로부터 직접적인 작전이나 해커활동에 대한 명 령을 받지 않는다고 밝혀 자신들은 순수한 자발적 애국적 해커들임을 강조한다.

XakNet과 활동양상이 비슷한 Killnet은 2022년 2월 25일 어나니머스에 대한 전 쟁을 선포한 이후 최근까지 가장 두드러진 사이버공격과 내러티브를 수행하는 핵티 비스트들의 연합체이다. 이들은 러시아-우크라이나 전쟁 이후 애국적 해커로서 참전 하였고, 2022년 7월부터는 본격적인 핵티비즘 조직으로의 변화를 선포한다. Killnet 조직은 XakNet과 마찬가지로 러시아에 본거지를 둔 러시아 애국적 해커집단이다. Killnet과 XakNet은 공동으로 연합작전도 다수 펼쳤고 서로 갈등도 겪어왔다. Killnet은 XakNet과 마찬가지로 서구와 러시아를 지지하지 않는 주변 국가들의 핵심 기간산업시설 등에 대한 디도스 공격과 디페이스 공격으로 악명이 높다. 특히 Killnet은 나토국가들을 공격대상의 최우선순위에 둔다. 그 외에도 우크라이나를 지 원하는 국가들인 루마니아, 이탈리아, 리투아니아, 노르웨이, 폴란드, 핀란드, 그리고 라트비아에 대한 공격을 감행하였다.[352]

이들의 해킹은 러시아 정보기관과 연계된 APT28, APT29 등과는 상당히 다르다. Killnet은 성난 군중들이 낮은 사이버 공격기술과 도구를 사용하는 모임처럼 보인다 는 평가를 받는다. 그러나 내러티브에 있어서 Killnet은 상당한 영향력을 발휘한다. Killnet은 자신들의 텔레그램 채널을 통해서 70,000명 이상의 멤버들에게 프로파간 다 내러티브를 전파한다. Killnet은 매우 효과적인 커뮤니케이션 시스템을 갖추고 있 고, 반구조화된 조직체계도 갖추고 있다. 이들 집단의 구성은 명확하지 않지만 작은 해킹 집단들과 개인들이 하나의 공통된 목표를 가지고 모여 있는 집합체(collective)로 분석된다.[353] 이들의 핵티비즘 캠페인은 상당한 수준의 성공을 거두고 있는 것으로

351 Vail. E, Russia or Ukraine: Hacking groups take sides. 「The Record」, Feb. 25. 2022. https://
therecord.media/russia-or-ukraine-hacking-groups-take-sides/

352 Smith, M. Lonergan, E.D. & Starck, N. Oct. 21, 2022. What impact, if any, does Killnet
have? Lawfare. https://www.lawfareblog.com/what-impact-if-any-does-killnet-have

353 Vedere Labs. June. 2. 2022. Killnet. Analysis of attacks from a prominent pro-Russian

평가된다.

Killnet의 성공비결은 이들의 사이버전쟁 관련 내러티브에 있다. 이들의 내러티브는 러시아 정체성과 애국주의, 피해자 경험 등의 마스터내러티브를 담고 있다. 다음은 Killnet이 핵티비즘의 참여를 알리며 텔레그램에 채널을 만들면서 남긴 내러티브이다. 이들 내러티브들은 대부분 러시아어로 되어있다. "우리는 킬넷이다(WE ARE KILLNET)." "이 채널은 형제 슬라브인들 출신의 유사한 생각을 가진 해커들이 만든 채널이다! 우리는 전쟁과 형제살해(fratricide)를 어떤 형식으로든지 지지하지 않는다. 러시아 ♥ 우크라이나는 비즈니스맨과 서구의 꼭두각시들의 지배아래 있는 하나의 국가이다! 우리는 오직 우리와 관련 있는 정보만을 배포할 것이다.... 채널을 고정하라. 점점 더 흥미로워질 것이다..."354 다음은 Killnet이 러시아 뉴스 네트워크인 RT와 인터뷰한 내용이다. "우리는 우리의 나라를 수호하려고 일어난 러시아 전역에서부터 모인 평범한 사람들이다.... 우리는 언제나 증오를 받아왔다. 첫째, 러시아는 끔직한 제국, 나쁜 소련연방, 그리고 이제는 악마(evil)의 러시아라고 증오 받는다. 이런 장면의 뒤에 보이지 않는 전선에서 엄청난 일이 벌어지고 있다. 바로 적의 해킹시스템, 정보의 감시와 수집, 그리고 통제시스템의 쟁탈이다."355

Killnet은 자신들의 텔레그램 채널 등을 통해 다양한 내러티브를 생산하고 프로파간다를 확산해 왔다. 다음은 그러한 내러티브의 사례들이다. "... Killnet은 핵티비즘으로 변모했다... 왜 이런 일을 할까?... 지난 반년 동안 나는 100,000명 이상의 사람들을 핵티비즘으로 모집해왔다.... 우리의 모국을 보호하는 것 그리고 그의 영토에서 적들을 박살내는 것!... 전 세계의 절반이 그 나치에게 돈, 무기, 장비 등을 공급한다.... 우리는 정부로부터 금전을 지원받지 않고 우리의 일은 자원봉사에 근거한다! 우크라이나의 나치들은 자신들이 저지른 범죄로 수백만 달러를 모으고 있다..."356

---

hacktivist group. https://www.forescout.com/blog/killnet-analysis-of-attacks-from-a-prominent-pro-russian-hacktivist-group/

354 Killnet의 Telegram 원본 메시지. 출처: https://t.me/killnet_reservs/10

355 Killnet RT 인터뷰 원본 메시지. 출처: WAQAS. May 23, 2022. Anonymous Declares Cyber War Against Pro-Russia Hacker Group Killnet. Hackerad. Anonymous Declares Cyber War Against Pro-Russia Hacker Group Killnet (hackread.com)

356 Killnet 리더 Kilmik 원본 메시지. 출처: Treadstone 71. Sep. 27. 2022. Please donate to save Killmilk operations. https://cybershafarat.com/2022/09/27/please-donate-to-save-killmilk-operations/

"러시아 연방의 공무원들 중 한명도 없고, 단 한명의 기업가도 우리에게 관심을 가지지 않는다!"[357] "세계의 모든 사람들이 우리가 나치이념에 대항하여 싸우고 있다는 것을 반드시 이해해야만 한다. 이는 제정신인 모든 사람의 신성한 의무이다."[358] "우리의 첫날부터 수행한 모든 [특수군사작전]은 오직 우리의 조국을 돕기 위한 목적일 뿐이다."[359] 다음은 미국 공항 웹페이지를 해킹하고 디페이싱한 웹페이지에 포스팅된 내러티브이다. "일시적으로 표를 구매할 수 없습니다. 조 바이든에게 사과합니다.... 이 공격은 테러가 아니다. 다만 미국정부가 유럽의 수백만의 생명의 주인이 아니라는 힌트이다.... 우크라이나에 무기공급을 멈출 때 너의 나라의 정보관련 기관들에 대한 공격이 바로 멈춰질 것이다. 미국, 아무도 너를 두려워하지 않아... "[360] 이외에도 Killnet이 포스팅한 러시아를 지지하지 않거나 우크라이나에 대한 공격을 지지하지 않는 국가와 개인들에 대한 강력한 혐오발언들은 넘쳐난다.[361]

Killnet의 핵심내러티브에는 다음과 같은 특징들이 관찰된다. 첫째, Killnet 내러티브에는 러시아 정부의 마스터내러티브의 핵심 주제들이 반영되어 있다. 푸틴의 철학, 이념, 역사관, 신유라시아 제국주의의 비전이 전반적으로 드러나고 서구주의에 대한 반대 등이 발견된다. 예를 들면, 형제 슬라브인들이라는 표현에서 유라시아지역을 중심으로 한 러시아적 제국주의의 이념이 나타난다. 또한 우크라이나가 자신들과 하나의 국가라는 표현에서 러시아 정부의 러시아적 역사관, 유라시아 국가인식을 발견할 수 있다. 이는 러시아 모국을 수호하고, 러시아를 다시 위대하게 하겠다는 표현들에서도 확인된다. 그리고 미국-서방에 의해 러시아가 박해를 받고 증오를 받아왔다는 점을 부각시키면서 러시아의 굴욕의 역사에 대한 러시아적 관점이 드러난다. 이러한 사례들은 러시아적 정체성과 세계관이 이들의 내러티브에 반영되어있다는 것을 보여준다. 한편 반미주의, 반나토 등의 내러티브를 통해 러시아적 정체성에 서구적 자유민주주의를 대비시켜 적과 우리를 구분하는 이분법적인 내러티브도 사용되었다. 이런 표현들은 서구유럽에 대한 반대, 현재의 우크라이나 정부를 범죄자, 부패한 정

---

357 Killnet의 Telegram 원본 메시지. 출처: Id. Smith, et. al., Oct. 21, 2022.

358 Killnet의 Telegram 원본 메시지. 출처: Id. Vedere Labs. June. 2. 2022.

359 Killnet의 Telegram 원본 메시지. 출처: Id. Smith, et. al., Oct. 21, 2022.

360 Killnet 원본 메시지. 출처: Avertium. Oct. 18, 2022. An in-depth look at Russian threat actor, Killnet. An In-Depth Look at Russian Threat Actor, Killnet (avertium.com).

361 Ibid.

권, 나치로 바라보는 시각, 파시즘에 대한 전투 등의 내러티브로 확인된다. 이밖에도 미국과 서유럽의 우크라이나에 대한 불공정한 지원과 반러시아 감정의 표출을 이들의 러시아에 대한 공격과 전쟁으로 인식한다. 이와 같은 내용들은 미국-서방과 러시아의 문명적 충돌이라는 마스터내러티브가 지역적으로 구현된 것이다.

둘째, Killnet은 자신들이 러시아를 위한 영웅적 전쟁을 수행하고 있으며 자신들의 전사로서의 이미지를 부각하는 내러티브를 강조하고 확산시킨다. 그리고 이를 통해 청중들의 몰입과 공감, 지지를 촉진시킨다. Killnet은 자신들이 수행하는 사이버 전쟁이 확장된 정보전쟁의 일환이라는 점을 명확히 이해하고 있는 것처럼 보인다. 이들이 사용하는 내러티브에서 나치즘 표현은 러시아인들에게 2차 세계대전에서의 소련군의 독일군에 대한 영광스러운 승리를 연상시킨다. 이는 자연스럽게 청중들에게 Killnet의 애국적 해킹이 신성한 모국 러시아를 수호하기 위한 서방과의 정보 전쟁이라는 사실을 인식시킨다. 또한 내러티브에 몰입하는 청중들이 전투원으로서의 정체성을 스스로 가질 수 있도록 연상되는 이야기들을 연결시킨다. 이와 관련해서 "아무도 너[미국]를 두려워하지 않는다"는 표현은 Killnet이 자신들의 전사적 강인함을 드러내기 위한 표현이 된다. 전쟁과 전사적 내러티브는 또한 Killnet이 처한 실제 상황과도 연계된다. Killnet은 애국적 해커활동을 처음 시작할 때부터 우크라이나를 지원하는 어나니머스와의 전쟁을 선포하고, 사이버공간에서 공격-방어를 펼치고 있다. 어나니머스 외에도 IT Army of Ukraine 등 러시아를 목표로 하는 다른 해커그룹들의 사이버 캠페인들과도 싸우고 있다. 사이버 전쟁 수행과 관련된 Killnet의 실제 이야기들은 그 자체로 하나의 내러티브로서 작동한다. 이런 이야기의 힘은 청중들이 Killnet의 내러티브에 대한 몰입과 공감을 더 쉽게 할 수 있도록 돕고 이들의 내러티브 트랜스포테이션을 촉진시킨다.

셋째, Killnet은 자신들이 자발적인 애국적 해커들이며, 평범한 사람들이라는 점을 강조한다. 이 내러티브는 대부분 러시아 정부와 직접적 연계가 없는 청중들이 Killnet의 상황과 자신들과의 상황을 유사하게 인식하도록 만든다. 그리고 이를 통해 청중들이 이해하기 쉽고 몰입하기 쉬운 이미 알고 있는 주인공 캐릭터가 만들어진다. 이는 청중들의 내러티브 트랜스포테이션을 촉진시킨다. Killnet은 자신들의 독립성을 강조하기 위해 Killnet의 해커구성원들과 청중들에게 러시아의 사이버 관련 정부부서들과 절대 함께 일하지 말 것을 강조한다.362 이는 Killnet의 순수성, 정당성과 국가에 대한 숭고한 애국심, 높은 도덕성을 부각시키며, 청중들에게 Killnet에 대한 긍정적인 내러티브를 제공하는 효과가 있다. 한편 Killnet은 러시아 정부에 대한 사이버 공격의 금지를 강조한다. 이는 Killnet이 러시아 정부가 애국적 해커들에게 제시하는 용납과 수용의 가이드라인을 스스로 지키고 있다는 사실을 의미한다. 이와 같은 Killnet의 러시아 정부와의 거리두기는 러시아정부가 이들의 뒤에 있다는 서구의 주장을 차단하고, 동시에 순수한 애국심에 근거한 핵티비스트 그룹으로서의 자신들의 높은 도덕성과 정보의 진실성을 강조하려는 전략으로 해석된다.

넷째, Killnet은 청중들의 주목을 끌어내고 이들의 참여와 지지를 얻기 위해 재치있고, 감각적이며, 감정이 담긴 표현들과 과장된 수사들(hyperbolic rhetoric)을 내러티브에 활용한다. 이러한 내러티브 수사와 표현들은 자신들의 성공적인 해킹공격을 알리고, 승리를 축하하고, 다음번 공격을 알릴 목적으로 간결하게 제시된다. 예를 들면, 2022년 8월 4일 록히드마틴(Lockheed Martin)에 대한 공격에서"From Russia With Love"라는 메시지가 전송되었다. 이 메시지는 영화의 제목을 패러디 한 것으로 지난 2015년 ISIS의 파리테러 이후 프랑스 폭격기가 이라크에 보복폭격을 가하면서 한 병사가 폭탄에 "From Paris With Love"의 글을 썼던 것이 언론에 알려지면서 이후 보복에 대한 드라마틱한 반어법적 표현으로 활용되었다. 10월 4일 텔레그램에 올라온 메시지는 Killnet이 자신들이 벌인 연속적인 디도스 공격을 알리면서 재치 있는 표현을 사용한 사례이다. 해당 메시지는 다음과 같다. "7일 동안의 날씨를 알려드립니다! 14:00 미국 - AL4단계의 홍수가 미국 전역에 예상됩니다. 16:00 미국 - 모든 세금관련 웹 대응전략에 어려움을 겪고 있습니다." Killnet은 이 작전의 이름을 '미국 오프라인(USA Offline)'으로 명명하고 자유의 여신상 배경으로 버섯구름이 피어오르는 이미지를 Killnet의 사이버 돔(cyber-doom) 내러티브와 함께 공개했다.

Killnet은 소셜네트워크, 텔레그램, 인터넷 웹페이지 등에서 자신들의 공격성공과 앞으로 있을 공격위협을 의도적으로 크게 부풀리고 소란스럽게 홍보를 벌여왔다. 이를 위해 비디오 플래쉬, 밈, 워터마크 이미지 등의 다양한 유형의 이미지와 영상 내러티브들을 활용해 러시아 국내·외의 청중들의 이목을 끌었다. 이들의 내러티브에는 욕설 등의 직접적인 감정을 자극하는 내용, 예를 들면 "FUCK NATO"같은 표현들도 다수 사용된다. 이러한 표현들은 청중의 복수심, 승리감 등의 감정을 자극하기 위한 표현들이다. 이러한 이미지와 내러티브는 청중들이 그들의 내러티브에 관심을

---

362 Id. Smith, et. al., Oct. 21, 2022.

갖게 만드는 요소들로 작용한다. 내러티브가 아무리 훌륭해도 청중들에게 노출되고 청중들의 관심을 끌지 못한다면 아무 의미가 없다. Killnet은 자신들의 공격이 서구 유럽 등의 거대 미디어들에 의해 보도되는 것을 자신들의 선전도구로 재활용하여 선전을 이어간다. 이러한 활동들은 친러시아적 청중들에게 긍정적 이미지를 주고 있다. 이러한 관점에서 Killnet은 청중들의 관심을 끌어내기 위한 전략적 내러티브를 다양하게 활용하였다고 분석된다. 이러한 다양한 내러티브적 요소들이 합쳐져서 Killnet의 내러티브들은 소셜미디어와 다양한 미디어 아웃렛을 통해 빠르게 공유되고 확산되었다. 그리고 이들의 활동은 어느 정도의 성공을 거둔 것으로 평가된다.

그림 13 | Killnet의 "미국 오프라인 디도스 공격 작전"에 사용된 이미지[363]

---

363 https://t.me/killnet_reservs

Killnet은 외견상 러시아 정부와 직접 연계되지는 않은 것으로 비춰진다. 독립적이며 자발적인 러시아의 애국적 해커들로 이루어진 핵티비즘 집합체의 모습을 보인다. 이런 측면에서 Killnet은 어나니머스 콜렉티브와 유사한 모습을 보인다. 어나니머스와 유사하게 Killnet은 커맨드내러티브 구조를 활용하면서도 아마추어적인 수준의 해커들을 포함한 느슨한 구조를 가지고 있다. 하지만 이와 같은 Killnet이 러시아 정부의 통제로부터 온전히 벗어나 있다고 보기는 어려운 측면이 있다. 이는 러시아 내의 인터넷 접근과 사용에 대한 러시아 정부의 엄격한 통제현실을 감안할 때 충분히 가능한 추론이다. 이 때문에 Killnet의 해킹과 핵티비즘 활동이 자율성을 띠고 러시아 정부와의 직접적인 연계를 보이지 않는다고 하더라도 여전히 러시아 정부의 커맨드내러티브와 정보전쟁 수행의 전략적 프레임 내에서 움직이고 있다고 보아야 한다. 이 때문에 Killnet의 핵티비즘은 사실상 러시아 정부의 간접적 통제를 받고 있다고 보는 것이 합리적이다. 이는 Killnet의 내러티브에 러시아 정부에 대한 공격금지가 담겨 있는 것에서 어느 정도 유추해 볼 수 있다. 흥미로운 점은 앞서 언급한 것처럼 이번 2022년 러시아-우크라이나 전쟁에서 어나니머스가 미국 정부의 가짜깃발작전의 일환으로 동원되었을 개연성이 있는 것처럼, 이에 대한 카운터파트로 Killnet이 러시아 정부에 의해 가짜깃발작전의 일환으로 동원되었을 개연성이다. 이에 대한 증거를 공개출처자료를 통해서 제시하기는 어렵지만 논리적으로 충분히 추론해 볼 여지가 있다. 흥미로운 사실은 Killnet이 어나니머스와 매우 유사한 모습으로 구조화되고 활동한다는 점이다.

Killnet의 핵심적 영향력은 이들의 해킹기술력에 있는 것이 아니라 내러티브의 파괴적 영향력을 무기로 한 사이버 인지전에 있다. 기술적인 면에서 Killnet의 해킹 공격의 파괴력이나 영향력은 그리 크지 않다고 평가된다. 이들은 다수 국가들의 정부 및 관련 기관들에 대해 높은 빈도의 해킹공격을 감행했다. 그러나 이들의 타깃 웹사이트에 대한 디도스 공격과 디페이싱 공격 피해들은 빨리 복구되었고 심각한 피해를 가져오지는 못했다. 하지만 이들의 전략적 초점은 기술공격이 아니라 내러티브와 프로파간다를 통한 인지전에 있다. 이들의 인지전은 적어도 러시아 내부에서는 상당한 효과를 가져왔다. Killnet은 러시아에서 영웅으로 칭송받는다.

현재까지 Killnet의 성공에 가장 핵심적으로 요인은 지목되는 것은 Killnet의 내러티브가 가지는 성격과 구조이다. Killnet의 내러티브는 일관성 있는 구조를 가진다. 러시아 정부가 만든 철학적, 이념적, 역사적, 종교적, 문화적 논리가 반영된 마스터내러티브를 따라 전략적 내러티브를 생산해 내는 커맨드내러티브의 구조를 가지고 있다. 게다가 내러티브 시스템의 수직적 통합이론에서 설명하는 마스터내러티브-지역내러티브-개인내러티브의 통합도 나타난다. Killnet이 사용하는 내러티브는 러시아 청중들에게는 이미 친숙한 이야기들이다. 특히 Killnet의 구성원이 평범한 러시아인이라는 주인공 캐릭터의 친숙성은 청중들에게 쉽게 자신을 몰입시킬 수 있는 기회를 제공한다. 그리고 Killnet은 감정적 표현들도 다수 사용한다. 이러한 내러티브는 청중의 관심을 끌고 이들의 분노와 감정유발을 이끌어 내는데 유리하다. 이러한 청중의 감정적 반응은 몰입과 공감을 이끌어내는데 도움이 되고 결국 청중들의 내러티브 트렌스포테이션으로 연결된다. 이 과정에서 Killnet은 청중대상을 명확히 하고 있는 것으로 보인다. 이들의 주요 청중은 러시아인이고 특히 청년들이다. 러시아 청년들은 어린 시절부터 러시아적 정체성과 애국심을 교육받는다. 이와 유사한 맥락의 Killnet의 내러티브들(모국에 대한 애국심, 러시아적 정체성, 역사적 굴욕, 서구유럽과 미국의 파시즘과 범죄, 종교적 타락과 부패 등)은 청년들이 익숙하게 받아들일 수 있는 것들이다. 이는 그들이 자신들의 인지영역 속에 Killnet의 내러티브 속 이야기와 스크립트들을 이미 가지고 있기 때문이다.

Killnet의 목표청중은 러시아 국내의 청중들과 우크라이나 일부지역의 친러시아 성향의 청중들이다. 애국적 핵티비스트로 Killnet은 러시아-우크라이나 전쟁 중에 자국민들을 대상으로 인지전을 펼치고 있다. Killnet은 러시아 청중들에게 자신의 내러티브를 최대한 많이 노출시키기 위해 여러 매체를 활용한 것으로 보인다. Killnet은 소셜네트워크뿐만 아니라 러시아 관영매체인 RT와도 여러 번 인터뷰 하여 Killnet의 존재, 목적을 청중들에게 알렸다. 이 점은, 러시아의 언론이 러시아 정부의 강한 통제를 받고 있는 현실을 감안한다면, Killnet이 러시아 정부와 연계되어 있다는 합리적 의심을 불러일으키는 대목이다.

Killnet의 미디어 여론전과 관련하여 주목할 또 다른 흥미로운 부분은 이들이 자신들의 존재와 공격활동이 미국과 유럽 등지의 매체에서도 관심을 끌 수 있도록 내러티브와 이미지 등을 구성하였다는 점이다. 이미지, 동영상, 공격을 미리 알리는 공개적 위협, 그리고 눈길을 끄는 내러티브 기술방식들(흥분, 즐거움, 쾌감, 분노 등의 감정을 자극할 수 있는 표현, 욕설 등)도 같은 목적으로 사용된 것으로 분석된다. 이에 따라 이들의 공격은 CNN, NRP 등의 국제적이면서 중요한 서구의 언론 매체를 통해 알려졌다. 그리고 Killnet이 실제 능력보다 더 위협적인 존재로 과장되어 언론사 특유의 자극적인 내러티브와 함께 알려졌다. 이에 Killnet은 서구 언론의 보도 자료를 자신들의 공식 텔레그램 채널과 트위터 등을 통해 홍보하고 떠벌이면서 자신들의 신용과 영향력을 더욱 높이는데 이용하였다. 이러한 미디어의 조절(moderator)효과는 이들의 내러티브가 다른 집단들에 비해 더욱 강력해지고 증폭되는 결과를 가져왔다. 이러한 현상은 어나니머스나 후세인이 이끌던 ISIS 연계 해커조직에 대한 미디어의 과도한 관심과 뉴스로 이들의 영향력이 과장, 증폭된 과정과 유사하다. 이처럼 Killnet이 자신들의 핵심 청중은 러시아인이지만, 미국 등 서구유럽에 대한 공격과 내러티브에 공을 들인 것은 자신들의 존재를 알리고 홍보하여 영향력을 더 강화하려는 전략적 행동이었다고 분석할 수 있다.

4) 중국 애국적 핵티비즘

(1) 특성과 조직구조

중국의 해킹과 핵티비즘은 물리공간과 사이버 공간을 통합한 중국의 전반적인 정보활동의 한 부문에 해당한다. 따라서 중국의 사이버 작전활동은 다른 물리공간에서의 정보활동과 긴밀히 연계되어 있다. 이 때문에 중국의 해킹과 핵티비즘의 조직과 활동 등의 속성을 이해하기 위해서는 중국의 국가안보전략과 이와 같은 목표를 달성하기 위한 실행방안으로서의 전반적인 정보활동에 대한 이해가 필요하다.

중국의 정보활동은 중국의 글로벌 패권추구라는 추상적인 최상위의 국가전략 목표실현을 위한 추진방안이다. 중국의 정보활동은 매우 파괴적이고, 위협적이다. 이는 온·오프라인을 통합하며, 전통적인 스파이 기관과 스파이 활동에 더해 학자, 유학생, 기업가, 과학기술자, 사업가, 해커, 애국적 핵티비스트, 범죄조직 등을 동원한 합법과 불법, 규범과 상식 등을 뛰어 넘는 핵티비즘을 포함한 전방위적인 정보활동을 전개한다.[364]

중국의 온, 오프라인을 아우르는 정보활동을 전일적, 통합적, 중장기적으로 가이드하는 근본 전략은 초한전(unrestricted warfare)이다. 중국은 이 초한전 전략개념에 따라 정보활동을 중국의 글로벌 패권체제 (또는 중국식 표현으로 중화천하질서) 달성을 위한 수단으로 인식한다. 중국의 초한전은 이와 같은 중국의 궁극적인 세계패권전략목표를 실현하기 위한 구체적 실행 전략이다.

---

364 한나스 외, 『중국 산업스파이: 기술 획득과 국방 현대화』.

최근 들어 정보통신과학기술의 발전과 4차산업혁명으로 전장과 비전장의 영역이 수렴하는 회색지대의 확장현상이 두드러진다. 이와 같은 전략 환경에서 정보의 무기화(weaponization of intelligence)가 빠르게 진행되고 있다. 이는 초한전 전략을 근간으로 한 중국의 정보전 위협의 심화로 이어진다. 특히 정보 (information), 문화, 교육, 여론, 가치, 과학기술, 경제, 정치사회 등과 같은 인간의 인지 영역(cognitive domain)에서의 인지 우세권이 미래전쟁의 승리의 핵심 요소가 될 것으로 전망되고 있다. 중국의 초한전 전략은 그와 같은 맥락에서 이해해야 하며, 중국판 정보전쟁 또는 인지전의 성격을 갖고 있다. 따라서 중국의 온, 오프라인 정보활동은 온·오프라인에서의 전방위적 침공행위로 간주해야 한다.[365] 이 때문에 클라이브 해밀턴 교수는 이를 '중국의 조용한 침공(Silent Invasion)'이라고 묘사했다.[366]

초한전 전략에 따라 수행되는 중국의 영향력 공작의 핵심 전략 목표는 다음의 것들을 포함한다. 첫째, 해당 국가 내 친중 세력을 확보하고 이를 확장시켜 중국의 영향력을 극대화한다. 이를 위해, 중국은 선거개입, 정치권 침투, 학계, 미디어, 과학기술, 교육, 시민사회단체 등에 전방위 침투를 수행한다. 둘째, 중국은 해당 국가 내 정치진영의 양극화와 진영 간 갈등을 격화시키려고 기도한다. 이를 통해, 중국은 자유민주주의 체제 자체에 대한 혐오, 냉소, 무관심, 정부 및 정치경제사회 엘리트들에 대한 불신, 혐오 극대화, 그리고 궁극적으로 국가에 대한 정체성과 국가 시스템 자체를 마비시키는 것을 지향한다.[367]

중국의 애국적 핵티비즘은 영향력 공작을 수행하기 위한 여러 추진체계중의 하나이다. 중국의 영향력 공작 추진체계는 정보활동의 최상위 컨트롤 타워를 축으로 여러 하위수준의 실행루트로 구성되어 있다. 최상위 컨트롤타워에는 국가주석을 정점으로 국무원과 중앙군사위원회로 구성된다. 국무원은 정보기관인 국가안전부를 포함한 행정부처를 지휘하고, 중앙군사위원회는 중국 인민해방군을 지휘한다. 이들 최상위 컨트롤타워는 중국 국가안보전략과 영향력 공작을 포함한 정보활동 전반에 대한

---

365 육군 자료 참조.

366 클라이브 해밀턴, 『중국의 조용한 침공』, 김희주 옮김 (서울: 세종, 2021).

367 Orinx Kimberly and de Swielande, Tanguy Struye. 2022. "China and Cognitive Warfare: Why Is the West Losing?." Bernard Claverie, Baptiste Prébot, Norbou Beuchler, and François du Cluzel, Cognitive Warfare: The Future of Cognitive Dominance, NATO Collaboration Support Office, 978-92-837-2392-9.

목표와 방향을 설정하고 지침을 제시한다. 이들 최상위 컨트롤타워 아래에 중국의 정보활동을 실행하는 실행 컨트롤타워로 중국의 국가정보기관인 국가안전부(Ministry of State Security: MSS), 국무원 교무판공실(Overseas Chinese Affairs Office of the State Council), 그리고 인민해방군(People's Liberation Army: PLA)이 위치한다. 참고로 국무원 교무판공실은 이번 서울 중국 해외 비밀경찰서 의혹이 불거진 '오버시스 차이니즈 서비스(OCSC: 화조중심)'를 지원하고 지휘통제하는 상위감독기관이다.[368] 이들 기관들은 중국 국가최고지휘부의 지도, 지휘, 통제를 받는다. 이들 정보활동의 실행 컨트롤타워의 지원과 지휘통제 아래 중국에 기반을 둔 과학기술기관들, 단체들, 협회들, 문화예술협회들, 우호친선협회들, 학회들, 타깃 국가에 기반을 둔 기관들, 협회들, 학회들, 대학 및 대학원 학생회, 중국인 단체, 중국계 기업들, 범죄조직들, 타깃 국가에 체류하는 중국 유학생과 근로자, 학자, 사업가, 교포, 언론인, 그리고 이들과 연계된 타깃 국가의 학자, 사업가, 과학기술자, 정부 및 정치 인사들, 오피니언 리더들, 정치사회시민단체, 언론인들, 타깃 국가에 체류 중인 중국 외교관들, 전통적인 스파이들 등과 같은 다양한 추진체계가 가동된다. 중국의 애국적 사이버 해커들과 핵티비스트들(댓글부대들)은 이 다양한 추진체계들 가운데 하나이다.[369]

이처럼 다양한 민간 추진체계들은 컨트롤 타워에 해당하는 중국 정보기관 또는 공작기관에 의해 전략적 지침과 지원·지휘·통제·조율을 받는다. 이와 같은 결합방식은 온라인과 오프라인을 막론하고 같은 방식으로 나타난다. 예를 들면, 온라인에서 중국 사이버 해커들은 국가안전부 또는 중국공산당 중앙군사위원회 산하 인민해방군 총참모부 예하 3부 2국(61398 부대)에 의해 은밀히 지휘통제를 받는다.[370] 중국의 해커들은 2020년 7월에 미 법무부가 기소한 두 명의 해커인 Li Xiaoyu(aka Oro0lxy)와 Dong Jiazhi는 국가안전부 요원의 지휘통제 및 지원을 받았다.[371] 중국 인민해방군에 의해 지휘통제 되는 중국 해커그룹들은 약 20여개 그룹 2만 여명의 APT 요원으로 이루어진 것으로 추정된다.[372] 같은 방식으로 중국의 댓글공작 부대인 우마오당

368 김주연, "中 '비밀경찰서' 의혹 OCSC, 경찰청·법무부 불러 '일일영사관' 열었다," 「서울신문」, 2022년 12월 29일.

369 Ibid.

370 Mandiant, APT1: Exposing One of China's Cyber Espionage Units, pp. 7-8. http://intelreport.mandiant.com/Mandiant_APT1_Report.pdf.

371 Geenens and Smith, "Hacker's Almanac," p. 10.

372 세인 해리스, 『보이지 않는 전쟁 @ WAR』, 진선미 옮김, (서울: 양문, 2015), pp. 122-123.

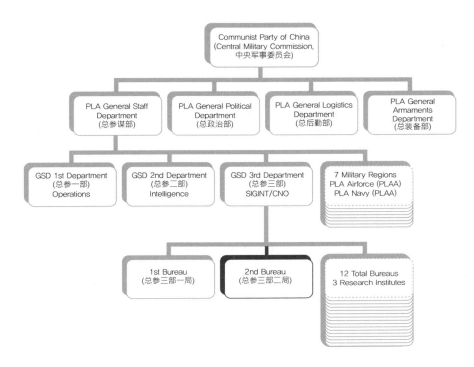

| 그림 14 | 중국의 61398 부대 지휘체계 조직도[374]

은 중국 당국의 지휘통제를 받고 있으며, 중국 정부는 매년 4억 4800만의 댓글을 위조해 여론조작을 시도한다.[373]

이와 같이 다양하고 복잡한 중국 스파이활동 및 영향력 공작 네트워크의 결합방식은 핵심 내러티브를 근간으로 긴밀히 결박되어 있다. 이 핵심내러티브는 중국의 커맨드내러티브(command narrative)이다. 커맨드내러티브는 모든 커뮤니케이션 활동들을 결박시키는 프레임워크이다. 이는 모든 중국 네트워크 참여자들의 자신감과 충성심, 자발적 헌신을 고무시키고 미국-서방의 자유민주주의와 개인주의적 담론으로부터 중국 대중들이 분열, 혼란, 포섭되는 것을 막는 억제장치로 기능한다.[375] 이는 이슬람

---

373 송의달, "돈·선물·성관계...세계 휩쓰는 중공의 국내 정치 공작, 한국에선?," 「조선일보」, 2022년 7월 22일.

374 Mandiant, APT1: Exposing One of China's Cyber Espionage Units, pp. 7-8.

375 Marcellino et al., "Developing, Disseminating, and Assessing Command Narrative," p. ix.

살라피 극단주의 내러티브를 축으로 전세계적으로 중앙지휘부를 메인 허브로 척도없는 네트워크(scale-free network)로 느슨하게 결합된 알카에다나 ISIS의 구조와 유사하다. 중국은 중화민족의 부흥과 글로벌 패권장악, 애국심, 중화민족의 지배적 지위에 대한 역사적 운명 등을 담은 중화극단주의라는 커맨드내러티브를 접착제로 글로벌 네트워크를 구축하고 있다. 중국-베이징 정부는 이와 같은 중화극단주의 네트워크의 플랫폼이자 지휘부로 기능하며, 중국 국무원, 인민해방군과 국가안전부는 실행을 위한 실행 컨트롤타워에 해당한다. 이 중화극단주의 네트워크에 자발적, 비자발적으로 결합된 정부 및 민간 부문 행위자들은 중국의 발전과 패권질서 구축에 기여하는 전사이자 전위대로 자신들을 인식하여 이를 전랑(war wolf)으로 표현한다.

특히 사이버 부문(해커들과 핵티비스트들)에 초점을 맞춰 조직구조를 살펴보면 다음과 같다. 우선, 중국 사이버 안보체계의 최상위 컨트롤타워에는 국가주석과 주석 직속의 '중앙인터넷안전정보화위원회'가 위치한다. 국가주석 아래에 다시 '국무원'과 '중앙군사위원회'가 존재한다. 이들 최상위 기관들은 국가전반적인 사이버안보 전략 목표와 방향을 설정하고 가이드라인을 제시한다.

국무원과 중앙군사위원회는 두 축으로 각각 산하에 사이버 정보활동 실행 컨트롤타워가 운용된다. 국무원 산하에 국가인터넷정보판공실이 있고 여기서 사이버 안보의 전반적인 업무(사이버 안보, 정보화, 사이버 홍보, 사이버 교육, 사이버 정책 및 법률, 사이버 국제교류, 사이버 산업동향, 사이버연구)를 관장한다. 이 국무원 산하에 중국의 국가정보기관인 국가안전부가 위치하며, 국가안전부 산하에 '기술정찰국'이 사이버 정보활동의 실행 컨트롤타워로 작동한다. 중앙군사위원회는 산하에 컴퓨터 바이러스 부대와 Net-Force, 전자전부대, 그리고 인민해방군 총참모부를 두고 있다. 인민해방군 총참모부는 2015년 12월까지 다시 산하에 61398부대와 61486부대를 두고 있었다.[376] 특히 이 61398부대는 중국의 국영기업인 차이나 텔레콤(China Telecom)과 함께 공동으로 컴퓨터 네트워크 작전 기반시설을 구축하고 은밀히 APT1으로 이름 붙여진 중국 해킹그룹을 지원하여 사이버 에스피오나지 활동을 수행한 것으로 알려졌다. 아래의 그림은 61398 부대의 위치와 본부 건물을 보여준다.[377] 한편 중국은 인민해방군 군사 개혁에 따라 2015년 12월 31일에 전략지원부대(Strategic Support Force: SSF)를 창설하였는데, SSF 산하

---

376 강준영, "중국의 정보전 운용과 위협," 제8차 미래 작전환경분석 세미나 발표자료, 2022년 9월 16일, 육군교육사령부, 서울대 아시아연구소.

377 Mandiant, "APT1: Exposing one of China's cyber espionage units," pp. 11-18.

에 우주부, 전자부, 정보부와 함께, 사이버부가 조직되었다. 이 사이버부 내에 56연구소, 정보공정대학, 그리고 구총참모부 3부 산하에 속해 있었던 12개국 모두와 61398 해커부대, 그리고 61486해커부대 등이 소속되어 있는 것으로 파악되었다.[378]

| 그림 15 | 중국 61398 부대 위치(위쪽)와 본부 건물 모습(아래쪽)[379]

378 강준영, "중국의 정보전 운용과 위협."; Strategic Support Force, "China establishes Rocket Force and Strategic Support Force," https://web.archive.org/web/20160830123728/http://eng.mod.gov.cn/ArmedForces/ssf.htm

379 Mandiant, APT1: Exposing One of China's Cyber Espionage Units, pp. 11-18.

중국의 해커들과 핵티비스트들은 현재는 전적으로 중국 정부에 의해 전략적으로 지휘통제된다. 이들의 은밀한 실행 컨트롤타워는 중국인민해방군(PLA) 또는 전략지원군(SSF), 또는 중국의 정보기관인 국가안전부이다.[380] 특히 앞서 언급한 인민해방군의 61398부대와 61486부대는 중국 해커들을 지휘통제하는 핵심 기관들이다. 우선, 61398부대는 중국 해커들의 핵심 컨트롤타워이다. 미국 정부에 따르면, 중국의 해커 규모는 10만 명에 달한다. 독일 연방정부 정보관계자도 중국 해커의 규모를 10만 명 선으로 추정한다. 이들 10만 명의 해커들은 중국 전역에 흩어져 있지만, 61398부대의 명령에 의해 움직이는 것으로 추정된다. 해커에 의해 정보가 수집되면 어학 전문가가 나서 번역을 하고 종합적 시각에서 분석·평가·전망한다. 정확한 수는 아무도 모르지만, 해커 외에 10만 명 정도의 지원세력들이 따로 존재하는 것으로 알려져 있다.[381] 61398부대의 물리적 위치는 상하이시 푸동(Pudong)지역 내에 있는 가오키아오젠(Gaoqiaozhen)내 다통길(Datong Road)에 있는 것으로 파악되었다. 12층 건물에 약 2,000명 정도가 근무하는 것으로 추정된다.[382] 61486부대 내 12국은 또 다른 명령체계와 목적으로 운용되는 별도의 중국 해커집단이다. 이 부대는 상하이시 자베이취에 본부를 두고 있다. 주로 방위·우주·통신 분야에 특화된 해커로, 수준이 종래의 61398부대를 훨씬 능가한다고 알려졌다. 조직원은 상하이 교통대학 출신들인 것으로 알려졌다.[383] 한편 국가안전부(MSS) 역시 다수의 사이버 에스피오나지 해커 그룹들을 운용한다. MSS 관련 해커그룹들로는 APT3(또는 Gothic Panda)와 APT10(MSS TSSB(Tianjin State Security Bureau)에 의해 지휘통제를 받는) 등이 있으며, 2020년 MSS와 계약을 맺고 모더나사를 해킹한 두 명의 해커들 등이 있다.[384]

중국의 해커들 및 핵티비스트들은 모두 애국적(nationalistic)이며, 중국 정부를 위해

380 Sadra Watson Parcels, "Chinese Hacker Groups," IDC HERZLIYA, International Institute for Counter-Terrorism, June 2018, p. 3.

381 유민호, "상하이 소재 61486부대 12국에 주목 교통대 출신의 중국 최고 해커들 암약," 「주간조선」, 2014년 7월 18일, http://weekly.chosun.com/news/articleView.html?idxno=7379

382 Mandiant, "APT1: Exposing one of China's cyber espionage units," pp. 11-16.

383 유민호, "상하이 소재 61486부대 12국에 주목 교통대 출신의 중국 최고 해커들 암약."

384 Catalin Cimpanu, "US charges two Chinese nationals for hacking cloud providers, NASA, the US Navy," 「ZDNet」, December 20, 2018; Christopher Bing and Marisa Taylor, "Exclusive: China-backed hackers targeted COVID-19 vaccine firm Moderna," 「Reuters」, (July 31, 2020); Tom Spring, "APT3 LINKED TO CHINESE MINISTRY OF STATE SECURITY," Archived 2017-06-15 at the Wayback Machine, May 17, 2017.

직접 일하거나 또는 계약을 맺고 일하는 것으로 파악되었다. 알려진 바에 따르면, 현재는 중국 정부에 연계되지 않는 중국 해커나 핵티비스트들은 전혀 존재하지 않는다. 이는 중국 정부가 인터넷 접근을 철저히 통제하고 있기 때문이다. 따라서 중국 해커들이나 핵티비스트들이 개인의 금전적 이익이나 정부의 이해에 반하는 활동을 하는 것이 원천적으로 불가능하다. 해킹을 통해 개인적 이득을 취하거나 지나치게 극단적인 애국적 핵티비즘 활동을 하여 중국정부의 전략적, 국제정치적 이해에 반하는 경우에 중국 정부는 이들을 체포하여 사법처리하는 방식으로 관리한다.[385] 중국 해커들또는 핵티비스트들은 정치적으로뿐만 아니라 문화적으로도 중화민족, 중국국가 등에 강한 애국심과 민족적 충성심을 갖고 있다. 이와 같은 중국, 중화민족의 부흥 등과 같은 커맨드내러티브는 중국 해커들과 핵티비스트들을 자발적으로 동원화하거나 포섭하는데 활용된다. 종종 해외에 있는 중국계 외국국적자들에게 접근해 자신들의 조국(homeland)을 돕는데 헌신하라고 권유한다. 이때 애국심에 대한 호소와 함께 이들 해외에 있는 중국계들에게 중국내에 있는 이들의 가족들의 안전을 볼모로 활용하여 위협한다. 중국 정부의 제안을 중국계 해외 체류자들이 거절할 경우 중국내에 있는 그들의 가족들은 중국 보안당국(security services)의 방문을 받는다. 이는 명백한 위협으로 인식되며, 해외의 중국계 디아스포라들은 중국 정부를 위해 일하지 않을 수 없다.[386]

중국의 애국적 해커들 또는 핵티비스트들 그룹들은 완전히 별도의 조직으로 구분되지는 않는다. 이들은 함께 일하거나 한 그룹에서 활동하다가 해당 그룹이 발각되면, 다른 새로운 이름을 가진 그룹을 만들어 이동한다. 따라서 특정 해커 개인은 다수의 조직에 동시에 속해 활동하기도 하고, 과거에 속해서 활동하던 조직에서 활동을 멈추고 현재는 다른 이름을 가진 조직에서 활동하기도 한다. 이 때문에 특정 중국 해커 또는 핵티비스트 그룹이 현재 활동을 멈추었다고 해서 그 그룹에 속했던 행위자들이 현재 활동을 멈추고 있는 것을 의미하지는 않는다. 이런 점에서 보면 중국 해커들과 핵티비스트들에 대한 추적은 조직 보다는 행위자 개인들의 중국 정부와의 연계에 초점을 맞추는 것이 더 효과적이다. 이와 같은 중국 해커들과 핵티비스트들은 미국을 가장 최우선 순위 타깃으로 설정하고 있다. 이외에 서방의 다른 자유민주주의 선진국들과 일본, 타이완, 그리고 아마도 한국 등을 주요 타깃으로 간주한다.[387]

---

385 Parcels, "Chinese Hacker Groups," p. 5.

386 Ibid, p. 6.

387 Ibid, p. 3.

중국의 해커들 또는 핵티비스트들은 러시아의 언더그라운드 사이버 시스템을 활용하여 포럼을 형성하고 서로 커뮤니케이션해왔다. 2015년까지 이들의 조직과 역량의 수준은 러시아 해커들 또는 핵티비스트들과 비교할 때 상대적으로 열등하였으나 2015년 이후로 상당한 발전과 성숙화를 거치면서 현재는 매우 높은 수준의 조직화와 역량 정도를 보여준다. 중국 해커들과 핵티비스트들이 러시아 시스템을 선호하는 것은 러시아가 다른 서방 국가들의 시스템 보다 중국에 대한 규제 수준이 매우 느슨하기 때문이다. 중국 해커들과 핵티비스트들은 바이두 티바(Baidu Tieba)나 QQ 메신저(QQ Messenger) 등을 이용하여 서로 직접 커뮤니케이션한다.[388] 중국 해커들 또는 핵티비스트들의 포럼 리스트는 다음과 같다.

| 표 3 | 중국 해커들 또는 핵티비스트들의 포럼 리스트[389]

포럼 이름	웹 주소
Hacker Door Forum	http://www.hackerdoor.com
Hackernc	http://www.hackernc.com/forum.php
Evil Octal Forum	https://forum.eviloctal.com/
Roots Web Safe Team	http://www.sh3llc0de.com/forum.php
52Poie Forum	https://www.52pojie.cn/
Mersion Community	http://www.vcccc.cn/
Network College Forum	http://www.365cmd.com/forum.php
Safety Dragon	http://www.anquanlong.com/
China Hacking Forum	http://www.hackerbbs.cc/
2cto-Red Black United	https://bbs.2cto.com/
Technology House of Enchantment	https://www.0xaa55.com/
Zero Day Security Forum	http://www.jmpoep.com/
Watch Snow Safety Forum	https://bbs.pediy.com/
Dragon (Long Tian) Forum	https://www.1thack.com/
Piaoyun Pavillion Safety Forum	http://www.chinapyg.com/
01 BinVul-BInary Vulnerability Research	http://www.binvul.com/
CDlinux Forum	http://cdlinux.net/
CYWL Team-Cheng Yin Network Forum	http://www.chinacycc.com/portal.php
China Honker Army Forum	http://www.cnhonkerarmy.com
End of the World(Tianya) Club Forum	http://www.tianya.cn/

---

388 Ibid, p. 8.
389 글쓴이 작성; Parcels, "Chinese Hacker Groups," pp. 8-12.

개별 중국의 해커들 또는 핵티비스트들의 리스트는 아래의 표와 같다. 이들은 중국 인민해방군이나 정보기관에 직접 소속되어 있거나 지휘통제를 받거나 자금 지원 또는 계약관계를 맺고 활동한다. 이 때문에 모든 알려진 중국 해커들과 핵티비스트들은 중국 정부와 직접 관련이 있다. 중국의 해커들과 핵티비스트들은 '붉은색(홍)'을 자신들의 조직 이름에 많이 쓴다. 이는 붉은색이 중국의 애국주의 또는 민족주의를 상징하기 때문이다.[390]

| 표 4 | 중국 해커 그룹들 또는 핵티비스트 그룹들의 리스트[391]

조직 이름	a.k.a	리더십/주요 인물	중국정부와의 연계	주요 활동 및 타깃 국가	연계 조직
APT1	Unit 61398, Comment Crew, Shanghai Group, Byzantine Candor, 61398 Bundui	Huang Zhenyu, Wen Xinyu, Sun Kailiang, Gu Chunhui, Wang Dong	PLA	사이버 에스피오나지_정부데이터, 산업기술정보/ 이스라엘, 미국, 캐나다, 대만, 베트남, 일본, 한국	APT12
APT12	Calc Team, DynCalc, DNSSCALC, Numbered Panda	알려지지 않음	PLA	사이버 에스피오나지(대만에 집중, 정부, 국방, 미디어 등에 대한 정보수집)/ 이스라엘, 미국, 대만, 일본	APT1
APT3	UPS Team, Gothic Panda, Buckeye, TG-0110	Wu Yingzhou, Dong Hao,	MSS	국방·산업기술절도/ 미국, 영국, 홍콩	화웨이, 광저우 Boyu Information Technology Company (중국보안회사)
APT10	MenuPass Team, Stone Panda, Red Apollo	알려지지 않음	국가자금지원	사이버 에스피오나지(국방·산업기술절도)/ 미국, 캐나다, 프랑스, 스위스, 노르웨이, 핀란드, 일본, 인도, 브라질, 남아공, 호주, 위구르 이슬람 그룹, 한국(한국 미사일방어시스템 해킹혐의)	
Elderwood Group	Elderwood Platform, Elderwood Project, Elderwood Gang ※ 서브그룹으로 Hidden Lynx, Vidgrab, Icefog, Sakurel, Blue Termite 등이 있음	알려지지 않음	국가자금지원	국방·산업기술절도, 국가, 기업, NGO 자료수집/ 미국, 캐나다, 홍콩, 중국, 대만, 일본, 호주, 영국, 스위스, 덴마크, 인도	Hidden Lynx, Vidgrab, Icefog, Sakurel, Blue Termite
Hidden Lynx		알려지지 않음 ※ 50-100명의 멤버	국가자금지원, 국가고용 해커들이며 중국정부와 연계	국방·산업기술절도, 정보수집/ 미국, 대만, 중국, 홍콩, 일본, 캐나다, 러시아, 독일, 우크라이나, 호주, 영국, 프랑스, 싱가포르, 인도, 한국	Elderwood Group, Vidgrab, Icefog, Sakurel, Blue Termite

---

390 Parcels, "Chinese Hacker Groups," pp. 3-53.

391 글쓴이 작성; Parcels, "Chinese Hacker Groups," pp. 3-53. 이 리스트는 완전하지 않으며, 일부를 보여준다. OSINT기반 데이터베이스인 First Alert(https://firstalert.dataminr.com/login)에 따르면, 이 리스트에 수록되지 않은 최근 나타난 다수의 중국 해커그룹들을 확인할 수 있다.

이름	별칭	리더/멤버	배후/성격	주요 활동 및 대상	연관 그룹
Dragon OK		알려지지 않음	국가자금지원 ※광둥지역기반 활동	남중국해분쟁, 국방·산업정보수집/ 미국, 캄보디아, 대만, 일본, 러시아, 인도, 티베트	Moafee
Moafee		알려지지 않음	국가자금지원 ※광둥지역기반 활동	남중국해분쟁관련 군-정부조직 정보수집/미국, 대만	Dragon OK
APT27		알려지지 않음	국가자금지원, 중국정부연계	국방·산업부문 정보수집, 기술절도/ 미국, 아시아, 유럽	
APT18	Wekby, Dynamite Panda, TG-0416	알려지지 않음	국가자금지원, 중국정부연계	사이버 첩보, 국방·산업·교육 부문/ 미국	Shell Crew
Shell Crew	Deep Panda, Black Vine, WebMasters, KungFu Kittens, PinkPanther	알려지지 않음	국가자금지원, 중국정부연계	사이버 첩보: 국가안보싱크탱크, 국방, 산업, 테러조직, 국방·산업기술절도/ 미국 등 서방국가들, 아시아-태평양 국가들, 이라크 내 이슬람 테러조직 Daesh	APT18, APT19
Winnti Umbrella	Winnti Group, Wicked Panda, LEAD, Barium, GREF, PassCV	알려지지 않음	MSS ※ MSS와 직접 관련된 것으로 강하게 추정됨, 일부가 베이징 시쳉(Xicheng) 구역에 위치함	정치공작, 산업기술절도/ 미국, 티벳, 일본, 한국	
NCPH (Network Crack Program Hacker)		Tan Dailin(a.k.a Wicked Rose)/ 4명의 리더와 10명의 멤버	PLA	미 펜타곤 감시정찰/미국	Honker Union of China
APT16		알려지지 않음	국가자금지원, 중국정부연계	사이버 에스피오나지, 정부 및 첨단산업, 미디어, 금융부문 정보수집/ 대만, 일본	EvilPost, Danti, Dragon OK
EvilPost		알려지지 않음	국가자금지원, 중국정부연계 갱(gang)	국방·산업기술절도/남, 중앙아시아 국가들, 일본	Danti, SYCMONDR, Dragon OK
Danti		알려지지 않음	국가자금지원, 중국정부로 의심	외교부와 대사관등 관련조직 정보수집, 산업기술절도/남, 중앙아시아 국가들, 인도, 카자흐스탄, 키르기스스탄, 우즈베키스탄, 미얀마, 네팔, 필리핀	EvilPost, SYCMONDR, Dragon OK
SYCMONDR		알려지지 않음	국가자금지원, 중국정부로 의심	산업기술절도/남, 중앙아시아 국가들, 대만	EvilPost, Danti ※ Danti와 같은 그룹으로 의심
APT17		알려지지 않음	중국정부연계	국방·산업기술절도/ 미국	
Honker Union of China(HUC)	Hongke(Red Guest)/ Red Hacker Alliance 및 Red League와 합쳐짐	Lion, Fish, Mooku, Purple Enchantress, Soy, Fifth Element	국가자금지원, 프리랜스 그룹이면서 중국정부와 계약관계	정치·여론 공작_미제국주의 및 일본군국주의/ 미국, 일본, 베트남, 필리핀	NCPH
Bronze Butler	Tick, REDBALDKNIGHT	알려지지 않음	중국정부연계	산업기술절도, 국제관계/ 일본	
KeyBoy		알려지지 않음		정치공작 및 산업기술절도/ 티베트, 대만, 필리핀, 서방국가들	
China Girl Security Team	CN Girl Security Team	Xiao Tian (19살 여성), 2,200명의 멤버	중국내에 위치함	DDoS 및 Web Defacement 공격 등 전형적인 핵티비즘 또는 사이버 공격/ 미국	

APT30		알려지지 않음	국가자금지원, 중국정부연계	ASEAN 국가들, 브루나이, 캄보디아, 라오스, 말레시아, 미얀마, 필리핀, 싱가포르, 타이, 베트남, 인도	
APT19	Codoso Team, Sunshop Group	알려지지 않음	중국정부로 추정	사이버 첩보, 산업정보수집/ 미국, 캐나다	Shell Crew
우마오당392	인터넷평론원	1,052만 명을 넘는 것으로 미국 RFA 보도, 이 중 대학생은 402만 명	중국공산당 산하 청년 조직인 중국공산주의청년단과 연계, 중국정부에 의해 고용됨	국내외 여론조작 댓글공작/ 한국을 포함한 다수의 국가들	

※ PLA는 인민해방군, MSS는 국가안전부를 의미한다. 중국정부와 연계는 MSS와의 연계로 추정되지만 명확히 확인되지 않는 경우에 해당한다.

(2) 중국 애국적 핵티비즘의 마스터내러티브

중국의 애국적 핵티비즘의 마스터내러티브를 파악하기 위해서는 중국의 국가주도 애국주의 교육의 역사와 정책에 대한 이해가 선행되어야 한다. 중국의 애국적 핵티비즘은 국가의 애국사상교육에 근거하여 작동되고 있는 것으로 분석된다. 따라서 먼저 중국의 애국주의 교육에 대해 살펴보고, 이를 바탕으로 중국의 애국주의와 중국 애국적 핵티비즘의 마스터내러티브와의 연계성을 파악한다.

가. 중국의 애국주의 교육

중국의 애국적 핵티비즘은 중국공산당의 인민들에 대한 중국식 애국교육 강화 정책의 산물이다. 1990년대부터 본격적인 애국교육이 시작되었다. 이와 같은 교육의 시작배경은 1989년 6월 4일 천안문 민주화시위사태, 1980년 말 동유럽 사회주의국가의 해체, 1990년 초 소련의 붕괴 등의 사건이 중국 공산당체제에 악영향을 미칠 위험에 대비하기 위한 것이었다. 중국 공산당은 공산주의의 실패로 계급투쟁이 더 이상 인민들에게 이념으로서 작동하지 않는다고 판단했다. 이에 따라 장쩌민의 1994년 8월 23일 중국공산당의 애국주의 교육 실시강요(愛國主義教育實施綱要)393 발표 후 지금까지 공산당 계급주의에 대한 투쟁의 역사와 내러티브를 중국의 국가주의에 기초한 애국주의로 전환하여 교육하고 있다. 중국정부는 1994년부터 중국인민들에게 애국주의를 고취시킬 수 있는 다양한 문화, 사상교육을 시작했다. 중국의 주요사이트

---

392 정원엽, "중국 댓글 알바 우마오당 1000만 명 넘어," 「중앙일보」, 2015년 4월 6일.

393 공봉진, 2019, 중국 '신시대 애국주의'에 관한 연구: 신시대 애국주의교육을 중심으로, 「국제정치연구」, 22: 108-145. p. 110. https://doi.org/10.15235/jir.2019.12.22.4.109

와 초·중·고 학교사이트에 정리된 애국주의 교육의 개념과 특징은 다음과 같다. "[애국주의는] 조국을 열렬히 사랑하고, 그것을 위해 헌신하는 사상교육이다.... 사상 정치 교육을 중요 내용으로 한다.... 가장 호소력 있는 기치를 갖추었고, 중화민족의 우수한 전통이다."[394]

초기의 애국주의 교육은 1995년 국가교육위원회, 문화부, 신문출판서 등이 주축이 되어 전국 초중고 학교에 애국주의 음악, 영화, 책들을 각각 100편 선정하여 학습하게 하는 것부터 시작하였다. 그리고 1996년 100개의 애국주의 교육기지를 선정해 중화민족 역사문화, 근대 제국주의침략에 대한 중국인민의 저항과 투쟁, 현대 중국인민혁명투쟁과 사회주의 건설의 내용을 반영한 교육 등을 수행하였다. 애국주의교육기지정책에는 중국인민대상 프로파간다와 정보활동을 하는 인민해방군 총정치부도 참여했다.[395] 이러한 활동은 친중국적 뉘앙스를 주는 '홍색여행(紅色旅遊)'과 '홍색가요(紅色歌謠)'등의 친숙한 이름이 붙여졌고 주요 내용은 중국인민들의 중국공산당의 역사적 업적과 주요 인물들에 대한 학습이었다. 2003년 후진타오도 제16차 6중전회의에서 "애국주의를 핵심으로 하는 민족정신을 확립하여 사회주의 핵심가치체계를 이루게 하는 하나가 되게 한다"라고 주장하여 공식적으로 애국주의에 국가주의를 결합시켜 민족정신을 기반으로 인민들의 열정이 끓어오르게 만들기 위한 애국주의 교육을 시도하였다.

시진핑 시대에 들어서 국가주의와 애국주의의 결합은 신시대 애국주의로 불리며 더욱 강력하게 진행되고 있다. 시진핑 정부초기는 서구국가들이 중국체제의 개혁을 요구하고 위구르족과 티베트의 독립요구가 더 커져가던 시기였다. 이런 상황에서 시진핑은 국가안보와 사회 안정을 위해 소수민족을 포함한 중국의 모든 인구를 대상으로 국가주의가 결합된 중국식 사회주의 핵심 가치관과 시진핑 사상교육을 함께 하는 신시대 애국주의 교육을 실시하였다.[396] 중공중앙국무원이 발표한 2019년 11월 12일 신시대 애국주의 교육 실시강요(中共中央 國務院印發≪新時代愛國主義教育實施綱要≫)는 애국주의 교육에 대해서 다음과 같이 설명한다. "애국주의는 중화민족의 민족 마음이고 민족혼이며, 중화민족의 가장 중요한 정신적 재산이고, 중국 인민과 중화민족

---

394 Ibid. 재인용 p.113.
395 中宣部´ 國家教委´ 文化部´ 新聞出版署´ 共青團中央關於向全國中小學推薦百種愛國主義教育圖書 的通知 https://law.lawtime.cn/d481966487060.html; Ibid. 재인용 p.113-114.
396 Ibid. p. 116.

이 민족 독립과 존엄을 보호 유지해야 하는 강대한 정신적 동력이다.... 신시대에 애국주의 교육을 강화하여... '신시대 중국특색 사회주의'의 위대한 승리를 거두어야 하고, '중화민족의 위대한 부흥'이라는 '중국의 꿈'을 실현하는 중대하고 심원한 의의를 지닌다."397

시진핑의 애국주의에 대한 강조는 2019년 그가 직접 한 여러 연설에서 나타난다. "애국주의 교육을 국민교육과 정신문명 건설의 전 과정에 구현하도록 해야 한다.... 애국주의가 중국 전체 인민의 굳은 신념과 정신력이 되도록 해야 한다.... 생생한 애국주의 교육으로 청소년들 사이에서 애국주의 정신이 굳게 뿌리내리도록 해야한다..."398 또한 "사람이 애국하지 않고, 심지어는 조국을 속이고 배반하면 자신의 국가와 세계 모두에 매우 창피한 일이고 발을 붙이고 살 곳이 없게 된다. 모든 중국인에게 애국은 본분이고 책임이며, 마음의 끈이고 사랑의 귀속이다.... 중국의 애국주의 본질은 애국과 애당(愛黨)을 견지하는 것이고, 고도로 통일된 사회주의를 사랑하는 것이다."399

시진핑의 신시대 애국주의는 4개 의식, 4개 자신, 2개 옹호로 구성된다.400 먼저 4개 의식은 정치의식(政治意識), 대국의식(大局意識), 핵심의식(核心意識), 일치의식(看齊意識)이다.401 정치의식이란 문제를 정치적으로 분석하고 처리하는 것이다. 대국의식은 대국을 중심으로 생각하고 자신의 위치를 정하며 이에 순응하고 대국을 수호한다는 의미이다. 핵심의식은 핵심을 받아들이는 것을 사상적, 정치적 관점에서 해야 하고 중국특색의 사회주의 사업을 보장하는 핵심의식을 가지는 것이다. 일치의식은 당 중앙의사결정과 노선에 일치하는 것이다.402 이어서 4개 자신은 중국특색 사회주의를 반

397 中共中央 國務院印發 ≪新時代愛國主義教育實施綱要≫ http://www.gov.cn/xinwen/2019-11/12/content_5451352.htm. 출처: Ibid. p.110.

398 中共中央政治局召開會議 審議≪新時代愛國主義教育實施綱要≫和≪中國共產黨黨校(行政學院)工作條例≫ 中共中央總書記習近平主持會議 http://www.sohu.com/a/343438970_114911: 출처: Ibid. 재인용. p. 117.

399 中共中央政治局召開會議 審議≪新時代愛國主義教育實施綱要≫和≪中國共產黨黨校(行政學院)工作條例≫ 中共中央總書記習近平主持會議 http://www.sohu.com/a/343438970_114911: 출처: Ibid. 재인용 p. 127.

400 "兩個維護"是新時代共產黨人的試金石 http://theory.people.com.cn/n1/2019/0325/c40531-30992776.html: 출처: Id. 공봉진, 2019. 재인용 p. 118.

401 Id. 공봉진, 2019.

402 Ibid. p. 119.

영하는 '노선, 이론, 제도, 문화자신감'을 의미한다. 이는 2012년 후진타오가 먼저 주장한 '중국특색 사회주의 노선, 이론, 제도자신'의 확장이다. 노선자신은 중국특색 사회주의 노선을 진리로 믿는 자신이다. 이론자신은 중국특색 마르크스주의 이론의 과학성과 진리성에 대한 자신이다. 제도자신은 중국특색 사회주의의 우월성을 믿는 것이다. 문화자신은 중국특색 사회주의 문화가 선진적이라는 자신감이다.[403] 2개 옹호(兩個維護)는 시진핑 총서기를 당과 전 인민의 핵심으로 굳건히 옹호하자는 것이다.[404]

시진핑의 신시대 애국주의 교육은 애국적 모범인물을 만들어 그들의 이야기를 칭송하고, 애국주의 영화를 제작하며, 인터넷 플랫폼에서 애국주의 교육을 수행하는 등 다양한 방법들을 동원한다.[405] 모범인물을 영웅화하는 작업은 고대의 역사적인 인물을 영웅화하여 중화민족정신을 고취하는 방법도 사용된다. 또한 현대 중국사회주의 건설에 공헌한 사람들을 영웅시하여 애국교육에 활용하기도 한다. 시진핑의 신시대 애국주의 교육시기의 주목할 만한 특징은 근래의 인물들 중 평범한 인물들 중에서 신시대 모범인물을 선정하여 중국인민의 애국심 고취에 활용하는 것이다. 예를 들면 자오위루(焦裕祿, 1922-1964)나 왕지차이(王繼才, 1960-2018)의 사례이다. 이 둘은 모범인물로 선정되었는데 평범한 삶을 살면서 중국인민의 행복과 부흥을 도모하는 중국특색 사회주의를 지켜낸 자들이라고 중국공산당에 의해 칭송되고 있다. 자오위루는 허난성의 한 시의 서기로 재직하였다. 이때 헌신적으로 봉사하고 나무심기 운동을 주도한 인물로 간부의 모범으로 칭송되었다. 이러한 애국정신에 대해 '자오위루정신'이라는 명칭도 붙여졌다. 왕지차이는 중국 동쪽 끝의 한 섬, 카이산다오를 32년간 지키고 질병으로 사망한 자이다. 이들은 시대의 본보기로 칭송되었고 이들에 대한 영상이나 칭송의 글이 인민들의 교육에 활용되었다.[406]

평범한 인물들을 모범사례로 중국인민들에게 이야기로 만들어 교육하는 것은 매우 주목할 만하다. 이는 시진핑 시대의 인민들에 대한 프로파간다가 한층 발전하였다는 것으로 해석되어야만 한다. 평범한 인물 중의 모범인물들은 기본적으로 중국인민들의 모습과 대비하였을 때 자신과 비슷한 인물들이다. 이런 평범한 모범인물들의 사례가 동영상이나 글 등의 이야기로 만들어지고 스토리텔링으로 전해지면 청중들이

---

403 Ibid. p. 120-121.
404 Ibid. p. 121.
405 Ibid.
406 Id. 공봉진, 2019. p.121-122.

이해하기 쉽고 자신의 상황으로 대입하기 용이하기 때문에 이들의 몰입과 공감을 쉽게 이끌어낸다. 더 나아가 이러한 친숙한 인물 캐릭터는 청중들로부터 내러티브 트랜스포테이션을 쉽게 이끌어내고 행동의 변화까지 만들어낸다. 따라서 이러한 모범 사례는 매우 강력한 내러티브가 된다. 이는 앞서 제시된 커뮤니케이션 관련 선행연구들과 다른 핵티비즘 내러티브 사례 분석들에서 이미 검증되었다.

방법론적으로 중국의 애국주의 교육은 영화를 통해서 이루어지고 있다. 신시대 애국주의 교육이 시작된 후로 애국주의 교육은 상업적 영화의 형태로도 만들어졌다. 2017년 중국에서 가장 흥행에 성공한 영화 '전랑2'와 2018년에 개봉된 '홍해행동'등이 대표적인 사례들이다. 전랑2는 강력한 국수주의를 담고 있다. "중국을 건드리면 멀리 있어도 복수한다"는 내러티브를 전달한다. 또한 미군은 용감하지 않지만 "중국 인민해방군은 중국인의 생명을 지키기 위해 군을 파견하고, 중국이 언제나 지켜준다"는 내용이 담겨있다. 미국의 경우도 레이건 대통령 시절 강한 미국을 표방할 때 람보시리즈 같은 영화들이 등장하였다. 그러나 할리우드 영화에서는 정부나 정보기관에 대한 비판적인 내용들이 항상 등장한다. 이에 반해 중국의 영화에서는 중국정부를 비판하는 내용은 절대 발견되지 않는다. 이러한 상업용 영화 이외에도 중국을 찬양하는 다큐멘터리 영화들도 제작되었다. 2019년에는 '너와 나의 조국'이라는 애국적 영화도 제작되었다. 그리고 코로나 19와 관련한 주제인 '중국의사'가 2021년에 상영되었다. 이 내용은 미국이 코로나의 진원지라고 말하던 실존의사(진인탄 병원 원장 '장딩위'로 이후 시진핑에게서 훈장과 '인민영웅' 칭호를 수여받았다)를 주인공으로 이야기를 만든 영화이다. 이 영화를 통해 중국정부는 중국인민들에게 코로나와 사투를 벌인 중국의사들을 영웅화하고 동시에 미국에 대한 허위정보를 보다 사실로 인식할 수 있는 내러티브를 선전한다.[407] 이처럼 애국심을 고취하고 중국공산당을 신뢰하도록 하는 애국영화들은 중국인과 소수민족 상관없이 어린이, 청소년들, 어른 모두 시청할 수 있도록 지방정부에서 권장하고 있다.

중국정부는 인터넷 공간을 사회주의 사상교육을 위한 공간으로 활용한다. 인터넷과 스마트폰 앱을 통해 사상교육을 시킨다. 중국공산당 사상과 정책을 학습하는 '학습강국'[408]이라는 플랫폼을 앱을 통해 다운받아 중국특색사회주의를 학습할 수 있게

---

407 Rakuten Viki. 2021. 중국의사. https://www.viki.com/movies/38076c-chinese-doctors?locale =ko

408 학습강국플랫폼. https://www.xuexi.cn/

했다.409 중국특색의 애국주의 교육은 사상에 대한 교육강화, 롤모델의 활용, 다양한 매체(인터넷, 매스컴, TV 등)와 자료(영화, 노래 등) 활용, 그리고 실습과 현장교육 등의 다면적인 교육으로 이루어진다. 인지적 측면, 감정적 측면, 그리고 행동적 측면 모두에서 애국교육이 이루어질 수 있도록 하는 것이다. 중국의 애국교육은 유치원 교육과 초·중·고 교육 및 대학교의 캠퍼스 활동에 이르기까지 포괄적으로 확산되어있다. 애국주의교육은 의무교육에 해당한다.410

이러한 중국의 애국주의 교육의 핵심 대상은 청소년이다. 초기 애국주의 교육을 시작한 장쩌민은 1996년 제14차 6중전회에서 "전 인민 특히 청소년에게 애국주의 교육을 실시해야한다...."고 주장한다.411 시진핑의 신시대 애국주의 교육의 핵심대상도 마찬가지로 청소년이다. 그러나 이때부터는 청소년뿐만 아니라 중국인 성인, 소수민족 등 전 중국인민으로 애국주의 교육이 확산되었다. 시진핑은 여러 연설에서 "청년들은 당의 말을 따라야 하고 당을 따라야한다"고 주장하며 청년에 대한 교육의 중요성을 강조했다. 동시에 "애국주의가 전체 인민의 굳건한 신념이 되도록 해야 하고...모든 과정을 통해 모든 사람들을 양육하고, 많은 청소년들에게 심층적이고 지속적이며 생생한 애국주의 교육을 전개하여, 애국주의 정신이 뿌리내리도록 해야 한다"412고 말하면서 모든 중국인민이 애국교육의 대상임을 명확히 하였다.

이러한 중국의 애국주의 교육은 30년의 역사를 가진다. 특히 2019년부터 천안문사태와 같은 민주화운동이 발생할 것을 우려해 서구국가의 영향을 차단하기 위한 언론, 인터넷, 방송 등 모든 분야의 통제가 더욱 강력해졌다. 그리고 중국식 국가주의에 기반을 둔 애국주의 교육을 더욱 강조하기 시작하였다. 홍콩민주화운동, 소수민족들의 독립운동에 대한 우려, 유학이나 인터넷 매체 등을 통해 서구의 문화와 자유민주주의에 영향을 받은 이들의 반감 등에 대한 경계가 깊어졌기 때문이다.413 이러

---

409 Id. 공봉진, 2019.

410 왕윤, 중국의 애국주의 교육: 가르침인가 세뇌인가? 「Bitter Winter」, 2020. 1. 4. https://ko.bitterwinter.org/chinas-patriotic-education-schooling-or-indoctrination/

411 원본 메시지. 愛國主義教育 (思想教育) https://baike.baidu.com/item/%E7%88%B1%E5%9B%BD%E4%B8%BB%E4%B9%89%E6%95%99%E8%82%B2/8847681?fr=aladdin 출처: Id. 공봉진, 2019. p. 114.

412 中共中央政治局召開會議 審議《新時代愛國主義教育實施綱要》和《中國共產黨黨校 (行政學院) 工作條例》中共中央總書記習近平主持會議 http://www.sohu.com/a/343438970_114911: 출처: Id. 공봉진, 2019. p. 127.

한 조치는 2022년 시진핑의 국가주석 3연임을 공고히 하려는 사전작업이었을 것이라는 평가도 가능하다. 그동안의 중국공산당의 집권이 엘리트 집단지도체제였다면 이제는 개인독제로 전환한 것으로 볼 수 있기 때문이다. 또는 서구의 학자들과 언론들은 시진핑이 마오(Mao)의 시대로의 귀환을 위한 프로파간다를 수행하고 있다고 평가한다.[414] 시진핑의 연설에서 자주 등장하는 '초심'이라는 단어와 그의 정책이 이를 반영한다. 이러한 시진핑의 신시대애국주의는 결국 일인독재와 서구국가들에 더욱 적대적인 중국의 정책방향으로 이해될 수 있다.

이러한 중국공산당의 극단적 애국주의 교육정책은 자유민주주의 체제를 갖고 있는 국가들(특히 주변국들)에게 중대한 안보위협이 된다. 한국의 경우 이미 중국의 홍산문명절도, 하상주단대공정과 동북공정 등으로 인한 역사문화왜곡과 한국문화에 대한 한한령 등의 차별적 조치로 큰 피해를 입고 있다. 홍산문명은 황화문명보다도 훨씬 오래된 요하와 난하를 중심으로 한 고조선과 고조선 이전의 한국인과 기원적으로 연결된 고대문명이다. 중국은 이를 중국의 시원문명으로 둔갑하려는 역사조작에 몰두해 왔다. 하상주단대공정은 한국의 역사적 기원인 고조선의 역사문화를 절도하는 행위이며 마찬가지로 동북공정은 고구려와 발해 등 만주지역을 무대로 한 한국의 역사와 문화를 중국의 소수민족의 역사문화로 편입하려는 인지적 침략행위이다. 이 외에도 백두산 공정, 아리랑 공정, 김치 공정, 그리고 한국의 성씨 공정 등이 일어나고 있다.[415] 또한 중국은 근대 역사의 한국인들의 기록을 중국 조선족의 기록으로 둔갑시키는데 대표적인 것이 윤동주 시인을 중국조선족 애국시인으로 표현하는 것이다. 이처럼 중국은 다양한 역사문화공정을 통해 중국인민들이 한국과 한국민을 자신들의 식민지 또는 속국으로 바라보도록 조작한다.

이와 같이 조작된 중국인들의 인식이 야기하는 폐해는 여러 구체적인 사례들에서 현실로 나타나고 있다. 한국에서 홍콩의 민주화를 지지하는 시위가 있었을 때 중국의 유학생들과 중국인 및 조선족들 등이 대거 몰려와서 한국인 시위대를 위협하고

---

413 Id. 공봉진, 2019.

414 Schuman. M, What Xi Jinping's third term means for the world. Issue Brief. Atlantic Council. October 7, 2022. https://www.atlanticcouncil.org/in-depth-research-reports/issue-brief/what-xi-jinpings-third-term-means-for-the-world/

415 김덕권, '동북공정' 이어 '한복공정' '김치공정' 마침내 '아리랑공정'까지?, 아시아 기자협회, Feb. 16, 2022. http://kor.theasian.asia/archives/308676

중국을 옹호하려고 했던 일들이 이에 해당한다. 어떤 나라에서도 외국인 유학생이나 외국인들이 그 국가의 자국민들이 자국에서 하는 시위에 집단으로 몰려와 협박과 강압을 펼친 사례가 없었다. 오직 중국인들만이 한국과 오스트레일리아 등지에서 이와 같은 기이한 모습들을 보여주었다. 이는 중국인들의 인식과 감정에 이미 상당부분 중국적 가치와 중국식 사회주의, 중화민족의 역사에 대한 비뚤어진 인식 등이 장기간의 애국주의 교육의 폐해로 인해 깊숙이 자리 잡았다는 것을 보여주는 사례로 판단된다. 이번 (2023년 1월) 중국인에 대한 방역강화와 입국제한 조치 그리고 한국 내 중국 비밀경찰서 공작 스캔들 등 한국과 관련된 충돌상황에서 중국인들과 댓글부대들이 한국과 한국인에 대한 공격에서 "아버지의 나라에 대한 예의가 아니다", "인종에 대한 배신" 등의 표현을 쓰는 것도 이 애국주의 역사교육에 세뇌된 결과에 해당한다. 이와 같은 현상은 러시아식 표현을 빌리면 중국인 전체가 애국주의 교육의 결과로 '쓸모있는 멍청이(useful idiots)'로 좀비화된 결과로 볼 수 있다. 이러한 문제들 때문에 최근 들어 중국의 공자학원 등과 같은 교육문화 관련기관들의 프로파간다를 경계하는 서구국가들이 늘고 있다. 국내의 경우도 이런 중국의 프로파간다 공작의 첨병인 공자학원과 공자학당 등이 전국 곳곳에 수백여 곳 이상이 퍼져있는 것으로 파악되고 있다. 이런 상황들을 고려할 때 중국의 애국주의 교육의 파급력과 위협이 중국국가 내부에만 국한되지 않을 것이라는 것은 자명하다.

나. 중국의 애국주의 교육과 애국적 핵티비즘 마스터 내러티브의 관련성

중국에서도 핵티비즘에 참가하는 해커들은 대부분 10대 후반에서 30대 중·후반이 대부분이다. 이들은 지난 30여 년 동안 중국의 전 교육시스템을 통해 집중적으로 펼쳐진 국가주의적 애국교육을 받은 세대들이다. 이들이 받은 교육과 중국 공산당의 프로파간다가 애국적 해커들의 마스터내러티브로 활용되었을 것으로 분석된다. 중국의 지난 30년의 애국교육의 핵심적 프로파간다 내러티브들은 중국특색의 사회주의 또는 중국국가주의, 중국공산당과 사회주의에 대한 믿음과 자부심, 국가와 당에 대한 무조건적 사랑과 충성, 시진핑에 대한 강력한 당 권력의 집중과 옹호 등이다. 이 외에도 중화민족의 독립과 존엄의 보호·유지, 중화민족의 위대한 부흥 또는 중국의 꿈 등도 주요한 내러티브의 내용들이다.

특히 '중국특색의 사회주의'와 '중화민족의 위대한 부흥'과 같은 애국교육은 중국의 국가주의에 상당한 근거를 둔다. 중국의 국가주의자들은 중국이 5,000년의 긴 역사와 영광스러운 문명의 발상지라는 역사적 우월감에서 자부심을 갖는다.[416] 이와 같은 역사적 오래됨에 대한 병적인(pathological) 집착과 우월감은 중국인의 의식에서는 특히 중요한데 이는 중국문명이 유일신이 없는 매우 예외적인 사례에 해당하기 때문이다. 이 때문에 오래된 역사 자체가 유일신을 대체하여 신앙적 믿음과 우상화의 대상으로 작동한다. 이러한 신앙적 집착의 시작은 공자로 거슬러 올라간다. 공자는 요순시대라는 과거에 대한 우상화를 통해 현재의 고난과 고통을 극복하기 위해 과거로의 복귀를 주장한다. 그의 생존 시기를 염두에 두면 그의 인식 속에 있던 이상향은 신석기에서 청동기 시기의 원시적 집단공동체인 것으로 추정된다. 이와 같은 내러티브 구조 속에서 유일신과 (신의 세계 또는 천국과 같은) 초월적 세계에 대한 인식은 보이지 않는다. 유일신은 역사로 초월적 세계는 과거의 공동체로 대체된다. 이와 같은 인식론은 중국 국가주의의 근간을 형성한다. 중국의 국가주의는 찬란했던 것으로 우상화된 과거의 역사적 영광에 대한 오늘날과 미래의 재현의 갈망에 기반을 두고 있다. 이와 같은 구조 때문에 중국의 마스터내러티브에서 역사 또는 역사문화는 특히 가장 본질적인 위치를 차지한다.

중국의 역사 내러티브에서 서구국가들과 일본의 제국주의에 의해 야기된 중국의 근대역사의 피해와 굴욕은 중요한 모멘텀을 형성한다. 이는 미래 중국민족의 부흥이 과거의 역사적 굴욕을 극복하는 과정의 최종 종착지이기 때문이다. 중국의 먼 과거역사에 대한 우월감은 가까운 근대역사에서의 미국과 유럽, 그리고 일본에 대한 열등감(inferiority complex)과 정서적으로 결박되어 있다. 중국의 피해와 굴욕의 이야기는 반서구주의, 반일본제국주의, 반미주의 등과 결합되면서 오늘날 중국의 애국주의 교육내용에서 가장 핵심적인 프로파간다 내러티브가 되었다.[417] 중국은 아편전쟁과 1842년 홍콩의 영국복속, 그리고 일본에 의한 침공과 주권 상실의 굴욕의 역사적 경험을 가지고 있다. 이와 같은 역사적 경험에 근거해 중국은 스스로를 서구제국주의와 서구화된 일본제국주의의 피해자로 인식한다.

이러한 열등감의 인식은 중국의 애국적 해커들이 연루된 일련의 사건들에서 나타났다. 중국인들은 이런 사건들을 일회적 사건이 아니라 과거의 피해의식과 열등감의 연장선상에서 인식한다. 1999년 나토 소속의 미군 전투기가 당시 유고슬라비아 베오그라드의 중국대사관에 오폭을 하여 3명의 중국인이 사망한 사건과 2001년 미국의

---

416 Gries. P.H., 2005. Nationalism, Indignation, and China's Japan Policy. *SAIS Review of International Affairs.* 25(2): 105-114.

417 Ibid.

EP-3 정찰기가 중국의 F-8 전투기와 충돌하면서 중국인 파일럿이 사망하는 사건 등이 그러한 사례들에 해당한다. 중국인들은 이 같은 일련의 사건들을 서구제국주의의 지속적인 중국에 대한 침공으로 인식한다. 오랜 기간 애국주의 교육으로 중국인들은 자국의 주권과 영토보전에 매우 감정적으로 대응한다. 그리고 이러한 대응인식의 원천은 중국정부의 서구제국주의에 대한 프로파간다 교육의 결과이다. 이로 인해 중국인들은 과거 굴욕의 역사적 기억들을 지속적으로 되새김질하게 되었기 때문이다.[418] 따라서 티벳이나 대만의 독립 등에 대한 국제사회의 언론보도만으로도 중국인들은 이를 자국의 영토보전에 대한 공격으로 인식하고 반서구 정서를 표출한다.

반일본제국주의 애국주의 교육의 시작은 1894년과 1895년 사이의 중국-일본 전쟁(Sino-Japan War)과 1931년에서 1945년까지의 일본이 중국을 점령하던 기간의 전쟁범죄 등 가학적 행위들이 발생했던 역사적 시기로 거슬러 올라간다.[419] 이후 중국의 일본에 대한 악감정은 사이클처럼 계속 반복되었다. 이는 중국에 대한 최근까지의 일본의 태도와 행태와도 관련이 있다(예를 들면, 깊이 있는 반성의 부재, 전범에 대한 신사참배, 그리고 일본 역사교과서에서 전쟁범죄를 심각하지 않게 기록한 사건들 등). 그러나 가장 핵심적인 원인은 오랫동안 이어진 중국정부의 자국민에 대한 프로파간다와 국가주의 교육에 있다. 중국의 덩샤오핑은 1977년부터 반일본 국가주의를 중국사회를 통합하는 데 효과적이고 정당한 구실로 활용하였다.

이처럼 역사에 기반을 둔 국가주의 이념과 피해자 인식은 매우 강력한 영향력을 가진 내러티브의 주제들이다. 따라서 중국공산당의 중국특색의 사회주의는 마르크스주의 이념의 산물이라기보다는 편협한 중국식 역사관에 근거한 국가주의적 사회주의(즉 파시즘)로 해석된다. 이 국가사회주의는 중국공산당의 합법적 권위를 가장 강력하게 지탱하는 사상으로 평가받는다.[420] 그리고 이 주제는 중국 국민들을 대상으로 펼쳐진 전방위적 애국교육에서 핵심적인 교육내러티브들로 활용되어 왔다. 결과적으로 이러한 중국특색의 국가주의와 애국주의 교육은 1998년부터 시작된 중국의 애국적

---

418 Ibid.

419 Ibid.

420 Bajoria, J. April 22, 2008. Nationalism in China: Nationalism in China, surging amid protests over Beijing's rule in Tibet, increasingly fills the role Maoism played before China embraced capitalism. Council on Foreign Relations. https://www.cfr.org/backgrounder/nationalism-china

해커들의 핵티비즘의 마스터내러티브들로 작동하고 있다. 이러한 마스터내러티브 형성 구조로 인해 중국의 애국적 해커들이 사용하는 내러티브는 커맨드내러티브의 구조를 가지고 있다. 또한 동시에 내러티브 시스템의 수직적 통합도 나타난다.

다. 애국적 핵티비즘과 중국공산당

중국은 일찍부터 사이버 공간의 비대칭성을 이용하여 미국 등 서구국가에 비해 열세에 있는 자국의 재래식 전투력을 상쇄할 수 있는 가능성을 인식했다. 1990년 이래로 중국군은 인민해방군독트린을 통해 "시간적으로 앞서 정보전쟁 또는 우월한 정보력을 확립하기 위한 노력을 기울이는 나라들만이 승리할 수 있다"[421]고 주장하며 사이버 공간에서의 우월성을 획득하기 위한 필요성을 강조해왔다. 따라서 중국공산당에게 사이버 공간은 자신들의 명령에 따라 다양한 사이버 행위자들을 활용하여 전투를 펼치는 새로운 전장공간이다.

이러한 중국정부의 독트린에 따라 중국의 해커들은 시간이 지날수록 점점 더 고도로 전문화되고 있다. 이들은 전략적으로 행동하고 보다 향상된 전술을 사용하여 사이버 공격을 감행한다. 중국의 사이버 공격력은 세계 최상위 수준인 것은 알려졌다. 하지만 상대적으로 이들의 핵티비즘 내러티브 작전 수행능력은 러시아나 어나니머스 등에 비해 떨어진다. 이는 이들의 문화적, 언어적 역량의 한계 때문인 것으로 보여진다. 또한 내러티브 전략과 전술의 수행 역량에서도 아직까지는 고도의 전문성을 보여주지는 못하고 있다. 하지만 이와 같은 경향이 미래에도 지속될 것인지는 확신할 수 없다.

중국 해커에 대한 선행연구들은 대부분의 중국 해커들이 국가주의적 · 애국적이며, 중국공산당에 충성하고 있고, 중국공산당과 직접 연관되어 있다고 분석한다. 특히 알려진 대다수의 중국해커 집단은 중국 인민해방군, 중국정보기관 등과 직접 또는 계약관계 등으로 연계되어 있다는 여러 가지 증거들이 제시되기도 한다.[422] 또는 그렇지 않더라도 최소한 공산당과의 접촉이나 조율을 받으면서 활동하고 있는 것으로 분석되고 있다.[423]

---

421 The Yale Review of International Studies. Oct. 2014. Freedom for authoritarianism: Patriotic hackers and Chinese nationalism. Essay. The Yale Review of International Studies. http://yris.yira.org/essays/1447

422 Parcels, S.w. 2018. Chinese Hacker Groups. ICT.; Id. Henderson. S.J. 2007

423 Ibid.; Id. Henderson. S.J. 2007; Isnarti, R. 2015. The role of China's patriotic hackers and

하지만 고급 기술을 사용하는 사이버 스파이 공작이나 공격이 아니라 핵티비즘을 수행하는 중국의 애국적 해커들의 경우는 중국 정보기관이나 인민해방군과 연계된 엘리트 해커집단들과는 조금 다른 조직구조와 중국공산당과의 관계를 띠고 있는 것으로 파악되고 있다. 일반적으로 중국의 전체 해커들은 크게 다음의 세 가지 유형으로 분류된다. 이는 화이트 해커(white hacker), 레드 해커(red hacker), 그리고 블랙 해커(black hacker)이다. 핵티비즘을 주로 하는 중국내 애국적 해커들은 레드해커(즉 홍커들)이다. 이들은 정치적, 국가주의적 이슈들에 대해 반응하고 대응하는 핵티비스트들이다.424 이러한 분류는 중국만의 독특한 분류는 아니다. 다만 애국적 해커들을 레드해커 또는 중국어로 홍커(honke)라고 불러 중국적 색체를 더욱 강조한다. 애국적 해커는 일반적으로 "시민들 또는 집단들의 네트워크로서 자신의 모국이나 인종적으로 기원한 국가와 국가의 전략적 이익에 대한 적의 위협을 인식할 때, 국가를 수호하기 위해 사이버 공격에 가담하는 사이버 행위자들"로 정의된다.425 애국적 해커들은 주로 러시아, 중국, 시리아, 이란 등에서 주로 발견된다. 중국의 애국적 해커들은 이러한 정의에 부합한다.

다수의 선행연구들은 중국의 애국적 해커들이 하나의 획일적인 군대조직을 띠는 것이 아니라 애국주의로 표현되는 국가주의의 정서에 의해 동기화된 개인들의 느슨한 연합체로 분석한다.426 이는 중국의 애국적 해커들이 중국공산당 정부의 한 부분이거나 또는 공식적으로 정부를 위해 일하고 있는지 여부를 밝힐 수 있는 강력한 증거가 아직까지는 제시되지 않았기 때문이다.427 그러나 일부 선행연구들은 여전히 중국의 애국적 해커들과 중국정부와의 연계를 의심한다. 이들은 오직 중국의 국가이익만을 위해서 움직이기 때문이다.428 다른 국가들의 핵티비스트들은 다양한 이슈들을 다루고, 주로 반정부적인 동기에 추동되어 핵티비즘을 수행한다. 이에 반해 중

their relationship to the government. *Andalas Journal of International Studies*, 4(2): 161-180.

424 Henderson. S. J. 2007. The dark visitor: Inside the world of Chinese hackers, Illinois, Lulu.Com.

425 Singer, P.W. & Freidman A. 2014. Cybersecurity and cyberwar: What everyone needs to know. New York. Oxford University Press.

426 Id. The Yale Review of International Studies. Oct. 2014.

427 Id. Isnarti, R. 2015.

428 Id. Parcels, S.w. 2018; Id. The Yale Review of International Studies. Oct. 2014; Id. Henderson. S.J. 2007.

국의 애국적 해커들은 자국정부나 중국공산당에 대한 저항이나 비난을 수행하지 않고 중국이 적국으로 인식하는 외국의 국가들과 중국공산당을 비난하는 개인이나 단체 등 중국에 전략적으로 위협이 되는 대상을 공격할 때만 동원되고 활동한다. 이러한 중국의 애국적 해커들은 자신들만의 커뮤니티, 문화를 가지고 있지만 동시에 중국의 사이버 공간에서의 수직적 위계질서 속에 존재하는 특징을 가지고 있다. 이는 대부분의 중국 애국적 해커들이 국가로부터 완벽히 분리되지 않기 때문이다.

중국 애국적 해커들의 특성은 크게 다음의 두 가지로 설명된다. 첫째, 중국 애국적 해커들은 중국정부와 긴밀히 연계되어 있고 사실상 중국정부의 통제를 받는다. 중국정부는 오랫동안의 애국주의 교육으로 대변되는 국가주의 프로파간다를 수행하면서 국가를 위해 활동하는 애국적 해커들을 영웅시해왔다. 대부분 10대 후반에서 30대 후반의 중국 애국적 해커들은 국가적 사건과 관련된 이벤트에 대응하는 핵티비즘에 참여하면서 중국관영매체와 해커 커뮤니티 등에서 유명세를 타고 영웅으로 칭송받기도 한다. 이들은 이러한 이벤트적 핵티비즘을 통해 자신들의 해킹 실력을 검증할 수 있는 기회를 가지는 데다 유명세를 탄 후 정부나 민간보안회사에서 높은 보수를 받는 사업가나 전문가로 변신하는 혜택을 누리기도 한다.[429] 실제 중국의 경제·정치·문화의 생태계는 중국공산당과 분리해서 이해할 수 없고 중국공산당으로부터 벗어날 수도 없다. 중국정부가 통제하는 경제·정치·문화영역이 매우 넓을 뿐만 아니라 중국의 민간경제 분야 역시 중국정부로부터 분리되지 않는다.[430] 이러한 중국 사회의 생태계는 애국적 해커들로 하여금 중국 국가의 이해와 동기를 위해 충실히 활동하지 않을 수 없게 만든다. 일부 애국적 해커들의 경우 프리랜서 형식으로 특정 국가적 이벤트에 따라 정부에 의해 고용되거나, 직접적인 정부의 요구에 부응하는 방식으로 애국적 해커운동을 조성하고 동기화하는 데 관련되기도 한다는 연구보고와 언론보도들도 있다.[431] 정책적으로도 중국정부는 애국적 해커들이 외국 적대 국가들에 대한 대규모 공격에 대해 용인한다. 그리고 관영매체나 중국공산당 대변인 성명서 등을 통해 해외 적대국을 향한 대규모 사이버 공격을 허가하면서 애국적 해커 문화가 유

---

429 Van Sant, S. july, 15, 2013. China's freelance hackers: For love of country and proof that propaganda works.

430 Id. Van Sant, S. july, 15, 2013.

431 Ibid.; Hvistendahl, M. China's hacker army. 「Foreign Policy」, March. 3. 2010. https://foreign-policy.com/2010/03/03/chinas-hacker-army/

기적으로 조성될 수 있는 사회적·정책적 분위기를 중국에 정착시킨다.[432]

둘째, 중국 애국해커의 독특한 특징을 만들어 내는 또 다른 요인으로 지적될 수 있는 것이 중국인민들을 중국의 통합적 국력의 한 부분이자, 국가안보의 핵심적인 요소의 하나로 인식하는 중국정부의 관점이다. 중국정부가 자국 국민들을 전쟁수행의 중요한 한 요소로 지휘·통제·조율하고 있다는 분석이 있다. 오래 전부터 중국정부는 국가의 이익을 수호하는데 있어 국가와 인민을 분리해서 보지 않았다. 중국인민해방군의 미래전쟁 전략독트린은 중국시민과 중국군대가 평화 시 또는 전쟁 시에 국가를 위해, 국가의 정치적, 경제적, 기술적, 문화적, 그리고 도덕적 자산을 지키기 위해 함께 일할 것이라고 명시한다.[433] 이는 다음의 진술을 통해 확인된다. "미래에 대면하게 될 고도의 기술전쟁의 주체로서의 대중의 역할은 국가에 의해서 구체화된다. 인민의 전쟁에서 가장 거대한 힘은 통합적인 국가의 힘, 즉, 평화 시나 전쟁 시를 통합하고, 군대와 시민을 통합하고, 전쟁 행위들과 비전쟁 행위들을 통합하는 것을 통해서 발현된다. 전쟁이 발생하는 지역의 군사작전에 직접적으로 참여하거나 협조하는 것 이외에도 인민은 정치적, 경제적, 기술적, 문화적, 그리고 도덕적 자산으로 전쟁을 지원할 것이다."[434]

이러한 중국인민해방군과 중국정부의 인식은 중국정부가 애국적 해커들을 중국공산당의 정치적 목적을 위해 활용한다는 판단의 근거가 된다.[435] 이러한 인민에 대한 인식은 자연스럽게 중국공산당과 정부가 중국인민들과 애국적 해커들을 국가안보문제나 외교정책관련 사건발생 시에 적극적으로 중국정부의 이익을 위해 활용하는 것으로 이어진다. 때로는 중국의 관영매체나 대변인의 성명 등을 통해서 특정 국가에 대한 사이버 공격을 직접적으로 명령하고 촉구하는 사례도 있다. 2001년 미국 EP-3 정찰비행기와 중국 전투기의 충돌로 중국 조종사가 사망했던 사건에서 중국정부는 "컴퓨터에 유능한 시민들은 미국의 웹사이트를 디페이싱해서 자신들의 불쾌감을 표

---

432 Id. The Yale Review of International Studies. Oct. 2014.

433 Qiang. P.G. 2012. The twenty first century war: Chinese perspectives. In: Lindelyfrench, J. & Boyer, Y. (Eds.) The Oxford Handbook of War. New York: Oup Oxford. p.291.; Id. Isnarti, R. 2015. p. 171.

434 원본 문장 재인용. 출처: Ibid. ; Id. Isnarti, R. 2015. p. 171.

435 Id. Henderson. S.J. 2007; Guangqian. P. Youzhi, Y. 2005. The science of military strategy, Military Publishing House: Academy of Military Science of the Chinese People's Liberation Army. P. 455.; Id. Isnarti, R. 2015.

출할 것을 격려"하였다.[436] 또한 2001년 대만과 중국의 해커전쟁이 펼쳐질 때 중국 관영매체들은 공공연하게 "애국적 해커들이 칭송을 받고 있다. 대만과의 다음 결전 동안 다른 해커들이 참전할 수 있도록 격려하라"는 메시지를 전파하였다.[437] 이와 동시에 중국정부는 어느 한계를 넘어서는 애국적 해커공격에 대해 같은 방식으로 공격을 멈추라는 지시와 신호도 보내 이들의 활동을 통제한다.[438] 이런 방식으로 중국정부는 중국인민들을 평화 시나 전쟁의 시에 하나의 통합된 국가의 힘의 일부로(즉 프록시 병력으로) 활용한다.

중국정부가 애국적 해커들을 직접적인 통제아래 두지 않으면서도 독립적으로 활동할 수 있는 자발성을 전적으로 부여하지 않는 것은 두 가지 이유로 설명된다. 첫째, 애국적 해커들은 중국 인민해방군과 중국 정보당국이 수행하는 프록시 공격에서 국가책임을 부인할 수 있는 위장이 된다. 실제 알려진 바에 따르면 1998년 대만에 대한 애국적 해커공격이 있었을 때, 매우 강력한 악성 멀웨어도 사용되었는데 당시의 애국적 해커들이 활용하던 기술이나 멀웨어보다 더 기술적으로 고도화된 것이어서 중국정부가 관여한 것이라는 의심을 샀다. 또한 2014년 중국 i-could에 대한 해킹공격 시 중국정부와 국가가 운영하는 통신회사만 접속할 수 있는 서버에서 공격이 발생하여 중국정부의 관여가 의심되었다.[439] 하지만 중국정부는 애국적 해커들을 핑계로 책임을 부인할 수 있었다.

둘째, 정부가 통제할 수 있는 다수의 애국적 해커들을 상비해 두는 것은 중국정부의 자국민에 대한 강력한 전체주의적 통제에 도움이 된다. 애국적 해커들은 중국인민들에 대한 프로파간다에 효과적으로 활용될 수 있다. 중국공산당은 애국주의 교육이라는 이름의 국가주의 이념을 중국인민들에게 주입해왔다. 애국교육의 일차적 목적은 국내정치의 안정을 도모하는 것이다. 애국적 해커들의 집단적 반응은 중국공영매체뿐만 아니라 서구국가들의 매체를 통해서도 보도된다. 이런 외국의 보도는 다시 중국 안으로 재전달되면서 중국 내 인민들에 대한 애국심을 강화하는 사례들로 활용

---

436 원본메시지. 출처: Singer, P. & Friedman, 2014. A. Cybersecurity: What everyone needs to know. Oxford: Oxford Up. p. 113.

437 원본메시지. 출처: Ibid.

438 Timothy Thomas, Dec. 2008, China's Electronic Long-Range Reconnaissance, U.S Army Training and Doctrine Command, <http://fmso.leavenworth.army.mil/documents/chinas-electronic.pdf>, 58.

439 Id. Isnarti, 2015. p. 164.

되고 있다. 중국공산당은 실제 엄격한 인터넷의 통제를 유지하지만, 간헐적으로 애국적 해커 활동을 허가함으로서 자국민들이 인터넷 공간에서 감정표출을 하고 집단적 행위를 누릴 수 있는 기회를 제공한다. 이러한 통제된 자유는 중국인민들로 하여금 자신들이 자유를 누리고 있다는 착각을 가지게 하는 긍정적인 효과가 있다.

그러나 중국정부는 절대로 애국적 해커의 활동에 대한 통제의 고삐를 늦추지 않는다. 앞서 설명한 대로 특정 사건에 대해 애국적 해커들이 지나치게 관여하거나 공격이 증대·확산되는 경우에 중국정부는 애국적 해킹을 멈출 것을 요구한다. 실제 2000년에 대만에 대한 애국적 해커들의 공격이 진행되고 있을 때, 중국정부는 정부의 이익에 반한다고 판단되는 시점에서 중국관영매체를 통해 중국 해커들의 대만공격은 불법행위라는 방송을 송출했다. 이는 해커들에게 국가가 핵티비즘 행동에 대한 묵인과 허가를 더 이상 지속하지 않겠다는 신호였다. 이러한 신호에 따라 중국의 애국적 해커들의 공격은 신속히 마무리되었다.[440] 이러한 중국정부의 애국적 해커활동의 통제는 사이버 공간에서 핵티비즘이 가지는 역동성과 파괴력 때문이다. 중국정부는 해외의 적대적 국가에게 향하던 중국인민들의 분노가 어느 시점에서 중국국내의 정치, 사회, 경제 문제로 확산되고 중국공산당에 대한 불만, 항의, 시위로 번질 것에 대한 두려움이 있다. 1989년 천안문 사건에 대한 기억 때문이다. 따라서 핵티비즘이 국내문제로 확산될 것을 차단하기 위한 하나의 방편으로 애국적 해커들의 해외 공격 대상에 대한 핵티비즘을 허락하면서도 동시에 국내문제로까지 확산되지 않게 통제한다. 실제 중국정부가 애국적 해커들에게 핵티비즘을 멈추라는 신호를 관영매체를 통해 알렸음에도 불구하고, 만약 지나친 애국심으로 동기화된 애국적 해커들이 공격을 멈추지 않으면 체포되는 경우도 발생하였다.[441] 이러한 중국공산당의 애국교육과 사이버 공간의 통제는 오늘날 애국적 해커들의 문화, 동기, 이념 등 모든 부분에 영향을 미쳤다고 분석된다. 이러한 분석에 근거하여 지난 30년간의 중국공산당의 애국주의 교육이 애국적 해커들의 마스터내러티브가 되었을 것으로 분석된다.

(3) 중국 애국적 핵티비즘 내러티브 사례들

중국의 애국적 해커집단의 규모와 참가인원은 사건에 따라 급격한 변화를 보이기 때문에 그 수를 정확히 알기는 어렵다. 다만 현재 대략적인 애국적 해커집단의 수는

---

440 Id. The Yale Review of International Studies. Oct. 2014.
441 Ibid.

수백이 넘고 해커공격이 발생할 시 이에 참여하는 개인 해커들은 약 100만까지도 동원된다는 연구보고도 있다.[442] 이러한 대규모의 중국 애국적 해커집단들 중 대표적인 집단들은 초기에 형성된 녹색병단(Green Army, 1998-2000), 중국매파연맹(China Eagle Union, 2000-2005, 해체 이후 China Will이라는 이름으로 조직을 결성함, 현재 해체됨), 홍커동맹(Hacker Alliance, 1999-2001) 등이다. 이 세 집단은 이후 중국홍커연맹(Honker Union of China, 2000-2004; 2005; 2010-현재, 2010년 홍커연맹과 분리된 cnhonkerarmy가 조직되어 개별적으로 활동한다)으로 통합되었다. 이 홍커연맹은 이후 리더가 바뀌면서 해체와 재결성, 조직의 분리 등을 다양하게 겪었지만 지금까지는 가장 강력한 핵티비즘 활동을 전개하고 있다.[443] 여기서는 초기의 대표적인 애국적 해커집단들의 잘 알려진 해킹공격사례들을 중심으로 이들의 내러티브를 분석하였다. 우선 시간적 순서대로 중국해커의 결성과 활동을 중심으로 설명하면서 이들의 내러티브들을 각 사건들과 연계해서 설명한다.

중국해커가 시작된 계기는 1997년으로 거슬러 올라간다. Goodwill이라는 이름의 상하이 해커가 녹색병단(Green Army)이라고 알려진 애국적 해커조직을 처음 결성하였다.[444] 같은 해 완 타오(Wan Tao)의 애국적 해커 조직인 잉파이 연맹 또는 중국매파연맹(China Eagle Union)이 결성되었다.[445] 그러나 이들 핵티비즘 집단은 중국의 거대한 개인 해커들과 집단들을 하나로 묶는 거대한 규모의 집단은 아니었다. 그러다 1998년 인도네시아에서 일어난 폭동사건 이후 중국 해커들의 애국적 핵티비즘이 집단적으로 대규모로 작동하는 계기를 맞는다. 당시 인도네시아에서 발생한 폭동으로 다수의 중국인들과 중국인 지역사회가 인도네시아 폭도들에 의해 살해되거나 피해를 당하게 된다. 이 사건 관련 동영상이 사이버공간에 확산되면서 중국 내의 분노가 확산되었고 곧이어 격분으로 바뀌었다. 이 사건이 개별적 해커집단들과 개인 해커들의 공통적인 모멘텀으로 작용하면서 집단적 해커공격이 시작되었다. 당시 인도네시아에 대한 디페이싱과 이메일 디도스 공격 등에서 나타난 애국적 해커들의 내러티브는 다음과 같다. "너의 사이트는 중국의 해커에 의해서 해킹되었다. 인도네시아 살인자들, 너의 잔악행위에 대한 복수가 있을 것이다. 중국인들에 대한 학살을 멈춰라..."[446] 또

---

442 Ibid.

443 Yip, M. & Webber, C., June. 2011.

444 Id. Howlett, W. 2016. The rise of china's hacking culture: Defining Chinese hackers. Dissertation. California State University, San Bernardino.

445 Id. Isnarti, R. 2015.

다른 내러티브는 "중국인들의 경고다. 너의 국경일에 이 페이지는 해킹되었다....지난 5월의 살인자들을 즉시 처벌하라..."447 이 사태가 촉발한 중국인들의 집단적 해킹은 이후 2000년 홍커동맹(Red Hacker Alliance)의 탄생으로 이어진다.448

1999년에는 대만 대통령이 대만이 독립국가라는 이론을 지지하자 대만에 대한 애국적 해커들의 집단적 공격이 시작되었다. 이때 나타났던 내러티브들은 다음과 같다. "세계에는 단지 하나의 중국만이 있을 뿐이다. 그리고 세계는 오직 하나의 중국이 필요하다."449 이 내러티브와 함께 해커들은 디페이싱한 웹사이트에 X마크가 된 타이완 국기와 중국국기를 나란히 게시하였다. 당시의 중국 해커들의 정서와 인식을 연구한 한 선행연구에 제시된 애국적 해커의 인터뷰 자료에 따르면, 해커들의 인식과 그들이 사용하는 내러티브의 연관성이 나타났다. 한 해커는 애국적 해킹 캠페인에 참가한 이유로 "국가의 통일을 보존하고 중국의 국가주권을 보호하며, 외국 국가들의 괴롭힘에 저항하고, 반중국주의의 교만함을 꺾기 위한 것"을 들었다.450 또 다른 연구에서는 중국 애국적 해커들이 사용하는 좌우명이 소개되었다. "우리는 우리 모국을 위해 우리 생명까지도 포함해서 모든 것을 헌신할 준비가 되어있다."451 이 모토는 중국매파연맹(China Eagle Union)의 완 타오에 의해서 강조되었다. 완 타오는 중국인들에게 잘 알려진 영웅적 인물로 초기 애국해커의 전형으로 우상화되었다.

이어서 1999년 5월에 미국 전투기가 유고슬라비아 주재 중국대사관을 오폭한 사건이 발생했다. 3명이 사망하였는데 그중 한명은 언론인이었다. 이에 대응해 중국 애국해커들의 미국의 주요 정부사이트에 대한 집단적 공격이 개시되었다. 이때 홍커라는 명칭이 정식으로 사용되었고 본격적인 애국적 해커들의 집단적 핵티비즘 활동이 시작되었다. 중국정부는 이 사건을 "중국 주권에 대한 거대하고 악의적인 침략"으로

---

446 원문 메시지: 출처: Long San, "Let's look back on the days of the Red Hacker Alliance," *Juntuan*. October 24, 2005. Accessed November 17, 2005. http://www.juntuan.cn/user1/2334/archives/2005/9612.shtml

447 원문 메시지: 출처: Ibid.

448 다만, 이후 중국홍커연맹의 이름으로 조직이 구성되고 출범한 것은 2000년 12월이다.

449 원문 메시지: 출처: Li Zi, "The Chinese Hacker Evolution," People in Focus Weekly, March 10, 2005. Accessed February 21, 2016. http://net.chinabyte.com/386/1920386.shtml

450 원문 메시지 출처: Id. Isnarti, R. 2015. p. 163.; Chang, Y.C. 2011. Cyber conflict between Taiwan and China. Strategic Insights, 10. p. 28.

451 Wu. Chinese cyber nationalism: Evolution, Characteristics, and implications, p. 70.

규정하고 미국 정부의 공식적인 사과를 요구하였다. 그리고 "위대한 중화인민공화국은 괴롭힘을 당하지 않는다"고 발표하였다. 중국의 애국적 해커들은 이 발표에 반응하여 해킹공격을 시작하고 웹페이지를 디페이싱 한 후 반미와 반나토 내러티브를 남겼다. 다음은 중국 해커들이 미국 에너지부(DOE)의 홈페이지에 불완전한 영어로 남긴 내러티브이다. "미국의 나치 행동에 항의한다! 나토의 잔인한 행동에 항의한다! 우리는 정치에는 관심 없는 중국인 해커들이다. 그러나 당신이 알고 있듯이 우리 중국인 언론인이 죽임을 당한 것을 지켜보는 것을 우리는 더는 참을 수 없다. 목적이 무엇이든, 미국이 리드하는 나토는 반드시 전적인 책임을 져야만 한다. 너희는 중국인민들에게 반드시 갚아야 할 피의 빚을 지게 되었다. 이 전쟁이 멈출 때까지 우리도 공격을 멈추지 않을 것이다."[452] 한편, 미국 국무부 홈페이지에는 폭격으로 사망한 3명의 중국인 사진과 미국의 나치적 만행을 규탄한다는 메시지로 도배되었다. 이와 함께 당시 중국 해커들의 커뮤니티와 챗룸 등에서는 '미국이 두 번째로 중국 대사관을 폭격했다'거나 '장쩌민 중국주석이 미국과의 전쟁을 준비해야한다'는 등의 격렬한 비난 그리고 '중국의 티벳 정책에 불만을 가진 나토 관계자가 중국 대사관에 대한 오폭을 뒤에서 조종했다'는 음모론들이 난무하였다.[453]

중국 애국해커들의 내러티브는 대부분 중국어로 작성되고 내용도 짧은 메시지의 형태를 가진다. 가끔 전 세계의 청중을 의식하여 영어로 내러티브를 남기는 경우도 있지만 불완전한 영어이거나 역시 짧은 내러티브들인 경우가 많다. 따라서 어나니머스나 러시아의 애국적 해커들처럼 고도로 세련된 긴 문장의 매니페스토는 거의 발견하기 어렵고 장문의 내러티브도 찾기 어려웠다. 앞선 미국 에너지부에 남긴 내러티브는 상대적으로 문장이 긴 편이다. 중국 해커들의 이와 같은 열등한 영어능력은 현재에도 여전히 중국 핵티비즘 활동의 큰 걸림돌이 되고 있다. 최근 2022년 페이스북을 이용하여 미국의 중간 선거에 개입하려는 내러티브 공작을 중국 해커들이 시도했지만 단어나 표현, 문장 사용에 있어서의 문제점 등과 같은 열등한 영어능력 때문에 미국의 정보 및 수사당국에 의해 쉽게 탐지되었다.

2001년 미국의 EP-3 정찰비행기와 중국전투기 충돌사고가 발생하였다. 이때 중국 조종사가 사망하였다. 당시 중국정부는 중국영공에 대한 미국의 침범이라고 규정하

---

452 원본 메시지. 출처: Barr, S. May 12, 1999. Anti-NATO hackers sabotage 3 web sites. Washington Post. Page A25.

453 문준용, 중국해커. 미국에 사이버 전쟁 선포, 「서울경제」, 1999. 5. 10.

고 중국에 비상착륙한 미국 항공 승무원들을 구금하고 미국의 공식적 사과를 요구했다. 미국의 공식적인 사과 이후 승무원들은 풀려났지만 중국은 이 사건을 중국인들의 국가주의와 애국주의적 정서에 불을 지피는 계기로 이용하였다. 앞선 사건들과 함께 2001년 사건을 중국인들은 개별적이고 일화적인 사건으로 보지 않았다.[454]

중국인들은 이러한 일련의 사건들을 서구국가들의 중국에 대한 100년 이상의 장기간에 걸친 공격과 침략이 최근까지 이어져 오는 연속된 과정으로 인식하였다. 이러한 사건들은 중국인민들에게 미국과 서구국가들의 제국주의와 그로 인한 중국인들의 굴욕적 피해자의 역사적 기억들을 회상시켰다. 이러한 중국인들의 반서구주의, 반제국주의가 일련의 사건들과 연결되는 것은 1994년부터 공식적으로 시작된 중국의 애국주의 교육의 영향으로 이해될 수 있다. 중국 공산주의 이념의 계급투쟁과 혁명사상이 더 이상 중국인들에게 호소력이 없어지자 민족주의를 근간으로 하는 국가주의 사상을 중국특색의 애국주의로 포장하여 프로파간다 교육을 수행한 결과라고 분석할 수 있다. 당시 애국주의 교육은 초, 중, 고등학교에서 의무교육으로 이루어졌다. 이 때문에 1998년부터 2001년 초기의 대표적인 중국의 애국적 해커들의 활동 시 주축을 이룬 20대 초반부터 30대 후반까지의 청년들은 이미 애국주의 교육을 받은 후였다. 애국주의 교육의 영향은 2001년 이전과 이후에 발생한 사건들에 대한 애국적 해커들의 핵티비즘의 공격에 영향을 미쳤다고 볼 수 있다. 이후 2000년 일본의 난징학살에 대한 부인, 2000년 대만독립주장 인물의 대만선거 승리, 2001년 일본의 역사책에 대한 중국의 불만 표출, 2004년 센카쿠열도에 대한 분쟁, 2005년 일본의 야스쿠니 신사참배, 2008년 베이징 올림픽에서의 CNN의 티베트독립 이슈제기 등 중국에 대한 비판적인 보도, 2010년 이란 사이버군에 의한 중국 인터넷 바이두 해킹 사건 등의 사례들에서 지속적으로 중국 애국적 해커들에 의한 핵티비즘 공격이 나타났다.[455]

중국 애국적 해커들의 한국에 대한 공격도 있었다. 2017년 한국의 사드(THAAD) 시스템의 배치에 대한 항의의 표현이었다. 중국의 해커들은 중국 SNS인 웨이보를 통해 한국과 롯데에 선전포고를 했다. 이때 국내에 사드배치를 비난하고 해킹을 했던 집단들은 중국정부와의 연계가 의심되는 대형 해커조직이었다. 단순히 핵티비즘뿐만 아니

---

454 Costello, S, U.S. Chinese hackers continue web defacements. 「CNN」, May, 2, 2001.
455 Id. The Yale Review of International Studies. Oct. 2014.

라 'Sykipot'이라는 악성코드를 유포하여 국방, 방산관련 정보를 유출하는 정보탈취도 시도하였다. 대표적으로 판다인텔리전스 뷰로(Panda Intelligence Bureau: PIB), 1937cN, 중국매파연합(China Eagle Union), 톤토팀 등이 관여되었다.[456] 이들이 공격한 대상은 롯데그룹과 한국의 주요 정부기관들이다. 이 가운데 판다인텔리전스 뷰로는 자신들의 웹페이지에 중국의 민족주의적 정치행동을 지지하고, 국익을 수호하고, 중국의 분리주의와 싸우고, 정의를 수호하기 위해 2016년 9월 창설되었다고 밝혔다. 그리고 2017년 2월부터 3월까지 자신들의 블로그에 해킹한 한국 기관의 디페이싱된 웹페이지에 한국에 대한 노골적인 욕설과 함께 비난의 글을 게시하였다. "롯데그룹은 너무 경솔하다! 평화를 소중히 하고 전쟁을 멀리하라! 롯데를 보이콧하라, 사드에 저항하라. 롯데는 중국에서 나가라! 한국은 냄새난다. 빽큐!(Korea stinks fuck you!)"[457] 디페이싱된 화면에는 판다인텔리전스뷰로의 로고와 영어 메시지가 게시되었다. 영어메시지는 중국어를 번역기로 번역한 것으로 매우 조약한 수준의 영어였다.[458]

2017년 2월 17일 블로그 포스팅

---

456 권준, 한국 공격에 중국 해커조직 총동원령! 국방 정보 유출까지 '양동작전', 「보안뉴스」, 2017. 3. 8.

457 임민철, '중국발 사드 보복' 명분 내건 사이버공격 확산, 「ZDNET Korea」, 2017. 3. 8. https://zdnet.co.kr/view/?no=20170308132436&from=pc

458 Ibid.

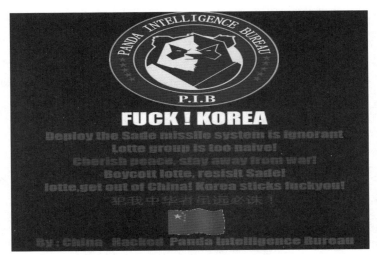

2017년 3월 1일 디페이스 포스팅

| 그림 16 | 한국에 대한 중국 애국적 해커의 공격[459]

이제까지 언급된 중국 애국적 해커들의 공격들은 중국공산당의 국가 관심사들과 일치한다. 이러한 핵티비즘 공격에서 애국적 해커들에 의해 사용된 대부분의 내러티브들은 반서구주의, 반제국주의-반나치, 중국의 굴욕과 모욕에 대한 복수, 중국영토와 주권의 보호, 하나의 중국 등이다. 이러한 내러티브 역시 중국공산당의 핵심적인 애국교육 그리고 정책 아젠다와 일치한다.

애국주의 교육과 중국 애국적 해커들의 내러티브 일치성은 중국의 애국적 해커들 중 가장 유명하고 영향력이 있는 중국홍커연맹의 내부 강령을 통해서도 일부 파악된다. '국가를 사랑한다', '자국의 어떠한 합법적인 기관들에 대한 공격을 엄격하게 금지한다', '다른 홍커들을 자신의 동료로 여기고 자신의 지식을 공유한다', '반드시 애국적이어야 한다', 그리고 '외국국가들의 무례한 행동에 대해 국가[중국]를 하나의 힘으로 대응하고 방어한다' 등이다.[460] 이 집단의 이름 속 홍커가 의미하는 바처럼

---

459 Ibid.

460 Yip, M. & Webber, C., June. 2011. Hactivism: A theoretical and empirical exploration of China's cyber warriors. The 3rd International Web Science Conference paper. DOI:10.1145/

이 집단은 최초결성시부터 중국을 위한 애국적 핵티비즘을 표방하였다.

이 홍커연맹과 관련해서 한 가지 흥미로운 부분은 중국정부와 이 집단의 창시자와의 연계가능성이다. 이 집단의 창시자인 Lion은 대학시절 NCPH (Network Crak Program Hacker)라는 악명 높은 중국 해커집단의 일원이었다. 이 집단의 멤버중 하나인 위키드 로즈(Wicked Rose)는 미국의 펜타곤과 국방부를 포함한 다수 기관들에 대한 해킹으로 유명하다.[461] 이들의 표면적인 공격목적은 경제적인 것이었지만 실제로는 정치적 기관들에 대한 해킹을 수행하였으며 스촨지방의 중국인민해방군과 연계되어 있었다는 의심을 받았다. 이후 위키드 로즈가 체포되고 NCPH는 해체되었는데, 이 집단의 초기 구성원 10명 중 한명이 바로 홍커연맹의 창시자 Lion이었다.[462] 특히 2001년 홍커동맹이 홍커연맹으로 변화되어 미국에 대한 공격이 시작되는 시점부터 중국에서 개별적으로 존재하던 다수의 해커들을 하나의 집합체로 모으고 연대해서 애국 해킹 공격을 조절하고 지원하는 활동을 했다. 따라서 일부 전문가들은 홍커연맹의 중국정부와 연계 가능성에 대한 지속적인 의혹을 제기하기도 한다.[463] 특히 Lion이라는 인물은 홍커연맹과 중국정부의 관계에 대한 하나의 중요한 증거가 될 수 있다. 그러나 역시 강력한 증거는 확인되지 않고 있다.

중국의 애국적 해커집단은 중국정부의 지휘통제 아래에 있을 개연성이 크다. 오랜 기간 동안 수행된 중국의 국가주의 이념과 애국주의 교육으로 중국정부는 이미 중국 인민들의 사상을 통제하고, 필요할 때 정부가 제시하는 내러티브에 따라 애국적 감정이 동요되는 인민들로 준비시켰다. 따라서 다수의 성난 해커군중들을 핵심적인 주요 애국적 해커집단을 통해 리딩하면 백만 여 명에 달할 수도 있는 대규모 중국 해커들의 참여와 지지를 충분히 이끌어낼 수 있다. 또한 중국정부가 온, 오프라인 모두에서 철저히 중국사회와 인구를 통제하고 있다는 현실을 감안하면 애국적 해커들의 공격의 방향, 목표, 시작, 유지, 멈춤을 조율할 수 있다. 특히 중국의 사이버 생태계는 중국공산당에 의해 사실상 상당한 수준으로 통제되고 있다고 보아야 한다. 사이버 범죄는 물론 해외 인터넷과의 디커플링(decoupling), 서구 및 외국 문화에 대한 엄격한 검열 및 차단, 그리고 중국 인터넷 내에서의 중국인들의 활동에 대한 엄격한 정

2527031.2527053

461 Id. Howlett, W. 2016.

462 Id. Levanon, A. June 2018.

463 Ibid.; Id. Howlett, W. 2016.

치적·법적 통제 등 사이버 공간에서의 정부의 감시가 강화되었다. 중국의 사이버 생태계를 러시아의 사이버 생태계와 비교하면 국가통제와 관련하여 유사한 면이 없지는 않지만 상대적으로 중국의 통제가 러시아의 그것보다 더욱 강력하다. 중국의 자국민에 대한 사상교육과 프로파간다도 역시 러시아의 그것보다 더 광범위하고, 무차별적이며, 철저하고, 집요하다. 이러한 상황들을 고려해보면 중국의 애국적 해커들은 중국 정부에 의해 철저히 통제, 관리되고 있을 것으로 보아야 한다.

오랜 시간 동안의 애국주의 교육과 중국의 애국적 해커들에 대한 중국공산당의 상당한 영향력과 통제로 인해 중국의 애국주의 내러티브는 그대로 중국 애국해커들의 마스터내러티브이자 커맨드내러티브로 작동한다. 중국 애국해커들의 마스터내러티브는 중국의 역사와 경험을 기반으로 하는 국가주의 이념이다. 이와 같은 마스터내러티브는 다시 각 사안별로 중국의 국가주의가 투영되는 지역내러티브로 구체화된다. 그리고 이는 다시 각 개별 인물의 에피소드에 투영되어 개인내러티브와 결박된다. 중국의 내러티브는 동일한 역사, 문화, 사상, 지역을 기반으로 하고 있어 내러티브의 수직적 통합이 매우 용이하게 진행될 수 있으며, 매우 강한 인그룹(in-group) 결속력을 만들어낼 수 있다. 여기에 특히 중국 정부의 지속적이고 강력한 애국주의 교육과 프로파간다, 그리고 엄격한 전체주의적 통제가 결합되어 내러티브의 영향력을 극대화할 수 있다. 이러한 내러티브의 견고함은 중국 애국해커들의 영향력을 증대시키는 방향으로 영향을 미친다. 이는 궁극적으로 중국의 애국해커들을 통제하는 중국정부의 영향력 강화로 이어진다.

흥미로운 점은 중국의 애국해커들이 강력한 애국주의 교육의 결과로 중국정부의 통제에 따라 핵티비즘을 수행하면서도 이를 자발적인 애국행동이라고 스스로 착각한다는 점이다. 이들은 국가의 의도에 따라 자신들이 수행하는 행동에 대해 의문을 가지기보다 스스로 자발적으로 국가에 충성한다는 거짓-자부심을 경험한다. 이는 중국공산당의 오랜 애국교육과 사이버 생태계에 대한 통제의 결실이다. 결국 이런 측면에서 보면 중국의 애국적 해커들은 중국정부가 동원하는 사이버 전사들이다. 이 때문에 중국의 애국적 해커들의 효용성과 영향력은 곧 중국정부의 사이버 군사력의 주요한 부분이 된다.

중국의 애국적 해커들은 앞서 언급한대로 문화적, 언어적 한계로 인해 그 영향력이 제한적이다. 특히 미국이나 서구국가들과 같은 언어와 문화적인 이질성이 매우큰 대상 청중들에 대한 핵티비즘 내러티브 효과는 매우 제한적이다. 이러한 중국의 한계는 최근 2022년 페이스북을 이용한 미국 중간선거 개입 시도에서도 확인되었다. 또한 중국의 애국적 내러티브는 러시아의 경우와 마찬가지로 외그룹(out-group) 청중들을 대상으로 의미 있는 효과를 발휘하기 어렵다. 이 밖에도 러시아와 비교했을 때 상대적으로 중국의 애국적 해커들의 핵티비즘 내러티브 공작의 전략-전술적, 기술적 역량의 수준도 아직까지는 매우 열등한 것으로 보인다. 이런 측면들을 모두 고려하면, 중국의 애국적 핵티비즘의 영향력은 여전히 국제사회 일반에 대해서는 제한적이라고 할 수 있다.

하지만 중국의 애국적 핵티비즘의 영향력은 한국에 대해서는 치명적이다. 즉 중국 핵티비즘의 한국에 대한 위협은 매우 높은 수준이라고 판단할 수 있다. 중국의 대한국 핵티비즘 내러티브 공세는 오프라인의 영향력 공작과 맞물려 한국에 상당한 안보 위협이 되고 있다. 중국의 마스터내러티브는 한국을 주요한 중국의 포획대상으로 간주하고 있다. 중국은 한국을 부흥한 중화제국질서의 일부로 바라본다. 이 때문에 한국은 중국의 핵티비즘뿐만 아니라 오프라인 영향력 공작의 주요한 공격대상이다. 특히 중국의 핵티비즘과 관련하여 주목해야 할 점은 국내에 체류하는 대규모 중국인 유학생과 체류자, 조선족의 존재이다. 이들은 한국어와 문화에 매우 익숙하면서 동시에 중국의 애국주의 교육에 인지적으로 상당히 포획되어 있다. 또한 이들이 공자학원과 중국 유학생 조직 등의 오프라인 채널들을 통해 중국 정부의 통제에 있다는 보도들도 있다. 이들의 존재는 중국의 애국적 핵티비즘이 한국에 치명적인 위협을 미치는 주요한 매개요인으로 작용할 개연성이 크다. 이를 입증하듯 이미 중국의 애국적 해커들이 한국의 선거나 주요한 정치사회적 이슈 등에 여론에 영향을 미칠 목적으로 개입했다는 보도들이 있다. 이와 같은 여러 우려들을 종합해보면 중국의 애국적 핵티비즘에 대한 한국의 상당한 주의와 경계가 필요하다. 이는 국내에 상당한 중국인 온, 오프라인 커뮤니티의 존재가 한국을 외그룹(out-group)에서 내그룹(in-group)으로 전환시키는 효과를 만들어 내기 때문이다.

XII

맺음말

◆ ◆ ◆

우리는 이제 전쟁의 시대로 들어가고 있는 것처럼 보인다. 2022년 2월에 시작된 러시아-우크라이나 전쟁은 다가오는 기나긴 전쟁의 서막일지 모른다. 이 전쟁은 1년 가까이 지속되고 있으며, 아마도 상당히 오래 동안 핵전쟁에 미치지 못한 그러면서도 핵전쟁의 공포와 줄타기하는 개싸움(dog fighting)으로 러시아와 우크라이나 양측의 전투자원(resources)과 전투의지(will)가 완전히 마모될 때까지 계속될 것이다. 하지만 이 전쟁이 다가오는 미래의 유일한 전쟁 모습은 아니다. 타이완을 둘러싸고 군사적 기동과 전쟁위협의 고조를 통한 냉전이 펼쳐지고 있다. 이는 공포의 조장(terrorizing)을 통한 인지전에 해당한다. 서로 다른 지역의 다른 모습의 전쟁들이 사실은 서로 연결되어 있다.

2023년 1월 25일에 보도된 두 개의 서로 다른 뉴스는 서로 긴밀히 연계된 같은 전쟁의 다른 모습이다. 유라시아의 서부전선에서는 러시아-우크라이나 전쟁이 진행되는 중에 미국이 자국 주력전차 M1 에이브럼스의 우크라이나 지원을 이번 주 중 발표할 예정이라고 한다. 또한 독일 역시 자국산 레오파드2 전차의 지원과 재수출을 허용할 것으로 보인다고 한다. 이로 인해 우크라이나에서 러시아와 우크라이나 간 본격적인 '전차전'이 벌어질 것이라고 한다.[1] 반면 유라시아 극동전선에서는 중국의 해킹그룹이 한국의 12개 학술기관을 공격하고, 해당 단체의 홈페이지에 '한국 인터넷 침입을 선포한다'는 문구를 게시했다.[2] 이번 중국 해킹그룹의 주요 해킹공격 대상이 우리말학회, 한국고고학회, 한국학부모학회, 한국교원대학교 유아교육연구소, 한국사회과수업학회, 한국동서정신과학회, 한국교육원리학회 등 한국의 문화, 역사, 교

---

1 원호연, "우크라에서 '전차대결' 벌어진다…미, 에이브럼스 지원 임박," 「헤럴드 경제」, 2023년 1월 25일.
2 유혜림, "중 해킹그룹, 12개 학술기관 공격…인터넷 침입 선포," 「TV조선」, 2023년 1월 25일.

육 부문이라는 사실은 해당 사건이 중국의 한국에 대한 역사문화전쟁의 일환으로 이루어진 인지전투(cognitive battle)라는 성격을 그대로 보여준다. 이는 이번 공격이 사이버 공격을 통한 한국에 대한 "공포의 조장(terrorizing)"과 한국의 문화, 역사, 교육 부문에 대한 침투와 포획을 통해 한국의 중국화(chinanization)를 달성하기 위한 기초자료 수집이라는 두 개의 전략적 목표를 담고 있다는 것을 의미한다. 거대한 유라시아 게임판에서 미국-서방 대 중국-러시아의 거대한 전선이 그어져 있고 그 전선을 따라 취약지점에서 국지적 충돌이 일어나고 있다. 하나는 전통적인 키네틱 전쟁의 모습으로, 다른 하나는 사이버전과 인지전의 모습으로 구현되고 있다.

최근 한국을 포함한 해외 각국들에서 중국의 비밀경찰서 공작이 미디어 보도들을 통해 세상에 알려졌다. 서울 도심 한복판에서 한 중국식당을 거점으로 활동하던 중국의 비밀경찰서가 공개되었다. 이와 함께 중국의 한국에 대한 성적(sexual) 유혹을 통한 정치권 침투와 문화교류협력 등을 통한 영향력 공작, 그리고 선거 및 여론 개입의 의혹도 잇달아 보도되었다. 이는 이른바 정보전쟁으로 불리는 전쟁의 다른 모습이다. 이를 실마리로 되짚어보면 지난 2022년 3월 9일 한국의 대통령 선거는 그 결과에 따라, 러시아-우크라이나 전쟁의 결과가 미국-서방과 러시아 간의 패권전쟁의 결과에 주요한 영향을 미칠 수 있는 것처럼, 한국을 둘러싼 미국-서방과 중국 간의 패권전쟁의 추이에 주요한 영향을 미칠 수도 있었을 것으로 추정된다. 아마도 우리도 모르는 사이에 어쩌면 우크라이나 못지않게 한국사에서 가장 중요하고 위험스러웠던 전쟁을 치르고 있었는지도 모른다. 투표장에서. 중국의 한국에 대한 "조용한 침공(silent invasion)"으로 시작된 이 전쟁은 지금도 계속되고 있는 것처럼 보인다. 이는 한국이 거대한 글로벌 전쟁의 전선에 위치한 주요한 전략지점이기 때문이다.

다가오는 전쟁에 "중립지대(no men's land)"는 없다. 미중 패권경쟁시대에 국익을 고려해 한국이 균형점을 찾아야 한다는 이야기는 메아리처럼 반복된다. 하지만 그 누구도 그 균형점이 어디이고 어떤 모습인지를 말해주지는 않는다. 국익, 실용 같은 실체를 가늠하기 힘든 추상명사나 GDP나 한국의 대중국 경제의존도와 같은 국익과 관련된 단편적인 조각들만 제시된다. 경제적 이익(economic profit)이 곧 국익(national interests)은 아니다. 국가는 기업이 아니기 때문이다. 국익의 균형점은 그 주장을 하는 사람이 찾아서 보여주어야 한다. 그것도 다양한 경제적, 문화적, 가치적, 안보적 부문들을 망라한 통합적 국익의 균형점이 도출되어야 한다. 전쟁은 당신이 그와 같은 균형점을 찾는 고차방정식을 풀 때까지 기다려주지 않는다. 애초에 그 균형점은 신기루인지도 모른다. 전쟁은 현실이다. 적이 설정되어야 하고, 그 적에 대한 전쟁 시나리오가 도출되어야 하고, 전쟁 전략과, 역량, 그리고 의지가 그에 맞추어 준비되어야 한다. 시급히. 한국의 적은 누구인가? 미국인가 아니면 중국인가?

전장에서 충돌하는 두 전투부대의 격렬한 총격전 사이에 낀 농부(peasants)는 죽음을 면치 못한다. 총탄은 전투원과 민간인을 가리지 않으며, 삶과 죽음의 전투를 벌이고 있는 전투원은 민간인의 입장을 들어줄 여유가 없다. 평화를 바라는 건 당신의 자유지만 당신을 향하는 총탄은 당신의 그와 같은 바람에는 관심이 없다. 원하던 원하지 않던 피할 수 없는 전쟁에서는 "적과 아군"을 식별하고 맞서 싸우는 수밖에 없다. 역설적이지만 그것이 더 안전하고 나은 선택이기 때문에. 중립을 선택한 농부는 양쪽에서 총탄을 맞이해야 하지만 적어도 전투원을 향하는 총탄은 한쪽으로부터만 온다. 미국과 중국 사이에서 선택의 시간은 점점 더 조여오고 있다. 전쟁은 당신의 머뭇거림을 심판할 것이다. 당신은 이제 총론이 아니라 각론을 내놓아야 할 때이다. 각론을 내놓을 수 없다면 조용히 있는 편이 났다.

미국과 중국의 군사충돌을 포함한 패권충돌에서 한국은 중립을 지켜야 할까? 패권을 두고 다툼을 벌이는 강대국 간의 충돌에 진정한 의미에서의 중립은 없다. 미-중 패권 충돌에 중립을 선택하는 것은 당신의 자유다. 하지만 패권충돌의 결과로 누가 승자가 되건 (그 승자의 처분을 그대로 누가 주인이 되건 상관없는 노예처럼 받아들일 것이 아니라면) 당신은 그 결과에 대한 대가를 치러야 한다. 그리고 그 치러야할 대가에 대한 선택권도 당신은 없다. 20세기 초 러-일 전쟁의 주요 전투는 한반도 밖의 대마도 인근해상과 요동반도의 뤼순, 그리고 남만주의 봉천에서 일어났다. 그리고 그 전쟁에서 대한제국은 중립을 지켰다. 하지만 대한제국과 국민은 전쟁의 결과에 고통스러운 대가를 치렀다. 마찬가지로 태평양 전쟁의 주요 전투는 한반도로부터 머나 먼 타라와, 미드웨이, 이오지마, 과달카날, 오키나와 등에서 있었다. 역시 그 한국과 상관없어 보이는 전쟁의 대가로 한국은 광복되었다. 힘이 없는 약소국이 중립을 지키다가 강대국들 간의 결전의 대가를 치러야 하는 것은 불쌍한 일이다. 하지만 강대국들 간의 결전에 개입하여 그 결과에 영향을 미칠 정도의 힘을 가진 준강대국(또는 중견국)이 중립을 지키다가 강대국들 간의 결전의 대가를 치러야 한다면 이는 어리석은 일이다. 최근 US뉴스앤월드리포트(USNWR) 조사에 따르면, 2022년 세계의 각국의 정치, 경제, 군사적 위력 등을 기준으로 가장 강력한 국가 순위에서 한국은 4위 독일과 5위 영국에 이어 6위를 차지했다. 프랑스와 일본이 각각 7위와 8위로 랭크됐다.[3] 미국과 중국,

러시아 등의 강대국을 제외하면 이들 국가들은 준강대국에 해당한다. 스스로의 운명을 결정할 어느 정도의 역량을 갖추고 있음에도 쓰지 않는 것은 어리석은 일이다. 한국이 중립을 지키든 미-중 한쪽을 선택하든 어느 경우에도 미-중 패권 충돌의 결과로부터 한국이 자유로울 수는 없다. 저항하지 않았다고 해서 승자가 더 자비롭게 대하지는 않는다. 오히려 그 반대이다. 저항하지 않고 굴복한 대상에게 승자는 더 잔인하게 대한다. 이는 저항 없이 굴복을 선택한 자를 승자는 경멸하기 때문이다.

"죽고 사는 문제"와 "먹고 사는 문제" 가운데 딱 한가지만을 선택해야 한다면 무엇을 선택해야 할까? 전자는 안보의 문제이고 후자는 경제의 문제이다. 안미경중(안보는 미국 경제는 중국)이라는 줄타기가 한국의 해법으로 제시되고 있다. 물론 안전하게 부유할 수 있으면 최선의 선택지이다. 하지만 운명(fortuna)의 여신은 짓궂은 면이 있어 때때로 이 둘을 다 허락하지는 않는다. 흔히 직장이나 배우자를 고를 때 여러 조건을 따지며 그중 어느 하나도 포기하지 않으려 하면 나쁜 선택을 하기 쉽다. 현명한 선택은 대체로 절대로 포기할 수 없는 하나를 취하고 나머지를 버릴 때 가능하다. 다가오는 전쟁의 시대에 한국은 불행히도 둘 다를 선택할 기회가 없을지 모른다. 결단의 순간이 다가오고 있다. 선택하지 않는 것도 결국은 선택이다. 북한 핵은 한국인의 물리적 생존을 위협한다. 중국의 조용한 침공은 한국인의 정신적(spiritual) 생존을 위협한다. 대한제국 말기 헤이그 밀사로 간 이준은 "혼(spirit)이 없으면 사람이고도 사람 아닌 사람이요, 이 혼이 없으면 나라이고도 나라가 아닌 나라가 되는 것이다.... 한국의 혼이여! 너는 독립의 혼이 되고 노예의 혼이 되지 말라!"고 외쳤다. 그 한국의 혼은 지금 중국의 전방위적인 "조용한 침공"에 잠식당하고 있다. 어떤 이는 한국이 미국의 신식민지라고 강변할지도 모른다. 그렇게 보면 그럴 수도 있다. 하지만 미국은 적어도 한국인을 미국인의 일부로 만들 생각이 없고, 한국의 역사와 문화를 미국의 것이라고 억지를 부리지도 않는다.

한국의 중국에 대한 경제 의존도가 크기 때문에 중국과의 경제협력을 지속해야 한다는 주장은 비논리이다. 중국에 대한 경제의존도는 중국과의 경제협력의 충분조건이 아니다. 중국과의 경제의존도 크기가 반드시 중국과의 경제협력의 지속으로 이어져야 하는 것은 아니다. 그럴 수도 그렇지 않을 수도 있는 필요조건에 불과하다. 중국과의 경제의존도의 크기는 현재의 상태이며, 중국과의 경제협력 지속여부는 한국

---

3 이지민, "한국 美 매체 선정 '세계 강대국 순위' 6위…日은 8위," 「국민일보」, 2023년 1월 2일.

이라는 행위주체의 결단의 문제이다. 그 결단에 현재의 상태는 참고해야 할 여러 조건변수에 불과하다. 오히려 한국의 중국에 대한 경제의존도 크기는 한국의 "중국과의 경제협력"이라는 결단의 결과이다. 과거 이 결단의 시기에 한국은 중국이 아니라 미국에 대한 경제 의존도가 가장 컸다. 그와 같은 상황에서 한국은 중국과의 경제협력이라는 새로운 도전을 결단했다. 한국은 그때와 마찬가지로 지금도 여전히, 쉽진 않겠지만, 새로운 도전을 위한 결단의 시점에 있다. 중국과의 경제협력을 지금과 같은 추이로 계속한다면 미래에는 한국의 중국에 대한 경제의존도는 더 커져있을 것이다. 그 때는 되돌아가기에는 너무 멀리 가버렸을 지도 모른다. 결단을 내린다면 내일이 아니라 오늘이어야 한다.

농노(serf)에게는 자유와 자존감, 자기결정권이 중요한 고려대상이 아니다. 단지 얼마나 일용할 양식이 풍족한지에만 관심을 가진다. 그래서 그들은 자신들의 자유와 자존감, 자기결정권을 주인에게 바친다. 하지만 자유민에게는 자유와 자존감, 자기결정권은 안락과 배부름보다 훨씬 더 중요한 문제이다. 그래서 그들은 그것들을 지키기 위해 전장에 나선다. 한국은 농노들의 국가인가? 자유민들의 국가인가? 당신은 "경제적 이익"과 "자유와 자존감, 그리고 자기결정권" 가운데 반드시 하나를 버려야 하면 어떤 선택을 할 것인가?

미래의 한국에 중화패권질서에 포획되었던 과거의 조선이 재현되는 악몽이 되살아나고 있다. 임진왜란과 병자호란을 겪으면서 심각한 전쟁후유증과 정체성의 위기를 경험했던 조선사회는 존주론에 기반을 둔 조선이 중화의 정신과 문화, 도덕을 계승하는 소중화라는 정신적 자위(spiritual masturbation)을 동력으로 스스로의 정체성을 회복하였다.[4] 존주론의 바탕이 된 성리학은 태생적으로 한국에 독소적(poisonous)이다. 이는 11-12세기 송에서 일어난 신유학 운동이다. 당시 북방 이민족들로부터의 군사적 정복위협에 직면하여 신유학 주창자들은 중국을 이념적으로 무장시키고 통일시킴으로서 그와 같은 위협에 맞서기 위한 의도로 신유학을 만들어냈다. 따라서 태생적으로 신유학(성리학)은 중국문화의 파시즘적 우월성을 정당화하고 다른 민족들과 그들의 문화를 폄하하고 배척하려는 중국판 배타적 극단주의였다.[5] 조선은 이 성리학을 기초로 한 존주론에 자발적으로 포획됨으로서 스스로를 중국의 정신적 식민지로 만들

---

4 정옥자, 『조선후기 조선중화사상연구』, (서울: 일지사, 1998), pp. 151-152.

5 정재식, 『한국유교와 서구문명의 충돌: 이항로의 척사위정 이데올로기』, (서울: 연세대학교 출판부, 2005), pp. 34-35.

었다.

　19세기 후반 서구제국주의의 물결이 조선으로 밀려들어왔을 때 이항로와 유인석 등과 같은 조선의 지식인들은 중화질서를 지키기 위해 서구와 서구화된 일본을 배척하는 배타적 고립주의를 선택했다.[6] 이는 위정척사로 표현되었다. 이들이 지키고자 했던 것은 조선이라는 국민국가나 국민으로서의 조선민족이 아니었다. 이들이 지키고자 했던 것은 세상만물의 중심으로서의 중국과 우월한 중국문화와 이상적인 것의 완성인 중국 중심의 자연질서와 천하질서였다. 즉 이들이 목숨을 바치면서까지 지키고 보존하고자 했던 것은 중국 중심의 중화질서 그 자체였다. 이는 다음의 이항로의 제자이자 최후의 의병장이었던 유인석의 말에서 확인된다.[7] "중국은 우리 모두의 공통된 조상이며 하늘과 땅의 중심이다. 만약 중국이 무너지면 세계는 무질서에 빠지고 하늘과 땅은 붕괴될 것이다. 그러므로 만약 중국이 자신의 중요성을 유지하고 돌보아 우리 모두의 조상이자 중심으로서의 지위를 잃지 않는다면, 일가친척들과 공통된 한 몸을 구성하는 부분들이 어찌 이를 존중하고 보호하지 않을 수 있겠는가?"[8] 미래에 한국에 살게 될 나의 아들과 딸이 과거 유인석이 한 말과 같은 말을 하게 된다는 것은 상상만으로도 끔찍한 일이다. 중국은 그 "중화천하질서의 복원"을 꿈꾸고 있고 시진핑이 몇 년 전 트럼프에게 한 말처럼 한국을 그 끔찍한 "중화천하질서"에 속하는 변방으로 인식하고 있다. 이건 또 다른 형태의 식민지가 아닐까? 일본의 식민지에 저항해야 한다면, 마찬가지로 중국의 식민지에도 저항해야 논리적으로 맞다.

　당시 위정척사는 지방 도처에 거점을 형성한 재야지식인들을 중심으로 세력을 구축하고 확대재생산 되었다. 이들은 자신들이 서울의 권력투쟁에서 밀려난 배경과 지방에서의 고립적 경향 때문에 극도의 비타협적 극단적 성리학 이념을 고수했다. 이들은 위정척사론의 가치와 신념을 목숨을 걸고 사수하려고 하는 매우 배타적이고 고립적인 극단적 성향을 보여주었다.[9] 이들은 조선을 대대적인 개방과 혁신을 통해 서구화된 근대국가로 이끄는 대신에 (마치 오늘날의 북한과 같이) 극단적 고립주의 노선을 선택했다. 그로인해 조선은 근대국가로의 도약과 발전의 기회를 놓쳤고 그 참혹한 대가를 치러야 했다.

---

　6 Ibid, pp. 203-204.

　7 Ibid, p. 208.

　8 Ibid, p. 208.

　9 정옥자, 『조선후기 조선중화사상연구』, pp. 186-187.

한국민과 집단적 인지대본(script)으로서의 위정척사와의 악연은 질기다. 이는 오늘날 공산주의, 반미주의, 민족해방, 그리고 아시아적 가치 등의 내러티브로 다시 살아나고 있는 것처럼 보인다. 과거의 성리학과 오늘날의 공산주의 사이에는 흥미로운 공통점들이 있다. 이 둘은 집단적 공동체주의, 반개인주의, 반자유주의, 신과 같은 초월적 존재의 부재, 과거의 원시공동체에 대한 로망, 민간-시장경제에 대한 관료적-계획적 통제의 우위, 도덕적 엄숙주의 등의 주요한 인식론과 방법론에서 놀랄만한 유사성을 가진다. 이 때문에 대한민국의 출범초기에 수백 년간 성리학적 프로파간다에 길들여진 한국인들에게 자유주의적 자본주의보다는 집단주의적 공산주의가 더 익숙하고 그럴듯한 대안으로 받아들여졌을지도 모른다. 이는 한국의 초기 공산주의자들이 대부분 유소년 기에 한학을 공부했었던 경험을 가졌다는 것과 1945년 해방 직후에 한반도 대부분의 지역에서 공산주의가 한국인들에게 더 인기가 있었다는 사실과도 관련이 있을지 모른다. 오늘날 대한민국이 자유민주주의와 개인주의에 기반을 둔 근대국가가 되었다는 것은 매우 예외적인 결과로 보인다. 이는 당시 이승만 초대 대통령의 결단과 미국의 강한 지원 덕분이었다.

오늘날 북한을 지배하는 주체사상과 한국의 NL, PD 등 586 운동권으로 대변되는 토착 사회주의의 내러티브는 위정척사의 오래된 내러티브와 관련이 있을지도 모른다. 반미·자주·통일·민족해방 등으로 나타나는 주체사상의 주요한 담론들은 위정척사에서 출발하는 배타적 고립적 종족주의, 반서구주의, 반자유주의, 집단주의, 그리고 친중국적 지향성의 흐름과 이어져 있는 것처럼 보인다. 이들에게 민족해방의 대상이 되는 외세는 미국 또는 일본 등과 같은 서구문명이다. 이들이 의미하는 외세에 중국 또는 중국 중심의 천하질서는 포함되지 않는 것처럼 보인다. 북한이 한국전쟁에서 중국의 도움을 받은 것을 항미원조로 인식하고 외세의존이라고 인식하지 못하는 것은 조선이 임진왜란에서 명의 도움을 받은 것을 외세의존이 아니라 중화의 은혜를 입은 것이라고 인식하는 것과 다르지 않아 보인다. 이들에게 민족해방은 단지 서구문명으로부터 한국 민족과 문명이 벗어나는 것이다. 중국문화와 질서와의 결박은 민족해방의 대상이 아닌 것처럼 보인다.

이들은 오늘날 한국의 서구화와 자유주의, 개인주의의 발전전략은 미국과 서구화된 일본에 의해 강요된 결과로 인식한다. 이들에게 근대화론과 근대우월주의는 허구성에 기초한 주장이다. 오늘날 미국-서방 주도의 글로벌 자본주의는 서구문명이 한계에 봉착했음을 보여주는 사례이다.[10] 오늘날 중국의 부흥은 서구물질문명의 한계와 아시아(즉 중화) 정신문명의 우월성을 보여주는 증거이다. 이들은 민주적 자유주의, 자본주의, 개인주의, 인권, 과학적 합리주의 등 서양적 문화와 가치들이 오늘날의 한국 사회와 사람들에게 큰 영향력을 미치고 있다고 한탄한다.[11] 이들은 위정척사론이 개화론-근대화론-세계화론의 주류 흐름에 의해 부당하게 중화 "사대주의"로 비판 받았다고 항변하며, 문화와 도덕의 국가인 조선은 위정척사론을 통해 밀려오는 서구와 일본에 대해 저항하였다고 합리화한다. 또한 이런 주장의 연장선상에서 오늘날 한국인은 일제의 잔재를 쓸어내고 친일파를 단죄하고 청산하면서, 또한 미국-서방과의 오래된 부적절한 관계를 청산하고, 다시 남북통일을 거쳐 동아시아 평화공존(즉 중국질서로의 편입)을 회복해야 한다고 주장한다. 이 과정에서 중국에 대한 종속과 포획의 위험성에 대한 언급은 없다. 아마도 이들의 주장의 끝은 소중화 조선의 재림인지도 모른다.[12] 하지만 이들에게 불편한 진실은 그 서구화와 자유주의, 개인주의 발전전략 때문에 오늘날 한국이 주요한 글로벌 강국중의 하나로 자리매김했다는 사실이다. 그래서 이들은 한국의 사회경제적 모순과 문제들을 과장하거나 한국의 미국-일본과의 관계를 왜곡하여 끊임없이 과거의 일제 식민지 시절과 데쟈뷰시켜 그와 같은 성과들을 희석시킨다.

이처럼 위정척사와 유사한 인식체계를 갖고 있는 국내 사회주의-주체사상은 오늘날 첨단정보통신환경과 초연결사회에서 배타적-집단적 신좌파 극단주의 내러티브로 진화하였다. 이 내러티브는 기존의 사회주의-주체사상의 핵심교리에 역사적 서사를 덧씌워 더 긴 역사적 호흡을 가진 동태적인(dynamic) 이야기(story)로 재구성되었다. 이를 통해 이 내러티브는 과거 사회주의나 주체사상과 같은 정태적인(static) 이데올로기로는 담아낼 수 없었던 더 넓은 청중과 지지자들을 포획할 수 있었다. 이 내러티브의 주도 세력은 2000년대 이후 본격적으로 등장한 사이버 공간에 빠르고 효과적으로 적응했고, 자신들의 내러티브 프로파간다를 성공적으로 유포, 확산시킬 수 있었다. 오늘날 이 세력은 국내 온라인과 물리적 공간 모두에서 상당한 영향력을 행사하고 있다. 이들은 유튜브, 온라인 커뮤니티, 웹포럼, 웹툰, 미디어, 영화, 드라마, 출판, 방송, 미디어, 문화, 역사, 엔터테인먼트, 교육, 시민사회, 노동 등 많은 부문에서 강한 진지를 구축하고 있다. 이들의 내러티브 프로파간다는 양적, 질적인 측면에서 압

---

10 Ibid, p. 276.
11 정재식, 『한국유교와 서구문명의 충돌: 이항로의 척사위정 이데올로기』, p. 350.
12 Ibid, pp. 278-288.

도적이다. 우려스러운 점은 이와 같은 내러티브와 그 주도세력이 다시 과거의 중화천하질서를 복원하고자 하는 중국에 포획되어 있다는 점이다. 이들이 이와 같은 의심에 논리적으로 반박하기 위해서는 민족해방과 민족자주의 대상에 일본과 미국뿐만 아니라 중국도 포함시켜야 할 것이다. 과거 청을 배척했고 일본에 맞섰던 위정척사와 오늘날 미국을 비판하고 일본을 증오하는 사회주의-주체사상의 공통분모는 중국 또는 중화에 과도한 애착을 느낀다는 점이다. 이들의 주체논리가 설득력을 가지려면 중국의 강압적 지배와 맞서 싸워 스스로의 논리를 증명해야 할 것이다.

이 책은 전쟁에 관한 것이다. 전쟁을 어떻게 이해하고, 준비하고, 수행할 것인가와 관련된 여러 이야기들(discourse)을 담고 있다. 다가오는 내일의 전쟁은 우리가 아는 전쟁의 모습과 유사할 수도 있지만 많이 다를 수도 있다. 어쩌면 대다수 대중들이 모르는 사이에 전쟁이 치러지고 있을 지도 모른다. 하지만 당신이 알든 모르든, 전쟁에 참여하건 그렇지 않건 그 전쟁의 결과는 당신의 삶과 죽음에 영향을 미칠 것이다.

이 책은 통상적인 전쟁의 개념을 넘어 모든 종류의 폭력과 싸움을 전쟁의 개념으로 이해한다. 모든 전쟁이라는 제목은 그런 의미로 선택되어졌다. 특히 이 책은 인지전, 정보전, 사이버전, 하이브리드전, 미래전 등과 같은 비정통적 전쟁에 대해 중점적으로 다루었다. 그러면서 그와 같은 전쟁들이 우리가 익숙한 키네틱 전쟁의 모습과 크게 다르지 않음을 보여주고자 하였다. 이를 통해 이 책은 전쟁은 같은 원리와 운용방식에 의해 작동한다는 것을 강조한다. 전쟁에 임하면 반드시 이겨야 하며, 이 책은 그 이기는 방법에 대한 고민과 탐색에 관한 것이다. 따라서 이 책은 정보(intelligence)와 전략(strategy)을 중점적으로 다룬다.

아쉬운 점은 시간적 제약 때문에 전통적인 지상전과 해전, 항공전, 그리고 새로이 대두하는 우주전 등에 대해 제대로 다루지 못한 것이다. 또한 국가적 차원에서 이와 같은 모든 유형의 전쟁에 어떻게 전략적으로 대응할 것인가에 대한 논의도 충분히 만족스럽게 포함시키지 못했다. 이와 같은 아쉬운 점들은 추후에 이 책의 개정판에서 다루게 될 것이다. 이 책은 완성형이라기보다는 현재진행형이다. 글쓴이의 현재까지의 연구와 고민의 결과물들을 중간 점검하고 정리하는 의미를 갖는다. 이 때문에 이 책에 담긴 내용들은 이후 지속적으로 수정 보완될 것이고, 또 새로운 내용들이 업데이트될 것이다.

이 책이 다가오는 전쟁에 대한 경각심과 그에 대한 관심과 준비, 그리고 대응을 위한 노력의 모멘텀이 될 수 있기를 기대한다. 전쟁은 적과 나의 양자 간의 상호역

동성의 결과물이다. 따라서 나의 바람과 행동과 관련이 없을 수도 있다. 전쟁은 온전히 적의 의지와 선택만으로 시작될 수도 있고, 이 경우에 내게 남은 선택은 항복하거나 맞서 싸우거나 둘 중 하나 밖에 없을 수도 있다. 전자는 노예가 평화를 구걸하는 방식이고 후자는 자유인이 평화를 쟁취하는 방식이다. 한국과 한국민에게 다가오는 전쟁은 선택지가 별로 없는 것일지도 모른다. 진정한 평화는 쟁취해야 하는 것이다. 다가올 전쟁을 준비해야 한다. 더 늦기 전에. 겨울이 오고 있다.

윤민우 가천대학교 교수, 국제정치학 박사 및 범죄학 박사

김은영 가톨릭관동대학교 부교수, 범죄학 박사

모든 전쟁: 인지전, 정보전, 사이버전, 그리고 미래전쟁에 대한 전략이야기

초판발행	2023년 2월 28일
중판발행	2023년 11월 30일

지은이	윤민우·김은영
펴낸이	안종만·안상준

편 집	한두희
기획/마케팅	김한유
표지디자인	이수빈
제 작	고철민·조영환

펴낸곳	(주)**박영사**
	서울특별시 금천구 가산디지털2로 53, 210호(가산동, 한라시그마밸리)
	등록 1959. 3. 11. 제300-1959-1호(倫)
전 화	02)733-6771
f a x	02)736-4818
e-mail	pys@pybook.co.kr
homepage	www.pybook.co.kr
ISBN	979-11-303-1714-4 93340

정 가   35,000원